SKCT

SK그룹
온라인 종합역량검사

통합기본서

시대에듀

2026 최신판 시대에듀 All-New
SK그룹 SKCT 온라인 종합역량검사 통합기본서

Always **with you**

사람의 인연은 길에서 우연하게 만나거나 함께 살아가는 것만을 의미하지는 않습니다.
책을 펴내는 출판사와 그 책을 읽는 독자의 만남도 소중한 인연입니다.
시대에듀는 항상 독자의 마음을 헤아리기 위해 노력하고 있습니다. 늘 독자와 함께하겠습니다.

머리말 PREFACE

SK그룹은 '기업경영의 주체는 사람이며, 사람의 능력을 어떻게 개발하고 활용하느냐에 따라 기업의 성패가 좌우된다.'는 인재관리 철학을 바탕으로 1978년 국내 기업 최초로 인적성검사를 도입하였다. 또한 객관적이고 공정한 채용절차를 실현하기 위하여 꾸준히 부분 개정 작업을 진행해 왔으며 일 잘하는 인재의 요건을 보다 면밀히 분석하여 2013년 하반기부터는 새로운 검사인 SKCT를 도입하였다. 그리고 2023년 하반기부터 전 계열사의 SKCT는 온라인으로 시행되고 있다.

SKCT는 SK그룹에서 직무 수행을 위해 요구되는 역량을 다양하고 종합적인 관점에서 측정하고 있으며, 업무에 필요한 복합적이고 고차원적인 사고능력을 측정하는 인지검사와 SK그룹에 적합한 성격, 가치관, 태도를 갖추고 있는지를 측정하는 심층검사로 구성되어 있다. SKCT는 기업체 인적성검사 중에서도 비교적 난도가 높은 편이므로 철저한 대비가 필요하다.

이에 시대에듀는 수험생들이 SKCT를 효과적으로 준비할 수 있도록 교재를 구성하였으며, 이를 통해 단기간에 성적을 올릴 수 있는 학습법을 제시하였다.

도서의 특징

1. 2025년 하반기 기출복원문제를 수록하여 최근 출제경향을 한눈에 파악할 수 있도록 하였다.
2. 영역별 대표기출유형과 기출응용문제를 수록하여 체계적인 학습이 가능하도록 하였다.
3. 최종점검 모의고사 4회 및 온라인 모의고사 2회와 함께 도서 동형 온라인 실전연습 서비스를 제공하여 실전과 같은 연습이 가능하도록 하였다.
4. SK그룹의 인성검사인 심층검사 모의연습과 함께 실제 면접 기출 질문을 통해 한 권으로 채용 전반을 준비하도록 하였다.

끝으로 본서가 SK그룹 채용을 준비하는 여러분 모두에게 합격의 기쁨을 전달하기를 진심으로 기원한다.

SDC(Sidae Data Center) 씀

SK그룹 기업분석 INTRODUCE

◇ 경영철학

구성원의 지속적 행복

SK 경영의 궁극적 목적은 구성원 행복이다.

SK는 구성원이 지속적으로 행복을 추구하기 위한 터전이자 기반으로서, 구성원 행복과 함께 회사를 둘러싼 이해관계자 행복을 동시에 추구해 나간다. 이를 위해 회사가 창출하는 모든 가치가 곧 사회적 가치이다.

SK는 이해관계자 간 행복이 조화와 균형을 이루도록 노력하고, 장기적으로 지속 가능하도록 현재와 미래의 행복을 동시에 고려해야 한다.

VWBE를 통한 SUPEX 추구

구성원 전체 행복을 지속적으로 키워나가면 구성원 개인의 행복이 더 커질 수 있다는 것을 믿고 실천할 때 구성원은 자발적(Voluntarily)이고 의욕적(Willingly)인 두뇌활용(Brain Engagement)을 하게 된다.

VWBE한 구성원은 SUPEX* 추구를 통해 구성원 행복과 이해관계자 행복을 지속적으로 창출해 나간다.

* Super Excellent Level의 줄임말로 인간의 능력으로 도달할 수 있는 최고의 수준

◇ 인재상

스스로가 더 행복해질 수 있도록
자발적이고 의욕적으로 도전하는 **패기 있는 인재**

기업경영의 주체는 구성원

기업경영의 주체는 구성원이며, 구성원 스스로 기업의 경영철학에 확신과 열정을 가지고 이를 실천해 나가야 한다.

SK 경영철학에 대한 믿음과 확신

구성원 전체의 행복을 지속적으로 키워 나가면 구성원 개인의 행복이 더 커질 수 있다는 것을 믿고, 이를 실천할 때 자발적이고 의욕적인 두뇌활용이 가능하다.

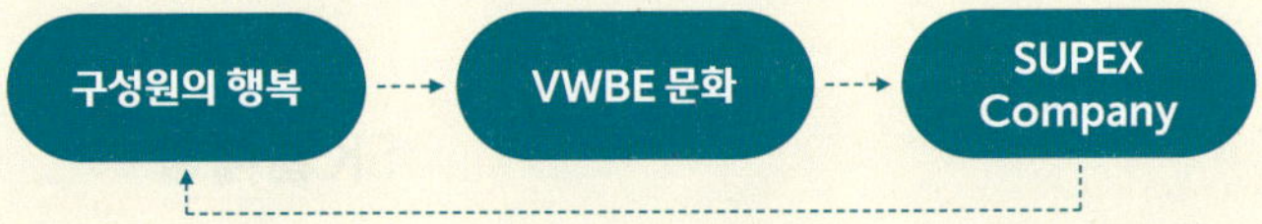

패기 있게 행동

스스로 동기부여하여 문제를 제기하고 높은 목표에 도전하며 기존의 틀을 깨는 과감한 실행을 하는 인재

❶ **과감한 실행력** : 기존의 틀을 깨는 발상의 전환으로 새롭게 도전한다.
❷ **역량 강화와 자기 개발** : 문제 해결 역량을 지속적으로 개발한다.
❸ **팀워의 시너지** : 함께 일하는 구성원들과 소통하고 협업하며 더 큰 성과를 만들어 간다.

SK그룹 계열사 COMPANIES

SK주식회사

SK주식회사는 그룹 전반의 기업가치를 높일 수 있도록 보유 포트폴리오 경쟁력을 강화하고, 사업 간 시너지를 낼 수 있도록 하여 안정적이고 지속적인 성장을 추구한다.

SK이노베이션

대한민국 대표 에너지 · 화학 기업을 넘어 Global 리딩 기업으로 자리매김하고, 전기차 배터리, LiBS, FCW 등 미래 에너지와 소재 분야에서도 새로운 역사를 만들어 간다.

SK하이닉스

SK하이닉스는 미래 기술의 시작이자 그 자체로 기술의 집약체인 반도체 기업으로서 더욱 차별화된 '기술 혁신'을 통해 변화의 흐름에 대응하고 세상에 기여한다.

SK텔레콤

최고의 통신 서비스와 솔루션을 제공해 고객 만족도를 높이고 산업의 생산성 향상을 실현하며 창조적 미래를 열어 간다.

SK에코플랜트

해외 시장 확대 및 신규 사업의 성공적 수행을 통해 Global Top Tier Company로 거듭난다.

SK실트론

SK실트론은 반도체용 실리콘 웨이퍼 제조 역량을 기반으로, 제조 · 기술 · 품질에서
압도적인 경쟁력을 갖춘 GLOBAL TOP 초우량 첨단 종합 소재 기업으로 성장하고 있다.

SK네트웍스

정보통신 유통, 글로벌 Trading, Automotive Aftermarket 서비스, 자동차 · 환경가전 렌털 및
호텔앤리조트 사업까지 고객과 사회적 가치를 만들어 글로벌 일류 기업으로 도약한다.

SKC

시장의 흐름을 읽고 고부가 소재기술을 더해
고객이 원하는 것 이상을 제공하는 Global Specialty MARKETER로 성장한다.

SK스퀘어

검증된 투자역량을 기반으로
Active Portfolio Management를 통해 미래 기업가치를 극대화한다.

SK주식회사 AX

Digital 기술을 활용한 비즈니스 혁신을 이뤄 Digital Innovation을 선도한다.

SK그룹 계열사 COMPANIES

SK주식회사 머티리얼즈

최고 품질의 첨단 소재와 솔루션을 제공하여
Global No. 1 Gas&IT Materials Total Solution Provider로 나아간다.

SK바이오팜

글로벌 시장을 타깃으로 혁신 신약 개발에 앞장서 왔으며,
신약 상업화 등의 성과를 통해 신약 후보 물질 탐색부터 마케팅에 이르는
전 과정을 아우르는 글로벌 종합 제약사로의 도약을 목표로 하고 있다.

SK디스커버리

효율적인 사업 포트폴리오 운영과 신성장 동력 발굴 · 육성을 통해 차별적인 가치를 만들어 간다.

SK케미칼

친환경소재와 Total Healthcare Solution을 통해
인류 건강을 추구하고 지구 환경을 보호하며 지속가능한 글로벌 리딩 컴퍼니로 성장한다.

SK가스

'대한민국 No.1 LPG Player'로서 역량 강화 및 신규 사업 추진을 통해
글로벌 친환경 종합에너지화학기업으로 성장한다.

SK에너지

50여 년간 축적된 노하우와 끊임없는 기술 혁신으로
경쟁력 확보 및 생산 시설 운영 최적화를 이루어 역내 Top-Tier 석유기업으로 도약한다.

SK지오센트릭

Global Top-Tier Chemical Company의 비전 아래 고객에게 더욱 큰 가치를 전한다.

SK온

끊임없는 기술 혁신과 글로벌 파트너십을 기반으로
신에너지 분야에서 Leadership을 확보해 가고 있다.

SK엔무브

창의적 도전과 혁신으로 세계적인 윤활유 · 기유 전문 기업으로 거듭난다.

SK아이이테크놀로지

현재의 기술 우위에 만족하지 않고 보다 혁신적인 제품기술 개발을 위해 노력하고 있으며,
Global Top-Tier 소재 솔루션 기업으로 도약해 나갈 계획이다.

SK브로드밴드

고객 마음속 1등을 향해 나아가는 No.1 미디어 기업 SK브로드밴드는
고객의 일상에 웃음과 행복을 제공할 수 있도록 최선을 다할 것이다.

2025년 하반기 기출분석 ANALYSIS

총평

2025년 하반기 SKCT는 영역별 체감 난이도가 상이했다. 언어이해에서는 길지 않은 지문에 비해 까다로운 선택지가 높은 난도의 요인이 되었다. 자료해석은 보기 중 옳은 것을 고르는 문제와 계산 문제의 비중이 높았다. 창의수리와 수열추리는 빈출 유형으로 이루어져 상대적으로 평이했으나 시간 관리에 유의해야 했다. 언어추리는 직전 시험보다 무난한 난이도로 출제되어 타 영역 대비 수월했다는 평이 많았다. 온라인 시험 특성상 종이와 필기구 사용이 불가하기 때문에 평소 비슷한 환경에서 연습하며 익숙해지는 것이 필요하다.

◇ 핵심전략

SKCT는 영역별 시험을 시작하기 전 예제를 풀어보고 답을 확인할 수 있는 시간이 1분 동안 주어진다. 이 시간을 잘 활용하는 것이 중요하다. 화면에 문제와 선택지 그리고 메모장과 계산기가 어떻게 배치되어 있는지를 파악하고, 정답 체크 방식을 확인하며 시간을 최대한 절약할 수 있도록 미리 구상해야 한다.

SKCT는 뒤로 갈수록 쉬운 문제가 출제되는 경향이 있으므로 문제별 난이도를 빠르게 파악하여 어려운 문제는 바로 넘겨야 한다. 정답 선택을 번복할 수는 있지만 다음 문제로 넘어가면 이전 문제로 돌아갈 수 없으므로 풀 수 있는 문제와 없는 문제를 잘 판단하고 전략적으로 풀어 나가는 것이 중요하다.

◇ 시험진행

구분	영역	문항 수	시간
인지검사	언어이해	20문항	15분
	자료해석	20문항	15분
	창의수리	20문항	15분
	언어추리	20문항	15분
	수열추리	20문항	15분
심층검사	PART 1	240문항	45분
	PART 2	150문항	25분

◇ 영역별 출제비중

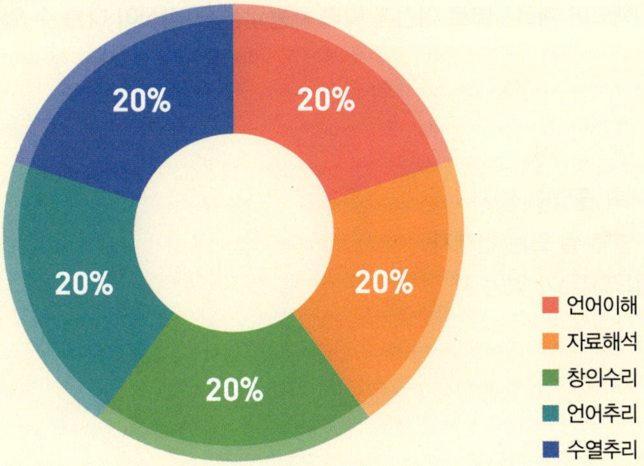

◇ 영역별 출제특징

구분	영역	출제특징
인지검사	언어이해	• 기차의 동력에 대한 지문의 독해 문제 • 동물 보험과 민법 계약에 대한 지문의 독해 문제 • 오리엔탈리즘, 환상과 공포에 대한 지문의 독해 문제
	자료해석	• 자료의 빈칸을 채우는 문제 • 자료에 제시된 수치를 계산하여 비교하는 문제 • 자료의 내용으로 옳은 것을 모두 고르는 문제
	창의수리	• 강물의 속력을 구하는 문제 • 남녀 직원 수가 각각 증가했을 때 비율을 구하는 문제 • 직육면체를 쌓아서 정육면체로 만들 때의 높이를 구하는 문제 • 다양한 농도의 소금물을 섞어 다른 농도의 소금물을 만드는 문제 • 태풍이 직선운동을 할 때 영향권 내의 넓이를 구하는 문제 • 물건을 만들 때 필요한 재료의 개수로 최대 이익이 되는 판매 수량을 구하는 문제
	언어추리	• 제시된 명제의 참과 거짓을 분간하는 문제 • 보기의 여러 명제 중 항상 참인 것을 고르는 문제 • 주어진 조건에 따라 사람들을 한 줄로 세우거나 자리를 배치하는 문제
	수열추리	• 군수열 문제 • 계차수열 문제 • 피보나치 수열 문제 • 제곱으로 증가하는 수열 문제

신입사원 채용 안내 INFORMATION

◇ 채용시기

수시채용으로 진행되며 계열사별로 여건에 따라 채용일정 및 방식이 다를 수 있음

◇ 지원자격

1. 정규 4년제 대학 졸업(예정)자
2. 남성의 경우, 병역 필 또는 면제자
3. 해외여행에 결격사유가 없는 자

◇ 채용절차

서류전형	• 지원자의 경력/활동과 모집 직무와의 연관성을 검토하고 결격사유 유무를 확인한다. • 자기소개서는 HR 부서와 지원 부서가 함께 검토한다. 이 과정에서 지원자가 보유한 역량과 가치관이 선발 중인 직무와 잘 맞는지를 검증한다.
필기전형	• 객관적이고 공정한 인재영입을 위해 SK는 1978년부터 국내 최초로 인 · 적성검사를 도입하였으며, 2013년부터 '일 잘하는 사람'의 요건을 분석하여 SKCT를 선발 도구로 개발 · 활용하고 있다. • SKCT(SK Competency Test) ⋯› 인지검사 : 언어 및 수로 구성된 자료를 통해 그 의미를 해석하고 논리적, 수리적으로 사고, 유추하는 능력을 측정하는 검사 ⋯› 심층검사 : SK의 '패기 있는 인재'가 직무를 원활히 수행하기 위해 필요한 성격, 가치관, 태도를 측정하는 검사
면접전형	• 지원자의 가치관, 성격 특성, 역량을 종합적으로 검증하기 위하여 다양한 면접 방식을 활용한다. • 프레젠테이션, 그룹 토론, 심층 면접 등 1~3회 이상의 심도 있는 과정으로 지원자의 역량을 철저히 검증하고 있다. • 직무 역량에 필요할 경우, 글로벌 커뮤니케이션 능력을 검증하기 위하여 외국어 구술 면접을 진행한다. ※ 면접 전형은 계열사 · 직무별로 상이하다.

❖ 채용절차는 채용유형, 채용직무, 채용시기 등에 따라 변동될 수 있으므로 반드시 발표되는 채용공고를 확인하기 바랍니다.

온라인 시험 Tip TEST TIP

◇ 필수 준비물

1. **신분증** : 주민등록증, 외국인등록증, 여권, 운전면허증 중 하나
2. **그 외** : 휴대폰, 휴대폰 거치대, 노트북, 웹캠, 노트북/휴대폰 충전기

◇ 온라인 종합역량검사 프로세스

1. 전형 안내사항 확인
2. 응시자 매뉴얼 숙지/검사 프로그램 다운로드 및 설치
3. 지정 기한 내 사전점검 진행
4. 본 검사 응시

◇ 유의사항

1. 시험 당일 주변 환경 점검을 실시하므로 미리 정리를 해두어야 한다.
2. 시험 시작 10분 전까지 휴대폰 및 화장실 이용이 가능하다.
3. 프로그램 내 계산기, 메모장(그림판)만 사용 가능하며, 필기구는 일절 사용 불가하다.

◇ 알아두면 좋은 Tip

1. 원활한 시험 진행을 위해 삼각대와 책상 정리가 필요하다.
2. 인터넷 연결이 원활하며 최대한 조용히 시험을 치를 수 있는 장소를 확보한다.
3. PC 전원공급 상태를 확인하고, 배터리 충전기는 미리 꽂아두어야 한다.
4. 시험에 응시하기 전 반드시 안내사항과 매뉴얼을 숙지한다.
5. 인지검사가 끝난 뒤 실시될 심층검사를 위해 평소 SK그룹의 인재상에 대해 숙지해 둔다.

SK

언어이해 ▸ 나열하기

2025년 적중

※ 다음 제시된 문장 또는 문단을 논리적 순서대로 바르게 나열한 것을 고르시오. [16~17]

16

(가) 르네상스와 종교개혁을 거치면서 성립된 근대 계몽주의는 중세를 지배했던 신(神) 중심의 사고에서 벗어나 합리적 사유에 근거한 인간 해방을 추구하였다.
(나) 하지만 이 같은 문명의 이면에는 환경 파괴와 물질만능주의, 인간소외와 같은 근대화의 병폐가 숨어 있었다.
(다) 또한 계몽주의의 합리적 사고는 자연과학의 성립으로 이어졌으며, 우주와 자연에서 신비로운 요소를 걷어낸 과학 기술의 발전은 인류에게 그 어느 때보다 풍요로운 물질적 부를 가져왔다.
(라) 인간의 무지로부터 비롯된 자연에 대한 공포가 종교적 세계관을 낳았지만, 계몽주의는 이성과 합리성을 통해 이를 극복하였다.

① (가) – (나) – (다) – (라)
② (가) – (다) – (나) – (라)
③ (라) – (가) – (다) – (나)
④ (라) – (나) – (다) – (가)
⑤ (라) – (다) – (가) – (나)

창의수리 ▸ 거리 · 속력 · 시간

2025년 적중

03 누리와 수연이는 같이 운동을 하기로 했다. 누리는 걸어서, 수연이는 자전거를 타고 운동을 했으며, 운동을 시작한 위치는 같았다. 누리가 15km를 먼저 이동했고, 수연이는 자전거를 이용해서 누리보다 10km/h 빠르게 움직인다. 수연이가 자전거를 타고 40km를 이동해서 누리를 만났다면, 두 사람이 함께 운동한 시간은?

① 1시간
② 1시간 30분
③ 2시간
④ 2시간 30분
⑤ 3시간

수열추리 ▸ 수열

2025년 적중

10

84 80 42 20 21 ( ) 10.5 1.25

① 3
② 4
③ 5
④ 6
⑤ 7

삼성

수리 ▶ 경우의 수

2025년 적중

01 남자 5명과 여자 4명이 함께 있는 모임이 있다. 모임에서 성별마다 대표, 부대표를 한 명씩 선출하려고 할 때, 선출 가능한 경우의 수는 총 몇 가지인가?

① 240가지
② 120가지
③ 80가지
④ 40가지
⑤ 20가지

수리 ▶ 자료계산

2025년 적중

18 매년 8월 S전자상가의 에어컨 판매 수량이 다음과 같이 일정한 규칙으로 증가할 때 2025년 8월의 에어컨 판매량은?

〈연도별 8월 에어컨 판매량〉

(단위 : 대)

구분	2018년 8월	2019년 8월	2020년 8월	2021년 8월	2022년 8월
판매량	2	11	20	29	38

① 95대
② 86대
③ 74대
④ 65대
⑤ 56대

추리 ▶ 벤 다이어그램

2025년 적중

03

전제1. 환율이 오르면 어떤 사람은 X주식을 매도한다.
전제2. X주식을 매도한 모든 사람은 Y주식을 매수한다.
결론. ______________________________

① 환율이 오르면 모든 사람은 Y주식을 매수한다.
② 환율이 오르면 어떤 사람은 Y주식을 매수한다.
③ 모든 사람이 X주식을 매도하면 환율이 오른다.
④ 모든 사람이 Y주식을 매수하면 환율이 오른다.
⑤ Y주식을 매도한 모든 사람은 X주식을 매수한다.

LG

언어이해 ▶ 사실적 독해

2025년 적중

10 다음 글의 내용으로 가장 적절한 것은?

> 1896년 『독립신문』 창간을 계기로 여러 가지의 애국가 가사가 신문에 게재되기 시작했는데, 어떤 곡조에 따라 이 가사들을 노래로 불렀는지는 명확하지 않다. 다만 대한제국이 서구식 군악대를 조직해 1902년 '대한제국 애국가'라는 이름의 국가(國歌)를 만들어 나라의 주요 행사에 사용했다는 기록은 남아 있다. 오늘날 우리가 부르는 애국가의 노랫말은 외세의 침략으로 나라가 위기에 처해있던 1907년을 전후하여 조국애와 충성심을 북돋우기 위하여 만들어졌다.
> 1935년 해외에서 활동 중이던 안익태는 오늘날 우리가 부르고 있는 국가를 작곡하였다. 대한민국 임시정부는 이 곡을 애국가로 채택해 사용했으나 이는 해외에서만 퍼져나갔을 뿐, 국내에서는 광복 이후 정부수립 무렵까지 애국가 노랫말을 스코틀랜드 민요에 맞춰 부르고 있었다. 그러다가 1948년 대한민국 정부가 수립된 이후 현재의 노랫말과 함께 안익태가 작곡한 곡조의 애국가가 정부의 공식 행사에 사용되고 각급 학교 교과서에도 실리면서 전국적으로 애창되기 시작하였다.
> 애국가가 국가로 공식화되면서 1950년대에는 대한뉴스 등을 통해 적극적으로 홍보가 이루어졌다. 그리고 「국기게양 및 애국가 제창 시의 예의에 관한 지시(1966)」 등에 의해 점차 국가의례의 하나로 간주되었다.
> 1970년대 초에는 공연장에서 본공연 전에 애국가가 상영되기 시작하였다. 이후 1980년대 중반까지

언어추리 ▶ 배열하기 · 묶기 · 연결하기

2025년 적중

16 기말고사를 치르고 난 후 A ~ E 5명이 다음과 같이 성적에 대해 이야기를 나누었다. 이들 중 1명이 거짓을 말한다고 할 때, 항상 참인 것은?(단, 동점은 없으며 모든 사람은 진실 또는 거짓만 말한다)

> • A : E는 1등이고, D는 C보다 성적이 높아.
> • B : B는 E보다 성적이 낮고, C는 A보다 성적이 높아.
> • C : A는 B보다 성적이 낮아.
> • D : B는 C보다 성적이 높아.
> • E : D는 B보다, A는 C보다 성적이 높아.

① B가 1등이다.
② A가 2등이다.
③ E가 2등이다.
④ B는 3등이다.
⑤ D가 3등이다.

창의수리 ▶ 수열

2025년 적중

05 일정한 규칙으로 수를 나열할 때, 빈칸에 들어갈 수로 알맞은 것은?

174	172	169	168	166	163	162	160	( )	156

① 157
② 158
③ 159
④ 160
⑤ 161

CJ

언어이해 ▶ 주제 · 제목 찾기

2025년 적중

15 다음 글의 제목으로 가장 적절한 것은?

주어진 개념에 포섭시킬 수 없는 대상(의 표상)을 만난 경우, 상상력은 처음에는 기지의 보편에 포섭시킬 수 있도록 다양한 직관을 종합할 것이다. 말하자면 뉴턴의 절대 공간, 역학의 법칙 등의 개념(보편)과 자신이 가지고 있는 특수(빛의 휘어짐)가 일치하는가, 조화로운가를 비교할 것이다. 하지만 일치하는 것이 없으므로, 상상력은 또다시 여행을 떠난다. 즉 새로운 형태의 다양한 종합 활동을 수행해 볼 것이다. 이것은 미지의 세계로 향한 여행이다. 그리고 이 여행에는 주어진 목적지가 없기 때문에 자유롭다.
이런 자유로운 여행을 통해 예를 들어 상대 공간, 상대 시간, 공간의 만곡, 상대성 이론이라는 새로운 개념들을 가능하게 하는 새로운 도식들을 산출한다면, 그 여행은 종결될 것이다. 여기서 우리는 왜 칸트가 상상력의 자유로운 유희라는 표현을 사용하는지 이해할 수 있게 된다. '상상력의 자유로운 유희'란 이렇게 정해진 개념이나 목적이 없는 상황에서 상상력이 그 개념이나 목적을 찾는 과정을 의미한다고 볼 수 있다. 이는 게임이다. 그리고 그 게임에 있어서 반드시 성취해야 할 그 어떤 것이 없다면, 순수한 놀이(유희)가 성립할 수 있을 것이다.

– 칸트, 『판단력비판』

자료해석 ▶ 자료해석

2025년 적중

15 다음은 C기업의 신입사원 채용 현황에 대한 자료이다. 이에 대한 설명으로 옳지 않은 것은?

〈신입사원 채용 현황〉

(단위 : 명)

구분	입사지원자 수	합격자 수
남성	680	120
여성	320	80

① 남성 합격자 수는 여성 합격자 수의 1.5배이다.
② 총입사지원자 중 합격률은 20%이다.
③ 여성 입사지원자의 합격률은 25%이다.
④ 합격자 중 남성의 비율은 70% 이상이다.
⑤ 총입사지원자 중 여성 입사지원자의 비율은 30% 이상이다.

창의수리 ▶ 농도

2025년 적중

17 농도가 다른 두 소금물 A와 B를 각각 100g씩 섞으면 농도 10%의 소금물이 되고, 소금물 A를 100g, 소금물 B를 300g 섞으면 농도 9%의 소금물이 된다. 소금물 A의 농도는?

① 10%
② 12%
③ 14%
④ 16%
⑤ 18%

도서 200% 활용하기 STRUCTURES

1 최신 기출복원문제로 출제경향 파악

2025 하반기 기출복원문제 정답 및 해설

01 언어이해

01	02	03	04	05
⑤	④	②	①	③

01 정답 ⑤

제시문의 첫 번째 문단에서는 '사회적 자본'이 늘어나면 정치 참여도가 높아진다는 주장을 하였고, 두 번째 문단에서는 '사회적 자본'의 개념을 사이버공동체에 도입하였으나 현실과 잘 맞지 않는다고 하면서 '사회적 자본'의 한계를 서술했다. 그리고 마지막 문단에서는 이 같은 사회적 자본만으로는 정치 참여가 늘어나기 어렵고 이른바 '정치적 자본'의 매개를 통해서만이 가능하다는 주장을 하고 있다. 따라서 ⑤가 글의 주제로 가장 적절하다.

02 정답 ④

낮은 수준으로 가격을 책정할 시 수입이 줄어들고, 너무 높은 수준으로 매기면 소비자들이 이용을 포기해 수입이 줄어들 수 있다.

오답분석

① 독점적 지위를 가진 생산자는 이부가격을 설정할 수 있으며, 놀이공원은 이부가격설정의 예 중 하나이다.
② 독점적 지위를 가진 생산자는 시장 가격을 임의의 수준으로 설정할 수 있다.
③ 소비자 잉여와 생산자 잉여의 합을 총잉여라 한다.
⑤ 소비자가 어떤 상품을 구매하기 위하여 지불할 용의가 있는 금액보다 실제로 지불한 가격이 낮아 얻는 이득을 소비자 잉여라 한다.

03 정답 ②

제시문은 고전주의의 예술관을 설명한 후 이에 반하는 수용미학의 등장을 설명하고, 수용미학을 처음 제시한 야우스의 주장에 대해 설명한다. 이어서 이것을 체계화한 이저의 주장을 소개하고 이저가 생각한 독자의 역할을 제시한 뒤 이것의 의의에 대해 설명하고 있는 글이다. 따라서 (가) 고전주의 예술

16 • SK그룹 온라인 SKCT

2025 하반기 기출복원문제

※ 정답 및 해설은 기출복원문제 바로 뒤 p.016에 있습니다.

01 언어이해

01 다음 글의 주제로 가장 적절한 것은?

최근에 사이버공동체를 중심으로 한 시민의 자발적 정치 참여 현상이 많은 관심을 끌고 있다. 이러한 현상과 관련하여 A의 연구가 새삼 주목 받고 있다. A의 연구에 따르면 공동체의 구성원이 됨으로써 얻게 되는 '사회적 자본'이 시민사회의 성숙과 민주주의 발전을 가져오는 원동력이다. A의 이론에서는 공동체에 대한 자발적 참여를 통해 사회 구성원 간의 상호 의무감과 신뢰, 구성원들이 공유하는 규칙과 관행, 사회적 유대 관계와 같은 사회적 자본이 늘어나면, 사회 구성원 간의 협조적인 행위가 가능하게 된다고 보았다. 더 나아가 A는 자원봉사자와 같이 공동체 참여도가 높은 사람이 투표할 가능성이 높고 정부 정책에 대한 의견 개진도 활발해지는 등 정치 참여도가 높아진다고 주장하였다.
몇몇 학자들은 A의 이론을 적용하여 면대면 접촉에 따른 인간관계의 산물인 사회적 자본이 사이버공동체에서도 충분히 형성될 수 있다고 보았다. 그리고 사이버공동체에서 사회적 자본의 증가는 곧 정치 참여도 활성화시킬 것으로 기대했다. 하지만 이러한 기대와는 달리 정치 참여가 활성화되지 않았다. 요즘 젊은이들을 보면 각종 사이버공동체에 자발적으로 참여하는 수준은 높지만 투표나 다른 정치 활동에는 무관심하거나 심지어 정치를 혐오하기도 한다. 이런 측면에서 A의 주장은 사이버공동체가 활성화된 오늘날에는 잘 맞지 않는다.
이러한 이유 때문에 오늘날 사이버공동체를 중심으로 한 정치 참여를 더 잘 이해하기 위해서 '정치적 자본' 개념의 도입이 필요하다. 정치적 자본은 사회적 자본의 구성 요소와는 달리 정치 정보의 습득과 이용, 정치적 토론과 대화, 정치적 효능감 등으로 구성된다. 정치적 자본은 사회적 자본과 마찬가지로 공동체 참여를 통해서 획득되지만, 정치 과정에의 관여를 촉진한다는 점에서 사회적 자본과는 구분될 필요가 있다. 사회적 자본만으로 정치 참여를 기대하기 어렵고, 사회적 자본과 정치 참여 사이를 정치적 자본이 매개할 때 비로소 정치 참여가 활성화된다.

① 사이버공동체에의 자발적 참여 증가는 정치 참여를 활성화시킨다.
② 사이버공동체의 특수성으로 인해 시민들의 정치 참여가 어렵게 되었다.
③ 사회적 자본이 많은 사회는 정치 참여가 활발하기 때문에 민주주의가 실현된다.
④ 사회적 자본은 정치적 자본을 포함하기 때문에 그 자체로 정치 참여의 활성화를 가져온다.
⑤ 사이버공동체를 통해 축적된 사회적 자본에 정치적 자본이 더해질 때 정치 참여가 활성화된다.

2 • SK그룹 온라인 SKCT

- 2025년 하반기 기출복원문제를 수록하여 최근 출제경향을 파악할 수 있도록 하였다.
- 기출복원문제를 바탕으로 학습을 시작하기 전에 자신의 실력을 판단할 수 있도록 하였다.

2 이론점검, 대표기출유형, 기출응용문제로 영역별 학습

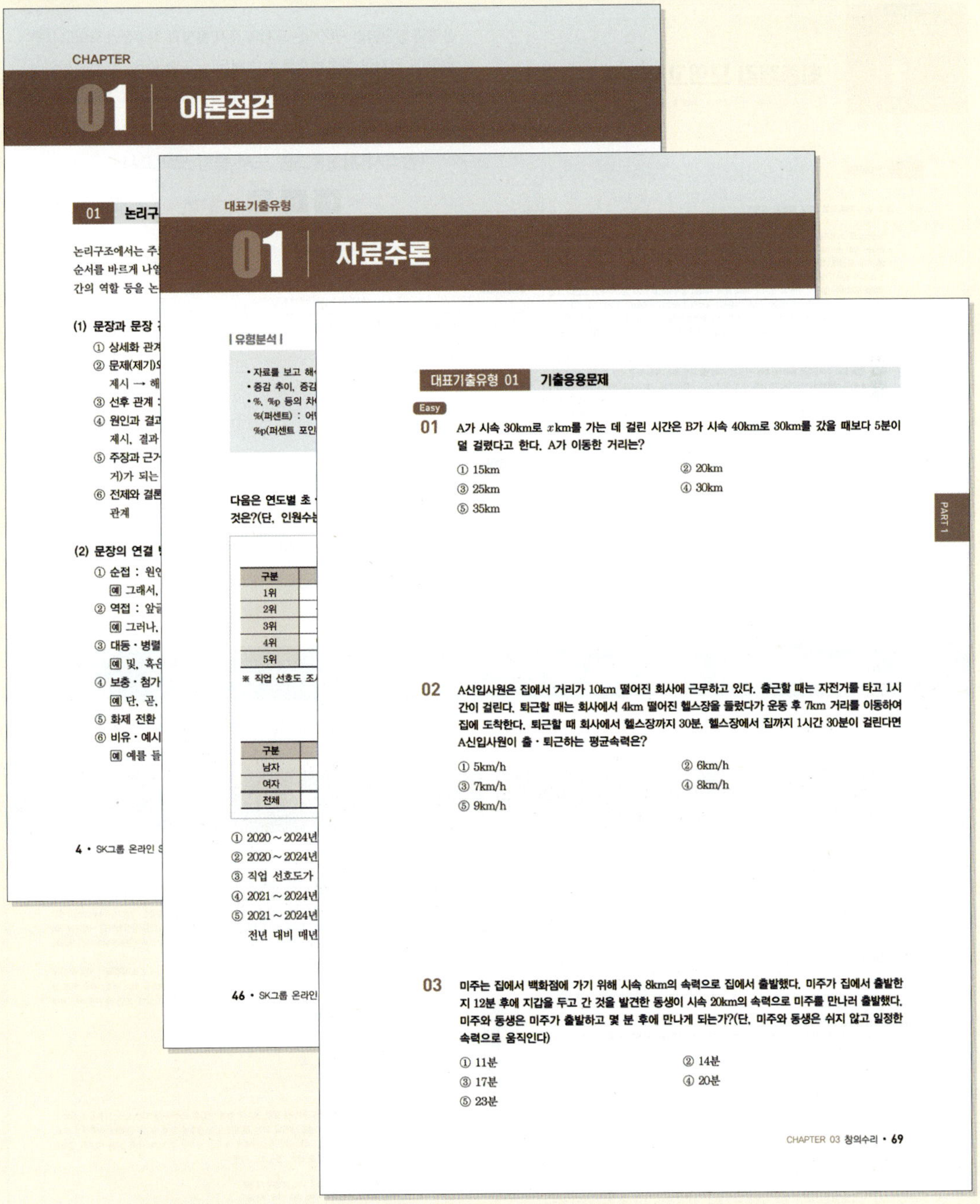
CHAPTER 01 이론점검

01 논리구

논리구조에서는 주 순서를 바르게 나열 간의 역할 등을 논

(1) 문장과 문장
① 상세화 관계
② 문제(제기)와 제시 → 해
③ 선후 관계
④ 원인과 결과 제시, 결과
⑤ 주장과 근거 거)가 되는
⑥ 전제와 결론 관계

(2) 문장의 연결
① 순접 : 원인 예 그래서,
② 역접 : 앞글 예 그러나,
③ 대등·병렬 예 및, 혹은
④ 보충·첨가 예 단, 곧,
⑤ 화제 전환
⑥ 비유·예시 예 예를 들

4 • SK그룹 온라인

대표기출유형 01 자료추론

| 유형분석 |

- 자료를 보고 해
- 증감 추이, 증감
- %, %p 등의 차 %(퍼센트) : 어 %p(퍼센트 포인

다음은 연도별 초 것은?(단, 인원수는

46 • SK그룹 온라인

대표기출유형 01 기출응용문제

Easy

01 A가 시속 30km로 $x$km를 가는 데 걸린 시간은 B가 시속 40km로 30km를 갔을 때보다 5분이 덜 걸렸다고 한다. A가 이동한 거리는?

① 15km ② 20km
③ 25km ④ 30km
⑤ 35km

02 A신입사원은 집에서 거리가 10km 떨어진 회사에 근무하고 있다. 출근할 때는 자전거를 타고 1시간이 걸린다. 퇴근할 때는 회사에서 4km 떨어진 헬스장을 들렀다가 운동 후 7km 거리를 이동하여 집에 도착한다. 퇴근할 때 회사에서 헬스장까지 30분, 헬스장에서 집까지 1시간 30분이 걸린다면 A신입사원이 출·퇴근하는 평균속력은?

① 5km/h ② 6km/h
③ 7km/h ④ 8km/h
⑤ 9km/h

03 미주는 집에서 백화점에 가기 위해 시속 8km의 속력으로 집에서 출발했다. 미주가 집에서 출발한 지 12분 후에 지갑을 두고 간 것을 발견한 동생이 시속 20km의 속력으로 미주를 만나러 출발했다. 미주와 동생은 미주가 출발하고 몇 분 후에 만나게 되는가?(단, 미주와 동생은 쉬지 않고 일정한 속력으로 움직인다)

① 11분 ② 14분
③ 17분 ④ 20분
⑤ 23분

CHAPTER 03 창의수리 • 69

- 출제되는 영역에 대한 이론점검, 대표기출유형과 기출응용문제를 수록하였다.
- 최근 출제되는 유형을 체계적으로 학습하고 점검할 수 있도록 하였다.

도서 200% 활용하기 STRUCTURES

3 최종점검 모의고사 + 도서 동형 온라인 실전연습 서비스로 반복 학습

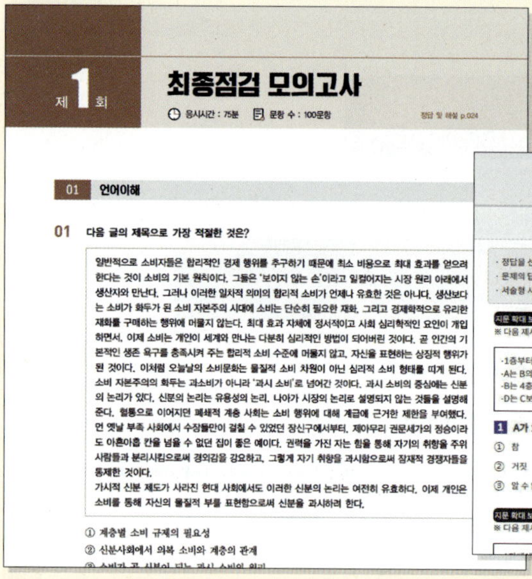

온라인 실전연습 서비스는 도서의 표지 뒷장과 최종점검 모의고사 맨 앞장에 위치한 쿠폰번호를 시대에듀(www.sdedu.co.kr) → 「마이페이지」에 등록한 후 「내강의실」에서 응시할 수 있습니다.

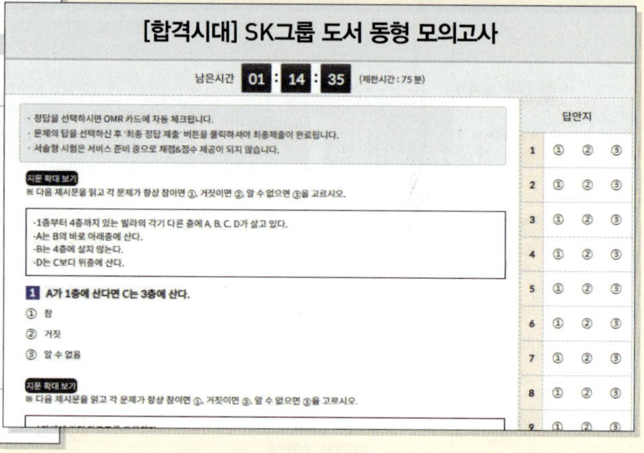

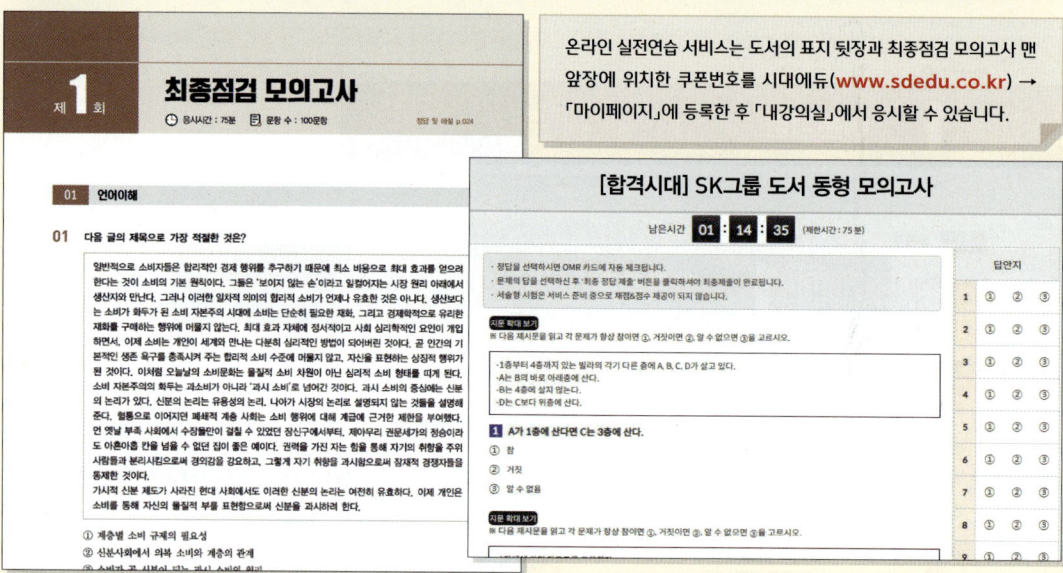

▸ 실제 시험과 유사하게 구성된 최종점검 모의고사 4회분을 통해 마무리를 하도록 하였다.
▸ 이와 동일하게 구성된 온라인 실전연습 서비스로 실제 시험처럼 연습하도록 하였다.

4 심층검사부터 면접까지 한 권으로 대비하기

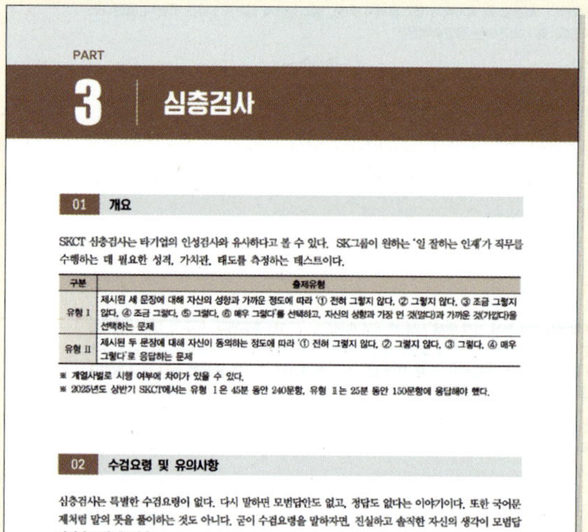

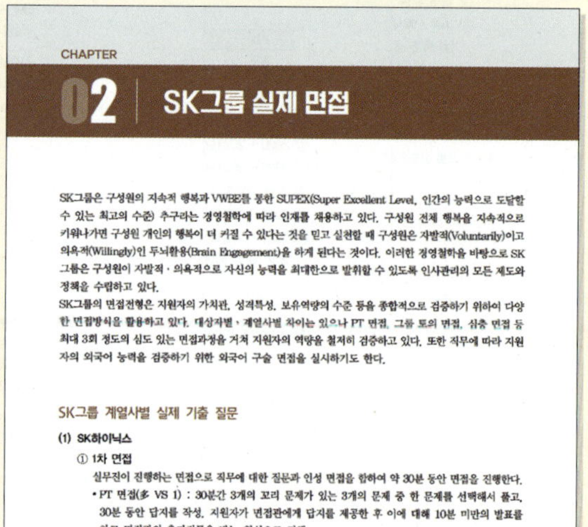

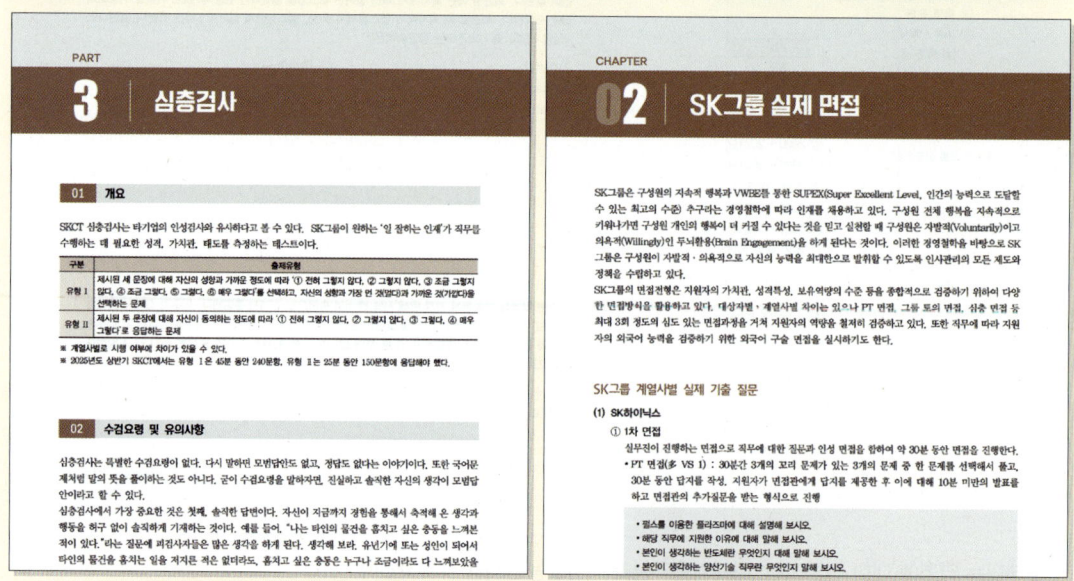

▸ 심층검사 모의연습을 통해 SK그룹의 인재상에 부합하는지 판별할 수 있도록 하였다.
▸ 면접 기출 질문을 통해 실제 면접에서 나오는 질문에 미리 대비할 수 있도록 하였다.

5 Easy&Hard로 난이도별 시간 분배 연습

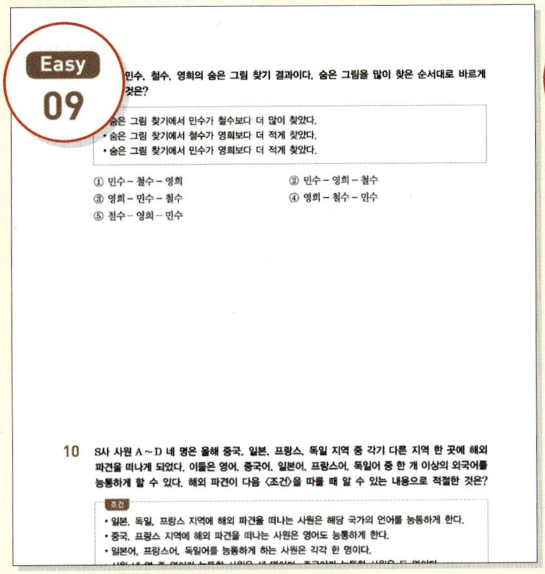
Easy 09

민수, 철수, 영희의 숨은 그림 찾기 결과이다. 숨은 그림을 많이 찾은 순서대로 바르게 것은?

- 숨은 그림 찾기에서 민수가 철수보다 더 많이 찾았다.
- 숨은 그림 찾기에서 철수가 영희보다 더 적게 찾았다.
- 숨은 그림 찾기에서 민수가 영희보다 더 적게 찾았다.

① 민수 – 철수 – 영희
② 민수 – 영희 – 철수
③ 영희 – 민수 – 철수
④ 영희 – 철수 – 민수
⑤ 철수 – 영희 – 민수

10 S사 사원 A ~ D 네 명은 올해 중국, 일본, 프랑스, 독일 지역 중 각기 다른 지역 한 곳에 해외 파견을 떠나게 되었다. 이들은 영어, 중국어, 일본어, 프랑스어, 독일어 중 한 개 이상의 외국어를 능통하게 할 수 있다. 해외 파견이 다음 〈조건〉을 따를 때 알 수 있는 내용으로 적절한 것은?

조건
- 일본, 독일, 프랑스 지역에 해외 파견을 떠나는 사원은 해당 국가의 언어를 능통하게 한다.
- 중국, 프랑스 지역에 해외 파견을 떠나는 사원은 영어도 능통하게 한다.
- 일본어, 프랑스어, 독일어를 능통하게 하는 사원은 각각 한 명이다.

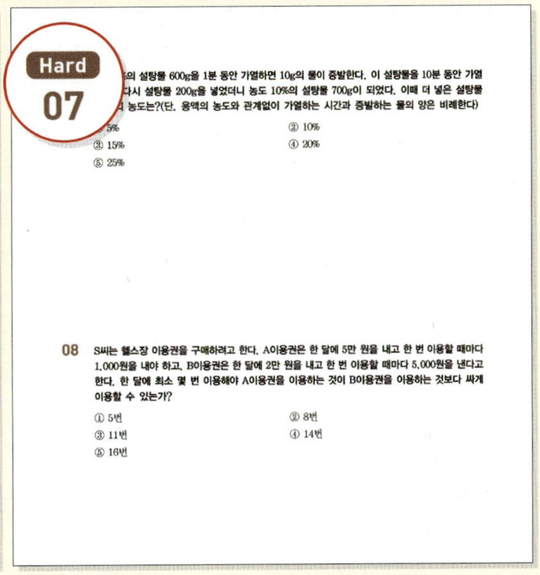
Hard 07

의 설탕물 600g을 1분 동안 가열하면 10g의 물이 증발한다. 이 설탕물을 10분 동안 가열 다시 설탕물 200g을 넣었더니 농도 10%의 설탕물 700g이 되었다. 이때 더 넣은 설탕물 농도는?(단, 용액의 농도와 관계없이 가열하는 시간과 증발하는 물의 양은 비례한다)

5%
② 10%
③ 15%
④ 20%
⑤ 25%

08 S씨는 헬스장 이용권을 구매하려고 한다. A이용권은 한 달에 5만 원을 내고 한 번 이용할 때마다 1,000원을 내야 하고, B이용권은 한 달에 2만 원을 내고 한 번 이용할 때마다 5,000원을 낸다고 한다. 한 달에 최소 몇 번 이용해야 A이용권을 이용하는 것이 B이용권을 이용하는 것보다 싸게 이용할 수 있는가?

① 5번
② 8번
③ 11번
④ 14번
⑤ 16번

▸ Easy&Hard 표시로 문제별 난이도에 따라 시간을 적절하게 분배하여 풀이하는 연습이 가능하도록 하였다.

6 정답 및 오답분석으로 풀이까지 완벽 마무리

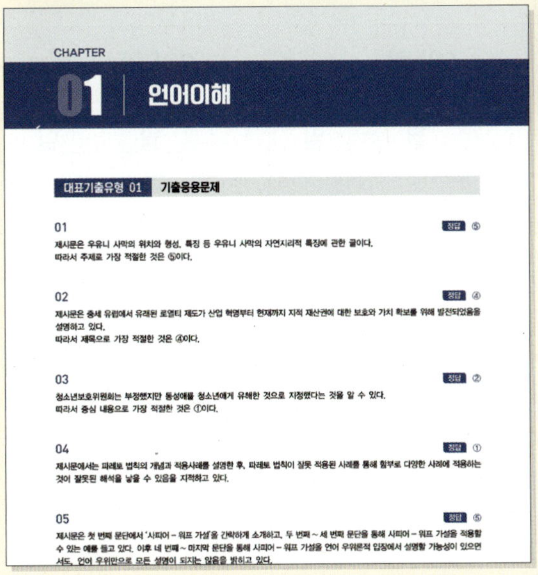
CHAPTER 01 언어이해

대표기출유형 01 기출응용문제

01 정답 ⑤
제시문은 우유니 사막의 위치와 형성, 특징 등 우유니 사막의 자연지리적 특징에 관한 글이다.
따라서 주제로 가장 적절한 것은 ⑤이다.

02 정답 ④
제시문은 중세 유럽에서 유래된 로열티 제도가 산업 혁명부터 현재까지 지적 재산권에 대한 보호와 가치 확보를 위해 발전되었음을 설명하고 있다.
따라서 제목으로 가장 적절한 것은 ④이다.

03 정답 ②
청소년보호위원회는 부정했지만 동성애를 청소년에게 유해한 것으로 지정했다는 것을 알 수 있다.
따라서 중심 내용으로 가장 적절한 것은 ①이다.

04 정답 ①
제시문에서는 파레토 법칙의 개념과 적용사례를 설명한 후, 파레토 법칙이 잘못 적용된 사례를 통해 함부로 다양한 사례에 적용하는 것이 잘못된 해석을 낳을 수 있음을 지적하고 있다.

05 정답 ⑤
제시문은 첫 번째 문단에서 '사피어 – 워프 가설'을 간략하게 소개하고, 두 번째 ~ 세 번째 문단을 통해 사피어 – 워프 가설을 적용할 수 있는 예를 들고 있다. 이후 네 번째 ~ 마지막 문단을 통해 사피어 – 워프 가설을 언어 우위론적 입장에서 설명할 가능성이 있으면서도, 언어 우위만으로 모든 설명이 되지는 않음을 밝히고 있다.

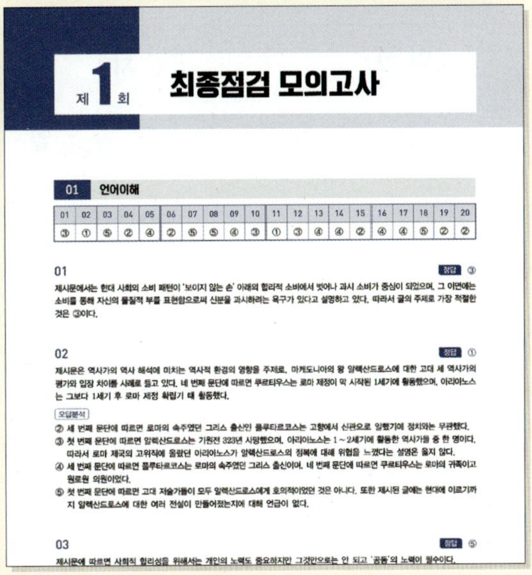
제 1 회 최종점검 모의고사

01 언어이해

01	02	03	04	05	06	07	08	09	10	11	12	13	14	15	16	17	18	19	20
③	①	⑤	②	④	②	⑤	⑤	④	③	①	③	④	④	②	④	④	⑤	②	②

01 정답 ③
제시문에서는 현대 사회의 소비 패턴이 '보이지 않는 손' 아래의 합리적 소비에서 벗어나 과시 소비가 중심이 되었으며, 그 이면에는 소비를 통해 자신의 물질적 부를 표현함으로써 신분을 과시하려는 욕구가 있다고 설명하고 있다. 따라서 글의 주제로 가장 적절한 것은 ③이다.

02 정답 ①
제시문은 역사가의 역사 해석에 미치는 역사적 환경의 영향을 주제로, 마케도니아의 왕 알렉산드로스에 대한 고대 세 역사가의 평가와 입장 차이를 사례로 들고 있다. 네 번째 문단에 따르면 쿠르티우스는 로마 제정이 막 시작된 1세기에 활동했으며, 아리아노스는 그보다 1세기 후 로마 제정 확립기 때 활동했다.

오답분석
② 세 번째 문단에 따르면 로마의 속주였던 그리스 출신인 플루타르코스는 고향에서 신관으로 일했기에 정치와는 무관했다.
③ 첫 번째 문단에 따르면 알렉산드로스는 기원전 323년 사망했으며, 아리아노스는 1 ~ 2세기에 활동한 역사가들 중 한 명이다. 따라서 로마 제국의 고위직에 올랐던 아리아노스가 알렉산드로스의 정복에 대해 위협을 느꼈다는 설명은 옳지 않다.
④ 세 번째 문단에 따르면 플루타르코스는 로마의 속주였던 그리스 출신이며, 네 번째 문단에 따르면 쿠르티우스는 로마의 귀족이고 원로원 의원이었다.
⑤ 첫 번째 문단에 따르면 고대 저술가들이 모두 알렉산드로스에게 호의적이었던 것은 아니다. 또한 제시된 글에는 현대에 이르기까지 알렉산드로스에 대한 여러 전설이 만들어졌는지에 대해 언급이 없다.

03 정답 ⑤
제시문에 따르면 사회적 합리성을 위해서는 개인의 노력도 중요하지만 그것만으로는 안 되고 '공동'의 노력이 필수이다.

▸ 정답에 대한 상세한 해설과 오답분석을 통해 혼자서도 체계적인 학습이 가능하도록 하였다.

학습플랜 STUDY PLAN

1주 완성 학습플랜

본서에 수록된 전 영역을 단기간에 끝낼 수 있도록 구성한 학습플랜이다. 한 번에 전 영역을 공부하지 않고, 한 영역을 집중적으로 공부할 수 있도록 하였다. 인성검사 및 필기시험에 대한 기초 학습은 되어 있지만, 학습 계획 세우기에 자신이 없거나 미리 시험에 대비하지 못해 단시간에 많은 분량을 봐야 하는 수험생에게 추천한다.

ONE WEEK STUDY PLAN

	1일 차 ☐	2일 차 ☐	3일 차 ☐
Start!	___월 ___일	___월 ___일	___월 ___일

4일 차 ☐	5일 차 ☐	6일 차 ☐	7일 차 ☐
___월 ___일	___월 ___일	___월 ___일	___월 ___일

STUDY CHECK BOX							
구분	1일 차	2일 차	3일 차	4일 차	5일 차	6일 차	7일 차
기출복원문제							
PART 1							
제1회 최종점검 모의고사							
제2회 최종점검 모의고사							
제3회 최종점검 모의고사							
제4회 최종점검 모의고사							
다회독 1회							
다회독 2회							
오답분석							

스터디 체크박스 활용법

1주 완성 학습플랜에서 계획한 학습량을 어느 정도 실천하였는지 표시하여 자신의 학습량을 효율적으로 관리한다.

구분	1일 차	2일 차	3일 차	4일 차	5일 차	6일 차	7일 차
PART 1	언어이해	×	×	완료			

이 책의 차례 CONTENTS

Add+

2025년 하반기 기출복원문제

2025 하반기 기출복원문제

※ 정답 및 해설은 기출복원문제 바로 뒤 p.016에 있습니다.

01 언어이해

01 다음 글에서 제시된 오리엔탈리즘의 작동방식과 거리가 먼 것은?

> 19세기 이후 서구 지식인들은 동양을 주제로 한 방대한 기록과 예술작품을 생산해 왔다. 이때의 '동양'은 실제 지역·민족·전통의 복합적 현실이라기보다는, 서구가 스스로를 합리·진보·세련의 주체로 정의하기 위해 설정한 '타자(他者)'로서의 동양이었다. 이러한 구성 행위는 단순한 오해나 왜곡을 넘어, 동양에 대한 담론을 장악함으로써 서구의 정치·경제적 지배를 정당화하는 기능을 했다.
>
> 특히 오리엔탈리즘은 '객관적 지식의 생산'이라는 학문적 외양을 띠면서도, 사실상 권력관계의 비대칭 속에서 구축된 담론이었다. 예를 들어, 서구 학자들은 특정 동양 문화의 일부 관습을 예외적 사례임에도 보편적 특성으로 일반화하거나, 동양 사회 내부의 복잡한 권력구조를 단순화해 '정체된 사회'라는 표상으로 고착했다. 그러나 이러한 서술은 동양 사회를 스스로 파악할 능력이 부족하다는 전제를 포함하기 때문에, 동양의 자기 정의(Self-representation)를 원천적으로 제약하는 효과를 갖는다.
>
> 한편, 현대에 들어 오리엔탈리즘의 영향력은 노골적 지배 이데올로기 차원을 넘어 더욱 미묘하게 작동한다. 정보·미디어·관광 산업 등에서 재생산되는 동양 이미지는 '이국적 매력'이나 '신비성'과 같은 긍정적 정서를 담고 있다 하더라도, 여전히 동양을 단일하고 정형화된 대상으로 인식하게 만든다. 이런 점에서 표면상 긍정적인 표현이라 하더라도 오리엔탈리즘적 시각을 강화할 수 있다는 비판이 제기된다. 즉, 오늘날 오리엔탈리즘은 노골적 차별보다 훨씬 은폐된 방식으로 문화 간 권력관계에 개입하고 있다.

① 동양의 자기 정의 능력을 제한하는 방식

② 동양 내부의 권력 구조를 단순화하여 '정체된 사회'로 묘사하는 방식

③ 동양의 일부 문화적 특성을 확대 해석하여 전체적 본질로 규정하는 방식

④ 관광 산업에서 특정 지역을 낭만적·신비롭게만 묘사해 이미지 소비를 유도하는 방식

⑤ 경제·정치 권력을 전혀 사용하지 않고 동양 자체가 스스로 오리엔탈리즘 이미지를 생산하는 방식

02 다음 글을 읽고 추론한 내용으로 적절하지 않은 것은?

> 소비자가 어떤 상품을 구매하기 위하여 지불할 용의가 있는 금액보다 실제로 지불한 가격이 낮아 얻는 이득을 소비자 잉여라고 하고, 생산자가 어떤 상품을 판매하여 얻은 실제 수입이 그 상품을 판매하여 꼭 얻어야겠다고 생각한 금액보다 많아 얻는 이득을 생산자 잉여라고 한다. 그리고 소비자 잉여와 생산자 잉여의 합을 총잉여라고 한다. 상품이 거래되지 않을 때에 비해 어떤 상품이 시장에서 거래될 때에 소비자 잉여는 소비자에게, 생산자 잉여는 생산자에게 혜택이 될 수 있다. 그런데 시장 가격을 임의의 수준으로 결정할 수 있는 독점적 지위를 가진 생산자는 소비자 잉여를 생산자의 이윤으로 흡수하기 위해 이부가격을 설정하기도 한다.
>
> '이부가격설정'이란 어떤 상품에 대하여 두 차례 가격을 치르도록 하는 방식이다. 즉 소비자로 하여금 특정한 상품을 이용할 수 있는 권리를 구입하게 한 다음, 상품을 이용하는 양에 비례하여 가격을 부담시키는 방식이다. 놀이공원 입장료와 놀이 기구 이용료를 생각해 보자. 독점적 지위에 있는 생산자는 놀이 기구 이용료와 별도로 놀이공원 입장료를 받아 두 차례 가격을 치르도록 할 수 있다. 이때 생산자는 놀이공원을 이용할 수 있는 권리인 입장료를 적절한 수준으로 결정해야 자신의 이익을 극대화할 수 있다. 입장료를 지나치게 높은 수준으로 매기면 다수의 소비자들이 이용을 포기할 것이고, 너무 낮은 수준으로 매기면 수입이 줄어들기 때문이다.
>
> 놀이공원 입장료를 결정하기 위해 먼저 생산자는 자신의 이익을 극대화하는 수준에서 놀이 기구 이용료를 결정한다. 놀이 기구를 이용할 소비자가 있다면 이들은 생산자가 정해 놓은 가격 이상을 지불할 용의를 가지고 있는 것이다. 놀이 기구를 이용할 소비자의 소비자 잉여는 지불할 용의가 있는 금액에서 실제로 지불하는 가격을 뺀 차이만큼 발생하게 되는데, 생산자는 소비자 잉여의 일부를 놀이공원의 입장료로 결정하여 소비자 잉여를 자신의 이윤으로 흡수할 수 있게 된다.

① 놀이공원은 시장에서 독점적 지위를 형성하고 있다.
② 독점 시장의 생산자는 시장 가격을 마음대로 정할 수 있다.
③ 총잉여에서 소비자 잉여를 제외하면 생산자 잉여를 구할 수 있다.
④ 이부가격 설정 시 놀이공원 입장료를 높게 책정할수록 수입이 늘어난다.
⑤ 실제 금액보다 소비자의 지불 용의 금액이 크면 소비자 잉여가 발생한다.

03 다음 문단을 논리적 순서대로 바르게 나열한 것은?

(가) 고전주의 예술관에 따르면 진리는 예술 작품 속에 이미 완성된 형태로 존재한다. 독자는 작가가 담아 놓은 진리를 '원형 그대로' 밝혀내야 하고 작품에 대한 독자의 감상은 언제나 작가의 의도와 일치해야 한다. 결국 고전주의 예술관에서 독자는 작품의 의미를 수동적으로 받아들이는 존재일 뿐이다. 하지만 작품의 의미를 해석하고 작가의 의도를 파악하는 존재는 결국 독자이다. 특히 현대 예술에서는 독자에 따라 작품에 대한 다양한 해석이 가능하다고 여긴다. 바로 여기서 수용미학이 등장한다.

(나) 이저는 텍스트 속에 독자의 역할이 들어있다고 보았다. 그러나 독자가 어떠한 역할을 수행할지는 정해져 있지 않기 때문에 독자는 텍스트를 읽는 과정에서 텍스트의 내용과 형식에 끊임없이 반응한다. 이러한 상호작용 과정을 통해 독자는 작품을 재생산한다. 텍스트는 다양한 독자에 따라 다른 작품으로 태어날 수 있으며, 같은 독자라도 시간과 장소에 따라 다른 작품으로 생산될 수 있는 것이다. 이처럼 텍스트와 독자의 상호작용을 강조한 이저는 작품의 내재적 미학에서 탈피하여 작품에 대한 다양한 해석의 가능성을 열어주었다.

(다) 야우스에 의해 제기된 독자의 역할을 체계적으로 정리한 사람이 '이저'이다. 그는 독자의 능동적 역할을 밝히기 위해 '텍스트'와 '작품'을 구별했다. 텍스트는 독자와 만나기 전의 것을, 작품은 독자가 텍스트와의 상호작용을 통해 그 의미가 재생산된 것을 가리킨다. 그런데 이저는 텍스트에는 '빈틈'이 많다고 보았다. 이 빈틈으로 인해 텍스트는 '불명료성'을 가진다. 텍스트에 빈틈이 많다는 것은 부족하다는 의미가 아니라 독자의 개입에 의해 언제나 새롭게 해석될 수 있다는 것을 의미한다.

(라) 수용미학을 처음으로 제기한 사람은 야우스이다. 그는 "문학사는 작품과 독자 간의 대화의 역사로 쓰여야 한다."고 주장했다. 이것은 작품의 의미는 작품 속에 갇혀 있는 것이 아니라 독자에 의해 재생산되는 것임을 말한 것이다. 이로부터 문학을 감상할 때 작품과 독자의 관계에서 독자의 능동성이 강조되었다.

① (가) – (다) – (라) – (가)
② (가) – (라) – (다) – (나)
③ (나) – (가) – (다) – (라)
④ (다) – (가) – (나) – (라)
⑤ (라) – (가) – (나) – (다)

04 다음 글의 내용으로 가장 적절한 것은?

> 복사 냉난방 시스템은 실내 공간과 그 공간에 설치되어 있는 말단 기기 사이에 열교환이 있을 때 그 열교환량 중 50% 이상이 복사 열전달에 의해서 이루어지는 시스템을 말한다. 우리나라 주거 건물의 난방방식으로 100% 가까이 이용되고 있는 온수온돌은 복사 냉난방 시스템 중 하나이며, 창 아래에 주로 설치되어 복사 열교환으로 실내를 냉난방하는 라디에이터 역시 복사 냉난방 시스템이다.
>
> 다양한 복사 냉난방 시스템 중에서도 최근 친환경 냉난방 설비에 대한 관심이 급증하면서 복사 냉난방 패널 시스템이 주목받고 있다. 복사 냉난방 패널 시스템이란 열매체로서 특정 온도의 물을 순환시킬 수 있는 회로를 바닥, 벽, 천장에 매립하거나 부착하여 그 표면온도를 조절함으로써 실내를 냉난방하는 시스템으로 열원, 분배기, 패널, 제어기로 구성된다.
>
> 열원은 실내에 난방 시 열을 공급하고, 냉방 시 열을 제거하는 열매체를 생산해내는 기기로, 보일러와 냉동기가 있다. 열원에서 생산되어 세대에 공급되는 냉온수는 냉난방에 필요한 적정 온도와 유량을 유지할 수 있어야 한다.
>
> 분배기는 열원에서 만들어진 냉온수를 압력 손실 없이 실별로 분배한 뒤 환수하는 장치로, 집중화된 온도와 유량을 조절하고 냉온수 공급 상태를 확인하며, 냉온수가 순환되는 성능을 개선하는 일을 수행할 수 있어야 한다. 우리나라의 경우는 난방용 온수 분배기가 주로 이용되어 왔으나, 냉방기에도 이용이 가능하다.
>
> 패널은 각 실의 바닥, 벽, 천장 표면에 설치되며, 열매체를 순환시킬 수 있는 배관 회로를 포함한다. 분배기를 통해 배관 회로로 냉온수가 공급되면 패널의 표면 온도가 조절되면서 냉난방 부하가 제어되어 실내 공간을 쾌적한 상태로 유지할 수 있게 된다. 이처럼 패널은 거주자가 머무는 실내 공간과 직접적으로 열을 교환하는 냉난방의 핵심 역할을 담당하고 있으므로 열교환이 필요한 시점에 효율적으로 이루어질 수 있도록 설계, 시공되는 것이 중요하다.
>
> 제어기는 냉난방 필요 여부를 판단하여 해당 실의 온도 조절 밸브를 구동하고, 열원의 동작을 제어함으로써 냉난방이 이루어지게 된다.
>
> 복사 냉난방 패널 시스템은 다른 냉난방 설비에 비하여 낮은 온도의 열매체로 난방이 가능하여 에너지 절약 성능이 우수할 뿐만 아니라 쾌적한 실내 온열 환경 조성에도 탁월한 기능을 발휘한다.
>
> ※ 복사 : 물체로부터 열이나 전자기파가 사방으로 방출됨
>
> ※ 열매체 : '열(따뜻한 기운)'과 '냉(차가운 기운)'을 전달하는 물질

① 분배기는 냉방기에도 이용이 가능하다.

② 열원은 냉온수를 압력 손실 없이 실별로 분배한 뒤 환수한다.

③ 패널은 난방 시 열을 공급하고 냉방 시 열을 제거하는 열매체를 생산한다.

④ 제어기는 각 실의 바닥, 벽, 천장 표면에 설치되어 열매체를 순환시킨다.

⑤ 복사 냉난방 패널 시스템은 열매체의 온도가 높아 난방 시 에너지 절약 성능이 뛰어나다.

05 다음 글의 내용으로 적절하지 않은 것은?

수용미학은 1960년 말 서독 문예학계에서 시작된 문학 연구의 한 방법론이다. 이 새로운 문학 연구 방법론은 문학 작품의 역사성과 예술성이 독자, 즉 수용자의 작품 체험 속에 내재해 있다고 전제한다. 따라서 이 이론은 문학 텍스트 이해의 기준을 수용자의 '심미적 경험'에 두고, 문학 작품의 역사적, 심미적 연관성을 성찰하여 작품의 예술성을 해명하려는 새로운 이론이다. 이 이론의 주창자인 야우스는 기존의 문학 연구의 여러 방법들이 문학 작품 자체만을 관찰하는 '작품 내재적인 형식 – 심미적 관찰방법'과 작품과 관련된 주변 세계도 함께 관찰하는 '작품 외재적인 역사 – 사회적 관찰 방법'으로 크게 구별된다고 보았다. 그는 이 양 극단의 연구 방법론의 시각은 무엇보다도 역사적 인식뿐만 아니라, 심미적 인식과 역사적 인식의 간격을 해결하기 위해서, 문학작품의 이해는 작가와 독자 사이에 텍스트와 독자 간의 대화를 통한 '작가 – 작품 – 독자'의 삼각관계 사이에서 이루어진다고 보았다. 따라서 그는 작가 – 작품 중심적인 이론의 접근 방식에서 텍스트 – 독자 중심적인 작품의 이해로 전환할 것을 강조한다.

따라서 수용미학은 '작품이란 그 생성과 수용방식과는 무관하게 영향을 미치고 작용한다.'는 전제하에, 문학 텍스트의 자율성만을 중시한 고전미학의 작품 해석 태도를 비판한다. 이것은 수용미학이 문학 텍스트를 '작가 – 작품 – 독자 간의 의사소통과정'을 담고 있는 '소통 담당자'로 정의하고 있기 때문이다. 여기서 예술 작품이란 하나의 고정된 의미를 전달하는 '진리의 현현 양식'이 아니라 수용자의 작품 경험에서 그 내용의 의미가 비로소 활성화되고 구체화되는 '경험을 전달하는 매개체'로 해석된다. 이러한 견해에 따르면, 수용자를 통해 탄생된 '작품'은 작가의 생산물인 '텍스트' 이상의 것으로, 곧 텍스트가 '독자의 의식 속에서 재정비되어 다시 구성된 것'을 의미한다. 이처럼 작가에 의해 생산된 '텍스트'와 독자에 의해 다시 탄생하게 되는 '작품'을 구분하는 것은, 문학작품에는 작가에 의해 생산된 '예술적인 것'과 독자에 의해서 이루어지는 '심미적인 것'이라는 양극이 내포되어 있음을 시사한다.

그러므로 수용미학은 텍스트의 구조와 독서구조가 수용자의 심미적 경험에서 얽혀 짜이는 가운데 심미적으로 구체화되는 과정에 해석의 초점을 둔다. 따라서 수용미학적 해석은 "텍스트의 의미가 무엇인가?"하는 문제보다 오히려 "그것이 어떻게 파악되는가?"에 주목한다. 따라서 수용미학은 문학작품에 대한 우리의 인식을 생산에서 수용으로 전환할 것을 촉구한다.

① 수용미학은 실제 독자의 이해 과정에 초점을 맞추어 파악하려는 이론이다.

② 수용미학은 1960년대 말 시작된 새로운 문예학적 연구 방법론을 의미한다.

③ 수용미학의 주창자들은 기존의 문학 연구가 사회적 관찰방법을 도외시한다고 본다.

④ 수용미학은 문학 텍스트의 자율성에 근거했던 과거의 문학 연구 방법론을 비판한다.

⑤ 수용미학에 따르면 작가에 의해 생산된 텍스트는 독자에 의해 작품으로 재탄생한다.

01 다음은 A ~ E과제에 대해 전문가 5명이 평가한 점수이다. 최종점수와 평균점수가 같은 과제끼리 바르게 짝지어진 것은?

〈과제별 점수 현황〉

(단위 : 점)

구분	A	B	C	D	E
전문가 1	100	80	60	80	100
전문가 2	70	60	50	100	40
전문가 3	60	40	100	90	( )
전문가 4	50	60	90	70	70
전문가 5	80	60	60	40	80
평균점수	( )	( )	( )	( )	70

※ 최종점수는 가장 낮은 점수와 가장 높은 점수를 제외한 평균점수임

① A, B
② B, C
③ B, D
④ B, E
⑤ D, E

02 다음은 주요 온실가스의 연평균 농도 변화 추이를 나타낸 자료이다. 이에 대한 설명으로 옳지 않은 것은?

〈주요 온실가스의 연평균 농도 변화 추이〉

구분	2018년	2019년	2020년	2021년	2022년	2023년	2024년
이산화탄소(CO_2, ppm)	387.2	388.7	389.9	391.4	392.5	394.5	395.7
오존전량(O_3, DU)	331	330	328	325	329	343	335

① 오존전량은 계속해서 증가하고 있다.
② 이산화탄소의 농도는 계속해서 증가하고 있다.
③ 오존전량이 가장 크게 감소한 해는 2024년이다.
④ 2024년 이산화탄소의 농도는 2019년보다 7ppm 증가했다.
⑤ 2024년 오존전량은 2018년의 오존전량보다 4DU 증가했다.

03 다음은 S사 입사시험의 응시자수 및 합격자수에 대한 자료이다. 2023년과 2022년의 응시자수 대비 합격자수의 비율의 차는?(단, 소수점 이하는 버린다)

〈응시자수 및 합격자수〉

(단위 : 명)

구분	2020년	2021년	2022년	2023년	2024년
응시자수	1,192	1,042	985	1,112	1,294
합격자수	291	283	245	297	312

① 1%p
② 2%p
③ 3%p
④ 4%p
⑤ 5%p

04 다음은 주요 선진국과 BRICs의 고령화율을 나타낸 자료이다. 이를 토대로 2040년의 고령화율이 2010년 대비 3배 이상이 되는 나라를 〈보기〉에서 모두 고르면?

〈주요 선진국과 BRICs 고령화율〉

(단위 : %)

구분	한국	미국	프랑스	영국	독일	일본	브라질	러시아	인도	중국
1990년	5	12	14	13	15	11	4	10	2	5
2000년	7	12	16	15	16	17	5	12	3	6
2010년	11	13	20	16	20	18	7	13	4	10
2020년	15	16	20	20	23	28	9	17	6	11
2030년(예상치)	24	20	25	25	28	30	16	21	10	16
2040년(예상치)	33	26	30	32	30	36	21	26	16	25

보기

㉠ 한국
㉡ 미국
㉢ 일본
㉣ 브라질
㉤ 인도

① ㉠, ㉡, ㉢
② ㉠, ㉡, ㉣
③ ㉠, ㉣, ㉤
④ ㉡, ㉢, ㉤
⑤ ㉢, ㉣, ㉤

05 다음은 연도별 빵소니 교통사고 통계현황에 대한 자료이다. 이에 대한 〈보기〉의 설명 중 옳은 것을 모두 고르면?

〈연도별 빵소니 교통사고 통계현황〉

(단위 : 건, 명)

구분	2020년	2021년	2022년	2023년	2024년
사고건수	15,500	15,280	14,800	15,800	16,400
검거 수	12,493	12,606	12,728	13,667	14,350
사망자 수	1,240	1,528	1,850	1,817	1,558
부상자 수	9,920	9,932	11,840	12,956	13,940

- $[\text{검거율}(\%)]=\frac{(\text{검거 수})}{(\text{사고건수})}\times 100$
- $[\text{사망률}(\%)]=\frac{(\text{사망자 수})}{(\text{사고건수})}\times 100$
- $[\text{부상률}(\%)]=\frac{(\text{부상자 수})}{(\text{사고건수})}\times 100$

보기

㉠ 사고건수는 매년 감소하지만 검거 수는 매년 증가한다.
㉡ 2022년의 사망률과 부상률이 2023년의 사망률과 부상률보다 모두 높다.
㉢ 2022 ~ 2024년의 사망자 수와 부상자 수의 증감추이는 반대이다.
㉣ 2021 ~ 2024년 검거율은 매년 높아지고 있다.

① ㉠, ㉡
② ㉠, ㉣
③ ㉡, ㉣
④ ㉢, ㉣
⑤ ㉠, ㉢, ㉣

03 창의수리

01 다음 〈조건〉에 따른 태풍 영향권의 넓이로 옳은 것은?(단, 태풍의 영향권은 원의 형태이며, 제시된 조건 외에 다른 사항은 고려하지 않고, 원주율은 3.14로 계산한다)

> **조건**
> - 해상에서 영향권의 반지름이 200km인 태풍이 발생하였다.
> - 발생한 태풍은 직선 방향으로 1,000km 이동하였다.
> - 이동 중 태풍의 세력이 감소하여 영향권의 반지름이 150km로 줄어들고, 이내 소멸하였다.

① 402,624km^2
② 424,655km^2
③ 446,580km^2
④ 448,125km^2
⑤ 501,165km^2

02 농도가 10%인 소금물 800g을 증발시켜 농도 16%의 소금물을 만들려고 한다. 1시간에 15g의 물이 증발되는 곳에 소금물을 놔뒀다면, 몇 시간이 걸리겠는가?

① 18시간
② 19시간
③ 20시간
④ 21시간
⑤ 22시간

03 A인터넷카페의 11월의 회원 수는 260명 미만이었고, 남녀의 비는 2 : 3이었다. 12월에는 남자보다 여자가 2배 더 가입하여 남녀의 비는 5 : 8이 되었고, 전체 회원 수는 320명을 넘었다. 12월 현재 전체 회원의 수는?

① 322명
② 323명
③ 324명
④ 325명
⑤ 326명

04 임원진 2명과 팀장 4명, 외부 인사 3명이 함께 원탁에 앉아 회의하려고 한다. 외부 인사들은 외부 인사들끼리 나란히 앉고 팀장들은 팀장들끼리 나란히 앉을 때, 팀장과 외부 인사 사이에 임원진이 앉을 수 있는 경우의 수는?(단, 임원진들끼리 나란히 앉을 수 없고 회전하여 일치하는 것은 같은 것으로 본다)

① 272가지
② 288가지
③ 294가지
④ 300가지
⑤ 396가지

05 원가가 2,000원인 제품에 15%의 마진을 붙여 정가로 판매하였다. 총 판매된 제품은 160개이고 그중 8개 제품에 하자가 발견되어 판매가격의 2배를 보상금으로 지불했을 때, 얻은 이익은 총 얼마인가?

① 10,800원
② 11,200원
③ 18,200원
④ 24,400원
⑤ 26,500원

04 언어추리

01 작곡가 A ~ D는 각각 피아노, 바이올린, 트럼펫, 플루트를 연주한다. 또한 피아노를 연주하는 사람은 재즈를, 트럼펫과 바이올린을 연주하는 사람은 클래식을, 플루트를 연주하는 사람은 재즈와 클래식 모두를 연주한다. 4명 중 한 사람만 진실을 말했을 때, 다음 〈보기〉 중 옳은 것을 모두 고르면?(단, 악기는 중복 없이 한 사람당 한 악기만 연주할 수 있고 거짓은 모든 진술을 부정한다)

- A : 나는 피아노를 연주하지 않고, D는 트럼펫을 연주해.
- B : A는 플루트를 연주하지 않고, 나는 바이올린을 연주해.
- C : B는 피아노를 연주하고, D는 바이올린을 연주해.
- D : A는 플루트를 연주하고, C는 트럼펫을 연주하지 않아.

보기

㉠ A는 재즈를, C는 클래식을 연주한다.
㉡ B는 클래식을 연주한다.
㉢ C는 재즈와 클래식을 모두 연주한다.

① ㉠
② ㉡
③ ㉢
④ ㉠, ㉡
⑤ ㉡, ㉢

02 S사의 기획팀에서 근무하고 있는 직원 A ~ D는 서로의 프로젝트 참여 여부에 관하여 다음과 같이 진술하였고, 이들 중 단 1명만이 진실을 말하였다. 이들 가운데 반드시 프로젝트에 참여하는 사람은 누구인가?

- A : 나는 프로젝트에 참여하거나, B가 프로젝트에 참여하지 않는다.
- B : A와 C 중 적어도 한 명은 프로젝트에 참여한다.
- C : 나와 B 중 적어도 한 명은 프로젝트에 참여하지 않는다.
- D : B와 C 중 한 명이라도 프로젝트에 참여한다면, 나도 프로젝트에 참여한다.

① A
② B
③ C
④ D
⑤ 없음

03 S병원에는 현재 5명의 심리상담사가 근무 중이다. 얼마 전 시행한 감사 결과 이들 중 1명이 근무시간에 자리를 비운 것이 확인되었다. 5명의 심리상담사 중 3명이 진실을 말하고 2명이 거짓을 말한다고 할 때, 다음 중 거짓을 말하고 있는 심리상담사를 모두 고르면?

조건

- A : B는 진실을 말하고 있어요.
- B : 제가 근무시간에 C를 찾아갔을 때, C는 자리에 없었어요.
- C : 근무시간에 자리를 비운 사람은 A입니다.
- D : 저는 C가 근무시간에 밖으로 나가는 것을 봤어요.
- E : D는 어제도 근무시간에 자리를 비웠어요.

① A, B
② A, D
③ B, C
④ B, D
⑤ C, E

04 아름이는 연휴를 맞아 유럽 일주를 할 계획이다. 하지만 시간 관계상 벨기에, 프랑스, 영국, 독일, 오스트리아, 스페인 중 4개 국가만 방문하고자 한다. 다음 조건에 따라 방문할 국가를 고를 때, 아름이가 방문하지 않을 국가끼리 바르게 짝지어진 것은?

조건

- 스페인은 반드시 방문한다.
- 프랑스를 방문하면 영국은 방문하지 않는다.
- 오스트리아를 방문하면 스페인은 방문하지 않는다.
- 벨기에를 방문하면 영국도 방문한다.
- 오스트리아, 벨기에, 독일 중 적어도 2개 국가를 방문한다.

① 영국, 프랑스
② 벨기에, 독일
③ 영국, 벨기에
④ 오스트리아, 프랑스
⑤ 독일, 오스트리아

05 다음 중 〈조건〉의 결과에 따라 순위를 바르게 나열한 것은?

조건

- 결승선에 민수가 철수보다 늦게 들어왔다.
- 결승선에 영희가 민수보다 먼저 들어왔다.
- 결승선에 영희가 철수보다 늦게 들어왔다.

① 철수 – 영희 – 민수
② 영희 – 민수 – 철수
③ 영희 – 철수 – 민수
④ 철수 – 민수 – 영희
⑤ 민수 – 영희 – 철수

05 수열추리

※ 일정한 규칙으로 수를 나열할 때, 빈칸에 들어갈 알맞은 수를 고르시오. **[1~3]**

01

27　81　9　243　3　729　(　)

① 1
② 2
③ 4
④ 6
⑤ 8

02

14　22　$\frac{43}{2}$　43　51　$\frac{101}{2}$　101　(　)

① 105
② 109
③ 116
④ 125
⑤ 168

03

$\underline{2 \quad (\quad) \quad 10}$　$\underline{4 \quad -3 \quad -10}$　$\underline{-5 \quad 2 \quad -8}$

① 4
② 6
③ 8
④ 12
⑤ 14

04 일정한 규칙으로 수를 나열할 때, A÷B의 값은?

(A)　64　32　16　8　(B)

① 4
② 16
③ 32
④ 64
⑤ 128

05 다음 수열의 10번째 항의 값은?

3　4　5　11　7　18　…

① 32
② 34
③ 35
④ 38
⑤ 40

2025 하반기 기출복원문제 정답 및 해설

01 언어이해

01	02	03	04	05
⑤	④	②	①	③

01

정답 ⑤

제시문에 따르면 오리엔탈리즘은 서구의 정치·경제적 권력을 기반으로 형성되는 담론이다. 즉 동양을 해석하는 주체는 항상 서구이며, 권력 비대칭이 핵심 요소다. ⑤의 경제·정치 권력을 전혀 사용하지 않는다는 전제는 지문과 모순된다. 또한 제시문은 오리엔탈리즘을 서구가 동양을 타자화하며 만들어낸 이미지라고 설명한다. 그런데 선택지 ⑤는 동양이 스스로 오리엔탈리즘 이미지를 생산한다고 하여 주체를 바꾸고 있다.
따라서 오리엔탈리즘의 작동방식과 가장 거리가 먼 것은 ⑤이다.

02

정답 ④

낮은 수준으로 가격을 책정할 시 수입이 줄어들고, 너무 높은 수준으로 매기면 소비자들이 이용을 포기해 수입이 줄어들 수 있다.

오답분석

① 독점적 지위를 가진 생산자는 이부가격을 설정할 수 있으며, 놀이공원은 이부가격설정의 예 중 하나이다.
② 독점적 지위를 가진 생산자는 시장 가격을 임의의 수준으로 설정할 수 있다.
③ 소비자 잉여와 생산자 잉여의 합을 총잉여라 한다.
⑤ 소비자가 어떤 상품을 구매하기 위하여 지불할 용의가 있는 금액보다 실제로 지불한 가격이 낮아 얻는 이득을 소비자 잉여라 한다.

03

정답 ②

제시문은 고전주의의 예술관을 설명한 후 이에 반하는 수용미학의 등장을 설명하고, 수용미학을 처음 제시한 야우스의 주장에 대해 설명한다. 이어서 이것을 체계화한 이저의 주장을 소개하고 이저가 생각한 독자의 역할을 제시한 뒤 이것의 의의에 대해 설명한다. 따라서 (가) 고전주의 예술관과 이에 반하는 수용미학의 등장 – (라) 수용미학을 제기한 야우스의 주장 – (다) 야우스의 주장을 정리한 이저 – (나) 이저의 이론 속 텍스트와 독자의 상호작용의 의의 순으로 나열하는 것이 적절하다.

04

정답 ①

제시문에 따르면 열원에서 만들어진 냉온수를 압력 손실 없이 실별로 분배한 뒤 환수하는 분배기는 주로 난방용으로 이용되어 왔으나, 냉방기에도 이용이 가능하다.

오답분석

② 냉온수를 압력 손실 없이 실별로 분배한 뒤 환수하는 장치는 분배기이다.
③ 난방 시 열을 공급하고 냉방 시 열을 제거하는 열매체를 생산하는 장치는 열원이다.
④ 각 실의 바닥, 벽, 천장 표면에 설치되어 열매체를 순환시키는 것은 패널이다.
⑤ 복사 냉난방 패널 시스템은 열매체의 온도가 낮아 난방 시 에너지 절약 성능이 뛰어나다.

05

정답 ③

제시문에서 기존의 문학 연구의 여러 방법들이 문학 작품 자체만을 관찰하는 '작품 내재적인 형식 – 심미적 관찰방법'과 작품과 관련된 주변 세계도 함께 관찰하는 '작품 외재적인 역사 – 사회적 관찰방법'으로 크게 구별된다고 주장하였기 때문에 기존의 문학 연구가 사회적 관찰방법을 도외시한다는 것은 글의 내용으로 적절하지 않다.

오답분석

① 수용미학은 텍스트의 구조와 독서구조가 수용자의 심미적 경험에서 얽혀 짜이는 가운데 심미적으로 구체화되는 과정에 해석의 초점을 둔다.
② 수용미학은 1960년 말 서독 문예학계에서 시작된 문학 연구의 한 방법론이다.
④ 수용미학은 '작품이란 그 생성과 수용방식과는 무관하게 영향을 미치고 작용한다.'는 전제하에, 문학 텍스트의 자율성만을 중시한 고전미학의 작품 해석 태도를 비판한다.
⑤ 수용자를 통해 탄생된 '작품'은 작가의 생산물인 '텍스트' 이상의 것으로, 곧 텍스트가 '독자의 의식 속에서 재정비되어 다시 구성된 것'을 의미한다.

02 자료해석

01	02	03	04	05
④	①	②	③	④

01

정답 ④

E과제에 대한 전문가 3의 점수는 70×5−(100+40+70+80)=60점이고, A~E과제의 평균점수와 최종점수를 구하면 다음과 같다.

구분	평균점수	최종점수
A	$\frac{100+70+60+50+80}{5}$ =72점	$\frac{70+60+80}{3}$=70점
B	$\frac{80+60+40+60+60}{5}$ =60점	$\frac{60+60+60}{3}$=60점
C	$\frac{60+50+100+90+60}{5}$ =72점	$\frac{60+90+60}{3}$=70점
D	$\frac{80+100+90+70+40}{5}$ =76점	$\frac{80+90+70}{3}$=80점
E	70점	$\frac{60+70+80}{3}$=70점

따라서 평균점수와 최종점수가 같은 과제는 B, E이다.

02

정답 ①

이산화탄소의 농도가 계속해서 증가하고 있는 것과 달리 오존전량은 2018년부터 2021년까지 차례로 감소하고 있다.

오답분석

② 이산화탄소의 농도는 2018년 387.2에서 시작하여 2024년 395.7ppm으로 해마다 증가했다.
③ 2019년 오존전량은 1DU 감소하였고, 2020년에는 2DU, 2021년에는 3DU 감소하였다. 2024년에는 8DU 감소하였다.
④ 2024년 이산화탄소 농도는 2019년의 388.7ppm에서 395.7ppm으로 7ppm 증가했다.
⑤ 2024년 오존전량은 335DU로, 2018년의 331DU보다 4DU 증가했다.

03

정답 ②

- 2023년 응시자수 대비 합격자수의 비율
  : 297÷1,112×100≒26%
- 2022년 응시자수 대비 합격자수의 비율
  : 245÷985×100≒24%

따라서 2023년과 2022년의 응시자수 대비 합격자수의 비율의 차는 2%p이다.

04

정답 ③

표에 제시된 수치 단위가 작아 눈으로 풀 수 있는 문제이다. 2010년과 2040년의 수치를 확인해가면서 3배 이상 되는 국가만 빠르게 선별한다.

따라서 2010년 대비 2040년의 고령화율이 3배 이상 되는 국가는 ㉠ 한국(3배), ㉣ 브라질(3배), ㉤ 인도(4배)이다

㉠ 한국 : $\frac{33}{11}$=3배

㉡ 미국 : $\frac{26}{13}$=2배

㉢ 일본 : $\frac{36}{18}$=2배

㉣ 브라질 : $\frac{21}{7}$=3배

㉤ 인도 : $\frac{16}{4}$=4배

05

정답 ④

㉢ 2022 ~ 2024년에 사망자 수는 1,850명 → 1,817명 → 1,558명으로 감소하고 있고, 부상자 수는 11,840명 → 12,956명 → 13,940명으로 증가하고 있다.

㉣ 각 연도의 검거율을 구하면 다음과 같다.

- 2021년 : $\frac{12,606}{15,280} \times 100 = 82.5\%$
- 2022년 : $\frac{12,728}{14,800} \times 100 = 86\%$
- 2023년 : $\frac{13,667}{15,800} \times 100 = 86.5\%$
- 2024년 : $\frac{14,350}{16,400} \times 100 = 87.5\%$

따라서 검거율은 매년 높아지고 있다.

오답분석

㉠ 사고건수는 2022년까지 감소하다가 2023년부터 증가하고 있고, 검거 수는 매년 증가하고 있다.

㉡ 2022년과 2023년의 사망률 및 부상률은 다음과 같다.

- 2022년 사망률 : $\frac{1,850}{14,800} \times 100 = 12.5\%$
- 2022년 부상률 : $\frac{11,840}{14,800} \times 100 = 80\%$
- 2023년 사망률 : $\frac{1,817}{15,800} \times 100 = 11.5\%$
- 2023년 부상률 : $\frac{12,956}{15,800} \times 100 = 82\%$

따라서 사망률은 2022년이 더 높지만 부상률은 2023년이 더 높다.

03 창의수리

01	02	03	04	05
④	③	④	②	②

01

정답 ④

제시된 조건에 따라 태풍의 영향권을 표시하면 다음과 같다.

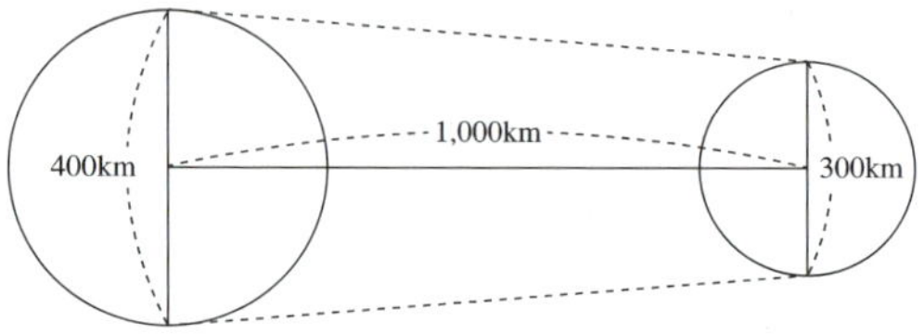

표시된 영향권의 넓이를 구하기 위해서는 발생 시 태풍 영향권 넓이의 절반과, 소멸 시 태풍 영향권 넓이의 절반과, 이동 경로의 사다리꼴 넓이를 구하면 된다.

- 발생 시 태풍 영향권 넓이의 절반
  : $3.14 \times 200^2 \times \frac{1}{2} = 62,800\text{km}^2$
- 소멸 시 태풍 영향권 넓이의 절반
  : $3.14 \times 150^2 \times \frac{1}{2} = 35,325\text{km}^2$
- 이동 경로의 사다리꼴 넓이
  : $(400+300) \times 1,000 \times \frac{1}{2} = 350,000\text{km}^2$

따라서 태풍 영향권의 넓이는 $62,800+35,325+350,000=448,125\text{km}^2$이다.

02

정답 ③

- 농도가 10%인 소금물 800g에 들어있는 소금의 양
  : $800 \times \frac{10}{100} = 80\text{g}$
- 소금 80g이 들어있는 농도가 16%인 소금물의 물의 양
  : $80 \times \frac{100}{16} = 500\text{g}$
- 물 300g이 증발하는 데 걸리는 시간
  : 300g÷15g/h=20시간

따라서 20시간이 걸린다.

03

정답 ④

11월 회원의 남녀의 비가 2 : 3이므로 각각 $2a$명, $3a$명이라 하고, 12월에 더 가입한 남녀 회원의 수를 각각 x명, $2x$명으로 놓으면 다음과 같은 식이 성립한다.

- $2a+3a<260$ … ㉠
- $(2a+x)+(3a+2x)>320$ … ㉡

12월에 남녀의 비가 5 : 8이므로 $(2a+x):(3a+2x)=5:8$
→ $a=2x$이다.
이를 ㉠, ㉡에 대입하여 정리하면 다음과 같은 식이 성립한다.
- $4x+6x<260$ ⋯ ㉠′
- $5x+8x>320$ ⋯ ㉡′

㉠′은 $10x<260$이므로 $x<26$이고
㉡′은 $13x>320$이므로 $x>\frac{320}{13}$ 이다.
공통범위는 $24.6\cdots<x<26$이고 x는 자연수이므로 $x=25$이다.
따라서 12월 현재 전체 회원 수는 $5a+3x=13x=325$명이다.

04 정답 ②

주어진 조건에 따라 앉을 수 있는 경우는 다음과 같다.
- 임원진 2명을 A와 B에 배치하는 경우의 수 : $3!\times4!=144$가지

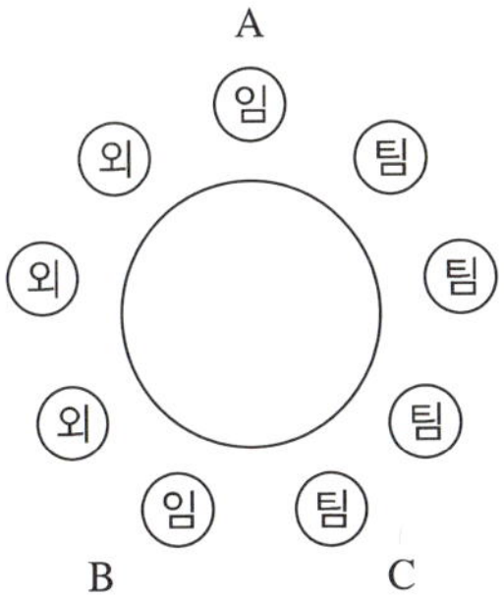

- 임원진 2명을 A와 C에 배치하는 경우의 수 : $3!\times4!=144$가지

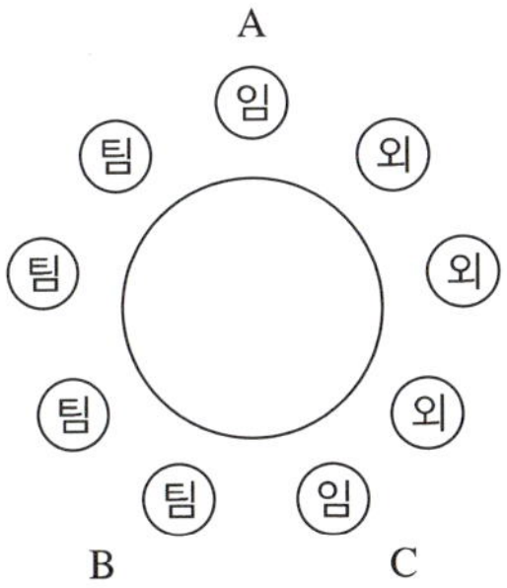

따라서 구하고자 하는 경우의 수는 $144+144=288$가지이다.

05 정답 ②

제품 1개를 판매했을 때 얻는 이익은 $2,000\times0.15$원이므로 정가는 2,300원이다.
판매이익은 $160\times300=48,000$원이고, 하자 제품에 대한 보상금액은 $8\times2\times2,300=36,800$원이다.
따라서 얻은 이익은 $48,000-36,800=11,200$원이다.

04 언어추리

01	02	03	04	05
④	②	⑤	④	①

01 정답 ④

i) A가 진실을 말하는 경우

구분	A	B	C	D
피아노	×	×		
바이올린		×		×
트럼펫			○	○
플루트	△			

ii) B가 진실을 말하는 경우

구분	A	B	C	D
피아노	○	×		
바이올린		○		×
트럼펫			○	×
플루트	×			

iii) C가 진실을 말하는 경우

구분	A	B	C	D
피아노	○	○		
바이올린		×		○
트럼펫			○	×
플루트	△			

iv) D가 진실을 말하는 경우

구분	A	B	C	D
피아노	○	×		
바이올린		×		×
트럼펫			×	×
플루트	○			

따라서 B가 참일 경우 주어진 조건에 따라 A는 피아노, B는 바이올린, C는 트럼펫, D는 플루트를 연주하며, 피아노를 연주하는 A는 재즈, 트럼펫과 바이올린을 연주하는 B와 C는 클래식, 그리고 플루트를 연주하는 D는 클래식과 재즈 모두를 연주한다.

02

정답 ②

먼저 B의 진술이 거짓일 경우 A와 C는 모두 프로젝트에 참여하지 않으며, C의 진술이 거짓일 경우 B와 C는 모두 프로젝트에 참여한다. 따라서 B와 C의 진술은 동시에 거짓이 될 수 없으므로 둘 중 한 명의 진술은 반드시 참이 된다.

- B의 진술이 참인 경우
  A는 프로젝트에 참여하지 않으며, B와 C는 모두 프로젝트에 참여한다. B와 C 모두 프로젝트에 참여하므로 D는 프로젝트에 참여하지 않는다.
- C의 진술이 참인 경우
  A의 진술은 거짓이므로 A는 프로젝트에 참여하지 않으며, B는 프로젝트에 참여한다. C는 프로젝트에 참여하지 않으나, B가 프로젝트에 참여하므로 D는 프로젝트에 참여하지 않는다.

따라서 반드시 프로젝트에 참여하는 사람은 B이다.

03

정답 ⑤

A～E의 진술에 따르면 B와 D의 진술은 반드시 동시에 참이나 거짓이 되어야 하며, A와 B의 진술 역시 동시에 참이나 거짓이 되어야 한다. 이때 B의 진술이 거짓일 경우, A와 D의 진술 모두 거짓이 되므로 2명이 거짓을 말한다는 조건에 어긋난다.

따라서 진실을 말하고 있는 심리상담사는 A, B, D이며, 거짓을 말하고 있는 심리상담사는 C와 E가 된다. 이때, 진실을 말하고 있는 B와 D의 진술에 따라 근무시간에 자리를 비운 사람은 C가 된다.

04

정답 ④

각 조건을 정리하면 다음과 같다.

- 스페인 반드시 방문
- 프랑스 → ～영국
- 오스트리아 → ～스페인
- 벨기에 → 영국
- 오스트리아, 벨기에, 독일 중 2개 이상

세 번째 명제의 대우 명제는 '스페인 → ～오스트리아'이고, 스페인을 반드시 방문해야 하므로 오스트리아는 방문하지 않을 것이다. 그러면 마지막 조건에 따라 벨기에와 독일은 방문한다. 네 번째 조건에 따라 영국도 방문하고, 그러면 두 번째 조건에 따라 프랑스는 방문하지 않는다.

따라서 아름이가 방문할 국가는 스페인, 벨기에, 독일, 영국이며, 방문하지 않을 국가는 오스트리아와 프랑스임을 알 수 있다.

05

정답 ①

철수가 민수보다, 영희가 민수보다, 철수가 영희보다 결승선에 먼저 들어왔다. 따라서 철수 – 영희 – 민수 순으로 결승선에 들어왔다.

05 수열추리

01	02	03	04	05
①	②	①	③	①

01

정답 ①

앞의 항에 ×3, ÷9, ×27, ÷81, ×243, ÷729, …인 수열이다.

따라서 (　)=729÷729=1이다.

02

정답 ②

앞의 항에 +8, $-\frac{1}{2}$, ×2를 번갈아 적용하는 수열이다.

따라서 (　)=101+8=109이다.

03

정답 ①

나열된 수를 각각 A, B, C라고 하면

$\underline{A\ B\ C} \rightarrow A\times B+2=C$

따라서 (　)=(10−2)÷2=4이다.

04

정답 ③

앞의 항에 ÷2를 하는 수열이다.

따라서 A=128, B=4이므로, A÷B=32이다.

05

정답 ①

홀수 항은 +2, 짝수 항은 +7을 하는 수열이다.

따라서 10번째 항의 값은 25+7=32이다.

PART 1

대표기출유형

CHAPTER 01

언어이해

합격 Cheat Key

언어이해는 크게 독해, 문장나열, 빈칸추론 등으로 나눌 수 있다. 이 중 독해의 비중이 압도적으로 높은 편인데, 독해는 내용 일치·불일치, 주제 찾기, 추론하기 등으로 구성되어 있다. 15분 동안 20문제를 풀어야 하는 언어이해는 최대한 많은 문제를 풀어 보면서 글의 주제와 흐름을 파악하여 정확하게 답을 고르는 연습이 필요하다.

1 독해

제시문의 전체적인 맥락을 읽고 파악하는 문제로 구성되어 있으며, 특히 추론하기와 비판하기가 높은 비율로 출제되고 있다.

학습 포인트

- 경제·경영·철학·역사·예술·과학 등 다양한 분야와 관련된 글이 제시된다.
- 독해의 경우 단기간의 공부로 성적을 올릴 수 있는 부분이 아니므로 평소에 꾸준히 연습해야 한다.
- 추론하기와 비판하기의 경우 제시문을 바탕으로 정확한 근거를 판단하여 풀이하면 오답을 피할 수 있다.

2 문장나열

주어진 문장을 논리적 순서에 맞게 나열하는 문제, 〈보기〉에 주어진 문장을 제시문에서 적절한 자리에 배치하는 문제 유형 등이 있다.

학습 포인트

- 고득점을 목표로 한다면 절대 놓쳐서는 안 되는 영역이다.
- 문장과 문장을 연결하는 접속어의 쓰임에 대해 알고 있으면 빠른 시간 내에 문제를 풀 수 있다.
- 문장 속에 나타나는 지시어는 해당 문장의 앞에 어떤 내용이 오는지에 대한 힌트가 되므로 이에 집중한다.

3 빈칸추론

문맥의 흐름에 맞는 적절한 문장을 찾는 유형으로, 이전에는 앞뒤 문장으로 추론이 가능했으나 최근에는 글의 전체적인 맥락을 알지 못하면 풀 수 없게 출제되고 있으므로 글의 중심 내용을 빠르게 파악해야 한다.

학습 포인트

- 제시문을 처음부터 끝까지 다 읽지 않고 빈칸의 앞뒤 문장만으로 그 사이에 들어갈 내용을 유추하는 연습을 해야 한다.
- 선택지를 읽으며 빈칸에 들어갈 답을 고른 후 해설과 비교한다. 확실하게 정답을 선택한 경우를 제외하고, 놓친 부분을 다시 한 번 확인하는 습관을 들인다.

CHAPTER

01 이론점검

01 논리구조

논리구조에서는 주로 단락과 문장 간의 관계나 글 전체의 논리적 구조를 정확히 파악했는지를 묻는다. 글의 순서를 바르게 나열하는 유형이 출제되고 있다. 제시문의 전체적인 흐름을 바탕으로 각 문단의 특징, 단락 간의 역할 등을 논리적으로 구조화할 수 있는 능력을 길러야 한다.

(1) 문장과 문장 간의 관계

① **상세화 관계** : 주지 → 구체적 설명(비교, 대조, 유추, 분류, 분석, 인용, 예시, 비유, 부연, 상술 등)

② **문제(제기)와 해결 관계** : 한 문장이 문제를 제기하고, 다른 문장이 그 해결책을 제시하는 관계(과제 제시 → 해결 방안, 문제 제기 → 해답 제시)

③ **선후 관계** : 한 문장이 먼저 발생한 내용을 담고, 다음 문장이 나중에 발생한 내용을 담고 있는 관계

④ **원인과 결과 관계** : 한 문장이 원인이 되고, 다른 문장이 그 결과가 되는 관계(원인 제시 → 결과 제시, 결과 제시 → 원인 제시)

⑤ **주장과 근거 관계** : 한 문장이 필자가 말하고자 하는 바(주지)가 되고, 다른 문장이 그 문장의 증거(근거)가 되는 관계(주장 제시 → 근거 제시, 의견 제안 → 의견 설명)

⑥ **전제와 결론 관계** : 앞 문장에서 조건이나 가정을 제시하고, 뒤 문장에서 이에 따른 결론을 제시하는 관계

(2) 문장의 연결 방식

① **순접** : 원인과 결과, 부연 설명 등의 문장 연결에 쓰임
[예] 그래서, 그리고, 그러므로 등

② **역접** : 앞글의 내용을 전면적 또는 부분적으로 부정
[예] 그러나, 그렇지만, 그래도, 하지만 등

③ **대등 · 병렬** : 앞뒤 문장의 대비와 반복에 의한 접속
[예] 및, 혹은, 또는, 이에 반하여 등

④ **보충 · 첨가** : 앞글의 내용을 보다 강조하거나 부족한 부분을 보충하기 위해 다른 말을 덧붙이는 문맥
[예] 단, 곧, 즉, 더욱이, 게다가, 왜냐하면 등

⑤ **화제 전환** : 앞글과는 다른 새로운 내용을 이야기하기 위한 문맥

⑥ **비유 · 예시** : 앞글에 대해 비유적으로 다시 말하거나 구체적인 예를 보임
[예] 예를 들면, 예컨대, 마치 등

(3) 원리 접근법

앞뒤 문장의 중심 의미 파악	→	앞뒤 문장의 중심 내용이 어떤 관계인지 파악	→	문장 간의 접속어, 지시어의 의미와 기능	→	문장의 의미와 관계성 파악
각 문장의 의미를 어떤 관계로 연결해서 글을 전개하는지 파악해야 한다.		지문 안의 모든 문장은 서로 논리적 관계성이 있다.		접속어와 지시어를 음미하는 것은 독해의 길잡이 역할을 한다.		문단의 중심 내용을 알기 위한 기본 분석 과정이다.

PART 1

02 논리적 이해

(1) 전제의 추론

전제의 추론은 원칙적으로 주어진 내용의 이면에 내포되어 있는 이미 옳다고 인정된 사실을 유추하는 유형이다.

① 먼저 주장이 무엇인지 명확하게 파악해야 한다.
② 주장이 성립하기 위해서 논리적으로 필요한 요건이 무엇인지 생각해 본다.
③ 선택지 중 주장과 논리적으로 인과 관계를 형성할 수 있는 조건을 찾아낸다.

(2) 결론의 추론

주어진 내용을 명확히 이해한 다음, 이를 근거로 이끌어 낼 수 있는 올바른 결론이나 관련 사항을 논리적인 관점에서 찾는 문제 유형이다. 이와 같은 문제는 평상시 비판적이고 논리적인 관점으로 글을 읽는 연습을 충분히 해두어야 유리하다고 볼 수 있다.

(3) 주제의 추론

주제와 관련된 추론 문제는 적성검사에서 자주 출제되는 유형으로서, 글의 표제, 부제, 주제, 주장, 의도를 파악하는 형태의 문제와 같은 유형이다. 이러한 유형의 문제는 주제를 글의 첫 문단이나 마지막 문단을 통해서 찾을 수 있으며, 그렇지 않더라도 문단의 병렬·대등 관계를 파악하면 쉽게 찾을 수 있다. 여러 문단에서 공통된 주제를 추론할 때는, 각각의 제시문을 먼저 요약한 뒤, 핵심 키워드를 찾은 다음 이를 토대로 주제문을 가려내어 하나의 주제를 유추하면 된다. 따라서 평소에 제시문을 읽고, 핵심 키워드를 찾아 문장을 구성하는 연습을 많이 해두어야 한다. 또한 겉으로 드러난 주제나 정보를 찾는 데 그치지 않고 글 속에 숨겨진 의도나 정보를 찾기 위해 꼼꼼히 관찰하는 태도가 필요하다.

01 주제 · 제목 찾기

| 유형분석 |

- 글을 읽고 말하고자 하는 주제를 파악할 수 있는지를 평가하는 유형이다.
- 단순한 설명문부터 주장, 반박문까지 다양한 성격의 지문이 제시되므로 글의 성격별 특징을 알아두는 것이 좋다.

다음 글의 중심 내용으로 가장 적절한 것은?

> 우리는 주변에서 신호등 음성 안내기, 휠체어 리프트, 점자 블록 등의 장애인 편의 시설을 많이 볼 수 있다. 우리는 이런 편의 시설을 장애인들이 지니고 있는 국민으로서의 기본 권리를 인정한 것이라는 시각에서 바라보고 있다. 물론, 장애인의 일상생활 보장이라는 측면에서 이 시각은 당연한 것이다. 하지만 이를 바라보는 또 다른 시각이 필요하다. 그것은 바로 장애인만을 위한 것이 아니라 일상생활에서 활동에 불편을 겪는 모두를 위한 것이라는 시각이다. 편리하고 안전한 시설은 장애인뿐만 아니라 우리 모두에게 유용하기 때문이다.
>
> 예를 들어, 건물의 출입구에 설치되어 있는 경사로는 장애인들의 휠체어만 다닐 수 있도록 설치해 놓은 것이 아니라, 몸이 불편해서 계단을 오르내릴 수 없는 노인이나 유모차를 끌고 다니는 사람들도 편하게 다닐 수 있도록 만들어 놓은 시설이다. 결국 이 경사로는 우리 모두에게 유용한 시설인 것이다.
>
> 그런 의미에서, 근래에 대두되고 있는 '보편적 디자인', 즉 '유니버설 디자인(Universal Design)'이라는 개념은 우리에게 좋은 시사점을 제공해 준다. 보편적 디자인이란 가능한 모든 사람이 이용할 수 있도록 제품, 건물, 공간을 디자인한다는 의미를 가지고 있기 때문이다. 이러한 시각으로 바라본다면 장애인 편의 시설이 우리 모두에게 편리하고 안전한 시설로 인식될 것이다.

① 우리 주변에서는 장애인 편의 시설을 많이 볼 수 있다.
② 보편적 디자인은 근래에 대두되고 있는 중요한 개념이다.
③ 어떤 집단의 사람들이라도 이용할 수 있는 제품을 만들어야 한다.
④ 보편적 디자인이라는 관점에서 장애인 편의 시설을 바라볼 필요가 있다.
⑤ 장애인들의 기본 권리를 보장하기 위해 장애인 편의 시설을 확충해야 한다.

정답 ④

제시문의 첫 번째 문단에서 '장애인 편의 시설에 대한 새로운 시각'이 필요하다고 밝히고, 두 번째 문단에서 장애인 편의 시설이 '우리 모두에게 유용함'을 강조했으며, 마지막 문단에서 보편적 디자인의 시각으로 바라볼 때 '장애인 편의 시설은 우리 모두에게 편리하고 안전한 시설로 인식될 것'이라고 하였다.

30초 컷 풀이 Tip

1. 주제가 되는 글 또는 문단의 앞과 뒤에 핵심어가 오는 경우가 있으므로 먼저 글을 읽어 핵심어를 잡아낸 뒤 중심 내용을 파악할 수 있도록 한다. 또한 선택지 중 세부적인 내용을 다루고 있는 것은 정답에서 제외시킨다.
2. 글의 전체적인 진행 중에 반전이 되는 내용이나 접속어가 나온다면 그 다음 내용이 중심 내용인 경우가 많다. 따라서 글의 분위기가 반전되는 경우 이에 집중하여 독해한다.

대표기출유형 01 기출응용문제

Easy

01 다음 글의 주제로 가장 적절한 것은?

> 우유니 사막은 세계 최대의 소금사막으로 남아메리카 중앙부 볼리비아의 포토시주(州)에 위치한 소금 호수로, '우유니 소금사막' 혹은 '우유니 염지' 등으로 불린다. 지각변동으로 솟아오른 바다가 빙하기를 거쳐 녹기 시작하면서 거대한 호수가 생겨났다. 면적은 1만 2,000km^{2}이며 해발고도 3,680m의 고지대에 위치한다. 물이 배수되지 않은 지형적 특성 때문에 물이 고여 얕은 호수가 되었으며, 소금으로 덮인 수면 위에 푸른 하늘과 흰 구름이 거울처럼 투명하게 반사되어 관광지로도 이름이 높다.
>
> 소금층 두께는 30cm부터 깊은 곳은 100m 이상이며 호수의 소금 매장량은 약 100억 톤 이상이다. 우기인 12월에서 3월 사이에는 20 ~ 30cm의 물이 고여 얕은 염호를 형성하는 반면, 긴 건기 동안에는 표면뿐만 아니라 사막의 아래까지 증발한다. 특이한 점은 지역에 따라 호수의 색이 흰색, 적색, 녹색 등의 다른 빛깔을 띤다는 점이다. 이는 호수마다 쌓인 침전물의 색깔과 조류의 색깔이 다르기 때문이다. 또한 소금 사막 곳곳에서는 커다란 바위부터 작은 모래까지 한꺼번에 섞인 빙하성 퇴적물들과 같은 빙하의 흔적들을 볼 수 있다.

① 우유니 사막의 주민 생활
② 우유니 사막 이름의 유래
③ 우유니 사막의 기후와 식생
④ 우유니 사막의 관광 상품 종류
⑤ 우유니 사막의 자연지리적 특징

02 다음 글의 제목으로 가장 적절한 것은?

> 중세 유럽에서는 토지나 자원을 왕실이 소유하고 있었다. 사람들은 이러한 토지나 자원을 이용하려면 일정한 비용을 지불해야했다. 예를 들어 광산을 개발하거나 수산물을 얻는 사람들은 해당 자원의 이용에 대한 비용을 왕실에 지불하였고 이는 왕실의 권력과 부의 유지를 돕는 동시에 국가의 재정을 보충하는 역할을 하였는데 이때 지불한 비용이 바로 로열티이다.
> 로열티의 개념은 산업 혁명과 함께 발전하였다. 산업 혁명을 통해 특허, 상표 등의 지적 재산권이 보호되기 시작하면서 기업들은 이러한 권리를 보유한 개인이나 조직에게 사용에 대한 보상을 지불하게 되었다. 지적 재산권은 기업이 특정한 기술, 디자인, 상표 등을 보유하고 있을 때 그들에게 독점적인 권리를 제공하고 이러한 권리의 보호와 보상을 위해 로열티 제도가 도입되었다.
> 로열티는 기업과 지적 재산권 소유자 간의 계약에 의해 설정되는 형태로 발전하였다. 기업이 특정 제품을 판매하거나 특정 기술을 이용하는 경우 지적 재산권 소유자에게 계약에 따라 정해진 로열티를 지불하게 된다. 이로써 지적 재산권을 보유한 개인이나 조직은 자신들의 창작물이나 기술의 사용에 대한 보상을 받을 수 있으며, 기업들은 이러한 지적 재산권의 이용을 허가받아 경쟁 우위를 확보할 수 있게 되었다.
> 현재 로열티는 제품 판매나 라이선스, 저작물의 이용 등 다양한 형태로 나타나며 지적 재산권의 보호와 경제적 가치를 확보하는 중요한 수단으로 작용하고 있다. 로열티는 지식과 창조성의 보상으로서의 역할을 수행하며 기업들의 연구 개발을 촉진하고 혁신을 격려한다. 이처럼 로열티 제도는 기업과 지적 재산권 소유자 간의 상호 협력과 혁신적인 경제 발전에 기여하는 중요한 구조적 요소이다.

① 지적 재산권의 정의
② 로열티 제도의 모순
③ 로열티 지급 시 유의사항
④ 로열티 제도의 유래와 발전
⑤ 지적 재산권을 보호하는 방법

※ 다음 글의 중심 내용으로 가장 적절한 것을 고르시오. [3~5]

03

청소년보호법 유해매체물 심의 기준에 '동성애' 조항이 포함된 것은 동성애자의 평등권 침해라는 항의에 대하여, 위원회 쪽은 아직 판단력이 부족한 청소년들에게 균형 잡힌 정보를 제공해야 하므로 동성애를 상대적으로 우월하거나 바람직한 것으로 인식하게 할 우려가 있는 매체물을 단속하기 위함일 뿐, 결코 동성애를 성적 지향의 하나로 존중하지 않는 건 아니라고 주장했다. 일견 그럴싸하게 들리지만 이것이 정말 평등일까? 동성애를 조장하는 매체물을 단속한다는 명목은 이성애를 조장하는 매체물이란 개념으론 연결되지 않는다. 애초에 이성애주의에 기반을 두어 만들어진 규칙의 적용이 결코 평등일 순 없다.

① 청소년보호법은 청소년들의 자유로운 매체물 선택을 제한한다.
② 청소년은 동성애에 대해 중립적인 시각을 갖기 어려울 것이다.
③ 청소년에게 동성애를 이성애와 차별하지 않도록 교육할 필요가 있다.
④ 동성애에 기반을 두어 규칙을 만들면 동성애보다 이성애를 존중하기 때문이다.
⑤ 청소년보호법 유해매체물 심의 기준은 동성애자에 대한 차별을 내포하고 있다.

04

80대 20 법칙, 2대 8 법칙으로 불리기도 하는 파레토 법칙은 전체 결과의 80%가 전체 원인의 20%에서 일어나는 현상을 가리킨다. 결국 크게 수익이 되는 것은 20%의 상품군, 그리고 20%의 구매자이기에 이들에게 많은 역량을 집중할 필요가 있다는 것으로, 이른바 선택과 집중이라는 경영학의 기본 개념으로 자리 잡아 왔다.

하지만 파레토 법칙은 현상에 붙은 이름일 뿐 법칙의 필연성을 설명하진 않으며, 그 적용이 쉬운 만큼 내부의 개연성을 명확하게 파악하지 않으면 오용될 여지가 다분하다는 문제점을 지니고 있다. 예컨대 상위권 성적을 지닌 20%의 학생을 한 그룹으로 모아놓는다고 해서 그들의 80%가 갑작스레 공부를 중단하진 않을 것이며, 20%의 고객이 80%의 매출에 기여하므로 백화점 찾는 80%의 고객들을 홀대해도 된다는 비약으로 이어질 수 있기 때문이다.

① 파레토 법칙은 80%의 고객을 경원시하는 법칙이다.
② 파레토 법칙을 함부로 여러 사례에 적용해서는 안 된다.
③ 파레토 법칙은 20%의 주요 구매자를 찾아내는 데 유효한 법칙이다.
④ 파레토 법칙은 보다 효율적인 판매 전략을 세우는 데 도움을 준다.
⑤ 파레토 법칙을 제외하면 전반적인 사례를 분석하는 데 용이해진다.

05

사피어 – 워프 가설은 어떤 언어를 사용하느냐에 따라 사고의 방식이 정해진다는 이론이다. 이에 따르면 언어는 인간의 사고나 사유를 반영함은 물론이고, 그 언어를 쓰는 사람들의 사고방식에까지 영향을 미친다.
'공동체의 언어 습관이 특정한 해석을 선택하도록 하기 때문에 우리는 일반적으로 우리가 행한 대로 보고 듣고 경험한다'라고 한 사피어의 관점에 영향을 받아, 워프는 '언어가 경험을 조직한다'라고 주장했다. 한 문화의 구성원으로서, 특정한 언어를 사용하는 화자로서 우리는 언어를 통해 암묵적 분류를 배우고 이 분류가 세계의 정확한 표현이라고 간주한다. 그리고 그 분류는 사회마다 다르므로 각 문화는 서로 다른 의견을 갖는 개인들로 구성됨에도 불구하고 독특한 합의를 보여 준다.
가령 에스키모어에는 눈에 관한 낱말이 많은데, 영어로는 한 단어인 '눈(snow)'을 네 가지 다른 단어, 즉 땅 위의 눈(aput), 내리는 눈(quana), 바람에 날리는 눈(piqsirpoq), 바람에 날려 쌓이는 눈(quiumqsuq) 등으로 표현한다는 것이다. 북아프리카 사막의 유목민들은 낙타에 대한 10개 이상의 단어를 가지고 있으며 이는 우리도 마찬가지다. 영어의 'rice'에 해당하는 우리말은 '모', '벼', '쌀', '밥' 등이 있다.
그렇다면 언어와 사고, 언어와 문화의 관계는 어떻게 볼 수 있을까? 일단 우리는 언어와 정신 활동이 상호 의존성을 갖는다고 말할 수 있을 것이다. 하지만 그들 간의 관계 중 어느 것이 더 우월한 것인지 잘 식별할 수 없을 정도로 인식하고 나면, 우리의 생각은 언어 우위 쪽으로 기울기 쉽다. 왜냐하면 언어의 사용에 따라 사고가 달라진다고 규정하는 것이 사고를 통해 언어가 만들어진다는 것보다 훨씬 더 쉽게 이해되기 때문이다. 이러한 면에서 사피어 – 워프 가설은 언어 우위론적 입장을 보인다고 할 수 있다.
그러나 사피어 – 워프 가설이 언어 우위론의 근거로만 설명되는 것은 아니다. 앞의 에스키모어의 예를 보면, 사람들이 눈을 인지하는 방법이 달라진 것(사고의 변화)으로 인해 언어도 달라지게 되었는지, 반대로 언어 체계가 달라진 것으로 인해 눈을 인지하는 방법이 달라졌는지를 명확하게 설명할 수 없기 때문이다.

① 사피어 – 워프 가설의 예로 에스키모어가 있다.
② 사피어 – 워프 가설은 언어 우위론으로 입증할 수 있다.
③ 사피어 – 워프 가설은 학계에서 대체로 인정하는 추세이다.
④ 사피어 – 워프 가설은 우리의 언어 생활과 밀접한 이론이다.
⑤ 언어와 사고의 관계에 대한 사피어 – 워프 가설을 증명하기는 쉽지 않다.

02 나열하기

| 유형분석 |

- 문장 및 문단의 전체적인 흐름을 파악하고 이에 맞춰 논리적 순서대로 나열하는 유형이다.
- 각 문장의 지시어나 접속어에 주의해야 한다.

다음 문단을 논리적 순서대로 바르게 나열한 것은?

(가) 이때 보험금에 대한 기댓값은 사고가 발생할 확률에 사고 발생 시 받을 보험금을 곱한 값이다. 보험금에 대한 보험료의 비율(보험료/보험금)을 보험료율이라 하는데, 보험료율이 사고 발생 확률보다 높으면 구성원 전체의 보험료 총액이 보험금 총액보다 더 많고, 그 반대의 경우에는 구성원 전체의 보험료 총액이 보험금 총액보다 더 적게 된다. 따라서 공정한 보험에서는 보험료율과 사고 발생 확률이 같아야 한다.

(나) 위험 공동체의 구성원이 내는 보험료와 지급받는 보험금은 그 위험 공동체의 사고 발생 확률을 근거로 산정된다. 특정 사고가 발생할 확률은 정확히 알 수 없지만, 그동안 발생한 사고를 바탕으로 그 확률을 예측한다면 관찰 대상이 많아짐에 따라 실제 사고 발생 확률에 근접하게 된다.

(다) 본래 보험 가입의 목적은 금전적 이득을 취하는 데 있는 것이 아니라 장래의 경제적 손실을 보상받는 데 있으므로, 위험 공동체의 구성원은 자신이 속한 위험 공동체의 위험에 상응하는 보험료를 내는 것이 공정할 것이다.

(라) 따라서 공정한 보험에서는 구성원 각자가 내는 보험료와 그가 지급받을 보험금에 대한 기댓값이 일치해야 하며 구성원 전체의 보험료 총액과 보험금 총액이 일치해야 한다.

① (나) – (가) – (다) – (라)
② (나) – (다) – (가) – (라)
③ (나) – (다) – (라) – (가)
④ (다) – (나) – (가) – (라)
⑤ (다) – (라) – (나) – (가)

정답 ③

먼저 보험료와 보험금의 산정 기준을 언급하는 (나) 문단이 오는 것이 적절하며, 다음으로 자신이 속한 위험 공동체의 위험에 상응하는 보험료를 내야 공정하다는 (다) 문단이 오는 것이 적절하다. 이후 공정한 보험은 내는 보험료와 보험금에 대한 기댓값이 일치해야 한다는 (라) 문단과 이러한 보험금에 대한 기댓값을 설명하는 (가) 문단 순으로 나열하는 것이 적절하다.

30초 컷 풀이 Tip

글의 전체적인 진행 중에 반전이 되는 내용이나 접속어가 나온다면 그다음 내용이 중심 내용인 경우가 많다. 따라서 글의 분위기가 반전되는 경우 이에 집중하여 독해한다.

대표기출유형 02 기출응용문제

※ 다음 문단을 논리적 순서대로 바르게 나열한 것을 고르시오. [1~5]

01

(가) 19세기 초 헤겔은 시민사회라는 용어를 국가와 구분하여 정교하게 정의하였다. 그가 활동하던 시기에 유럽의 후진국인 프러시아에는 미성숙한 산업 자본주의로 인해 심각한 빈부 격차나 계급 갈등 등의 사회 문제를 해결해야 하는 시대적 과제가 있었다.

(나) 따라서 그는 시민사회가 개인들의 사익을 추구하며 살아가는 생활 영역이자 그 욕구를 사회적 의존 관계 속에서 추구하게 하는 공동체 윤리성의 영역이어야 한다고 생각했다. 특히 시민사회 내에서 사익 조정과 공익 실현에 기여하는 직업 단체와 복지 및 치안 문제를 해결하는 복지 행정 조직의 역할을 설정하여 시민사회를 이상적인 국가로 이끌고자 하였다.

(다) 하지만 이러한 시민사회 내에서도 빈곤과 계급 갈등은 근원적으로 해결될 수 없었다. 결국 그는 국가를 사회 문제 해결과 공적 질서 확립의 최종 주체로 설정하고, 시민사회가 국가에 협력해야 한다고 생각했다.

(라) 헤겔은 공리주의가 사익의 극대화를 통해 국부(國富)를 증대해 줄 수 있으나, 그것이 시민사회 내에서 개인들의 무한한 사익 추구가 일으키는 빈부 격차나 계급 갈등 등의 사회문제를 해결할 수는 없다고 보았다.

① (가) – (라) – (나) – (다)
② (가) – (나) – (다) – (라)
③ (가) – (다) – (나) – (라)
④ (라) – (가) – (나) – (다)
⑤ (라) – (나) – (다) – (가)

02

(가) 상품 생산자, 즉 판매자는 화폐를 얻기 위해 자신의 상품을 시장에 내놓는다. 하지만 생산자가 만들어 낸 상품이 시장에 들어서서 다른 상품이나 화폐와 관계를 맺게 되면, 이제 그 상품은 주인에게 복종하기를 멈추고 자립적인 삶을 살아가게 된다.

(나) 이처럼 상품이나 시장 법칙은 인간에 의해 산출된 것이지만, 이제 거꾸로 상품이나 시장 법칙이 인간을 지배하게 된다. 이때 인간 및 인간들 간의 관계가 소외되는 현상이 나타난다.

(다) 상품은 그것을 만들어 낸 생산자의 분신이지만, 시장 안에서는 상품이 곧 독자적인 인격체가 된다. 즉, 사람이 주체가 아니라 상품이 주체가 된다.

(라) 또한 사람들이 상품들을 생산하여 교환하는 과정에서 시장의 경제 법칙을 만들어 냈지만, 이제 거꾸로 상품들은 인간의 손을 떠나 시장 법칙에 따라 교환된다. 이런 시장 법칙의 지배 아래에서는 사람과 사람 간의 관계가 상품과 상품, 상품과 화폐 등 사물과 사물 간의 관계에 가려 보이지 않게 된다.

① (가) – (다) – (나) – (라)
② (가) – (다) – (라) – (나)
③ (다) – (가) – (라) – (나)
④ (다) – (라) – (가) – (나)
⑤ (다) – (라) – (나) – (가)

03

(가) 오히려 클레나 몬드리안의 작품을 우리 조각보의 멋에 비견되는 것으로 보아야 할 것이다. 조각보는 몬드리안이나 클레의 작품보다 100여 년 이상 앞서 제작된 공간 구성미를 가진 작품이며, 시대적으로 앞설 뿐 아니라 평범한 여성들의 일상에서 시작되었다는 점 그리고 정형화되지 않은 색채감과 구성미로 독특한 예술성을 지닌다는 점에서 차별화된 가치를 지닌다.

(나) 조각보는 일상생활에서 쓰다 남은 자투리 천을 이어서 만든 것으로, 옛 서민들의 절약 정신과 소박한 미의식을 보여준다. 조각보의 색채와 공간구성 면은 공간 분할의 추상화가로 유명한 클레(Paul Klee)나 몬드리안(Peit Mondrian)의 작품과 비견되곤 한다. 그만큼 아름답고 훌륭한 조형미를 지녔다는 의미이기도 하지만 일견 돌이켜 보면 이것은 잘못된 비교이다.

(다) 기하학적 추상을 표방했던 몬드리안의 작품보다 세련된 색상 배치로 각 색상이 가진 느낌을 살렸으며, 동양적 정서가 담김 '오방색'이라는 원색을 통해 강렬한 추상성을 지닌다. 또한 조각보를 만드는 과정과 그 작업의 내면에 가족의 건강과 행복을 기원하는 마음이 담겨 있어 단순한 오브제이기 이전에 기복신앙적인 부분이 있다. 조각보가 아름답게 느껴지는 이유는 이처럼 일상 속에서 삶과 예술을 함께 담았기 때문일 것이다.

① (가) – (나) – (다)
② (나) – (가) – (다)
③ (나) – (다) – (가)
④ (다) – (가) – (나)
⑤ (다) – (나) – (가)

04

(가) 교정 중에는 치아뿐 아니라 교정 장치를 부착하고 있기 때문에 교정 장치까지 닦아주어야 하는데요. 교정용 칫솔은 가운데 홈이 있어 장치와 치아를 닦을 수 있는 칫솔을 선택하게 되고, 가운데 파여진 곳을 교정 장치에 위치시킨 후 옆으로 왔다 갔다 전체적으로 닦아줍니다. 그다음 칫솔을 비스듬히 하여 장치의 위아래를 꼼꼼하게 닦아줍니다.

(나) 치아를 가지런하게 하기 위해 교정하시는 분들 중에 간혹 교정 중에 칫솔질이 잘되지 않아 충치가 생기고 잇몸이 내려가 버리는 경우를 종종 보곤 합니다. 그러므로 교정 중에는 더 신경써서 칫솔질을 해야 하죠.

(다) 마지막으로 칫솔질을 할 때 잊지 말아야 할 것은 우리 입안에 치아만 있는 것이 아니므로 혀와 잇몸에 있는 플라그들도 제거해주셔야 입 냄새도 예방할 수 있다는 것입니다. 올바른 칫솔질 방법으로 건강한 치아를 잘 유지하시길 바랍니다.

(라) 또 장치 때문에 닦이지 않는 부위는 치간 칫솔을 이용해 위아래 오른쪽 왼쪽 넣어 잘 닦아줍니다. 치실은 치아에 C자 모양으로 감아준 후 치아 방향으로 쓸어내려 줍니다. 그리고 교정 중에는 워터픽이라는 물 분사 장치를 이용해 양치해 주시는 것도 많은 도움이 됩니다. 잘하실 수 있으시겠죠?

① (가) – (나) – (라) – (다)
② (가) – (다) – (나) – (라)
③ (가) – (라) – (나) – (다)
④ (나) – (가) – (라) – (다)
⑤ (나) – (라) – (다) – (가)

Hard

05

(가) '단어 연상법'은 프랜시스 갤턴이 개발한 것으로서, 지능의 종류를 구분하기 위한 것이었다. 이것은 피실험자에게 일련의 단어들을 또박또박 읽어주면서 각각의 단어를 듣는 순간 제일 먼저 떠오르는 단어를 말하게 하고, 실험자는 계시기를 들고 응답 시간, 즉 피실험자가 응답하는 데 걸리는 시간을 측정하여 차트에 기록하는 방법으로 진행한다. 실험은 대개 1백 개가량의 단어들로 진행했다. 갤턴은 응답 시간을 정확히 재기 위해 온갖 수단을 동원했지만, 그렇게 해서 얻은 정보의 양은 거의 없거나 지능의 수준을 평가하는 데 별로 중요하지 않은 경우가 많았다.

(나) 융이 그린 그래프들은 특정한 단어에 따르는 응답자의 심리 상태를 보여주었다. 이 결과를 통해 다음과 같은 두 가지 결론을 얻어낼 수 있었다. 첫째, 대답 과정에서 감정이 생겨난다. 둘째, 응답의 지연은 모종의 인식하지 못한 과정에 의해 자연 발생적으로 생겨난다. 하지만 이 기록을 토대로 결론을 내리거나 중요성을 따지기에는 너무 일렀다. 피실험자의 의식적 의도와는 별개로 작동하는 뭔가 알지 못하는 지연 행위가 있음이 분명했다.

(다) 당시에 성행했던 심리학 연구나 심리학을 정신의학에 응용하는 연구는 주로 의식에 초점이 맞춰져 있었다. 따라서 단어 연상법의 심리학에 대한 실험 연구도 의식을 바탕으로 해서 진행되었다. 하지만 융은 의식 또는 의지의 작용을 넘어서는 무엇인가가 있을 것이라고 생각했다. 여기서 그는 콤플렉스라는 개념을 끌어들인다. 융의 정의에 따르면 그것은 특수한 종류의 감정으로 이루어진 무의식 속의 관념 덩어리인데, 이것이 응답 시간을 지연시켰다는 것이다. 이후 여러 차례 실험을 거듭한 결과 그 결론은 사실임이 밝혀졌으며, 콤플렉스와 개인적 속성은 융의 사상 체계에서 핵심적인 요소가 되었다.

(라) 융의 연구 결과 단어 연상의 응답 시간은 피실험자의 정서에 큰 영향을 받으며, 그 실험법은 감춰진 정서를 찾아내는 데 더 유용하다는 점이 입증되었다. 정신적 연상의 연구를 통해 지능의 종류를 판단하고자 했던 단어 연상 실험이 오히려 그와는 다른 방향, 즉 무의식적인 감정이 빚어내는 효과를 드러내는 데 더 유용하다는 사실이 증명된 것이다. 그동안 갤턴을 비롯하여 그 실험법을 수천 명의 사람들에게 실시했던 연구자들은 지연된 응답의 배후에 있는 피실험자의 정서에 주목하지 않았으며, 단지 응답의 지연을 피실험자가 반응하지 못한 것으로만 기록했던 것이다.

(마) 그런데 융은 이 실험에서 응답 시간이 늦어질 경우 피실험자에게 왜 응답을 망설이는지 물어보는 과정을 추가하였다. 그러자 놀랍게도 피실험자는 자신의 응답 시간이 늦어지는 것도 알지 못했을 뿐만 아니라, 그에 대해 아무런 설명도 하지 못했다. 융은 거기에 틀림없이 어떤 이유가 있으리라고 생각하고 구체적으로 파고들어갔다. 한번은 말(馬)이라는 단어가 나왔는데 어떤 피실험자의 응답 시간이 무려 1분이 넘었다. 자세히 조사해 보니 그 피실험자는 과거에 사고로 말을 잃었던 아픈 기억을 지니고 있었다. 실험이 있기 전까지는 잊고 있었던 그 기억이 실험 과정에서 되살아난 것이다.

① (가) – (나) – (다) – (라) – (마)
② (가) – (다) – (나) – (라) – (마)
③ (가) – (마) – (나) – (다) – (라)
④ (가) – (마) – (라) – (나) – (다)
⑤ (가) – (마) – (라) – (다) – (나)

03 사실적 독해

| 유형분석 |

- 글의 내용과 선택지가 일치·불일치하는지를 묻는 유형이다.
- 제시문에 있는 내용을 그대로 선택지에 제시하거나 다른 표현으로 돌려서 제시한다.
- 오답의 근거가 명확한 선택지를 답으로 고른다.

다음 글의 내용으로 적절하지 않은 것은?

브이로그(Vlog)란 비디오(Video)와 블로그(Blog)의 합성어로, 블로그처럼 자신의 일상을 영상으로 기록하는 것을 말한다. 이전까지 글과 사진을 중심으로 남기던 일기를 이제는 한 편의 영상으로 남기는 것이다. 1인 미디어 시대는 포털 사이트의 블로그 서비스, 싸이월드가 제공했던 '미니홈피' 서비스 등을 통해 시작되었다. 사람들은 자신만의 공간에서 일상을 기록하거나 특정 주제에 대한 의견을 드러냈다. 그러다 동영상 공유 사이트인 유튜브(Youtube)가 등장하였고, 스마트폰 사용이 보편화됨에 따라 일상생활을 담은 브이로그가 인기를 얻기 시작했다.
'브이로거'는 이러한 브이로그를 하는 사람으로, 이들은 다른 사람들과 같이 공유하고 싶거나 기억하고 싶은 일상의 순간들을 영상으로 남겨 자신의 SNS에 공유한다. 이를 통해 영상을 시청하는 사람들은 '저들도 나와 다르지 않다.'는 공감을 하고, 자신이 경험하지 못한 일을 간접적으로 경험하면서 대리만족을 느낀다.

① 블로그 서비스 등을 통해 1인 미디어 시대가 시작되었다.
② 브이로거는 공감과 대리만족을 느끼기 위해 브이로그를 한다.
③ 유튜브의 등장과 스마트폰의 보편화가 브이로그의 인기를 높였다.
④ 브이로그란 이전에 문자로 기록한 일상을 영상으로 기록하는 것이다.
⑤ 자신의 일상을 기록한 영상을 다른 사람들과 공유하는 사람을 브이로거라고 한다.

정답 ②

브이로거는 영상으로 기록한 자신의 일상을 다른 사람들과 공유하는 사람으로, 브이로거가 아닌 브이로그를 보는 사람들이 브이로거의 영상을 통해 공감과 대리만족을 느낀다.

30초 컷 풀이 Tip

제시문을 읽기 전에 선택지를 먼저 읽는 습관을 들여야 한다. 이를 통해 제시문 속에서 알아내야 할 정보가 무엇인지를 먼저 파악한 후 제시문을 읽어야 문제 푸는 시간을 단축할 수 있다. 대부분의 대기업 적성검사는 짧은 시간 내에 많은 문제를 풀어야 하므로, 제시문을 두세 번 읽으면 그만큼 다른 문제의 풀이 시간에 손해가 생긴다.

대표기출유형 03 기출응용문제

※ 다음 글의 내용으로 가장 적절한 것을 고르시오. [1~2]

01

미국의 사회이론가이자 정치학자인 로버트 액셀로드의 저서 『협력의 진화』에서 언급된 팃포탯(Tit for Tat) 전략은 '죄수의 딜레마'를 해결할 가장 유력한 전략으로 더욱 잘 알려져 있는 듯하다.
죄수의 딜레마는 게임 이론에서 가장 유명한 사례 중 하나로, 두 명의 실험자가 참여하는 비제로섬 게임(Non Zero-sum Game)의 일종이다. 두 명의 실험자는 각각 다른 방에 들어가 심문을 받는데, 둘 중 하나가 배신하여 죄를 자백한다면 자백한 사람은 즉시 석방되는 대신 나머지 한 사람이 10년을 복역하게 된다. 다만 두 사람 모두가 배신하여 죄를 자백할 경우는 5년을 복역하며, 두 사람 모두 죄를 자백하지 않는다면 각각 6개월을 복역하게 된다.
죄수의 딜레마에서 실험자들은 개인에게 있어 이익이 최대화된다는 가정 아래 움직이기 때문에 결과적으로는 모든 참가자가 배신을 선택하는 결과가 된다. 즉, 자신의 최대 이익을 노리려던 선택이 오히려 둘 모두에게 배신하지 않는 선택보다 나쁜 결과를 불러오는 것이다.
팃포탯 전략은 1979년 엑셀로드가 죄수의 딜레마를 해결하기 위해 개최한 1·2차 리그 대회에서 우승한 프로그램의 짧고 간단한 핵심전략이다. 캐나다 토론토 대학의 심리학자인 아나톨 라포트 교수가 만든 팃포탯은 상대가 배신한다면 나도 배신을, 상대가 의리를 지킨다면 의리로 대응한다는 내용을 담고 있다. 이 단순한 전략을 통해 팃포탯은 총 200회의 거래에서 유수의 컴퓨터 프로그램을 제치고 우승을 차지할 수 있었다.
대회가 끝난 후 엑셀로드는 참가한 모든 프로그램들의 전략을 '친절한 전략'과 '비열한 전략'으로 나누었는데, 친절한 전략으로 분류된 팃포탯을 포함해 대체적으로 친절한 전략을 사용한 프로그램들이 좋은 성적을 냈다는 사실을 확인할 수 있었다. 그리고 그 중에서도 팃포탯이 두 차례 모두 우승할 수 있었던 것은 비열한 전략을 사용하는 프로그램에게는 마찬가지로 비열한 전략으로 대응했기 때문임을 알게 되었다.

① 대회에서 우승한 팃포탯 전략은 비열한 전략을 친절한 전략보다 많이 사용했다.
② 팃포탯 전략이 우승한 것은 비열한 전략에 마찬가지로 비열하게 대응했기 때문이다.
③ 엑셀로드가 만든 팃포탯은 죄수의 딜레마에서 우승할 수 있는 가장 유력한 전략이다.
④ 죄수의 딜레마에서 자신의 이득이 최대로 나타나는 경우는 죄를 자백하지 않는 것이다.
⑤ 엑셀로드는 리그 대회를 통해 팃포탯과 같은 대체로 비열한 전략을 사용하는 프로그램이 좋은 성적을 냈다는 사실을 알아냈다.

Easy

02

> 우리 속담에 '울다가도 웃을 일이다.'라는 말이 있듯이 슬픔의 아름다움과 해학의 아름다움이 함께 존재한다면 이것은 우리네의 곡절 많은 역사 속에 밴 미덕의 하나라고 할 만하다. 울다가도 웃을 일이라는 말은 물론 어처구니가 없을 때 하는 말이기도 하지만 애수가 아름다울 수 있고 또 익살이 세련되어 아름다울 수 있다면 그 사회의 서정과 조형미에 나타나는 표현에도 의당 이러한 것이 반영되어 있어야 한다.
> 이러한 고요의 아름다움과 슬픔의 아름다움이 조형 작품 위에 옮겨질 수 있다면 이것은 바로 예술에서 말하는 적조미의 세계이며, 익살의 아름다움이 조형 위에 구현된다면 물론 이것은 해학미의 세계일 것이다.

① 익살은 우리 민족만이 지닌 특성이다.
② 익살은 풍속화에서 가장 잘 표현된다.
③ 익살이 조형 위에 구현된다면 적조미이다.
④ 익살은 우리 민족의 삶의 정서를 반영한다.
⑤ 익살은 예술 작품을 통해서만 표현될 수 있다.

03

A씨는 성장기인 아들의 수면습관을 바로 잡기 위해 수면습관에 대한 글을 찾아보았다. 다음 중 A씨가 이해한 내용으로 적절하지 않은 것은?

> 수면은 비렘(Non-Rem)수면과 렘수면으로 이뤄진 사이클이 반복되면서 이뤄지는 복잡한 신경계의 상호작용이며 좋은 수면이란 이 사이클이 끊어지지 않고 충분한 시간 동안 유지되도록 하는 것이다. 수면 패턴은 일정한 것이 좋으며 깨는 시간을 지키는 것이 중요하다. 그리고 수면 패턴은 휴일과 평일 모두 일정하게 지키는 것이 성장하는 아이들의 수면 리듬을 유지하는 데 좋다. 수면상태에서 깨어날 때 영향을 주는 자극들은 '빛, 식사 시간, 운동, 사회 활동' 등이 있으며 이 중 가장 강한 자극은 '빛'이다. 침실을 밝게 하는 것은 적절한 수면 자극을 방해하는 것이다. 반대로 깨어날 때는 강한 빛 자극을 주면 빠르게 수면 상태에서 벗어날 수 있다. 이는 뇌의 신경 전달 물질인 멜라토닌의 농도와 연관되어 나타나는 현상으로, 수면 중 최대치로 올라간 멜라토닌은 시신경이 강한 빛에 노출되면 빠르게 줄어들게 되는데 이때 수면 상태에서 벗어나게 된다. 아침 일찍 일어나 커튼을 젖히고 밝은 빛이 침실 안으로 들어오게 하는 것은 매우 효과적인 각성 방법인 것이다.

① 멜라토닌의 농도에 따라 수면과 각성이 영향을 받는군.
② 잠에서 깨는 데 가장 강력한 자극을 주는 것은 빛이었구나.
③ 우리 아들 침실이 좀 밝은 편이니 충분한 수면을 위해 암막커튼을 달아줘야겠어.
④ 좋은 수면은 비렘수면과 렘수면의 사이클이 충분한 시간 동안 유지되도록 하는 것이구나.
⑤ 평일에 잠이 모자란 우리 아들은 잠을 보충해줘야 하니까 휴일에 늦게까지 자도록 둬야겠다.

04 다음 글의 내용으로 적절하지 않은 것은?

위기지학(爲己之學)이란 15세기의 사림파 선비들이 『소학(小學)』을 강조하면서 내세운 공부 태도를 가리킨다. 원래 이 말은 위인지학(爲人之學)과 함께 『논어(論語)』에 나오는 말이다. '옛날에 공부하던 사람들은 자기를 위해 공부했는데, 요즘 사람들은 남을 위해 공부한다.' 즉, 공자는 공부하는 사람의 관심이 어디에 있느냐를 가지고 학자를 두 부류로 구분했다. 어떤 학자는 '위기(爲己)란 자아가 성숙하는 것을 추구하며, 위인(爲人)이란 남들에게서 인정받기를 바라는 태도'라고 했다.
조선 시대를 대표하는 지식인 퇴계 이황(李滉)은 이렇게 말했다. '위기지학이란, 우리가 마땅히 알아야 할 바가 도리이며, 우리가 마땅히 행해야 할 바가 덕행이라는 것을 믿고, 가까운 데서부터 착수해 나가되 자신의 이해를 통해서 몸소 실천하는 것을 목표로 삼는 공부이다. 반면 위인지학이란, 내면의 공허함을 감추고 관심을 바깥으로 돌려 지위와 명성을 취하는 공부이다.' 위기지학과 위인지학의 차이는 공부의 대상이 무엇이냐에 있다기보다 공부를 하는 사람의 일차적 관심과 태도가 자신을 내면적으로 성숙시키는 데 있느냐 아니면 다른 사람으로부터 인정을 받는 데 있느냐에 있다는 것이다.
이것은 학문의 목적이 외재적 가치에 의해서가 아니라 내재적 가치에 의해서 정당화된다는 사고방식이 나타났음을 뜻한다. 이로써 당시 사대부들은 출사(出仕)를 통해 정치에 참여하는 것 외에 학문과 교육에 종사하면서도 자신의 사회적 존재 의의를 주장할 수 있다고 믿었다. 더 나아가 학자 또는 교육자로서 사는 것이 관료 또는 정치가로서 사는 것보다 훌륭한 것이라고 주장할 수 있게 되었다. 또한 위기지학의 출현은 종래 과거제에 종속되어 있던 교육에 독자적 가치를 부여했다는 점에서 역사적 사건으로 평가받아 마땅하다.

① 국가가 위기지학을 권장함으로써 그 위상이 높아졌다.
② 위인지학을 추구하는 사람들은 체면과 인정을 중시했다.
③ 위기적 태도를 견지한 사람들은 자아의 성숙을 추구했다.
④ 공자는 학문을 대하는 태도를 기준으로 삼아 학자들을 나누었다.
⑤ 위기지학은 사대부에게 출사만이 훌륭한 것은 아니라는 근거를 제공했다.

04 추론적 독해

| 유형분석 |

- 글의 내용을 바탕으로 논리적으로 추론할 수 있는지를 묻는 유형이다.
- 글의 전체적인 내용과 세부적인 내용을 정확하게 알고 있어야 풀이할 수 있는 유형이다.
- 독해 유형 중 난도가 높은 편에 속한다.
- 오답의 근거가 명확한 선택지를 답으로 고른다.

다음 글을 읽고 추론한 내용으로 적절하지 않은 것은?

사회공헌활동은 기업의 사회적 책임을 일컫는 말로, 미국 조지아대학교의 아치 캐럴 교수는 기업의 사회적 책임을 이윤 창출, 법률준수, 윤리적 책임, 자선적 책임 4가지로 구분하고 있다. 이중 이윤 창출의 경우 기업은 사회의 기본 경제단위로서 재화와 서비스를 생산할 책임을 지고 있다는 것을 의미하며, 법률준수는 기업이 법을 지키며 경제활동을 하는 것을, 윤리적 책임은 법으로는 규정하지 못하지만, 기업이 사회의 기대치에 맞는 윤리적 행동과 활동을 할 것을, 마지막으로 자선적 책임은 사회적 기부행위, 약물 남용 방지 프로그램, 보육시설 운영, 사회복지시설 운영 등 사회의 공익을 위한 자선활동을 할 책임을 말한다.

① D사는 환경보호를 위한 에코경영을 2026년 경영목표로 정했다.
② E사는 타사와의 경쟁에서 승리하기 위해 외국기업의 사례를 벤치마킹하고 있다.
③ B사는 독거노인, 소년소녀가장, 다문화가정 등을 방문하여 기부금과 생필품을 전달하고 있다.
④ C사는 꾸준한 연구개발로 소비자들에게 질 좋은 서비스를 제공하기 위해 최선을 다하고 있다.
⑤ A사는 최저임금법이 개정될 때마다 최저임금을 개선하며 최저임금법을 꾸준히 지켜오고 있다.

정답 ②

외국기업의 사례를 벤치마킹하는 것은 본문의 기업의 사회공헌활동과 연관이 없다.

오답분석

① 윤리적 책임의 사례에 해당한다.
③ 자선적 책임의 사례에 해당한다.
④ 이윤 창출의 사례에 해당한다.
⑤ 법률준수의 사례에 해당한다.

30초 컷 풀이 Tip

문제에서 제시하는 추론 유형이 어떤 형태인지를 판단한다.

- 글쓴이의 주장/의도를 추론하는 유형
  글에 나타난 주장, 근거, 논증 방식을 파악하는 유형으로 주장의 타당성을 평가하여 글쓴이의 관점을 이해하며 읽는다.
- 세부적인 내용을 추론하는 유형
  주어진 선택지를 먼저 읽고 지문을 읽으면서 답이 아닌 선택지를 지워나가는 방법이 효율적이다.

대표기출유형 04 기출응용문제

※ 다음 글을 읽고 추론한 내용으로 가장 적절한 것을 고르시오. [1~2]

01

효(孝)가 개인과 가족, 곧 일차적인 인간관계에서 일어나는 행위를 규정한 것이라면, 충(忠)은 가족이 아닌 사람들과의 관계, 곧 이차적인 인간관계에서 일어나는 사회적 행위를 규정한 것이었다. 그런데 언제부터인가 우리는 효를 순응적 가치관을 주입하는 봉건 가부장제 사회의 유습이라고 오해하는가 하면, 충과 효를 동일시하는 오류를 저지르는 경향이 많아졌다.

"부모에게 효도하고 형제를 사랑하는 사람은 윗사람의 명령을 거역하는 경우가 드물다. 또 윗사람의 명령을 어기지 않는 사람은 난동을 일으키는 경우도 드물다. 군자는 근본에 힘쓴다. 근본이 확립되면 도가 생기기 때문이다. 효도와 우애는 인(仁)의 근본이다."

위 구절에 담긴 입장을 기준으로 보면 효는 윗사람에 대한 절대 복종으로 연결된다. 곧 종족 윤리의 기본이 되는 연장자에 대한 예우는 물론이고 신분 사회의 엄격한 상하 관계까지 포괄적으로 인정하는 것이다. 하지만 이 구절만을 근거로 효를 복종의 윤리라고 보는 것은 성급한 판단이다. 왜냐하면 원래부터 효란 가족 윤리 또는 종족 윤리로서 사회 윤리였던 충보다 우선시되었을 뿐만 아니라, 유교의 기본 입장은 설사 부모의 명령이라 하더라도 옳고 그름을 가리지 않는 맹목적인 복종은 그 자체가 불효라고 보았기 때문이다.

유교에서는 부모와 자식의 관계가 자연에 의해서 결정된다고 한다. 이 때문에 부모와 자식의 관계는 인위적으로 끊을 수 없다고 본다. 이에 비해 임금과 신하의 관계는 공동의 목표를 위한 관계로서 의리에 의해서 맺어진 관계로 본다. 의리가 맞지 않는다면 언제라도 끊을 수 있다고 생각하는 것이다.

① 유교적 윤리에 따르면 부모와 윗사람의 명령은 거역할 수 없다.
② 인(仁)의 원리에 따르면 충을 다하면 효는 자연스럽게 따라온다.
③ 효는 봉건 가부장제 사회의 영향 아래 규정된 가족 관계에서의 행위이다.
④ 충은 상호 신뢰를 바탕으로 이루어진 임금과 신하 사이의 관계에서 지켜져야 한다.
⑤ 임금의 명령으로 인해 부모에 대한 효를 지키지 못했다면 이는 불효가 아닐 것이다.

02

> 충전과 방전을 통해 반복적으로 사용할 수 있는 충전지는 양극에 사용되는 금속 산화 물질에 따라 납 충전지, 니켈 충전지, 리튬 충전지로 나눌 수 있다. 충전지가 방전될 때 양극 단자와 음극 단자 간에 전압이 발생하는데, 방전이 진행되면서 전압이 감소한다. 이렇게 변화하는 단자 전압의 평균을 공칭 전압이라 한다. 충전지를 크게 만들면 충전 용량과 방전 전류 세기를 증가시킬 수 있으나, 전극의 물질을 바꾸지 않는 한 공칭 전압은 변하지 않는다. 납 충전지의 공칭 전압은 2V, 니켈 충전지는 1.2V, 리튬 충전지는 3.6V이다.
>
> 충전지는 최대 용량까지 충전하는 것이 효율적이며 이러한 상태를 만충전이라 한다. 충전지를 최대 용량을 넘어서 충전하거나 방전 하한 전압 이하까지 방전시키면 충전지의 수명이 줄어들기 때문에 충전 양을 측정・관리하는 것이 중요하다. 특히 과충전 시에는 발열로 인해 누액이나 폭발의 위험이 있다. 니켈 충전지의 일종인 니켈카드뮴 충전지는 다른 충전지와 달리 메모리 효과가 있어서 일부만 방전한 후 충전하는 것을 반복하면 충・방전할 수 있는 용량이 줄어든다.
>
> 충전에 사용하는 충전기의 전원 전압은 충전지의 공칭 전압보다 높은 전압을 사용하고, 충전지로 유입되는 전류를 저항으로 제한한다. 그러나 충전이 이루어지면서 충전지의 단자 전압이 상승하여 유입되는 전류의 세기가 점점 줄어들게 된다. 그러므로 이를 막기 위해 충전기에는 충전 전류의 세기가 일정하도록 하는 정전류 회로가 사용된다. 또한 정전압 회로를 사용하기도 하는데, 이는 회로에 입력되는 전압이 변해도 출력되는 전압이 일정하도록 해 준다. 리튬 충전지를 충전할 경우, 정전류 회로를 사용하여 충전하다가 만충전 전압에 이르면 정전압 회로로 전환하여 정해진 시간 동안 충전지에 공급하는 전압을 일정하게 유지함으로써 충전지 내부에 리튬 이온이 고르게 분포될 수 있게 한다.

① 니켈 충전지는 납 충전지보다 공칭 전압이 낮으므로 전압을 높이려면 크기를 더 크게 만들면 된다.

② 사용하는 리튬 충전지의 용량이 1,000mAh라면 전원 전압이 2V보다 높은 충전기를 사용해야 한다.

③ 니켈카드뮴 충전지를 오래 사용하려면 방전 하한 전압 이하까지 방전시킨 후에 충전하는 것이 좋다.

④ 충전지를 충전하는 과정에서 충전지의 온도가 과도하게 상승한다면 폭발의 위험이 있을 수 있으므로 중지하는 것이 좋다.

⑤ 리튬 충전지의 공칭 전압은 3.6V이므로 충전 시 3.6V에 이르면 충전기의 정전압 회로가 전압을 일정하게 유지한다.

Easy

03 다음 글 뒤에 이어질 내용으로 가장 적절한 것은?

멋이라는 것도 일상생활의 단조로움이나 생활의 압박에서 해방되려는 노력 중 하나일 것이다. 끊임없이 일상의 복장, 그 복장이 주는 압박감으로부터 벗어나기 위해 옷을 잘 차려 입는 사람은 그래서 멋쟁이다. 또는 삶을 공리적 계산으로서가 아니라 즐김의 대상으로 볼 수 있게 해 주는 활동, 가령 서도(書道)라든가 다도(茶道)라든가 꽃꽂이라든가 하는 일을 과외로 즐길 줄 아는 사람을 우리는 생활의 멋을 아는 사람이라고 말한다. 그러나 그렇다고 해서 값비싸고 화려한 복장, 어떠한 종류의 스타일과 수련을 전제하는 활동만이 멋을 나타내는 것이 아니다. 경우에 따라서는 털털한 옷차림, 겉으로 내세울 것이 없는 소탈한 생활 태도가 멋있게 생각될 수도 있다. 기준적인 것에 변화를 더하는 것이 중요한 것이다. 그러나 기준으로부터의 편차가 너무 커서는 안 된다. 혐오감을 불러일으킬 정도의 몸가짐, 몸짓 또는 생활 태도는 멋이 있는 것으로 생각되지 않는다. 편차는 어디까지나 기준에 의해서만 존재하는 것이다.

① 개성을 따르는 고유한 멋
② 일상적인 것을 뛰어넘는 멋
③ 타인의 관점만을 존중하는 멋
④ 사회적인 기준에 의해 형성되는 멋
⑤ 의도가 없이 자연스럽게 창조되는 멋

04 다음 글을 읽은 독자의 반응으로 적절하지 않은 것은?

우주로 쏘아진 인공위성들은 지구 주위를 돌며 저마다의 임무를 충실히 수행한다. 이들의 수명은 얼마나 될까? 인공위성들은 태양 전지판으로 햇빛을 받아 전기를 발생시키는 태양전지와 재충전용 배터리를 장착하여 지구와의 통신은 물론 인공위성의 온도를 유지하고 자세와 궤도를 조정하는데, 이러한 태양전지와 재충전용 배터리의 수명은 평균 15년 정도이다.
방송 통신 위성은 원활한 통신을 위해 안테나가 늘 지구의 특정 위치를 향해 있어야 하는데, 안테나 자세 조정을 위해 추력기라는 작은 로켓에서 추진제를 소모한다. 자세 제어용 추진제가 모두 소진되면 인공위성은 자세를 유지할 수 없기 때문에 더 이상의 임무 수행이 불가능해지고 자연스럽게 수명을 다하게 된다.
첩보 위성의 경우는 임무의 특성상 아주 낮은 궤도를 비행한다. 하지만 낮은 궤도로 비행하게 될 경우 인공위성은 공기의 저항 때문에 마모가 훨씬 빨라지므로 수명이 몇 개월에서 몇 주일까지 짧아진다. 게다가 운석과의 충돌 등 예기치 못한 사고로 인하여 부품이 훼손되어 수명이 다하는 경우도 있다.

① 수명이 다 된 인공위성들은 어떻게 되는 걸까?
② 첩보 위성을 높은 궤도로 비행시키면 더욱 오래 임무를 수행할 수 있을 거야.
③ 아무런 사고 없이 임무를 수행한 인공위성이라도 15년 정도만 사용할 수 있겠구나.
④ 별도의 충전 없이 오래가는 배터리를 사용한다면 인공위성의 수명을 더 늘릴 수 있지 않을까?
⑤ 안테나가 특정 위치를 향하지 않더라도 통신이 가능하도록 만든다면 방송 통신 위성의 수명을 늘릴 수 있을지도 모르겠군.

05 비판적 독해

| 유형분석 |

- 어떠한 견해에 대하여 적절한 반응을 보이거나 타당한 비판을 하는 유형이다.
- 글의 전체적인 주제를 정확히 이해하는 것이 중요하다.
- 특정한 문장에 의해 한쪽으로 치우친 판단을 하지 않는 것이 중요하다.

다음 글에 대한 반박으로 가장 적절한 것은?

법과 정의의 관계는 법학의 고전적인 과제 가운데 하나이다. 때와 장소에 관계없이 누구에게나 보편적으로 받아들여질 수 있는 정의롭고 도덕적인 법을 떠올리게 되는 것은 자연스러운 일이다. 전통적으로 이런 법을 '자연법'이라 부르며 논의해 왔다. 자연법은 인위적으로 제정되는 것이 아니라 인간의 경험에 앞서 존재하는 본질적인 것으로서 신의 법칙이나 우주의 질서, 또는 인간 본성에 근원을 둔다. 특히 인간의 본성에 깃든 이성, 다시 말해 참과 거짓, 선과 악을 분별할 수 있는 인간만의 자질은 자연법을 발견해 낼 수 있는 수단이 된다.

서구 중세의 신학에서는 자연법을 인간 이성에 새겨진 신의 법이라고 이해하여 종교적 권위를 중시하였다. 이후 근대의 자연법 사상에서는 신학의 의존으로부터 독립하여 자연법을 오직 이성으로써 확인할 수 있다고 보았다. 이런 경향을 열었다고 할 수 있는 그로티우스(1583~1645)는 중세의 전통을 수용하면서도 인간 이성에 따른 자연법의 기초를 확고히 하였다. 그는 이성을 통해 확인되고 인간 본성에 합치하는 법 규범은 자연법이자 신의 의지라고 말하면서, 이 자연법은 신도 변경할 수 없는 본질적인 것이라고 주장하였다. 이성의 올바른 인도를 통해 다다르게 되는 자연법은 국가와 실정법을 초월하는 규범이라고 보았다.

① 자연법은 누구에게나 받아들여질 수 있어야 한다.
② 그로티우스는 실정법과 자연법을 구별하여 다뤘다.
③ 보통 인간만이 가지고 있는 자질이 자연법이 된다.
④ 근대부터 자연법을 신학으로부터 독립적으로 취급했다.
⑤ 자연법은 명확히 확정하기 어렵기 때문에 현실적으로 효력을 갖춘 실정법만을 법으로 인정해야 한다.

정답 ⑤

제시문은 자연법의 권위를 중요하게 생각하는 주장들을 담고 있다. 그러나 자연법은 인간의 경험에 근거하기 때문에 구체적으로 정의하기 어렵다는 문제점을 가지고 있다. 따라서 반박으로 적절한 주장이다.

오답분석

① 때와 장소에 관계없이 누구에게나 보편적으로 받아들여질 수 있는 정의롭고 도덕적인 법을 자연법이라 정의한다.
② 그로티우스는 이성의 올바른 인도를 통해 다다르게 되는 자연법은 국가와 실정법을 초월하는 규범이라고 보았다.
③ 특히 인간의 본성에 깃든 이성, 다시 말해 참과 거짓, 선과 악을 분별할 수 있는 인간만의 자질은 자연법을 발견해 낼 수 있는 수단이 된다고 밝히고 있다.
④ 근대의 자연법 사상에서는 신학의 의존으로부터 독립하여 자연법을 오직 이성으로써 확인할 수 있다고 보았다고 한다.

30초 컷 풀이 Tip

1. 주장, 관점, 의도, 근거 등 문제를 풀기 위한 제시문의 핵심을 파악한다. 이후 제시문의 주장 및 근거의 어색한 부분을 찾아 반박할 주장과 근거를 생각해본다.
2. 제시문이 지나치게 길 경우 선택지를 먼저 파악하여 홀로 제시문의 주장이 어색하거나 상반된 의견을 제시하고 있는 답은 없는지 확인한다.

01 다음 글에 대한 비판으로 가장 적절한 것은?

> "향후 은행 서비스(Banking)는 필요하지만 은행(Bank)은 필요 없을 것이다." 최근 4차 산업혁명으로 대변되는 빅데이터, 사물인터넷, AI, 블록체인 등 신기술이 금융업을 강타하면서 빌 게이츠의 20년 전 예언이 화두로 부상했다. 모든 분야에서 초연결화, 초지능화가 진행되고 있는 4차 산업혁명이 데이터 주도 경제를 열어가면서 데이터에 기반을 둔 금융업에도 변화의 물결이 밀려들고 있다. 이미 전통적인 은행, 증권, 보험, 카드업 등 전 분야에서 금융기술기업인 소위 '핀테크(Fintech)'가 출현하면서 금융서비스의 가치 사슬이 해체되기 시작한 것이다. 이전에는 상상조차 하지 못했던 IT 등 이종 업종의 금융업 진출도 활발하게 이루어지면서 전통 금융회사들을 위협하고 있다.
> 빅데이터, 사물인터넷, 인공지능, 블록체인 등 새로운 기술로 무장한 4차 산업혁명으로 인해 온라인 플랫폼을 통한 크라우드 펀딩 등 P2P 금융의 출현, 로보어드바이저에 의한 저렴한 자산관리서비스의 등장, 블록체인 기술기반의 송금 등 다양한 가치 거래의 탈중계화가 진행되면서 금융 중계, 재산관리, 위험 관리, 지급 결제 등 금융의 본질적인 요소들이 변화하고 있는 것은 아닌지 의구심이 일어나고 있는 것이다. 혹자는 이들 변화의 종점에 금융의 정체성(Identity) 상실이 기다리고 있다며 금융업 종사자의 입장에서 보면 우울한 전망마저 내놓고 있다. 금융도 디지털카메라의 등장으로 사라진 필름회사 코닥과 같은 비운을 피하기 어렵다며 금융의 종말, 은행의 해체, 탈중계화, 플랫폼 혁명 등 다양한 화두가 미디어의 전면에 등장하고 있다.

① 로보어드바이저에 의한 자산관리서비스는 범죄에 악용될 위험이 크다.
② 금융 발전의 미래를 위해 금융업에 있어 인공지능의 도입을 막아야 한다.
③ 금융의 종말을 방지하기 위해서라도 핀테크 도입의 법적인 제도 마련이 필요하다.
④ 가치 거래의 탈중계화는 금융 거래의 보안성에 심각한 위협 요인으로 작용할 것이다.
⑤ 기술 발전은 금융업에 있어 효율성 향상이라는 제한적인 틀에서 크게 벗어나지 못했다.

02 다음 글의 ㉠에 대해 제기할 수 있는 반론으로 가장 적절한 것은?

> 기업은 상품의 사회적 마모를 촉진시키는 주체이다. 생산과 소비가 지속되어야 이윤을 남길 수 있기 때문에, 하나의 상품을 생산해서 그 상품의 물리적 마모가 끝날 때까지를 기다렸다가는 그 기업은 망하기 십상이다. 이러한 상황에서 늘 수요에 비해서 과잉 생산을 하는 기업이 살아남을 수 있는 길은 상품의 사회적 마모를 짧게 해서 사람들로 하여금 계속 소비하게 만드는 것이다.
> 그래서 ㉠ 기업들은 더 많은 이익을 내기 위해서는 상품의 성능을 향상시키기보다는 디자인을 변화시키는 것이 더 바람직하다고 생각한다. 산업이 발달하여 상품의 성능이나 기능, 내구성이 이전보다 더욱 향상되었는데도 불구하고 상품의 생명이 이전보다 더 짧아지는 것은 어떻게 생각하면 자본주의 상품이 지닌 모순이라고 할 수 있다. 섬유의 질은 점점 좋아지지만 그 옷을 입는 기간은 이에 비해서 점점 짧아지게 되는 것이 바로 자본주의 상품이 지니고 있는 모순이다. 산업이 계속 발달하여 상품의 성능이 향상되는데도 상품의 사회적인 마모 기간이 누군가에 의해서 엄청나게 짧아지고 있다. 상품의 질은 향상되고 내가 버는 돈은 늘어가는 것 같은데 늘 무엇인가 부족한 듯한 느낌이 드는 것도 이것과 관련이 있다.
>
> – 류승호, 『신세대 유행의 속성』

① 상품의 성능은 그대로 두어도 향상될 수 있는가?
② 소비 성향에 맞춰 디자인을 다양화할 수 있는가?
③ 디자인에 관한 소비자들의 취향이 바뀌는 것을 막을 방안은 있는가?
④ 상품의 성능 향상을 등한시하며 디자인만 바꾼다고 소비가 증가할 것인가?
⑤ 사회적 마모 기간이 점차 짧아지면 디자인을 개발하는 것이 기업에 도움이 되겠는가?

03 다음 글에 대한 비판으로 적절하지 않은 것은?

> 정보화 사회에서 지식과 정보는 부가가치의 원천이다. 지식과 정보에 접근할 수 없는 사람들은 소득을 얻는 데 불리할 수밖에 없다. 고급 정보에 대한 접근이 용이한 사람들은 부를 쉽게 축적하고, 그 부를 바탕으로 고급 정보 획득에 많은 비용을 투입할 수 있다. 이렇게 벌어진 정보 격차는 시간이 갈수록 심화될 가능성이 높아지고 있다. 정보나 지식이 독점되거나 진입 장벽을 통해 이용이 배제되는 경우도 문제이다. 특히 정보가 상품화됨에 따라 정보를 둘러싼 불평등은 더욱 심화될 것이다.

① 정보 기기의 보편화로 인한 정보 격차 완화
② 인터넷이나 컴퓨터 유지비 측면에서의 격차 발생
③ 인터넷의 발달에 따라 전 계층의 고급 정보 접근 용이
④ 일방적 정보 전달에서 벗어나 상호작용의 의사소통 가능
⑤ 정보의 확산으로 기존의 자본주의에 의한 격차 완화 가능성

04 **다음은 사이클 대회 유치를 위한 연설문이다. A시의 경쟁 도시를 지지하는 청중이 이 연설을 반박한 내용으로 가장 적절한 것은?**

> 여러분도 아시다시피 세계 ○○ 사이클 대회의 취지는 전 세계적으로 사이클을 활성화하는 데 있습니다. 하지만 그동안 개최된 42번의 대회 중 사이클 강국인 유럽과 북미가 아닌 곳에서 개최된 적은 단 두 번뿐이었습니다. 우리 A시는 사이클 비인기 지역인 아시아의 도시이고 경쟁 도시는 유럽의 도시입니다. 흔히 사이클 비인기 지역의 도시가 대회를 개최하는 것이 대회의 취지를 실현하는 데 부적합하다고 합니다. 하지만 달리 생각해 보면 대회를 통해 사이클에 대한 A시의 시민들, 나아가 아시아 각국 시민들의 관심을 증폭할 수 있으므로 사이클 활성화에 기여할 수 있습니다.
> 우리는 개최지로서 좋은 여건을 갖췄습니다. 사이클에 대한 시민들의 관심이 높아지고 있고 사이클 인구도 빠르게 늘어나고 있습니다. 경쟁 도시는 시민의 지지가 낮지만 우리는 90%가 넘는 시민의 합의를 이끌어 냈고 정부도 재정 지원을 약속했습니다. 사이클 전용 경기장에 비해 도로 경기장이 노후화됐다는 우려도 있지만, 선수로 출전해 본 제 경험에 비추어 볼 때 A시의 도로 경기장은 천혜의 자연조건을 갖추고 있어 정비만 하면 최적의 경기장이 될 것이라 자신합니다.
> 이미 많은 분들이 인정하신 것처럼 우리는 각종 국제 대회를 성공리에 개최하여 전 세계인의 찬사를 받은 바 있습니다. 이러한 경험은 이번 대회도 충분히 잘 치를 수 있는 능력이 있다는 사실을 뒷받침하는 것입니다.
> 우리는 그동안 사이클 회원국과의 친선을 도모하고 사이클 활성화에 앞장서면서 세계 사이클 협회와의 약속을 지켜 왔습니다. 이전 대회의 유치에는 성공하지 못했지만, 세계 우호 증진에 힘쓰겠다는 당시의 공약대로 사이클 전용 경기장이 없는 해외 도시들의 청소년을 초청하여 지도하는 프로그램을 운영해 왔습니다. 개최지로 확정되면 이러한 신뢰를 바탕으로 대회 준비에 매진하겠습니다.
> 여러분처럼 저도 사이클을 사랑합니다. 여러분과 마찬가지로 사이클 없는 제 삶은 상상할 수 없습니다. 이제 제 꿈은 A시에서 열리는 대회에 전 세계 젊은이들이 참가하는 모습을 보는 것입니다. 이것은 A시 모든 시민들의 꿈이기도 합니다. 이 꿈이 꼭 실현될 수 있도록 지지를 부탁드립니다.

① A시의 경쟁 도시 시민의 지지가 낮다고 한 것은 근거를 제시하지 않았으므로 타당하지 않습니다.
② A시가 국제 대회 개최 경험이 많다고 한 것은 성공 여부를 밝히지 않았으므로 높은 점수를 줄 수 없습니다.
③ 정부의 지원 여부를 밝히지 않고 지지를 호소한 것은 재원 마련에 대한 확신을 주지 못하므로 신뢰할 수 없습니다.
④ 해외 청소년 대상 사이클 프로그램 운영에 대해 언급한 것은 사이클 활성화의 사례가 되므로 A시의 지지자를 늘리는 결과를 가져올 것입니다.
⑤ A시에서 사이클이 비인기 종목이라고 언급한 것은 대회 개최에 대한 주민들의 무관심을 보여주므로 A시가 자격이 없음을 증명하는 것입니다.

Hard

05 다음 글에 나타난 '라이헨바흐의 논증'을 평가 · 비판한 것으로 적절하지 않은 것은?

> 귀납은 현대 논리학에서 연역이 아닌 모든 추론, 즉 전제가 결론을 개연적으로 뒷받침하는 모든 추론을 가리킨다. 귀납은 기존의 정보나 관찰 증거 등을 근거로 새로운 사실을 추가하는 지식 확장적 특성을 지닌다. 이 특성으로 인해 귀납은 근대 과학 발전의 방법적 토대가 되었지만, 한편으로 귀납 자체의 논리적 한계를 지적하는 문제들에 부딪히기도 한다.
> 먼저 흄은 과거의 경험을 근거로 미래를 예측하는 귀납이 정당한 추론이 되려면 미래의 세계가 과거에 우리가 경험해 온 세계와 동일하다는 자연의 일양성(一樣性), 곧 한결같음이 가정되어야 한다고 보았다. 그런데 자연의 일양성은 선험적으로 알 수 있는 것이 아니라 경험에 기대어야 알 수 있는 것이다. 즉, "귀납이 정당한 추론이다."라는 주장은 "자연은 일양적이다."라는 다른 지식을 전제로 하는데, 그 지식은 다시 귀납에 의해 정당화되어야 하는 경험적 지식이므로 귀납의 정당화는 순환 논리에 빠져 버린다는 것이다. 이것이 귀납의 정당화 문제이다.
> 귀납의 정당화 문제로부터 과학의 방법인 귀납을 옹호하기 위해 라이헨바흐는 이 문제에 대해 현실적 구제책을 제시한다. 라이헨바흐는 자연이 일양적일 수도 있고 그렇지 않을 수도 있음을 전제한다. 먼저 자연이 일양적일 경우, 그는 지금까지의 우리의 경험에 따라 귀납이 점성술이나 예언 등의 다른 방법보다 성공적인 방법이라고 판단한다. 자연이 일양적이지 않다면, 어떤 방법도 체계적으로 미래 예측에 계속해서 성공할 수 없다는 논리적 판단을 통해 귀납은 최소한 다른 방법보다 나쁘지 않은 추론이라고 확언한다. 결국 자연이 일양적인지 그렇지 않은지 알 수 없는 상황에서는 귀납을 사용하는 것이 옳은 선택이라는 라이헨바흐의 논증은 귀납의 정당화 문제를 현실적 차원에서 해소하려는 시도로 볼 수 있다.

① 귀납이 지닌 논리적 허점을 완전히 극복한 것은 아니라는 비판의 여지가 있다.
② 귀납을 과학의 방법으로 사용할 수 있음을 지지하려는 목적에서 시도하였다는 데 의미가 있다.
③ 귀납과 다른 방법을 비교하기 위해 경험적 판단과 논리적 판단을 모두 활용한 것이 특징이다.
④ 귀납과 견주어 미래 예측에 더 성공적인 방법이 없다는 판단을 근거로 귀납의 가치를 보여 주고 있다.
⑤ 귀납이 현실적으로 옳은 추론 방법임을 밝히기 위해 자연의 일양성이 선험적 지식임을 증명한 데 의의가 있다.

PART 1

06 빈칸추론

| 유형분석 |

- 제시문을 읽고 빈칸에 들어갈 가장 적절한 선택지를 찾는 유형이다.
- 빈칸의 앞뒤 문장을 통해 추론하는 것이 빠르게 푸는 방법이라고 알려져 있지만, 최근에는 제시문 전체의 내용을 모르면 풀이하기 어려운 문제가 출제되고 있다.

다음 글의 빈칸에 들어갈 내용으로 가장 적절한 것은?

세율에는 세액을 과세 표준으로 나눈 값인 평균 세율, 세액을 과세 이전 총소득으로 나눈 값인 실효 세율 등이 있다. 다음 예를 통해 세율에 대해 이해해 보자. 소득세의 세율이 과세 표준 금액 1,000만 원 이하는 10%, 1,000만 원 초과 4,000만 원 이하는 20%라 하자. 이처럼 과세 표준을 몇 개의 구간으로 나누는 까닭은 소득에 대응하는 세율을 일일이 획정하는 것이 현실적으로 어렵기 때문이다. 과세 표준 금액이 3,000만 원인 사람의 세액은 '1,000만 원×10%+2,000만 원×20%=500만 원'으로 계산된다. ______________________________ 과세 표준에 세율을 어떻게 적용할 것인지에 따라 세율 구조가 결정된다. 과세 표준이 클수록 높은 세율로 과세하는 것을 누진 세율 구조라고 한다. 그런데 누진 세율 구조가 아니더라도 고소득일수록 세액이 증가할 수 있으므로 세율 구조는 평균 세율의 증가 여부로 판단하는 것이 적절하다. 즉 과세 표준이 증가할 때 평균 세율이 유지되면 비례 세율 구조, 평균 세율이 오히려 감소하면 역진 세율 구조, 함께 증가하면 누진 세율 구조이다.

① 이 경우 평균 세율은 약 16.7%(500÷3,000×100)가 된다.
② 이 경우 평균 세율은 약 33.3%(1,000÷3,000×100)가 된다.
③ 이 경우 평균 세율은 약 50%(1,500÷3,000×100)가 된다.
④ 이 경우 평균 세율은 약 66.7%(2,000÷3,000×100)가 된다.
⑤ 이 경우 평균 세율은 약 83.3%(2,500÷3,000×100)가 된다.

정답 ①

평균 세율은 세액을 과세 표준으로 나눈 값이므로 과세 표준 금액이 3,000만 원이고, 세액이 '1,000만 원×10%+2,000만 원×20%=500만 원'인 경우 평균 세율은 약 16.7%(500÷3,000×100)가 된다. 따라서 빈칸에 들어갈 내용으로 가장 적절한 것은 ①이다.

30초 컷 풀이 Tip

1. 제시문의 전체적인 내용을 우선적으로 판단하고 글의 흐름과 맞지 않는 선택지를 먼저 제거한다.
2. 빈칸의 앞뒤 문장에 있는 키워드와 지시어, 접속어 사이의 관계를 판단한다.

대표기출유형 06 기출응용문제

※ 다음 글의 빈칸에 들어갈 내용으로 가장 적절한 것을 고르시오. [1~4]

01

중세 이전에는 예술가와 장인의 경계가 분명치 않았다. 화가들도 당시에는 왕족과 귀족의 주문을 받아 제작하는 일종의 장인 취급을 받아왔다. 근대에 접어들면서 예술은 독창적인 창조 활동으로 존중받게 되었고, 아름다움의 가치를 만들어내는 예술가들의 독창성이 인정받게 된 것이다. 그리고 이 가치의 중심에 작가가 있다. 작가가 담으려 했던 의도, 그것이 바로 아름다움을 창조하는 예술의 가치인 셈이다. 예술작품은 작가의 의도를 담고 있고, 작가의 의도가 없다면 작품은 만들어질 수 없다. 이것이 작품에 포함된 작가의 권위를 인정해야 하는 이유이다.

또한 예술은 예술가가 표현하고자 하는 것을 창작해내는 그 과정 자체로 완성되는 것이지 독자의 해석으로 완성되는 게 아니다. 설사 작품을 감상하고 해석해 줄 독자가 없어도 예술은 그 자체로 가치 있는 법이다. 예술가는 독자를 위해 작품을 창작하는 것이 아니라 자신의 열정과 열망으로 표현하고자 하는 바를 표현해내는 것이다. 물론 예술작품을 해석하고 이해하는 데에 독자의 역할도 분명 존재하고 필요한 것이 사실이다. 하지만 그렇다고 해도 이는 예술적 가치가 있는 작품에서 파생된 2차적인 활동이지 작품을 새롭게 완성하는 창조적 활동이라고 보기 어렵다. 따라서 독자의 수용과 이해는 ________________________________

① 권위가 높은 작가의 작품에서 더욱 다양하게 나타난다.
② 작가의 의도와 작품을 왜곡하지 않는 범위에서 이루어져야 한다.
③ 작품이 만들어진 시대적 배경과 문화적 배경을 고려하여야 한다.
④ 독자가 가지고 있는 작품에 대한 사전 정보에 따라 다르게 나타날 것이다.
⑤ 작품에 담긴 아름다움의 가치를 독자가 나름대로 해석하는 활동으로 볼 수 있다.

Hard

02

어느 시대든 사람들은 원인이 무엇인지 알고 있다고 믿었다. 사람들은 그런 앎을 어디서 얻는가? 원인을 안다고 믿는 사람들의 믿음은 어디서 생기는 것일까?
새로운 것, 체험되지 않은 것, 낯선 것은 원인이 될 수 없다. 알려지지 않은 것에서는 위험, 불안정, 걱정, 공포감이 뒤따르기 때문이다. 우리 마음의 불안한 상태를 없애고자 한다면, 우리는 알려지지 않은 것을 알려진 것으로 환원해야 한다. 이러한 환원은 우리 마음을 편하게 해주고 안심시키며 만족을 느끼게 한다. 이 때문에 우리는 이미 알려진 것, 체험된 것, 기억에 각인된 것을 원인으로 설정하게 된다. '왜?'라는 물음의 답으로 나온 것은 그것이 진짜 원인이기 때문에 우리에게 떠오른 것이 아니다. 그것이 우리에게 떠오른 것은 그것이 우리를 안정시켜주고 성가신 것을 없애주며 무겁고 불편한 마음을 가볍게 해주기 때문이다. 따라서 원인을 찾으려는 우리의 본능은 위험, 불안정, 걱정, 공포감 등에 의해 촉발되고 자극받는다.
우리는 '설명이 없는 것보다 설명이 있는 것이 언제나 더 낫다.'고 믿는다. 우리는 특별한 유형의 원인만을 써서 설명을 만들어 낸다. ______________________________ 그래서 특정 유형의 설명만이 점점 더 우세해지고, 그러한 설명들이 하나의 체계로 모아져 결국 그런 설명이 우리의 사고방식을 지배하게 된다. 기업인은 즉시 이윤을 생각하고, 기독교인은 즉시 원죄를 생각하며 소녀는 즉시 사랑을 생각한다.

① 이것은 우리의 호기심과 모험심을 자극한다.
② 이것은 인과관계에 대한 우리의 지식을 확장시킨다.
③ 이것은 우리가 왜 불안한 심리 상태에 있는지를 설명해 준다.
④ 이것은 낯설고 체험하지 않았다는 느낌을 가장 빠르고 가장 쉽게 제거해 버린다.
⑤ 이것은 새롭고 낯선 것에서 원인을 발견하려는 우리의 본래 태도를 점차 약화시키고 오히려 그 반대의 태도를 우리의 습관으로 굳어지게 한다.

03

사회가 변하면 사람들은 그때까지의 생활을 그대로 수긍하지 못한다. 새로운 생활에 맞는 새로운 언어를 필요로 하게 된다. 그 언어가 자연스럽게 육성되기를 기다릴 수도 있지만, 사람들은 대개 외국으로부터 그러한 개념의 언어를 빌려오려고 한다. 돈이나 기술을 빌리는 것에 비하면 언어는 대가 없이 빌려 쓸 수 있으므로 대개는 제한 없이 외래어를 빌린다. 특히 ______________________________ 광복 이후 우리 사회에서 외래어가 넘쳐나는 것은 그간 우리나라의 고도성장과 절대 무관하지 않다.

① 외래어의 증가는 사회의 팽창과 함께 진행된다.
② 새로운 언어는 사회의 변화를 선도하기도 한다.
③ 외래어가 증가하면 범람한다는 비판을 받게 된다.
④ 새로운 언어는 인간의 욕망을 적절히 표현해 준다.
⑤ 새로운 언어는 필연적으로 외국의 개념을 빌릴 수밖에 없다.

Easy

04

서울의 청계광장에는 「스프링(Spring)」이라는 다슬기 형상의 대형 조형물이 설치돼 있다. 이것을 기획한 올덴버그는 공공장소에 작품을 설치하여 대중과 미술의 소통을 이끌어내려 했다. 이와 같이 대중과 미술의 소통을 위해 공공장소에 설치된 미술 작품 또는 공공영역에서 이루어지는 예술 행위 및 활동을 공공미술이라 한다.

1960년대 후반부터 1980년까지의 공공미술은 대중과 미술의 소통을 위해 작품이 설치되는 장소를 점차 확장하는 쪽으로 전개되었기 때문에 장소 중심의 공공미술이라 할 수 있다. 초기의 공공미술은 이전까지는 미술관에만 전시되던 작품을 사람들이 자주 드나드는 공공건물에 설치하기 시작했다. 하지만 이렇게 공공건물에 설치된 작품들은 건물의 장식으로 인식되어 대중과의 소통에 한계가 있었기 때문에, 작품이 설치되는 공간은 공원이나 광장 같은 공공장소로 확장되었다. 그러나 공공장소에 놓이게 된 작품들이 주변 공간과 어울리지 않거나, 미술가의 미학적 입장이 대중에게 수용되지 못하는 일들이 벌어졌다. 이는 소통에 대한 미술가의 반성으로 이어졌고, 시간이 지남에 따라 공공미술은 점차 주변의 삶과 조화를 이루는 방향으로 발전하였다.

1990년대 이후의 공공미술은 참된 소통이 무엇인가에 대해 진지하게 성찰하며, 대중을 작품 창작 과정에 참여시키는 쪽으로 전개되었기 때문에 참여 중심의 공공미술이라 할 수 있다. 이때의 공공미술은 대중들이 작품 제작에 직접 참여하게 하거나, 작품을 보고 만지며 체험하는 활동 속에서 작품의 의미를 완성할 수 있도록 하여 미술가와 대중, 작품과 대중 사이의 소통을 강화하였다. 즉 장소 중심의 공공미술이 이미 완성된 작품을 어디에 놓느냐에 주목하던 '결과 중심'의 수동적 미술이라면, 참여 중심의 공공미술은 '과정 중심'의 능동적 미술이라고 볼 수 있다.

그런데 공공미술에서는 대중과의 소통을 위해 누구나 쉽게 다가가 감상할 수 있는 작품을 만들어야 하므로, 미술가는 자신의 미학적 입장을 어느 정도 포기해야 한다고 우려할 수도 있다. 그러나 이러한 우려는 대중의 미적 감상 능력을 무시하는 편협한 시각이다. 왜냐하면 추상적이고 난해한 작품이라도 대중과의 소통의 가능성은 늘 존재하기 때문이다. 따라서 ____ 공공미술가는 예술의 자율성과 소통의 가능성을 높이기 위해 대중의 예술적 감성이 어떠한지, 대중이 어떠한 작품을 기대하는지 면밀히 분석하여 작품을 창작해야 한다.

① 공공미술은 대중과의 소통에 한계가 있으므로 대립되기 마련이다.
② 공공미술에서 예술의 자율성은 소통의 가능성과 대립하지 않는다.
③ 장소 중심의 공공미술은 결과 중심의 미술이기 때문에 소통의 가능성과 단절되어 있다.
④ 공공미술은 예술의 자율성이 보장되어야 하므로, 대중의 뜻이 미술작품에 반드시 반영되어야 한다.
⑤ 공공영역에서 이루어지는 예술은 대중과의 소통을 위한 작품이기 때문에 수동적 미술이어야 한다.

PART 1

07 문장삽입

| 유형분석 |

- 주어진 문장을 제시문의 적절한 위치에 배치하는 유형이다.
- 글을 배치했을 때, 흐름이 어색하지 않은지를 확인해야 한다.

다음 글에서 〈보기〉의 문장이 들어갈 위치로 가장 적절한 곳은?

(가) 우리는 보통 공간을 배경으로 사물을 본다. 그리고 시간이나 사유를 비롯한 여러 개념을 공간적 용어로 표현한다. 이처럼 공간에 대한 용어가 중의적으로 쓰이는 과정에서 일상적으로 쓰는 용법과 달라 혼란을 겪기도 한다. (나) 공간에 대한 용어인 '차원' 역시 다양하게 쓰인다. 차원의 수는 공간 내에 정확하게 점을 찍기 위해 알아야 하는 수의 개수이다. (다) 특정 차원의 공간은 한 점을 표시하기 위해 특정한 수가 필요한 공간을 의미한다. (라) 따라서 다차원 공간은 집을 살 때 고려해야 하는 사항들의 공간처럼 추상적일 수도 있고, 실제의 물리 공간처럼 구체적일 수도 있다. 이러한 맥락에서 어떤 사람을 1차원적 인간이라고 표현했다면 그것은 그 사람의 관심사가 하나밖에 없다는 것을 의미한다. (마)

보기

집에 틀어박혀 스포츠만 관람하는 인간은 오로지 스포츠라는 하나의 정보로 기술될 수 있고, 그 정보를 직선 위에 점을 찍은 1차원 그래프로 표시할 수 있는 것이다.

① (가)
② (나)
③ (다)
④ (라)
⑤ (마)

정답 ⑤

보기는 관심사가 하나뿐인 사람을 1차원 그래프로 표시할 수 있다는 내용이다. 이는 제시문의 1차원적 인간에 대한 구체적인 예시에 해당한다. 따라서 보기는 (마)에 위치하는 것이 가장 적절하다.

30초 컷 풀이 Tip

1. 이미 제시문이 나열되어 있는 상태이므로 오히려 난이도는 쉬운 편인 문제이다. 전체 글의 핵심 내용을 찾는다.
2. 보기의 제시된 내용을 먼저 읽고, 빈칸 앞뒤 문장의 핵심 키워드와 접속어를 찾는다.

대표기출유형 07 기출응용문제

※ 다음 글에서 〈보기〉의 문장이 들어갈 위치로 가장 적절한 곳을 고르시오. [1~5]

01

일반적으로 법률에서는 일정한 법률 효과와 함께 그것을 일으키는 요건을 규율한다. 이를테면, 민법 제750조에서는 불법 행위에 따른 손해 배상 책임을 규정하는데, 그 배상 책임의 성립 요건을 다음과 같이 정한다. '고의나 과실'로 말미암은 '위법 행위'가 있어야 하고, '손해가 발생'하여야 하며, 바로 그 위법 행위 때문에 손해가 생겼다는, 이른바 '인과 관계'가 있어야 한다. 이 요건들이 모두 충족되어야, 법률 효과로서 가해자는 피해자에게 손해를 배상할 책임이 생기는 것이다.

소송에서는 이런 요건들을 입증해야 한다. (가) 어떤 사실의 존재 여부에 대해 법관이 확신을 갖지 못하면, 다시 말해 입증되지 않으면 원고와 피고 가운데 누군가는 패소의 불이익을 당하게 된다. 이런 불이익을 받게 될 당사자는 입증의 부담을 안을 수밖에 없고, 이를 입증 책임이라 부른다. (나) 대체로 어떤 사실이 존재함을 증명하는 것이 존재하지 않음을 증명하는 것보다 쉽다. 이 둘 가운데 어느 한 쪽에 부담을 지워야 한다면, 쉬운 쪽에 지우는 것이 공평할 것이다. 이런 형평성을 고려하여 특정한 사실의 발생을 주장하는 이에게 그 사실의 존재에 대한 입증 책임을 지도록 하였다. (다) 그리하여 상대방에게 불법 행위의 책임이 있다고 주장하는 피해자는 소송에서 원고가 되어, 앞의 민법 조문에서 규정하는 요건들이 이루어졌다고 입증해야 한다. (라)

그런데 이들 요건 가운데 인과 관계는 그 입증의 어려움 때문에 공해 사건 등에서 문제가 된다. 공해에 관하여는 현재의 과학 수준으로도 해명되지 않는 일이 많다. (마) 그런데도 피해자에게 공해와 손해 발생 사이의 인과 관계를 하나하나의 연결 고리까지 자연 과학적으로 증명하도록 요구한다면, 사실상 사법적 구제를 거부하는 일이 될 수 있다. 더구나 관련 기업은 월등한 지식과 기술을 가지고 훨씬 더 쉽게 원인 조사를 할 수 있는 상황이기에, 피해자인 상대방에게만 엄격한 부담을 지우는 데 대한 형평성 문제도 제기된다.

보기

소송에서 입증은 주장하는 사실을 법관이 의심 없이 확신하도록 만드는 일이다.

① (가)
② (나)
③ (다)
④ (라)
⑤ (마)

02

전국(戰國) 시대의 사상계가 양주(楊朱)와 묵적(墨翟)의 사상에 경도되어 유학의 영향력이 약화되고 있다고 판단한 맹자(孟子)는 유학의 수호자를 자임하면서 공자(孔子)의 사상을 계승하는 한편, 다른 학파의 사상적 도전에 맞서 유학 사상의 이론화 작업을 전개하였다. 그는 공자의 춘추(春秋) 시대에 비해 사회 혼란이 가중되는 시대적 환경 속에서 사회 안정을 위해 특히 '의(義)'의 중요성을 강조하였다.
맹자가 강조한 '의'는 공자가 제시한 '의'에 대한 견해를 강화한 것이었다. 공자는 사회 혼란을 치유하는 방법을 '인(仁)'의 실천에서 찾고, '인'의 실현에 필요한 객관 규범으로서 '의'를 제시하였다. 공자가 '인'을 강조한 이유는 자연스러운 도덕 감정인 '인'을 사회 전체로 확산했을 때 비로소 사회가 안정될 것이라고 보았기 때문이다. 이때 공자는 '의'를 '인'의 실천에 필요한 합리적 기준으로서 '정당함'을 의미한다고 보았다. (가)
맹자는 공자와 마찬가지로 혈연관계에서 자연스럽게 드러나는 도덕 감정인 '인'의 확산이 필요함을 강조하면서도, '의'의 의미를 확장해 '의'를 '인'과 대등한 지위로 격상했다. (나) 그는 부모에게 효도하는 것은 '인'이고, 형을 공경하는 것은 '의'라고 하여 '의'를 가족 성원 간에도 지켜야 할 규범이라고 규정하였다. 그리고 나의 형을 공경하는 것에서 시작하여 남의 어른을 공경하는 것으로 나아가는 유비적 확장을 통해 '의'를 사회 일반의 행위 규범으로 정립하였다. (다) 나아가 그는 '의'를 개인의 완성 및 개인과 사회의 조화를 위해 필수적인 행위 규범으로 설정하였고, 사회 구성원으로서 개인은 '의'를 실천하여 사회 질서 수립과 안정에 기여해야 한다고 주장하였다. (라)
또한 맹자는 '의'가 이익의 추구와 구분되어야 한다고 주장하였다. 이러한 입장에서 그는 사적인 욕망으로부터 비롯된 이익의 추구는 개인적으로는 '의'의 실천을 가로막고, 사회적으로는 혼란을 야기한다고 보았다. 특히 작은 이익이건 천하의 큰 이익이건 '의'에 앞서 이익을 내세우면 천하는 필연적으로 상하 질서의 문란이 초래될 것이라고 역설하였다. (마)

보기

그래서 그는 사회 안정을 위해 사적인 욕망과 결부된 이익의 추구는 '의(義)'에서 배제되어야 한다고 주장하였다.

① (가)
② (나)
③ (다)
④ (라)
⑤ (마)

03

생물학에서 이기주의와 이타주의에 대한 문제는 학문적으로 흥미로울 뿐 아니라 인간사 일반에서도 중요한 의미를 갖는다. 예를 들어 사랑과 증오, 다툼과 도움, 주는 것과 훔치는 것 그리고 욕심과 자비심 등이 모두 이 문제와 밀접히 연관되어 있다. (가)
만약 인간 사회를 지배하는 유일한 원리가 인간 유전자의 철저한 이기주의라면 이 세상은 매우 삭막한 곳이 될 것이다. 그럼에도 불구하고 우리가 원한다고 해서 인간 유전자의 철저한 이기성이 사라지는 것도 아니다. 인간이나 원숭이나 모두 자연의 선택 과정을 거쳐 진화해 왔다. 그리고 자연이 제공하는 선택 과정의 살벌함을 이해한다면 그 과정을 통해서 살아남은 모든 개체는 이기적일 수밖에 없음을 알게 될 것이다. (나)
따라서 만약 우리가 인간, 원숭이 혹은 어떤 살아있는 개체를 자세히 들여다보면 그들의 행동양식이 매우 이기적일 것이라고 예상할 수 있다. 우리의 이런 예상과 달리, 인간의 행동양식이 진정한 이타주의를 보여준다면 이는 상당히 놀라운 일이며 뭔가 새로운 설명을 필요로 한다. (다)
이 문제에 대해서는 이미 많은 연구와 저서가 있었다. 그러나 이 연구들은 대부분 진화의 원리를 정확히 이해하지 못해서 잘못된 결론에 도달했다. 즉, 기존의 이기주의 – 이타주의 연구에서는 진화에 있어서 가장 중요한 것이 개체의 살아남음이 아니라 종 전체 혹은 어떤 종에 속하는 한 그룹의 살아남음이라고 가정했다. (라)
진화론의 관점에서 이기주의 – 이타주의의 문제를 들여다보는 가장 타당한 견해는 자연의 선택이 유전의 가장 기본적인 단위에서 일어난다고 생각하는 것이다. 즉, 나는 자연의 선택이 일어나는 근본 단위는 혹은 생물의 이기주의가 작동하는 기본 단위는 종이나 종에 속하는 한 그룹 혹은 개체가 아니며 바로 유전자라고 주장한다. (마)

보기

나는 성공적인 유전자가 갖는 가장 중요한 특성은 이기주의이며 이러한 유전자의 이기성은 개체의 행동 양식에 철저한 이기주의를 심어주었다고 주장한다. 물론 어떤 특별한 경우에 유전자는 그 이기적 목적을 달성하기 위해서 개체로 하여금 제한된 형태의 이타적 행태를 보이도록 하기도 한다. 그럼에도 불구하고 조건 없는 사랑이나 종 전체의 이익이라는 개념은 우리에게 그런 개념들이 아무리 좋아 보이더라도, 진화론과는 상충되는 생각들이다.

① (가)
② (나)
③ (다)
④ (라)
⑤ (마)

Hard

04

'아무리 퍼내도 쌀이 자꾸자꾸 차오르는 항아리가 있다면 얼마나 좋을까…….' 가난한 사람들에게는 이런 소망이 있을 것이다. 신화의 세계에는 그런 쌀독이 얼마든지 있다. 세계 어느 나라 신화를 들추어 보아도 이런 항아리가 등장하지 않는 신화는 없다. (가) 신화에는 사람들의 원망(願望)이 투사(投射)되어 있다.

신화란 신(神)이나 신 같은 존재에 대한 신비롭고 환상적인 이야기, 우주나 민족의 시작에 대한 초인적(超人的)인 내용 그리고 많은 사람이 믿는 창작되거나 전해지는 이야기를 의미한다. 다시 말해 모든 신화는 상상력에 바탕을 둔 우주와 자연에 대한 이해이다. (나) 이처럼 신화는 상상력을 발휘하여 얻은 것이지만 그 결과는 우리 인류에게 유익한 생산력으로 나타나고 있다.

그런데 신화는 단순한 상상력으로 이루어지는 것이 아니라 창조적 상상력으로 이루어지는 것이며, 이 상상력은 또 생산적 창조력으로 이어졌다. 오늘날 우리 인류의 삶을 풍족하게 만든 모든 문명의 이기(利器)들은 그것의 근본을 규명해 보면 신화적 상상력의 결과임을 알 수 있다. (다) 결국, 그것들은 인류가 부단한 노력을 통해 신화를 현실화한 것이다. 또한 신화는 고대인들의 우주 만물에 대한 이해로 끝나지 않고 현재까지도 끊임없이 창조되고 있고, 나아가 신화 자체가 문학적 상상력의 재료로 사용되는 경우도 있다.

신화적 사유의 근간은 환상성(幻想性)이지만, 이것을 잘못 이해하면 현실성을 무시한 황당무계한 것으로 오해하기 쉽다. (라) 그러나 이 환상성은 곧 상상력이고 이것이 바로 창조력이라는 점을 우리는 이해하지 않으면 안 된다. 그래서 인류 역사에서 풍부한 신화적 유산을 계승한 민족이 찬란한 문화를 이룬 예를 서양에서는 그리스, 동양에서는 중국에서 찾아볼 수 있다. 우리나라에도 규모는 작지만 단군·주몽·박혁거세 신화 등이 있었기에 우리 민족 역시 오늘날 이 작은 한반도에서 나름대로 민족 국가를 형성하여 사는 것이다. 왜냐하면 민족이나 국가에 대한 이야기, 곧 신화가 그 민족과 국가의 정체성을 확보해 주기 때문이다.

신화는 물론 인류의 보편적 속성에 기반을 두어 형성되고 발전되어 왔지만 그 구체적인 내용은 민족마다 다르게 나타난다. 즉, 나라마다 각각 다른 지리·기후·풍습 등의 특성이 반영되어 각 민족 특유의 신화가 만들어지는 것이다. (마) 그래서 고대 그리스의 신화와 중국의 신화는 신화적 발상과 사유에 있어서는 비슷하지만 내용은 전혀 다르게 전개되고 있다. 예를 들어 그리스 신화에서 태양은 침범 불가능한 아폴론 신의 영역이지만 중국 신화에서는 후예가 태양을 쏜 신화에서 볼 수 있듯이 떨어뜨려야 할 대상으로 나타나기도 하는 것이다.

보기

오늘날 인류 최고의 교통수단이 되고 있는 비행기도 우주와 창공을 마음껏 날아보려는 신화적 사유의 소산이며, 바다를 마음대로 항해해 보고자 했던 인간의 신화적 사유가 만들어낸 것이 여객선이다. 이러한 것들은 바로 『장자(莊子)』에 나오는 물길을 차고 높이 날아올라 순식간에 먼 거리를 이동한 곤붕(鯤鵬)의 신화가 오늘의 모습으로 나타난 것이라고 볼 수 있다.

① (가)
② (나)
③ (다)
④ (라)
⑤ (마)

05

자본주의 경제 체제는 이익을 추구하려는 인간의 욕구를 최대한 보장해주고 있다. 기업 또한 이익 추구라는 목적에서 탄생하여, 생산의 주체로서 자본주의 체제의 핵심적 역할을 수행하고 있다. 곧, 이익은 기업가로 하여금 사업을 시작하게 하는 동기가 된다. (가) 이익에는 단기적으로 실현되는 이익과 장기간에 걸쳐 지속적으로 실현되는 이익이 있다. 기업이 장기적으로 존속, 성장하기 위해서는 단기 이익보다 장기 이익을 추구하는 것이 더 중요하다. 실제로 기업은 단기 이익의 극대화가 장기 이익의 극대화와 상충할 때에는 단기 이익을 과감히 포기하기도 한다. (나) 자본주의 초기에는 기업이 단기 이익과 장기 이익을 구별하여 추구할 필요가 없었다. 소자본끼리의 자유 경쟁 상태에서는 단기든 장기든 이익을 포기하는 순간에 경쟁에서 탈락하기 때문이다. 그에 따라 기업은 치열한 경쟁에서 살아남기 위해 주어진 자원을 최대한 효율적으로 활용하여 가장 저렴한 가격으로 좋은 품질의 상품을 소비자에게 공급하게 되었다. (다) 이 단계에서는 기업의 소유자가 곧 경영자였기 때문에, 기업의 목적은 자본가의 이익을 추구하는 것으로 집중되었다.
그러나 기업의 규모가 점차 커지고 경영 활동이 복잡해지면서 전문적인 경영 능력을 갖춘 경영자가 필요하게 되었다. (라) 이에 따라 소유와 경영이 분리되어 경영의 효율성이 높아졌지만, 동시에 기업이 단기 이익과 장기 이익 사이에서 갈등을 겪게 되는 일도 발생하였다. 주주의 대리인으로 경영을 위임받은 전문 경영인은 기업의 장기적 전망보다 단기 이익에 치중하여 경영 능력을 과시하려는 경향이 있기 때문이다. 주주는 경영자의 이러한 비효율적 경영 활동을 감시함으로써 자신의 이익은 물론 기업의 장기 이익을 극대화하고자 하였다. (마)

보기

이는 기업의 이익 추구가 결과적으로 사회 전체의 이익도 증진시켰다는 의미이다.

① (가)
② (나)
③ (다)
④ (라)
⑤ (마)

CHAPTER 02

자료해석

합격 Cheat Key

자료해석은 제시된 표를 이용하여 그래프로 변환하거나 자료를 해석하는 문제, 자료의 추이를 파악하여 빈칸을 찾는 문제 등이 출제된다. 15분 동안 20문제를 풀어야 하므로 다양한 자료를 보고 시간을 절약하는 방법을 연습하는 것이 중요하다.

도표, 그래프 등의 통계자료를 보고 세부적인 내용을 분석하거나, 제시된 공식을 활용 또는 비율, 증감률, 평균 등을 구하는 공식을 활용하여 일정한 값을 도출하는 문제가 출제된다. 객관적인 사실만을 풀어서 쓰는 경우도 있지만 자료를 보고 미래의 추세를 예측하는 형태로 출제되기도 한다.

학습 포인트

- 표, 꺾은선그래프, 막대그래프, 원그래프 등 다양한 형태의 자료를 눈에 익힌다. 그래야 실제 시험에서 자료가 제시되었을 때 중점을 두고 파악해야 할 부분이 더욱 선명하게 보일 것이다.
- 자료해석 유형의 문제는 제시되는 정보의 양이 매우 많으므로 시간을 절약하기 위해서는 문제를 읽은 후 바로 자료 분석에 들어가는 것보다는, 선택지를 먼저 읽고 필요한 정보만 추출하여 답을 찾는 것이 좋다.

CHAPTER

02 이론점검

01 기초통계능력

(1) 통계

집단현상에 대한 구체적인 양적 기술을 반영하는 숫자. 특히, 사회집단 또는 자연집단의 상황을 숫자로 나타낸다.

예 서울 인구의 생계비, 한국 쌀 생산량의 추이, 추출 검사한 제품 중 불량품의 개수 등

(2) 통계치

① **빈도** : 어떤 사건이 일어나거나 증상이 나타나는 정도

② **빈도 분포** : 빈도를 표나 그래프로 종합적이면서도 일목요연하게 표시하는 것

③ **평균** : 모든 자료 값의 합을 자료의 개수로 나눈 값

④ **백분율** : 전체의 수량을 100으로 볼 때의 비율

(3) 통계의 계산

① **범위** : (최댓값)−(최솟값)

② **평균** : $\frac{(\text{자료 값의 총합})}{(\text{자료의 개수})}$

③ **분산** : $\frac{[\{(\text{관찰값})-(\text{평균})\}^2 \text{의 총합}]}{(\text{자료의 개수})}$

※ (편차)=(관찰값)−(평균)

④ **표준편차** : $\sqrt{\text{분산}}$ (평균으로부터 얼마나 떨어져 있는가를 나타냄)

02 도표분석능력

(1) 꺾은선(절선)그래프

① 시간적 추이(시계열 변화)를 표시하는 데 적합하다.

예 연도별 매출액 추이 변화 등

② 경과·비교·분포를 비롯하여 상관관계 등을 나타날 때 사용한다.

〈중학교 장학금, 학비감면 수혜현황〉

(단위 : 천 명, 억 원)

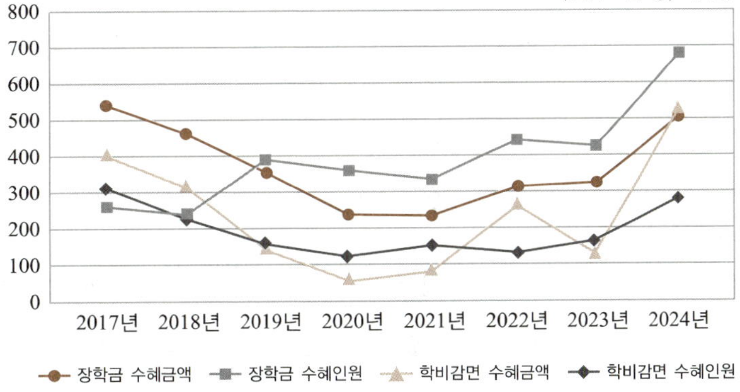

(2) 막대그래프

① 비교하고자 하는 수량을 막대 길이로 표시하고, 그 길이를 비교하여 각 수량 간의 대소 관계를 나타내는 데 적합하다.

예 영업소별 매출액, 성적별 인원분포 등

② 가장 간단한 형태로 내역·비교·경과·도수 등을 표시하는 용도로 사용한다.

〈연도별 암 발생 추이〉

(잠정치, 단위 : 억 달러)

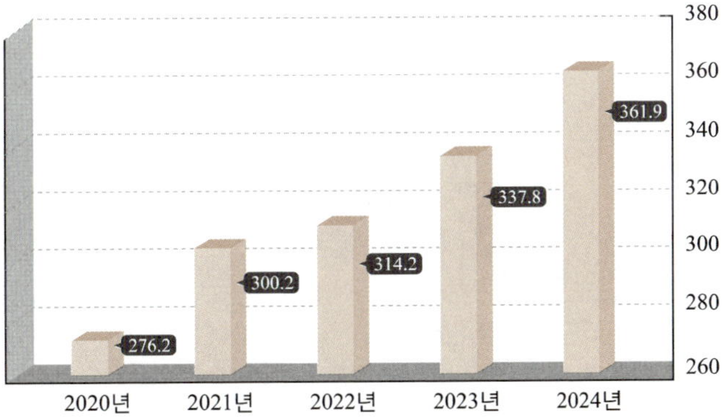

(3) 원그래프

① 내역이나 내용의 구성비를 분할하여 나타내는 데 적합하다.

예 제품별 매출액 구성비 등

② 원그래프를 정교하게 작성할 때는 수치를 각도로 환산해야 한다.

〈S국의 가계 금융자산 구성비〉

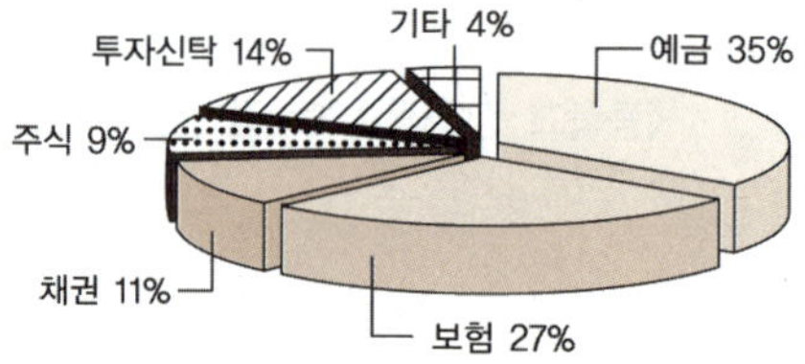

(4) 점그래프

① 지역분포를 비롯하여 도시, 지방, 기업, 상품 등의 평가나 위치, 성격을 표시하는 데 적합하다.

예 광고비율과 이익률의 관계 등

② 종축과 횡축에 두 요소를 두고, 보고자 하는 것이 어떤 위치에 있는가를 알고자 할 때 사용한다.

〈OECD 국가의 대학졸업자 취업률 및 경제활동인구 비중〉

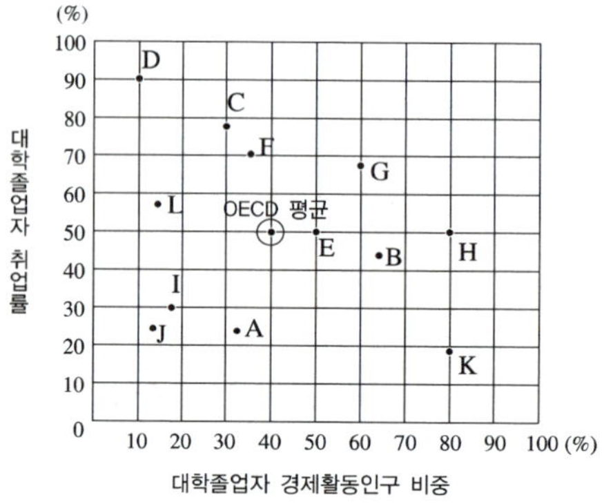

(5) 층별그래프

① 합계와 각 부분의 크기를 백분율로 나타내고 시간적 변화를 보는 데 적합하다.

② 합계와 각 부분의 크기를 실수로 나타내고 시간적 변화를 보는 데 적합하다.

예 상품별 매출액 추이 등

③ 선의 움직임보다는 선과 선 사이의 크기로써 데이터 변화를 나타내는 그래프이다.

〈우리나라 세계유산 현황〉

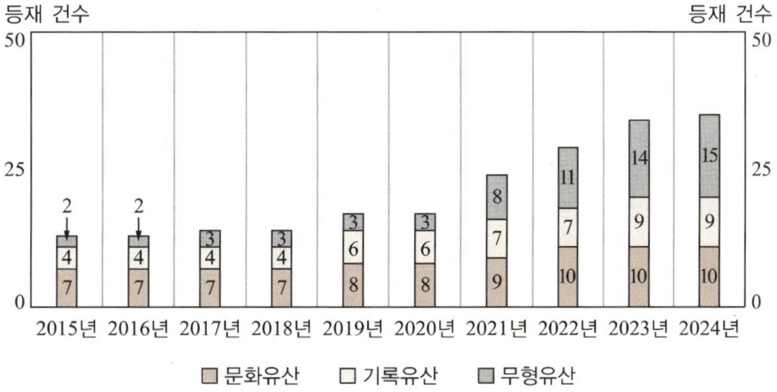

(6) 레이더 차트(거미줄그래프)

① 다양한 요소를 비교할 때, 경과를 나타내는 데 적합하다.

예 매출액의 계절변동 등

② 비교하는 수량을 직경, 또는 반경으로 나누어 원의 중심에서의 거리에 따라 각 수량의 관계를 나타내는 그래프이다.

〈외환위기 전후 한국의 경제상황〉

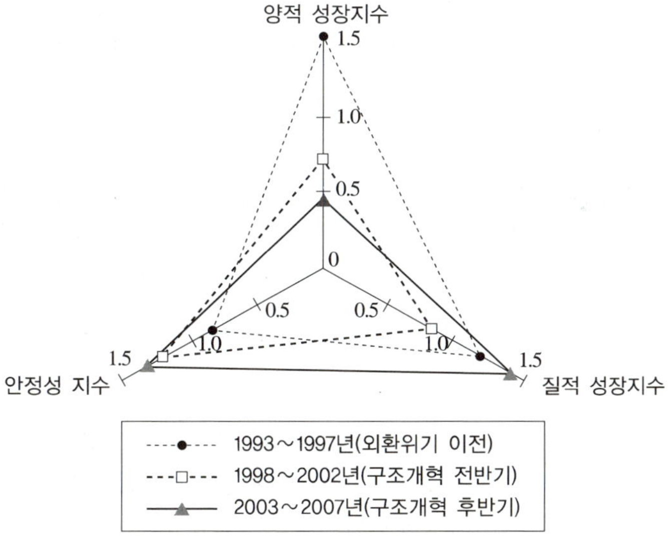

01 자료추론

| 유형분석 |

- 자료를 보고 해석하거나 추론한 내용을 고르는 문제가 출제된다.
- 증감 추이, 증감률, 증감폭 등의 간단한 계산이 포함되어 있다.
- %, %p 등의 차이점을 알고 적용할 수 있어야 한다.
  %(퍼센트) : 어떤 양이 전체(100)에 대해서 얼마를 차지하는가를 나타내는 단위
  %p(퍼센트 포인트) : %로 나타낸 수치가 이전 수치와 비교했을 때 증가하거나 감소한 양

다음은 연도별 초·중·고등학생의 직업 선호도와 인원수를 나타낸 자료이다. 이에 대한 설명으로 옳은 것은?(단, 인원수는 소수점 첫째 자리에서 반올림한다)

〈연도별 초·중·고등학생의 직업 선호도〉

구분	2020년	2021년	2022년	2023년	2024년
1위	교사(28%)	교사(30%)	교사(28%)	공무원(28%)	공무원(31%)
2위	공무원(20%)	공무원(21%)	공무원(22%)	교사(27%)	교사(25%)
3위	회사원(14%)	법조인(12%)	법조인(15%)	의사(10%)	법조인(12%)
4위	법조인(10%)	연예인(11%)	의사(10%)	요리사(9%)	의사(7%)
5위	연예인(7%)	군인(5%)	군인(9%)	경찰(4%)	경찰(5%)

※ 직업 선호도 조사에서 매년 초·중·고등학생의 전체 인원이 1명당 1개의 직업을 선택하였다.

〈연도별 초·중·고등학생 인원수〉

(단위 : 천 명)

구분	2020년	2021년	2022년	2023년	2024년
남자	697	622	557	542	492
여자	551	568	571	516	486
전체	1,248	1,190	1,128	1,058	978

① 2020 ~ 2024년 매년 5위 안에 드는 직업은 3가지이다.
② 2020 ~ 2024년 동안 매년 1위와 2위는 전체 인원수의 절반 이상을 차지했다.
③ 직업 선호도가 5위인 직업을 선택한 인원이 10만 명 이상인 해는 2022년뿐이다.
④ 2021 ~ 2024년까지 초·중·고등학생의 남녀 인원수는 각각 전년 대비 감소하는 추세이다.
⑤ 2021 ~ 2024년 동안 직업 중 '교사'의 직업 선호도 비율은 전년 대비 매년 감소하였고, '공무원'의 경우 전년 대비 매년 증가하였다.

정답 ③

직업 선호도가 5위인 직업을 선택한 연도별 초·중·고등학생 인원은 다음과 같다.

- 2020년 : 1,248×0.07≒87천 명
- 2021년 : 1,190×0.05≒60천 명
- 2022년 : 1,128×0.09≒102천 명
- 2023년 : 1,058×0.04≒42천 명
- 2024년 : 978×0.05≒49천 명

따라서 직업 선호도가 5위인 직업을 선택한 인원이 10만 명 이상인 해는 2022년 한 해뿐이다.

오답분석

① 2020년부터 2024년까지 매년 5위 안에 드는 직업은 교사와 공무원 2가지이다.

② 1위와 2위가 전체 인원수의 절반 이상을 차지하려면 두 비율의 합이 50% 이상인 것과 같다. 그러나 2020년의 경우 28+20=48%이므로 적절하지 않은 설명이다.

④ 2021년부터 2024년까지 초·중·고등학생의 남자 인원수는 매년 전년 대비 감소하지만, 여자 인원수는 2022년까지 전년 대비 증가하다가 2023년부터 감소하고 있다.

⑤ 공무원의 직업 선호도 비율은 매년 증가하는 추이를 보였지만, 교사의 직업 선호도 비율은 2021년에는 전년 대비 증가하였고 그 이후에 매년 감소하였다.

30초 컷 풀이 Tip

간단한 선택지부터 해결하기

계산이 필요 없거나 생각하지 않아도 되는 선택지를 먼저 해결한다.

적절한 것 / 적절하지 않은 것 헷갈리지 않게 표시하기

자료해석은 적절한 것 또는 적절하지 않은 것을 찾는 문제가 출제된다. 문제마다 매번 바뀌므로 이를 확인하는 것은 매우 중요하다. 따라서 선택지에 표시할 때에도 선택지가 적절하지 않은 내용이라서 '×' 표시를 했는지, 적절한 내용이지만 문제가 적절하지 않은 것을 찾는 문제라 '×' 표시를 했는지 헷갈리지 않도록 표시 방법을 정해야 한다.

제시된 자료를 통해 계산할 수 있는 값인지 확인하기

제시된 자료만으로 계산할 수 없는 값을 묻는 선택지인지 먼저 판단해야 한다. 문제를 읽고 바로 계산부터 하면 함정에 빠지기 쉽다.

대표기출유형 01 기출응용문제

01 다음은 연도별 S사의 경제 분야 투자에 대한 자료이다. 이에 대한 설명으로 옳지 않은 것은?

〈S사의 경제 분야 투자규모〉

(단위 : 억 원, %)

구분 \ 연도	2020	2021	2022	2023	2024
경제 분야 투자규모	20	24	23	22	21
총지출 대비 경제 분야 투자규모 비중	6.5	7.5	8	7	6

① 2024년 총지출은 320억 원 이상이다.
② 2021년 경제 분야 투자규모의 전년 대비 증가율은 25% 이하이다.
③ 2022년이 2023년보다 경제 분야 투자규모가 전년에 비해 큰 비율로 감소하였다.
④ 2020 ~ 2024년 동안 경제 분야에 투자한 금액은 110억 원이다.
⑤ 2021 ~ 2024년 동안 경제 분야 투자규모와 총지출 대비 경제 분야 투자규모 비중의 전년 대비 증감추이는 동일하지 않다.

02 다음은 어린이보호구역 지정대상 및 현황에 대한 자료이다. 이에 대한 〈보기〉의 설명 중 옳지 않은 것을 모두 고르면?

〈어린이보호구역 지정대상 및 지정현황〉

(단위 : 곳)

구분		2018년	2019년	2020년	2021년	2022년	2023년	2024년
어린이보호구역 지정대상	합계	17,339	18,706	18,885	21,274	21,422	20,579	21,273
어린이보호구역 지정현황	합계	14,921	15,136	15,444	15,799	16,085	16,355	16,555
	초등학교	5,917	5,946	5,975	6,009	6,052	6,083	6,127
	유치원	6,766	6,735	6,838	6,979	7,056	7,171	7,259
	특수학교	131	131	135	145	146	148	150
	보육시설	2,107	2,313	2,481	2,650	2,775	2,917	2,981
	학원	0	11	15	16	56	36	38

보기

㉠ 2021년부터 2024년까지 어린이보호구역 지정대상은 전년 대비 매년 증가하였다.

㉡ 2019년 어린이보호구역 지정대상 중 어린이보호구역으로 지정된 구역의 비율은 75% 이상이다.

㉢ 어린이보호구역으로 지정된 구역 중 학원이 차지하는 비중은 2022년부터 2024년까지 전년 대비 매년 증가하였다.

㉣ 어린이보호구역으로 지정된 구역 중 초등학교가 차지하는 비중은 2018년부터 2022년까지 매년 60% 이상이다.

① ㉠, ㉡ ② ㉡, ㉣

③ ㉠, ㉡, ㉢ ④ ㉠, ㉢, ㉣

⑤ ㉡, ㉢, ㉣

PART 1

03 다음은 연도별 유아교육 규모에 대한 자료이다. 이에 대한 〈보기〉의 설명 중 옳지 않은 것을 모두 고르면?

〈유아교육 규모〉

구분	2018년	2019년	2020년	2021년	2022년	2023년	2024년
유치원 수(원)	8,494	8,275	8,290	8,294	8,344	8,373	8,388
학급 수(학급)	20,723	22,409	23,010	23,860	24,567	24,908	25,670
원아 수(명)	545,263	541,603	545,812	541,550	537,822	537,361	538,587
교원 수(명)	28,012	31,033	32,095	33,504	34,601	35,415	36,461
취원율(%)	26.2	31.4	35.3	36.0	38.4	39.7	39.9
교원 1인당 원아 수(명)	19.5	17.5	17.0	16.2	15.5	15.2	14.8

보기

㉠ 유치원 원아 수의 변동은 매년 일정한 흐름을 보이지는 않는다.
㉡ 교원 1인당 원아 수가 적어지는 것은 원아 수 대비 학급 수가 늘어나기 때문이다.
㉢ 취원율은 매년 증가하고 있는 추세이다.
㉣ 교원 수가 매년 증가하는 이유는 청년 취업과 관계가 있다.

① ㉠, ㉡
② ㉠, ㉢
③ ㉡, ㉣
④ ㉢, ㉣
⑤ ㉠, ㉢, ㉣

Easy

04 다음은 2012 ~ 2024년 축산물 수입 추이에 대한 자료이다. 이에 대한 설명으로 옳지 않은 것은?

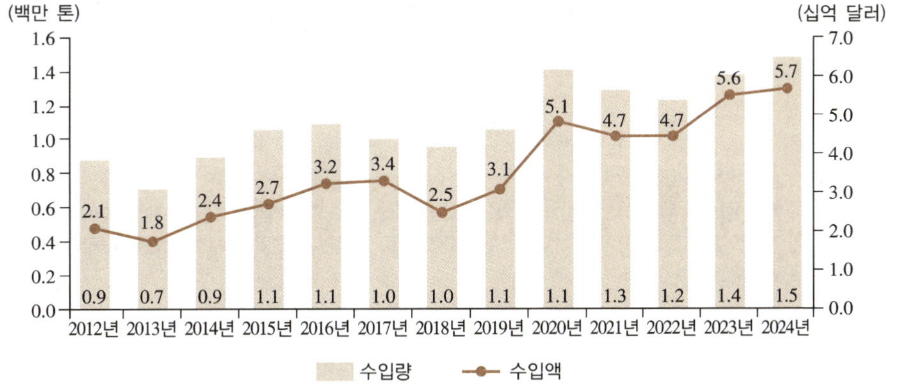

① 축산물 수입량과 수입액의 변화 추세는 동일하다.

② 2024년 축산물 수입량은 2014년 대비 약 67% 증가하였다.

③ 2014년부터 2017년까지 축산물 수입액은 전년 대비 증가했다.

④ 전년 대비 축산물 수입액의 증가율이 가장 높았던 해는 2020년이다.

⑤ 처음으로 2012년 축산물 수입액의 두 배 이상 수입한 해는 2020년이다.

PART 1

02 자료계산

| 유형분석 |

- 자료상에 주어진 공식을 활용하는 계산문제와 증감률, 비율, 합, 차 등을 활용한 문제가 출제된다.
- 많은 문제가 출제되지는 않지만, 숫자가 큰 경우가 많으므로 정확한 수치와 제시된 조건을 꼼꼼히 확인하여 실수를 하지 않는 것이 중요하다.

S전자회사는 LED를 생산할 수 있는 기계 A, B, C 3대를 가지고 있다. 기계에 따른 불량률이 다음과 같을 때, 3대를 모두 하루 동안 가동할 경우 전체 불량률은?

〈기계별 하루 생산량 및 불량률〉

구분	하루 생산량	불량률
A기계	500개	5%
B기계	A기계보다 10% 더 생산	2%
C기계	B기계보다 50개 더 생산	5%

① 1%
② 2%
③ 3%
④ 4%
⑤ 5%

정답 ④

A, B, C기계를 모두 하루 동안 가동시켰을 때 전체 불량률은 $\frac{(\text{전체 불량품 수})}{(\text{전체 생산량})} \times 100$이다.

기계에 따른 하루 생산량과 불량품 수를 구하면 다음과 같다.

(단위 : 개)

구분	하루 생산량	불량품 수
A기계	500	500×0.05=25
B기계	500×1.1=550	550×0.02=11
C기계	550+50=600	600×0.05=30
합계	1,650	66

따라서 전체 불량률은 $\frac{66}{1,650} \times 100 = 4\%$이다.

30초 컷 풀이 Tip

자료 계산 유형의 경우 일반적으로 표에 숫자 값을 제시하고, 주어진 값을 바탕으로 계산을 하는 문제가 출제된다. 그러므로 문제가 요구하는 것이 무엇인지 정확히 파악하고 관련 값을 표에서 찾아 표시한 다음, 표시한 값을 바탕으로 사칙연산을 정확하고 빠르게 수행해야 한다. 증가율, 감소율 등 비율 계산을 요구하는 경우가 많으므로 관련 공식을 필수로 암기해두자.

- $(\text{백분율})=\frac{(\text{비교하는 양})}{(\text{기준량})}\times 100$
- $(\text{증감률})=\frac{(\text{비교대상의 값})-(\text{기준값})}{(\text{기준값})}\times 100$
- (증감량)=(비교대상 값 A)−(또 다른 비교대상의 값 B)

PART 1

대표기출유형 02 기출응용문제

01 S회사의 2025년 상반기 신입사원 지원자 수는 7,750명이다. 채용절차는 서류전형 → 면접전형 → 최종 합격 순이며 합격자 조건이 다음과 같을 때, 서류 합격자의 비율은?

서류 합격자 비율	면접 합격자 비율	최종 합격
	30%	93명

① 3%
② 4%
③ 15%
④ 30%
⑤ 40%

Easy

02 다음은 S기업의 지역별 매장 수 증감에 대한 자료이다. 2021년에 매장이 두 번째로 많은 지역의 매장 개수는?

〈지역별 매장 수 증감〉

(단위 : 개)

구분	2021년 대비 2022년 증감 수	2022년 대비 2023년 증감 수	2023년 대비 2024년 증감 수	2024년 매장 수
서울	2	2	−2	17
경기	2	1	−2	14
인천	−1	2	−5	10
부산	−2	−4	3	10

① 10개
② 12개
③ 14개
④ 16개
⑤ 18개

03 A씨는 취업준비를 위해 6번의 영어 시험을 치렀다. 영어 성적 분포가 다음과 같을 때, A씨의 전체 영어 평균점수보다 높았던 적은 몇 번인가?

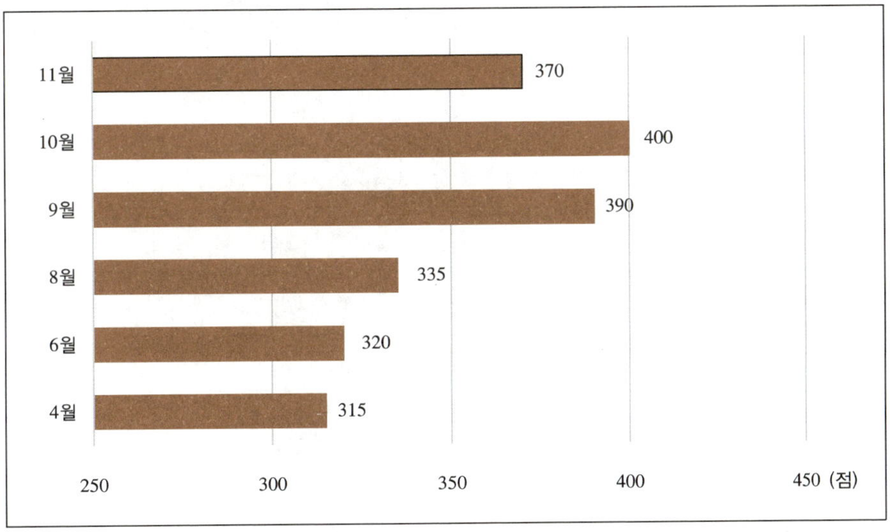

① 2번
② 3번
③ 4번
④ 5번
⑤ 6번

03 자료변환

| 유형분석 |

- 제시된 표나 그래프의 수치를 그래프로 올바르게 변환한 것을 묻는 유형이다.
- 복잡한 표가 제시되지 않으므로 수의 크기만을 판단하여 풀이할 수 있다.
- 정확한 수치가 제시되지 않을 수 있으므로 그래프의 높낮이나 넓이를 판단하여 풀이해야 한다.
- 제시된 표나 그래프의 수치를 계산하여 변환하는 유형도 출제될 수 있다.

다음은 성별 및 연령대별 농가인구에 대한 자료이다. 이를 토대로 2023년 대비 2024년 연령대별 농가인구 증감률에 대해 작성한 그래프로 옳은 것은?

〈성별 및 연령대별 농가인구〉

(단위 : 천 명, %)

구분		농가 인구	10세 미만	10～19세	20～29세	30～39세	40～49세	50～59세	60～69세	70세 이상
2023년		3,187 (100.0)	154 (4.8)	267 (8.4)	220 (6.9)	209 (6.6)	368 (11.5)	584 (18.3)	699 (21.9)	686 (21.5)
2024년		3,116 (100.0)	142 (4.6)	256 (8.2)	209 (6.7)	201 (6.5)	338 (10.9)	577 (18.5)	682 (21.9)	711 (22.8)
	남자	1,509 (100.0)	75 (5.0)	138 (9.1)	109 (7.2)	115 (7.6)	165 (10.9)	263 (17.4)	324 (21.5)	320 (21.2)
	여자	1,607 (100.0)	67 (4.2)	118 (7.4)	100 (6.2)	86 (5.4)	174 (10.8)	314 (19.5)	357 (22.2)	391 (24.3)

①
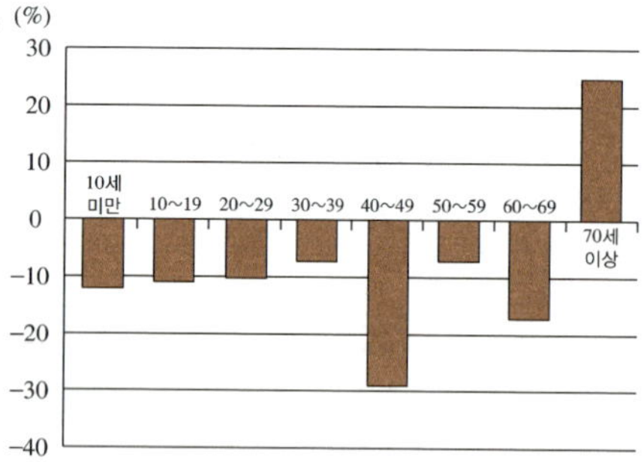

②
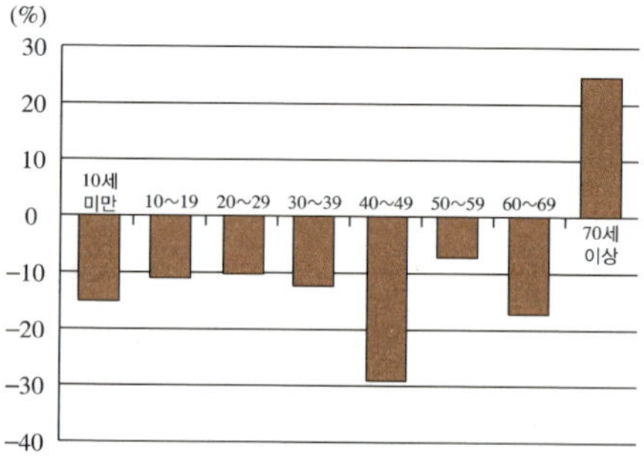

③
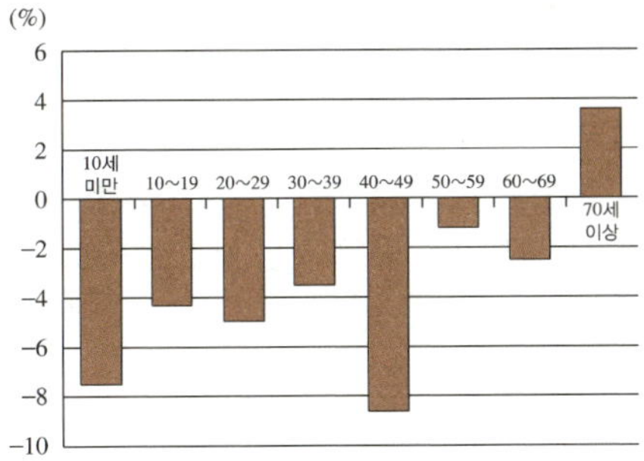

④
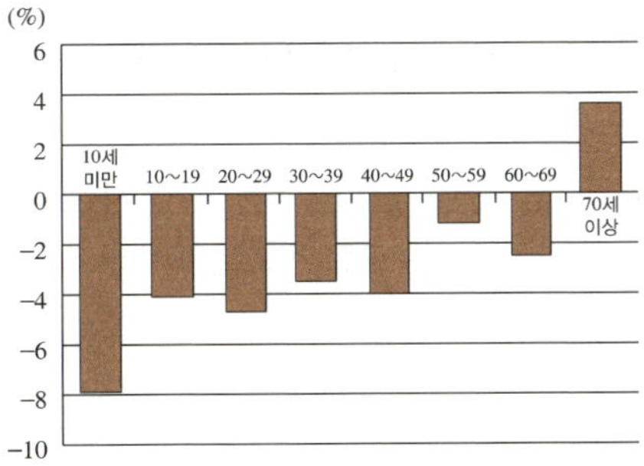

⑤
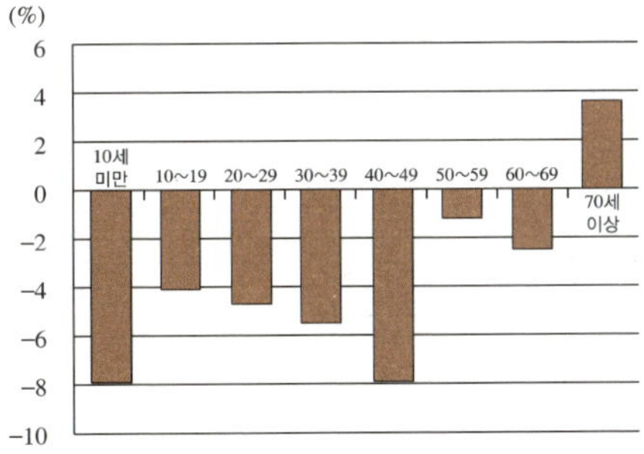

정답 ③

제시된 자료를 토대로 연령대별 농가인구의 증감률을 계산하면 다음과 같다.

(단위 : 천 명, %)

구분	10세 미만	10 ~ 19세	20 ~ 29세	30 ~ 39세	40 ~ 49세	50 ~ 59세	60 ~ 69세	70세 이상
증감	−12	−11	−11	−8	−30	−7	−17	25
증감률	−7.8	−4.1	−5	−3.8	−8.2	−1.2	−2.4	3.6

따라서 연령대별 농가인구의 증감률이 바르게 반영된 그래프는 ①이다.

30초 컷 풀이 Tip

1. 수치를 일일이 확인하는 것보다 풀이처럼 증감 추이를 먼저 판단해서 선택지를 1차적으로 거르고 나머지 선택지 중 그래프 모양이 크게 차이나는 곳의 수치를 우선적으로 확인하면 빠르게 풀이할 수 있다.
2. 선택지를 먼저 보고 특징적인 부분이 있는 선택지를 먼저 판단한다.

01 갑 ~ 무 5명의 직원을 대상으로 신년회를 위한 A ~ E 5개의 장소에 대한 만족도 조사를 하였다. 5점 만점을 기준으로 장소별 직원들의 점수를 모두 나타낸 그래프로 옳은 것은?(단, 그래프의 단위는 모두 '점'이다)

〈A ~ E장소 만족도〉

(단위 : 점)

구분	갑	을	병	정	무	평균
A	2.5	5.0	4.5	2.5	3.5	3.6
B	3.0	4.0	5.0	3.5	4.0	3.9
C	4.0	4.0	3.5	3.0	5.0	3.9
D	3.5	3.5	3.5	4.0	3.0	3.5
E	5.0	3.0	1.0	1.5	4.5	3.0

①

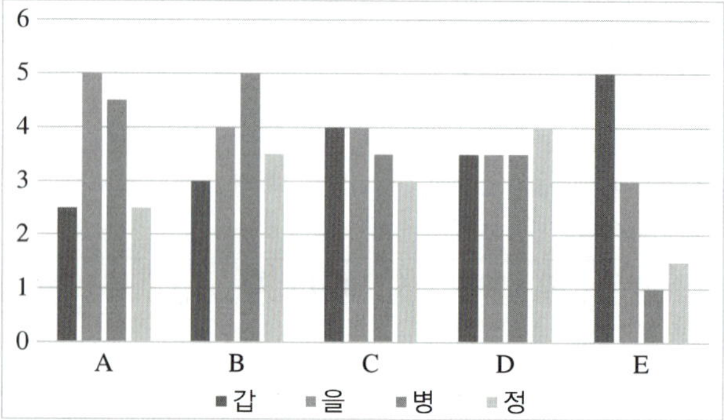

②

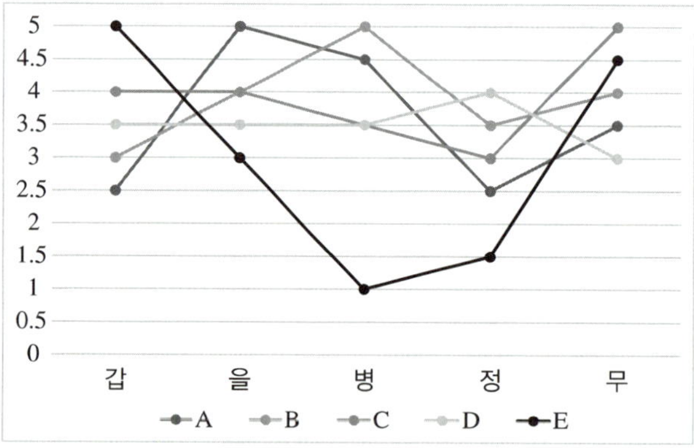

③

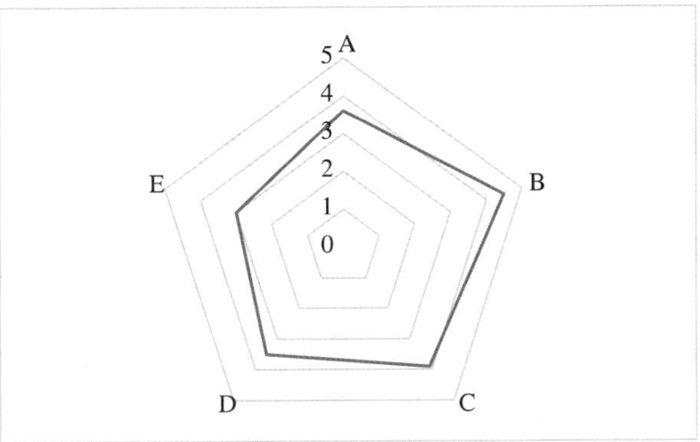

④

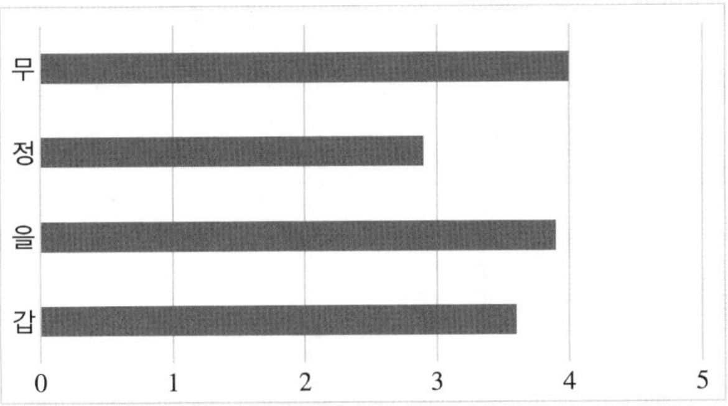

⑤

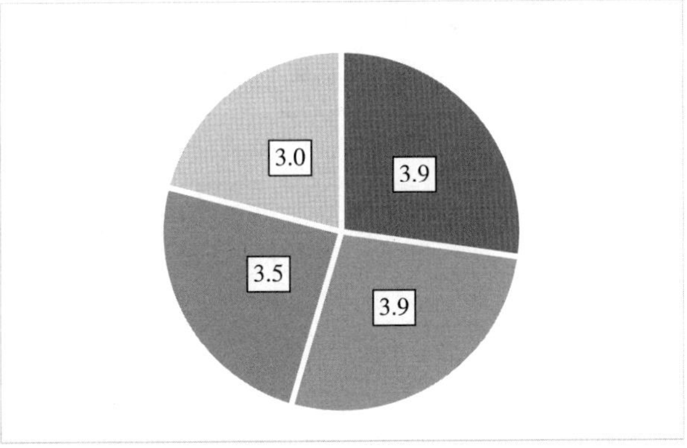

PART 1

Easy

02 다음은 S국가의 2024년 월별 반도체 수출액 동향에 대한 자료이다. 이를 참고하여 작성한 그래프로 옳지 않은 것은?(단, 모든 그래프의 단위는 '백만 달러'이다)

〈2024년 월별 반도체 수출액 동향〉

(단위 : 백만 달러)

기간	수출액	기간	수출액
1월	9,681	7월	10,383
2월	9,004	8월	11,513
3월	10,804	9월	12,427
4월	9,779	10월	11,582
5월	10,841	11월	10,684
6월	11,157	12월	8,858

① 2024년 월별 반도체 수출액

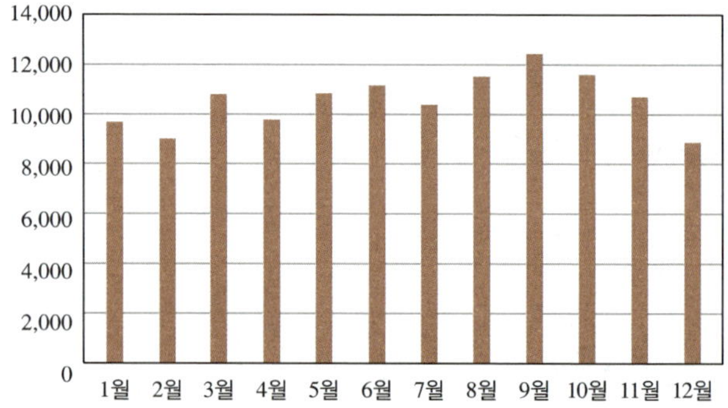

② 2024년 월별 반도체 수출액

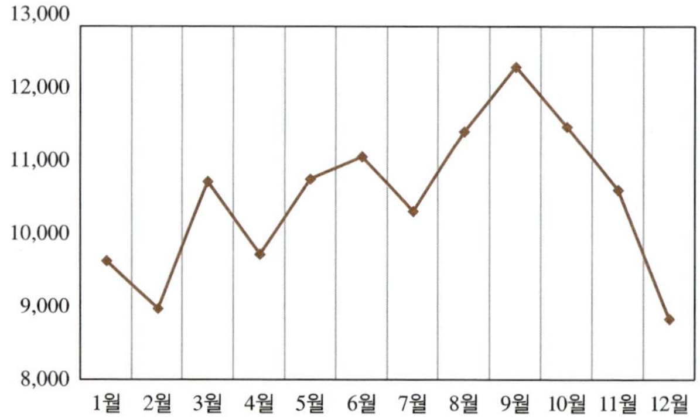

③ 2024년 월별 반도체 수출액

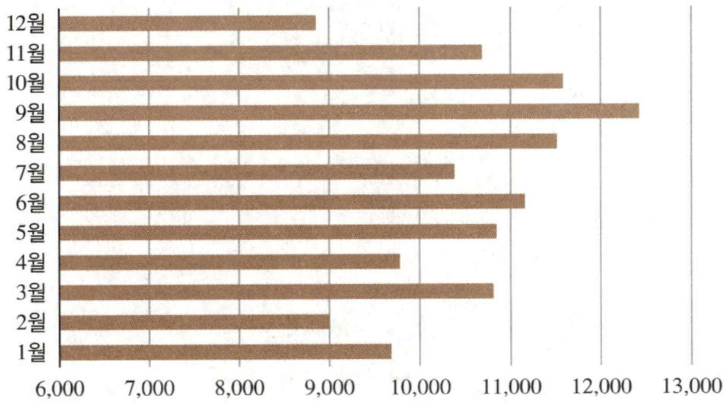

④ 2～12월의 전월 대비 반도체 수출 증감액

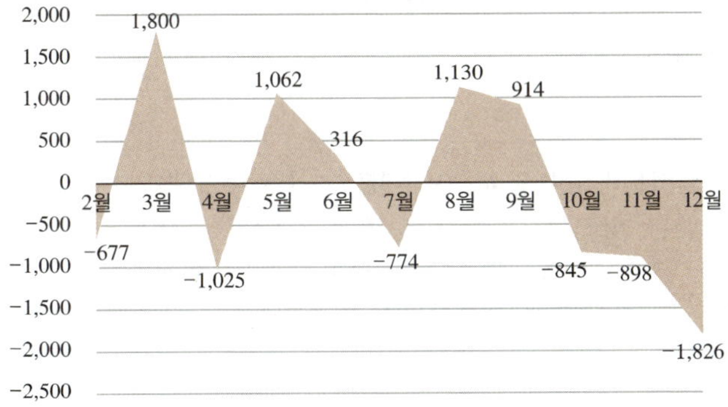

⑤ 2～12월의 전월 대비 반도체 수출 증감액

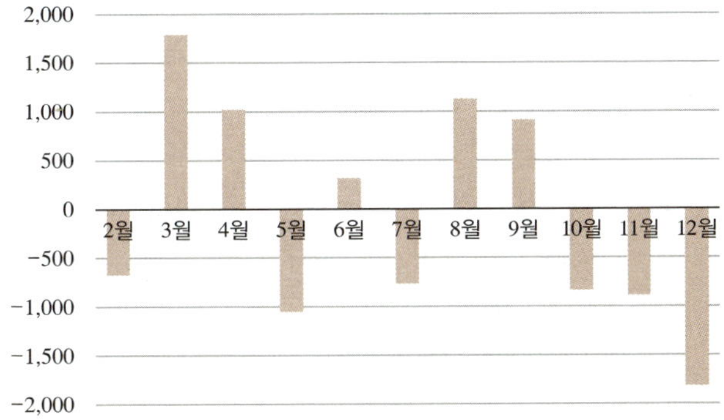

PART 1

CHAPTER 03

창의수리

합격 Cheat Key

창의수리는 20문제가 출제되며, 15분의 시간이 주어진다. 주로 수의 관계(약수와 배수, 소수, 합성수, 인수분해, 최대공약수 · 최소공배수 등)를 이용하는 기초적인 계산 문제, 방정식과 부등식을 수립(날짜 · 요일 · 시간, 거리 · 속력 · 시간, 나이 · 수량, 원가 · 정가, 일 · 일률, 농도, 비율 등)하여 미지수를 계산하는 응용계산 문제, 경우의 수와 확률을 구하는 문제 등이 출제된다.

수의 관계에 대해 알고 그것을 응용하여 계산할 수 있는지, 그리고 미지수를 구하기 위해 필요한 계산식을 세울 수 있는지를 평가하는 유형이다. 최근에는 단순하게 계산하는 문제가 아닌 두, 세 단계의 풀이과정을 거쳐서 답을 도출하는 문제가 출제되고 있으므로 기초적인 유형을 정확하게 알고, 이를 활용하는 연습을 해야 한다.

학습 포인트

- 문제풀이 시간 확보가 관건이므로 이 유형에서 점수를 따기 위해서는 다양한 문제를 최대한 많이 풀어 보는 수밖에 없다.
- 고등학교 시절을 생각하며 오답노트를 만드는 것도 좋은 방법이 될 수 있다.

CHAPTER

03 이론점검

1. 수의 관계

(1) 약수와 배수

a가 b로 나누어떨어질 때, a는 b의 배수, b는 a의 약수

(2) 소수

1과 자기 자신만을 약수로 갖는 수. 즉, 약수의 개수가 2개인 수

(3) 합성수

1과 자신 이외의 수를 약수로 갖는 수. 즉, 소수가 아닌 수 또는 약수의 개수가 3개 이상인 수

(4) 최대공약수

2개 이상의 자연수의 공통된 약수 중에서 가장 큰 수

(5) 최소공배수

2개 이상의 자연수의 공통된 배수 중에서 가장 작은 수

(6) 서로소

1 이외에 공약수를 갖지 않는 두 자연수. 즉, 최대공약수가 1인 두 자연수

(7) 소인수분해

주어진 합성수를 소수의 거듭제곱의 형태로 나타내는 것

(8) 약수의 개수

자연수 $\mathrm{N}=a^m \times b^n$에 대하여, N의 약수의 개수는 $(m+1)\times(n+1)$개

(9) 최대공약수와 최소공배수의 관계

두 자연수 A, B에 대하여, 최소공배수와 최대공약수를 각각 L, G라고 하면 $\mathrm{A}\times\mathrm{B}=\mathrm{L}\times\mathrm{G}$가 성립함

2. 방정식의 활용

(1) 날짜 · 요일 · 시계

① 날짜 · 요일

㉠ 1일=24시간=1,440분=86,400초

㉡ 날짜 · 요일 관련 문제는 대부분 나머지를 이용해 계산한다.

② 시계

㉠ 시침이 1시간 동안 이동하는 각도 : 30°

㉡ 시침이 1분 동안 이동하는 각도 : 0.5°

㉢ 분침이 1분 동안 이동하는 각도 : 6°

(2) 거리 · 속력 · 시간

① (거리)=(속력)×(시간)

㉠ 기차가 터널을 통과하거나 다리를 지나가는 경우

- (기차가 움직인 거리)=(기차의 길이)+(터널 또는 다리의 길이)

㉡ 두 사람이 반대 방향 또는 같은 방향으로 움직이는 경우

- (두 사람 사이의 거리)=(두 사람이 움직인 거리의 합 또는 차)

② $(\text{속력})=\frac{(\text{거리})}{(\text{시간})}$

㉠ 흐르는 물에서 배를 타는 경우

- (하류로 내려갈 때의 속력)=(배 자체의 속력)+(물의 속력)
- (상류로 올라갈 때의 속력)=(배 자체의 속력)−(물의 속력)

③ $(\text{시간})=\frac{(\text{거리})}{(\text{속력})}$

(3) 나이 · 인원 · 개수

구하고자 하는 것을 미지수로 놓고 식을 세운다. 동물의 경우 다리의 개수에 유의해야 한다.

(4) 원가 · 정가

① (정가)=(원가)+(이익), (이익)=(정가)−(원가)

② (a원에서 b% 할인한 가격)$=a\times\left(1-\frac{b}{100}\right)$

(5) 일률 · 톱니바퀴

① 일률

전체 일의 양을 1로 놓고, 시간 동안 한 일의 양을 미지수로 놓고 식을 세운다.

- $(\text{일률})=\frac{(\text{작업량})}{(\text{작업기간})}$
- $(\text{작업기간})=\frac{(\text{작업량})}{(\text{일률})}$
- (작업량)=(일률)×(작업기간)

② 톱니바퀴

(톱니 수)×(회전수)=(총 맞물린 톱니 수)

즉, A, B 두 톱니에 대하여, (A의 톱니 수)×(A의 회전수)=(B의 톱니 수)×(B의 회전수)가 성립한다.

(6) 농도

① (농도)$=\frac{\text{(용질의 양)}}{\text{(용액의 양)}}\times 100$

② (용질의 양)$=\frac{\text{(농도)}}{100}\times$(용액의 양)

(7) 수 I

① 연속하는 세 자연수 : $x-1$, x, $x+1$

② 연속하는 세 짝수(홀수) : $x-2$, x, $x+2$

(8) 수 II

① 십의 자릿수가 x, 일의 자릿수가 y인 두 자리 자연수 : $10x+y$

이 수에 대해, 십의 자리와 일의 자리를 바꾼 수 : $10y+x$

② 백의 자릿수가 x, 십의 자릿수가 y, 일의 자릿수가 z인 세 자리 자연수 : $100x+10y+z$

(9) 증가·감소

① x가 $a\%$ 증가 : $\left(1+\frac{a}{100}\right)x$

② y가 $b\%$ 감소 : $\left(1-\frac{b}{100}\right)y$

3. 경우의 수·확률

(1) 경우의 수

① 경우의 수 : 어떤 사건이 일어날 수 있는 모든 가짓수

② 합의 법칙

㉠ 두 사건 A, B가 동시에 일어나지 않을 때, A가 일어나는 경우의 수를 m, B가 일어나는 경우의 수를 n이라고 하면, 사건 A 또는 B가 일어나는 경우의 수는 $m+n$이다.

㉡ '또는', '~이거나'라는 말이 나오면 합의 법칙을 사용한다.

③ 곱의 법칙

㉠ A가 일어나는 경우의 수를 m, B가 일어나는 경우의 수를 n이라고 하면, 사건 A와 B가 동시에 일어나는 경우의 수는 $m\times n$이다.

㉡ '그리고', '동시에'라는 말이 나오면 곱의 법칙을 사용한다.

④ 여러 가지 경우의 수

㉠ 동전 n개를 던졌을 때, 경우의 수 : 2^n

㉡ 주사위 m개를 던졌을 때, 경우의 수 : 6^m

㉢ 동전 n개와 주사위 m개를 던졌을 때, 경우의 수 : $2^n \times 6^m$

㉣ n명을 한 줄로 세우는 경우의 수 : $n! = n \times (n-1) \times (n-2) \times \cdots \times 2 \times 1$

㉤ n명 중, m명을 뽑아 한 줄로 세우는 경우의 수 : ${}_nP_m = n \times (n-1) \times \cdots \times (n-m+1)$

㉥ n명을 한 줄로 세울 때, m명을 이웃하여 세우는 경우의 수 : $(n-m+1)! \times m!$

㉦ 0이 아닌 서로 다른 한 자리 숫자가 적힌 n장의 카드에서, m장을 뽑아 만들 수 있는 m자리 정수의 개수 : ${}_nP_m$

㉧ 0을 포함한 서로 다른 한 자리 숫자가 적힌 n장의 카드에서, m장을 뽑아 만들 수 있는 m자리 정수의 개수 : $(n-1) \times {}_{n-1}P_{m-1}$

㉨ n명 중, 자격이 다른 m명을 뽑는 경우의 수 : ${}_nP_m$

㉩ n명 중, 자격이 같은 m명을 뽑는 경우의 수 : ${}_nC_m = \frac{{}_nP_m}{m!}$

㉪ 원형 모양의 탁자에 n명을 앉히는 경우의 수 : $(n-1)!$

⑤ **최단거리 문제** : A에서 B 사이에 P가 주어져 있다면, A와 P의 최단거리, B와 P의 최단거리를 각각 구하여 곱한다.

(2) 확률

① (사건 A가 일어날 확률)$=\frac{\text{(사건 A가 일어나는 경우의 수)}}{\text{(모든 경우의 수)}}$

② 여사건의 확률

㉠ 사건 A가 일어날 확률이 p일 때, 사건 A가 일어나지 않을 확률은 $(1-p)$이다.

㉡ '적어도'라는 말이 나오면 주로 사용한다.

③ 확률의 계산

㉠ 확률의 덧셈

두 사건 A, B가 동시에 일어나지 않을 때, A가 일어날 확률을 p, B가 일어날 확률을 q라고 하면, 사건 A 또는 B가 일어날 확률은 $p+q$이다.

㉡ 확률의 곱셈

A가 일어날 확률을 p, B가 일어날 확률을 q라고 하면, 사건 A와 B가 동시에 일어날 확률은 $p \times q$이다.

④ 여러 가지 확률

㉠ 연속하여 뽑을 때, 꺼낸 것을 다시 넣고 뽑는 경우 : 처음과 나중의 모든 경우의 수는 같다.

㉡ 연속하여 뽑을 때, 꺼낸 것을 다시 넣지 않고 뽑는 경우 : 나중의 모든 경우의 수는 처음의 모든 경우의 수보다 1만큼 작다.

㉢ (도형에서의 확률)$=\frac{\text{(해당하는 부분의 넓이)}}{\text{(전체 넓이)}}$

01 거리 · 속력 · 시간

| 유형분석 |

- (거리)=(속력)×(시간), (속력)=$\frac{(거리)}{(시간)}$, (시간)=$\frac{(거리)}{(속력)}$ 공식을 활용한 문제이다.
- 기차와 터널의 길이, 물과 같이 속력이 있는 장소 등 추가적인 거리나 속력 시간에 관한 조건과 결합하여 난이도 높은 문제로 출제된다.

S회사에 근무 중인 S사원은 업무 계약 건으로 출장을 가야 한다. 시속 75km로 이동하던 중 점심시간이 되어 전체 거리의 40% 지점에 위치한 휴게소에서 30분 동안 점심을 먹었다. 시계를 확인하니 약속된 시간에 늦을 것 같아 시속 25km를 더 올려 이동하였더니, 회사에서 출장지까지 총 3시간 20분이 걸려 도착하였다. S회사에서 출장지까지의 거리는?

① 100km
② 150km
③ 200km
④ 250km
⑤ 300km

정답 ④

S회사에서 출장지까지의 거리를 $x$km라 하자.

이때 S회사에서 휴게소까지의 거리는 $\frac{4}{10}x=\frac{2}{5}x$km, 휴게소에서 출장지까지의 거리는 $\left(1-\frac{2}{5}\right)x=\frac{3}{5}x$km이다.

$\left(\frac{2}{5}x\times\frac{1}{75}\right)+\frac{30}{60}+\left(\frac{3}{5}x\times\frac{1}{75+25}\right)=\frac{200}{60}$

$\rightarrow \frac{2}{375}x+\frac{3}{500}x=\frac{17}{6}$

$\rightarrow 8x+9x=4,250$

$\therefore x=250$

따라서 출장지까지의 거리는 250km이다.

30초 컷 풀이 Tip

1. 미지수를 정할 때에는 문제에서 묻는 것을 정확하게 파악해야 한다.
2. 속력과 시간의 단위를 처음에 정리하여 계산하면 계산 실수 없이 풀이할 수 있다.
   - 1시간=60분=3,600초
   - 1km=1,000m=100,000cm

대표기출유형 01 기출응용문제

Easy

01 A가 시속 30km로 $x$km를 가는 데 걸린 시간은 B가 시속 40km로 30km를 갔을 때보다 5분이 덜 걸렸다고 한다. A가 이동한 거리는?

① 15km
② 20km
③ 25km
④ 30km
⑤ 35km

02 A신입사원은 집에서 거리가 10km 떨어진 회사에 근무하고 있다. 출근할 때는 자전거를 타고 1시간이 걸린다. 퇴근할 때는 회사에서 4km 떨어진 헬스장을 들렀다가 운동 후 7km 거리를 이동하여 집에 도착한다. 퇴근할 때 회사에서 헬스장까지 30분, 헬스장에서 집까지 1시간 30분이 걸린다면 A신입사원이 출·퇴근하는 평균속력은?

① 5km/h
② 6km/h
③ 7km/h
④ 8km/h
⑤ 9km/h

03 미주는 집에서 백화점에 가기 위해 시속 8km의 속력으로 집에서 출발했다. 미주가 집에서 출발한 지 12분 후에 지갑을 두고 간 것을 발견한 동생이 시속 20km의 속력으로 미주를 만나러 출발했다. 미주와 동생은 미주가 출발하고 몇 분 후에 만나게 되는가?(단, 미주와 동생은 쉬지 않고 일정한 속력으로 움직인다)

① 11분
② 14분
③ 17분
④ 20분
⑤ 23분

02 | 농도

| 유형분석 |

- $(농도)=\frac{(용질의\ 양)}{(용액의\ 양)}\times100$ 공식을 활용한 문제이다.
- (소금물의 양)=(물의 양)+(소금의 양)이라는 것에 유의하고, 더해지거나 없어진 것을 미지수로 두고 풀이한다.

물 200g에 소금 100g과 농도 20%의 소금물 200g을 넣으면 몇 %의 소금물이 되는가?

① 22%　② 24%
③ 26%　④ 28%
⑤ 30%

정답 ④

$(농도)=\frac{(소금)}{(소금물)}\times100=\frac{(소금)}{(소금+물)}\times100$

먼저 20% 소금물 200g에 들어있는 소금의 양을 구하면 $\frac{20}{100}\times200=40$g이다.

$\frac{100+40}{200+100+200}\times100=28$

따라서 농도 28%의 소금물이 된다.

30초 컷 풀이 Tip

1. 숫자의 크기를 최대한 간소화해야 한다. 특히, 농도의 경우 분수와 정수가 같이 제시되고, 최근에는 비율을 활용한 문제가 많이 출제되고 있으므로 통분이나 약분을 통해 수를 간소화시켜 계산 실수를 줄일 수 있도록 한다.
2. 항상 미지수를 구해서 그 값을 계산하여 풀이해야 하는 것은 아니다. 문제에서 원하는 값은 정확한 미지수를 구하지 않아도 풀이과정에서 답이 제시되는 경우가 있으므로 문제에서 묻는 것을 명확히 해야 한다.

대표기출유형 02 기출응용문제

01 농도가 20%인 묽은 염산 300g이 있다. 농도가 5%인 묽은 염산을 섞어 실험에 쓸 수 있는 묽은 염산으로 희석한다. 농도가 10%보다 진하면 실험용 염산으로 사용할 수 없다고 할 때, 최소로 필요한 농도 5%의 묽은 염산의 양은?

① 600g ② 650g
③ 700g ④ 750g
⑤ 800g

02 농도 8%의 소금물 400g에서 한 컵의 소금물을 퍼내고 그 양만큼 물을 부은 다음 다시 2%의 소금물을 넣었더니 농도 6%의 소금물 520g이 되었다. 퍼낸 소금물의 양은?

① 10g ② 20g
③ 30g ④ 40g
⑤ 50g

Hard

03 농도가 각각 10%, 6%인 설탕물을 섞어서 300g의 설탕물을 만들었다. 여기에 설탕 20g을 더 넣었더니 농도가 12%인 설탕물이 되었다면 농도 6%인 설탕물의 양은?

① 10g ② 20g
③ 280g ④ 290g
⑤ 320g

03 일률

| 유형분석 |

- 전체 일의 양을 1로 두고 풀이하는 유형이다.
- 분이나 초 단위 계산이 가장 어려운 유형으로 출제되고 있다.
- $(\text{일률})=\frac{(\text{작업량})}{(\text{작업기간})}$, $(\text{작업기간})=\frac{(\text{작업량})}{(\text{일률})}$, $(\text{작업량})=(\text{일률})\times(\text{작업기간})$

은경이는 A호스로 750mL인 물통에 물을 채우려고 한다. A호스에서 1분에 2.5mL의 물이 나올 때, 은경이가 물통을 가득 채우는 데 걸리는 시간은?

① 150분
② 200분
③ 250분
④ 300분
⑤ 350분

정답 ④

1분에 2.5mL가 나오므로 750mL를 채우는 데 걸리는 시간을 x분이라 하면 다음과 같은 식이 성립한다.

$x\times2.5=750$

$\rightarrow x=\frac{750}{2.5}$

$\therefore x=300$

따라서 물통을 채우는 데 걸리는 시간은 300분이다.

30초 컷 풀이 Tip

1. 전체의 값을 모르는 상태에서 비율을 묻는 문제의 경우 전체를 1이라고 하면 쉽게 풀이할 수 있다.
   예 S가 1개의 빵을 만드는 데 3시간이 걸린다. 1개의 빵을 만드는 일의 양을 1이라고 하면 S는 한 시간에 $\frac{1}{3}$만큼의 빵을 만든다.
2. 난도가 높은 일의 양 문제를 접근할 때 전체 일의 양을 막대 그림으로 표현하면서 풀이하면 한눈에 파악할 수 있다.

대표기출유형 03 기출응용문제

01 500개의 상자를 접는 데 갑은 5일, 을은 13일이 소요된다. 갑과 을이 2,500개의 상자를 같이 접기 시작하여 중간에 을이 그만두고, 갑이 혼자서 남은 상자를 다 접었다고 한다. 총 소요기간은 20일이었을 때, 갑과 을이 같이 일한 기간은 며칠인가?

① 12일
② 13일
③ 14일
④ 15일
⑤ 16일

02 톱니가 각각 24개, 60개인 두 톱니바퀴 A, B가 서로 맞물려 회전하고 있다. 이 두 톱니바퀴가 한 번 맞물린 후 같은 톱니에서 처음으로 다시 맞물리려면 톱니바퀴 A는 최소한 몇 바퀴 회전해야 하는가?

① 2바퀴
② 3바퀴
③ 5바퀴
④ 6바퀴
⑤ 8바퀴

Easy

03 욕조에 물을 채우는 데 A관은 30분, B관은 40분 걸린다. 이 욕조에 채운 물을 배수하는 데는 20분이 걸린다. A관과 B관을 동시에 틀고, 동시에 배수를 할 때, 욕조가 가득 채워질 때까지 걸리는 시간은?

① 60분
② 80분
③ 100분
④ 120분
⑤ 150분

04 금액

| 유형분석 |

- 원가, 정가, 할인가, 판매가 등의 개념을 명확히 한다.
  (정가)=(원가)+(이익)
  (이익)=(정가)−(원가)
  a원에서 b% 할인한 가격$=a\times\left(1-\frac{b}{100}\right)$
- 어려운 유형은 아니지만 비율을 활용한 계산 문제이기 때문에 실수하기 쉽다.
- 경우의 수와 결합하여 출제되기도 한다.

철수는 한 달 수입 중 40%는 저금을 하고 나머지의 50%를 교통비에 사용한다. 남는 돈이 60,000원일 때, 철수의 한 달 수입은 얼마인가?

① 180,000원
② 200,000원
③ 220,000원
④ 240,000원
⑤ 250,000원

정답 ②

철수의 한 달 수입을 x원이라고 하자.

$x-0.4x-\{(x-0.4x)\times 0.5\}=60,000$

$\rightarrow 0.3x=60,000$

$\therefore x=200,000$

따라서 x는 200,000원이다.

30초 컷 풀이 Tip

전체 금액을 구하는 것이 아니라 할인된 금액을 구하면 수의 크기도 작아지고, 풀이 과정을 단축시킬 수 있다.

대표기출유형 04 기출응용문제

01 K과장은 이번 주 주말에 이사하려고 한다. 이삿짐센터 비용은 거리 25km까지 실비를 적용하며, 초과 시 초과분의 50%를 적용한다. 또한, 화물의 부피는 $1m^3$당 25달러이다. 이사할 장소는 지금 사는 집에서 35km 떨어진 곳이며, K과장의 이삿짐 부피는 총 $60m^3$일 때, K과장이 내야 할 이사 비용은 얼마인가?(단, 거리 1km당 50달러이다)

① 3,000달러
② 3,010달러
③ 3,100달러
④ 3,200달러
⑤ 3,220달러

02 A와 B가 시장에 가서 각각 두 번에 걸쳐 물건을 사는 데 총 32,000원이 들었다. A는 두 번째 구매 시 첫 번째보다 50% 감소한 금액을 냈고, B는 두 번째 구매 시 첫 번째보다 50% 증가한 금액을 냈다. 나중에 서로 비교해보니 B가 A보다 5,000원을 더 소비한 것을 알게 되었다고 할 때, A가 첫 번째로 낸 금액은?

① 7,400원
② 8,500원
③ 9,000원
④ 9,700원
⑤ 10,300원

Hard

03 S사와 A사는 연구 협업을 맺고 있다. 초기 투자비용은 S사와 A사가 5 : 2의 비율로 투자하였는데 초기 투자금 내에서 S사에서 A사에 1,500만 원의 연구자금을 주었다면 투자금의 비율은 4 : 3이 된다. 이때, A사의 초기 투자비용은?

① 2,000만 원
② 2,200만 원
③ 2,500만 원
④ 3,000만 원
⑤ 3,500만 원

05 | 경우의 수

| 유형분석 |

- 순열(P)과 조합(C)을 활용한 문제이다.

$_{n}\mathrm{P}_{m}=n\times(n-1)\times\cdots\times(n-m+1)$

$_{n}\mathrm{C}_{m}=\frac{_{n}\mathrm{P}_{m}}{m!}=\frac{n\times(n-1)\times\cdots\times(n-m+1)}{m!}$

- 벤다이어그램을 활용한 문제가 출제되기도 한다.

10명으로 구성된 팀이 2대의 차에 나눠 타고 야유회를 가려고 한다. 차량은 각각 5인승과 7인승이고, 운전을 할 수 있는 사람은 2명이다. 10명의 팀원이 차에 나눠 타는 경우의 수는?(단, 차량 내 좌석은 구분하지 않는다)

① 77가지
② 96가지
③ 128가지
④ 154가지
⑤ 308가지

정답 ⑤

5인승 차량에 팀원들을 먼저 배치한 후 나머지를 7인승 차량에 배치하면 된다. 운전자는 2명이므로 그중 1명을 선택하여 배치한 후, 나머지 좌석에 팀원들을 각각 4명, 3명, 2명 배치할 수 있으므로 식을 세우면 다음과 같다.

$2\times({}_{8}\mathrm{C}_{4}+{}_{8}\mathrm{C}_{3}+{}_{8}\mathrm{C}_{2})=2\times\left(\frac{8\times7\times6\times5}{4!}+\frac{8\times7\times6}{3!}+\frac{8\times7}{2!}\right)=2\times(70+56+28)=308$가지

따라서 총 308가지이다.

30초 컷 풀이 Tip

경우의 수의 합의 법칙과 곱의 법칙 등에 관해 명확히 한다.

합의 법칙

㉠ 두 사건 A, B가 동시에 일어나지 않을 때, A가 일어나는 경우의 수를 m, B가 일어나는 경우의 수를 n이라고 하면, A 또는 B가 일어나는 경우의 수는 $m+n$이다.
㉡ '또는', '~이거나'라는 말이 나오면 합의 법칙을 사용한다.

곱의 법칙

㉠ A가 일어나는 경우의 수를 m, B가 일어나는 경우의 수를 n이라고 하면, A와 B가 동시에 일어나는 경우의 수는 $m\times n$이다.
㉡ '그리고', '동시에'라는 말이 나오면 곱의 법칙을 사용한다.

대표기출유형 05 기출응용문제

01 9개의 숫자 1, 2, 3, 4, 5, 6, 7, 8, 9 중에서 서로 다른 3개의 숫자를 택할 때, 각 자리의 수 중 어떤 두 수의 합도 9가 아닌 수를 만들려고 한다. 예를 들어 217은 조건을 만족시키지 않는다. 조건을 만족시키는 세 자리 자연수의 개수는?

① 144개
② 168개
③ 250개
④ 336개
⑤ 420개

Easy

02 할아버지와 할머니, 아버지와 어머니 그리고 3명의 자녀로 이루어진 가족이 있다. 이 가족이 일렬로 서서 가족사진을 찍으려고 한다. 할아버지가 맨 앞, 할머니가 맨 뒤에 위치할 때, 가능한 경우의 수는?

① 120가지
② 125가지
③ 130가지
④ 135가지
⑤ 140가지

03 S기업의 친목회에서 임원진(회장, 부회장, 총무)을 새롭게 선출하려고 한다. 친목회 전체 인원이 17명일 때, 회장, 부회장, 총무를 각 1명씩 뽑는 경우의 수는?(단, 작년에 임원진이었던 3명은 연임하지 못한다)

① 728가지
② 1,360가지
③ 2,184가지
④ 2,730가지
⑤ 4,080가지

06 확률

| 유형분석 |

- 순열(P)과 조합(C)을 활용한 문제이다.
- 조건부 확률 문제가 출제되기도 한다.

10%의 불량품이 들어 있는 제품 중에서 임의로 4개의 제품을 택할 때, 2개의 제품이 불량품일 확률은?

① 0.0025
② 0.0125
③ 0.0486
④ 0.0492
⑤ 0.0824

정답 ③

제품 4개 중 2개를 불량품으로 고르는 경우의 수는 ${}_4C_2=6$가지이다.

불량품이 들어 있을 확률은 $\frac{1}{10}$이다.

따라서 임의로 4개의 제품을 택할 때, 2개의 제품이 불량품일 확률은

${}_4C_2\times\left(\frac{1}{10}\right)^2\times\left(\frac{9}{10}\right)^2=\frac{486}{10,000}$이다.

30초 컷 풀이 Tip

여사건의 확률

㉠ 사건 A가 일어날 확률이 p일 때, 사건 A가 일어나지 않을 확률은 $(1-p)$이다.
㉡ '적어도'라는 말이 나오면 주로 사용한다.

확률의 덧셈

두 사건 A, B가 동시에 일어나지 않을 때, A가 일어날 확률을 p, B가 일어날 확률을 q라고 하면, 사건 A 또는 B가 일어날 확률은 $p+q$이다.

확률의 곱셈

A가 일어날 확률을 p, B가 일어날 확률을 q라고 하면, 사건 A와 B가 동시에 일어날 확률은 $p\times q$이다.

01 서진이, 민진이를 포함한 5명이 일렬로 놓인 영화관의 좌석에 앉으려고 한다. 서진이와 민진이 사이에 적어도 1명이 앉게 될 확률은?

① $\frac{1}{5}$　② $\frac{3}{5}$

③ $\frac{7}{15}$　④ $\frac{8}{15}$

⑤ $\frac{13}{17}$

02 주머니에 빨간색 구슬 3개, 초록색 구슬 4개, 파란색 구슬 5개가 있다. 구슬 2개를 동시에 꺼낼 때, 모두 빨간색이거나 모두 초록색이거나 모두 파란색일 확률은?

① $\frac{3}{11}$　② $\frac{19}{66}$

③ $\frac{10}{33}$　④ $\frac{7}{22}$

⑤ $\frac{7}{44}$

Easy

03 1에서 10까지 적힌 숫자카드 10장 중 임의로 2장을 동시에 뽑을 때, 뽑은 두 카드에 적힌 수의 곱이 홀수일 확률은?

① $\frac{5}{7}$　② $\frac{7}{8}$

③ $\frac{5}{9}$　④ $\frac{2}{9}$

⑤ $\frac{1}{9}$

CHAPTER 04

언어추리

합격 Cheat Key

언어추리는 20문제가 출제되며, 15분의 시간이 주어진다. 주어진 정보를 종합하고, 진술문 간의 관계 구조를 파악하여 새로운 내용을 추론해내는 능력을 요한다. SKCT에서 출제되는 언어추리는 크게 명제추리, 조건추리로 구분할 수 있다.

1 명제추리

삼단논법을 통해 적절한 결론을 찾는 문제가 출제되며, 최근 벤다이어그램 등을 이용해야 풀이할 수 있는 문제도 출제되고 있으므로 다양한 유형의 문제를 접해보는 것이 중요하다.

학습 포인트

- 명제의 기본적인 개념(역 · 이 · 대우)에 대해 정확히 알고 기호화시킬 수 있어야 한다.
- 전제나 결론을 찾는 문제가 출제되기도 하므로 삼단논법에 대한 정확한 개념을 알아야 한다.

2 조건추리

언어추리에서 난도가 높은 편이므로 고득점을 얻기 위해서 반드시 빠르고 정확하게 풀이하는 연습을 해야 한다.

학습 포인트

- 제시된 조건을 간단하게 도식화시켜서 풀이할 수 있는 연습을 해야 한다.

CHAPTER

04 이론점검

1. 연역 추론

이미 알고 있는 판단(전제)을 근거로 새로운 판단(결론)을 유도하는 추론이다. 연역 추론은 진리일 가능성을 따지는 귀납 추론과는 달리, 명제 간의 관계와 논리적 타당성을 따진다. 즉, 연역 추론은 전제들로부터 절대적인 필연성을 가진 결론을 이끌어내는 추론이다.

(1) 직접 추론

한 개의 전제로부터 중간적 매개 없이 새로운 결론을 이끌어내는 추론이며, 대우 명제가 그 대표적인 예이다.

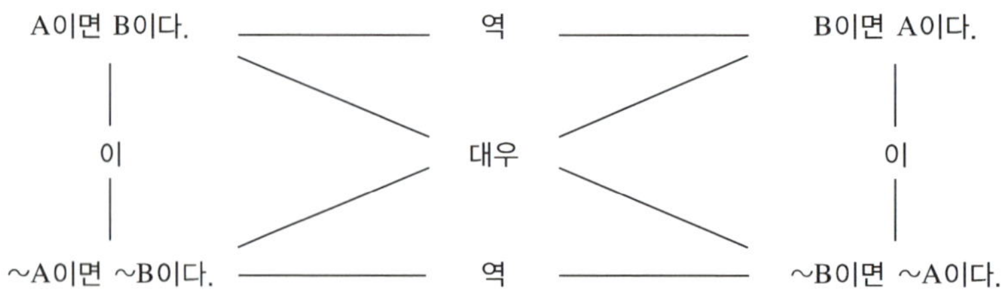

• 한국인은 모두 황인종이다.	(전제)
• 그러므로 황인종이 아닌 사람은 모두 한국인이 아니다.	(결론 1)
• 그러므로 황인종 중에는 한국인이 아닌 사람도 있다.	(결론 2)

(2) 간접 추론

둘 이상의 전제로부터 새로운 결론을 이끌어내는 추론이다. 삼단논법이 가장 대표적인 예이다.

① **정언 삼단논법** : 세 개의 정언명제로 구성된 간접추론 방식이다. 세 개의 명제 가운데 두 개의 명제는 전제이고, 나머지 한 개의 명제는 결론이다. 세 명제의 주어와 술어는 세 개의 서로 다른 개념을 표현한다.

② **가언 삼단논법** : 가언명제로 이루어진 삼단논법을 말한다. 가언명제란 두 개의 정언명제가 '만일 ~이라면'이라는 접속사에 의해 결합된 복합명제이다. 여기서 '만일'에 의해 이끌리는 명제를 전건이라고 하고, 그 뒤의 명제를 후건이라고 한다. 가언 삼단논법의 종류로는 혼합가언 삼단논법과 순수가언 삼단논법이 있다.

㉠ 혼합가언 삼단논법 : 대전제만 가언명제로 구성된 삼단논법이다. 긍정식과 부정식 두 가지가 있으며, 긍정식은 'A면 B이다. A이다. 그러므로 B이다.'이고, 부정식은 'A면 B이다. B가 아니다. 그러므로 A가 아니다.'이다.

- 만약 A라면 B이다.
- B가 아니다.
- 그러므로 A가 아니다.

㉡ 순수가언 삼단논법 : 대전제와 소전제 및 결론까지 모두 가언명제들로 구성된 삼단논법이다.

- 만약 A라면 B이다.
- 만약 B라면 C이다.
- 그러므로 만약 A라면 C이다.

③ 선언 삼단논법 : '~이거나 ~이다.'의 형식으로 표현되며 전제 속에 선언 명제를 포함하고 있는 삼단논법이다.

- 내일은 비가 오거나 눈이 온다(A 또는 B이다).
- 내일은 비가 오지 않는다(A가 아니다).
- 그러므로 내일은 눈이 온다(그러므로 B이다).

④ 딜레마 논법 : 대전제는 두 개의 가언명제로, 소전제는 하나의 선언명제로 이루어진 삼단논법으로, 양도추론이라고도 한다.

- 만일 네가 거짓말을 하면, 신이 미워할 것이다. (대전제)
- 만일 네가 거짓말을 하지 않으면, 사람들이 미워할 것이다. (대전제)
- 너는 거짓말을 하거나, 거짓말을 하지 않을 것이다. (소전제)
- 그러므로 너는 미움을 받게 될 것이다. (결론)

2. 귀납 추론

특수한 또는 개별적인 사실로부터 일반적인 결론을 이끌어 내는 추론을 말한다. 귀납 추론은 구체적 사실들을 기반으로 하여 결론을 이끌어 내기 때문에 필연성을 따지기보다는 개연성과 유관성, 표본성 등을 중시하게 된다. 여기서 개연성이란, 관찰된 어떤 사실이 같은 조건하에서 앞으로도 관찰될 수 있는가 하는 가능성을 말하고, 유관성은 추론에 사용된 자료가 관찰하려는 사실과 관련되어야 하는 것을 일컬으며, 표본성은 추론을 위한 자료의 표본 추출이 공정하게 이루어져야 하는 것을 가리킨다. 이러한 귀납 추론은 일상생활 속에서 많이 사용하고, 우리가 알고 있는 과학적 사실도 이와 같은 방법으로 밝혀졌다.

그러나 전제들이 참이어도 결론이 항상 참인 것은 아니다. 단 하나의 예외로 인하여 결론이 거짓이 될 수 있다.

- 성냥불은 뜨겁다.
- 연탄불도 뜨겁다.
- 그러므로 모든 불은 뜨겁다.

위 예문에서 '성냥불이나 연탄불이 뜨거우므로 모든 불은 뜨겁다.'라는 결론이 나왔는데, 반딧불은 뜨겁지 않으므로 '모든 불이 뜨겁다.'라는 결론은 거짓이 된다.

(1) 완전 귀납 추론

관찰하고자 하는 집합의 전체를 다 검증함으로써 대상의 공통 특질을 밝혀내는 방법이다. 이는 예외 없는 진실을 발견할 수 있다는 장점은 있으나, 집합의 규모가 크고 속성의 변화가 다양할 경우에는 적용하기 어려운 단점이 있다.

예 1부터 10까지의 수를 다 더하여 그 합이 55임을 밝혀내는 방법

(2) 통계적 귀납 추론

통계적 귀납 추론은 관찰하고자 하는 집합의 일부에서 발견한 몇 가지 사실을 열거함으로써 그 공통점을 결론으로 이끌어 내려는 방식을 가리킨다. 관찰하려는 집합의 규모가 클 때 그 일부를 표본으로 추출하여 조사하는 방식이 이에 해당하며, 표본 추출의 기준이 얼마나 적합하고 공정한가에 따라 그 결과에 대한 신뢰도가 달라진다는 단점이 있다.

예 여론조사에서 일부의 국민에 대한 설문 내용을 바탕으로, 이를 전체 국민의 여론으로 제시하는 것

(3) 인과적 귀납 추론

관찰하고자 하는 집합의 일부 원소들이 지닌 인과 관계를 인식하여 그 원인이나 결과를 이끌어 내려는 방식을 말한다.

① **일치법** : 공동적인 현상을 지닌 몇 가지 사실 중에서 각기 지닌 요소 중 어느 한 가지만 일치한다면 이 요소가 공통 현상의 원인이라고 판단

② **차이법** : 어떤 현상이 나타나는 경우와 나타나지 않은 경우를 놓고 보았을 때, 각 경우의 여러 조건 중 단 하나만이 차이를 보인다면 그 차이를 보이는 조건이 원인이 된다고 판단

예 현수와 승재는 둘 다 지능이나 학습 시간, 학습 환경 등이 비슷한데 공부하는 태도에는 약간의 차이가 있다. 따라서 두 사람이 성적이 차이를 보이는 것은 학습 태도의 차이 때문으로 생각된다.

③ **일치·차이 병용법** : 몇 개의 공통 현상이 나타나는 경우와 몇 개의 그렇지 않은 경우를 놓고 일치법과 차이법을 병용하여 적용함으로써 그 원인을 판단

예 학업 능력 정도가 비슷한 두 아동 집단에 대해 처음에는 같은 분량의 과제를 부여하고 나중에는 각기 다른 분량의 과제를 부여한 결과, 많이 부여한 집단의 성적이 훨씬 높게 나타났다. 이로 보아, 과제를 많이 부여하는 것이 적게 부여하는 것보다 학생의 학업 성적 향상에 도움이 된다고 판단할 수 있다.

④ **공변법** : 관찰하는 어떤 사실의 변화에 따라 현상의 변화가 일어날 때 그 변화의 원인이 무엇인지 판단

예 담배를 피우는 양이 각기 다른 사람들의 집단을 조사한 결과, 담배를 많이 피울수록 폐암에 걸릴 확률이 높다는 사실이 발견되었다.

⑤ **잉여법** : 앞의 몇 가지 현상이 뒤의 몇 가지 현상의 원인이며, 선행 현상의 일부분이 후행 현상의 일부분이라면, 선행 현상의 나머지 부분이 후행 현상의 나머지 부분의 원인임을 판단

예 어젯밤 일어난 사건의 혐의자는 정은이와 규민이 두 사람인데, 정은이는 알리바이가 성립되어 혐의 사실이 없는 것으로 밝혀졌다. 따라서 그 사건의 범인은 규민이일 가능성이 높다.

3. 유비 추론

두 개의 대상 사이에 일련의 속성이 동일하다는 사실에 근거하여 그것들의 나머지 속성도 동일하리라는 결론을 이끌어내는 추론, 즉 이미 알고 있는 것에서 다른 유사한 점을 찾아내는 추론을 말한다. 그렇기 때문에 유비 추론은 잣대(기준)가 되는 사물이나 현상이 있어야 한다. 유비 추론은 가설을 세우는 데 유용하다. 이미 알고 있는 사례로부터 아직 알지 못하는 것을 생각해 봄으로써 쉽게 가설을 세울 수 있다. 이때 유의할 점은 이미 알고 있는 사례와 이제 알고자 하는 사례가 매우 유사하다는 확신과 증거가 있어야 한다. 그렇지 않은 상태에서 유비 추론에 의해 결론을 이끌어 내면, 그것은 개연성이 거의 없고 잘못된 결론이 될 수도 있다.

- 지구에는 공기, 물, 흙, 햇빛이 있다(A는 a, b, c, d의 속성을 가지고 있다).
- 화성에는 공기, 물, 흙, 햇빛이 있다(B는 a, b, c, d의 속성을 가지고 있다).
- 지구에 생물이 살고 있다(A는 e의 속성을 가지고 있다).
- 그러므로 화성에도 생물이 살고 있을 것이다(그러므로 B도 e의 속성을 가지고 있을 것이다).

PART 1

01 명제

| 유형분석 |

- 명제는 삼단논법과 역 · 이 · 대우 명제를 통해 풀이하는 유형이다.
- 주어진 문장들을 빠르게 도식화하여 정리한다.

제시된 명제가 모두 참일 때, 빈칸에 들어갈 명제로 가장 적절한 것은?

- 전제1. 바람이 불면 별이 회색이다.
- 전제2. ____________________
- 결론. 그러므로 별이 회색이 아니면 사과가 떨어지지 않는다.

① 별이 회색이면 바람이 분다.
② 바람이 불면 사과가 떨어진다.
③ 바람이 불지 않으면 사과가 떨어지지 않는다.
④ 사과가 떨어지면 바람이 불지 않는다.
⑤ 별이 회색이 아니면 바람이 분다.

정답 ③

'바람이 분다.'를 A, '별이 회색이다.'를 B, '사과가 떨어진다.'를 C라고 한다면 전제는 'A → B'이다. '~B → ~C'라는 결론을 얻기 위해서는 'C → A' 또는 '~A → ~C'라는 명제가 필요하다.
따라서 전제2에 들어갈 명제는 '바람이 불지 않으면 사과가 떨어지지 않는다.'인 ③이다.

30초 컷 풀이 Tip

전제 추리 방법	결론 추리 방법
전제1이 $p \to q$일 때, 결론이 $p \to r$이라면 각 명제의 앞부분이 같으므로 뒷부분을 $q \to r$로 이어준다. 만일 형태가 이와 맞지 않는다면 대우 명제를 이용한다.	대우 명제를 활용하여 전제1과 전제2가 $p \to q$, $q \to r$의 형태로 만들어진다면 결론은 $p \to r$이다.

대표기출유형 01 기출응용문제

※ 제시된 명제가 모두 참일 때, 빈칸에 들어갈 명제로 가장 적절한 것을 고르시오. [1~3]

01

- 전제1. 인생은 예술보다 짧다.
- 전제2. 하루살이는 인생보다 짧다.
- 결론. ______________________

① 예술은 인생보다 길지 않다.
② 하루살이는 예술보다 짧다.
③ 어떤 예술은 인생보다 짧다.
④ 인생이 가장 짧다.
⑤ 하루살이가 가장 길다.

Easy

02

- 전제1. 과학자들 가운데 미신을 따르는 사람은 아무도 없다.
- 전제2. 돼지꿈을 꾼 다음 날 복권을 사는 사람들은 모두가 미신을 따르는 사람들이다.
- 결론. ______________________

① 과학자가 아닌 사람들은 모두 미신을 따른다.
② 돼지꿈을 꾼 다음 날 복권을 사는 사람이라면 과학자가 아니다.
③ 미신을 따르는 사람들은 모두 돼지꿈을 꾼 다음 날 복권을 산다.
④ 돼지꿈을 꾼 다음 날 복권을 사지 않는다면 미신을 따르는 사람이 아니다.
⑤ 미신을 따르지 않는 사람 중 돼지꿈을 꾼 다음 날 복권을 사는 사람이 있다.

03

- 전제1. 술을 많이 마시면 간에 무리가 간다.
- 전제2. ______________________
- 전제3. 스트레스를 많이 받으면 술을 많이 마신다.
- 결론. 운동을 꾸준히 하지 않으면 간에 무리가 간다.

① 간이 건강하다면 술을 마실 수 있다.
② 운동을 꾸준히 하지 않아도 술을 끊을 수 있다.
③ 술을 마시지 않는다는 것은 스트레스를 주지 않는다는 것이다.
④ 스트레스를 많이 받지 않는다는 것은 운동을 꾸준히 했다는 것이다.
⑤ 운동을 꾸준히 한다고 해도 스트레스를 많이 받지 않는다는 것은 아니다.

02 벤다이어그램

| 유형분석 |

- '어떤', '모든' 등 일부 또는 전체를 나타내는 명제 유형이다.
- 전제 또는 결론을 추리하는 유형이 출제된다.
- 벤다이어그램으로 나타내어 접근한다.

제시된 명제가 모두 참일 때, 빈칸에 들어갈 명제로 가장 적절한 것은?

- 전제1. 모든 금속은 전기가 통한다.
- 전제2. 광택이 있는 물질 중에는 전기가 통하지 않는 물질일 수도 있다.
- 결론. ______________________________

① 금속은 모두 광택이 있다.
② 광택이 있는 물질은 모두 금속이다.
③ 전기가 통하지 않으면 광택이 없는 물질이다.
④ 전기가 통하는 물질 중 광택이 있는 것은 없다.
⑤ 전기가 통하지 않으면서 광택이 있는 물질이 있다.

정답 ⑤

'전기가 통하는 물질'을 A, '금속'을 B, '광택이 있는 물질'을 C라고 하면, 전제1에 따라 모든 금속은 전기가 통하므로 B는 A에 포함되며, 전제2에 따라 A에 포함되지 않는 C가 존재할 수 있다. 이를 벤다이어그램으로 표현하면 다음과 같다.

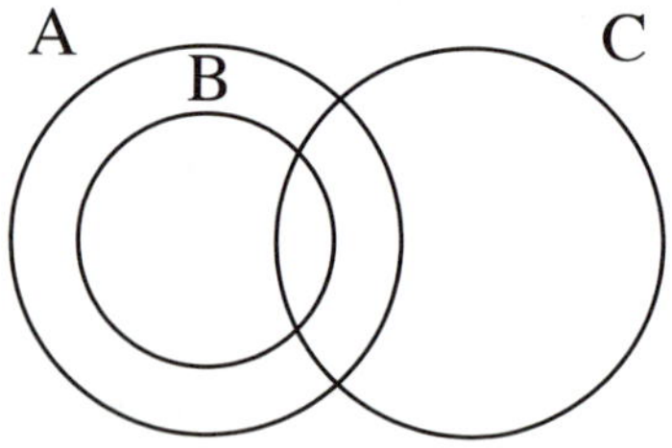

따라서 C에서 A부분을 제외한 부분이 존재하므로 '전기가 통하지 않으면서 광택이 있는 물질이 있다.'가 빈칸에 들어갈 명제로 가장 적절하다.

30초 컷 풀이 Tip

다음은 출제 가능성이 높은 명제 유형을 정리한 표이다. 이를 응용한 다양한 유형의 문제가 출제될 수 있으므로 대표적인 유형을 학습해두어야 한다.

명제 유형		전제1	전제2	결론
유형1	명제	어떤 A는 B이다.	모든 A는 C이다.	어떤 C는 B이다. (=어떤 B는 C이다)
	벤다이어그램	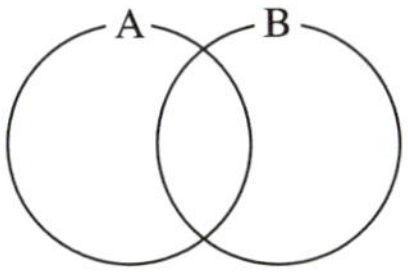	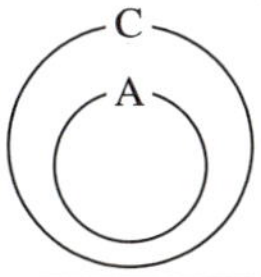	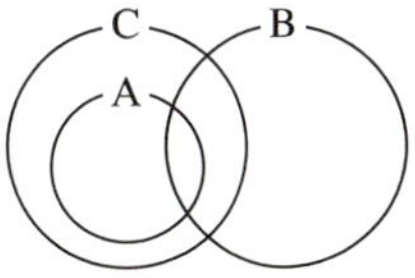
유형2	명제	모든 A는 B이다.	모든 A는 C이다.	어떤 C는 B이다. (=어떤 B는 C이다)
	벤다이어그램	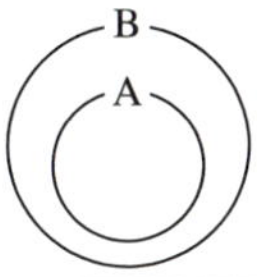	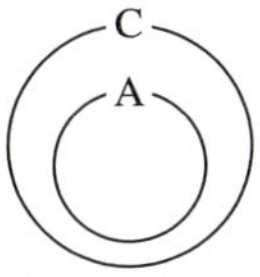	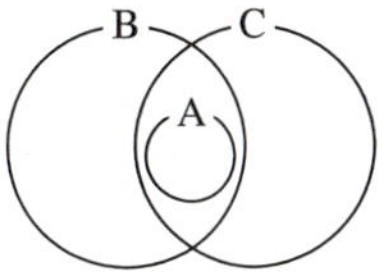

대표기출유형 02 기출응용문제

※ 제시된 명제가 모두 참일 때, 빈칸에 들어갈 명제로 가장 적절한 것을 고르시오. [1~4]

01

- 전제1. 환율이 오르면 어떤 사람은 X주식을 매도한다.
- 전제2. X주식을 매도한 모든 사람은 Y주식을 매수한다.
- 결론. ______________________

① 환율이 오르면 모든 사람은 Y주식을 매수한다.
② 환율이 오르면 어떤 사람은 Y주식을 매수한다.
③ 모든 사람이 X주식을 매도하면 환율이 오른다.
④ 모든 사람이 Y주식을 매수하면 환율이 오른다.
⑤ Y주식을 매도한 모든 사람은 X주식을 매수한다.

02

- 전제1. 환경정화 봉사활동에 참여하는 모든 사람은 재난복구 봉사활동에 참여한다.
- 전제2. ______________________
- 결론. 재난복구 봉사활동에 참여하는 어떤 사람은 유기동물 봉사활동에 참여한다.

① 재난복구 봉사활동에 참여하지 않는 모든 사람은 유기동물 봉사활동에 참여하지 않는다.
② 재난복구 봉사활동에 참여하는 어떤 사람은 환경정화 봉사활동에 참여한다.
③ 환경정화 봉사활동에 참여하는 어떤 사람은 유기동물 봉사활동에 참여한다.
④ 환경정화 봉사활동에 참여하지 않는 어떤 사람은 유기동물 봉사활동에 참여한다.
⑤ 환경정화 봉사활동에 참여하는 모든 사람은 유기동물 봉사활동에 참여하지 않는다.

Easy

03

- 전제1 회의에 참석하는 어떤 회사원은 결근을 한다.
- 전제2. ____________________
- 결론. 출장을 가는 어떤 회사원은 회의에 참석한다.

① 결근을 하는 회사원은 출장을 간다.
② 결근을 하는 회사원은 회의에 참석한다.
③ 출장을 가는 어떤 회사원은 결근을 한다.
④ 출장을 가는 모든 회사원은 결근을 한다.
⑤ 회의에 참석하는 어떤 회사원은 출장을 간다.

PART 1

04

- 전제1. 모든 손님은 A와 B 중에서 하나만을 주문했다.
- 전제2. A를 주문한 손님 중에서 일부는 C를 주문했다.
- 전제3. B를 주문한 손님들만 추가로 주문할 수 있는 D도 많이 판매되었다.
- 결론. ____________________

① B와 C를 동시에 주문하는 손님도 있었다.
② B를 주문한 손님은 C를 주문하지 않았다.
③ C를 주문한 손님은 모두 A를 주문했다.
④ D를 주문한 손님은 A를 주문하지 않았다.
⑤ D를 주문한 손님은 C를 주문하지 않았다.

03 배열하기 · 묶기 · 연결하기

| 유형분석 |

- 주어진 조건에 따라 한 줄로 세우거나 자리를 배치하는 유형이다.
- 평소 충분한 연습이 되어있지 않으면 풀기 어려운 유형이므로, 최대한 다양한 유형을 접해보고 패턴을 익히는 것이 좋다.

S사의 사내 체육대회에서 A～F 여섯 명은 키가 큰 순서에 따라 두 명씩 1팀, 2팀, 3팀으로 나뉘어 배치된다. 다음 〈조건〉에 따라 배치된다고 할 때 키가 가장 큰 사람은?

조건

- A, B, C, D, E, F의 키는 서로 다르다.
- 2팀의 B는 A보다 키가 작다.
- D보다 키가 작은 사람은 4명이다.
- A는 1팀에 배치되지 않는다.
- E와 F는 한 팀에 배치된다.

① A ② B
③ C ④ D
⑤ E

정답 ③

세 번째 조건에 따라 D는 여섯 명 중 두 번째로 키가 크므로 1팀에 배치되는 것을 알 수 있다. 또한 두 번째 조건에 따라 B는 2팀에 배치되므로 한 팀에 배치되어야 하는 E와 F는 아무도 배치되지 않은 3팀에 배치되는 것을 알 수 있다. 마지막으로 네 번째 조건에 따라 B보다 키가 큰 A는 2팀에 배치되므로 결국 A, B, C, D, E, F는 다음과 같이 배치된다.

1팀	2팀	3팀
C>D	A>B	E, F

따라서 키가 가장 큰 사람은 C이다.

30초 컷 풀이 Tip

이 유형에서 가장 먼저 해야 할 일은 고정된 조건을 찾는 것이다. 고정된 조건을 찾아 그 부분을 정해 놓으면 경우의 수가 훨씬 줄어든다.

01 한 프랜차이즈 식당의 매니저들(A ~ D)은 이번에 서울, 인천, 과천, 세종의 4개의 다른 지점에서 근무하게 되었다. 다음 중 반드시 참인 것은?

- 한 번 근무했던 지점에서는 다시 근무하지 않는다.
- A와 C는 서울 지점에서 근무했었다.
- B와 D는 세종 지점에서 근무했었다.
- B는 이번에 과천 지점에서 일하게 되었다.

① A는 과천 지점에서 일한 적이 있다.
② C는 과천 지점에서 일한 적이 있다.
③ D는 인천 지점에서 일한 적이 있다.
④ A가 가게 되는 곳은 세종일 수도 있다.
⑤ D는 인천 지점에서 일할 것이다.

Easy

02 진영이가 다니는 유치원에는 서로 다른 크기의 토끼, 곰, 공룡, 기린, 돼지 인형이 있다. 다음에 근거하여 바르게 추론한 것은?

- 진영이가 좋아하는 인형의 크기가 가장 크다.
- 토끼 인형은 곰 인형보다 크다.
- 공룡 인형은 기린 인형보다 작다.
- 곰 인형은 기린 인형보다는 크지만 돼지 인형보다는 작다.

① 곰 인형의 크기가 가장 작다.
② 기린 인형의 크기가 가장 작다.
③ 돼지 인형은 토끼 인형보다 작다.
④ 토끼 인형은 돼지 인형보다 작다.
⑤ 진영이가 좋아하는 인형은 알 수 없다.

03 **A ~ E 5명은 아파트 101 ~ 105동 중 서로 다른 동에 각각 살고 있다. 제시된 내용이 모두 참일 때, 다음 중 반드시 참인 것은?(단, 101 ~ 105동은 일렬로 나란히 배치되어 있다)**

> • A와 B는 서로 인접한 동에 산다.
> • C는 103동에 산다.
> • D는 C 바로 옆 동에 산다.

① A는 101동에 산다.
② B는 102동에 산다.
③ D는 104동에 산다.
④ A가 102동에 산다면 E는 105동에 산다.
⑤ B가 102동에 산다면 E는 101동에 산다.

Hard

04 **나흘 동안 태국으로 여행을 간 현수는 하루에 한 번씩 매일 발 마사지를 받았는데, 현수가 간 마사지 숍에는 30분, 1시간, 1시간 30분, 2시간의 발 마사지 코스가 있었다. 제시된 내용이 모두 참일 때, 다음 중 항상 참인 것은?**

> • 첫째 날에는 2시간이 소요되는 코스를 선택하였다.
> • 둘째 날에는 셋째 날보다 1시간이 더 소요되는 코스를 선택하였다.
> • 넷째 날에 받은 코스의 소요 시간은 첫째 날의 코스보다 짧고 셋째 날의 코스보다 길었다.

① 첫째 날에 받은 마사지 코스는 넷째 날에 받은 마사지 코스보다 1시간 이상 더 길다.
② 첫째 날에 받은 마사지 코스가 둘째 날에 받은 마사지 코스보다 길다.
③ 넷째 날에 받은 마사지 코스는 둘째 날에 받은 마사지 코스보다 짧다.
④ 현수는 셋째 날에 가장 짧은 마사지 코스를 선택하였다.
⑤ 현수는 4일간 총 5시간의 발 마사지를 받았다.

04 진실게임

| 유형분석 |

- 일반적으로 4 ~ 5명의 진술이 제시되며, 각 진술의 진실 및 거짓 여부를 확인하여 범인을 찾는 유형이다.
- 추리 유형 중에서도 난도가 상대적으로 높은 것으로 알려져 있으나, 문제풀이 패턴을 익히면 시간을 절약할 수 있는 문제이다.
- 각 진술 사이의 모순을 찾아 성립하지 않는 경우의 수를 제거하거나, 경우의 수를 나누어 모든 조건이 들어맞는지를 확인해야 한다.

이번 학기에 4개의 강좌 A ~ D가 새로 개설되는데, 강사 갑 ~ 무 중 4명이 한 강좌씩 맡으려 한다. 배정 결과를 궁금해 하는 5명은 다음 〈조건〉과 같이 예측했다. 배정 결과를 보니 갑 ~ 무의 진술 중 한 명의 진술만이 거짓이고 나머지는 참임이 드러났을 때, 다음 중 항상 참인 것은?

- 갑 : 을이 A강좌를 담당하고 병은 강좌를 담당하지 않을 것이다.
- 을 : 병이 B강좌를 담당할 것이다.
- 병 : 정은 D강좌가 아닌 다른 강좌를 담당할 것이다.
- 정 : 무가 D강좌를 담당할 것이다.
- 무 : 을의 말은 거짓일 것이다.

① 갑은 A강좌를 담당한다.
② 을은 C강좌를 담당한다.
③ 병은 강좌를 담당하지 않는다.
④ 정은 D강좌를 담당한다.
⑤ 무는 B강좌를 담당한다.

정답 ③

을과 무의 진술이 모순되므로 둘 중 1명은 참, 다른 1명은 거짓이다. 여기서 을의 진술이 참일 경우 갑의 진술도 거짓이 되어 2명이 거짓을 진술한 것이 되므로 문제의 조건에 위배된다. 따라서 을의 진술이 거짓, 무의 진술이 참이다. 그러므로 A강좌는 을이, B와 C강좌는 각각 갑과 정 중 한 명이, D강좌는 무가 담당하고, 병은 강좌를 담당하지 않는다.

30초 컷 풀이 Tip

진실게임 유형 중 90% 이상은 다음 두 가지 방법으로 풀 수 있다. 주어진 진술을 빠르게 훑으며 다음 두 가지 중 어떤 경우에 해당되는지 확인한 후 문제를 풀어나간다.

두 명 이상의 발언 중 한쪽이 진실이면 다른 한쪽이 거짓인 경우

1. A가 진실이고 B가 거짓인 경우, B가 진실이고 A가 거짓인 경우 두 가지로 나눌 수 있다.
2. 두 가지 경우에서 각 발언의 진위 여부를 판단한다.
3. 주어진 조건과 비교한다(범인의 숫자가 맞는지, 진실 또는 거짓을 말한 인원수가 조건과 맞는지 등).

두 명 이상의 발언 중 한쪽이 진실이면 다른 한쪽도 진실인 경우

1. A와 B가 모두 진실인 경우, A와 B가 모두 거짓인 경우 두 가지로 나눌 수 있다.
2. 두 가지 경우에서 각 발언의 진위 여부를 판단한다.
3. 주어진 조건과 비교한다(범인의 숫자가 맞는지, 진실 또는 거짓을 말한 인원수가 조건과 맞는지 등).

대표기출유형 04 기출응용문제

01 A～E 5명에게 지난 달 핸드폰 통화 요금이 가장 많이 나온 사람부터 1위에서 5위까지의 순위를 추측하라고 하고, 그 순위를 물었더니 각자 예상하는 두 사람의 순위를 다음과 같이 대답하였다. 각자 예상한 순위 중 하나는 옳고 다른 하나는 옳지 않다고 한다. 이들의 대답으로 미루어 실제 핸드폰 통화 요금이 가장 많이 나온 사람은?

> A : D가 두 번째이고, 내가 세 번째이다.
> B : 내가 가장 많이 나왔고, C가 두 번째로 많이 나왔다.
> C : 내가 세 번째이고, B가 제일 적게 나왔다.
> D : 내가 두 번째이고, E가 네 번째이다.
> E : A가 가장 많이 나왔고, 내가 네 번째이다.

① A
② B
③ C
④ D
⑤ E

02 다음 중 한 명만 거짓말을 할 때 항상 참인 것은?(단, 한 층에 한 명만 내린다)

> • A : B는 1층에서 내렸다.
> • B : C는 1층에서 내렸다.
> • C : D는 적어도 3층에서 내리지 않았다.
> • D : A는 4층에서 내렸다.
> • E : A는 4층에서 내리고 나는 5층에 내렸다.

① A는 4층에서 내리지 않았다.
② C는 1층에서 내렸다.
③ D는 3층에서 내렸다.
④ A는 D보다 높은 층에서 내렸다.
⑤ C는 B보다 높은 층에서 내렸다.

03 운동선수인 A ~ D 네 명은 각자 하는 운동 종목이 모두 다르다. 농구를 하는 선수는 늘 진실을 말하고, 축구를 하는 선수는 늘 거짓을 말하며, 야구와 배구를 하는 선수는 진실과 거짓을 한 개씩 말한다. 이들이 다음과 같이 진술했을 때 선수와 운동을 바르게 연결한 것은?

> • A : C는 농구를 하고, B는 야구를 한다.
> • B : C는 야구, D는 배구를 한다.
> • C : A는 농구, D는 배구를 한다.
> • D : B는 야구, A는 축구를 한다.

① A – 야구
② A – 배구
③ B – 축구
④ C – 농구
⑤ D – 배구

PART 1

Hard

04 A ~ E사원 다섯 명이 강남, 여의도, 상암, 잠실, 광화문 다섯 지역에 각각 출장을 간다. 다음 대화에서 한 명은 거짓말을 하고 나머지 네 명은 진실을 말하고 있을 때, 항상 거짓인 것은?

> • A : B는 상암으로 출장을 가지 않는다.
> • B : D는 강남으로 출장을 간다.
> • C : B는 진실을 말하고 있다.
> • D : C는 거짓말을 하고 있다.
> • E : C는 여의도, A는 잠실로 출장을 간다.

① A는 광화문으로 출장을 가지 않는다.
② B는 여의도로 출장을 가지 않는다.
③ C는 강남으로 출장을 가지 않는다.
④ D는 잠실로 출장을 가지 않는다.
⑤ E는 상암으로 출장을 가지 않는다.

CHAPTER 05

수열추리

합격 Cheat Key

수열추리는 일정한 규칙에 따라 배열된 숫자 열이나 숫자의 집합으로부터 규칙 및 관계의 특성을 추론하는 능력을 알아보기 위한 유형의 문제가 출제되며, 총 15분 동안 20문제를 풀어야 한다.

일정한 규칙에 따라 나열된 수를 보고 규칙을 찾아 빈칸에 들어가는 수를 찾아내는 유형이다. 기본적인 등차, 등비, 계차수열과 관련하여 이를 응용한 문제와 건너뛰기 수열(홀수 항, 짝수 항에 규칙이 따로 적용되는 수열)이 많이 출제되는 편이며, 군수열이 출제되기도 한다. 또한 나열되는 수는 자연수뿐만 아니라 분수, 소수, 정수 등 다양하게 제시된다. 수가 변화하는 규칙을 빠르게 파악하는 것이 관건이므로, 많은 문제를 풀어보며 유형을 익히는 것이 중요하다.

학습 포인트

- 눈으로만 규칙을 찾고자 할 경우 변화된 값을 모두 외우기 어려우므로 나열된 수의 변화된 값을 적어두면 규칙을 발견하기 용이하다.
- 규칙이 발견되지 않는 경우에는 홀수 항과 짝수 항을 분리해서 파악하거나 군수열을 생각해본다.

CHAPTER

05 이론점검

(1) 등차수열 : 앞의 항에 일정한 수를 더해 이루어지는 수열

예 1 3 5 7 9 11 13 15

(+2 +2 +2 +2 +2 +2 +2)

(2) 등비수열 : 앞의 항에 일정한 수를 곱해 이루어지는 수열

예 1 2 4 8 16 32 64 128

(×2 ×2 ×2 ×2 ×2 ×2 ×2)

(3) 계차수열 : 앞의 항과의 차가 일정하게 증가하는 수열

예 1 2 4 7 11 16 22 29

(+1 +2 +3 +4 +5 +6 +7)

(+1 +1 +1 +1 +1 +1)

(4) 피보나치 수열 : 앞의 두 항의 합이 그다음 항의 수가 되는 수열

예 1 1 2 3 5 8 13 21

(2 = 1+1, 3 = 1+2, 5 = 2+3, 8 = 3+5, 13 = 5+8, 21 = 8+13)

(5) 건너뛰기 수열

- 두 개 이상의 수열이 일정한 간격을 두고 번갈아가며 나타나는 수열

  예 1 1 3 7 5 13 7 19

  - 홀수항 : 1 3 5 7 (+2 +2 +2)
  - 짝수항 : 1 7 13 19 (+6 +6 +6)

- 두 개 이상의 규칙이 일정한 간격을 두고 번갈아가며 적용되는 수열

  예 0 1 3 4 12 13 39 40

  (+1 ×3 +1 ×3 +1 ×3 +1)

(6) 군수열 : 일정한 규칙성으로 몇 항씩 묶어 나눈 수열

예 • 1 1 2 1 2 3 1 2 3 4

⇒ 1 | 1 2 | 1 2 3 | 1 2 3 4

• 1 3 4 6 5 11 2 6 8 9 3 12

⇒ 1 3 4 (1+3=4) | 6 5 11 (6+5=11) | 2 6 8 (2+6=8) | 9 3 12 (9+3=12)

• 1 3 3 2 4 8 5 6 30 7 2 14

⇒ 1 3 3 (1×3=3) | 2 4 8 (2×4=8) | 5 6 30 (5×6=30) | 7 2 14 (7×2=14)

PART 1

01 수열

| 유형분석 |

- 나열된 수의 규칙을 찾아 해결하는 문제이다.
- 등차·등비수열 등 다양한 수열 규칙에 대한 사전 학습이 요구된다.

일정한 규칙으로 수를 나열할 때, 빈칸에 들어갈 수로 알맞은 것은?

345 307 269 231 193 ( )

① 151 ② 153
③ 155 ④ 157
⑤ 159

정답 ③
앞의 항에 38을 빼는 수열이다.
따라서 ( )=193−38=155이다.

30초 컷 풀이 Tip

- 수열을 풀이할 때는 다음과 같은 규칙이 적용되는지를 순차적으로 판단한다.
  1) 각 항에 일정한 수를 사칙연산(+, −, ×, ÷)하는 규칙
  2) 홀수 항, 짝수 항 규칙
  3) 피보나치 수열과 같은 계차를 이용한 규칙
  4) 군수열을 활용한 규칙
  5) 항끼리 사칙연산을 하는 규칙

주요 수열 규칙

구분	내용
등차수열	앞의 항에 일정한 수를 더해 이루어지는 수열
등비수열	앞의 항에 일정한 수를 곱해 이루어지는 수열
피보나치 수열	앞의 두 항의 합이 그 다음 항의 수가 되는 수열
건너뛰기 수열	두 개 이상의 수열 또는 규칙이 일정한 간격을 두고 번갈아가며 적용되는 수열
계차수열	앞의 항과 차가 일정하게 증가하는 수열
군수열	일정한 규칙성으로 몇 항씩 묶어 나눈 수열

대표기출유형 01 기출응용문제

※ 일정한 규칙으로 수를 나열할 때, 빈칸에 들어갈 수로 알맞은 것을 고르시오. [1~9]

01

4 5 10 16 27 44 ( )

① 70
② 71
③ 72
④ 73
⑤ 74

02

64 16 12 3 $\frac{11}{2}$ ( ) $\frac{75}{16}$

① $\frac{5}{4}$
② $\frac{11}{4}$
③ $\frac{7}{8}$
④ $\frac{11}{8}$
⑤ $\frac{17}{8}$

03

$\frac{1}{2}$ $-\frac{2}{3}$ $-\frac{5}{6}$ $-\frac{1}{2}$ $-\frac{23}{18}$ $-\frac{1}{3}$ ( ) $-\frac{1}{6}$

① $-\frac{1}{4}$
② $-\frac{23}{12}$
③ $-\frac{77}{54}$
④ $-\frac{47}{72}$
⑤ $\frac{51}{80}$

04

1.81	3.64	6.49	10.36	15.25	21.16	28.09	(　)	45.01	55

① 33.06
② 35.05
③ 36.04
④ 37.03
⑤ 38.02

05

2	3.99	5.97	7.94	(　)	11.85	13.79	15.72	17.64	19.95

① 9.88
② 9.89
③ 9.9
④ 9.91
⑤ 9.92

06

12.3	15	7.5	10.2	(　)	7.8	3.9

① 4.2
② 5.1
③ 6.3
④ 7.2
⑤ 8.1

Easy

07

$$-3 \quad -6 \quad -1 \quad -2 \quad (\quad) \quad 6 \quad 11$$

① 5
② 3
③ −5
④ −3
⑤ 0

08

$$\underline{2 \quad 2 \quad 3} \quad \underline{4 \quad 2 \quad 4} \quad \underline{4 \quad 3 \quad (\quad)}$$

① 1
② 3
③ 5
④ 7
⑤ 9

09

$$\underline{\frac{1}{2} \quad 2 \quad \frac{3}{2} \quad 2} \quad \underline{4 \quad 5 \quad \frac{7}{2} \quad (\quad)} \quad \underline{6 \quad 7 \quad 2 \quad 9} \quad \underline{4 \quad \frac{1}{2} \quad \frac{1}{4} \quad 8}$$

① 4
② 6
③ 8
④ 10
⑤ 12

10 일정한 규칙으로 수를 나열할 때, B÷A의 값은?

2	12	(A)	26	30	(B)	32	30

① $\frac{8}{5}$
② 2
③ $\frac{12}{5}$
④ $\frac{14}{5}$
⑤ $\frac{16}{5}$

Hard

11 다음 수열의 18번째 항의 값은?

91	100	111	124	139	156	175	…

① 464
② 477
③ 490
④ 503
⑤ 516

12 다음 수열의 10번째 항의 값은?

97	38	59	21	38	17	21	…

① 10
② 13
③ 16
④ 19
⑤ 22

PART 2

최종점검 모의고사

SK그룹 온라인 SKCT	
도서 동형 온라인 실전연습 서비스	ATUH-00000-EBD95

SK그룹 온라인 SKCT		
영역	문항 수	영역별 제한시간
언어이해	20문항	15분
자료해석	20문항	15분
창의수리	20문항	15분
언어추리	20문항	15분
수열추리	20문항	15분

※ 검사 시간이 모두 완료된 후 종료 가능

※ 이전 문항으로 이동 불가

제 1 회 최종점검 모의고사

응시시간 : 75분　문항 수 : 100문항

정답 및 해설 p.024

01 언어이해

01 다음 글의 제목으로 가장 적절한 것은?

> 일반적으로 소비자들은 합리적인 경제 행위를 추구하기 때문에 최소 비용으로 최대 효과를 얻으려 한다는 것이 소비의 기본 원칙이다. 그들은 '보이지 않는 손'이라고 일컬어지는 시장 원리 아래에서 생산자와 만난다. 그러나 이러한 일차적 의미의 합리적 소비가 언제나 유효한 것은 아니다. 생산보다는 소비가 화두가 된 소비 자본주의 시대에 소비는 단순히 필요한 재화, 그리고 경제학적으로 유리한 재화를 구매하는 행위에 머물지 않는다. 최대 효과 자체에 정서적이고 사회 심리학적인 요인이 개입하면서, 이제 소비는 개인이 세계와 만나는 다분히 심리적인 방법이 되어버린 것이다. 곧 인간의 기본적인 생존 욕구를 충족시켜 주는 합리적 소비 수준에 머물지 않고, 자신을 표현하는 상징적 행위가 된 것이다. 이처럼 오늘날의 소비문화는 물질적 소비 차원이 아닌 심리적 소비 형태를 띠게 된다.
> 소비 자본주의의 화두는 과소비가 아니라 '과시 소비'로 넘어간 것이다. 과시 소비의 중심에는 신분의 논리가 있다. 신분의 논리는 유용성의 논리, 나아가 시장의 논리로 설명되지 않는 것들을 설명해 준다. 혈통으로 이어지던 폐쇄적 계층 사회는 소비 행위에 대해 계급에 근거한 제한을 부여했다. 먼 옛날 부족 사회에서 수장들만이 걸칠 수 있었던 장신구에서부터, 제아무리 권문세가의 정승이라도 아흔아홉 칸을 넘을 수 없던 집이 좋은 예이다. 권력을 가진 자는 힘을 통해 자기의 취향을 주위 사람들과 분리시킴으로써 경외감을 강요하고, 그렇게 자기 취향을 과시함으로써 잠재적 경쟁자들을 통제한 것이다.
> 가시적 신분 제도가 사라진 현대 사회에서도 이러한 신분의 논리는 여전히 유효하다. 이제 개인은 소비를 통해 자신의 물질적 부를 표현함으로써 신분을 과시하려 한다.

① 계층별 소비 규제의 필요성
② 신분사회에서 의복 소비와 계층의 관계
③ 소비가 곧 신분이 되는 과시 소비의 원리
④ 소득을 고려하지 않은 무분별한 과소비의 폐해
⑤ '보이지 않는 손'에 의한 합리적 소비의 필요성

※ 다음 글의 내용으로 가장 적절한 것을 고르시오. [2~3]

02

기원전 323년 사망한 마케도니아의 왕 알렉산드로스는 역사상 유례없을 정도의 짧은 기간에 대제국을 건설하였다. 그의 과감함과 용맹 그리고 요절은 이미 고대에 그에 대한 여러 전설을 만들어 놓았다. 하지만 그에 대한 자료를 제공하는 고대 저술가들이 모두 그에게 호의적이었던 것은 아니다. 이는 1～2세기에 활동한 세 역사가들의 저술에서 확인할 수 있다.
그 세 역사가인 아리아노스, 플루타르코스, 쿠르티우스 중에서 아리아노스와 플루타르코스는 그를 호의적으로 평가한 편이고, 쿠르티우스는 비판적이었다. 그러나 아리아노스와 플루타르코스 사이에도 약간의 차이는 있다. 아리아노스는 알렉산드로스가 명백하게 잘못한 경우에도 상대방 역시 잘못이 있다고 하여 책임 소재를 분산시킬 만큼 그에 대해 호의적이었다. 하지만 플루타르코스는 알렉산드로스를 영웅으로 그리고 있음에도 불구하고, 비판적인 묘사를 조금씩 삽입하여 반감을 약간씩 내비친다. 한편 쿠르티우스는 알렉산드로스의 천품은 좋으나, 페르시아를 정복하고 나서는 자만과 포악이 겸양을 능가하게 되었다고 비판한다.
이런 세 역사가들의 입장 차이는 그들이 속한 역사적 환경과 밀접한 관계가 있다. 이 중 아리아노스와 플루타르코스는 당시 로마의 속주였던 그리스 출신이다. 그러나 아리아노스는 로마 제국의 고위직에 올랐던 반면, 플루타르코스는 고향에서 신관으로 일했기에 정치와는 무관했다. 그들은 모두 알렉산드로스가 마케도니아・그리스 연합군을 이끌고, 과거 그리스를 침공했던 페르시아를 정복했다는 면을 중시하였다. 그러나 플루타르코스가 태어난 지역이 과거 마케도니아에 반기를 들었다가 진압 당했던 곳이라는 점을 감안하면 그의 평가에 내재하는 반감을 이해할 수 있다.
한편, 쿠르티우스는 로마의 귀족이고 원로원 의원이었다. 그가 알렉산드로스에 대해 아리아노스와 대조적인 평가를 한 데에는 시대적 배경이 있다. 쿠르티우스가 활동한 1세기는 로마 제정이 막 시작되었을 때였고, 황제는 '제1시민'이라는 호칭을 그대로 사용하며 공화정을 가장하고 있었다. 공화정을 주도했던 원로원이 유명무실해져 가는 상황에서 쿠르티우스는 알렉산드로스가 절대 권력을 행사한 데 대해 비판적 입장에 설 수밖에 없었다. 그러나 한 세기가 더 지나 아리아노스가 활동할 때가 되면서 로마 제정은 확립되었고, 아리아노스는 속주 출신이라는 한계 때문에라도 지배자에 대해 충성의 자세를 보여야 했다. 그가 쓴 작품은 결국 황제에게 바치는 충성의 맹세였던 것이다.

① 아리아노스와 쿠르티우스는 로마 제정 시대에 활동했다는 공통점이 있다.
② 플루타르코스는 태생의 한계를 극복하려는 정치적 의도에서 신관으로 일했다.
③ 아리아노스는 로마의 공직자였기에 알렉산드로스의 정복에 대해 위협을 느꼈다.
④ 플루타르코스와 쿠르티우스는 다 같이 로마의 속주 출신이라는 동질감을 지녔다.
⑤ 알렉산드로스는 고대에서 현대에 이르기까지 전설의 소재이자 찬미의 대상이었다.

Easy

03

개인의 합리성과 사회의 합리성은 병행할 수 있을까? 이 문제와 관련하여 고전 경제학에서는 개인이 합리적으로 행동하면 사회 전체적으로도 합리적인 결과를 얻을 수 있다고 말한다. 물론 여기에서 '합리성'이란 여러 가지 가능한 대안 가운데 효용의 극대화를 추구하는 방향으로 선택을 한다는 의미의 경제적 합리성을 의미한다. 따라서 개인이 최대한 자신의 이익에 충실하면 모든 자원이 효율적으로 분배되어 사회적으로도 이익이 극대화된다는 것이 고전 경제학의 주장이다.
그러나 개인의 합리적 선택이 반드시 사회적인 합리성으로 연결되지 못한다는 주장도 만만치 않다. 이른바 '죄수의 딜레마' 이론에서는, 서로 의사소통을 할 수 없도록 격리된 두 용의자가 각각의 수준에서 가장 합리적으로 내린 선택이 오히려 집합적인 결과에서는 두 사람 모두에게 비합리적인 결과를 초래할 수 있다고 설명하고 있다. 즉, 다른 사람을 고려하지 않고 자신의 이익만을 추구하는 개인적 차원의 합리성만을 강조하면 오히려 사회 전체적으로는 비합리적인 결과를 초래할 수 있다는 것이다. 죄수의 딜레마 이론을 지지하는 쪽에서는, 심각한 환경오염 등 우리 사회에 존재하는 문제의 대부분을 이 이론으로 설명한다.
일부 경제학자들은 이러한 주장에 대하여 강하게 반발한다. 그들은 죄수의 딜레마 현상이 보편적인 현상이라면 우리 주위에서 흔히 발견할 수 있는 협동은 어떻게 설명할 수 있느냐고 반문한다. 사실 우리 주위를 돌아보면 사람들은 의외로 약간의 손해를 감수하더라도 협동을 하는 모습을 곧잘 보여주곤 한다. 그들은 이런 행동들도 합리성을 들어 설명한다. 안면이 있는 사이에서는 오히려 상대방과 협조를 하는 행동이 장기적으로는 이익이 된다는 것을 알기 때문에 협동을 한다는 것이다. 즉, 협동도 크게 보아 개인적 차원의 합리적 선택이 집합적으로 나타난 결과로 보는 것이다.
그러나 이런 해명에도 불구하고 우리 주변에서는 각종 난개발이 도처에서 자행되고 있으며, 환경오염은 이제 전 지구적으로 만연해 있는 것이 엄연한 현실이다. 자기 집 부근에 도로나 공원이 생기기를 원하면서도 정작 그 비용은 부담하려고 하지 않는다든지, 남에게 해를 끼치는 일인 줄 뻔히 알면서도 쓰레기를 무단 투기하는 등의 행위를 서슴지 않고 한다. '합리적인 개인'이 '비합리적인 사회'를 초래하고 있는 것이다.
그렇다면 죄수의 딜레마와 같은 현상을 극복하고 사회적인 합리성을 확보할 수 있는 방안은 무엇인가? 그것은 개인적으로는 도덕심을 고취하고, 사회적으로는 의사소통 과정을 원활하게 하는 것이라고 할 수 있다. 개인들이 자신의 욕망을 적절하게 통제하고 남을 배려하는 태도를 지니면 죄수의 딜레마 같은 현상에 빠지지 않고도 개인의 합리성을 추구할 수 있을 것이다. 아울러 서로 간의 원활한 의사소통을 통해 공감의 폭을 넓히고 신뢰감을 형성하며, 적절한 의사 수렴과정을 거친다면 개인의 합리성이 보다 쉽게 사회적 합리성으로 이어지는 길이 열릴 것이다.

① 사회의 이익은 개인의 이익을 모두 합한 것이다.

② 사람들은 이기심보다 협동심이 더 강하다.

③ 사회가 기계라면 사회를 이루는 개인은 그 기계의 부속품일 수밖에 없다.

④ 전체 사회를 위해 개인의 희생은 감수할 수밖에 없다.

⑤ 사회적 합리성을 위해서는 개인의 노력만으로는 안 된다.

04 다음 글에서 〈보기〉의 문장이 들어갈 위치로 가장 적절한 곳은?

제2차 세계 대전이 끝나고 나서 미국과 소련 및 그 동맹국들 사이에서 공공연하게 전개된 제한적 대결 상태를 냉전(冷戰)이라고 한다. 냉전의 기원에 관한 논의는 냉전이 시작된 직후부터 최근까지 계속 진행되었다. 이는 단순히 냉전의 발발 시기와 이유에 대한 논의만이 아니라, 그 책임 소재를 묻는 것이기도 하다. 그 연구의 결과를 편의상 세 가지로 나누어 볼 수 있다.

가장 먼저 나타난 전통주의는 냉전을 유발한 근본적 책임이 소련의 팽창주의에 있다고 보았다. 소련은 세계를 공산화하기 위한 계획을 수립했고, 이 계획을 실행하기 위해 특히 동유럽 지역을 시작으로 적극적인 팽창 정책을 수행하였다. 그리고 미국이 자유 민주주의 세계를 지켜야 한다는 도덕적 책임감에 기초하여 그에 대한 봉쇄 정책을 추구하는 와중에 냉전이 발생했다고 본다. (가) 그리고 미국의 봉쇄 정책이 성공적으로 수행된 결과 냉전이 종식되었다는 것이 이들의 입장이다.

여기에 비판을 가한 수정주의는 기본적으로 냉전의 책임이 미국 쪽에 있고, 미국의 정책은 경제적 동기에서 비롯했다고 주장했다. 즉, 미국은 전후 세계를 자신들이 주도해 나가야 한다고 생각했고, 전쟁 중에 급증한 생산력을 유지할 수 있는 시장을 얻기 위해 세계를 개방 경제 체제로 만들고자 했다. (나) 무엇보다 소련은 미국에 비해 국력이 미약했으므로 적극적 팽창 정책을 수행할 능력이 없었다는 것이 수정주의의 기본적 입장이었다. 오히려 미국이 유럽에서 공격적인 정책을 수행했고, 소련은 이에 대응했다는 것이다.

냉전의 기원에 관한 또 다른 주장인 탈수정주의는 위의 두 가지 주장에 대한 절충적 시도로서 냉전의 책임을 일방적으로 어느 한 쪽에 부과해서는 안 된다고 보았다. 즉, 냉전은 양국이 추진한 정책의 '상호 작용'에 의해 발생했다는 것이다. (다) 또 경제를 중심으로만 냉전을 보아서는 안 되며 안보 문제 등도 같이 고려하여 파악해야 한다고 보았다. (라) 소련의 목적은 주로 안보 면에서 제한적으로 추구되었는데, 미국은 소련의 행동에 과잉 반응했고, 이것이 상황을 악화시켰다는 것이다. (마) 이로 인해 냉전 책임론은 크게 후퇴하고 구체적인 정책 형성에 대한 연구가 부각되었다.

보기

그러므로 미국 정책 수립의 기저에 깔린 것은 이념이 아니라는 것이다.

① (가)　② (나)
③ (다)　④ (라)
⑤ (마)

05 다음 글에 대한 반박으로 적절하지 않은 것은?

프랑크푸르트학파는 대중문화의 정치적 기능을 중요하게 본다. 20세기 들어 서구 자본주의 사회에서 혁명이 불가능하게 된 이유 가운데 하나는 바로 대중문화가 대중들을 사회의 권위에 순응하게 함으로써 사회를 유지하는 기능을 하고 있기 때문이라는 것이다. 이 순응의 기능은 두 방향으로 진행된다. 한편으로 대중문화는 대중들에게 자극적인 오락거리를 제공함으로써 정신적인 도피를 유도하여 정치에 무관심하도록 만든다는 것이다. 유명한 3S(Sex, Screen, Sports)는 바로 현실도피와 마취를 일으키는 대표적인 도구들이다. 다른 한편으로 대중문화는 자본주의적 가치관과 이데올로기를 은연 중에 대중들이 받아들이게 하는 적극적인 세뇌 작용을 한다. 영화나 드라마, 광고나 대중음악의 내용이 규격화되어 현재의 지배적인 가치관을 지속해서 주입함으로써, 대중은 현재의 문제를 인식하고 더 나은 상태로 생각할 수 있는 부정의 능력을 상실한 일차원적 인간으로 살아가게 된다는 것이다. 프랑크푸르트학파의 대표자 가운데 한 사람인 아도르노(Adorno)는 특별히 「대중음악에 대하여」라는 글에서 대중음악이 어떻게 이러한 기능을 수행하는지 분석했다. 그의 분석에 따르면, 대중음악은 우선 규격화되어 누구나 쉽고 익숙하게 들을 수 있는 특징을 가진다. 그리고 이런 익숙함은 어려움 없는 수동적인 청취를 조장하여, 자본주의 안에서의 지루한 노동의 피난처 구실을 한다. 그리고 나아가 대중 음악의 소비자들이 기존 질서에 심리적으로 적응하게 함으로써 사회적 접착제의 역할을 한다.

① 대중문화의 영역은 지배계급이 헤게모니를 얻고자 하는 시도와 이에 대한 반대 움직임이 서로 얽혀 있는 곳으로 보아야 한다.

② 대중문화를 소비하는 대중이 문화 산물을 생산한 사람이 의도하는 그대로 문화 산물을 소비하는 존재에 불과하다는 생각은 현실과 맞지 않는다.

③ 대중문화는 지배 이데올로기를 강요하는 지배문화로만 구성되는 것도 아니고, 이에 저항하여 자발적으로 발생한 저항문화로만 구성되는 것도 아니다.

④ 대중의 평균적 취향에 맞추어 높은 질을 유지하는 것이 어렵다 하더라도 19세기까지의 대중이 즐겼던 문화에 비하면 현대의 대중문화는 훨씬 수준 높고 진보된 것으로 평가할 수 있다.

⑤ 발표되는 음악의 80%가 인기를 얻는 데 실패하고, 80% 이상의 영화가 엄청난 광고에도 불구하고 흥행에 실패한다는 사실은 대중이 단순히 수동적인 존재가 아니라는 것을 단적으로 드러내 보여주는 예이다.

Hard

06 다음 글의 표제와 부제로 적절하지 않은 것은?

인간은 자연 속에서 태어나 살다가 자연으로 돌아간다. 이처럼 자연은 인간 삶의 무대요, 안식처이다. 그러므로 자연과 인간의 관계는 불가분의 관계이다. 유교는 바로 이 점에 주목하여 인간과 자연의 원만한 관계를 추구하였다. 이것은 자연이 인간을 위한 수단이 아니라 인간과 공존해야 할 대상이라는 것을 뜻한다.

유교는 자연을 인간의 부모로 생각하고 인간은 자연의 자식이라고 여겨왔다. 그러므로 유교에서는 인간의 본질적 근원을 천(天)에 두었다. 하늘이 명한 것을 성(性)이라 하고, 하늘이 인간에게 덕(德)을 낳아 주었다고 하였다. 이는 인간에게 주어진 본성과 인간에 내재한 덕이 하늘에서 비롯한 것임을 밝힌 것이다. 이와 관련하여 이이는 "사람이란 천지의 이(理)를 부여받아 성(性)을 삼고, 천지의 기(氣)를 나누어 형(形)을 삼았다."라고 하였다. 이는 인간 존재를 이기론(理氣論)으로 설명한 것이다. 인간은 천지의 소산자(所産者)이며 이 인간 생성의 모태는 자연이다. 그러므로 천지 만물이 본래 나와 한몸이라고 할 수 있는 것이다.

유교에서는 천지를 인간의 모범 혹은 완전자(完全者)로 이해하였다. 유교 사상에 많은 영향을 미친 『주역』에 의하면 성인(聖人)은 천지와 더불어 그 덕을 합한 자이며, 해와 달과 함께 그 밝음을 합한 자이며, 사시(四時)와 더불어 그 질서를 합한 자이다. 이에 대하여 이이는 '천지란 성인의 준칙이요, 성인이란 중인의 준칙'이라 하여 천지를 성인의 표준으로 이해하였다. 따라서 성인의 덕은 하늘과 더불어 하나가 되므로 신묘하여 헤아릴 수 없다고 하였다. 이와 같이 천지는 인간의 모범으로 일컬어졌고, 인간은 그 천지의 본성을 부여받은 존재로 규정되었다. 그러므로 『중용』에서 성(誠)은 하늘의 도(道)요, 성(誠)이 되고자 노력하는 것이 인간의 도리라고 하였다. 즉, 참된 것은 우주 자연의 법칙이며, 그 진실한 자연의 법칙을 좇아 살아가는 것이 인간의 도리라는 것이다. 이처럼 유교는 인간 삶의 도리를 자연의 법칙에서 찾았고, 자연의 질서에 맞는 인간의 도리를 이상으로 여겼다. 이렇게 볼 때 유교에서는 인간과 자연을 하나로 알고 상호 의존하고 있는 유기적 존재로 인식함으로써 천인합일(天人合一)을 추구하였음을 알 수 있다. 이러한 바탕 위에서 유교는 자존과 공존의 자연관을 말하였다. 만물은 저마다 자기 생을 꾸려나간다. 즉, 인간은 인간대로, 동물은 동물대로, 식물은 식물대로 자기 삶을 살아가지만 서로 해치지 않는다. 약육강식의 먹이 사슬로 보면 이러한 설명은 타당하지 않은 듯하다. 그러나 생태계의 질서를 살펴보면 먹고 먹히면서도 전체적으로는 평등하다는 것을 알 수 있다. 또한 만물의 도는 함께 운행되고 있지만 크게 보면 하나의 조화를 이루어 서로 어긋나지 않는다. 이것이야말로 자존과 공존의 질서가 서로 어긋나지 않으면서 하나의 위대한 조화를 이루고 있는 것이다. 나도 살고 너도 살지만, 서로 해치지 않는 조화의 질서가 바로 유교의 자연관인 것이다.

① 유교와 현대 철학 – 환경 파괴 문제에 관하여
② 유교의 현대적인 의미 – 자연에서 발견하는 삶의 지혜
③ 유교에서 바라본 자연관 – 자연과 인간의 공존을 찾아서
④ 유교에서 바라본 현대 문명 – 자존과 공존의 문명을 그리며
⑤ 우주를 지배하는 자연의 질서 – 자연이 보여준 놀라운 복원력

07 다음 글의 뒤에 이어질 내용으로 가장 적절한 것은?

> 스마트폰의 대중화와 함께 빅데이터·AI 등의 디지털 신기술이 도입됨에 따라 핀테크 스타트업 창업이 활성화되고, 플랫폼 사업자가 금융 분야에 진출하는 등 금융 산업의 구조가 근본적으로 변화하고 있다. 또한 최근 코로나19에 따른 온라인 거래 선호 경향과 금융회사의 재택근무 확대 등이 금융의 비대면화를 심화시키면서 금융의 디지털 전환은 더욱 가속화되고 있다.
> 대표적인 비대면 산업의 디지털금융은 전자적 방식의 결제·송금 등에서 신기술과 결합한 금융 플랫폼으로 성장하고 있다. 결제와 송금이 간편해지고 인증이나 신원 확인 기술이 발전함에 따라 금융 플랫폼의 구축 경쟁은 더욱 심화되었고, 이를 통해 이용자 규모도 크게 성장하게 되었다.
> 이러한 이용자의 빅데이터를 기반으로 데이터 경제와 연계한 디지털금융은 포스트 코로나의 주요 산업 분야로서 ICT 등 연관 산업의 자극제로 작용하여 선도형 디지털 경제에 기여하고 있다. AI·인증기술 등을 통해 고객에게 맞춤형 금융서비스를 제공할 수 있게 되었고, 디지털 신기술에 따른 생산성 향상은 금융의 경계를 확대시켰다.
> 이에 따라 EU 등의 해외 주요 국가는 디지털금융의 중요성을 인식하고, 금융 산업의 경쟁과 혁신을 촉진하기 위해 앞 다투어 법과 제도를 정비하고 있다. 그러나 빠르게 발전하는 글로벌 디지털금융의 흐름에도 불구하고 국내 디지털금융을 규율하는 전자금융거래법은 제정 이후 큰 변화가 없어 아날로그 시대의 규제 체계가 지속되고 있다.

① 고객이 새로운 디지털금융 서비스를 경험할 수 있도록 보다 혁신적인 기술 개발에 대한 금융회사의 노력이 필요하다.

② 디지털금융을 통해 서비스 간의 융·복합이 활성화됨에 따라 통합된 기능이 불필요한 시간을 단축시키고 있다.

③ 디지털금융의 발전으로 공인인증서 위조, 해킹 등을 통한 금융 사고가 증가하면서 개인정보 보호에 대한 필요성이 커지고 있다.

④ 디지털금융의 소외 현상을 방지하고, 세대 간 디지털 정보화 격차를 줄이기 위해서는 고령자 대상의 금융 교육이 필요하다.

⑤ 디지털금융의 혁신과 안정의 균형적인 발전을 위해서는 전자금융거래법의 전면 개정이 필요하다.

Easy

08 다음 글을 〈보기〉의 입장에서 비판하는 내용으로 가장 적절한 것은?

로봇의 발달로 일자리가 줄어들 것이라는 사람들의 불안이 커지면서 최근 로봇세(Robot稅) 도입에 대한 논의가 활발하다. 로봇세는 로봇을 사용해 이익을 얻는 기업이나 개인에 부과하는 세금이다. 로봇으로 인해 일자리를 잃은 사람들을 지원하거나 사회 안전망을 구축하기 위한 예산을 마련하자는 것이 로봇세 도입의 목적이다. 이처럼 로봇의 사용으로 일자리가 감소할 것이라는 이유로 로봇세의 필요성이 제기되었지만, 역사적으로 볼 때 새로운 기술로 인해 전체 일자리는 줄지 않았다. 산업혁명을 거치면서 새로운 기술에 대한 걱정은 늘 존재했지만, 산업 전반에서 일자리는 오히려 증가해 왔다는 점이 이를 뒷받침한다. 따라서 로봇의 사용으로 일자리가 줄어들 가능성은 낮다.
우리는 로봇 덕분에 어렵고 위험한 일이나 반복적인 일로부터 벗어나고 있다. 로봇 사용의 증가 추세에서 알 수 있듯이 로봇 기술이 인간의 삶을 편하게 만들어 주는 것은 틀림없다. 로봇세의 도입으로 이러한 편안한 삶이 지연되지 않기를 바란다.

보기

로봇 기술의 발전에 따라 로봇의 생산 능력이 비약적으로 향상되고 있다. 이는 로봇 하나당 대체할 수 있는 인간 노동자의 수도 지속적으로 증가함을 의미한다. 로봇 사용이 사회 전반에 빠르게 확산되는 현실을 고려할 때, 로봇 사용으로 인한 일자리 대체 규모가 기하급수적으로 커질 것이다.

① 산업 혁명의 경우와 같이 로봇의 생산성 증가는 인간의 새로운 일자리를 만드는 데 기여할 것이다.
② 로봇세를 도입해 기업이 로봇의 생산성 향상에 기여하도록 해야 인간의 일자리 감소를 막을 수 있다.
③ 로봇 사용으로 밀려날 수 있는 인간 노동자의 생산 능력을 향상시킬 수 있는 제도적 지원 방안을 마련해야 한다.
④ 로봇 기술의 발달을 통해 일자리를 늘리려면 지속적으로 일자리가 늘었던 산업 혁명의 경험에서 대안을 찾아야 한다.
⑤ 로봇의 생산 능력에 대한 고려 없이 과거 사례만으로 일자리가 감소하지 않을 것이라고 보는 것은 성급한 판단이다.

PART 2

※ 다음 문단을 논리적 순서대로 바르게 나열한 것을 고르시오. [9~10]

09

(가) 흡연자와 비흡연자 사이의 후두암, 폐암 등의 질병별 발생위험도에 대해서 건강보험공단은 유의미한 연구 결과를 내놓기도 했는데, 연구 결과에 따르면 흡연자는 비흡연자에 비해서 후두암 발생률이 6.5배, 폐암 발생률이 4.6배 등 각종 암에 걸릴 확률이 높은 것으로 나타났다.

(나) 건강보험공단은 이에 대해 담배회사가 절차적 문제로 방어막을 치고 있는 것에 지나지 않는다 하여 비판을 제기하고 있다. 이제 막 소송이 처음 시작된 만큼 담배회사와 건강보험공단 간의 '담배 소송'의 결과를 보려면 오랜 시간을 기다려야 할 것이다.

(다) 이와 같은 담배의 유해성 때문에 건강보험공단은 현재 담배회사와 소송을 진행하고 있는데, 당해 소송에서는 담배의 유해성에 관한 인과관계 입증 이전에 다른 문제가 부상하였다. 건강보험공단이 소송당사자가 될 수 있는지가 문제가 된 것이다.

(라) 담배는 임진왜란 때 일본으로부터 호박, 고구마 등과 함께 들어온 것으로 알려져 있다. 그러나 선조들이 알고 있던 것과는 달리, 담배는 약초가 아니다. 담배의 유해성은 우선 담뱃갑이 스스로를 경고하는 경고 문구에 나타나 있다. 담뱃갑에는 '흡연은 폐암 등 각종 질병의 원인'이라는 문구를 시작으로, '담배 연기에는 발암성 물질인 나프틸아민, 벤젠, 비닐 크롤라이드, 비소, 카드뮴이 들어 있다.'라고 적시하고 있다.

① (가) – (다) – (라) – (나)
② (가) – (라) – (나) – (다)
③ (가) – (라) – (다) – (나)
④ (라) – (가) – (다) – (나)
⑤ (라) – (다) – (가) – (나)

10

(가) 베커는 “주말이나 저녁에는 회사들이 문을 닫기 때문에 활용할 수 있는 시간의 길이가 길어지고 이에 따라 특정 행동의 시간 비용이 줄어든다.”라고도 지적한다. 시간의 비용이 가변적이라는 개념은, 기대수명이 늘어나서 사람들에게 더 많은 시간이 주어지는 것이 시간의 비용에 영향을 미칠 수 있다는 점에서 의미가 있다.

(나) 베커와 린더는 사람들에게 주어진 시간을 고정된 양으로 전제했다. 1965년 당시의 기대수명은 약 70세였다. 하루 24시간 중 8시간을 수면에 쓰고 나머지 시간에 활동이 가능하다면, 평생 408,800시간의 활동가능 시간이 주어지는 셈이다. 하지만 이 방정식에서 변수 하나가 바뀌면 어떻게 될까? 기대수명이 크게 늘어난다면 시간의 가치 역시 달라져서, 늘 시간에 쫓기는 조급한 마음에도 영향을 주게 되지 않을까?

(다) 시간의 비용이 가변적이라고 생각한 이는 베커만이 아니었다. 스웨덴의 경제학자 스테판 린더는 서구인들이 엄청난 경제성장을 이루고도 여유를 누리지 못하는 이유를 논증한다. 경제가 성장하면 사람들의 시간을 쓰는 방식도 달라진다. 임금이 상승하면 직장 밖 활동에 들어가는 시간의 비용이 늘어난다. 일하는 데 쓸 수 있는 시간을 영화나 책을 보는 데 소비하면 그만큼의 임금을 포기하는 것이다. 따라서 임금이 늘어난 만큼 일 이외의 활동에 들어가는 시간의 비용도 함께 늘어난다는 것이다.

(라) 1965년 노벨상 수상자 게리 베커는 ‘시간의 비용’이 시간을 소비하는 방식에 따라 변화한다고 주장하였다. 예를 들어 수면이나 식사 활동은 영화 관람에 비해 단위 시간당 시간의 비용이 작다. 그 이유는 수면과 식사가 생산적인 활동에 기여하기 때문이다. 잠을 못 자거나 식사를 제대로 하지 못해 체력이 떨어진다면, 생산적인 활동에 제약을 받기 때문에 수면과 식사 활동에 들어가는 시간의 비용이 영화관람에 비해 작다고 할 수 있다.

① (가) – (다) – (나) – (라)
② (가) – (라) – (다) – (나)
③ (라) – (가) – (다) – (나)
④ (라) – (나) – (다) – (가)
⑤ (라) – (다) – (가) – (나)

Hard

11 다음 제시된 글을 읽고, 이어질 문단을 논리적 순서대로 바르게 나열한 것은?

> 산수만 가르치면 아이들이 돈의 중요성을 알게 될까? 돈의 가치를 어떻게 가르쳐야 아이들이 돈에 대하여 올바른 개념을 갖게 될까? 이런 생각은 모든 부모의 공통된 고민일 것이다.

(가) 독일의 한 연구에 따르면 부모가 돈에 대한 개념이 없으면 아이들이 백만장자가 될 확률이 500분의 1인 것으로 나타났다. 반면 부모가 돈을 다룰 줄 알면 아이들이 백만장자로 성장할 확률이 5분의 1이나 된다. 특히 백만장자의 자녀들은 돈 한 푼 물려받지 않아도 백만장자가 될 확률이 일반인보다 훨씬 높다는 게 연구 결과의 요지다. 이는 돈의 개념을 이해하는 가정의 자녀들이 그렇지 않은 가정의 자녀들보다 백만장자가 될 확률이 100배 높다는 얘기다.

(나) 연구 결과 만 7세부터 돈의 개념을 어렴풋이나마 짐작하게 되는 것으로 나타났다. 따라서 이때부터 아이들에게 약간의 용돈을 주는 것으로 돈에 대한 교육을 시작하면 좋다. 8세 때부터는 돈의 위력을 이해하기 시작한다. 소유가 뭘 의미하는지, 물물교환은 어떻게 하는지 등을 가르칠 수 있다. 아이들은 돈을 벌고자 하는 욕구를 느낀다. 이때부터 돈은 자연스러운 것이고, 건강한 것이고, 인생에서 필요한 것이라고 가르칠 필요가 있다.

(다) 아이들에게 돈의 개념을 가르치는 지름길은 용돈이다. 용돈을 받아 든 아이들은 돈에 대해 책임감을 느끼게 되고, 돈에 대한 결정을 스스로 내리기 시작한다. 그렇다면 언제부터, 얼마를 용돈으로 주는 것이 좋을까?

(라) 하지만 돈에 대해서 부모가 결코 해서는 안 될 일들도 있다. 예컨대 벌을 주기 위해 용돈을 깎거나 포상 명목으로 용돈을 늘려줘서는 안 된다. 아이들은 무의식적으로 잘못한 일을 돈으로 때울 수 있다고 생각하거나 사랑과 우정을 돈으로 살 수 있다고 생각하게 된다. 아이들은 우리의 미래다. 부모는 아이들이 돈에 대하여 정확한 개념과 가치관을 세울 수 있도록 좋은 본보기가 되어야 할 것이다. 그러한 노력만이 아이들의 미래를 아름답게 만들어 줄 것이다.

① (가) – (다) – (나) – (라)
② (가) – (라) – (나) – (다)
③ (다) – (가) – (나) – (라)
④ (다) – (나) – (라) – (가)
⑤ (라) – (가) – (다) – (나)

12 다음 글의 중심 내용으로 가장 적절한 것은?

> 서점에 들러 책을 꾸준히 사거나 도서관에서 계속해서 빌리는 사람들이 있다. 그들이 지금까지 사들이거나 빌린 책의 양만 본다면 겉보기에는 더할 나위 없이 훌륭한 습관처럼 보인다. 그러나 과연 그 모든 사람들이 처음부터 끝까지 책을 다 읽었고, 그 내용을 온전히 이해하고 있는지를 묻는다면 이야기는 달라진다. 한 권의 책을 사거나 빌리기 위해 우리는 돈을 지불하고, 틈틈이 도서관을 들리는 수고로움을 감수하지만, 우리가 단순히 책을 손에 쥐고 있다는 사실만으로는 그 안에 담긴 지혜를 배우는 필요조건을 만족시키지 못하기 때문이다. 그러므로 책을 진정으로 소유하기 위해서는 책의 '소유방식'이 바뀌어야 하고, 더 정확히 말하자면 책을 대하는 방법이 바뀌어야 한다.
>
> 책을 읽는 데 가장 기본이 되는 것은 천천히, 그리고 집중해서 읽는 것이다. 보통의 사람들은 책의 내용이 쉽게 읽히지 않을수록 빠르게 책장을 넘겨버리려고 하는 경향이 있다. 지겨움을 견디기 힘들기 때문이다. 그러나 속도가 빨라지면 이해하지 못하고 넘어가는 부분은 점점 더 많아지고, 급기야는 중도에 포기하는 경우가 생기고 만다. 그러므로 지루하고 이해가 가지 않을수록 천천히 읽어야 한다. 천천히 읽으면 이해되지 않던 것들이 이해되기 시작하고, 비로소 없던 흥미도 생기는 법이다. 또한, 어떤 책을 읽더라도 그것을 자신의 이야기로 읽는 것이다. 책을 남의 이야기처럼 읽어서는 결코 자신의 것으로 만들 수 없다. 다른 사람이 쓴 남의 이야기라고 할지라도, 자신과 글쓴이의 입장을 일치시키며 읽어나가야 한다. 그리하여 책을 다 읽은 후 그 내용을 자신만의 말로 설명할 수 있다면, 그것은 성공한 책 읽기라고 할 수 있을 것이다. 남의 이야기처럼 읽는 글은 어떤 흥미도, 그 글을 통해 얻어가는 지식도 있을 수 없다.
>
> 그러나 아무 책이나 이러한 방식으로 읽으라는 것은 아니다. 어떤 책을 선택하느냐 역시 책 읽는 이의 몫이기 때문이다. 좋은 책은 쉽게 읽히고, 누구나 이해할 수 있을 만큼 쉽게 설명되어 있는 책이 좋은 책이다. 그런 책을 분별하기 어렵다면 주변으로부터 책을 추천받거나 온라인 검색을 해보는 것도 좋다. 그렇다고 해서 책이 쉽게 읽히지 않는다고 하더라도 쉽게 좌절하거나 포기해서도 안 됨은 물론이다.
>
> 현대사회에서는 더 이상 독서의 양에 따라 지식의 양을 판단할 수 없다. 지금 이 시대에 중요한 것은 얼마나 많은 지식이 나의 눈과 귀를 거쳐 가느냐가 아니라, 우리에게 필요한 것들을 얼마나 잘 찾아내어 효율적으로 습득하며, 이를 통해 나의 지식을 확장할 수 있느냐인 것이다.

① 책은 쉽게 읽혀야 한다.
② 글쓴이의 입장을 생각하며 책을 읽어야 한다.
③ 독서의 목적은 책의 내용을 온전히 소유하는 것이다.
④ 독서 이외의 다양한 정보 습득 경로를 확보해야 한다.
⑤ 같은 책을 반복적으로 읽어 내용을 완전히 이해해야 한다.

PART 2

※ 다음 글의 내용으로 적절하지 않은 것을 고르시오. [13~15]

Easy

13

'저장강박증'은 물건의 사용 여부와 관계없이 버리지 못하고 저장해 두는 강박장애의 일종이다. 미래에 필요할 것이라고 생각해서 물건이나 음식을 버리지 못하고 쌓아 두거나, 어떤 사람은 동물을 지나치게 많이 기르기도 한다. 저장강박증이 있는 사람들은 물건을 버리지 않고 모으지만 애정이 없기 때문에 관리는 하지 않는다. 다만 물건이 모아져 있는 상태에서 일시적인 편안함을 느낄 뿐이다. 그러나 결과적으로는 불안증과 강박증, 폭력성을 더욱 가중하는 결과를 낳게 된다.
저장강박증은 치료가 쉽지 않다. 아직까지 정확하게 밝혀진 원인이 없고, 무엇보다 이 사람들의 대부분은 자가 병식이 없다. 때문에 대부분 치료를 원하지 않거나 가족들의 강요에 의해 병원을 찾는다. 그러나 자연적으로 좋아지기 어려우므로 반드시 초기에 치료를 진행해야 한다.

① 저장강박증은 물건을 버리지 못하는 강박장애이다.
② 저장강박증의 정확한 원인은 아직 밝혀지지 않았다.
③ 저장강박증이 있는 사람은 동물을 지나치게 많이 기르기도 한다.
④ 저장강박증이 있는 사람은 물건에 애착을 느껴서 버리지 못한다.
⑤ 저장강박증이 있는 사람들은 스스로 병에 대한 문제를 느끼지 못한다.

14

최근 민간 부문에 이어 공공 부문의 인사관리 분야에 '역량(Competency)'의 개념이 핵심 주제로 등장하고 있다. '역량'이라는 개념은 1973년 사회심리학자인 맥클레랜드에 의하여 '전통적 학업 적성 검사 혹은 성취도 검사의 문제점 지적'이라는 연구에서 본격적으로 논의된 이후 다양하게 정의되어 왔으나, 여기서의 역량의 개념은 직무에서 탁월한 성과를 나타내는 고성과자(High Performer)에게서 일관되게 관찰되는 행동적 특성을 의미한다. 즉, 지식·기술·태도 등 내적 특성들이 상호작용하여 높은 성과로 이어지는 행동적 특성을 말한다. 따라서 역량은 관찰과 측정할 수 있는 구체적인 행위의 관점에서 설명된다. 조직이 필요로 하는 역량 모델이 개발된다면 이는 채용이나 선발, 경력 관리, 평가와 보상, 교육·훈련 등 다양한 인사관리 분야에 적용될 수 있다.

① 역량의 개념 정의는 역사적으로 다양하였다.
② 역량은 개인의 내재적 특성을 포함하는 개념이다.
③ 역량은 직무에서 높은 성과로 이어지는 행동적 특성을 말한다.
④ 역량 모델은 공공 부문보다 민간 부문에서 더욱 효과적으로 작용한다.
⑤ 역량 모델의 개발은 조직의 관리를 용이하게 한다.

15

길을 걷고, 한강을 달리고, 손을 흔들고, 책장을 넘기는 이와 같은 인체의 작은 움직임(주파수 2~5Hz)도 스마트폰이나 웨어러블(안경, 시계, 의복 등과 같이 신체에 작용하는 제품) 기기들의 전기 에너지원으로 사용될 수 있다. 이러한 인체의 움직임처럼 버려지는 운동 에너지로부터 전기를 생산하는 기술을 '에너지 하베스팅(Harvesting, 수확)'이라 한다.
최근 과학 기술의 발전과 더불어 피트니스・헬스케어 모니터링 같은 다기능 휴대용・웨어러블 스마트 전자기기가 일상생활에서 많이 사용되고 있다. 동시에 사물인터넷(IoT)의 발달로 센서의 사용 또한 크게 늘고 있다. 이러한 스마트 전자기기 및 센서들은 소형, 경량, 이동성 및 내구성을 갖춘 전원 공급원이 반드시 필요하다.
교체 및 충전식 전기 화학 배터리는 전원을 공급에는 탁월하지만 수명이 짧다. 또한 재충전 및 교체가 어렵다. 나아가 배터리 폐기로 인한 환경오염을 유발한다는 단점도 있다. 그러나 인체 움직임과 같은 작은 진동에너지 기반의 친환경 에너지 하베스팅 기술은 스마트폰 및 웨어러블 스마트기기를 위한 지속 가능한 반영구적 전원으로서 활용될 수 있다.
진동은 우리의 일상생활에 존재하며 버려지는 가장 풍부한 기계적 움직임 중 하나다. 진동은 여러 유형과 넓은 범위의 주파수 및 진폭을 가지고 있다. 기계적 진동원은 움직이는 인체, 자동차, 진동 구조물, 물이나 공기의 흐름에 의한 진동 등 모두를 포함한다. 따라서 진동에너지를 효율적으로 수확하고 이를 전기에너지로 변환하기 위해서는 에너지 하베스팅 소자를 진동의 특성에 맞도록 설계해 제작해야 한다. 기계적 진동에너지 수집은 몇 가지 변환 메커니즘에 의해 이루어진다. 가장 활발하게 연구가 이루어지고 있는 진동 기반 에너지 하베스팅 기술에는 압전기력, 전자기력, 마찰전기 에너지 등이 활용된다. 압전기력 기반은 압전 효과를 이용하여 기계적 진동에너지를 전기 에너지로 변환하는 기술이다. 압전 소재와 기타 적절한 기판을 사용하여 제작되며, 높은 출력 전압을 발생시키지만 발생된 전류는 상대적으로 낮다. 전자기력 기반은 코일과 자석 사이의 상대적 움직임으로부터 얻어지는 기전력(패러데이의 유도법칙)을 이용하여 전기를 생산하는 기술이다. 낮은 주파수의 기계적 에너지를 전기에너지로 변환하는 매우 효율적인 방법이다. 마찰전기 기반은 맥스웰의 변위 전류를 이용하여 전기를 생산하는 기술이다. 저주파 진동 범위에서 높은 출력 전압을 수확하는데 매우 효율적이다.

① 3Hz의 소량의 주파수도 전자기기의 에너지원으로 사용될 수 있다.
② 디지털 기술이 발달함에 따라 센서의 사용은 감소하는 추세이다.
③ 전기를 충전해야 하는 배터리 기술은 사용 기간이 짧다는 단점을 가지고 있다.
④ 물이나 공기의 흐름 역시 진동원의 하나가 될 수 있다.
⑤ 패러데이의 유도법칙을 이용하면 낮은 주파수의 에너지를 효율적으로 사용할 수 있다.

16 다음 글을 읽고 추론한 내용으로 적절하지 않은 것은?

> 언어는 배우는 아이들이 있어야 지속된다. 그러므로 성인들만 사용하는 언어가 있다면 그 언어의 운명은 어느 정도 정해진 셈이다. 언어학자들은 이런 방식으로 추리하여 인류 역사에 드리워진 비극에 대해 경고한다. 한 언어학자는 현존하는 북미 인디언 언어의 약 80%인 150개 정도가 빈사 상태에 있다고 추정한다. 알래스카와 시베리아 북부에서는 기존 언어의 90%인 40개 언어, 중앙아메리카와 남아메리카에서는 23%인 160개 언어, 오스트레일리아에서는 90%인 225개 언어, 그리고 전 세계적으로는 기존 언어의 50%인 3,000개의 언어들이 소멸해 가고 있다고 한다. 이 중 사용자 수가 10만 명을 넘는 약 600개의 언어들은 비교적 안전한 상태에 있지만, 그 밖의 언어는 21세기가 끝나기 전에 소멸할지도 모른다.
>
> 언어가 이처럼 대규모로 소멸하는 원인은 중첩적이다. 토착 언어 사용자들의 거주지가 파괴되고, 종족 말살과 동화(同化)교육이 이루어지며, 사용 인구가 급격히 감소하는 것 외에 '문화적 신경가스'라고 불리는 전자 매체가 확산되는 것도 그 원인이 된다. 물론 우리는 소멸을 강요하는 사회적, 정치적 움직임들을 중단시키는 한편, 토착어로 된 교육 자료나 문학작품, 텔레비전 프로그램 등을 개발함으로써 언어 소멸을 어느 정도 막을 수 있다. 나아가 소멸 위기에 처한 언어라도 20세기의 히브리어처럼 지속적으로 공식어로 사용할 의지만 있다면 그 언어를 부활시킬 수도 있다.
>
> 합리적으로 보자면, 우리가 지구상의 모든 동물이나 식물종들을 보존할 수 없는 것처럼 모든 언어를 보존할 수는 없으며, 어쩌면 그래서는 안 되는지도 모른다. 가령, 어떤 언어 공동체가 경제적 발전을 보장해 주는 주류 언어로 돌아설 것을 선택할 때, 그 어떤 외부 집단이 이들에게 토착 언어를 유지하도록 강요할 수 있겠는가? 또한, 한 공동체 내에서 이질적인 언어가 사용되면 사람들 사이에 심각한 분열을 초래할 수도 있다. 그러나 이러한 문제가 있더라도 전 세계 언어의 50% 이상이 빈사 상태에 있다면 이를 보고만 있을 수는 없다.

① 현재 소멸해 가고 있는 전 세계 언어 중 약 2,400여 개의 언어들은 사용자 수가 10만 명 이하이다.
② 소멸 위기에 있는 언어라도 사용자들의 의지에 따라 유지될 수 있다.
③ 소멸 위기 언어 사용자가 처한 현실적인 문제는 언어의 다양성을 보존하기 어렵게 만들 수 있다.
④ 언어 소멸은 지구상의 동물이나 식물종 수의 감소와 같이 자연스럽고 필연적인 현상이다.
⑤ 타의적·물리적 압력에 의해서만 언어 소멸이 이루어지는 것은 아니다.

17 다음 글을 읽고 알 수 있는 내용으로 적절하지 않은 것은?

영화 촬영 시 카메라가 찍기 시작하면서 멈출 때까지의 연속된 촬영을 '쇼트(Shot)'라 하고, 이러한 쇼트의 결합으로 이루어져 연극의 '장(場)'과 같은 역할을 수행하는 것을 '씬(Scene)'이라고 한다. 그리고 여러 개의 씬이 연결되어 영화의 전체 흐름 속에서 비교적 독립적인 의미를 지니는 것을 '시퀀스(Sequence)'라 일컫는다.

시퀀스는 씬을 제시하는 방법에 따라 '에피소드 시퀀스'와 '병행 시퀀스'로 구분할 수 있다. 먼저 에피소드 시퀀스는 짧은 장면을 연결하여 긴 시간의 흐름을 간단하게 보여주는 것을 말한다. 예를 들어 특정 인물의 삶을 다룬 영화의 경우, 주인공의 생애를 있는 그대로 재현하는 것은 불가능하므로 특징적인 짧은 장면을 연결하여 인물의 삶을 요약적으로 제시하는 것이 여기에 해당한다.

이와 달리 병행 시퀀스는 같은 시간, 다른 공간에서 일어나는 둘 이상의 별개 사건이 교대로 전개되는 것을 말한다. 범인을 추격하는 영화의 경우, 서로 다른 공간에서 쫓고 쫓기는 형사와 범인의 영상을 교차로 제시하는 방식이 좋은 예이다. 이 방법은 극적 긴장감을 조성할 수 있으며, 시간을 나타내는 특별한 표지가 없더라도 두 개의 사건에 동시성을 부여하여 시각적으로 통일된 단위로 묶을 수 있다.

시퀀스 연결 방법은 크게 두 가지로 나눌 수 있는데, 자연스럽게 연결하는 경우와 그렇지 않은 경우이다. 원래 이미지가 점점 희미해지면서 다른 이미지로 연결되는 디졸브 등의 기법을 사용하면 관객들은 하나의 시퀀스가 끝나고 다음 시퀀스가 시작된다는 것을 자연스럽게 알게 된다. 이러한 자연스러운 시퀀스 연결은 관객들이 사건의 전개 과정을 쉽게 파악하고, 다음에 이어질 장면을 예상하는 데 도움을 준다. 이와 달리 시퀀스의 마지막 부분에 시공간이 완전히 다른 이미지를 연결하여 급작스럽게 시퀀스를 전환하기도 하는데, 이러한 부자연스러운 시퀀스 연결은 관객들에게 낯선 느낌을 주고 의아함을 불러일으켜 시퀀스 연결 속에 숨은 의도나 구조를 생각하게 한다.

일반적으로 각 시퀀스의 길이가 길어 시퀀스의 수가 적은 영화들은 느린 템포로 사건이 진행되기 때문에 서사적 이야기 구조를 안정되게 제시하는 데 적합하다. 반면 길이가 매우 짧은 시퀀스를 사용한 영화는 빠른 템포로 사건이 전개되므로 극적 긴장감을 조성할 수 있으며, 특정 이미지를 강조하거나 인물의 심리 상태 등도 효과적으로 제시할 수 있다.

이밖에도 서사의 줄거리를 분명하고 세밀하게 전달하기 위해 각 시퀀스에서 의미를 완결지어 관객으로 하여금 작은 단위의 카타르시스를 경험하게 하는 경우도 있고, 시퀀스 전체의 연결 관계를 통해서 영화의 서사 구조를 파악하게 하는 경우도 있다. 따라서 영화에 사용된 시퀀스의 특징을 분석하는 것은 영화의 서사 구조와 감독의 개성을 효과적으로 파악할 수 있는 좋은 방법이다.

① 시퀀스의 연결 방법과 효과
② 시퀀스의 길이에 따른 특징
③ 영화의 시퀀스를 구성하는 요소와 개념
④ 영화의 발전 과정과 시퀀스의 상관관계
⑤ 씬을 제시하는 방법에 따른 시퀀스의 종류

PART 2

Hard

18 다음 글에 대한 반박으로 가장 적절한 것은?

> 비타민D 결핍은 우리 몸에 심각한 건강 문제를 일으킬 수 있다. 비타민D는 칼슘이 체내에 흡수되어 뼈와 치아에 축적되는 것을 돕고 가슴뼈 뒤쪽에 위치한 흉선에서 면역세포를 생산하는 작용에 관여하는데, 비타민D가 부족할 경우 칼슘과 인의 흡수량이 줄어들고 면역력이 약해져 뼈가 약해지거나 신체 불균형이 일어날 수 있다.
> 비타민D는 주로 피부가 중파장 자외선에 노출될 때 형성된다. 중파장 자외선은 피부와 혈류에 포함된 7-디하이드로콜레스테롤을 비타민D로 전환시키는데, 이렇게 전환된 비타민D는 간과 신장을 통해 칼시트리롤(Calcitriol)이라는 호르몬으로 활성화된다. 바로 이 칼시트리롤을 통해 우리는 혈액과 뼈에 흡수될 칼슘과 인의 흡수를 조절하는 것이다.
> 이러한 기능을 담당하는 비타민D를 함유하고 있는 식품은 자연에서 매우 적기 때문에, 우리의 몸은 충분한 비타민D를 생성하기 위해 주기적으로 태양빛에 노출될 필요가 있다.

① 비타민D 보충제만으로는 체내에 필요한 비타민D를 얻을 수 없다.
② 태양빛에 노출될 경우 피부암 등의 질환이 발생하여 도리어 건강이 더 악화될 수 있다.
③ 비타민D 결핍으로 인해 생기는 부작용은 주기적인 칼슘과 인의 섭취를 통해 해결할 수 있다.
④ 선크림 등 자외선 차단제를 사용하더라도 비타민D 생성에 충분한 중파장 자외선에 노출될 수 있다.
⑤ 태양빛에 직접 노출되지 않거나 자외선 차단제를 사용했음에도 체내 비타민D 수치가 정상을 유지한다는 연구 결과가 있다.

19 다음 글의 빈칸에 들어갈 내용으로 가장 적절한 것은?

> 19세기 중반 화학자 분젠은 불꽃 반응에서 나타나는 물질 고유의 불꽃색에 대한 연구를 진행하고 있었다. 그는 버너 불꽃의 색을 제거한 개선된 버너를 고안함으로써 물질의 불꽃색을 더 잘 구별할 수 있도록 하였다. ______________________________ 이에 물리학자 키르히호프는 프리즘을 통한 분석을 제안했고 둘은 협력하여 불꽃의 색을 분리시키는 분광 분석법을 창안했다. 이것은 과학사에 길이 남을 업적으로 이어졌다.

① 이를 통해 잘못 알려져 있었던 물질 고유의 불꽃색을 정확히 판별할 수 있었다.
② 하지만 두 종류 이상의 금속이 섞인 물질의 불꽃은 색깔이 겹쳐서 분간이 어려웠다.
③ 그러나 불꽃색은 물질의 성분뿐만 아니라 대기의 상태에 따라 큰 차이를 보였다.
④ 이 버너는 현재에도 실험실에서 널리 이용되고 있다.
⑤ 그렇지만 육안으로는 불꽃색의 미세한 차이를 구분하기 어려웠다.

20 다음 글의 내용과 상충하는 것을 〈보기〉에서 모두 고르면?

> 벼슬에 나아감과 물러남의 도리에 밝은 옛 군자는 조금이라도 관직에 책임을 다하지 못하거나 의리의 기준으로 보아 직책을 더 이상 수행할 수 없을 경우, 반드시 몸을 이끌고 급히 물러났습니다. 그들도 임금을 사랑하는 정(情)이 있기에 차마 물러나기 어려웠을 터이나, 정 때문에 주저하여 자신이 물러나야 할 때를 놓치지는 않았으니, 이는 정보다는 의리를 지키지 않을 수 없었기 때문입니다. 임금과 어버이는 일체이므로 모두 죽음으로 섬겨야 할 대상입니다. 그러나 부자관계는 천륜이어서 자식이 어버이를 봉양하는 데 한계가 없지만, 군신관계는 의리로 합쳐진 것이라, 신하가 임금을 받드는 데 한계가 있습니다. 한계가 없는 경우에는 은혜가 항상 의리에 우선하므로 관계를 떠날 수 없지만, 한계가 있는 경우에는 때때로 의리가 은혜보다 앞서기도 하므로 떠날 수 있는 상황이 생기는 것입니다. 의리의 문제는 사람과 때에 따라 같지 않습니다. 공들의 경우는 벼슬에 나가는 것이 의리가 되지만 나에게 공들처럼 하도록 요구해서는 안 되며, 내 경우는 물러나는 것이 의리가 되니 공들에게 나처럼 하도록 바라서도 안 됩니다.

보기

㉠ 부자관계에서는 은혜가 의리보다 중요하다.
㉡ 군신관계에서 의리가 은혜에 항상 우선하는 것은 아니다.
㉢ 군신관계에서 신하들이 임금에 대해 의리를 실천하는 방식은 누구에게나 동일하다.

① ㉠
② ㉢
③ ㉠, ㉡
④ ㉡, ㉢
⑤ ㉠, ㉡, ㉢

02 자료해석

Easy

01 다음은 지난달 봉사 장소별 봉사자 수를 연령대별로 조사한 자료이다. 이에 대한 〈보기〉의 설명 중 옳은 것을 모두 고르면?

〈봉사 장소의 연령대별 봉사자 수〉

(단위 : 명)

구분	10대	20대	30대	40대	50대	전체
보육원	148	197	405	674	576	2,000
요양원	65	42	33	298	296	734
무료급식소	121	201	138	274	381	1,115
노숙자쉼터	0	93	118	242	347	800
유기견보호소	166	117	56	12	0	351
전체	500	650	750	1,500	1,600	5,000

보기

㉠ 전체 보육원 봉사자 중 30대 이하가 차지하는 비율은 36%이다.
㉡ 전체 무료급식소 봉사자 중 40·50대는 절반 이상이다.
㉢ 전체 봉사자 중 50대의 비율은 20대의 3배이다.
㉣ 노숙자쉼터 봉사자 중 30대는 15% 미만이다.

① ㉠, ㉢
② ㉠, ㉣
③ ㉡, ㉢
④ ㉡, ㉣
⑤ ㉢, ㉣

02 S카드사는 신규 카드의 출시를 앞두고 카드 사용 시 고객에게 혜택을 제공하는 제휴 업체를 선정하기 위해 업체 A ~ E에 대해 다음과 같이 평가하였다. 다음 중 업체 A ~ E의 평가 결과에 대한 설명으로 옳은 것은?

〈신규 카드 제휴 후보 업체 평가 결과〉

기준 업체	제공 혜택	혜택 제공 기간 (카드 사용일로부터)	선호도 점수	동일 혜택을 제공하는 카드 수
A마트	배송 요청 시 배송비 면제	12개월	7.5	7
B서점	서적 구매 시 10% 할인	36개월	8.2	11
C통신사	매월 통신요금 10% 할인	24개월	9.1	13
D주유소	주유 금액의 10% 포인트 적립	12개월	4.5	4
E카페	음료 구매 시 15% 할인	24개월	7.6	16

- 선호도 점수 : 기존 이용 고객들이 혜택별 선호도에 따라 부여한 점수의 평균값으로, 높은 점수일수록 선호도가 높음을 의미한다.
- 동일 혜택을 제공하는 카드 수 : S카드사의 기존 카드를 포함한 국내 카드사의 카드 중 동일한 혜택을 제공하는 카드의 수를 의미하며, 카드 수가 많을수록 시장 내 경쟁이 치열하다.

① 동일 혜택을 제공하는 카드 수가 많은 업체일수록 혜택 제공 기간이 길다.

② 기존 이용 고객들이 가장 선호하는 혜택은 서적 구매 시 적용되는 요금 할인 혜택이다.

③ 매월 모든 업체가 부담해야 하는 혜택 비용이 동일하다면, 혜택에 대한 총 부담 비용이 가장 큰 업체는 D주유소이다.

④ 혜택 제공 기간이 가장 긴 업체는 선호도 점수도 가장 높다.

⑤ 시장 내 경쟁이 가장 치열한 업체와 제휴할 경우 해당 혜택을 2년간 제공한다.

PART 2

03 다음은 2024년 연령대별 범죄 발생률을 유형별로 나타낸 통계 자료이다. 이에 대한 설명으로 옳지 않은 것은?

〈2024년 연령대별 범죄 발생률〉

(단위 : %)

구분	명예훼손	사기	도박	마약관련	절도	방화	폭행	성폭행	살인
10대	22	11	4	5	24	19	39	11	2
20대	38	16	25	35	21	3	41	38	24
30대	11	18	7	42	1	1	11	22	27
40대	1	26	31	11	7	1	5	25	29
50대	3	15	28	3	11	21	2	3	15
60대	20	11	2	1	33	27	1	1	2
70대 이상	5	3	3	3	3	28	1	0	1

※ 10대에서 촉법소년은 제외함

① 범죄 유형 중 모든 연령대에서 10대 범죄 발생률이 1위인 범죄 유형은 없다.

② 각 범죄 유형에서 범죄 발생률이 가장 높은 연령과 가장 낮은 연령대의 발생률 차이는 '사기'가 가장 낮다.

③ 범죄 유형별 각 범죄 발생률이 가장 높은 두 연령대의 범죄 발생률 합이 70% 이상인 범죄 유형은 3가지이다.

④ 범죄 유형 중 범죄 발생률이 1% 미만인 연령대가 있는 범죄 유형은 1가지 이상이다.

⑤ 범죄 유형별 총 범죄자가 각각 100명씩이라면, 20대의 모든 범죄자 수는 70대 이상의 모든 범죄자 수의 5배 이상이다.

04 다음은 K자동차 회사의 고객만족도 조사결과이다. 출고시기에 관계없이 전체 조사대상자 중에서 260명이 연비를 장점으로 선택했다면, 설문에 응한 총 고객 수는?

〈고객만족도 조사결과〉

(단위 : %)

구분	1 ~ 12개월(출고시기별)	13 ~ 24개월(출고시기별)	고객 평균
안전성	41	48	45
A/S의 신속성	19	17	18
정숙성	2	1	1
연비	15	11	13
색상	11	10	10
주행 편의성	11	9	10
차량 옵션	1	4	3
합계	100	100	100

① 2,000명
② 2,500명
③ 3,000명
④ 3,500명
⑤ 4,000명

05 다음은 2022년부터 2024년까지 우리나라의 시·도별 부도업체 수에 대한 자료이다. 이에 대한 〈보기〉의 설명 중 옳은 것을 모두 고르면?

〈시·도별 부도업체 수〉

(단위 : 개)

구분	2022년	2023년	2024년
전국	720	555	494
서울특별시	234	153	145
부산광역시	58	51	41
대구광역시	37	36	29
인천광역시	39	27	25
광주광역시	18	12	9
대전광역시	15	20	15
울산광역시	9	5	12
경기도	130	116	108
강원도	13	9	3
충청북도	16	11	5
충청남도	19	17	9
전라북도	34	15	26
전라남도	18	10	5
경상북도	31	27	18
경상남도	38	38	37
제주특별자치도	11	8	7

보기

㉠ 전라북도의 부도업체 수는 2022년 대비 2024년에 30% 이상 감소하였다.
㉡ 2023년에 부도업체 수가 20개를 초과하는 시·도는 8곳이다.
㉢ 경기도와 광주광역시의 2023년과 2024년 부도업체 수의 전년 대비 증감 추이는 동일하다.
㉣ 2024년 부산광역시의 부도업체가 전국 부도업체에서 차지하는 비율은 10% 미만이다.

① ㉠, ㉡
② ㉠, ㉢
③ ㉡, ㉢
④ ㉡, ㉣
⑤ ㉢, ㉣

06 다음은 2024년 지역별 백미 생산 면적 및 생산량에 대한 자료이다. 이에 대한 설명으로 옳지 않은 것은?

〈2024년 지역별 백미 생산 면적 및 생산량〉

(단위 : ha, 톤)

구분	논벼		밭벼	
	생산 면적	생산량	생산 면적	생산량
서울·인천·경기	91,557	468,506	2	4
강원	30,714	166,396	0	0
충북	37,111	201,670	3	5
세종·대전·충남	142,722	803,806	11	21
전북	121,016	687,367	10	31
광주·전남	170,930	871,005	705	1,662
대구·경북	105,894	591,981	3	7
부산·울산·경남	77,918	403,845	11	26
제주	10	41	117	317

① 생산 면적당 논벼 생산량이 가장 많은 지역은 세종·대전·충남이다.

② 제주를 제외한 지역의 생산 면적당 논벼 생산량은 모두 5톤 이상이다.

③ 광주·전남 지역은 백미 생산 면적이 가장 넓고 백미 생산량도 가장 많다.

④ 제주 지역의 밭벼 생산량은 제주 지역 백미 생산량의 85% 이상을 차지한다.

⑤ 전국의 밭벼 생산 면적 중 광주·전남 지역의 생산 면적이 차지하는 비율은 80% 이상이다.

PART 2

07 고객은 향후 자동차 구매자금을 마련하기 위해 금융상품에 투자하고자 한다. 이를 위해 자산관리담당자와 상담을 한 결과, 다음 자료의 3가지 금융상품에 2천만 원을 투자하기로 하였다. 6개월이 지난 후 고객이 받을 수 있는 금액은?

〈포트폴리오 상품내역〉

구분	종류	기대 수익률(연)	투자비중
A	주식	10%	40%
B	채권	4%	30%
C	예금	2%	30%

※ 상품거래에서 발생하는 수수료 등 기타비용은 없다고 가정

※ (투자수익)=(투자원금)+(투자원금)×(수익률)×$\frac{(투자월\ 수)}{12}$

① 2,012만 원
② 2,028만 원
③ 2,058만 원
④ 2,078만 원
⑤ 2,125만 원

08 다음은 사내전화 평균 통화시간에 대한 자료이다. 평균 통화시간이 6～9분인 여성의 수는 12분 이상인 남성의 수의 몇 배인가?

〈성별 사내전화 평균 통화시간〉

(단위 : %)

구분	남성	여성
3분 이하	33	26
3～6분	25	21
6～9분	18	18
9～12분	14	16
12분 이상	10	19
대상 인원수	600명	400명

① 1.1배
② 1.2배
③ 1.3배
④ 1.4배
⑤ 1.5배

09 다음은 S사 직원 1,600명을 대상으로 실시한 지방이전 만족도 설문조사에 대한 자료이다. 이에 대한 설명으로 옳지 않은 것은?(단, 복수응답과 무응답은 없다)

〈S사 지방이전 만족도 설문조사〉

(단위 : %)

구분	매우 그렇다	그렇다	보통이다	그렇지 않다	매우 그렇지 않다
1. 지방이전 후 회사 주변 환경에 대해 만족합니까?	15	10	30	25	20
2. 이전한 사무실 시설에 만족합니까?	21	18	35	15	11
3. 지방이전 후 출·퇴근 교통에 만족합니까?	12	7	13	39	29
4. 새로운 환경에서 그 전보다 업무집중이 더 잘 됩니까?	16	17	37	14	16
5. 지방이전 후 새로운 환경에 잘 적응하고 있습니까?	13	23	36	9	19

① 지방이전 후 직원들의 가장 큰 불만은 출·퇴근 교통편이다.

② 전체 질문 중 '보통이다' 비율이 가장 높은 질문은 '매우 그렇다' 비율도 가장 높다.

③ 전체 질문에서 '그렇다'를 선택한 평균 비율보다 '매우 그렇지 않다'를 선택한 평균 비율이 4%p 높다.

④ 사무실 시설 만족에 '매우 그렇다'를 선택한 직원 수는 '보통이다'를 선택한 직원 수보다 200명 이상 적다.

⑤ 다섯 번째 질문에서 '매우 그렇지 않다'를 선택한 직원 수와 '그렇지 않다'를 선택한 직원 수의 차이는 150명 이상이다.

Hard

10 다음은 강원도에서 실시하는 시 · 군별 출산축하 지원금을 자녀 수에 따라 나타낸 자료이다. 이를 참고하여 작성한 그래프로 옳은 것은?(단, 그래프의 단위는 '만 원'이다)

〈시 · 군별 출산축하 지원금〉

(단위 : 만 원)

구분	첫째	둘째	셋째	넷째	다섯째
춘천	50	70	100	100	100
원주	30	50	100	100	100
강릉	10	30	50	100	100
동해	0	60	120	120	120
태백	50	100	360	360	360
속초	50	70	100	200	200
삼척	100	150	200	200	200
홍천	0	50	150	150	150
횡성	20	100	1,080	1,080	1,080
영월	30	50	100	300	300
평창	100	200	300	400	500
정선	100	100	1,200	1,200	1,200
철원	70	180	250	250	250
화천	0	0	150	150	150
양구	0	50	100	150	200
인제	50	70	100	130	160
고성	140	290	460	450	460
양양	220	340	820	1,900	1,900

① 일부 시 · 군별 첫째부터 셋째까지 출산축하 지원금

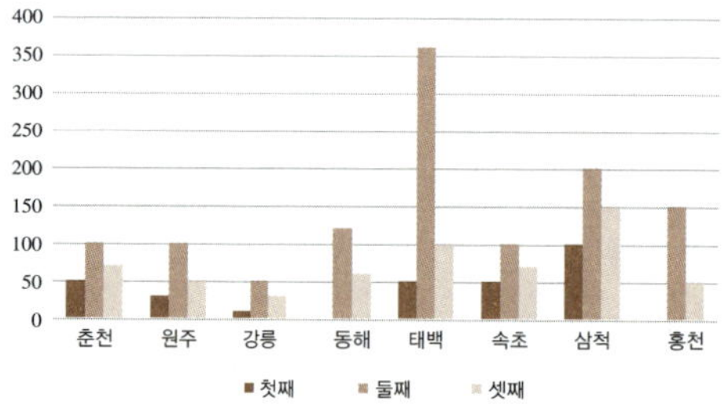

② 일부 시 · 군별 첫째, 셋째, 다섯째 출산축하 지원금

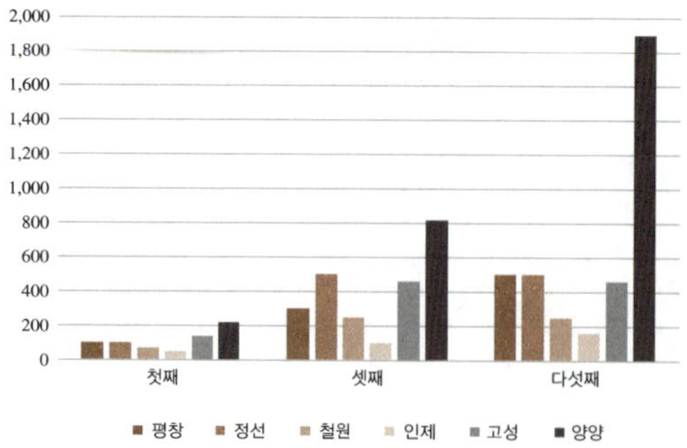

③ 일부 시·군별 첫째 출산축하 지원금

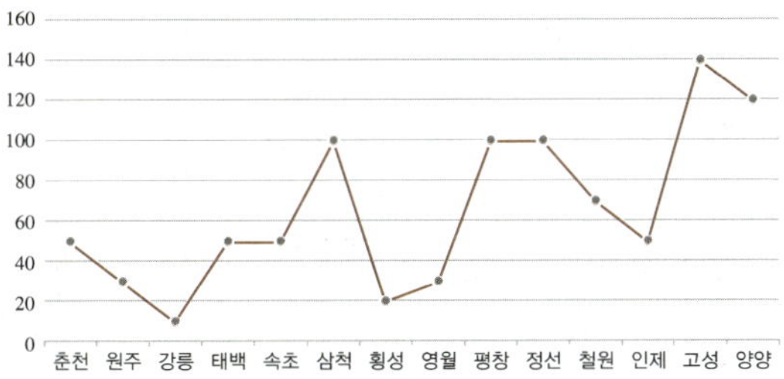

④ 일부 시·군별 첫째부터 다섯째까지 총 출산축하 지원금

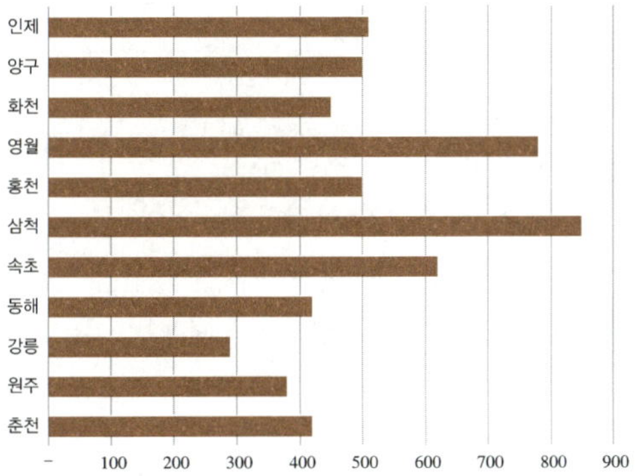

⑤ 일부 시·군별 첫째부터 다섯째까지 총 출산축하 지원금

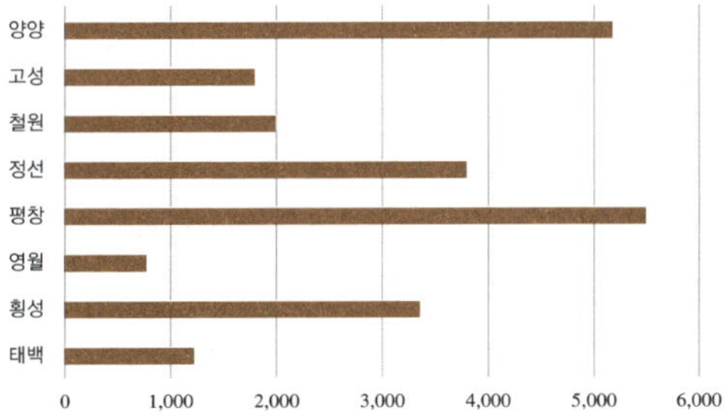

11 S사원은 사내의 복지 증진과 관련하여 임직원을 대상으로 휴게실 확충에 대한 의견을 수렴하였다. 의견 수렴 결과가 다음과 같을 때, 이에 대한 해석으로 옳지 않은 것은?

〈휴게실 확충에 대한 본부별 · 성별 찬반 의견〉

(단위 : 명)

구분	A본부		B본부	
	여성	남성	여성	남성
찬성	180	156	120	96
반대	20	44	80	104
합계	200	200	200	200

① 남성의 60% 이상이 휴게실 확충에 찬성하고 있다.

② A본부 여성의 찬성 비율이 B본부 여성보다 1.5배 높다.

③ A본부에 휴게실이 확충될지 B본부에 휴게실이 확충될지 확정할 수 없다.

④ B본부 전체 인원 중 여성의 찬성률이 B본부 남성의 찬성률보다 1.2배 이상 높다.

⑤ A, B본부 전체 인원에서 찬성하는 사람의 수는 전체 성별 차이가 본부별 차이보다 크다.

Hard

12 다음은 유통과정에 따른 가격변화에 대한 자료이다. 소비자가 구매하는 가격은 협동조합의 최초 구매가격 대비 몇 %인가?

〈유통과정에 따른 가격변화〉

판매처	구매처	판매가격
산지	협동조합	재배 원가에 10% 이윤을 붙임
협동조합	도매상	산지에서의 구매가격에 20% 이윤을 붙임
도매상	소매상	협동조합으로부터의 구매가격이 판매가의 80%임
소매상	소비자	도매상으로부터의 구매가격에 20% 이윤을 붙임

① 98%

② 80%

③ 78%

④ 70%

⑤ 65%

13 다음은 1인 가구의 비중 및 1인 생활 지속기간에 대한 자료이다. 이에 대한 〈보기〉의 설명 중 옳은 것을 모두 고르면?

〈결혼할 의향이 없는 1인 가구의 비중〉

(단위 : %)

구분	2023년		2024년	
	남성	여성	남성	여성
20대	8.2	4.2	15.1	15.5
30대	6.3	13.9	18.8	19.4
40대	18.6	29.5	22.1	35.5
50대	24.3	45.1	20.8	44.9

〈1인 생활 지속기간〉

• 향후 10년 이상 1인 생활 지속 예상

(단위 : %)

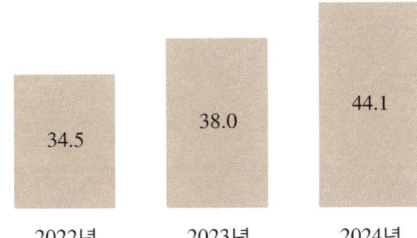

• 2년 이내 1인 생활 종료 예상

(단위 : %)

보기

㉠ 20대 남성은 30대 남성보다 1인 가구의 비중이 더 높다.
㉡ 30대 이상에서 결혼할 의향이 없는 1인 가구의 비중은 여성이 남성보다 더 높다.
㉢ 2024년에는 40대 남성이 남성 중 제일 높은 1인 가구 비중을 차지한다.
㉣ 2년 이내 1인 생활을 종료를 예상하는 1인 가구의 비중은 2023년부터 꾸준히 증가하였다.

① ㉠
② ㉣
③ ㉠, ㉡
④ ㉡, ㉢
⑤ ㉢, ㉣

Hard

14 다음은 기계 100대의 업그레이드 전·후 성능지수에 대한 자료이다. 이에 대한 설명으로 옳은 것은?

〈업그레이드 전·후 성능지수별 대수〉

(단위 : 대)

구분 \ 성능지수	65	79	85	100
업그레이드 전	80	5	0	15
업그레이드 후	0	60	5	35

※ 성능지수는 네 가지 값(65, 79, 85, 100)만 존재하고, 그 값이 클수록 성능지수가 향상됨을 의미함

〈성능지수 향상폭 분포〉

(단위 : 대)

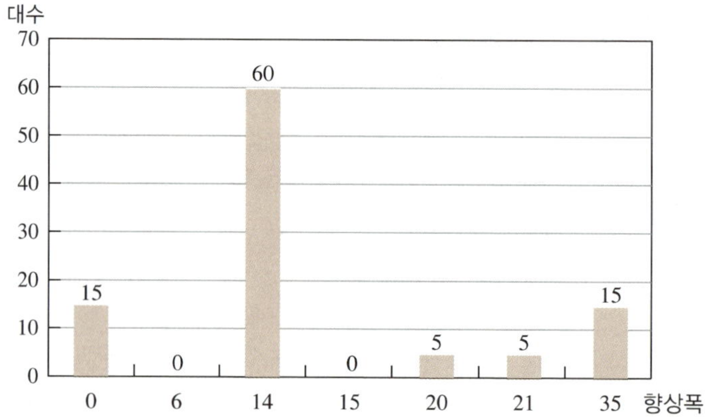

※ 업그레이드를 통한 성능 감소는 없음

※ (성능지수 향상폭)=(업그레이드 후 성능지수)−(업그레이드 전 성능지수)

① 업그레이드 후 1대당 성능지수는 20 이상 향상되었다.

② 업그레이드 전 성능지수가 65였던 기계의 15%가 업그레이드 후 성능지수 100이 된다.

③ 업그레이드 전 성능지수가 79였던 모든 기계가 업그레이드 후 성능지수 100이 된 것은 아니다.

④ 업그레이드 전 성능지수가 100이 아니었던 기계 중 업그레이드를 통한 성능지수 향상폭이 0인 기계가 있다.

⑤ 업그레이드를 통한 성능지수 향상폭이 35인 기계 대수는 업그레이드 전 성능지수가 100이었던 기계 대수와 같다.

15 다음은 지난해 데이트 폭력 신고건수에 대한 자료이다. 이에 대한 설명으로 옳지 않은 것은?(단, 비율은 소수점 둘째 자리에서 반올림한다)

〈피해유형별 신고건수〉

(단위 : 백 건)

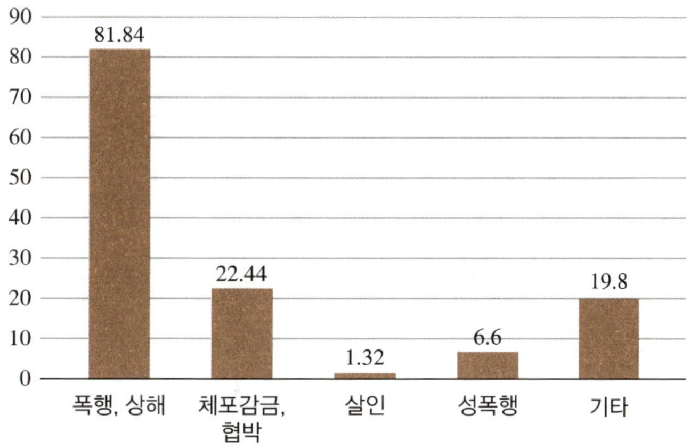

〈신고유형별 신고건수〉

(단위 : 백 건)

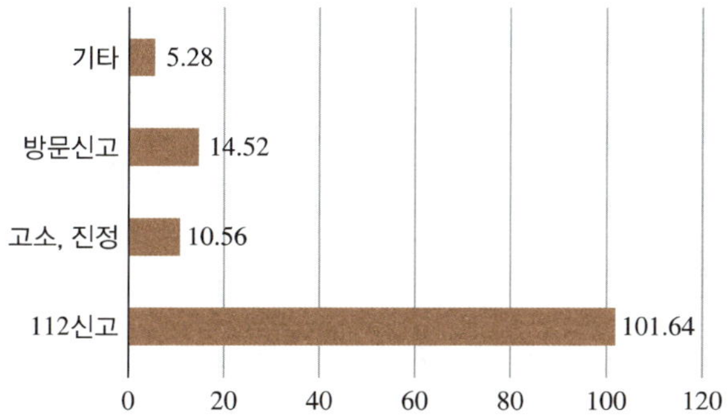

〈피해자 성별 신고비율〉

(단위 : %)

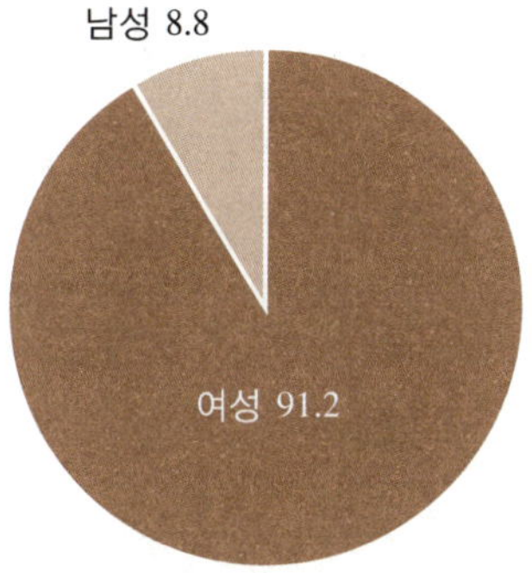

① 지난해 데이트 폭력 신고건수는 총 13,200건이다.

② 112신고로 접수된 건수는 체포감금, 협박 피해자로 신고한 건수의 4배 이상이다.

③ 방문신고의 25%가 성폭행 피해자일 때, 이들은 전체 신고건수에서 5% 미만을 차지한다.

④ 남성 피해자의 50%가 폭행, 상해로 신고했을 때, 폭행, 상해 전체 신고건수에서 남성의 비율은 10% 미만이다.

⑤ 살인 신고건수에서 여성 피해자가 남성 피해자의 2배일 때, 전체 남성 피해자 신고건수 중 살인 신고건수는 3% 미만이다.

PART 2

Easy

16 S사에서는 추석을 맞이해 직원들에게 선물을 보내려고 한다. 비슷한 가격대의 상품으로 같이 준비하였으며, 전 직원들을 대상으로 투표를 실시하였다. 가장 많은 표를 얻은 상품 하나를 선정하여 선물을 보낸다면, 총 얼마의 비용이 들겠는가?

상품 내역		투표 결과					
상품명	가격	총무부	기획부	영업부	생산부	관리부	연구소
한우Set	80,000원	2	1	5	13	1	1
영광굴비	78,000원	0	3	3	15	3	0
장뇌삼	85,000원	1	0	1	21	2	2
화장품	75,000원	2	1	6	14	5	1
전복	70,000원	0	1	7	19	1	4

※ 투표에 대해 무응답 및 중복응답은 없음

① 9,200,000원
② 9,450,000원
③ 9,650,000원
④ 9,800,000원
⑤ 9,850,000원

17 다음은 S사 신입사원 채용에 지원한 남자·여자의 입사지원자와 합격자에 대한 자료이다. 이에 대한 설명으로 옳지 않은 것은?(단, 합격률 및 비율은 소수점 둘째 자리에서 반올림한다)

〈신입사원 채용 현황〉

(단위 : 명)

구분	입사지원자 수	합격자 수
남자	10,891	1,699
여자	3,984	624

① 합격자 중 남자의 비율은 80% 이상이다.
② 총 입사지원자 중 여자는 30% 미만이다.
③ 총 입사지원자 중 합격률은 15% 이상이다.
④ 여자 입사지원자 대비 여자의 합격률은 20% 미만이다.
⑤ 남자 입사지원자 대비 남자의 합격률은 여자 입자지원자 대비 여자의 합격률보다 낮다.

18 다음은 2025년 9월 인천국제공항 원인별 지연 및 결항 통계에 대한 자료이다. 이에 대한 설명으로 옳은 것은?(단, 소수점 첫째 자리에서 반올림한다)

〈2025년 9월 인천국제공항 원인별 지연 및 결항 통계〉

(단위 : 편)

구분	기상	A/C 접속	A/C 정비	여객처리 및 승무원관련	복합원인	기타	합계
지연	118	1,676	117	33	2	1,040	2,986
결항	17	4	10	0	0	39	70

① 9월 한 달간 인천국제공항 날씨는 좋은 편이었다.

② 기상으로 지연된 경우는 기상으로 결항된 경우의 5배 미만이다.

③ 9월에 인천국제공항을 이용하는 비행기가 지연되었을 확률은 98%이다.

④ 기타를 제외하고 항공편 지연과 결항에서 가장 높은 비율을 차지하고 있는 원인이 같다.

⑤ 항공기 지연 원인 중 A/C 정비가 차지하는 비율은 결항 원인 중 기상이 차지하는 비율의 $\frac{1}{6}$ 수준이다.

19 다음은 S사 서비스 센터에서 A지점의 만족도 조사 결과에 대한 자료이다. 이에 대한 설명으로 옳지 않은 것은?

〈서비스 만족도 조사 결과〉

(단위 : 명, %)

구분	응답자 수	비율
매우 만족		20
만족	33	22
보통		
불만족	24	16
매우 불만족	15	
합계	150	100

① 150명을 대상으로 서비스 만족도를 조사하였다.

② 고객의 30% 이상이 서비스 만족도를 '보통'으로 평가하였다.

③ 응답한 고객 중 30명이 서비스 만족도를 '매우 만족'으로 평가하였다.

④ '불만족' 이하 구간이 26%로 큰 비율을 차지하고 있으므로 고객응대 매뉴얼을 수정할 필요가 있다.

⑤ 전체 고객 중 $\frac{1}{5}$이 서비스 만족도를 '매우 불만족'으로 평가하였는데, 이는 당사 서비스 교육을 통해 개선할 수 있을 것이다.

Easy

20

다음은 2020년부터 2024년까지 시행된 A국가고시 현황에 대한 자료이다. 이를 참고하여 작성한 그래프로 옳지 않은 것은?

〈A국가고시 현황〉

(단위 : 명)

구분	2020년	2021년	2022년	2023년	2024년
접수자	3,540	3,380	3,120	2,810	2,990
응시자	2,810	2,660	2,580	2,110	2,220
응시율(%)	79.4	78.7	82.7	75.1	74.2
합격자	1,310	1,190	1,210	1,010	1,180
합격률(%)	46.6	44.7	46.9	47.9	53.2

※ $[\text{응시율}(\%)]=\frac{(\text{응시자 수})}{(\text{접수자 수})}\times 100$, $[\text{합격률}(\%)]=\frac{(\text{합격자 수})}{(\text{응시자 수})}\times 100$

① 연도별 미응시자 수 추이

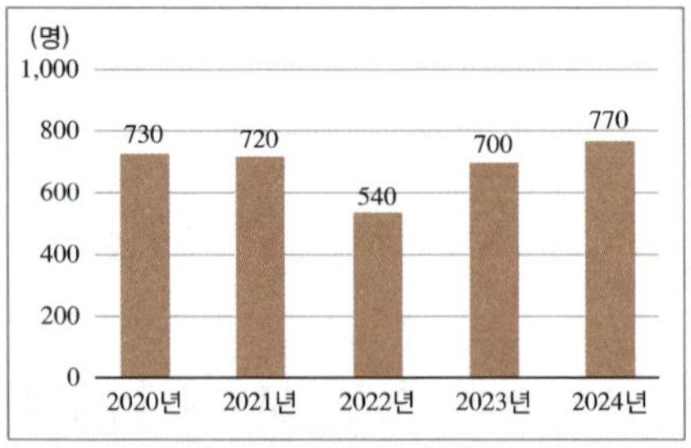

② 연도별 응시자 중 불합격자 수 추이

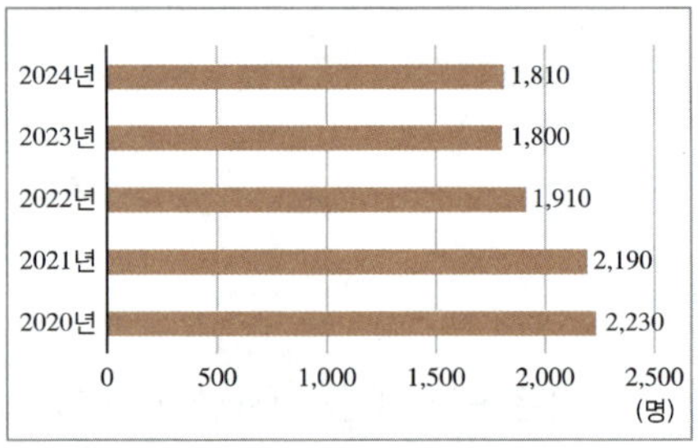

③ 2021 ~ 2024년 전년 대비 접수자 수 변화량

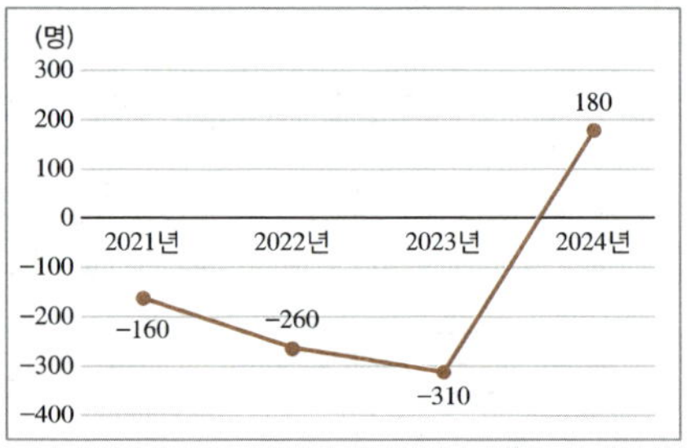

④ 2021 ~ 2024년 전년 대비 합격자 수 변화량

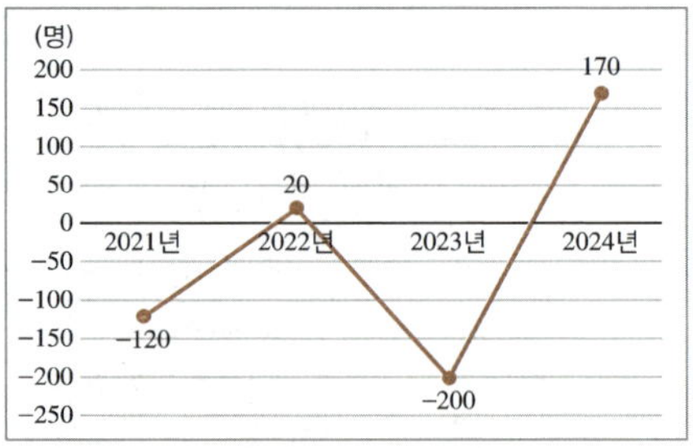

⑤ 2021 ~ 2024년 전년 대비 합격률 증감량

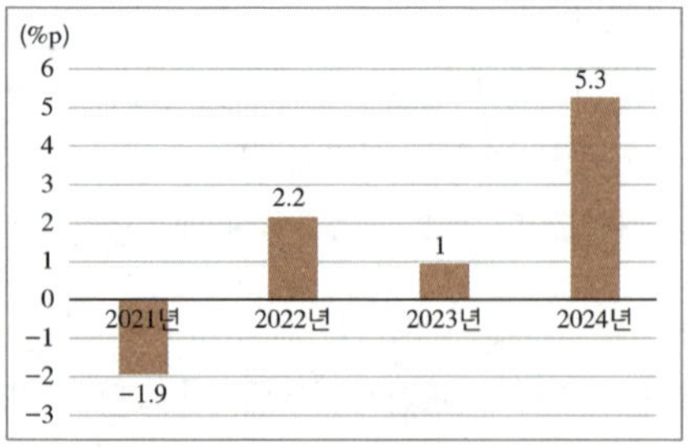

03 창의수리

Easy

01 용민이와 효린이가 호수를 같은 방향으로 도는데 용민이는 7km/h, 효린이는 3km/h로 걷는다고 한다. 두 사람이 다시 만났을 때 7시간이 지나있었다면 호수의 둘레는?

① 24km
② 26km
③ 28km
④ 30km
⑤ 32km

PART 2

02 농도가 25%인 소금물 200g에 농도가 10%인 소금물을 섞었다. 섞은 후 소금물에 함유된 소금의 양이 55g일 때 섞은 후의 소금물의 농도는?

① 20%
② 21%
③ 22%
④ 23%
⑤ 24%

03 대학 서적을 도서관에서 빌리면 10일간 무료이고 그 이상은 하루에 100원의 연체료가 부과되며 연체료가 부과되는 시점부터 한 달 단위마다 연체료는 2배로 늘어난다. 1학기 동안 대학 서적을 도서관에서 빌려 사용하는 데 지불해야 하는 금액은?(단, 1학기의 기간은 15주이고, 한 달은 30일이다)

① 18,000원
② 20,000원
③ 23,000원
④ 25,000원
⑤ 27,000원

04 수영장에 물을 공급하는 A장치와 물을 배출하는 B장치가 있다. A, B장치 각각 1시간당 일정한 양의 물을 공급하고 배출한다. A장치로 수영장 물을 가득 채우는 데 4시간이 걸리고, A장치와 B장치를 동시에 작동시켜 수영장 물을 가득 채우는 데 6시간이 걸린다. 수영장에 물이 가득 채워져 있을 때 B장치를 작동시켜 전체 물을 배출하는 데 걸리는 시간은?

① 11시간
② 12시간
③ 13시간
④ 14시간
⑤ 15시간

Easy

05 A사에 근무하는 S씨는 오전에 B사로 외근을 갔다. 일을 마치고 3km/h의 속력으로 걸어서 회사 반대 방향으로 1km 떨어진 우체국에 들렀다가 회사로 복귀하는 데 1시간 40분이 걸렸다. A사에서부터 B사까지의 거리는?(단, S씨의 속력은 변하지 않으며 이동 외의 시간은 고려하지 않는다)

① 1km
② 2km
③ 3km
④ 4km
⑤ 5km

06 가로의 길이가 95m, 세로의 길이가 38m인 직사각형 모양의 변두리에 나무를 심고자 한다. 네 변의 꼭짓점에는 반드시 나무가 심어져 있어야 하고 네 변 모두 같은 간격으로 나무를 심고자 할 때, 나무는 최소 몇 그루 필요한가?

① 7그루
② 9그루
③ 11그루
④ 14그루
⑤ 15그루

Hard

07 농도 5%의 설탕물 600g을 1분 동안 가열하면 10g의 물이 증발한다. 이 설탕물을 10분 동안 가열한 후, 다시 설탕물 200g을 넣었더니 농도 10%의 설탕물 700g이 되었다. 이때 더 넣은 설탕물 200g의 농도는?(단, 용액의 농도와 관계없이 가열하는 시간과 증발하는 물의 양은 비례한다)

① 5% ② 10%
③ 15% ④ 20%
⑤ 25%

08 S씨는 헬스장 이용권을 구매하려고 한다. A이용권은 한 달에 5만 원을 내고 한 번 이용할 때마다 1,000원을 내야 하고, B이용권은 한 달에 2만 원을 내고 한 번 이용할 때마다 5,000원을 낸다고 한다. 한 달에 최소 몇 번 이용해야 A이용권을 이용하는 것이 B이용권을 이용하는 것보다 싸게 이용할 수 있는가?

① 5번 ② 8번
③ 11번 ④ 14번
⑤ 16번

09 A, B 주사위 2개를 동시에 던졌을 때, A에서는 짝수의 눈이 나오고, B에서는 3 또는 5의 눈이 나오는 경우의 수는?

① 2가지 ② 3가지
③ 5가지 ④ 6가지
⑤ 7가지

Hard

10

4명의 야구선수가 안타를 칠 확률이 각각 $\frac{1}{6}$, $\frac{1}{8}$, $\frac{1}{4}$, $\frac{1}{5}$이라고 한다. 4명 중 3명 이상이 안타를 칠 확률은?

① $\frac{1}{48}$
② $\frac{1}{36}$
③ $\frac{1}{24}$
④ $\frac{1}{19}$
⑤ $\frac{1}{10}$

11

소풍을 왔는데 경비의 30%는 교통비, 교통비의 50%는 식비로 사용하여 남은 돈이 33,000원이라면, 처음 경비는 얼마인가?

① 60,000원
② 70,000원
③ 80,000원
④ 90,000원
⑤ 100,000원

12

철수와 영희가 5 : 3 비율의 속력으로 A지점에서 출발하여 B지점으로 향했다. 영희가 30분 먼저 출발했을 때 철수가 영희를 따라잡은 것은 철수가 출발하고 나서 몇 분 후인가?

① 30분
② 35분
③ 40분
④ 45분
⑤ 50분

Easy

13 어느 날 민수가 사탕 바구니에 있는 사탕의 $\frac{1}{3}$을 먹었다. 그다음 날 남은 사탕의 $\frac{1}{2}$을 먹고 또 그다음 날 남은 사탕의 $\frac{1}{4}$을 먹었다. 남은 사탕의 개수가 18개일 때 처음 사탕 바구니에 들어있던 사탕의 개수는?

① 48개
② 60개
③ 72개
④ 84개
⑤ 96개

PART 2

14 농도 6%의 소금물과 농도 11%의 소금물을 섞어서 농도 9%의 소금물 500g을 만들려고 한다. 이때 섞어야 하는 농도 6%의 소금물의 양은?

① 200g
② 300g
③ 400g
④ 500g
⑤ 600g

15 A주머니에는 흰 공 한 개와 검은 공 세 개가 들어있고, B주머니에는 흰 공 두 개가 들어있다. 두 주머니 중에 어느 하나를 택하여 한 개의 공을 꺼낼 때, 그 공이 흰 공일 확률은?

① $\frac{1}{4}$
② $\frac{3}{8}$
③ $\frac{1}{2}$
④ $\frac{5}{8}$
⑤ $\frac{3}{4}$

16 강물이 A지점에서 3km 떨어진 B지점으로 흐르고 있다. 물의 속력은 1m/s이고, 철수가 A지점에서 B지점까지 배를 타고 갔다가 다시 돌아오는 데 1시간 6분 40초가 걸렸다고 한다. 철수가 탄 배의 속력은?

① 2m/s
② 4m/s
③ 6m/s
④ 12m/s
⑤ 15m/s

17 S자원센터는 봄을 맞이하여 동네 주민들에게 사과, 배, 딸기의 세 과일을 한 상자씩 선물하려고 한다. 사과 한 상자 가격은 1만 원이고, 배 한 상자는 딸기 한 상자의 가격의 두 배이며 딸기 한 상자와 사과 한 상자의 가격의 합은 배 한 상자의 가격보다 2만 원 더 저렴하다. 열 명의 동네 주민들에게 선물을 준다고 하였을 때 S자원센터가 지불해야 하는 총금액은?

① 400,000원
② 600,000원
③ 800,000원
④ 1,000,000원
⑤ 1,200,000원

18 S사의 연구부서에 A ~ D연구원 4명이 있다. B, C연구원의 나이의 합은 A, D연구원 나이의 합보다 5살 적고, A연구원은 C보다는 2살 많으며, D연구원보다 5살 어리다. A연구원이 30살일 때, B연구원의 나이는?

① 28살
② 30살
③ 32살
④ 34살
⑤ 36살

19 라온이는 부산으로 며칠간 출장을 다녀왔다. 출장 기간의 $\frac{1}{4}$은 잠을 자는 데, $\frac{1}{6}$은 식사를 하는 데 사용했다. 그리고 출장 기간의 $\frac{3}{8}$을 업무를 보는 데 사용했으며, $\frac{1}{8}$을 이동하는 데 사용했다. 마지막으로 부산에 있는 친구들이랑 시간을 보내는 데 나머지 8시간을 모두 사용했을 때, 라온이는 며칠 동안 출장을 다녀왔는가?

① 3일
② 4일
③ 5일
④ 6일
⑤ 7일

20 지윤이는 농도 5%의 오렌지 주스와 농도 11%의 오렌지 주스를 섞어서 농도 8%의 오렌지 주스 400g을 만들려고 한다. 이때 섞어야 하는 농도 11%의 오렌지 주스의 양은?

① 150g
② 170g
③ 190g
④ 200g
⑤ 210g

04 언어추리

※ 제시된 명제가 모두 참일 때, 빈칸에 들어갈 명제로 가장 적절한 것을 고르시오. [1~2]

01

- 전제1. 눈을 자주 깜빡이지 않으면 눈이 건조해진다.
- 전제2. 스마트폰을 이용할 때는 눈을 자주 깜빡이지 않는다.
- 결론. ______________________

① 눈이 건조해지면 눈을 자주 깜빡이지 않는다.
② 눈이 건조해지지 않으면 눈을 자주 깜빡이지 않는다.
③ 눈을 자주 깜빡이지 않으면 스마트폰을 이용하는 때이다.
④ 스마트폰을 이용할 때는 눈이 건조해진다.
⑤ 눈이 건조해지면 눈을 자주 깜빡인 것이다.

02

- 전제1. 약속을 지키지 않으면 다른 사람에게 신뢰감을 줄 수 없다.
- 전제2. 메모하는 습관이 없다면 약속을 지킬 수 없다.
- 결론. ______________________

① 약속을 지키지 않으면 메모하는 습관이 없다.
② 메모하는 습관이 없으면 다른 사람에게 신뢰감을 줄 수 있다.
③ 메모하는 습관이 있으면 다른 사람에게 신뢰감을 줄 수 있다.
④ 다른 사람에게 신뢰감을 줄 수 없으면 약속을 지키지 않는다.
⑤ 다른 사람에게 신뢰감을 주려면 메모하는 습관이 있어야 한다.

※ 제시된 명제가 모두 참일 때, 반드시 참인 것을 고르시오. [3~4]

03

- 짬뽕을 좋아하는 사람은 군만두도 좋아한다.
- 자장면을 좋아하는 사람은 짬뽕도 좋아한다.
- 탕수육을 좋아하지 않는 사람은 군만두도 좋아하지 않는다.

① 군만두를 좋아하는 사람은 짬뽕도 좋아한다.
② 탕수육을 좋아하는 사람은 군만두도 좋아한다.
③ 짬뽕을 좋아하지 않는 사람은 군만두도 좋아하지 않는다.
④ 탕수육을 좋아하지 않는 사람은 짬뽕도 좋아하지 않는다.
⑤ 군만두를 좋아하지 않는 사람은 탕수육을 좋아하지 않는다.

Easy

04

- 어떤 남자는 산을 좋아한다.
- 산을 좋아하는 모든 남자는 결혼을 했다.
- 결혼을 한 모든 남자는 자유롭다.

① 어떤 남자는 자유롭다.
② 결혼을 한 사람은 남자이다.
③ 산을 좋아하는 사람은 모두 남자이다.
④ 결혼을 한 모든 남자는 산을 좋아한다.
⑤ 산을 좋아하는 어떤 남자는 결혼을 하지 않았다.

05 민호는 겨울 방학 동안 6개의 도시를 여행했다. 부산이 민호의 네 번째 여행지였다면, 전주는 몇 번째 여행지였는가?

> • 춘천은 세 번째 여행지였다.
> • 전주는 강릉의 바로 전 여행지였다.
> • 대구는 여섯 번째 여행지였다.
> • 부산은 안동의 바로 전 여행지였다.

① 첫 번째
② 두 번째
③ 세 번째
④ 다섯 번째
⑤ 여섯 번째

06 A ~ F 6명이 동시에 가위바위보를 해서 아이스크림 내기를 했는데, 결과가 다음과 같았다. 내기에서 이긴 사람끼리 바르게 짝지어진 것은?(단, 비긴 경우는 없었다)

> • 6명이 낸 것이 모두 같거나, 가위・바위・보 3가지가 모두 포함되는 경우 비긴 것으로 한다.
> • A는 가위를 내지 않았다.
> • B는 바위를 내지 않았다.
> • C는 A와 같은 것을 냈다.
> • D는 E에게 졌다.
> • F는 A에게 이겼다.
> • B는 E에게 졌다.

① A, C
② B, D
③ E, F
④ A, B, C
⑤ B, D, F

Hard

07 비상대책위원회 위원장은 A ~ F의원 6명 중 제1차 위원회에서 발언할 위원을 결정하려 한다. 다음 〈조건〉에 따라 발언자를 결정한다고 할 때, 항상 참인 것은?

조건

- A위원이 발언하면 B위원이 발언하고, C위원이 발언하면 E위원이 발언한다.
- A위원 또는 B위원은 발언하지 않는다.
- D위원이 발언하면 F위원이 발언하고, B위원이 발언하면 C위원이 발언한다.
- D위원이 발언하고 E위원도 발언한다.

① A위원이 발언한다.
② B위원이 발언한다.
③ C위원이 발언한다.
④ F위원이 발언한다.
⑤ 모든 위원이 발언한다.

08 A대학은 광수, 소민, 지은, 진구 중에서 국비 장학생을 선정할 예정이다. 이때, 적어도 광수는 장학생으로 선정될 것이다. 왜냐하면 진구가 선정되지 않으면 광수가 선정되기 때문이다. 이와 같은 가정이 성립하기 위해 추가되어야 하는 전제로 옳은 것을 〈보기〉에서 모두 고르면?

보기

㉠ 소민이가 선정된다.
㉡ 지은이가 선정되면 진구는 선정되지 않는다.
㉢ 지은이가 선정된다.
㉣ 지은이가 선정되면 소민이가 선정된다.

① ㉠, ㉡
② ㉠, ㉣
③ ㉡, ㉢
④ ㉡, ㉣
⑤ ㉢, ㉣

Easy

09 다음은 민수, 철수, 영희의 숨은 그림 찾기 결과이다. 숨은 그림을 많이 찾은 순서대로 바르게 나열한 것은?

- 숨은 그림 찾기에서 민수가 철수보다 더 많이 찾았다.
- 숨은 그림 찾기에서 철수가 영희보다 더 적게 찾았다.
- 숨은 그림 찾기에서 민수가 영희보다 더 적게 찾았다.

① 민수 – 철수 – 영희
② 민수 – 영희 – 철수
③ 영희 – 민수 – 철수
④ 영희 – 철수 – 민수
⑤ 철수 – 영희 – 민수

10 S사 사원 A～D 네 명은 올해 중국, 일본, 프랑스, 독일 지역 중 각기 다른 지역 한 곳에 해외 파견을 떠나게 되었다. 이들은 영어, 중국어, 일본어, 프랑스어, 독일어 중 한 개 이상의 외국어를 능통하게 할 수 있다. 해외 파견이 다음 〈조건〉을 따를 때 알 수 있는 내용으로 적절한 것은?

조건

- 일본, 독일, 프랑스 지역에 해외 파견을 떠나는 사원은 해당 국가의 언어를 능통하게 한다.
- 중국, 프랑스 지역에 해외 파견을 떠나는 사원은 영어도 능통하게 한다.
- 일본어, 프랑스어, 독일어를 능통하게 하는 사원은 각각 한 명이다.
- 사원 네 명 중 영어가 능통한 사원은 세 명이며, 중국어가 능통한 사원은 두 명이다.
- A는 영어와 독일어를 능통하게 한다.
- C가 능통하게 할 수 있는 외국어는 중국어와 일본어뿐이다.
- B가 능통하게 할 수 있는 외국어 중 한 개는 C와 겹친다.

① A는 세 개의 외국어를 능통하게 할 수 있다.
② B는 두 개의 외국어를 능통하게 할 수 있다.
③ C는 중국에 파견 근무를 떠난다.
④ D는 어느 국가로 파견 근무를 떠나는지 알 수 없다.
⑤ A와 C가 능통하게 할 수 있는 외국어 중 한 개는 동일하다.

11 다음 〈조건〉에 따라 5명 중 2명만 합격한다고 했을 때, 합격한 사람은?

조건
- 점수가 높은 사람이 합격한다.
- A와 B는 같이 합격하거나 같이 불합격한다.
- C는 D보다 점수가 높다.
- C와 E의 점수가 같다.
- B와 D의 점수가 같다.

① A, B
② A, C
③ C, D
④ C, E
⑤ D, E

12 다음은 해외 출장이 잦은 해외사업팀 A～D사원 4명의 항공 마일리지 현황이다. 항상 참이 되지 않는 것은?

- A사원의 항공 마일리지는 8,500점이다.
- A사원의 항공 마일리지는 B사원보다 1,500점 많다.
- C사원의 항공 마일리지는 B사원보다 많고 A사원보다 적다.
- D사원의 항공 마일리지는 7,200점이다.

① A사원의 항공 마일리지가 가장 많다.
② B사원의 항공 마일리지는 4명 중 가장 적다.
③ C사원의 정확한 항공 마일리지는 알 수 없다.
④ D사원의 항공 마일리지가 4명 중 가장 적지는 않다.
⑤ 항공 마일리지가 많은 사원은 'A－D－C－B' 순이다.

13 A～C 세 사람 중 한 사람은 수녀이고, 한 사람은 왕이고, 한 사람은 농민이다. 수녀는 언제나 참을, 왕은 언제나 거짓을, 농민은 참을 말하기도 하고 거짓을 말하기도 한다. 이 세 사람이 다음과 같은 대화를 할 때, A, B, C는 각각 누구인지 바르게 연결한 것은?

> • A : 나는 농민이다.
> • B : A의 말은 진실이다.
> • C : 나는 농민이 아니다.

	A	B	C
①	농민	왕	수녀
②	농민	수녀	왕
③	수녀	왕	농민
④	수녀	농민	왕
⑤	왕	농민	수녀

14 어젯밤에 탕비실 냉장고에 보관되어 있던 행사용 케이크가 없어졌다. 어제 야근을 한 갑～무 다섯 명을 조사했더니 다음과 같이 진술했다. 케이크를 먹은 범인은 두 명이고, 단 두 명만이 진실을 말한다고 할 때, 범인이 될 수 있는 사람끼리 바르게 짝지어진 것은?(단, 모든 사람은 진실만 말하거나 거짓만 말한다)

> • 갑 : 을이나 병 중에 한 명만 케이크를 먹었어요.
> • 을 : 무는 확실히 케이크를 먹었어요.
> • 병 : 정과 무가 모의해서 함께 케이크를 훔쳐먹는 걸 봤어요.
> • 정 : 저는 절대 범인이 아니에요.
> • 무 : 사실대로 말하자면 제가 범인이에요.

① 갑, 을
② 갑, 정
③ 을, 정
④ 을, 무
⑤ 정, 무

15 진실마을 사람은 진실만을 말하고, 거짓마을 사람은 거짓만을 말한다. 주형이와 윤희는 진실마을과 거짓마을 중 한 곳에서 사는데, 다음 윤희가 한 말을 통해 윤희와 주형이가 사는 마을에 대해 바르게 유추한 것은?

윤희 : "적어도 우리 둘 중에 한 사람은 거짓마을 사람이다."

① 윤희는 거짓마을 사람이고, 주형이는 진실마을 사람이다.
② 윤희는 진실마을 사람이고, 주형이는 거짓마을 사람이다.
③ 윤희와 주형이 모두 진실마을 사람이다.
④ 윤희와 주형이 모두 거짓마을 사람이다.
⑤ 윤희의 말만으로는 알 수 없다.

Hard

16 민하, 상식, 은희, 은주, 지훈은 점심 메뉴로 쫄면, 라면, 우동, 김밥, 어묵 중 각각 하나씩을 주문하였다. 다음 〈조건〉이 모두 참일 때, 바르게 연결한 것은?(단, 모두 서로 다른 메뉴를 주문하였다)

조건

- 민하와 은주는 라면을 먹지 않았다.
- 상식과 민하는 김밥을 먹지 않았다.
- 은희는 우동을 먹었고, 지훈은 김밥을 먹지 않았다.
- 지훈은 라면과 어묵을 먹지 않았다.

① 민하 – 어묵, 상식 – 라면
② 은주 – 어묵, 상식 – 김밥
③ 은주 – 쫄면, 민하 – 김밥
④ 지훈 – 라면, 상식 – 어묵
⑤ 지훈 – 쫄면, 민하 – 라면

17 S사에 다니는 A ~ C사원 3명은 각각 대전지점, 강릉지점, 군산지점으로 출장을 다녀왔다. 3명의 출장지는 서로 다르며 이들 중 1명만 참을 말할 때, 다음 중 A ~ C의 출장지를 바르게 연결한 것은?

> • A : 나는 대전지점에 가지 않았다.
> • B : 나는 강릉지점에 가지 않았다.
> • C : 나는 대전지점에 갔다.

	대전지점	강릉지점	군산지점
①	A	B	C
②	A	C	B
③	B	A	C
④	B	C	A
⑤	C	A	B

18 S사에 입사한 A ~ E사원 5명은 각각 2개 항목의 물품을 신청하였다. 이들 중 2명의 진술이 거짓일 때, 다음 중 신청 사원과 신청 물품을 바르게 연결한 것은?

> ※ A ~ E사원이 신청한 항목은 4개이며, 항목별 신청 사원의 수는 다음과 같다.
> • 필기구 : 2명
> • 의자 : 3명
> • 복사용지 : 2명
> • 사무용 전자제품 : 3명

> • A : 나는 필기구를 신청하였고, E는 거짓을 말하고 있다.
> • B : 나는 의자를 신청하지 않았고, D는 진실을 말하고 있다.
> • C : 나는 의자를 신청하지 않았고, E는 진실을 말하고 있다.
> • D : 나는 필기구와 사무용 전자제품을 신청하였다.
> • E : 나는 복사용지를 신청하였고, B와 D는 거짓을 말하고 있다.

① A – 의자
② A – 복사용지
③ C – 필기구
④ C – 사무용 전자제품
⑤ E – 필기구

19 다음 다섯 사람이 대화를 나누고 있다. 이 중 두 사람은 진실만을 말하고, 세 사람은 거짓만을 말하고 있다. 지훈이 거짓을 말할 때, 진실만을 말하는 사람끼리 바르게 짝지어진 것은?

- 동현 : 정은이는 지훈이와 영석이를 싫어해.
- 정은 : 아니야. 난 둘 중 한 사람은 좋아해.
- 선영 : 동현이는 정은이를 좋아해.
- 지훈 : 선영이는 거짓말만 해.
- 영석 : 선영이는 동현이를 싫어해.
- 선영 : 맞아. 그런데 정은이는 지훈이와 영석이 둘 다 좋아해.

① 동현, 선영
② 동현, 영석
③ 정은, 선영
④ 정은, 영석
⑤ 선영, 영석

20 테니스공, 축구공, 농구공, 배구공, 야구공, 럭비공을 각각 A～C상자 세 개에 넣으려고 한다. 한 상자에 공을 두 개까지 넣을 수 있고, 〈조건〉이 다음과 같다고 할 때 항상 참이 될 수 없는 것은?

조건

- 테니스공과 축구공은 같은 상자에 넣는다.
- 럭비공은 B상자에 넣는다.
- 야구공은 C상자에 넣는다.

① 테니스공과 축구공은 반드시 A상자에 들어간다.
② 배구공과 농구공은 같은 상자에 들어갈 수 없다.
③ 럭비공은 반드시 배구공과 같은 상자에 들어간다.
④ 농구공을 C상자에 넣으면 배구공은 B상자에 들어가게 된다.
⑤ B상자에 배구공을 넣으면 농구공은 야구공과 같은 상자에 들어가게 된다.

05 수열추리

※ 일정한 규칙으로 수를 나열할 때, 빈칸에 들어갈 수로 알맞은 것을 고르시오. [1~12]

01

88 132 176 264 352 528 ( )

① 649
② 704
③ 715
④ 722
⑤ 743

02

10.01 −13.03 19.07 −28.13 40.21 −55.31 ( ) −94.57

① 70.98
② 71.65
③ 73.43
④ 74.56
⑤ 76.66

03

55 53.99 49.95 42.88 32.78 19.65 ( ) −15.7 −37.92

① 4.13
② 3.95
③ 3.77
④ 3.49
⑤ 3.21

04

−2 −0.4 −2.8 0.4 −3.6 ( )

① −2.1
② −1.3
③ −0.9
④ 1.2
⑤ 0.4

05

$$-5 \quad 1 \quad (\quad) \quad \frac{3}{2} \quad -3 \quad \frac{7}{4} \quad -0.5 \quad \frac{23}{12}$$

① −4.5
② −3.5
③ −2.5
④ −1.5
⑤ −1

Hard

06

$$2\frac{3}{5} \quad 6\frac{5}{11} \quad 14\frac{9}{23} \quad (\quad) \quad 62\frac{33}{95} \quad 126\frac{65}{191} \quad 254\frac{129}{383}$$

① $18\frac{23}{41}$
② $24\frac{21}{45}$
③ $30\frac{17}{47}$
④ $36\frac{13}{49}$
⑤ $42\frac{11}{53}$

07

$$\frac{1}{6} \quad \frac{2}{6} \quad -\frac{1}{2} \quad \frac{7}{6} \quad -\frac{5}{2} \quad 2 \quad (\quad) \quad \frac{17}{6}$$

① $-\frac{17}{2}$
② $-\frac{15}{2}$
③ $-\frac{13}{2}$
④ $\frac{13}{2}$
⑤ $\frac{15}{2}$

08

$$-5 \quad -1 \quad (\quad) \quad -\frac{1}{2} \quad -3 \quad -\frac{1}{4} \quad -0.5 \quad -\frac{1}{12}$$

① −5.5
② −4.5
③ −3.5
④ −2.5
⑤ −1.5

09

$\frac{9}{4}$	8	18	$\frac{1}{9}$	$\frac{15}{7}$	$\frac{5}{21}$	$\frac{5}{14}$	$\frac{7}{3}$	( )

① $\frac{5}{6}$
② $\frac{2}{3}$
③ $\frac{1}{3}$
④ $\frac{1}{4}$
⑤ $\frac{1}{6}$

10

2	4	( )	7	1	−3	8	6	4	−11	17	10

① −5
② −1
③ 1
④ 6
⑤ 8

11

3	8	25	4	5	21	5	6	( )

① 27
② 28
③ 29
④ 30
⑤ 31

12

4	25	11	6	49	29	8	81	( )

① 35
② 43
③ 47
④ 55
⑤ 57

13 일정한 규칙으로 수를 나열할 때, A－B의 값은?

1　3　(A)　10　111　17　1,111　(B)

① －19
② －18
③ －13
④ 18
⑤ 32

Easy

14 일정한 규칙으로 수를 나열할 때, A－2B의 값은?

(A)　40　80　20　60　15　(B)

① 25
② 50
③ 75
④ 105
⑤ 125

15 일정한 규칙으로 수를 나열할 때, A+B의 값은?

77　(A)　70　56　(B)　68　56　80

① 105
② 106
③ 107
④ 108
⑤ 109

16 일정한 규칙으로 수를 나열할 때, B－A의 값은?

(A)　15　10　13　20　15　18　25　(B)

① 8
② 10
③ 12
④ 13
⑤ 14

17 다음 수열의 31번째 항의 값은?

2	6	4	6	6	6	8	6	10	6	…

① 30
② 32
③ 60
④ 62
⑤ 72

Hard

18 다음 수열의 14번째 항의 값은?

15	12	5	−6	−21	−40	…

① −333
② −334
③ −335
④ −336
⑤ −337

19 다음 수열의 20번째 항의 값은?

−1	3	−3	7	−5	15	−7	27	…

① 147
② 183
③ 223
④ 267
⑤ 315

20 다음 수열의 10번째 항의 값은?

110	231	375	544	740	965	1,221	…

① 2,075
② 2,115
③ 2,155
④ 2,195
⑤ 2,335

제 2 회

최종점검 모의고사

응시시간 : 75분　문항 수 : 100문항

정답 및 해설 p.045

01 언어이해

01 다음 글의 제목으로 가장 적절한 것은?

주어진 개념에 포섭시킬 수 없는 대상(의 표상)을 만난 경우, 상상력은 처음에는 기지의 보편에 포섭시킬 수 있도록 직관의 다양을 종합할 것이다. 말하자면 뉴턴의 절대 공간, 역학의 법칙 등의 개념(보편)과 자신이 가지고 있는 특수(빛의 휘어짐)가 일치하는가, 조화로운가를 비교할 것이다. 하지만 일치되는 것이 없으므로, 상상력은 또 다시 여행을 떠난다. 즉 새로운 형태의 다양한 종합 활동을 수행해 볼 것이다. 이것은 미지의 세계로 향한 여행이다. 그리고 이 여행에는 주어진 목적지가 없기 때문에 자유롭다.

이런 자유로운 여행을 통해 예들 들어 상대 공간, 상대 시간, 공간의 만곡, 상대성 이론이라는 새로운 개념들을 가능하게 하는 새로운 도식들을 산출한다면, 그 여행은 종결될 것이다. 여기서 우리는 왜 칸트가 상상력의 자유로운 유희라는 표현을 사용하는지 이해할 수 있게 된다. '상상력의 자유로운 유희'란 이렇게 정해진 개념이나 목적이 없는 상황에서 상상력이 그 개념이나 목적을 찾는 과정을 의미한다고 볼 수 있다. 이는 게임이다. 그리고 그 게임에 있어서 반드시 성취해야 할 그 어떤 것이 없다면, 순수한 놀이(유희)가 성립할 수 있을 것이다.

– 칸트, 『판단력비판』

① 상상력의 재발견
② 인식능력으로서의 상상력
③ 목적 없는 상상력의 활동
④ 자유로운 유희로서의 상상력의 역할
⑤ 과학적 발견의 원동력으로서의 상상력

※ 다음 글의 내용으로 가장 적절한 것을 고르시오. [2~4]

02

일반적으로 종자를 발아시킨 후 약 1주일 정도 된 채소의 어린 싹을 새싹채소라고 말한다. 씨앗에서 싹을 틔우고 뿌리를 단단히 뻗은 성체가 되기까지 열악한 환경을 극복하고 성장하기 위하여 종자 안에는 각종 영양소가 많이 포함되어 있다.
이러한 종자의 에너지를 이용하여 틔운 새싹은 성숙한 채소에 비하여 영양성분이 약 3~4배정도 더 많이 함유되어 있으며 종류에 따라서는 수십 배 이상의 차이를 보이기도 하는 것으로 보고되어 있다.
식물의 성장과정 중 씨에서 싹이 터 어린잎이 두세 개 달릴 즈음이 생명유지와 성장에 필요한 생리활성 물질을 가장 많이 만들어내는 때라고 한다. 그렇기 때문에 그 모든 영양이 새싹 안에 그대로 모일뿐더러, 단백질과 비타민, 미네랄 등의 영양적 요소도 결집하게 된다. 고로 새싹 채소는 영양면에 있어서도 다 자란 채소나 씨앗 자체보다도 월등히 나은데다가 신선함과 맛까지 덤으로 얻을 수 있으니 더없이 매력적인 채소라 하겠다. 따라서 성체의 채소류들이 가지는 각종 비타민, 미네랄 및 생리활성 물질들을 소량의 새싹채소 섭취로 충분히 공급받을 수 있다. 채소류에 포함되어 있는 각종 생리활성 물질이 암의 발생을 억제하고 치료에 도움을 준다는 것은 많은 연구에서 입증되고 있으며 식이요법 등으로 활용되고 있다.
예로 브로콜리에 다량 함유되어 있는 황 화합물인 설포리팬의 항암활성 및 면역활성작용은 널리 알려져 있는데, 성숙한 브로콜리보다 어린 새싹에 설포리팬의 함량이 약 40배 이상 많이 들어 있는 것으로 보고되기도 한다. 메밀 싹에는 향산화 활성이 높은 플라보노이드 화합물인 루틴이 다량 함유되어 있어 체내 유해산소의 제거를 통하여 암의 발생과 성장의 억제에 도움을 줄 수 있다. 새싹채소는 기존에 널리 이용돼 온 무싹 등 이외에는 많이 알려져 있지 않았으나, 최근 이에 대한 관심이 고조되면서 다양한 새싹채소나 이를 재배할 수 있는 종자 등을 쉽게 구할 수 있게 되었다.
새싹채소는 종자를 뿌린 후 1주일 정도면 식용이 가능하므로 재배기간이 짧고 키우기가 쉬워 근래에는 가정에서도 많이 직접 재배하여 섭취하기도 한다. 새싹으로 섭취할 수 있는 채소로는 순무싹, 밀싹, 메밀싹, 브로콜리싹, 청경새싹, 보리싹, 케일싹, 녹두싹 등이 있는데 다양한 종류를 섭취하는 것이 좋다.

① 종자 상태에서는 아직 영양분을 갖고 있지 않는다.
② 다 자란 식물은 새싹 상태에 비해 3~4배 많은 영양분을 갖게 된다.
③ 씨에서 싹이 바로 나왔을 때 비타민과 미네랄과 같은 물질을 가장 많이 생성한다.
④ 새싹채소 역시 성체와 마찬가지로 항암 효과를 보이는 물질을 가지고 있다.
⑤ 무싹은 새싹 채소 중 하나이나 아직 많은 사람들에게 알려지지 않았다.

Easy

03

포화지방산에서 나타나는 탄소 결합 형태는 연결된 탄소끼리 모두 단일 결합하는 모습을 띤다. 이때 각각의 탄소에는 수소가 두 개씩 결합한다. 이 결합 형태는 지방산 분자의 모양을 일자형으로 만들어 이웃하는 지방산 분자들이 조밀하게 연결될 수 있으므로, 분자 간 인력이 높아 지방산 분자들이 단단하게 뭉치게 된다. 이 인력을 느슨하게 만들려면 많은 열에너지가 필요하다. 따라서 이 지방산을 함유한 지방은 녹는점이 높아 상온에서 고체로 존재하게 된다. 그리고 이 지방산 분자에는 탄소 사슬에 수소가 충분히 결합되어, 수소가 분자 내에 포화되어 있으므로 포화지방산이라 부르며, 이것이 들어 있는 지방을 포화지방이라고 한다. 포화지방은 체내의 장기 주변에 쌓여 장기를 보호하고 체내에 저장되어 있다가 에너지로 전환되어 몸에 열량을 내는 데 이용된다. 그러나 이 지방이 저밀도 단백질과 결합하면, 콜레스테롤이 혈관 내부에 쌓여 혈액의 흐름을 방해하고 혈관 내부의 압력을 높여 심혈관계 질병을 유발하는 것으로 알려져 있다.

① 포화지방산에서 나타나는 탄소 결합은 각각의 탄소에 수소가 두 개씩 결합하므로 다중 결합한다고 할 수 있다.
② 탄소에 수소가 두 개씩 결합하는 형태는 열에너지가 많아서 지방산 분자들이 단단하게 뭉치게 된다.
③ 분자 간 인력을 느슨하게 하면 지방산 분자들의 연결이 조밀해진다.
④ 포화지방은 포화지방산이 들어 있는 지방을 가리킨다.
⑤ 포화지방이 체내에 저장되면 콜레스테롤이 혈관 내부에 쌓여 흐름을 방해하고 혈관 내부의 압력을 높여 질병을 유발하므로 몸에 좋지 않다.

04

사회 진화론은 다윈의 생물 진화론을 개인과 집단에 적용시킨 사회 이론이다. 사회 진화론의 중심 개념은 19세기에 등장한 '생존경쟁'과 '적자생존'인데, 이 두 개념의 적용 범위가 개인인가 집단인가에 따라 자유방임주의와 결합하기도 하고 민족주의나 제국주의와 결합하기도 하였다. 1860년대 대표적인 사회 진화론자인 스펜서는 인간 사회의 생활은 개인 간의 '생존경쟁'이며, 그 경쟁은 '적자생존'에 의해 지배된다고 주장하였다. 19세기 말 키드, 피어슨 등은 인종이나 민족, 국가 등의 집단 단위로 '생존경쟁'과 '적자생존'을 적용하여 우월한 집단이 열등한 집단을 지배하는 것은 자연법칙이라고 주장함으로써 인종 차별이나 제국주의를 정당화하였다. 일본에서는 19세기 말 문명개화론자들이 사회 진화론을 수용하였다.
이들은 '생존경쟁'과 '적자생존'을 국가와 민족 단위에 적용하여 '약육강식'·'우승열패'의 논리를 바탕으로 서구식 근대 문명국가 건설과 군국주의를 역설하였다.

① 사회 진화론은 생물 진화론을 바탕으로 개인에게만 적용시킨 사회 이론이다.
② 사회 진화론은 19세기 이전에는 존재하지 않았다.
③ '생존경쟁'과 '적자생존'의 개념이 개인의 범위에 적용되면 민족주의와 결합한다.
④ 키드, 피어슨 등의 주장은 사회 진화론의 개념을 집단 단위에 적용한 결과이다.
⑤ 문명개화론자들은 생물 진화론을 수용하였다.

Hard

05 다음 글을 읽고 가질 수 있는 질문으로 가장 적절한 것은?

인간의 신경 조직을 수학적으로 모델링하여 컴퓨터가 인간처럼 기억·학습·판단할 수 있도록 구현한 것이 인공 신경망 기술이다. 신경 조직의 기본 단위는 뉴런인데, 인공 신경망에서는 뉴런의 기능을 수학적으로 모델링한 퍼셉트론을 기본 단위로 사용한다.

퍼셉트론은 입력값들을 받아들이는 여러 개의 입력 단자와 이 값을 처리하는 부분, 처리된 값을 내보내는 한 개의 출력 단자로 구성되어 있다. 퍼셉트론은 각각의 입력 단자에 할당된 가중치를 입력값에 곱한 값들을 모두 합하여 가중합을 구한 후, 고정된 임계치보다 가중합이 작으면 0, 그렇지 않으면 1과 같은 방식으로 출력값을 내보낸다.

이러한 퍼셉트론은 출력값에 따라 두 가지로만 구분하여 입력값들을 판정할 수 있을 뿐이다. 이에 비해 복잡한 판정을 할 수 있는 인공 신경망은 다수의 퍼셉트론을 여러 계층으로 배열하여 한 계층에서 출력된 신호가 다음 계층에 있는 모든 퍼셉트론의 입력 단자에 입력값으로 입력되는 구조로 이루어진다. 이러한 인공 신경망에서 가장 처음에 입력값을 받아들이는 퍼셉트론들을 입력층, 가장 마지막에 있는 퍼셉트론들을 출력층이라고 한다.

어떤 사진 속 물체의 색깔과 형태로부터 그 물체가 사과인지 아닌지를 구별할 수 있도록 인공 신경망을 학습시키는 경우를 생각해 보자. 먼저 학습을 위한 입력값들 즉 학습 데이터를 만들어야 한다. 학습 데이터를 만들기 위해서는 사과 사진을 준비하고 사진에 나타난 특징인 색깔과 형태를 수치화해야 한다. 이 경우 색깔과 형태라는 두 범주를 수치화하여 하나의 학습 데이터로 묶은 다음, '정답'에 해당하는 값과 함께 학습 데이터를 인공 신경망에 제공한다. 이때 같은 범주에 속하는 입력값은 동일한 입력 단자를 통해 들어가도록 해야 한다. 그리고 사과 사진에 대한 학습 데이터를 만들 때에 정답인 '사과이다'에 해당하는 값을 '1'로 설정하였다면 출력값 '0'은 '사과가 아니다.'를 의미하게 된다.

① 퍼셉트론이 출력값을 도출하는 방법은 무엇일까?
② 앞으로 인공 신경망을 활용할 수 있는 분야는 어떤 것들이 있을까?
③ 인공 신경망 기술에서 뉴런에 대응될 수 있는 기본 단위는 무엇일까?
④ 인공 신경망이 사과를 알아볼 수 있도록 하려면 어떤 자료가 필요할까?
⑤ 퍼셉트론은 0과 1의 출력값만을 도출할 수 있음에도 인공 신경망은 복잡한 판단을 할 수 있을까?

06 다음 글을 읽고 밑줄 친 ㉠과 ㉡에 대해 추론한 내용으로 가장 적절한 것은?

> 권리금(權利金)이란 흔히 상가 등을 빌리는 사람, 즉 ㉠ 차주(借主)가 빌려주는 사람, 즉 ㉡ 대주(貸主)에게 내는 임차료 외에, 앞서 대주에게 빌렸던 사람, 즉 전차주(前借主)에게 내는 관행상의 금전을 의미한다. 전차주가 해당 임대상가에 투자한 설비나 상가 개량비용, 기존 고객들과의 인지도, 유대 관계 등 유형·무형의 대가를 차주가 고스란히 물려받는 경우의 가치가 포함된 일종의 이용 대가인 것이다. 하지만 이는 어디까지나 차주와 전차주의 사이에서 발생한 금전 관계로 대주는 해당 권리금과 관련이 없으며, 특별히 법률로 지정된 사항 또한 존재하지 않는다. 2001년, 상가건물 임대차보호법이 제정되기 전에 대주의 횡포에 대한 차주의 보호가 이루어지지 않았고, 이에 임차인들이 스스로 자신의 권리를 찾기 위해 새 차주에게 금전을 받았는데, 이것이 권리금의 시작이다. 권리금이 높은 상가일수록 좋은 상가라고 볼 수 있는 지표로 작용하는 데다, 여전히 전차주의 입장에서는 자신의 권리를 지키기 위한 하나의 방안으로 관습처럼 이용되고 있어 이에 대한 평가를 섣불리 하기 힘든 것이 사실이다. 그러나 권리금이 임대료보다 높아지는 경우가 종종 발생하고, 계약기간 만료 후 대주와 차주 사이의 금전적인 문제가 발생하기도 하면서 악습이라고 주장하는 사람도 있다.

① ㉠은 ㉡의 계약불이행으로 인하여 발생한 손해를 보장받을 수 없다.

② 권리금은 본래 상대적 약자인 ㉡이 ㉠으로부터 손해를 보호받기 위해 시작된 관습이다.

③ 장기적으로 권리금은 ㉠과 ㉡이 모두 요구할 수 있다.

④ 상대적으로 적은 권리금을 지불한 상가에서 높은 매출을 기록했다면 ㉡은 직접적으로 이득을 본 셈이다.

⑤ ㉡이 계약기간 만료 후 자신의 권리를 이행할 때 ㉠은 ㉡에게 손해를 보장받을 수 없다.

07 다음 글의 글쓴이의 주장을 비판하기 위한 탐구 활동으로 가장 적절한 것은?

기술은 그 내부적인 발전 경로를 이미 가지고 있으며, 따라서 어떤 특정한 기술(혹은 인공물)이 출현하는 것은 '필연적'인 결과라고 생각하는 사람들이 많다. 이러한 통념을 약간 다르게 표현하자면, 기술의 발전 경로는 이전의 인공물보다 '기술적으로 보다 우수한' 인공물들이 차례차례 등장하는, 인공물들의 연쇄로 파악할 수 있다는 것이다. 그리고 기술의 발전 경로가 '단일한' 것으로 보고, 따라서 어떤 특정한 기능을 갖는 인공물을 만들어 내는 데 있어서 '유일하게 가장 좋은' 설계 방식이나 생산 방식이 있을 수 있다고 가정한다. 이와 같은 생각을 종합하면 기술의 발전은 결코 사회적인 힘이 가로막을 수 없는 것일 뿐 아니라 단일한 경로를 따르는 것이므로, 사람들이 할 수 있는 일은 이미 정해져 있는 기술의 발전 경로를 열심히 추적해 가는 것밖에 남지 않게 된다는 결론이 나온다. 그러나 다양한 사례 연구에 의하면 어떤 특정 기술이나 인공물을 만들어 낼 때, 그것이 특정한 형태가 되도록 하는 데 중요한 역할을 하는 것은 그 과정에 참여하고 있는 엔지니어, 자본가, 소비자, 은행, 정부 등의 이해관계나 가치체계임이 밝혀졌다. 이렇게 보면 기술은 사회적으로 형성된 것이며, 이미 그 속에 사회적 가치를 반영하고 있는 셈이 된다. 뿐만 아니라 복수의 기술이 서로 경쟁하여 그중 하나가 사회에서 주도권을 잡는 과정을 분석해 본 결과, 이 과정에서 중요한 역할을 하는 것은 기술적 우수성이나 사회적 유용성이 아닌, 관련된 사회집단들의 정치적・경제적 영향력인 것으로 드러났다고 한다. 결국 현재에 이르는 기술 발전의 궤적은 결코 필연적이고 단일한 것이 아니었으며, '다르게' 될 수도 있었음을 암시하고 있는 것이다.

① 글쓴이가 통념을 종합하여 이끌어낸 결론의 타당성을 검토한다.
② 글쓴이가 문제 삼고 있는 통념에 변화가 생기게 된 계기를 분석한다.
③ 논거가 되는 연구 결과를 반박할 수 있는 다른 연구 자료를 조사한다.
④ 사회 변화에 따라 가치 체계의 변동이 일어나게 되는 원인을 분석한다.
⑤ 기술 개발에 관계자들의 이해관계나 가치가 작용한 실제 사례를 조사한다.

※ 다음 글의 주제로 가장 적절한 것을 고르시오. [8~9]

08

오늘날 사회계층 간 의료수혜의 불평등이 심화되어 의료이용도의 소득계층별, 지역별, 성별, 직업별, 연령별 차이가 사회적 불만의 한 원인으로 대두되고, 보건의료서비스가 의・식・주에 이어 제4의 기본적 수요로 인식됨에 따라 의료보장제도의 필요성이 나날이 높아지고 있다.
의료보장제도란 국민의 건강권을 보호하기 위하여 요구되는 필요한 보건의료서비스를 국가나 사회가 제도적으로 제공하는 것을 말하며, 건강보험, 의료급여, 산재보험을 포괄한다. 이를 통해 상대적으로 과다한 재정의 부담을 경감시킬 수 있으며, 국민의 주인의식과 참여 의식을 조장할 수 있다.
의료보장제도는 의료수혜의 불평등을 해소하기 위한 사회적・국가적 노력이며, 예측할 수 없는 질병의 발생 등에 대한 개인의 부담능력의 한계를 극복하기 위한 제도이다. 또한 개인의 위험을 사회적・국가적 위험으로 인식하여 위험의 분산 및 상호부조 인식을 제고하기 위한 제도이기도 하다.
의료보장제도의 의료보험(National Health Insurance) 방식은 일명 비스마르크(Bismarck)형 의료제도라고 하는데, 개인의 기여를 기반으로 한 보험료를 주재원으로 하는 제도이다. 사회보험의 낭비를 줄이기 위하여 진찰 시에 본인 일부 부담금을 부과하는 것이 특징이라 할 수 있다. 반면, 국가보건서비스(National Health Service) 방식은 일명 조세 방식, 비버리지(Beveridge)형 의료제도라고 하며, 국민의 의료문제는 국가가 책임져야 한다는 관점에서 조세를 재원으로 모든 국민에게 국가가 직접 의료를 제공하는 의료보장 방식이다.

① 의료보장제도의 종류
② 의료급여제도의 유형
③ 의료보장제도의 장단점
④ 의료급여제도의 필요성
⑤ 의료보장제도의 개념과 유형

09

정부는 탈원전·탈석탄 공약에 발맞춰 2030년까지 전체 국가발전량의 20%를 신재생에너지로 채운다는 정책목표를 수립하였다. 목표를 달성하기 위해 신재생에너지에 대한 송·변전 계획을 제8차 전력 수급기본계획에 처음으로 수립하겠다는 게 정부의 방침이다.
정부는 기존의 수급계획이 수급 안정과 경제성을 중점적으로 수립된 것에 반해, 8차 계획은 환경성과 안전성을 중점으로 하였다고 밝혔으며 신규 발전설비는 원전, 석탄화력발전에서 친환경, 분산형 재생에너지와 LNG 발전을 우선시하는 방향으로 수요관리를 통합하여 합리적 목표 수용 결정에 주안점을 두었다고 밝혔다.
그동안 많은 NGO 단체에서 에너지분산에 관한 다양한 제안을 해왔지만 정부 차원에서 고려하거나 논의가 활발히 진행된 적은 거의 없었으며 명목상으로 포함하는 수준이었다. 그러나 이번 정부에서는 탈원전·탈석탄 공약을 제시하는 등 중앙집중형 에너지 생산시스템에서 분산형 에너지 생산시스템으로 정책의 방향을 전환하고자 한다.
중앙집중형 에너지 생산시스템은 환경오염, 송전선 문제, 지역에너지 불균형 문제 등 다양한 사회적인 문제를 야기하였다. 하지만 그동안은 값싼 전기인 기저 전력을 편리하게 사용할 수 있는 환경을 조성하고자 하는 기존 에너지계획과 전력 수급계획에 밀려 중앙집중형 발전원 확대가 꾸준히 진행되었다. 그러나 현재 중앙집중형 에너지정책에서 분산형 에너지정책으로 전환을 모색하기 위한 다각도의 노력을 하고 있다. 이러한 정부의 정책변화와 아울러 석탄화력발전소가 국내 미세먼지에 주는 영향과 일본 후쿠시마 원자력 발전소 문제, 국내 경주 대지진 및 포항 지진 문제 등으로 인한 원자력에 대한 의구심 또한 커지고 있다.
제8차 전력 수급계획(안)에 의하면, 우리나라의 에너지정책은 격변기를 맞고 있다. 우리나라는 현재 중앙집중형 에너지 생산시스템이 대부분이며 분산형 전원 시스템은 그 설비용량이 극히 적은 상태이다. 또한 우리나라의 발전설비는 105GW이며, 지난해 최대 전력치를 보면 80GW 수준이므로 25GW 정도의 여유가 있는 상태이다. 25GW라는 여유는 원자력발전소 약 25기 정도의 전력 생산설비가 여유 있는 상황이라고 볼 수 있다. 또한 제7차 전력 수급기본계획에서 전기수요 증가율을 4.3 ~ 4.7%라고 예상하였으나 실제 증가율은 1.3 ~ 2.8% 수준에 그쳤다는 점은 우리나라의 전력 소비량 증가량이 둔화하고 있는 상태라는 것을 나타내고 있다.

① 에너지 분권의 필요성과 방향
② 중앙집중형 에너지 정책의 한계점
③ 전력 소비량과 에너지 공급량의 문제점
④ 중앙집중형 에너지 생산시스템의 발전 과정
⑤ 전력수급기본계획의 내용과 수정 방안 모색

※ 다음 문단을 논리적 순서대로 바르게 나열한 것을 고르시오. [10~11]

Easy

10

(가) 정책 수단 선택의 사례로 환율과 관련된 경제 현상을 살펴보자. 외국 통화에 대한 자국 통화의 교환 비율을 의미하는 환율은 장기적으로 한 국가의 생산성과 물가 등 기초 경제 여건을 반영하는 수준으로 수렴된다.

(나) 이처럼 환율이나 주가 등 경제 변수가 단기에 지나치게 상승 또는 하락하는 현상을 오버슈팅(Overshooting)이라고 한다.

(다) 이러한 오버슈팅은 물가 경직성 또는 금융 시장 변동에 따른 불안 심리 등에 의해 촉발되는 것으로 알려져 있다. 여기서 물가 경직성은 시장에서 가격이 조정되기 어려운 정도를 의미한다.

(라) 그러나 단기적으로 환율은 이와 괴리되어 움직이는 경우가 있다. 만약 환율이 예상과는 다른 방향으로 움직이거나 또는 비록 예상과 같은 방향으로 움직이더라도 변동 폭이 예상보다 크게 나타날 경우 경제 주체들은 과도한 위험에 노출될 수 있다.

① (가) – (나) – (다) – (라)
② (가) – (다) – (나) – (라)
③ (가) – (라) – (나) – (다)
④ (나) – (다) – (라) – (가)
⑤ (나) – (라) – (다) – (가)

11

(가) 본성 대 양육 논쟁은 앞으로 치열하게 전개될 소지가 많다. 하지만 유전과 환경이 인간의 행동에 어느 정도 영향을 미치는가를 따지는 일은 멀리서 들려오는 북소리가 북에 의한 것인지, 아니면 연주자에 의한 것인지를 분석하는 것처럼 부질없는 것인지 모른다. 본성과 양육 다 인간 행동에 필수적인 요인이므로.

(나) 20세기 들어 공산주의와 나치주의의 출현으로 본성 대 양육 논쟁이 극단으로 치달았다. 공산주의의 사회 개조론은 양육을, 나치즘의 생물학적 결정론은 본성을 옹호하는 이데올로기이기 때문이다. 히틀러의 유대인 대량 학살에 충격을 받은 과학자들은 환경 결정론에 손을 들어 줄 수밖에 없었다. 본성과 양육 논쟁에서 양육 쪽이 일방적인 승리를 거두게 된 것이다.

(다) 이러한 추세는 1958년 미국 언어학자 노엄 촘스키에 의해 극적으로 반전되기 시작했다. 촘스키가 치켜든 선천론의 깃발은 진화 심리학자들이 승계했다. 진화 심리학은 사람의 마음을 생물학적 적응의 산물로 간주한다. 1992년 심리학자인 레다 코스미데스와 인류학자인 존 투비 부부가 함께 저술한 『적응하는 마음』이 출간된 것을 계기로 진화 심리학은 하나의 독립된 연구 분야가 됐다. 말하자면 윌리엄 제임스의 본능에 대한 개념이 1세기 만에 새 모습으로 부활한 셈이다.

(라) 더욱이 1990년부터 인간 게놈 프로젝트가 시작됨에 따라 본성과 양육 논쟁에서 저울추가 본성 쪽으로 기울면서 생물학적 결정론이 더욱 강화되었다. 그러나 2001년 유전자 수가 예상보다 적은 3만여 개로 밝혀지면서 본성보다는 양육이 중요하다는 목소리가 커지기 시작했다. 이를 계기로 본성 대 양육 논쟁이 재연되기에 이르렀다.

① (가) – (나) – (다) – (라)
② (가) – (나) – (라) – (다)
③ (가) – (다) – (나) – (라)
④ (나) – (다) – (라) – (가)
⑤ (나) – (라) – (다) – (가)

Hard

12 다음 글에서 〈보기〉의 문장이 들어갈 위치로 가장 적절한 곳은?

1895년에 발견된 X선은 진단 의학의 혁명을 일으켰다. 이후 X선 사진 기술은 단면 촬영을 통해 입체 영상 구성이 가능한 CT(컴퓨터 단층 촬영 장치)로 진화하면서 해부를 하지 않고 인체 내부를 정확하게 진단하는 기술로 발전하였다. (가)

X선 사진은 X선을 인체에 조사하고, 투과된 X선을 필름에 감광시켜 얻어낸 것이다. 조사된 X선의 일부는 조직에서 흡수·산란되고 나머지는 조직을 투과하여 반대편으로 나오게 된다. X선이 투과되는 정도를 나타내는 투과율은 공기가 가장 높으며 지방, 물, 뼈의 순서로 낮아진다. 또한 투과된 X선의 세기는 통과한 조직의 투과율이 낮을수록, 두께가 두꺼울수록 약해진다. 이런 X선의 세기에 따라 X선 필름의 감광 정도가 달라져 조직의 흑백 영상을 얻을 수 있다. (나) 이러한 X선 사진의 한계를 극복한 것이 CT이다.

CT는 인체에 투과된 X선의 분포를 통해 인체의 횡단면을 영상으로 재구성한다. CT 촬영기 한쪽 편에는 X선 발생기가 있고 반대편에는 여러 개의 X선 검출기가 배치되어 있다. (다) CT 촬영기 중심에, 사람이 누운 침대가 들어가면 X선 발생기에서 나온 X선이 인체를 투과한 후 맞은편 X선 검출기에서 검출된다.

X선 검출기로 인체를 투과한 X선의 세기를 검출하는데, 이때 공기를 통과하며 감쇄된 양을 빼고, 인체 조직만을 통과하면서 감쇄된 X선의 총량을 구해야 한다. 이것은 공기만을 통과한 X선 세기와 조직을 투과한 X선 세기의 차이를 계산하면 얻을 수 있고, 이를 환산값이라고 한다. 즉, 환산값은 특정 방향에서 X선이 인체 조직을 통과하면서 산란되거나 흡수되어 감쇄된 총량을 의미한다. 이 값을 여러 방향에서 구하기 위해 CT 촬영기를 회전시킨다. (라) 그러면 동일 단면에 대한 각 방향에서의 환산값을 구할 수 있고, 이를 활용하여 컴퓨터가 단면 영상을 재구성한다.

CT에서 영상을 재구성하는 데에는 역투사(Back Projection) 방법이 이용된다. 역투사는 어떤 방향에서 X선이 진행했던 경로를 거슬러 진행하면서 경로상에 환산값을 고르게 분배하는 방법이다. (마) CT 촬영기를 회전시키며 얻은 여러 방향의 환산값을 경로별로 역투사하여 더해 나가는데, 이처럼 여러 방향의 환산값들이 더해진 결과가 역투사 결괏값이다. 역투사를 하게 되면 뼈와 같이 감쇄를 많이 시키는 조직에서는 여러 방향의 값들이 더해지게 되고, 그 결과 다른 조직에서보다 더 큰 결괏값이 나오게 된다.

보기

그렇지만 X선 사진에서는 투과율이 비슷한 조직들 간의 구별이 어려워서, X선 사진은 다른 조직과의 투과율 차이가 큰 뼈나 이상 조직의 검사에 주로 사용된다.

① (가) ② (나)
③ (다) ④ (라)
⑤ (마)

PART 2

13 다음은 기술 보급 실패의 사례 중 하나인 플레이펌프에 대한 글이다. 이에 대한 교훈으로 가장 적절한 것은?

> 플레이펌프는 아이들의 회전놀이 기구이자 물을 끌어 올리는 펌프이다. 아이들이 플레이펌프를 돌리면서 놀기만 하면 그것이 동력이 되어 지하수를 끌어 올려 탱크에 물을 저장하는 것이다. 이 간단한 아이디어 사업에 미국의 정치가와 기부자들이 동참했고, 수천만 불의 기부금을 모아 남아프리카와 모잠비크에 천 오백 대가 넘는 플레이펌프를 공급했다. 아이들은 플레이펌프를 보며 좋아했으며, 이 사업은 성공적으로 보였다. 하지만 결론적으로 이 사업은 실패했고, 아무도 플레이펌프에 대해 더 이상 이야기하려 하지 않는다. 그 원인을 살펴보자면 우선 어린이 한 명당 겨우 2리터의 물을 끌어 올려 기존의 펌프보다 훨씬 효율이 높지 않았다. 또한 물을 끌어올리기가 쉽지 않아 플레이펌프는 아이들에게 더 이상 놀이가 아닌 일이 되어버린 것이다.
> 이러한 플레이펌프는 기술 보급 실패의 사례로 볼 수 있다. 저개발국가의 빈곤 문제를 경제적인 지원만으로 접근해서는 성공할 수 없음을 분명히 보여주고 있는 것이다. 적정기술의 정의에 따르면, 기술은 현지인의 문화와 사회에 적합해야 한다. 또 현지인들이 참여하는 방식이 되어야 한다. 기술의 현지 적용 가능성에 대한 테스트도 없이 무리하게 보급된 플레이펌프는 결국 대부분 폐기처리 되었다. 현지인들은 말한다. "언제 우리가 이런 것을 갔다 달라고 했나"라고. 이 사례는 적정기술의 개발과 보급에 신중해야 함을 시사한다.

① 실패는 전달되는 중에 항상 축소된다.
② 실패를 비난·추궁할수록 더 큰 실패를 낳는다.
③ 방치해놓은 실패는 성장한다.
④ 성공은 99%의 실패로부터 얻은 교훈과 1%의 영감으로 구성된다.
⑤ 다방면에 대한 고려가 성공으로 이어진다.

※ 다음 글의 내용으로 적절하지 않은 것을 고르시오. [14~16]

14

열차 내에서의 범죄가 급격하게 증가함에 따라 한국철도공사는 열차 내에서의 범죄 예방과 안전 확보를 위해 현재 운행하고 있는 모든 열차의 모든 객실에 CCTV를 설치하고, 모든 열차 승무원에게 바디 캠을 지급하겠다고 밝혔다.
CCTV는 열차 종류에 따라 운전실에서 비상시 실시간으로 상황을 파악할 수 있는 '네트워크 방식'과 각 객실에서의 영상을 저장하는 '개별 독립 방식'의 2가지 방식으로 사용 및 설치가 진행될 예정이며, 각 객실에는 사각지대를 없애기 위해 4대가량의 CCTV가 설치된다. 이 중 2대는 휴대 물품 도난 방지 등을 위해 휴대 물품 보관대 주변에 위치하게 된다.
이에 따라 한국철도공사는 CCTV 제품 품평회를 가져 각 제품의 형태와 색상, 재질 등에 대한 의견을 나누고 각 제품이 실제로 열차 운행 시 진동과 충격 등에 대해 적합한지에 대한 시험을 진행한 후 도입할 예정이다.

① 현재는 모든 열차에 CCTV가 설치되어 있진 않겠군.
② 과거에 비해 승무원에 대한 승객의 범죄행위 증거 취득이 유리해지겠군.
③ CCTV를 설치를 통해 인적 피해와 물적 피해 모두 예방할 수 있겠군.
④ CCTV의 설치를 통해 실시간으로 모든 객실을 모니터링할 수 있겠군.
⑤ CCTV의 내구성뿐만 아니라 외적인 디자인도 제품 선택에 영향을 줄 수 있겠군.

15

인간 사유의 결정적이고도 독창적인 비약은 시각적인 표시의 코드 체계의 발명에 의해서 이루어졌다. 시각적인 표시의 코드 체계에 의해 인간은 정확한 말을 결정하여 텍스트를 마련하고, 또 이해할 수 있게 된 것이다. 이것이 바로 진정한 의미에서의 '쓰기(Writing)'이다.
이러한 '쓰기'에 의해 코드화된 시각적인 표시는 말을 사로잡게 되고, 그 결과 그때까지 소리 속에서 발전해 온 정밀하고 복잡한 구조나 지시 체계의 특수한 복잡성이 그대로 시각적으로 기록될 수 있게 되고, 나아가서는 그러한 시각적인 기록으로 인해 그보다 훨씬 정교한 구조나 지시 체계가 산출될 수 있게 된다. 그러한 정교함은 구술적인 발화가 지니는 잠재력으로써는 도저히 이룩할 수 없는 정도의 것이다. 이렇듯 '쓰기'는 인간의 모든 기술적 발명 속에서도 가장 영향력이 큰 것이었으며, 지금도 그러하다. 쓰기는 말하기에 단순히 첨가된 것이 아니다. 왜냐하면 쓰기는 말하기를 구술 – 청각의 세계에서 새로운 감각의 세계, 즉 시각의 세계로 이동시킴으로써 말하기와 사고를 함께 변화시키기 때문이다.

① 인간은 시각적 코드 체계를 사용함으로써 말하기를 한층 정교한 구조로 만들었다.
② 인간은 쓰기를 통해서 정확한 말을 사용한 텍스트의 생산과 소통이 가능하게 되었다.
③ 인간은 쓰기를 통해 지시 체계의 복잡성을 기록함으로써 말하기와 사고의 변화를 일으킨다.
④ 인간은 정밀하고 복잡한 지시 체계를 통해 시각적 코드를 발명하였다.
⑤ 인간의 모든 기술적 발명 속에서도 '쓰기'는 예전이나 지금이나 가장 영향력이 크다.

16

경제학에서는 가격이 한계 비용과 일치할 때를 가장 이상적인 상태라고 본다. '한계 비용'이란 재화의 생산량을 한 단위 증가시킬 때 추가되는 비용을 말한다. 한계 비용 곡선과 수요 곡선이 만나는 점에서 가격이 정해지면 재화의 생산 과정에 들어가는 자원이 낭비 없이 효율적으로 배분되며, 이때 사회 전체의 만족도가 가장 커진다. 가격이 한계 비용보다 높아지면 상대적으로 높은 가격으로 인해 수요량이 줄면서 거래량이 따라 줄고, 결과적으로 생산량도 감소한다. 이는 사회 전체의 관점에서 볼 때 자원이 효율적으로 배분되지 못하는 상황이므로 사회 전체의 만족도가 떨어지는 결과를 낳는다.
위에서 설명한 일반 재화와 마찬가지로 수도, 전기, 철도와 같은 공익 서비스도 자원배분의 효율성을 생각하면 한계 비용 수준으로 가격(=공공요금)을 결정하는 것이 바람직하다. 대부분의 공익 서비스는 초기 시설 투자비용은 막대한 반면 한계 비용은 매우 적다. 이러한 경우, 한계 비용으로 공공요금을 결정하면 공익 서비스를 제공하는 기업은 손실을 볼 수 있다.
예컨대 초기 시설 투자비용이 6억 달러이고, 톤당 1달러의 한계 비용으로 수돗물을 생산하는 상수도 서비스를 가정해보자. 이때 수돗물 생산량을 '1톤, 2톤, 3톤, …'으로 늘리면 총비용은 '6억 1달러, 6억 2달러, 6억 3달러, …'로 늘어나고, 톤당 평균 비용은 '6억 1달러, 3억 1달러, 2억 1달러, …'로 지속적으로 줄어든다. 그렇지만 평균 비용이 계속 줄어들더라도 한계 비용 아래로는 결코 내려가지 않는다. 따라서 한계 비용으로 수도 요금을 결정하면 총비용보다 총수입이 적으므로 수도 사업자는 손실을 보게 된다.
이를 해결하는 방법에는 크게 두 가지가 있다. 하나는 정부가 공익 서비스 제공 기업에 손실분만큼 보조금을 주는 것이고, 다른 하나는 공공요금을 평균 비용 수준으로 정하는 것이다. 전자의 경우 보조금을 세금으로 충당한다면 다른 부문에 들어갈 재원이 줄어드는 문제가 있다. 평균 비용 곡선과 수요 곡선이 교차하는 점에서 요금을 정하는 후자의 경우에는 총수입과 총비용이 같아져 기업이 손실을 보지는 않는다. 그러나 요금이 한계 비용보다 높기 때문에 사회 전체의 관점에서 자원의 효율적 배분에 문제가 생긴다.

① 자원이 효율적으로 배분될 때 사회 전체의 만족도가 극대화된다.
② 가격이 한계 비용보다 높은 경우에는 한계 비용과 같은 경우에 비해 결국 그 재화의 생산량이 줄어든다.
③ 공익 서비스와 일반 재화의 생산 과정에서 자원을 효율적으로 배분하기 위한 조건은 서로 같다.
④ 정부는 공공요금을 한계 비용 수준으로 유지하기 위하여 보조금 정책을 펼 수 있다.
⑤ 평균 비용이 한계 비용보다 큰 경우, 공공요금을 평균 비용 수준에서 결정하면 자원의 낭비를 방지할 수 있다.

17 다음 글에 대한 반박으로 가장 적절한 것은?

> 세계경제포럼의 일자리 미래 보고서는 기술이 발전함에 따라 향후 5년 간 500만 개 이상의 일자리가 사라질 것으로 경고했다. 실업률이 증가하면 사회적으로 경제적 취약 계층인 저소득층도 늘어나게 되는데, 지금까지는 '최저소득보장제'가 저소득층을 보호하는 역할을 담당해 왔다.
> 최저소득보장제는 경제적 취약 계층에게 일정 생계비를 보장해 주는 제도로 이를 실시할 경우 국가는 가구별 총소득에 따라 지원 가구를 선정하고 동일한 최저생계비를 보장해 준다. 가령 최저생계비를 80만 원까지 보장해 주는 국가라면, 총소득이 50만 원인 가구는 국가로부터 30만 원을 지원받아 80만 원을 보장받는 것이다. 국가에서는 이러한 최저생계비의 재원을 마련하기 위해 일정 소득을 넘어선 어느 지점부터 총소득에 대한 세금을 부과하게 된다. 이때 세금이 부과되는 기준 소득을 '면세점'이라 하는데, 총소득이 면세점을 넘는 경우 총소득 전체에 대해 세금이 부과되어 순소득이 총소득보다 줄어들게 된다.

① 저소득층은 실업률과 양의 상관관계를 보인다.
② 국가에서 최저생계비를 보장할 경우 저소득층은 소득을 올리는 것보다 최저생계비를 보장받는 것이 더 유리하다고 판단할 수 있다.
③ 저소득층은 최저소득보장제를 통해 생계유지가 가능하다.
④ 면세점을 기준으로 소득에 대한 세금이 부과된다.
⑤ 소득이 면세점을 넘게 되면 세금으로 인해 순소득이 기존의 소득보다 줄어들 수 있다.

PART 2

18 다음 글의 빈칸에 들어갈 내용으로 가장 적절한 것은?

민주주의의 목적은 다수가 폭군이나 소수의 자의적인 권력행사를 통제하는 데 있다. 민주주의의 이상은 모든 자의적인 권력을 억제하는 것으로 이해되었는데 이것이 오늘날에는 자의적 권력을 정당화하기 위한 장치로 변화되었다. 이렇게 변화된 민주주의는 민주주의 그 자체를 목적으로 만들려는 이념이다. 이것은 법의 원천과 국가권력의 원천이 주권자 다수의 의지에 있기 때문에 국민의 참여와 표결 절차를 통하여 다수가 결정한 법과 정부의 활동이라면 그 자체로 정당성을 갖는다는 것이다. 즉, 유권자 다수가 원하는 것이면 무엇이든 실현할 수 있다는 말이다.
이런 민주주의는 '무제한적 민주주의'이다. 어떤 제약도 없는 민주주의라는 의미이다. 이런 민주주의는 자유주의와 부합할 수가 없다. 그것은 다수의 독재이고 이런 점에서 전체주의와 유사하다. 폭군의 권력이든, 다수의 권력이든, 군주의 권력이든, 위험한 것은 권력 행사의 무제한성이다. 중요한 것은 이러한 권력을 제한하는 일이다.
민주주의 그 자체를 수단이 아니라 목적으로 여기고 다수의 의지를 중시한다면, 그것은 다수의 독재를 초래하고, 그것은 전체주의만큼이나 위험하다. 민주주의 존재 그 자체가 언제나 개인의 자유에 대한 전망을 밝게 해준다는 보장은 없다. 개인의 자유와 권리를 보장하지 못하는 민주주의는 본래의 민주주의가 아니다. 본래의 민주주의는 ______________________________

① 다수의 의견을 수렴하여 이를 그대로 정책에 반영해야 한다.
② 서로 다른 목적의 충돌로 인한 사회적 불안을 해소할 수 있어야 한다.
③ 다수 의견보다는 소수 의견을 채택하면서 진정한 자유주의의 실현에 기여해야 한다.
④ 무제한적 민주주의를 과도기적으로 거치며 개인의 자유와 권리 보장에 기여해야 한다.
⑤ 민주적 절차 준수에 그치는 것이 아니라 과도한 권력을 실질적으로 견제할 수 있어야 한다.

19 다음 글의 밑줄 친 사람들의 주장으로 가장 적절한 것은?

> 최근 여러 나라들은 화석연료 사용으로 인한 기후 변화를 억제하기 위해 화석연료의 사용을 줄이고 목재연료의 사용을 늘리고 있다. 다수의 과학자와 경제학자들은 목재를 '탄소 중립적 연료'라고 생각하고 있다. 나무를 태우면 이산화탄소가 발생하지만, 새로 심은 나무가 자라면서 다시 이산화탄소를 흡수하는데, 나무를 베어낸 만큼 다시 심으면 전체 탄소배출량은 '0'이 된다는 것이다. 대표적으로 유럽연합이 화석연료를 목재로 대체하려고 하는데, 2020년까지 탄소 중립적 연료로 전체 전력의 20%를 생산할 계획을 가지고 있다. 영국, 벨기에, 덴마크 네덜란드 등의 국가에서는 나무 화력발전소를 건설하거나 기존의 화력발전소에서 나무를 사용할 수 있도록 전환하는 등의 설비를 갖추고 있다. 우리나라 역시 재생에너지원을 중요시하면서 나무 펠릿 수요가 증가하고 있다.
>
> 하지만 일부 과학자들은 목재가 친환경 연료가 아니라고 주장한다. 이들 주장의 핵심은 지금 심은 나무가 자라는 데에는 수십 ~ 수백 년이 걸린다는 것이다. 즉, 지금 나무를 태워 나온 이산화탄소는 나무를 심는다고 해서 줄어드는 것이 아니라 수백 년에 걸쳐서 천천히 흡수된다는 것이다. 또 화석연료에 비해 발전 효율이 낮기 때문에 같은 전력을 생산하는 데 발생하는 이산화탄소의 양은 더 많아질 것이라고 강조한다. 눈앞의 배출량만 줄이는 것은 마치 지금 당장 지갑에서 현금이 나가지 않는다고 해서 신용카드를 무분별하게 사용하는 것처럼 위험할 수 있다는 생각이다. 이들은 기후 변화 방지에 있어서, 배출량을 줄이는 것이 아니라 배출하지 않는 방법을 택하는 것이 더 낫다고 강조한다.

① 나무의 발전 효율을 높이는 연구가 선행되어야 한다.
② 목재연료의 사용은 현재의 상황에서 가장 합리적인 대책이다.
③ 목재연료의 사용보다는 화석연료의 사용을 줄이는 것이 중요하다.
④ 목재연료를 통한 이산화탄소 절감은 전 세계가 동참해야만 가능하다.
⑤ 목재연료의 사용보다는 태양광과 풍력 등의 발전효율을 높이는 것이 효과적이다.

20 다음 글에 대한 반박으로 적절하지 않은 것은?

> 쾌락주의는 모든 쾌락이 그 자체로서 가치가 있으며 쾌락의 증가와 고통의 감소를 통해 최대의 쾌락을 산출하는 행위를 올바른 것으로 간주하는 윤리설이다. 쾌락주의에 따르면 쾌락만이 내재적 가치를 지니며, 모든 것은 이러한 쾌락을 기준으로 가치 평가되어야 한다.
> 그런데 쾌락주의자는 단기적이고 말초적인 쾌락만을 추구함으로써 결국 고통에 빠지게 된다는 오해를 받기도 한다. 하지만 쾌락주의적 삶을 순간적이고 감각적인 쾌락만을 추구하는 방탕한 삶과 동일시하는 것은 옳지 않다. 쾌락주의는 일시적인 쾌락의 극대화가 아니라 장기적인 쾌락의 극대화를 목적으로 하므로 단기적, 말초적 쾌락만을 추구하는 것은 아니다. 예를 들어 사회적 성취가 장기적으로 더 큰 쾌락을 가져다준다면 쾌락주의자는 단기적 쾌락보다는 사회적 성취를 우선으로 추구한다.
> 또한 쾌락주의는 쾌락 이외의 것은 모두 무가치한 것으로 본다는 오해를 받기도 한다. 하지만 쾌락주의가 쾌락만을 가치 있는 것으로 보는 것은 아니다. 세상에는 쾌락 말고도 가치 있는 것들이 있으며, 심지어 고통조차도 가치 있는 것으로 볼 수 있다. 발이 불구덩이에 빠져서 통증을 느껴 곧바로 발을 빼낸 상황을 생각해 보자. 이때의 고통은 분명히 좋은 것임에 틀림없다. 만약 고통을 느끼지 못했다면, 불구덩이에 빠진 발을 꺼낼 생각을 하지 못해서 큰 부상을 당했을 수도 있기 때문이다. 물론 이때 고통이 가치 있다는 것은 도구인 의미에서 그런 것이지 그 자체가 목적이라는 의미는 아니다.
> 쾌락주의는 고통을 도구가 아닌 목적으로 추구하는 것을 이해할 수 없다고 본다. 금욕주의자가 기꺼이 감내하는 고통조차도 종교적 · 도덕적 성취와 만족을 추구하기 위한 도구인 것이지 고통 그 자체가 목적인 것은 아니기 때문이다. 대부분의 세속적 금욕주의자들은 재화나 명예와 같은 사회적 성취를 위해 당장의 쾌락을 포기하며, 종교적 금욕주의자들은 내세의 성취를 위해 현세의 쾌락을 포기하는데, 그것이 사회적 성취이든 내세적 성취이든지 간에 모두 광의의 쾌락을 추구하고 있는 것이다.

① 과연 쾌락이나 고통만으로 가치를 규정할 수 있는가?
② 쾌락의 원천은 다양한데, 서로 다른 쾌락을 같은 것으로 볼 수 있는가?
③ 쾌락의 질적 차이를 인정한다면, 이질적인 쾌락을 어떻게 서로 비교할 수 있는가?
④ 순간적이고 감각적인 쾌락만을 추구하는 삶을 쾌락주의적 삶이라고 볼 수 있는가?
⑤ 식욕의 충족에서 비롯된 쾌락과 사회적 명예의 획득에서 비롯된 쾌락은 같은 것인가?

01 다음은 2024년 국내 신규 박사학위 취득자 분포에 대한 자료이다. 이에 대한 〈보기〉의 설명 중 옳은 것을 모두 고르면?

〈연령별 박사학위 취득자 분포〉

(단위 : 명)

구분	남성	여성
30세 미만	196	141
30세 이상 35세 미만	1,811	825
35세 이상 40세 미만	1,244	652
40세 이상 45세 미만	783	465
45세 이상 50세 미만	577	417
50세 이상	1,119	466
합계	5,730	2,966

〈전공계열별 박사학위 취득자 분포〉

(단위 : 명)

구분	남성	여성
인문계열	357	368
사회계열	1,024	649
공학계열	2,441	332
자연계열	891	513
의약계열	581	537
교육・사범계열	172	304
예술・체육계열	266	260
합계	5,732	2,963

보기

㉠ 남성 박사학위 취득자 중 50세 이상이 차지하는 비율은 여성 박사학위 취득자 중 50세 이상이 차지하는 비율보다 높다.

㉡ 전공계열별 박사학위 취득자 중 여성보다 남성의 비율이 높은 순위는 1위가 공학계열, 2위가 사회계열, 3위가 자연계열 순서이다.

㉢ 남성의 연령별 박사학위 취득자 수가 많은 순서와 여성의 연령별 박사학위 취득자 수가 많은 순서는 같다.

㉣ 연령대가 올라갈수록 남녀 박사학위 취득자 수의 차이는 점점 커지고 있다.

① ㉠, ㉡　　② ㉠, ㉢

③ ㉠, ㉣　　④ ㉡, ㉢

⑤ ㉡, ㉣

02 다음은 마트별 비닐봉투 · 종이봉투 · 에코백 사용률에 대한 자료이다. 이에 대한 〈보기〉의 설명 중 옳은 것을 모두 고르면?

〈마트별 비닐봉투 · 종이봉투 · 에코백 사용률〉

(단위 : %)

구분	대형마트 (2,000명 대상)	중형마트 (800명 대상)	개인마트 (300명 대상)	편의점 (200명 대상)
비닐봉투	7	18	21	78
종량제봉투	28	37	43	13
종이봉투	5	2	1	0
에코백	16	7	6	0
개인 장바구니	44	36	29	9

※ 마트별 전체 조사자 수는 상이함

보기

㉠ 대형마트의 종이봉투 사용자 수는 중형마트의 종이봉투 사용자 수의 6배 이상이다.
㉡ 대형마트의 종량제봉투 사용자 수는 전체 종량제봉투 사용자 수의 절반 이하이다.
㉢ 비닐봉투 사용률이 가장 높은 곳과 비닐봉투 사용자 수가 가장 많은 곳은 동일하다.
㉣ 편의점을 제외한 마트의 규모가 커질수록 개인 장바구니의 사용률은 증가한다.

① ㉠, ㉣
② ㉠, ㉡, ㉢
③ ㉠, ㉢, ㉣
④ ㉡, ㉢, ㉣
⑤ ㉠, ㉡, ㉢, ㉣

Easy

03 다음은 A박테리아와 B박테리아를 배양하는 실험을 한 결과이다. 박테리아는 개체 수가 늘어나면 그에 대한 반향으로 그 수가 줄어든다. 하지만 해당 실험에서는 적당한 영양분과 환경을 조성하여 9시간까지 일정하게 개체 수가 늘어나는 것을 확인하였다. 다음과 같이 일정하게 개체 수가 증가하였다면 9시간 경과 후 박테리아의 개체 수는 각각 몇 마리인가?

〈박테리아 개체 수 변화〉

(단위 : 마리)

구분	1시간	2시간	3시간	4시간	5시간
A박테리아	5	7	11	17	25
B박테리아	5	10	20	40	80

	A박테리아	B박테리아
①	75마리	640마리
②	79마리	640마리
③	75마리	1,280마리
④	77마리	640마리
⑤	77마리	1,280마리

04 다음은 두 국가의 월별 이민자 수에 대한 자료이다. 이에 대한 설명으로 옳은 것은?

〈A, B국의 이민자 수 추이〉

(단위 : 명)

구분	A국	B국
2024년 12월	3,400	2,720
2025년 1월	3,800	2,850
2025년 2월	4,000	2,800

① 월별 이민자 수 차이는 2024년 12월이 가장 크다.
② 2024년 12월 B국 이민자 수는 A국 이민자 수의 75% 미만이다.
③ A국 이민자 수에 대한 B국 이민자 수의 비는 2024년 12월이 가장 크다.
④ 2025년 2월 A국 이민자 수는 2025년 2월 A, B국의 이민자 수의 평균보다 800명 더 많다.
⑤ 2025년 1월 A국과 B국 이민자 수의 차이는 2025년 1월의 A국 이민자 수의 30% 이상이다.

05 다음은 연령대별 삶의 만족도에 대해 조사한 자료이다. 이에 대한 〈보기〉의 설명 중 옳은 것을 모두 고르면?

〈연령대별 삶의 만족도〉

(단위 : %)

구분	매우 만족	만족	보통	불만족	매우 불만족
10대	8	11	34	28	19
20대	3	13	39	28	17
30대	5	10	36	39	10
40대	11	17	48	16	8
50대	14	18	42	23	3

※ 긍정적인 답변 : 매우 만족, 만족, 보통

※ 부정적인 답변 : 불만족, 매우 불만족

보기

㉠ 연령대가 높아질수록 '매우 불만족'이라고 응답한 비율은 낮아진다.

㉡ 모든 연령대에서 '매우 만족'과 '만족'이라고 응답한 비율이 가장 낮은 연령대는 20대이다.

㉢ 모든 연령대에서 긍정적인 답변을 한 비율은 50% 이상이다.

㉣ 50대에서 '불만족' 또는 '매우 불만족'이라고 응답한 비율은 '만족' 또는 '매우 만족'이라고 응답한 비율의 80% 이하이다.

① ㉠, ㉢　　② ㉠, ㉣

③ ㉡, ㉢　　④ ㉡, ㉣

⑤ ㉢, ㉣

Hard

06 다음은 A시즌 K리그 주요 구단의 공격력을 분석한 자료이다. 이에 대한 설명으로 옳은 것은?(단, 소수점 둘째 자리에서 반올림한다)

〈A시즌 K리그 주요 구단 공격력 통계〉

(단위 : 개)

구단	경기	슈팅	유효슈팅	골	경기당 평균 슈팅	경기당 평균 유효슈팅
울산	6	85	48	16	14.2	8.0
전북	6	112	69	18	18.7	11.5
상주	6	79	32	11	13.2	5.3
포항	9	76	33	9	8.4	3.7
대구	9	88	39	13	9.8	4.3
서울	9	61	27	5	6.8	3.0
성남	9	69	31	6	7.7	3.4

① 슈팅, 유효슈팅, 골 개수의 상위 3개 구단은 각각 모두 다르다.

② 경기당 평균 슈팅 개수가 가장 많은 구단과 가장 적은 구단의 차이는 경기당 평균 유효슈팅 개수가 가장 많은 구단과 가장 적은 구단의 차이보다 작다.

③ 골의 개수가 적은 하위 두 팀의 골 개수의 합은 전체 골 개수의 15%를 초과한다.

④ 유효슈팅 대비 골의 비율이 가장 높은 구단은 상주이다.

⑤ 전북과 성남의 슈팅 대비 골의 비율의 차이는 10%p 이상이다.

07 다음은 학년별 온라인수업 수강방법에 대한 자료이다. 이에 대한 〈보기〉의 설명 중 옳은 것을 모두 고르면?

〈학년별 온라인수업 수강방법〉

(단위 : %)

구분		스마트폰	태블릿PC	노트북	PC
학년별	초등학생	7.2	15.9	34.4	42.5
	중학생	5.5	19.9	36.8	37.8
	고등학생	3.1	28.5	38.2	30.2
성별	남학생	10.8	28.1	30.9	30.2
	여학생	3.8	11.7	39.1	45.4

보기

㉠ 초등학생에서 중학생, 고등학생으로 올라갈수록 스마트폰과 PC의 이용률은 감소하고, 태블릿PC와 노트북의 이용률은 증가한다.

㉡ 초·중·고등학생의 노트북과 PC의 이용률의 차이는 고등학생이 가장 작다.

㉢ 태블릿PC의 남학생·여학생 이용률의 차이는 노트북의 남학생·여학생 이용률의 2배이다.

① ㉠
② ㉠, ㉡
③ ㉠, ㉢
④ ㉡, ㉢
⑤ ㉠, ㉡, ㉢

08 다음은 2024년 차종별 1일 평균 주행거리를 정리한 자료이다. 이에 대한 설명으로 옳지 않은 것은?

〈2024년 차종별 1일 평균 주행거리〉

(단위 : km/대)

구분	서울	부산	대구	인천	광주	대전	울산	세종
승용차	31.7	34.7	33.7	39.3	34.5	33.5	32.5	38.1
승합차	54.6	61.2	54.8	53.9	53.2	54.5	62.5	58.4
화물차	55.8	55.8	53.1	51.3	57.0	56.6	48.1	52.1
특수차	60.6	196.6	92.5	125.6	114.2	88.9	138.9	39.9
합계	35.3	40.1	37.1	41.7	38.3	37.3	36.0	40.1

※ 항구도시는 '부산, 인천, 울산'이다.

① 세종을 제외한 지역에서 1일 평균 주행거리의 최댓값과 최솟값의 차이가 승합차의 1일 평균 주행거리보다 긴 지역은 5곳 이상이다.

② 특정지역 차종별 1일 평균 주행거리가 길수록 해당지역 합계 1일 평균 주행거리도 길다.

③ 특수차종의 1일 평균 주행거리는 세종시가 최하위이지만 승합차는 상위 40%이다.

④ 부산은 모든 차종의 1일 평균 주행거리가 상위 50%이다.

⑤ 세종과 모든 항구도시의 차종별 1일 평균 주행거리를 비교했을 때, 평균 주행거리가 세종이 가장 큰 차종은 없다.

PART 2

09 2020년부터 2024년까지 전년 대비 가장 크게 증가한 범죄의 발생 건수 비율과 체포 건수 비율의 증가량 차이는?

〈범죄유형별 발생 건수 비율〉

(단위 : %)

구분	2020년	2021년	2022년	2023년	2024년
흉악범죄	1.9	2.2	1.7	0.8	1.0
조폭범죄	3.4	2.6	1.6	1.4	1.3
절도죄	66.9	57.3	76.0	81.7	88.0
지능범죄	5.9	9.7	2.9	7.8	3.4
기타	21.9	28.2	17.8	8.3	6.3

〈범죄유형별 체포 건수 비율〉

(단위 : %)

구분	2020년	2021년	2022년	2023년	2024년
흉악범죄	3.7	3.1	3.3	3.5	4.7
조폭범죄	5.3	3.6	3.5	4.6	5.7
절도죄	55.6	49.4	56.3	56.4	57.5
지능범죄	4.7	7.4	3.1	8.3	5.9
기타	30.7	36.5	33.8	27.2	26.2

① 11.7%p
② 11.8%p
③ 12.9%p
④ 13.0%p
⑤ 13.1%p

Easy

10 다음은 월별 S매장을 방문한 손님 수에 대한 자료이다. 남자 손님 수가 가장 많은 달은 몇 월인가?

〈월별 S매장 방문 손님 수〉

(단위 : 명)

구분	1월	2월	3월	4월	5월
전체 손님 수	56	59	57	56	53
여자 손님 수	23	29	34	22	32

① 1월
② 2월
③ 3월
④ 4월
⑤ 5월

11 다음은 농구 경기에서 갑 ~ 정 4개 팀의 월별 득점에 대한 자료이다. 빈칸에 들어갈 수치로 옳은 것은?(단, 각 수치는 매월 일정한 규칙으로 변화한다)

〈월별 득점 현황〉

(단위 : 점)

구분	1월	2월	3월	4월	5월	6월	7월	8월	9월	10월
갑	1,024	1,266	1,156	1,245	1,410	1,545	1,205	1,365	1,875	2,012
을	1,352	1,702	2,000	1,655	1,320	1,307	1,232	1,786	1,745	2,100
병	1,078	1,423		1,298	1,188	1,241	1,357	1,693	2,041	1,988
정	1,298	1,545	1,658	1,602	1,542	1,611	1,080	1,458	1,579	2,124

① 1,358
② 1,397
③ 1,450
④ 1,498
⑤ 1,522

Hard

12 다음은 A지역의 연도별 아파트 분쟁 신고 현황에 대한 자료이다. 이를 그래프로 변환했을 때, 〈보기〉 중 옳은 것을 모두 고르면?

〈A지역 연도별 아파트 분쟁 신고 현황〉

(단위 : 건)

구분	2021년	2022년	2023년	2024년
관리비 회계 분쟁	220	280	340	350
입주자대표회의 운영 분쟁	40	60	100	120
정보공개 관련 분쟁	10	20	10	30
하자처리 분쟁	20	10	10	20
여름철 누수 분쟁	80	110	180	200
층간소음 분쟁	430	520	860	1,280

보기

㉠ 연도별 층간소음 분쟁 현황

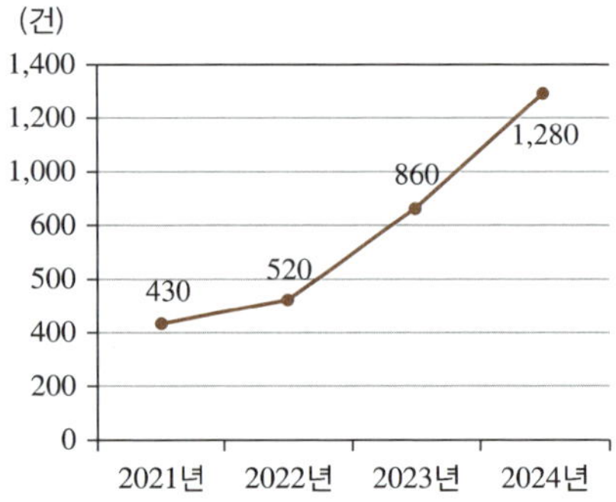

㉡ 2022년 아파트 분쟁 신고 현황

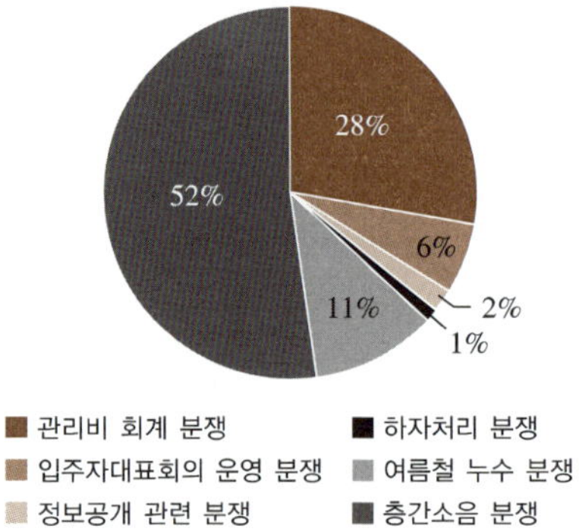

㉢ 전년 대비 아파트 분쟁 신고 증가율

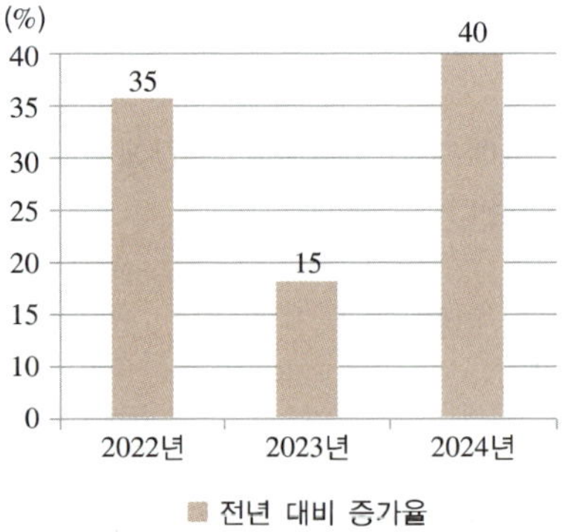

㉣ 3개년 연도별 아파트 분쟁 신고 현황

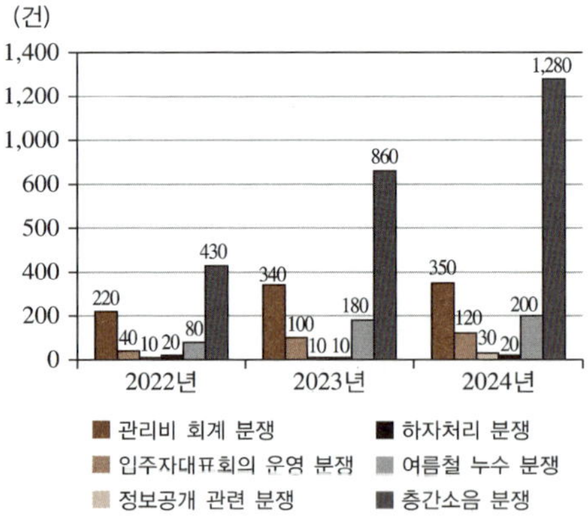

① ㉠, ㉡
② ㉠, ㉢
③ ㉡, ㉢
④ ㉡, ㉣
⑤ ㉢, ㉣

13 다음은 주요 국가별 자국 영화 점유율에 대한 자료이다. 이에 대한 설명으로 옳지 않은 것은?

〈주요 국가별 자국 영화 점유율〉

(단위 : %)

구분	2021년	2022년	2023년	2024년
한국	50.8	42.1	48.8	46.5
일본	47.7	51.9	58.8	53.6
영국	28.0	31.1	16.5	24.0
독일	18.9	21.0	27.4	16.8
프랑스	36.5	45.3	36.8	35.7
스페인	13.5	13.3	16.0	12.7
호주	4.0	3.8	5.0	4.5
미국	90.1	91.7	92.1	92.0

① 자국 영화 점유율에서 프랑스가 한국을 앞지른 해는 한 번도 없다.
② 지난 4년간 자국 영화 점유율이 매년 꾸준히 상승한 국가는 하나도 없다.
③ 2021년 대비 2024년 자국 영화 점유율이 가장 많이 하락한 국가는 한국이다.
④ 2023년을 제외하고 프랑스, 영국, 독일과 스페인의 자국 영화 점유율 순위는 매년 같다.
⑤ 2023년 자국 영화 점유율이 해당 국가의 4년간 통계에서 가장 높은 경우가 절반이 넘는다.

14 다음은 2016 ~ 2024년 공연예술의 연도별 행사 추이에 대한 자료이다. 이에 대한 설명으로 옳은 것은?

〈공연예술의 연도별 행사 추이〉

(단위 : 건)

구분	2016년	2017년	2018년	2019년	2020년	2021년	2022년	2023년	2024년
양악	2,658	2,658	2,696	3,047	3,193	3,832	3,934	4,168	4,628
국악	617	1,079	1,002	1,146	1,380	1,440	1,884	1,801	2,192
무용	660	626	778	1,080	1,492	1,323	미집계	1,480	1,521
연극	610	482	593	717	1,406	1,113	1,300	1,929	1,794

① 연극 공연 건수가 무용 공연 건수보다 많아진 것은 2023년부터였다.
② 이 기간 동안 매년 국악 공연 건수가 연극 공연 건수보다 더 많았다.
③ 2016년 대비 2024년 공연 건수의 증가율이 가장 높은 장르는 국악이다.
④ 2023년 대비 2024년에 공연 건수가 가장 많이 증가한 장르는 국악이다.
⑤ 이 기간 동안 매년 양악 공연 건수가 국악, 무용, 연극 공연 건수의 합보다 더 많았다.

Easy

15 다음은 2025년 3월 인천국제공항 요일별 통계에 대한 자료이다. 이에 대한 설명으로 옳지 않은 것은?

〈2025년 3월 인천국제공항 요일별 통계〉

(단위 : 편, 명, 톤)

구분	운항			여객			화물		
	도착	출발	소계	도착	출발	소계	도착	출발	소계
월요일	2,043	2,013	4,056	343,499	365,749	709,248	11,715	12,316	24,031
화요일	2,024	2,074	4,098	338,558	338,031	676,589	14,322	16,501	30,823
수요일	2,148	2,129	4,277	356,678	351,097	707,775	17,799	18,152	35,951
목요일	2,098	2,104	4,202	342,374	341,613	683,987	17,622	17,859	35,481
금요일	2,141	2,158	4,299	361,849	364,481	726,330	17,926	18,374	36,300
토요일	2,714	2,694	5,408	478,544	475,401	953,945	23,386	24,647	48,033
일요일	2,710	2,671	5,381	476,258	460,560	936,818	21,615	22,285	43,900
합계	15,878	15,843	31,721	2,697,760	2,696,932	5,394,692	124,385	130,134	254,519

① 비행기 1대당 탑승객은 평균적으로 출발편이 도착편보다 많다.

② 인천국제공항에 도착하는 화물보다 인천국제공항에서 출발하는 화물이 항상 더 많다.

③ 운항편이 가장 많은 요일은 여객과 화물에서도 가장 높은 수치를 보이고 있다.

④ 화～일요일 도착 운항편의 증감 추이는 같은 기간 출발 여객 수의 증감 추이와 같다.

⑤ 3월에 인천국제공항에 도착한 화물 중 일요일에 도착한 화물의 무게는 월요일에 도착한 화물 무게의 1.5배 이상이다.

16 다음은 2020 ~ 2024년 반려동물 신규등록 현황과 유실 및 유기동물 보호형태 현황에 대한 자료이다. 이에 대한 〈보기〉의 설명 중 옳지 않은 것을 모두 고르면?

〈2020 ~ 2024년 반려동물 신규등록 현황〉

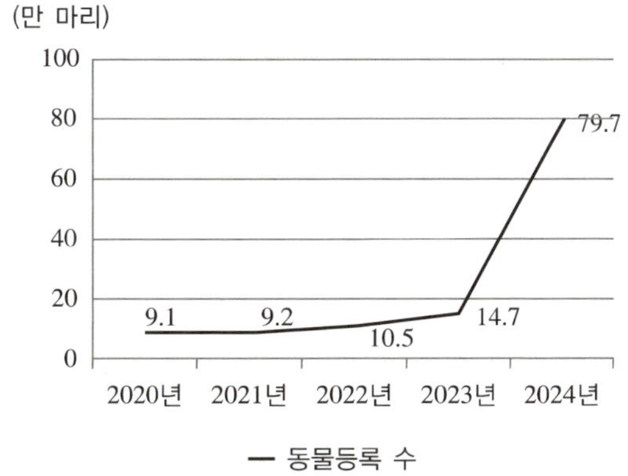

〈2020 ~ 2024년 유실 및 유기동물 보호형태 현황〉

(단위 : %)

구분	2020년	2021년	2022년	2023년	2024년
인도	14.6	15.2	14.5	13.0	12.1
분양	32.0	30.4	30.1	27.6	26.4
기증	1.2	1.6	1.9	1.8	1.4
자연사	22.7	25.0	27.1	23.9	24.8
안락사	20.0	19.9	20.2	20.2	21.8
기타	1.3	1.7	1.5	1.8	1.7
보호 중	8.2	6.2	4.7	11.7	11.8

보기

㉠ 조사기간 중 반려동물 신규등록 수의 전년 대비 증가율이 두 번째로 높은 연도는 2023년이다.
㉡ 유실 및 유기동물 중 분양된 동물의 수는 2020년부터 2024년까지 매년 감소하였다.
㉢ 2022년과 2023년의 유실 및 유기동물 중 보호 중인 동물의 수와 인도된 동물의 수의 합은 같은 해 분양된 동물의 수보다 많다.
㉣ 2020년 대비 2022년 반려동물 신규등록 건수의 증가율은 10%를 초과한다.

① ㉠, ㉡
② ㉠, ㉢
③ ㉡, ㉢
④ ㉡, ㉣
⑤ ㉢, ㉣

17 다음은 연도별 창업보육센터 수 및 지원금액에 대한 자료이다. 이에 대한 〈보기〉의 설명 중 옳지 않은 것을 모두 고르면?

〈연도별 창업보육센터 수 및 지원금액〉

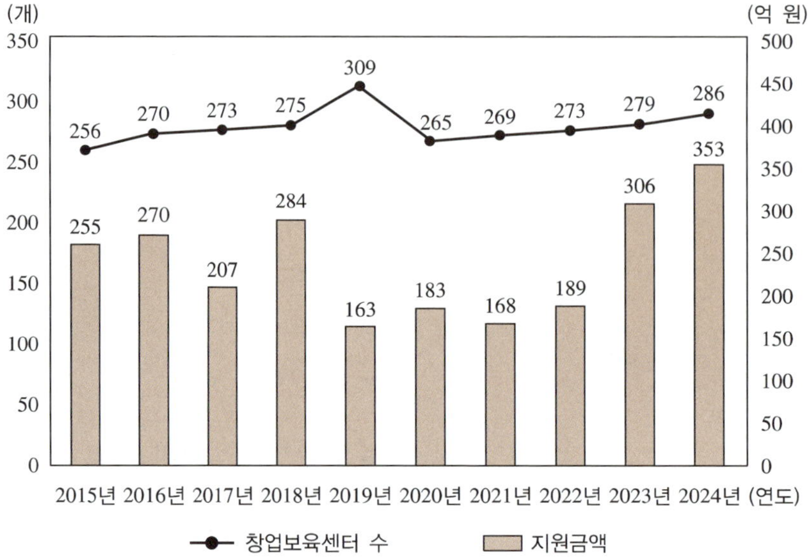

〈연도별 창업보육센터당 입주업체 수 및 매출액〉

(단위 : 개, 억 원)

구분	2022년	2023년	2024년
창업보육센터당 입주업체 수	16.6	17.1	16.8
창업보육센터당 입주업체 매출액	85.0	91.0	86.7

※ 한 업체는 1개의 창업보육센터에만 입주함

보기

㉠ 2024년 창업보육센터 지원금액의 전년 대비 증가율은 창업보육 센터 수 증가율의 5배 이상이다.
㉡ 2024년 창업보육센터의 전체 입주업체 수는 전년보다 적다.
㉢ 창업보육센터당 지원금액이 가장 적은 해는 2019년이며, 가장 많은 해는 2024년이다.
㉣ 창업보육센터 입주업체의 전체 매출액은 2022년 이후 매년 증가하였다.

① ㉠, ㉡
② ㉠, ㉢
③ ㉡, ㉢
④ ㉡, ㉣
⑤ ㉢, ㉣

18 다음은 우리나라의 예산분야별 재정지출 추이에 대한 자료이다. 이에 대한 설명으로 옳은 것은?

〈우리나라 예산분야별 재정지출 추이〉

(단위 : 조 원, %)

구분	2020년	2021년	2022년	2023년	2024년	연평균 증가율
예산	137.2	147.5	153.7	165.5	182.8	7.4
기금	59.0	61.2	70.4	72.9	74.5	6.0
교육	24.5	27.6	28.8	31.4	35.7	9.9
사회복지 · 보건	32.4	49.6	56.0	61.4	67.5	20.1
R&D	7.1	7.8	8.9	9.8	10.9	11.3
SOC	27.1	18.3	18.4	18.4	18.9	−8.6
농림 · 해양 · 수산	12.3	14.1	15.5	15.9	16.5	7.6
산업 · 중소기업	11.4	11.9	12.4	12.6	12.6	2.5
환경	3.5	3.6	3.8	4.0	4.4	5.9
국방비	18.1	21.1	22.5	24.5	26.7	10.2
통일 · 외교	1.4	2.0	2.6	2.4	2.6	16.7
문화 · 관광	2.3	2.6	2.8	2.9	3.1	7.7
공공질서 · 안전	7.6	9.4	11.0	10.9	11.6	11.2
균형발전	5.0	5.5	6.3	7.2	8.1	12.8
기타	43.5	35.2	35.1	37.0	38.7	−2.9
총지출	196.2	208.7	224.1	238.4	257.3	7.0

※ (총지출)=(예산)+(기금)

① 교육 분야의 지출 증가율이 가장 높은 해는 2021년이다.

② 총지출에 대한 기금의 비중이 가장 컸던 해는 2020년이다.

③ 사회복지 · 보건 분야가 차지하고 있는 비율은 언제나 가장 높다.

④ 기타를 제외하고 전년 대비 지출액이 동일한 해가 있는 분야는 2개이다.

⑤ 기금의 연평균 증가율보다 낮은 연평균 증가율을 보이는 분야는 3개이다.

PART 2

Easy

19 다음은 지역별 마약류 단속 건수에 대한 자료이다. 이에 대한 설명으로 옳은 것은?

〈지역별 마약류 단속 건수〉

(단위 : 건, %)

구분	대마	코카인	향정신성 의약품	합계	
					비율
서울	49	18	323	390	22.1
인천·경기	55	24	552	631	35.8
부산	6	6	166	178	10.1
울산·경남	13	4	129	146	8.3
대구·경북	8	1	138	147	8.3
대전·충남	20	4	101	125	7.1
강원	13	0	35	48	2.7
전북	1	4	25	30	1.7
광주·전남	2	4	38	44	2.5
충북	0	0	21	21	1.2
제주	0	0	4	4	0.2
합계	167	65	1,532	1,764	100.0

※ 수도권은 서울·인천·경기를 합한 지역임

※ 마약류는 대마, 코카인, 향정신성의약품으로만 구성됨

① 코카인 단속 건수가 없는 지역은 5곳이다.

② 대마 단속 전체 건수는 코카인 단속 전체 건수의 3배 이상이다.

③ 수도권의 마약류 단속 건수는 마약류 단속 전체 건수의 50% 이상이다.

④ 강원 지역은 향정신성의약품 단속 건수가 대마 단속 건수의 3배 이상이다.

⑤ 향정신성의약품 단속 건수는 대구·경북 지역이 광주·전남 지역의 4배 이상이다.

20 다음 중 2020 ~ 2024년 S기업의 매출표를 그래프로 나타낸 것으로 옳은 것은?

〈S기업 매출표〉

(단위 : 억 원)

구분	2020년	2021년	2022년	2023년	2024년
매출액	1,485	1,630	1,410	1,860	2,055
매출원가	1,360	1,515	1,280	1,675	1,810
판관비	30	34	41	62	38

※ (영업이익)=(매출액)−[(매출원가)+(판관비)]

※ (영업이익률)=(영업이익)÷(매출액)×100

① 2020 ~ 2024년 영업이익

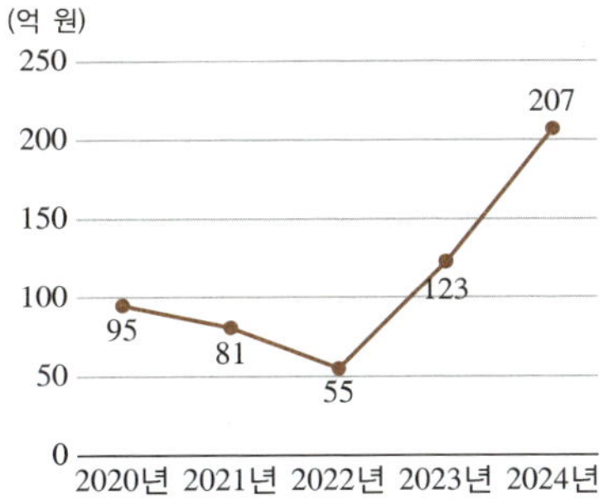

② 2020 ~ 2024년 영업이익

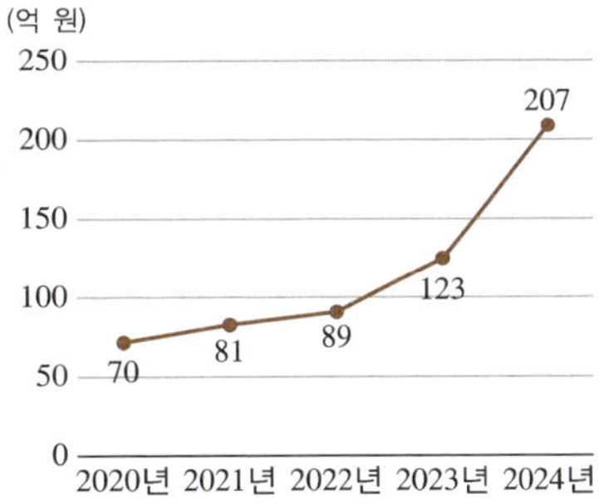

③ 2020 ~ 2024년 영업이익률

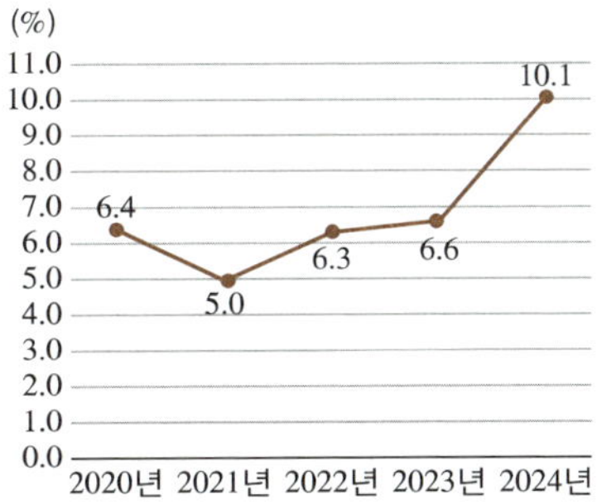

④ 2020 ~ 2024년 영업이익률

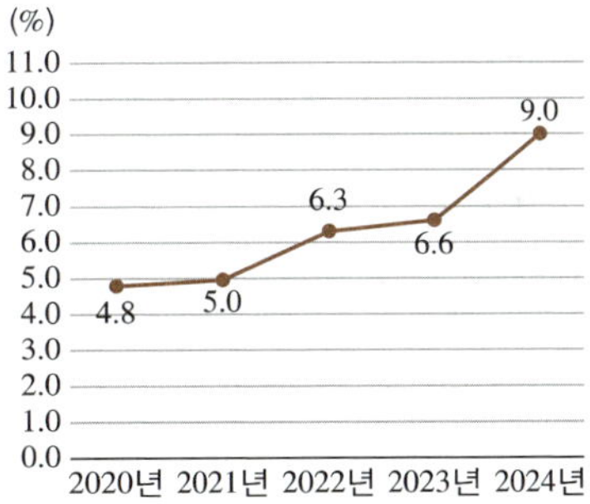

⑤ 2020 ~ 2024년 영업이익률

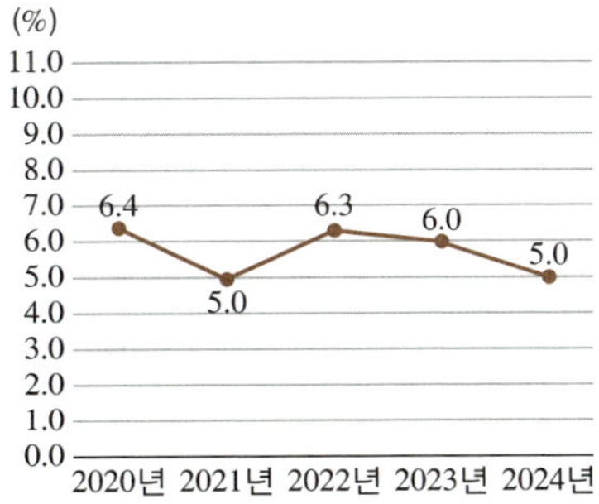

03 창의수리

Easy

01 어떤 기차가 700m인 다리를 통과하는 데 1분, 1,500m인 터널을 통과하는 데 2분이 걸린다. 이 기차의 길이는?

① 50m ② 100m
③ 150m ④ 200m
⑤ 250m

02 농도 20%의 소금물 300g과 농도 15%의 소금물 200g을 섞은 용액으로 농도 10%의 소금물을 만들 때, 더 넣어야 하는 물의 양은?

① 200g ② 250g
③ 300g ④ 350g
⑤ 400g

03 원가에 30%의 이익을 붙여 정가를 정한 상품이 팔리지 않아서 정가에서 300원을 할인하여 팔았더니 600원의 이익이 생겼다. 이때 이 상품의 원가는?

① 2,900원 ② 3,000원
③ 3,100원 ④ 3,200원
⑤ 3,300원

04
S사의 B업체는 A업체의 협력업체로 두 업체 간 제휴 및 협력을 통해 기존 생산량보다 30%가 증가하였다. 하지만 C업체가 새롭게 공단으로 입주하면서 미세먼지 방출로 인하여 불량률이 2%에서 4%로 증가하였다. C업체로 인해 불량률이 증가한 이후의 생산량은 A, B업체가 협력하기 이전 생산량의 몇 배인가?(단, 협력 전과 후의 불량률은 차이가 없고, 생산량은 소수점 이하 세 번째 자리에서 반올림한다)

① 약 1.19배
② 약 1.23배
③ 약 1.27배
④ 약 1.31배
⑤ 약 1.35배

Hard

05
길이가 2km인 강이 있다. 배를 타고 강을 거슬러 오르는 데 40분, 다시 내려오는 데 20분이 걸린다면 배의 속력은?

① 62m/min
② 70m/min
③ 75m/min
④ 80m/min
⑤ 84m/min

06
사과 154개, 참외 49개, 토마토 63개 각각을 동일한 개수로 사람들에게 나누어 주려고 한다. 나누어 줄 수 있는 최대 인원은?

① 5명
② 6명
③ 7명
④ 8명
⑤ 9명

07 현재 현우의 나이는 30살이고, 조카의 나이는 5살이다. 현우의 나이가 조카 나이의 2배가 되는 것은 몇 년 후인가?

① 17년 후
② 18년 후
③ 19년 후
④ 20년 후
⑤ 21년 후

08 농도가 각각 12%인 A설탕물 200g, 15%인 B설탕물 300g, 17%인 C설탕물 100g이 있다. A와 B설탕물을 합친 후 300g만 남기고 버린 다음, 여기에 C설탕물을 합친 후 다시 300g만 남기고 버렸다. 마지막 300g 설탕물에 녹아있는 설탕의 양은?

① 41.5g
② 42.7g
③ 43.8g
④ 44.6g
⑤ 45.1g

Easy

09 팀원 5명을 한 줄로 세우려고 한다. 이 중 팀원 A와 B가 반드시 이웃해야 한다고 할 때, 한 줄로 서는 경우의 수는?

① 12가지
② 24가지
③ 48가지
④ 96가지
⑤ 100가지

10 현재 동생은 통장에 10,000원이 있고 형은 0원이 있다. 형은 한 달에 2,000원씩을 저금하고, 동생은 1,500원을 저금한다고 할 때, 몇 개월 후에 형의 통장 잔액이 동생보다 많아지는가?

① 21개월 후
② 26개월 후
③ 31개월 후
④ 32개월 후
⑤ 33개월 후

PART 2

11 서로 다른 2개의 주사위 A, B를 동시에 던졌을 때, 나온 눈의 곱이 홀수일 확률은?

① $\frac{1}{4}$
② $\frac{1}{5}$
③ $\frac{1}{6}$
④ $\frac{1}{8}$
⑤ $\frac{1}{10}$

12 진영이는 이번 출장에 KTX 표를 미리 구매하여 40% 할인된 가격에 구매하였다. 하지만 출장 일정이 바뀌어서 하루 전날 표를 취소하였다. 환불 규정에 따라 16,800원을 돌려받았을 때, 할인되지 않은 KTX 표의 가격은?

〈환불 규정〉

- 2일 전 : 구매 가격의 100%
- 1일 전부터 열차 출발 전 : 구매 가격의 70%
- 열차 출발 후 : 구매 가격의 50%

① 40,000원
② 48,000원
③ 56,000원
④ 67,200원
⑤ 70,000원

13 올해 K기업의 남성 지원자 수는 작년보다 10% 증가, 여성 지원자 수는 20% 증가하여 올해 총지원자 수는 작년보다 89명 증가한 694명이다. 올해의 남성 지원자 수는?

① 352명
② 356명
③ 360명
④ 364명
⑤ 368명

Easy

14 농도 15%의 소금물 500g에 몇 g의 물을 넣어야 농도 10%의 소금물이 되는가?

① 180g
② 200g
③ 230g
④ 250g
⑤ 270g

15 A와 B는 함께 자격증 시험에 도전하였다. A가 불합격할 확률이 $\frac{2}{3}$이고 B가 합격할 확률이 60%일 때 A, B 둘 다 합격할 확률은?

① 20%
② 30%
③ 40%
④ 50%
⑤ 60%

16 동양역과 서양역은 100km 거리에 있으며, 편도로 1시간이 걸린다고 한다. 동양역의 경우 20분마다, 서양역은 15분마다 기차가 출발한다. 동양역과 서양역에서 서로의 역을 향하여 10시에 첫 기차가 출발할 때, 두 번째로 50km인 지점에서 만나는 시각은?(단, 모든 기차의 속력은 같다)

① 10시 30분
② 11시 00분
③ 11시 30분
④ 12시 00분
⑤ 12시 30분

17 10명의 학생들이 모여 줄넘기 대회를 진행하려고 한다. 경기 방식을 리그전과 토너먼트 방식 두 가지로 진행하려고 할 때, 우승자가 나올 때까지 진행해야 하는 리그전과 토너먼트 전의 경기 수의 차는?(단, 동점자는 없고, 반드시 승패가 가려진다)

① 30회 ② 32회
③ 36회 ④ 40회
⑤ 45회

Hard

18 올해 S사 지원부서원 25명의 평균 나이는 38세이다. 다음 달에 52세의 팀원이 퇴사하고 27세의 신입사원이 입사할 예정일 때, 내년 지원부서원 25명의 평균 나이는?(단, 주어진 조건 외에 다른 인사이동은 없다)

① 34세 ② 35세
③ 36세 ④ 37세
⑤ 38세

19 A, B 두 개의 톱니가 서로 맞물려 있다. A의 톱니 수는 B의 톱니 수보다 20개 더 많고, A가 6회전할 때 B는 10회전한다면, A의 톱니 수는?

① 35개 ② 40개
③ 45개 ④ 50개
⑤ 55개

20 순수한 물 100g에 농도 36%의 설탕물 50g과 농도 20%의 설탕물 50g을 모두 섞으면, 농도 몇 %의 설탕물이 되는가?

① 10% ② 12%
③ 14% ④ 16%
⑤ 18%

04 언어추리

※ 제시된 명제가 모두 참일 때, 빈칸에 들어갈 명제로 가장 적절한 것을 고르시오. [1~2]

Easy

01

- 전제1. 노력하지 않으면 보상도 없다.
- 전제2. ______________________
- 결론. 그러므로 종구는 보상을 받지 못했다.

① 종구는 노력하지 않았다.

② 보상을 받았다는 것은 곧 노력했다는 의미이다.

③ 종구는 보상을 받았다.

④ 종구는 노력하고 있다.

⑤ 보상을 받았다는 것이 곧 노력했다는 의미는 아니다.

02

- 전제1. 밤에 잠을 잘 못자면 낮에 피곤하다.
- 전제2. ______________________
- 전제3. 업무효율이 떨어지면 성과급을 받지 못한다.
- 결론. 밤에 잠을 잘 못자면 성과급을 받지 못한다.

① 낮에 피곤하면 업무효율이 떨어진다.

② 밤에 잠을 잘 자면 성과급을 받는다.

③ 성과급을 받지 못하면 낮에 피곤하다.

④ 성과급을 받으면 밤에 잠을 잘 못 잔다.

⑤ 업무효율이 떨어지면 밤에 잠을 잘 못 잔다.

※ 제시된 명제가 모두 참일 때, 반드시 참인 것을 고르시오. [3~4]

03

- 관수는 보람이보다 크다.
- 창호는 보람이보다 작다.
- 동주는 관수보다 크다.
- 인성이는 보람이보다 작지 않다.

① 인성이는 창호보다 크고 관수보다 작다.
② 보람이는 동주, 관수보다 작지만 창호보다는 크다.
③ 창호는 관수, 보람이보다 작지만 인성이 보다는 크다.
④ 동주는 관수, 보람, 창호, 인성이보다 크다.
⑤ 창호는 키가 가장 작지는 않다.

04

- 어떤 안경은 바다를 좋아한다.
- 바다를 좋아하는 것은 유리로 되어 있다.
- 모든 유리로 되어 있는 것은 열쇠이다.

① 모든 안경은 열쇠이다.
② 바다를 좋아하는 모든 것은 안경이다.
③ 바다를 좋아하는 어떤 것은 유리로 되어 있지 않다.
④ 안경이 아닌 것은 바다를 좋아하지 않는다.
⑤ 유리로 되어 있는 어떤 것 중 안경이 있다.

05 **각각 다른 심폐기능 등급을 받은 A ~ E 5명 중 등급이 가장 낮은 2명의 환자에게 건강관리 안내문을 발송하려 할 때, 발송 대상자끼리 바르게 짝지어진 것은?**

- E보다 심폐기능이 좋은 환자는 2명 이상이다.
- E는 C보다 한 등급 높다.
- B는 D보다 한 등급 높다.
- A보다 심폐기능이 나쁜 환자는 2명이다.

① B, C
② B, D
③ B, E
④ C, D
⑤ C, E

06 **S회사 근처에는 A ~ E 5개의 약국이 있으며, 공휴일에는 A ~ E약국 중 단 2곳만 영업을 한다. 다음 〈조건〉을 참고할 때, 반드시 참인 것은?(단, 한 달간 약국의 공휴일 영업일수는 서로 같다)**

조건

- 이번 달의 공휴일은 총 5일이다.
- 오늘은 세 번째 공휴일이며, 현재 A와 C약국이 영업하고 있다.
- D약국은 오늘을 포함하여 이번 달 남은 공휴일에 더 이상 영업하지 않는다.
- E약국은 마지막 공휴일에 영업한다.
- A와 E약국은 이번 달 공휴일에 D약국과 함께 이미 한 번씩 영업하였다.

① A약국은 이번 달 두 번의 공휴일에 연속으로 영업한다.
② 이번 달 B와 E약국이 함께 영업하는 공휴일은 없다.
③ B약국은 두 번째, 네 번째 공휴일에 영업한다.
④ 네 번째 공휴일에 영업하는 약국은 B와 C이다.
⑤ E약국은 첫 번째, 다섯 번째 공휴일에 영업한다.

Easy

07 S회사에 재직 중인 A～D사원 4명은 는 각각 서로 다른 지역인 인천, 세종, 대전, 강릉에서 근무하고 있다. A～D 모두 연수에 참여하기 위해 서울에 있는 본사를 방문한다고 할 때, 다음에 근거하여 바르게 추론한 것은?(단, A～D 모두 같은 종류의 교통수단을 이용하고, 이동 시간은 거리가 멀수록 많이 소요되며, 그 외 소요되는 시간은 서로 동일하다)

- 서울과의 거리가 먼 순서대로 나열하면 강릉 – 대전 – 세종 – 인천 순이다.
- D가 서울에 올 때, B보다 더 많은 시간이 소요된다.
- C는 A보다는 많이 B보다는 적게 시간이 소요된다.

① B는 세종에서 근무한다.
② C는 대전에서 근무한다.
③ D는 강릉에서 근무한다.
④ C는 B보다 먼저 출발해야 한다.
⑤ 이동 시간이 긴 순서대로 나열하면 'C – D – B – A'이다.

PART 2

08 A～E 5명이 기말고사를 봤는데, 이 중 2명은 부정행위를 하였다. 부정행위를 한 2명은 거짓을 말하고 부정행위를 하지 않은 3명은 진실을 말할 때, 다음 진술을 보고 부정행위를 한 사람끼리 바르게 짝지어진 것은?

- A : D는 거짓말을 하고 있어.
- B : A는 부정행위를 하지 않았어.
- C : B가 부정행위를 했어.
- D : 나는 부정행위를 하지 않았어.
- E : C가 거짓말을 하고 있어.

① A, B
② B, C
③ C, D
④ C, E
⑤ D, E

09 다음 〈조건〉을 바탕으로 했을 때, 5층에 있는 부서는?(단, 5층 건물이며, 한 층에 한 부서씩 있다)

> **조건**
> - 기획조정실의 층수에서 경영지원실의 층수를 빼면 3이다.
> - 보험급여실은 경영지원실 바로 위층에 있다.
> - 급여관리실은 빅데이터운영실보다는 아래층에 있다.
> - 빅데이터운영실과 보험급여실 사이에는 두 층이 있다.
> - 경영지원실은 가장 아래층이다.

① 빅데이터운영실
② 보험급여실
③ 경영지원실
④ 기획조정실
⑤ 급여관리실

10 A～E 5명이 100m 달리기를 했다. 기록 측정 결과가 나오기 전에 그들끼리의 대화를 통해 순위를 예측해 보려고 한다. 이 중 1명은 거짓을 말할 때, 다음 중 A～E의 순위를 바르게 나열한 것은?

> - A : 나는 1등이 아니고, 3등도 아니야.
> - B : 나는 1등이 아니고, 2등도 아니야.
> - C : 나는 3등이 아니고, 4등도 아니야.
> - D : 나는 A와 B보다 늦게 들어왔어.
> - E : 나는 C보다는 빠르게 들어왔어. 하지만 A보다는 늦게 들어왔지.

① A－C－E－B－D
② C－A－D－B－E
③ C－E－B－A－D
④ E－A－B－C－D
⑤ E－C－B－A－D

11 S는 게임 동호회 회장으로 주말에 진행되는 게임 행사에 동호회 회원인 A～E 5명의 참여 가능 여부를 조사하려고 한다. 다음 내용을 참고하여 E가 행사에 참여하지 않는다고 할 때, 행사에 참여 가능한 사람은 몇 명인가?

> - A가 행사에 참여하지 않으면, B가 행사에 참여한다.
> - A가 행사에 참여하면, C는 행사에 참여하지 않는다.
> - B가 행사에 참여하면, D는 행사에 참여하지 않는다.
> - D가 행사에 참여하지 않으면, E가 행사에 참여한다.

① 1명
② 2명
③ 3명
④ 4명
⑤ 5명

Hard

12

김대리는 회의 참석자의 역할을 고려해 A～F 총 6명이 앉을 6인용 원탁 자리를 세팅 중이다. 다음 내용을 모두 만족하도록 세팅했을 때, 바로 옆 자리에 앉게 되는 사람끼리 짝지어진 것은?

- 원탁 둘레로 6개의 의자를 같은 간격으로 세팅한다.
- A가 C와 F 중 한 사람의 바로 옆 자리에 앉도록 세팅한다.
- D의 바로 옆 자리에 C나 E가 앉지 않도록 세팅한다.
- A가 좌우 어느 쪽을 봐도 B와의 사이에 2명이 앉도록 세팅하고, B의 바로 왼쪽 자리에 F가 앉도록 세팅한다.

① A와 D ② A와 E
③ B와 C ④ B와 D
⑤ C와 F

13

S공장은 상품을 만들면서 안정성 검사와 기능 검사를 병행하고 있다. 1시간 동안 안정성 검사와 기능 검사를 동시에 받는 상품은 몇 개인가?

- 상품은 15초에 1개씩 만들어진다.
- 안정성 검사는 12번째 상품마다 검사한다.
- 기능 검사는 9번째 상품마다 검사한다.

① 12개 ② 10개
③ 8개 ④ 6개
⑤ 4개

14

총무팀 A, B, C, D, E 5명은 주중에 돌아가면서 한 번씩 야근을 하려고 한다. 총무팀 5명 중 가장 마지막에 야근을 하는 사람은?

- B는 E의 하루 뒤에 야근을 하고, B의 이틀 뒤에는 A가 야근을 한다.
- D보다 먼저 야근을 하는 사람은 없다.
- C는 목요일에 야근을 한다.

① A ② B
③ C ④ D
⑤ E

15 A～D가 키우는 동물의 종류에 대해서 다음 〈조건〉을 참고할 때, 바르게 추론한 것은?

조건
- A는 개, C는 고양이, D는 닭을 키운다.
- B는 토끼를 키우지 않는다.
- A가 키우는 종류의 동물은 B도 키운다.
- A와 C는 같은 종류의 동물을 키우지 않는다.
- A, B, C, D 각각은 2종류 이상의 동물을 키운다.
- A, B, C, D는 개, 고양이, 토끼, 닭 이외의 동물은 키우지 않는다.

① B는 개를 키우지 않는다.
② B와 C가 공통으로 키우는 종류의 동물이 있다.
③ C는 키우지 않지만 D가 키우는 종류의 동물이 있다.
④ 3명이 공통으로 키우는 종류의 동물은 없다.
⑤ 3가지 종류의 동물을 키우는 사람은 없다.

16 주어진 명제를 바탕으로 결론을 내릴 때, 다음 중 참인지 거짓인지 알 수 없는 것은?

- 월계 빌라의 주민들은 모두 A의 친척이다.
- B는 자식이 없다.
- C는 A의 오빠이다.
- D는 월계 빌라의 주민이다.
- A의 아들은 미국에 산다.

① A의 아들은 C와 친척이다.
② A와 D는 둘 다 남자이다.
③ B는 월계 빌라의 주민이다.
④ C는 A의 아들의 이모이다.
⑤ D는 A와 친척 간이다.

Hard

17 김과장은 건강상의 이유로 다음 〈조건〉에 따라 간헐적 단식을 시작하기로 했다. 김과장이 선택한 간헐적 단식 방법은 월요일부터 일요일까지 일주일 중에 2일을 선택하여 아침 혹은 저녁 한 끼 식사만 하는 것이다. 김과장이 단식을 시작한 첫 주 월요일부터 일요일까지 한 끼만 먹은 요일과 이때 식사를 한 때는?

조건

- 단식을 하는 날 전후로 각각 최소 2일간은 세 끼 식사를 한다.
- 단식을 하는 날 이외에는 항상 세 끼 식사를 한다.
- 2주차 월요일에는 단식을 했다.
- 1주차에 먹은 아침식사 횟수와 저녁식사 횟수가 같다.
- 1주차 월요일, 수요일, 금요일은 조찬회의에 참석하여 아침식사를 했다.
- 1주차 목요일은 업무약속이 있어서 점심식사를 했다.

① 월요일(아침), 목요일(저녁)
② 화요일(아침), 금요일(아침)
③ 화요일(저녁), 금요일(아침)
④ 화요일(저녁), 토요일(아침)
⑤ 수요일(아침), 일요일(저녁)

PART 2

18 A ~ E 5명은 점심 식사 후 제비뽑기를 통해 '꽝'을 뽑은 한 명이 나머지 4명의 아이스크림을 모두 사주기로 하였다. 다음 대화에서 1명이 거짓을 말할 때, 아이스크림을 사야 할 사람은?

- A : D는 거짓말을 하고 있지 않아.
- B : '꽝'을 뽑은 사람은 C이다.
- C : B의 말이 사실이라면 D의 말은 거짓이야.
- D : E의 말이 사실이라면 '꽝'을 뽑은 사람은 A이다.
- E : C는 빈 종이를 뽑았어.

① A
② B
③ C
④ D
⑤ E

19 **은호네 가족 아빠, 엄마, 은호, 동생 은수는 각각 서로 다른 사이즈의 신발을 신는다. 제시된 내용이 모두 참일 때, 다음 중 항상 참이 되는 것은?(단, 신발은 5mm 단위로 판매된다)**

- 은호의 아빠는 은호네 가족 중 가장 큰 사이즈인 270mm의 신발을 신는다.
- 은호의 엄마는 은호의 신발보다 5mm 더 큰 사이즈의 신발을 신는다.
- 은호에게 230mm의 신발은 조금 작고, 240mm의 신발은 조금 크다.
- 은수의 신발 사이즈는 230mm 이하로 가족 중 가장 작은 사이즈의 신발을 신는다.

① 은수의 신발 사이즈는 225mm이다.

② 은호와 은수의 신발 사이즈 차이는 5mm 이하이다.

③ 은호 아빠와 엄마의 신발 사이즈 차이는 20mm이다.

④ 은호 아빠와 은호의 신발 사이즈 차이는 35mm이다.

⑤ 은호 엄마와 은수의 신발 사이즈는 10mm 이하 차이가 난다.

20 **S사에 근무 중인 A～E사원 5명은 다음 사내 교육 프로그램 일정에 따라 요일별로 하나의 프로그램에 참가한다. 제시된 〈조건〉이 모두 참일 때, 다음 중 항상 참이 되는 것은?**

월	화	수	목	금
필수1	필수2	선택1	선택2	선택3

조건

- A는 선택 프로그램에 참가한다.
- C는 필수 프로그램에 참가한다.
- D는 C보다 나중에 프로그램에 참가한다.
- E는 A보다 나중에 프로그램에 참가한다.

① A가 목요일 프로그램에 참가하면 E는 선택3 프로그램에 참가한다.

② B가 필수 프로그램에 참가하면 C는 화요일 프로그램에 참가한다.

③ C가 화요일 프로그램에 참가하면 E는 선택2 프로그램에 참가한다.

④ D는 반드시 필수 프로그램에 참가한다.

⑤ E는 반드시 목요일 프로그램에 참가한다.

05 수열추리

※ 일정한 규칙으로 수를 나열할 때, 빈칸에 들어갈 수로 알맞은 것을 고르시오. **[1~12]**

01

3	6	10	13	21	( )	36	39	55

① 10
② 15
③ 22
④ 24
⑤ 26

02

2.15	3.95	7.55	( )	29.15	57.95	115.55	230.75

① 11.65
② 12
③ 14.75
④ 20
⑤ 24.25

03

0.5	1.4	1.2	4.1	2.8	12.2	6.2	( )

① 36.5
② 36.6
③ 37.5
④ 37.6
⑤ 38.5

Easy
04

0.4	0.5	0.65	0.85	1.1	( )

① 1.35
② 1.4
③ 1.45
④ 1.5
⑤ 1.55

Easy

05

$3\frac{1}{3}$ $4\frac{2}{5}$ $6\frac{3}{5}$ $9\frac{3}{11}$ $13\frac{7}{9}$ ( ) $24\frac{15}{17}$ $31\frac{9}{47}$

① $16\frac{5}{23}$
② $16\frac{15}{23}$
③ $18\frac{5}{23}$
④ $18\frac{13}{23}$
⑤ $18\frac{15}{23}$

06

$100\frac{99}{101}$ $99\frac{96}{99}$ $97\frac{93}{97}$ $94\frac{90}{95}$ ( ) $85\frac{84}{91}$ $79\frac{81}{89}$

① $90\frac{87}{93}$
② $90\frac{83}{93}$
③ $90\frac{79}{93}$
④ $89\frac{87}{93}$
⑤ $89\frac{79}{93}$

07

$\frac{1}{2}$ $\frac{2}{3}$ $\frac{3}{4}$ $\frac{1}{2}$ 1 $\frac{1}{3}$ $\frac{5}{4}$ $\frac{1}{6}$ ( )

① $\frac{9}{2}$
② $\frac{7}{2}$
③ $\frac{5}{2}$
④ $\frac{3}{2}$
⑤ $\frac{1}{2}$

08

2 3 1 −0.7 ( ) −4.9 $\frac{1}{4}$ −9.6

① $\frac{1}{2}$
② −1
③ −2.5
④ −3
⑤ $\frac{1}{3}$

09

10 4 12 42 14 56 13 ( ) 0

① 2
② 6
③ 9
④ 13
⑤ 16

10

6 5 7 11 10 12 26 25 ( )

① 26
② 27
③ 28
④ 29
⑤ 30

11

4 2 20 5 ( ) 74 10 5 125

① 3
② 5
③ 6
④ 7
⑤ 8

12

( ) 3 81 2 4 16 3 5 125

① 1
② 3
③ 4
④ 5
④ 8

13 일정한 규칙으로 수를 나열할 때, A－B의 값은?

(A)	3	6	12	15	30	(B)

① －31.5
② －30
③ －29.5
④ －29
⑤ －28.5

14 일정한 규칙으로 수를 나열할 때, A－B의 값은?

(A)	27	39	52	66	81	(B)

① －81
② －71
③ －61
④ －51
⑤ －41

15 일정한 규칙으로 수를 나열할 때, A＋B의 값은?

(A)	6	12	13	26	(B)	54

① 27
② 29
③ 30
④ 32
⑤ 33

16 일정한 규칙으로 수를 나열할 때, $A^2 \times B$의 값은?

(A)	5	10	50	(B)	25,000

① 990
② 995
③ 1,000
④ 1,500
⑤ 2,000

17 다음 수열의 11번째 항의 값은?

0 3 8 15 24 35 …

① 255
② 260
③ 265
④ 270
⑤ 275

Hard

18 다음 수열의 20번째 항의 값은?

156 148 146 150 160 176 198 …

① 1,005
② 1,030
③ 1,055
④ 1,080
⑤ 1,105

19 다음 수열의 22번째 항의 값은?

2 −5 10 −17 26 −37 50 −65 …

① −485
② −325
③ −226
④ 325
⑤ 485

20 다음 수열의 11번째 항의 값은?

1 3 8 18 35 61 98 …

① 396
② 402
③ 424
④ 444
⑤ 476

PART 2

제 3 회 최종점검 모의고사

응시시간 : 75분 문항 수 : 100문항

정답 및 해설 p.067

01 언어이해

※ 다음 글의 제목으로 가장 적절한 것을 고르시오. [1~2]

01

반대는 필수불가결한 것이다. 지각 있는 대부분의 사람이 그러하듯 훌륭한 정치가는 항상 열렬한 지지자보다는 반대자로부터 더 많은 것을 배운다. 만약 반대자들이 위험이 있는 곳을 지적해 주지 않는다면, 그는 지지자들에 떠밀려 파멸의 길을 걷게 될 수 있기 때문이다. 따라서 현명한 정치가라면 그는 종종 친구들로부터 벗어나기를 기도할 것이다. 친구들이 자신을 파멸시킬 수도 있다는 것을 알기 때문이다. 그리고 비록 고통스럽다 할지라도 결코 반대자 없이 홀로 남겨지는 일이 일어나지 않기를 기도할 것이다. 반대자들이 자신을 이성과 양식의 길에서 멀리 벗어나지 않도록 해준다는 사실을 알기 때문이다. 자유의지를 가진 국민의 범국가적 화합은 정부의 독단과 반대당의 혁명적 비타협성을 무력화시키는 정치권력의 충분한 균형에 의존하고 있다. 그 균형이 어떤 상황 때문에 강제로 타협하게 되지 않는 한, 그리고 모든 시민이 어떤 정책에 영향을 미칠 수는 있으나 누구도 혼자 정책을 지배할 수 없다는 것을 느끼게 되지 않는 한, 그리고 습관과 필요에 의해서 서로 조금씩 양보하지 않는 한, 자유는 유지될 수 없기 때문이다.

① 혁명의 정의
② 민주주의와 사회주의
③ 반대의 필요성과 민주주의
④ 민주주의와 일방적인 의사소통
⑤ 권력을 가진 자와 혁명을 꿈꾸는 집단

02

기온이 높아지는 여름이 되면 운전자들은 자동차 에어컨을 켜기 시작한다. 그러나 겨우내 사용하지 않았던 에어컨에서는 간혹 나오는 바람이 시원하지 않거나 퀴퀴한 냄새가 나는 경우가 있다. 이러한 증상이 나타난 다면 에어컨 필터를 점검해 봐야 한다.
자동차에서 에어컨을 켜게 되면 외부의 공기가 냉각기를 거쳐 차량 내부로 들어오게 되는데, 이때 에어컨 필터는 외부의 미세먼지, 매연, 세균 등의 오염물질을 걸러주는 역할을 한다. 이 과정에서 필터 표면에 먼지가 쌓이는데 필터를 교체하지 않고 오랫동안 방치하면 먼지에 들러붙은 습기로 인해 곰팡이가 생겨 퀴퀴한 냄새의 원인이 된다. 이를 방치하여 에어컨 바람을 타고 곰팡이의 포자가 차량 내부에 유입되면 알레르기나 각종 호흡기 질환의 원인이 된다.
그러므로 자동차 에어컨 필터는 주기적으로 교체해 주어야 한다. 일반적인 교체 주기는 봄 · 가을처럼 6개월마다 교체하거나, 주행거리 10,000km마다 하는 것이 적당하다. 최근에는 심한 미세먼지로 인해 3개월 주기로 교체하기도 하며, 운전자가 비포장 도로 등의 먼지가 많은 곳을 자주 주행한다면 5,000km에 한 번씩 교체해야 한다.
자동차 에어컨 필터 교체는 정비소에 가서 교체하거나, 운전자 스스로 교체할 수 있다. 운전자가 셀프로 교체하는 경우 다양한 필터를 자신의 드라이빙 환경에 맞춰 선택할 수 있고, 비용도 1만 원 안팎으로 저렴하게 교체할 수 있다. 제품 설명서나 교체 동영상 등을 참고하면 혼자서도 쉽게 에어컨 필터를 교체할 수 있다.
에어컨 필터는 필터의 종류에 따라 크게 순정 필터, 헤파(HEPA; High Efficiency Particulate Air) 필터, 활성탄 필터로 구분된다. 순정 필터는 자동차 출고 시 장착되는 오리지널 필터로 호환성이 좋고 일정한 품질 이 보장되는 장점이 있다. 미세먼지 포집력이 뛰어난 헤파 필터는 일반적으로 공기 중의 0.3 이상의 먼지를 99.97% 걸러주는 고성능 필터로서 거를 수 있는 크기에 따라 울파, 헤파, 세미헤파 등급으로 구분된다. 마지막으로 활성탄 필터는 숯처럼 정화 능력이 좋은 탄소질이 포함된 필터로 오염물질 흡착력이 뛰어나고 공기 중의 불쾌한 냄새나 포름알데히드 등의 화학물질을 걸러주는 필터이다. 이와 같이 에어컨 필터는 다양한 종류가 있으며 평소 운전자의 주행 환경과 가격을 고려하여 교체하는 것이 가장 바람직하다.

① 자동차 에어컨 필터의 종류
② 자동차 에어컨 필터의 교체 시기
③ 자동차 에어컨 필터의 관리 방법
④ 여름철 자동차 에어컨의 취급 유의사항
⑤ 호흡기 질환을 유발하는 자동차 에어컨 필터

※ 다음 글의 내용으로 가장 적절한 것을 고르시오. [3~4]

03

통증은 조직 손상이 일어나거나 일어나려고 할 때 의식적인 자각을 주는 방어적 작용으로 감각의 일종이다. 통증을 유발하는 자극에는 강한 물리적 충격에 의한 기계적 자극, 높은 온도에 의한 자극, 상처가 나거나 미생물에 감염되었을 때 세포에서 방출하는 화학 물질에 의한 화학적 자극 등이 있다. 이러한 자극은 온몸에 퍼져 있는 감각 신경의 말단에서 받아들이는데, 이 신경 말단을 통각 수용기라 한다. 통각 수용기는 피부에 가장 많아 피부에서 발생한 통증은 위치를 확인하기 쉽지만, 통각 수용기가 많지 않은 내장 부위에서 발생한 통증은 위치를 정확히 확인하기 어렵다. 후각이나 촉각 수용기 등에는 지속적인 자극에 대해 수용기의 반응이 감소되는 감각 적응 현상이 일어난다. 하지만 통각 수용기에는 지속적인 자극에 대해 감각 적응 현상이 거의 일어나지 않는다. 그래서 우리 몸은 위험한 상황에 대응할 수 있게 된다.

대표적인 통각 수용 신경 섬유에는 Aδ 섬유와 C섬유가 있다. Aδ 섬유에는 기계적 자극이나 높은 온도 자극에 반응하는 통각 수용기가 분포되어 있으며, C섬유에는 기계적 자극이나 높은 온도 자극뿐만 아니라 화학적 자극에도 반응하는 통각 수용기가 분포되어 있다. Aδ 섬유를 따라 전도된 통증 신호가 대뇌 피질로 전달되면, 대뇌 피질에서는 날카롭고 쑤시는 듯한 짧은 초기 통증을 느끼고 통증이 일어난 위치를 파악한다. C섬유를 따라 전도된 통증 신호가 대뇌 피질로 전달되면, 대뇌피질에서는 욱신거리고 둔한 지연 통증을 느낀다. 이는 두 신경 섬유의 특징과 관련이 있다. Aδ 섬유는 직경이 크고 전도 속도가 빠르며, C섬유는 직경이 작고 전도 속도가 느리다.

① Aδ 섬유를 따라 전도된 통증 신호가 대뇌 피질로 전달되면, 대뇌피질에서는 욱신거리고 둔한 지연 통증을 느낀다.

② 통각 수용기는 수용기의 반응이 감소되는 감각 적응 현상이 거의 일어나지 않는다.

③ Aδ 섬유는 C섬유보다 직경이 작고 전도 속도가 빠르다.

④ 통각 수용기가 적은 부위일수록 통증 위치를 확인하기 쉽다.

⑤ 기계적 자극이나 높은 온도에 반응하는 통각 수용기는 Aδ 섬유에만 분포되어 있다.

04

> 일반적으로 동식물에서 종(種)이란 '같은 개체끼리 교배하여 자손을 남길 수 있는' 또는 '외양으로 구분이 가능한' 집단을 뜻한다. 그렇다면 세균처럼 한 개체가 둘로 분열하여 번식하며 외양의 특징도 많지 않은 미생물에서는 종을 어떤 기준으로 구분할까?
> 미생물의 종 구분에는 외양과 생리적 특성을 이용한 방법이 사용되기도 한다. 하지만 이러한 특성들은 미생물이 어떻게 배양되는지에 따라 변할 수 있으며, 모든 미생물에 적용될 만한 공통적 요소가 되기도 어렵다. 이런 문제를 극복하기 위해 오늘날 미생물 종의 구분에는 주로 유전적 특성을 이용하고 있다. 미생물의 유전체는 DNA로 이루어진 많은 유전자로 구성되는데, 특정 유전자를 비교함으로써 미생물들 간의 유전적 관계를 알 수 있다. 종의 구분에는 서로 간의 차이를 잘 나타내 주는 유전자를 이용한다. 유전자 비교를 통해 미생물들이 유전적으로 얼마나 가깝고 먼지를 확인할 수 있는데, 이를 '유전거리'라 한다. 유전거리가 가까울수록 같은 종으로 묶일 가능성이 커진다.
> 하지만 유전자 비교로 확인한 유전거리만으로는 두 미생물이 같은 종에 속하는지를 명확히 판별하기 어렵다. 특정 유전자가 해당 미생물의 전체적인 유전적 특성을 대변하지는 못하기 때문이다.
> 이러한 문제를 보완하기 위한 것이 미생물들 간의 유전체 유사도를 측정하는 방법이다. 유전체 유사도를 정확히 측정하기 위해서는 모든 유전자를 대상으로 유전적 관계를 살펴야 하지만, 수많은 유전자를 모두 비교하는 것은 현실적으로 어렵다. 따라서 유전체의 특성을 화학적으로 비교하는 방법이 주로 사용되고 있다. 이렇게 얻어진 유전체 유사도는 종의 경계를 확정하는 데 유용한 기준을 제공한다.

① 외양과 생리적 특성을 이용한 종 구분 방법은 미생물의 종 구분 시 일절 사용하지 않는다.
② 유전체 유사도를 이용한 방법은 비교대상이 되는 유전자를 모두 비교해야만 가능하다.
③ 유전거리보다는 유전체의 비교가 종을 구분하는 데 더 명확한 기준을 제시한다.
④ 미생물의 유전체는 동식물의 유전자보다 구조가 단순하여 종 구분이 용이하다.
⑤ 유전체의 특성을 물리적으로 비교하는 방법이 널리 사용되고 있다.

PART 2

Easy

05 다음 글의 빈칸에 들어갈 내용으로 적절하지 않은 것은?

> **무더울 땐 (폭염) 이렇게 준비하세요.**
>
> 1. 사전 준비사항
>   - 단수에 대비하여 생수를 준비하고 생활용수는 욕조에 미리 받아 두세요.
>   - 냉방기기 사용 시 실내·외 온도차를 5℃내로 유지하여 냉방병을 예방하세요(건강 실내 냉방 온도는 26 ~ 28℃가 적당).
>   - 변압기를 점검하여 과부하에 사전대비하세요.
>   - 창문에 커튼이나 천 등을 이용, 집안으로 들어오는 직사광선을 최대한 차단하세요.
>   - 집에서 가까운 병원의 연락처를 확인하고 본인과 가족의 열사병 등 증상을 체크하세요.
> 2. 폭염특보 발령 시
>   - 되도록이면 야외활동을 자제하세요.
>   - 물을 많이 마시되 너무 달거나 카페인이 들어간 음료, 주류 등은 마시지 마세요.
>   - 냉방이 되지 않는 실내의 경우 햇볕이 실내에 들어오지 않도록 하고 맞바람이 불도록 환기를 하고 선풍기를 켜세요.
>   - ______________________________

① 창문이 닫힌 자동차 안에 노약자나 어린이를 홀로 남겨두지 마세요.

② 외출을 할 경우 창이 넓은 모자를 착용하고, 가벼운 옷차림을 하고 물병을 꼭 휴대하세요.

③ 거동이 불편한 고령, 독거노인, 신체허약자, 환자 등은 외출을 삼가고 이들을 남겨두고 장시간 외출 시에는 친인척, 이웃 등에 보호를 의뢰하세요.

④ 창문과 같은 유리창 근처는 유리가 깨지면 다칠 위험이 있으므로 피하고, 유리창이 깨졌을 때는 신발이나 슬리퍼를 신어 다치지 않도록 합니다.

⑤ 열사병 초기증세가 보일 경우에는 시원한 장소로 이동하여 몇 분간 휴식을 취한 후 시원한 음료를 천천히 마시세요.

06 다음은 플라시보 소비에 대한 글이다. 플라시보 소비에 대한 사례로 적절하지 않은 것은?

플라시보 소비란 속임약을 뜻하는 '플라시보'와 '소비'가 결합된 말로, 가격 대비 마음의 만족이란 의미의 '가심비(價心費)'를 추구하는 소비를 뜻한다. 플라시보 소비에서의 '플라시보(Placebo)'란 실제로는 생리 작용이 없는 물질로 만든 약을 말한다. 젖당・녹말・우유 따위로 만들어지며 어떤 약물의 효과를 시험하거나 환자를 일시적으로 안심시키기 위한 목적으로 투여한다. 환자가 이 속임약을 진짜로 믿게 되면 실제로 좋은 반응이 생기기도 하는데 이를 '플라시보 효과'라고 한다.
즉, 가심비를 추구하는 소비에서는 소비자가 해당 제품을 통해서 심리적으로 안심이 되고 제품에 대한 믿음을 갖게 되면, 플라시보 효과처럼 객관적인 제품의 성능과는 상관없이 긍정적인 효과를 얻게 된다. 이러한 효과는 소비자가 해당 제품을 사랑하는 대상에 지출할 때, 제품을 통해 안전에 대한 심리적 불안감과 스트레스를 해소할 때일수록 강해진다. 따라서 상품의 가격과 성능이라는 객관적인 수치에 초점을 두었던 기존의 가성비(價性費)에 따른 소비에서는 소비자들이 '싸고 품질 좋은 제품'만을 구매했다면, 가심비에 따른 소비에서는 다소 비싸더라도 '나에게 만족감을 주는 제품'을 구매하게 된다.

① 이씨는 평소 좋아하는 캐릭터의 피규어를 비싸게 구매하였다.
② 한씨는 최근 향기가 나는 샤워필터를 구매하여 기분 좋게 샤워하고 있다.
③ 손씨는 계절이 바뀔 때면 브랜드 세일 기간을 공략해 꼭 필요한 옷을 산다.
④ 김씨는 딸을 위해 비싸지만 천연 소재의 원단으로 제작된 유치원복을 구매하였다.
⑤ 최씨는 자신만의 물건이라는 만족감을 얻기 위해 다소 비싼 가격에 각인이 가능한 만년필을 구매하였다.

PART 2

07 다음 글을 읽고 추론한 내용으로 적절하지 않은 것은?

'리플리 증후군(Ripley Syndrome)'은 미국의 소설가인 패트리샤 하이스미스의 1955년작 소설 『재능 있는 리플리 씨(The Talented Mr. Ripley)』에서 처음으로 사용된 용어로, 리플리 병이나 리플리 효과로 불리기도 한다. 실제로 자신이 처한 현실을 부정하면서 허구의 세계를 진실이라 믿고 상습적으로 거짓된 말과 행동을 반복하는 반사회적 인격장애를 뜻하는 리플리 증후군은, 소설 속 주인공인 톰 리플리와 같이 행동하는 실제 사례가 나타나면서 20세기 후반부터 정신병리학자들의 본격적인 연구 대상이 되었다.

리플리 증후군은 얼핏 듣기에는 재미있고 신기한 증후군의 사례로 넘어가기 쉽지만, 최근 들어 학력위조사건이나 특정 인물을 사칭하는 사건이 발생하는 등 현실적인 피해사례가 증가하면서 재조명되기도 했다. 다만 리플리 증후군 환자들은 일반적인 사기꾼이나 신분사칭범과 달리 스스로가 거짓말을 한다는 자각이 없어, 그로 인한 불안감이 없다는 차이점을 가지고 있다.

정확한 원인은 아직까지 밝혀지지 않고 있지만, 리플리 증후 군이 발생하는 이유를 설명하려는 몇 가지 가설은 존재한다. 성취욕구가 높은 사람들이 현실적인 문제로 욕구를 실현할 수 없을 때 열등감과 피해의식을 충족하기 위한 행위라는 가설, 모종의 이유로 현실을 부정하는 욕구가 극에 달했을 때 발생한다는 가설, 주변 사람들의 과도한 기대와 압박 때문에 스스로가 창조한 새로운 세계에 개인이 갇힌 것이라는 가설, 어린 시절 육체나 성욕과 관련해 학대 피해나 문제 가정에서 자랐기 때문이라는 가설 등이다.

그 중 리플리 증후군을 작화증의 일종으로 생각하며 뇌 손상이 원인이라고 예측하는 가설 또한 존재한다. 작화증은 자신이 기억하지 못하는 부분을 메우기 위해 가상의 상황을 만들어내는 증상으로, 뇌 질환을 앓은 환자들에게서 자주 나타나고 있다. 작화증은 광의에서 베르니케 코르사코프 증후군으로 불리는데, 미국 국립노화연구소 연구진은 연구를 통해 베르니케 코르사코프 증후군 환자들의 해마 부위가 정상인보다 작아졌다는 사실을 밝혀낸 바 있다. 이 가설이 옳을 경우 리플리 증후군의 원인은 뇌의 해마 부분의 손상 때문이라는 사실이 증명되는 셈이다.

① 경찰이 사기범죄자를 체포했을 때, 해당 범죄자가 리플리 증후군인지 아닌지를 근본적으로 구분하기는 어려울 것이다.

② 현재 단계에서 리플리 증후군이 발생하는 원인을 단순히 하나일 것이라고 단정 짓기는 어렵다고 할 수 있다.

③ 리플리 증후군이 발생하는 가설은 여럿 존재하지만 정신적·육체적 문제가 근본적인 발생 원인이라는 점에서는 의견이 일치할 것이다.

④ 소설에서 어원이 유래된 것을 볼 때, 리플리 증후군은 소설이 출간되기 이전에는 학자들에게 그다지 연구되지 않은 증상이었을 것이다.

⑤ 리플리 증후군이 작화증의 일종이라는 가설이 사실로 나타날 경우, 리플리 증후군은 치료가 가능해질 수 있다.

08 다음 글에 대한 반박으로 가장 적절한 것은?

> 이솝 우화로 잘 알려진 '토끼와 거북이' 이야기는 우리에게 느려도 꾸준히 노력하면 승리한다는 교훈을 준다. 그런데 이 이야기에는 '정의로운 삶'과 관련하여 생각해 볼 문제점이 있다. 거북이는 토끼가 경주 중간에 잠을 잤기 때문에 승리할 수 있었다. 토끼의 실수를 거북이가 놓치지 않고 기회로 삼았던 것이다. 겉으로는 꾸준히 노력하면 성공한다고 말하지만, 속으로는 타인의 허점이나 실수를 기회로 삼아야 한다는 것을 말하고 있다고 볼 수 있다. 이런 내용은 우리도 모르는 사이에 '상대의 실수를 놓치지 말고 이용하라.'는 생각을 하게 만들 수 있다. 과연 거북이의 승리를 정의롭다고 말할 수 있을까?

① 사소한 실수가 뜻밖의 결과로 이어질 수 있으므로 매사에 조심해야 한다.
② 절차와 관계없이 결과가 공정하지 않은 경쟁은 정당하지 않다.
③ 주어진 조건이 동일한 환경에서 이루어진 경쟁에서 승리할 때 비로소 정의로운 승리라고 말할 수 있다.
④ 상대를 배려하지 않고 자신에게 유리한 방법으로만 경쟁하여 승리한다면, 그 승리는 정의롭다고 말할 수 없다.
⑤ 절차적 정의에 따라 절차를 제대로 따른다면 어떤 결과가 나오더라도 그 결과는 공정하다고 말할 수 있다.

PART 2

09 다음 글의 중심 내용으로 가장 적절한 것은?

> 맹자는 다음과 같은 이야기를 전한다. 송나라의 한 농부가 밭에 나갔다 돌아오면서 처자에게 말한다. "오늘 일을 너무 많이 했다. 밭의 싹들이 빨리 자라도록 하나하나 잡아당겨줬더니 피곤하구나." 아내와 아이가 밭에 나가보았더니 싹들이 모두 말라 죽어 있었다. 이렇게 자라는 것을 억지로 돕는 일, 즉 조장(助長)을 하지 말라고 맹자는 말한다. 싹이 빨리 자라기를 바란다고 싹을 억지로 잡아 올려서는 안 된다. 목적을 이루기 위해 가장 빠른 효과를 얻고 싶겠지만 이는 도리어 효과를 놓치는 길이다. 억지로 효과를 내려고 했기 때문이다. 싹이 자라기를 바라 싹을 잡아당기는 것은 이미 시작된 과정을 거스르는 일이다. 효과가 자연스럽게 나타날 가능성을 방해하고 막는 일이기 때문이다. 당연히 싹의 성장 가능성은 땅 속의 씨앗에 들어있는 것이다. 개입하고 힘을 쏟고자 하는 대신에 이 잠재력을 발휘할 수 있도록 하는 것이 중요하다.
> 피해야 할 두 개의 암초가 있다. 첫째는 싹을 잡아당겨서 직접적으로 성장을 이루려는 것이다. 이는 목적성이 있는 적극적 행동주의로 성장의 자연스러운 과정을 존중하지 않는 것이다. 달리 말하면 효과가 숙성되도록 놔두지 않는 것이다. 둘째는 밭의 가장자리에 서서 자라는 것을 지켜보는 것이다. 싹을 잡아당겨서도 안 되고 그렇다고 단지 싹이 자라는 것을 지켜만 봐서도 안 된다. 그렇다면 무엇을 해야 하는가? 싹 밑의 잡초를 뽑고 김을 매주는 일을 해야 하는 것이다. 경작이 용이한 땅을 조성하고 공기를 통하게 함으로써 성장을 보조해야 한다. 기다리지 못함도 삼가고 아무것도 안 함도 삼가야 한다. 작동 중에 있는 자연스러운 성향이 발휘되도록 기다리면서도 전력을 다할 수 있도록 돕는 노력도 멈추지 말아야 한다.

① 인류사회는 자연의 한계를 극복하려는 인위적 노력에 의해 발전해 왔다.
② 싹이 스스로 성장하도록 그대로 두는 것이 수확량을 극대화하는 방법이다.
③ 어떤 일을 진행할 때 가장 중요한 것은 명확한 목적성을 설정하는 것이다.
④ 잠재력을 발휘하도록 하려면 의도적 개입과 방관적 태도 모두를 경계해야 한다.
⑤ 자연의 순조로운 운행을 방해하는 인간의 개입은 예기치 못한 화를 초래할 것이다.

※ 다음 문단을 논리적 순서대로 바르게 나열한 것을 고르시오. [10~11]

10

(가) 논리실증주의자와 포퍼는 지식을 수학 지식이나 논리학 지식처럼 경험과 무관한 것과 과학적 지식처럼 경험에 의존하는 것으로 구분한다. 그 과학적 지식은 과학적 방법에 의해 누적된다고 주장하며, 가설이 과학적 지식의 후보가 된다고 보았다.

(나) 하지만 콰인은 가설만 가지고서 예측을 논리적으로 도출할 수 없다고 본다. 예를 들어 새로 발견된 금속 M은 열을 받으면 팽창한다는 가설만 가지고는 열을 받은 M이 팽창할 것이라는 예측을 이끌어낼 수 없다. 먼저 지금까지 관찰한 모든 금속은 열을 받으면 팽창한다는 기존의 지식과 M에 열을 가했다는 조건 등이 필요하다는 것이다.

(다) 그들은 가설로부터 논리적으로 도출된 예측을 관찰이나 실험 등의 경험을 통해 맞는지 틀리는지 판단함으로써 그 가설을 시험하는 과학적 방법을 제시한다. 논리실증주의자는 예측이 맞을 경우에, 포퍼는 예측이 틀리지 않는 한, 그 예측을 도출한 가설이 하나씩 새로운 지식으로 추가된다고 주장한다.

(라) 이렇게 예측은 가설, 기존의 지식들, 여러 조건 등을 모두 합쳐야만 논리적으로 도출된다는 것이다. 그러므로 예측이 거짓으로 밝혀지면 정확히 무엇 때문에 예측에 실패한 것인지 알 수 없다는 것이다. 이로부터 콰인은 개별 가설뿐만 아니라 기존의 지식들과 여러 조건 등을 모두 포함하는 전체 지식이 경험을 통한 시험의 대상이 된다는 총체주의를 제안한다.

① (가) – (라) – (나) – (다)
② (가) – (나) – (다) – (라)
③ (가) – (다) – (나) – (라)
④ (나) – (다) – (라) – (가)
⑤ (나) – (라) – (다) – (가)

11

(가) 동아시아의 문명 형성에 가장 큰 영향력을 끼친 책을 꼽을 때, 『논어』가 빠질 수 없다. 『논어』는 공자(B.C 551 ~ 479)가 제자와 정치인 등을 만나서 나눈 이야기를 담고 있다. 공자의 활동 기간으로 따져보면 『논어』는 지금으로부터 대략 2500년 전에 쓰인 것이다. 지금의 우리는 한 나절에 지구 반대편으로 날아다니고, 여름에 겨울 과일을 먹는 그야말로 공자는 상상할 수도 없는 세상에 살고 있다.

(나) 2500년 전의 공자와 그가 대화한 사람 역시 우리와 마찬가지로 '호모 사피엔스'이기 때문이다. 2500년 전의 사람도 배고프면 먹고, 졸리면 자고, 좋은 일이 있으면 기뻐하고, 나쁜 일이 있으면 화를 내는 오늘날의 사람과 다름없었다. 불의를 보면 공분하고, 전쟁보다 평화가 지속되기를 바라고, 예술을 보고 들으며 즐거워했는데, 이 역시 오늘날의 사람도 마찬가지이다.

(다) 물론 2500년의 시간으로 인해 달라진 점도 많고 시대와 문화에 따라 '사람다움이 무엇인가?'에 대한 답은 다를 수 있지만, 사람은 돌도 아니고 개도 아니고 사자도 아니라 여전히 사람일 뿐인 것이다. 즉 현재의 인간이 과거보다 자연의 힘에 두려워하지 않고 자연을 합리적으로 설명할 수는 있지만, 인간적 약점을 극복하고 신적인 존재가 될 수는 없는 그저 인간일 뿐인 것이다.

(라) 『논어』의 일부는 여성과 아동, 이민족에 대한 당시의 편견을 드러내고 있어 이처럼 달라진 시대의 흐름에 따라 폐기될 수밖에 없지만, 이를 제외한 부분은 '오래된 미래'로서 읽을 가치가 있는 것이다.

(마) 이론의 생명 주기가 짧은 학문의 경우, 2500년 전의 책은 역사적 가치가 있을지언정 이론으로서는 폐기 처분이 당연시된다. 그런데 왜 21세기의 우리가 2500년 전의 『논어』를 지금까지도 읽고, 또 읽어야 할 책으로 간주하고 있는 것일까?

① (가) – (마) – (나) – (다) – (라)
② (가) – (마) – (나) – (라) – (다)
③ (가) – (마) – (다) – (나) – (라)
④ (나) – (다) – (가) – (마) – (라)
⑤ (마) – (가) – (나) – (다) – (라)

12 다음 제시된 글을 읽고, 이어질 문장을 논리적 순서대로 바르게 나열한 것은?

구체적 행위에 대한 도덕적 판단 문제를 다루는 것이 규범 윤리학이라면, 옳음의 의미 문제, 도덕적 진리의 존재 문제 등과 같이 규범 윤리학에서 사용하는 개념과 원칙에 대해 다루는 것은 메타 윤리학이다. 메타 윤리학에서 도덕 실재론과 정서주의는 '옳음'과 '옳지 않음'의 의미를 이해하는 방식과 도덕적 진리의 존재 여부에 대해 상반된 주장을 펼친다.

(가) 따라서 '옳다' 혹은 '옳지 않다'라는 도덕적 판단을 내리지만, 과학적 진리와 같은 도덕적 진리는 없다는 입장을 보인다.
(나) 도덕 실재론에서는 도덕적 판단과 도덕적 진리를 과학적 판단 및 과학적 진리와 마찬가지라고 본다.
(다) 한편, 정서주의에서는 어떤 도덕적 행위에 대해 도덕적으로 옳음이나 도덕적으로 옳지 않음이라는 성질은 객관적으로 존재하지 않는 것이고 도덕적 판단도 참 또는 거짓으로 판정되는 명제를 나타내지 않는다.
(라) 즉, 과학적 판단이 '참' 또는 '거짓'을 판정할 수 있는 명제를 나타내고 이때 참으로 판정된 명제를 과학적 진리라고 부르는 것처럼, 도덕적 판단도 참 또는 거짓으로 판정할 수 있는 명제를 나타내고 참으로 판정된 명제가 곧 도덕적 진리라고 규정하는 것이다.

① (가) – (나) – (다) – (라)
② (나) – (가) – (다) – (라)
③ (나) – (라) – (다) – (가)
④ (다) – (가) – (나) – (라)
⑤ (다) – (라) – (나) – (가)

※ 다음 글의 내용으로 적절하지 않은 것을 고르시오. [13~15]

13

> 모든 차의 운전자는 도로교통법 제48조 제1항에 의해 차의 조향장치와 제동장치, 그 밖의 장치를 정확하게 조작해야 하고, 도로의 교통상황과 차의 구조 및 성능에 따라 다른 사람에게 위험과 장해를 주는 속도나 방법으로 운전을 해서는 안 된다. 즉, 운전 속도나 방법이 도로교통법상 위배됨 없이 운전을 하더라도, 그 운전행위가 객관적으로 교통상황과 차의 구조, 성능 등을 모두 고려해 볼 때 다른 사람에게 위험과 장해를 초래할 개연성이 높다면 안전운전의무를 지키지 않은 것으로 본다는 것이다. 여기서 더 나아가 실제로 다른 사람들에게 자동차를 통해 위협 또는 위해를 가하거나 교통상의 위험을 발생시킨다면 난폭운전, 또는 보복운전으로 처벌을 받을 수 있다.
>
> 흔히들 난폭운전과 보복운전을 비슷한 개념으로 혼동하는 경우가 있다. 하지만 그 기준이나 처벌 수위에 있어선 엄연히 차이가 있다. 난폭운전이란 도로교통법에 따르면 특정 위반행위를 둘 이상 연달아서 하거나, 하나의 행위를 지속 또는 반복하여 다른 사람에게 위협 또는 위해를 가하는 경우 또는 교통상의 위험을 발생시킨 경우를 말한다. 여기서 말하는 특정 위반행위란 신호위반, 중앙선침범, 속도위반, 안전거리 미확보, 진로변경금지위반, 급제동, 앞지르기방법 또는 방해금지 위반, 정당한 사유 없는 소음 발생 등을 말하며 이런 행위들이 연달아 발생하거나 반복된다면 난폭운전으로 처벌을 받을 수 있는 것이다.
>
> 다음으로 보복운전은 운전면허를 받은 사람이 자동차 등을 이용하여 형법상 특수상해, 특수폭행, 특수협박, 특수손괴의 '특수'범죄를 행한 경우를 말하며, 도로교통법에 따라 운전면허가 취소 또는 정지될 뿐만 아니라 형법에 의거, 난폭운전보다 훨씬 무거운 처벌을 받을 수 있다. 보복운전이 형법에 의해 특수범죄로 취급되는 이유는 자동차를 법률에 명시된 '위험한 물건'으로 보기 때문이다. 위험한 물건은 그 자체로 흉기에 속하지는 않으나, 특수한 상황 하에서의 성질과 사용 방법에 따라서는 사람을 살상할 수 있는 물건을 말한다. 운전자가 운전대를 잡고 있는 자동차는 그 자체로 위험한 물건이 될 수 있음에는 이견이 없을 것이다. 앞서가다가 고의로 급정지를 하거나 급감속, 급제동을 반복하며 특정인을 고의로 위협하는 행위, 중앙선이나 갓길로 밀어붙이는 행위 등은 모두 자동차라는 흉기가 될 수 있는 물건을 이용해 발생하는 특수범죄로 보복운전에 해당할 수 있다.

① 안전운전의무를 지키기 위해서는 다른 사람에게 위험이 되지 않도록 운전을 해야 한다.

② 대부분의 사람들이 난폭운전과 보복운전 간의 차이를 느끼지 못한다.

③ 속도위반만 했을 경우에도 난폭운전이 될 수 있다.

④ 보복운전과 난폭운전 모두 특수범죄에 해당한다.

⑤ 보복운전의 상황에서 자동차는 흉기로 취급된다.

14

인간의 사유는 특정한 기준을 바탕으로 다른 것과의 차이를 인식하는 것이라고 할 수 있다. 이때의 기준을 이루는 근간(根幹)은 당연히 현실 세계의 경험과 인식이다. 하지만 인간은 현실적 경험으로 인식되지 않는 대상을 사유하기도 하는데, 그중 하나가 신화적 사유이며 이는 상상력의 산물이다. 상상력은 통념(通念)상 현실과 대립되는 위치에 속한다. 또한 현대 문명에서 상상력은 과학적·합리적 사고와 반대되는 사유 체계로 간주되기도 한다. 그러나 신화적 사유를 떠받치고 있는 상상력은 '현실적 – 비현실적', '논리적 – 비논리적', '합리적 – 비합리적' 등과 같은 단순한 양항 체계 속으로 환원될 수 없다.

초기 인류학에서는 근대 문명과 대비시켜 신화적 사유를 미개한 존재들의 미숙한 단계의 사고로 간주(看做)했었다. 이러한 입장을 대표하는 레비브륄에 따르면 미개인은 논리 이전의 사고방식과 비현실적 감각을 가진 존재이다. 그러나 신화 연구에 적지 않은 영향을 끼치며 오늘날에도 여전히 유효한 레비스트로스의 논의에 따르면, 미개인과 문명인의 사고방식은 사물을 분류하는 방식과 주된 관심 영역 등이 다를 뿐 어느 것이 더 합리적이거나 논리적이라고는 할 수는 없다. 또한 그것은 세계를 이해하는 두 가지의 서로 다른 방식 혹은 태도일 뿐이다. 신화적 사유를 비롯한 이른바 미개인의 사고방식을 가리키는 레비스트로스가 말하는 '야생의 사고'는, 이러한 사고방식이 근대인 혹은 문명인 못지않게 질서와 체계에 민감하고 그 나름의 현실적, 논리적, 합리적 기반을 갖추고 있음을 함축하고 있는 개념이다.

레비스트로스의 '야생의 사고'는 신화시대와 신화적 사유를 근대적 문명에 입각한 발전론적 시각이 아닌 상대주의적 시각으로 바라보았다는 점에서 의미가 크다. 그러나 그가 신화 자체의 사유 방식이나 특성을 특정 시대의 것으로 한정(限定)하는 오류를 범하고 있다는 점에 유의해야 한다. 과거 신화시대에 생겨난 신화적 사유는 신화가 재현되고 재생되는 한 여전히 시간과 공간을 뛰어넘어 현재화되고 있기 때문이다.

이상에서 보듯이 신화적 사유는 현실적·경험적 차원의 '진실'이나 '비진실'로 구분될 수 없다. 신화는 허구적이거나 진실한 것 모두를 '재료'로 사용할 수 있으며, 이러한 재료들은 신화적 사유 고유의 규칙과 체계에 따라 배열된다. 그러므로 신화 텍스트에서 이러한 재료들의 구성 원리를 밝히는 것은 그 신화에 반영된 신화적 사유 체계를 밝히는 것이라 할 수 있다. 또한 이는 신화를 공유하고 전승(傳承)해 왔던 집단의 원형적 사유 체계에 접근하는 작업이라고도 할 수 있다.

① 신화는 그 고유의 규칙과 체계를 갖고 있다.
② 신화적 사유는 상상력의 산물이라 할 수 있다.
③ 신화적 사유는 특정 시대의 사유 특성에 한정된다.
④ 신화적 상상력은 상상력에 대한 통념적 인식과 차이가 있다.
⑤ 신화적 사유에 대한 레비스트로스의 논의는 의의와 한계가 있다.

15

어떤 사회 현상이 나타나는 경우, 그러한 현상은 '제도'의 탓일까, 아니면 '문화'의 탓일까? 이 논쟁은 정치학을 비롯한 모든 사회과학에서 두루 다루는 주제이다. 정치학에서 제도주의자들은 보다 선진화된 사회를 만들기 위해서 제도의 정비가 중요하다고 주장한다. 하지만 문화주의자들은 실제적인 '운용의 묘'를 살리는 문화가 제도의 정비보다 중요하다고 주장한다.
문화주의자들은 문화를 가치, 신념, 인식 등의 총체로서 정치적 행동과 행위를 특정한 방향으로 움직여 일정한 행동 양식을 만들어내는 것으로 정의한다. 이러한 문화에 대한 정의를 바탕으로 이들은 국민이 정부에게 하는 정치적 요구인 투입과 정부가 생산하는 정책인 산출을 기반으로 정치 문화를 편협형, 신민형, 참여형의 세 가지로 유형화하였다.
편협형 정치 문화는 투입과 산출에 대한 개념이 모두 존재하지 않는 정치 문화이다. 투입이 없으며, 정부도 산출에 대한 개념이 없어서 적극적 참여자로서의 자아가 있을 수 없다. 사실상 정치 체계에 대한 인식이 국민들에게 존재할 수 없는 사회이다. 샤머니즘에 의한 신정 정치, 부족 또는 지역 사회 등 전통적인 원시 사회가 이에 해당한다.
다음으로 신민형 정치 문화는 투입이 존재하지 않으며, 적극적 참여자로서의 자아가 형성되지 못한 사회이다. 이런 상황에서 산출이 존재한다는 의미는 국민이 정부가 해주는 대로 받는다는 것을 의미한다. 이들 국민은 정부에 복종하는 성향이 강하다. 하지만 편협형 정치 문화와 달리 이들 국민은 정치 체계에 대한 최소한의 인식은 있는 상태이다. 일반적으로 독재 국가의 정치 체계가 이에 해당한다.
마지막으로 참여형 정치 문화는 국민들이 자신들의 요구 사항을 표출할 줄도 알고, 정부는 그러한 국민들의 요구에 응답하는 사회이다. 따라서 국민들은 적극적인 참여자로서의 자아가 형성되어 있으며, 그러한 적극적 참여자들로 형성된 정치 체계가 존재하는 사회이다. 이는 선진 민주주의 사회로서 현대의 바람직한 민주주의 사회상이다.
정치 문화 유형 연구는 어떤 사회가 민주주의를 제대로 구현하기 위해서 우선적으로 필요한 것이 무엇인가 하는 질문에 대한 답을 제시하고 있다. 문화주의자들은 국가를 특정 제도의 장단점에 의해서가 아니라 국가의 구성 요소들이 민주주의라는 보편적인 목적을 위해 얼마나 잘 기능하고 있는가를 기준으로 평가하고 있는 것이다.

① 편협형 정치 문화는 투입과 산출에 대한 개념이 없다.
② 참여형 정치 문화는 국민과 정부가 소통하는 사회이다.
③ 독재 국가의 정치 체계는 편협형 정치 문화에 해당한다.
④ 문화주의자들은 정치문화를 편협형, 신민형, 참여형으로 나눈다.
⑤ 신민형 정치 문화는 투입은 존재하지 않으며 산출은 존재하는 사회이다.

16 다음은 정부의 일자리 안정자금을 소개하는 기사이다. 이에 대하여 비판할 수 있는 주장으로 가장 적절한 것은?

> 공작기계 업체에서 생산한 제품을 A/S 해주는 사업으로 시작된 ○○A/S센터는 1인 기업부터 대기업까지 기계가 고장 나면 업체를 방문해 수리해주며 공작기계 및 부품 등을 판매하고 있다.
> ○○A/S센터는 운영비 중 대부분이 인건비로 나가고 있으며, 이로 인해 ○○A/S센터의 김대표는 올해부터 최저임금이 대폭 인상된다는 소식에 걱정이 이만저만 아니었다. 그는 “일반 소상공인업체들은 최저임금 인상으로 부담이 큽니다. 정부에서는 8시간 기준으로 1인당 15만 원 정도 오른다고 하지만, 저희 회사는 업무 특성상 특근을 해야 하기 때문에 8시간 기준으로 적용하기 힘들어 4대 보험료와 특근 등을 포함하면 1인당 약 30만 원이나 오르게 됩니다.”라고 설명했다.
> 그러던 어느 날, 김대표는 언론매체와 소상공인지원센터를 통해 정부가 추진 중인 ‘일자리 안정자금’ 지원 사업을 알게 됐다. 고스란히 부담해야 했던 인상된 임금을 일자리 안정자금으로 지원받게 된 것이다. 현재 ○○A/S센터의 일자리 안정자금 지원을 받는 직원은 모두 3명이다. 김대표는 “직원 3명이 지원을 받는 덕에 각자 13만 원씩 매달 39만 원, 연 468만 원의 부담을 덜 수 있어 다행입니다.”라고 웃으며 말했다.
> 최저임금 인상은 직원들의 만족도 향상으로 이어졌고, 더불어 일자리 안정자금 지원을 받게 되면서 회사 내 분위기도 달라졌다. 직원들이 최저임금 인상으로 업무 만족도가 높아져 한곳에 정착할 수 있다는 목표를 갖게 된 것이다. ○○A/S센터 직원 최씨는 “이곳에 잘 정착해 중요한 역할을 맡고 싶습니다. 직원의 입장에서는 한곳에 정착할 수 있어 좋고, 사장님 입장에서도 직원이 자주 바뀌지 않아 업무의 효율성을 높일 수 있어 상생할 수 있다고 생각합니다.”라고 말했다. 김대표도 일자리 안정자금을 지원받은 이후 직원들과 꾸준히 같이 일할 수 있어 좋아했다. 그는 “직원이 안정되어야 경영도 안정될 수 있습니다.”라며 다른 소상공인들도 일자리 안정자금 지원을 받을 것을 추천했다. 김대표는 “소상공인들이 최저임금 인상으로 인해 힘들 텐데 일자리 안정자금을 신청해서 조금이나마 경영에 도움이 되길 바랍니다.”라며 정부에서 지원하는 정책들을 찾아보고 도움을 받기를 바란다고 대답했다.

① 최저임금 인상률을 책정할 때 사업의 업종·지역·규모별 구분을 적용하지 않았다.
② 우리 사회에 가장 적합한 최저임금제도에 대한 국민의 공감대가 형성이 되지 않았다.
③ 일자리 안정자금이 지원되더라도 최저임금 인상률을 충당할 수 없는 영세기업들이 많다.
④ 일자리 안정자금은 국회의 법안들을 심의하는 과정에 충분한 논의가 이루어지지 않았다.
⑤ 영세기업과 소상공인의 어려운 경영 여건과 지불 능력을 고려하지 않고 최저임금을 책정했다.

17 다음 글에서 〈보기〉의 문장이 들어갈 위치로 가장 적절한 곳은?

컴퓨터는 0 또는 1로 표시되는 비트를 최소 단위로 삼아 내부적으로 데이터를 표시한다. 컴퓨터가 한 번에 처리하는 비트 수는 정해져 있는데, 이를 워드라고 한다. 예를 들어 64비트의 컴퓨터는 64개의 비트를 1워드로 처리한다. (가) 4비트를 1워드로 처리하는 컴퓨터에서 양의 정수를 표현하는 경우, 4비트 중 가장 왼쪽 자리인 최상위 비트는 0으로 표시하여 양수를 나타내고 나머지 3개의 비트로 정수의 절댓값을 나타낸다. (나)

0111의 경우 가장 왼쪽 자리인 '0'은 양수를 표시하고 나머지 '111'은 정수의 절댓값 7을 이진수로 나타낸 것으로, +7을 표현하게 된다. 이때 최상위 비트를 제외한 나머지 비트를 데이터 비트라고 한다. (다)

그런데 음의 정수를 표현하는 경우에는 최상위 비트를 1로 표시한다. −3을 표현한다면 −3의 절댓값 3을 이진수로 나타낸 011에 최상위 비트 1을 덧붙이면 된다. (라) 이러한 음수 표현 방식을 '부호화 절댓값'이라고 한다. 그러나 부호화 절댓값은 연산이 부정확하다. 예를 들어 7−3을 계산한다면 7+(−3)인 0111+1011로 표현된다. 컴퓨터에서는 0과 1만 사용하기 때문에 1에 1을 더하면 바로 윗자리 숫자가 올라가 10으로 표현된다. 따라서 0111에 1011을 더하면 10010이 된다. (마) 하지만 부호화 절댓값에서는 오버플로를 처리하는 별도의 규칙이 없기 때문에 계산 값이 부정확하다. 또한 0000 또는 1000이 0을 나타내어 표현의 일관성과 저장 공간의 효율성이 떨어진다.

보기

10010은 4비트 컴퓨터가 처리하는 1워드를 초과하게 된 것으로, 이러한 현상을 오버플로라 한다.

① (가)
② (나)
③ (다)
④ (라)
⑤ (마)

18 다음 글을 읽고 추론한 내용으로 가장 적절한 것은?

> 조선이 임진왜란 중에도 필사적으로 보존하고자 한 서적이 바로 조선왕조실록이다. 실록은 원래 서울의 춘추관과 성주・충주・전주 4곳의 사고(史庫)에 보관되었으나, 임진왜란 이후 전주 사고의 실록만 온전한 상태였다. 전란이 끝난 후 단 1벌 남은 실록을 다시 여러 벌 등서하자는 주장이 제기되었다. 우여곡절 끝에 실록 인쇄가 끝난 시기는 1606년이었다. 재인쇄 작업의 결과 원본을 포함해 모두 5벌의 실록을 갖추게 되었다. 원본은 강화도 마니산에 봉안하고 나머지 4벌은 서울의 춘추관과 평안도 묘향산, 강원도의 태백산과 오대산에 봉안했다.
>
> 이 5벌 중에서 서울 춘추관의 것은 1624년 이괄의 난 때 불에 타 없어졌고, 묘향산의 것은 1633년 후금과의 관계가 악화되자 전라도 무주의 적상산에 사고를 새로 지어 옮겼다. 강화도 마니산의 것은 1636년 병자호란 때 청군에 의해 일부 훼손되었던 것을 현종 때 보수하여 숙종 때 강화도 정족산에 다시 봉안했다. 결국 내란과 외적 침입으로 인해 5곳 가운데 1곳의 실록은 소실되었고, 1곳의 실록은 장소를 옮겼으며, 1곳의 실록은 손상을 입었던 것이다.
>
> 정족산, 태백산, 적상산, 오대산 4곳의 실록은 그 후 안전하게 지켜졌다. 그러나 일본이 다시 여기에 손을 대었다. 1910년 조선 강점 이후 일제는 정족산과 태백산에 있던 실록을 조선총독부로 이관하고, 적상산의 실록은 구황궁 장서각으로 옮겼으며, 오대산의 실록은 일본 동경제국대학으로 반출했다. 일본으로 반출한 것은 1923년 관동 대지진 때 거의 소실되었다. 정족산과 태백산의 실록은 1930년에 경성제국대학으로 옮겨져 지금까지 서울대학교에 보존되어 있다. 한편 장서각의 실록은 6・25 전쟁 때 북한으로 옮겨져 현재 김일성종합대학에 소장되어 있다.

① 재인쇄하였던 실록은 모두 5벌이다.

② 태백산에 보관하였던 실록은 현재 일본에 있다.

③ 현재 한반도에 남아 있는 실록은 모두 4벌이다.

④ 적상산에 보관하였던 실록은 일부가 훼손되었다.

⑤ 현존하는 실록 중에서 가장 오래된 것은 서울대학교에 있다.

PART 2

Easy

19 다음 글을 읽고 답을 할 수 없는 질문은?

> 퇴행성관절염과 류마티스관절염은 증상은 비슷하지만 근본 원인은 다르다. 근본 원인이 다르기 때문에 치료도 다르다. 퇴행성관절염은 많이 써서 생기는 병이므로 최대한 아끼고, 충격을 줄이는 쪽으로 치료를 한다. 류마티스관절염은 자가면역 질환이므로 염증 치료를 하지만 면역을 조절하는 치료도 필요하다.
> 퇴행성관절염은 증상을 인지한 초기에 적절한 치료를 받는 것이 중요하다. 증상은 있지만 관절염 소견이 없는 초기에는 체중 감량이나 생활습관 개선으로 통증을 완화할 수 있다. 경미한 관절염은 약물요법과 운동요법으로 호전할 수 있다. '무릎 연골 주사'라 불리는 히알루론산 주사도 초기에 권해진다. 보존적 치료에 효과가 없고 무릎 통증이 심해지며 관절 간격이 좁아졌거나, 다리 변형이 동반되었다면 수술을 고려할 수 있다. 연골이 많이 닳아 관절끼리 거의 붙어 있는 말기 퇴행성관절염 환자에게는 인공관절 수술이 최선의 치료이다. 인공관절 수술은 마모된 연골을 제거한 후 인공관절로 대치해 연골판 역할을 하도록 하는 수술이다. 최후의 수단인 만큼 인공관절 수명을 고려해 65세 이상에서 수술받도록 권해진다. 만성 질환인 류마티스관절염은 완치되는 사례는 드물다. 다양한 약물치료와 물리치료 등을 시행한다.
> 그렇다면 어떻게 하면 관절을 오래 건강하게 쓸 수 있을까? 일반 범위 내에서 관절을 사용하는 것이 가장 중요하다. 특히 쪼그려 앉는 자세, 양반 자세 등을 하면 무릎이 정상 운동 범위를 벗어나 연골에 압력을 가해 연골 파열 및 퇴행성관절을 촉진시킨다.
> 운동은 젊은 사람은 1시간 전후, 나이가 많으면 30분 전후로 무리하지 않게 적당한 선에서 해야 한다. 지나치게 높은 산을 오르는 등산은 올라갈 때보다 내려올 때 체중 및 중력 영향으로 연골 손상이 발생하기 쉬우므로 가급적 높은 산은 피하는 것이 좋다.

① 인공관절의 수명은 얼마나 되나요?
② 퇴행성관절염의 치료법은 어떻게 됩니까?
③ 퇴행성관절염은 언제 수술을 받아야 할까요?
④ 관절을 건강하게 오래 쓸 수 있는 방법은 무엇인가요?
⑤ 퇴행성관절염과 류마티스관절염의 차이는 무엇인가요?

Hard

20 다음 글의 주장을 강화하는 진술은?

동물권 운동가이자 변호사인 스티븐 와이즈는 그의 저서에서 사람들에 대해서는 권리를 인정하면서도 동물에 대해서는 그렇게 하지 않는 법을 지지할 수 없다고 주장했다. 이렇게 하는 것은 자유인에 대해서는 권리를 인정하면서도 노예에 대해서는 그렇게 하지 않는 법과 마찬가지로 불합리하다는 것이다. 동물학자인 제인 구달은 이 책을 동물의 마그나 카르타라고 극찬했으며, 하버드 대학은 저자인 와이즈를 동물권법 교수로 임용했다.
와이즈는 동물의 권리에 대해 이야기하면서 권리와 의무와 같은 법적 관계를 논의하기 위한 기초가 되는 법철학에 대해서는 별로 다루고 있지 않다. 그가 의존하고 있는 것은 자연과학이다. 특히 유인원이 우리 인간과 얼마나 비슷한지를 알려주는 영장류 동물학의 연구 성과에 기초하여 동물의 권리에 대해 이야기하고 있다.
인간이 권리를 갖는 이유는 우리 인간이 생물학적으로 인간종(種)의 일원이기 때문이기도 하지만, 법적 권리와 의무의 주체가 될 수 있는 '인격체'이기 때문이다. 예를 들어 자연인(自然人)이 아닌 법인(法人)이 권리와 의무의 주체가 되는 것은 그것이 인간종의 일원이기 때문이 아니라 법적으로 인격체로 인정받기 때문이다. 인격체는 생물학에서 논의할 개념이 아니라 법철학에서 다루어야 할 개념이다.
인격체는 공동체의 일원이 될 수 있는 개체를 의미한다. 공동체의 일원이 되기 위해서는 협상, 타협, 동의의 능력이 필요하고, 이런 능력을 지닌 개체에게는 권리와 의무 그리고 책임 등이 부여된다. 이러한 개념을 바탕으로 사회 질서의 근원적 규칙을 마련할 수 있고 이 규칙은 우리가 사회생활을 영위하기 위한 전략을 규정한다. 하지만 이런 전략의 사용은, 우리와 마찬가지로 규칙에 기초하여 선택된 전략을 사용할 수 있는 개체를 상대할 경우로 국한된다.
우리 인간이 동물을 돌보거나 사냥하는 것은, 공동체의 규칙에 근거하여 선택한 결정이다. 비록 동물이 생명을 갖는 개체라 하더라도 인격체는 아니기 때문에 동물은 법적권리를 가질 수 없다.

① 애완견에게 유산을 상속하는 것도 법적 효력을 갖는다.
② 여우사냥 반대운동이 확산된 결과 에스키모 공동체가 큰 피해를 입었다.
③ 동물들은 철학적 사유도 못하고 물리학도 못하지만, 인간들 가운데에도 그러한 지적 능력이 없는 사람은 많다.
④ 어떤 동물은 인간에게 해를 입히거나 인간을 공격하기도 하지만 우리는 그 동물에게 법적 책임을 묻지 않는다.
⑤ 늑대를 지적이고 사회적인 존재라고 생각한 아메리카 인디언들은 자신들의 초기 문명기에 늑대 무리를 모델로 하여 사회를 만들었다.

02 자료해석

01 출장을 가는 K사원은 오후 2시에 출발하는 KTX를 타기 위해 오후 12시 30분에 역에 도착하였다. K사원은 남은 시간을 이용하여 음식을 포장해오려고 한다. 역에서 음식점까지의 거리는 아래와 같으며, 음식을 포장하는 데 15분이 걸린다고 한다. K사원이 시속 3km로 걸어서 갔다 올 때, 구입할 수 있는 음식의 종류는?

음식점	G김밥	P빵집	N버거	M만두	B도시락
거 리	2km	1.9km	1.8km	1.95km	1.7km

① 도시락
② 도시락, 햄버거
③ 도시락, 햄버거, 빵
④ 도시락, 햄버거, 빵, 만두
⑤ 도시락, 햄버거, 빵, 만두, 김밥

02 2025년 상반기 S사 상품기획팀 입사자 수는 2024년 하반기에 비해 20% 감소하였으며, 2025년 상반기 인사팀 입사자 수는 2024년 하반기 마케팅팀 입사자 수의 2배이고, 영업팀 입사자는 2024년 하반기보다 30명이 늘었다. 2025년 상반기 마케팅팀의 입사자 수는 2025년 상반기 인사팀의 입사자 수와 같다. 2025년 상반기 전체 입사자가 2024년 하반기 대비 25% 증가했을 때, 2024년 하반기 대비 2025년 상반기 인사팀 입사자 수의 증감률은?

〈S사 입사자 수〉

(단위 : 명)

구분	마케팅	영업	상품기획	인사	합계
2024년 하반기 입사자 수	50		100		320

① −15%
② 0%
③ 15%
④ 25%
⑤ 30%

Hard

03 다음은 연도별 주요 국가의 커피 수입량에 대한 자료이다. 이에 대한 〈보기〉의 설명 중 옳은 것을 모두 고르면?(단, 소수점 둘째 자리에서 반올림한다)

〈주요 국가 커피 수입량〉

(단위 : T)

구분	2024년	2019년	2014년	합계
유럽	48,510	44,221	40,392	133,123
미국	25,482	26,423	26,228	78,133
일본	13,288	14,382	13,882	41,552
러시아	11,382	10,922	10,541	32,845
캐나다	8,842	7,481	7,992	24,315
한국	4,982	4,881	4,922	14,785
호주	1,350	1,288	1,384	4,022
합계	113,836	109,598	105,341	328,775

보기

㉠ 2014년 대비 2024년의 커피 수입량이 증가한 국가 수가 감소한 국가 수보다 많다.
㉡ 커피 수입량이 가장 많은 상위 2개 국가의 커피 수입량의 합계는 항상 전체 수입량의 65% 이하이다.
㉢ 한국의 커피 수입량은 항상 호주의 3.5배 이상이다.
㉣ 2014년 대비 2024년의 커피 수입량의 증가율과 증가량 모두 캐나다가 러시아보다 높다.

① ㉠, ㉢
② ㉡, ㉣
③ ㉠, ㉡, ㉣
④ ㉡, ㉢, ㉣
⑤ ㉠, ㉡, ㉢, ㉣

04 다음은 2015 ~ 2024년 범죄별 발생건수에 대한 자료이다. 이에 대한 설명으로 옳은 것은?

〈2015 ~ 2024년 범죄별 발생건수〉

(단위 : 천 건)

구분	2015년	2016년	2017년	2018년	2019년	2020년	2021년	2022년	2023년	2024년
사기	282	272	270	266	242	235	231	234	241	239
절도	366	356	371	354	345	319	322	328	348	359
폭행	139	144	148	149	150	155	161	158	155	156
방화	5	4	2	1	2	5	2	4	5	3
살인	3	11	12	13	13	15	16	12	11	14

① 2015년 대비 2024년 전체 범죄발생건수 감소율은 5% 이상이다.

② 2015 ~ 2024년 동안 범죄별 발생건수의 순위는 매년 동일하다.

③ 2015 ~ 2024년 동안 발생한 방화의 총 발생건수는 3만 건 미만이다.

④ 2016 ~ 2024년 동안 전년 대비 사기 범죄발생건수 증감추이는 폭행의 경우와 반대이다.

⑤ 2017년 전체 범죄발생건수 중 절도가 차지하는 비율은 50% 이상이다.

Hard

05 다음은 S기업 체육대회 결과이다. 이에 대한 〈보기〉의 설명 중 옳은 것을 모두 고르면?

〈종목별 체육대회 결과〉

- S기업은 청팀과 백팀으로 나누어 체육대회를 진행하였다.
- 각 팀에 속한 부서의 점수의 합산하여 청팀과 백팀의 최종점수를 산정하며, 최종점수가 더 높은 쪽이 승리한다.
- 각 종목별로 부서들이 획득한 승점은 다음과 같다.

구분		청팀			백팀		
		재정팀	운영팀	기획팀	전략팀	기술팀	지원팀
구기 종목	축구	590	742	610	930	124	248
	배구	470	784	842	865	170	443
육상 종목	50m 달리기	471	854	301	441	653	321
	100m 달리기	320	372	511	405	912	350

보기

㉠ 모든 종목에서 가장 높은 승점을 획득한 부서는 운영팀이며, 가장 낮은 승점을 획득한 부서는 기술팀이다.
㉡ 청팀이 축구에서 획득한 승점은 청팀이 구기종목에서 획득한 승점의 45% 미만이다.
㉢ 체육대회 결과, 백팀의 최종점수는 청팀의 최종점수의 75% 이상이다.
㉣ 백팀이 구기종목에서 획득한 승점은 백팀이 육상종목에서 획득한 승점의 85% 이상이다.

① ㉠, ㉡
② ㉠, ㉢
③ ㉡, ㉢
④ ㉡, ㉣
⑤ ㉢, ㉣

PART 2

06 다음은 2024년 우리나라 초·중고생 스마트폰 중독 현황에 대한 자료이다. 이에 대한 〈보기〉의 설명 중 옳지 않은 것을 모두 고르면?

〈2024년 우리나라 초·중고생 스마트폰 중독 현황〉

(단위 : %)

구분		전체	초등학생(9 ~ 11세)	중고생(12 ~ 17세)
전체		32.38	31.51	32.71
성별	남자	32.88	33.35	32.71
	여자	31.83	29.58	32.72
가구소득별	기초수급	30.91	30.35	31.05
	차상위	30.53	24.21	30.82
	일반	32.46	31.56	32.81
거주지역별	대도시	31.95	30.80	32.40
	중소도시	32.49	32.00	32.64
	농어촌	34.50	32.84	35.07
가족유형별	양부모	32.58	31.75	32.90
	한부모·조손	31.16	28.83	31.79

※ 각 항목의 전체 인원은 그 항목에 해당하는 초등학생 수와 중고생 수의 합을 말함

보기

㉠ 초등학생과 중고생 모두 남자의 스마트폰 중독비율이 여자의 스마트폰 중독비율보다 높다.
㉡ 한부모·조손 가족의 스마트폰 중독 비율은 초등학생이 중고생의 70% 이상이다.
㉢ 조사대상 중 대도시에 거주하는 초등학생 수는 중고생 수보다 많다.
㉣ 초등학생과 중고생 모두 기초수급가구의 경우가 일반가구의 경우보다 스마트폰 중독 비율이 높다.

① ㉡
② ㉠, ㉢
③ ㉠, ㉣
④ ㉠, ㉢, ㉣
⑤ ㉡, ㉢, ㉣

Easy

07 다음은 2025년 10월 기준 민간부문의 공사완료 후 미분양된 면적별 주택 현황에 대한 자료이다. 이에 대한 〈보기〉의 설명 중 옳은 것을 모두 고르면?

〈미분양된 면적별 민간부문 주택 현황〉

(단위 : 가구)

구분	면적별 주택유형			합계
	$60m^2$ 미만	$60 \sim 85m^2$	$85m^2$ 초과	
전국	3,438	11,297	1,855	16,590
서울	0	16	4	20
부산	70	161	119	350
대구	0	112	1	113
인천	5	164	340	509
광주	16	28	0	44
대전	148	125	0	273
울산	36	54	14	104
세종	0	0	0	0
경기	232	604	1,129	1,965
기타	2,931	10,033	248	13,212

보기

㉠ 면적이 넓은 유형의 주택일수록 공사 완료 후 미분양된 민간부문 주택이 많은 지역은 두 곳뿐이다.

㉡ 부산의 공사 완료 후 미분양된 민간부문 주택 중 면적이 $60 \sim 85m^2$에 해당하는 주택이 차지하는 비중은 면적이 $85m^2$를 초과하는 주택이 차지하는 비중보다 10%p 이상 높다.

㉢ 면적이 $60m^2$ 미만인 공사 완료 후 미분양된 민간부문 주택 수 대비 면적이 $60 \sim 85m^2$에 해당하는 공사 완료 후 미분양된 민간부문 주택 수의 비율은 광주가 울산보다 높다.

① ㉠
② ㉡
③ ㉠, ㉡
④ ㉡, ㉢
⑤ ㉠, ㉡, ㉢

08 다음은 주요 작물의 재배면적 관련 자료이다. 이를 변형했을 때, 바르게 나타낸 그래프는?(단, 단위는 '만 ha'이다)

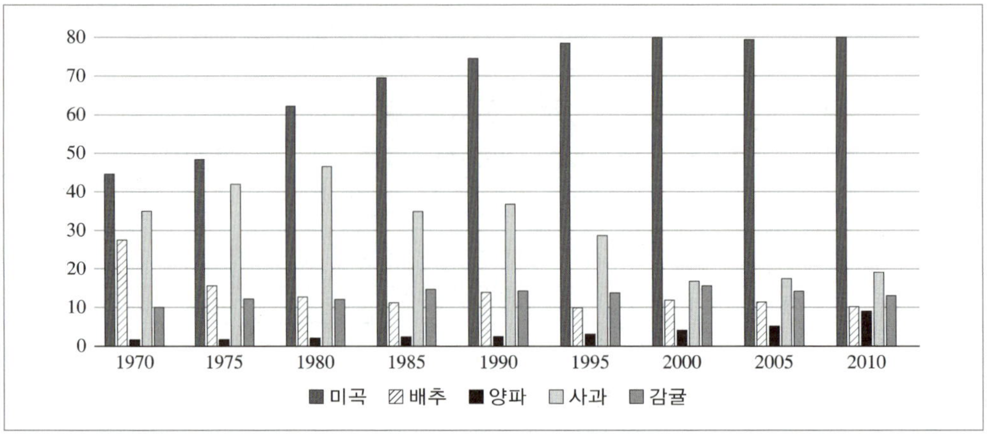

①
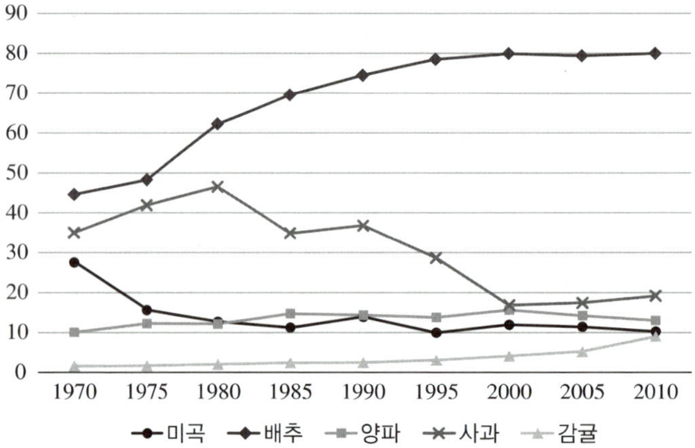

②
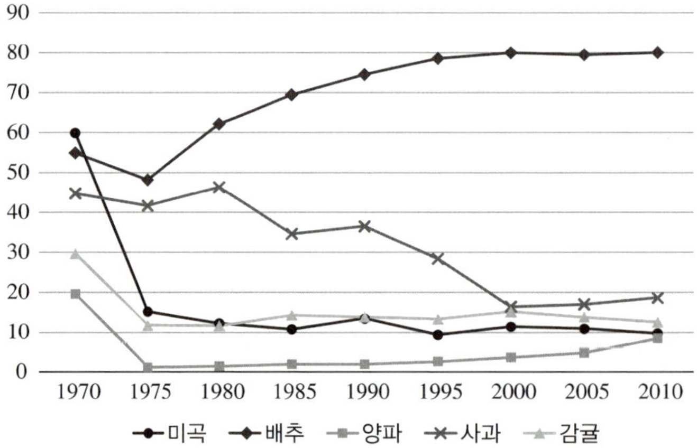

③

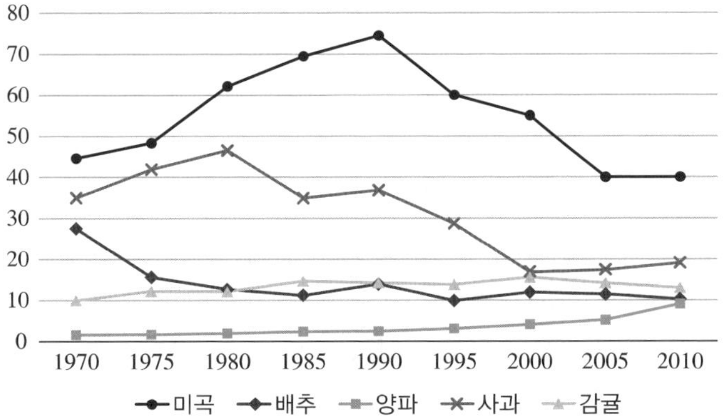
80
70
60
50
40
30
20
10
0
1970 1975 1980 1985 1990 1995 2000 2005 2010
미곡 배추 양파 사과 감귤

④

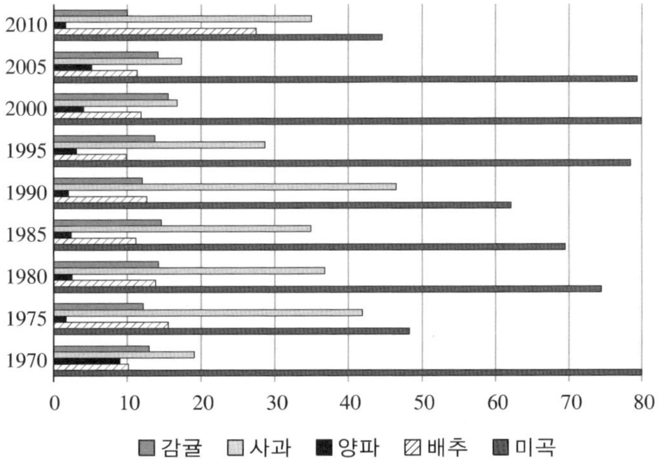
2010
2005
2000
1995
1990
1985
1980
1975
1970
0 10 20 30 40 50 60 70 80
감귤 사과 양파 배추 미곡

⑤

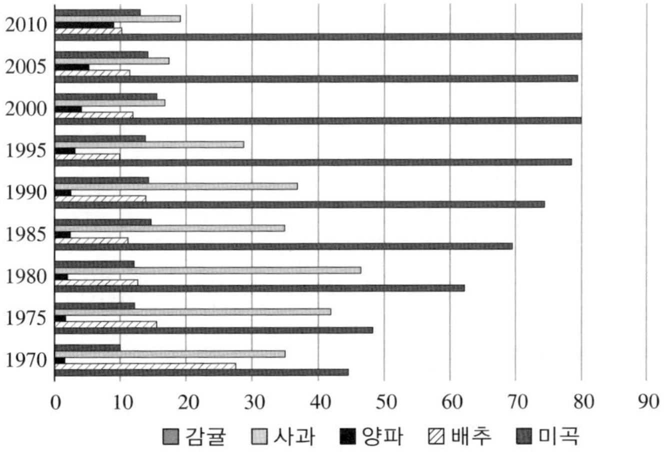
2010
2005
2000
1995
1990
1985
1980
1975
1970
0 10 20 30 40 50 60 70 80 90
감귤 사과 양파 배추 미곡

Easy

09 다음은 OECD 6개국의 행복지수와 경제지수에 대한 자료이다. 경제지수 대비 행복지수가 가장 큰 나라는?

〈OECD 6개국의 행복지수 및 경제지수〉

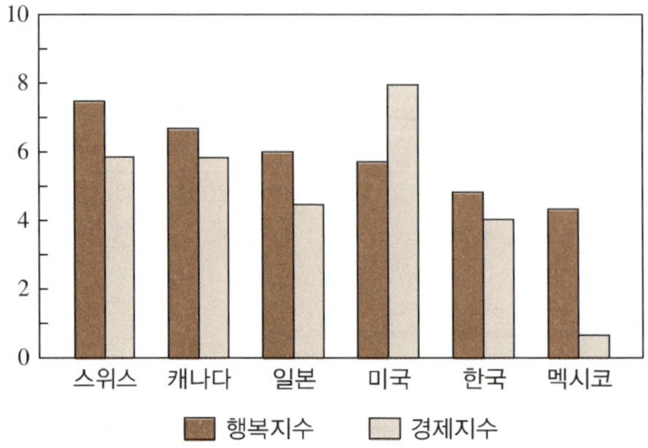

① 스위스
② 일본
③ 미국
④ 한국
⑤ 멕시코

10 다음은 A와 B음식점에 대한 만족도를 5개 부문으로 나누어 평가한 결과이다. 이에 대한 설명으로 옳지 않은 것은?

〈음식점에 대한 만족도〉

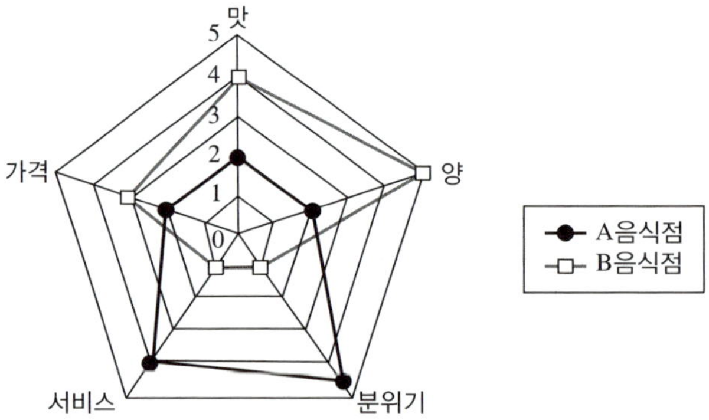

① A음식점은 2개 부문에서 B음식점을 능가한다.
② 맛 부문에서 만족도가 더 높은 음식점은 B음식점이다.
③ A와 B음식점 간 가장 큰 차이를 보이는 부문은 서비스이다.
④ B음식점은 가격보다 맛과 양 부문에서 상대적 만족도가 더 높다.
⑤ B음식점은 3개 부문에서 A음식점을 능가한다.

11 다음은 20대 800명과 50대 1,100명을 대상으로 진행한 다주택자 국회의원 의견 조사에 대한 자료이다. 이에 대한 〈보기〉의 설명 중 옳은 것을 모두 고르면?(단, 응답자 모두 응답하였다)

〈다주택자 국회의원을 바라보는 20대·50대의 시선〉
– 국회의원 10명 중 3명은 다주택자, 그들이 공정한 부동산 대책을 세울 수 있을까 –

(단위 : %)

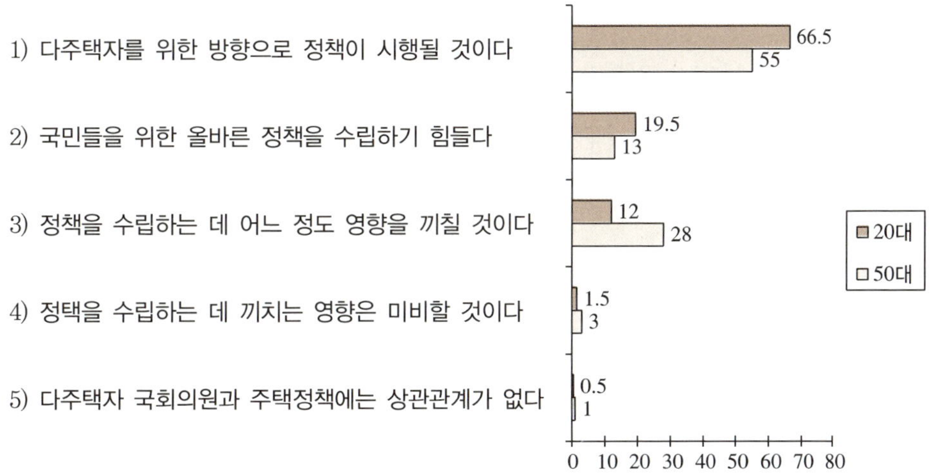

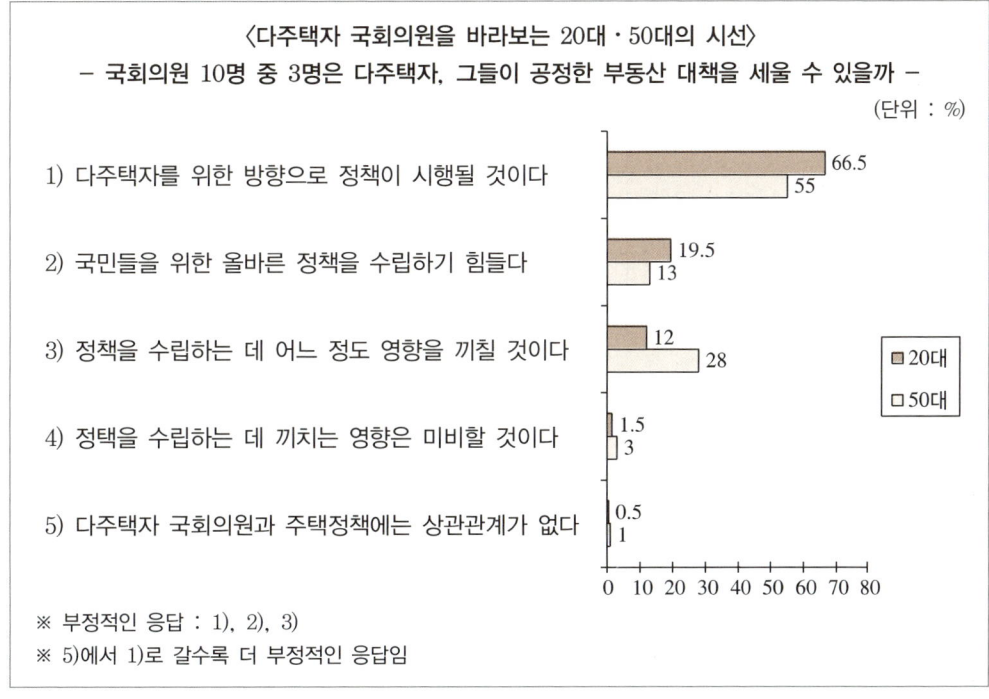

※ 부정적인 응답 : 1), 2), 3)
※ 5)에서 1)로 갈수록 더 부정적인 응답임

보기

㉠ 20대의 응답 비율은 부정적일수록 더 높다.
㉡ 부정적인 응답을 한 비율은 50대가 20대보다 높다.
㉢ 부정적이지 않은 응답을 한 인원 수는 50대가 20대의 2.5배 이상이다.
㉣ 동일한 조건에서 20대 응답자가 900명이라면, 3)에 응답한 20대와 50대의 차이는 200명일 것이다.

① ㉠, ㉡
② ㉠, ㉢
③ ㉢, ㉣
④ ㉠, ㉡, ㉢
⑤ ㉠, ㉢, ㉣

12 다음은 S사의 연도별 매출액에 대한 자료이다. 전년 대비 매출액 증가율이 가장 컸던 해는?

〈2018 ~ 2024년 S사 매출액〉

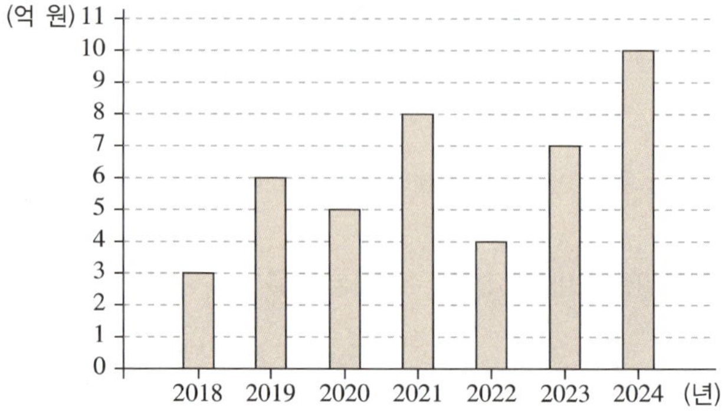

① 2019년
② 2020년
③ 2021년
④ 2023년
⑤ 2024년

13 다음은 S지역 전체 가구를 대상으로 조사한 원자력발전소 사고 전·후 식수 조달원별 가구 수에 대한 자료이다. 이에 대한 설명으로 옳은 것은?

〈원자력발전소 사고 전·후 S지역 조달원별 가구 수〉

(단위 : 가구)

사고 전 조달원 \ 사고 후 조달원	수돗물	정수	약수	생수
수돗물	40	30	20	30
정수	10	50	10	30
약수	20	10	10	40
생수	10	10	10	40

※ S지역 가구의 식수 조달원은 수돗물, 정수, 약수, 생수로 구성되며, 각 가구는 한 종류의 식수 조달원만 이용함

① 사고 전에 식수 조달원으로 정수를 이용하는 가구 수가 가장 많다.
② 사고 전·후 식수 조달원을 변경한 가구 수는 전체 가구 수의 60% 이하이다.
③ 사고 전에 비해 사고 후에 이용 가구 수가 감소한 식수 조달원의 수는 3개이다.
④ 각 식수 조달원 중에서 사고 전·후에 이용 가구 수의 차이가 가장 큰 것은 생수이다.
⑤ 사고 전에 식수 조달원으로 정수를 이용하던 가구는 모두 사고 후에도 정수를 이용한다.

14 다음은 2024년 경제자유구역 입주 사업체 투자재원조달 실태조사 결과에 대한 자료이다. 이에 대한 〈보기〉의 설명 중 옳은 것을 모두 고르면?

〈2024년 경제자유구역 입주 사업체 투자재원조달 실태조사〉

(단위 : 백만 원, %)

구분		합계		국내투자		해외투자	
		금액	비중	금액	비중	금액	비중
국내재원	자체	4,025	57.2	2,682	52.6	1,343	69.3
	정부	2,288	32.5	2,138	42.0	150	7.7
	기타	356	5.0	276	5.4	80	4.2
	소계	6,669	94.7	5,096	100.0	1,573	81.2
해외재원	소계	365	5.3	0	0	365	18.8
합계		7,034	100.0	5,096	100.0	1,938	100.0

보기

㉠ 자체 재원조달금액 중 국내투자에 사용되는 금액이 차지하는 비중은 60%를 초과한다.
㉡ 해외재원은 모두 해외투자에 사용되고 있다.
㉢ 국내재원 중 정부조달금액이 차지하는 비중은 40%를 초과한다.
㉣ 국내재원 중 국내투자금액은 해외투자금액의 3배 미만이다.

① ㉠, ㉡
② ㉠, ㉢
③ ㉡, ㉢
④ ㉡, ㉣
⑤ ㉢, ㉣

15 다음은 2022년 상반기부터 2024년 하반기까지 내용별 이메일 스팸 수신량 비율 추이에 대한 자료이다. 이에 대한 설명으로 옳은 것은?

〈내용별 이메일 스팸 수신량 비율 추이〉

(단위 : %)

구분	2022년 상반기	2022년 하반기	2023년 상반기	2023년 하반기	2024년 상반기	2024년 하반기
성인 이메일	14.8	11.6	26.5	49.0	19.2	29.5
대출·금융 이메일	0.0	1.9	10.2	7.9	2.1	0.1
일반 이메일	85.2	86.5	63.3	43.1	78.7	70.4
합계	100.0	100.0	100.0	100.0	100.0	100.0

① 일반 이메일 스팸의 경우 2023년 하반기부터 비율이 계속 증가하고 있다.
② 2023년 하반기 대출·금융 이메일 스팸 비율은 전년 동기의 4배 이상이다.
③ 성인 이메일 스팸 수신량은 2022년 상반기보다 2024년 하반기에 더 많았다.
④ 성인 이메일 스팸 비율은 2022년 상반기보다 2024년 상반기에 50% 이상 증가하였다.
⑤ 일반 이메일 스팸 비율의 전반기 대비 증감 추이는 대출·금융 이메일 스팸의 전반기 대비 증감추이와 같다.

Hard

16 다음은 세종특별시에 거주하는 20 ~ 30대 청년들의 주거 점유형태에 대한 자료이다. 이에 대한 설명으로 옳은 것은?(단, 소수점 둘째 자리에서 반올림한다)

〈20 ~ 30대 청년 주거 점유형태〉

(단위 : 명)

구분	자가	전세	월세	무상	합계
20 ~ 24세	537	1,862	5,722	5,753	13,874
25 ~ 29세	795	2,034	7,853	4,576	15,258
30 ~ 34세	1,836	4,667	13,593	1,287	21,383
35 ~ 39세	2,489	7,021	18,610	1,475	29,595
합계	5,657	15,584	45,778	13,091	80,110

① 연령대가 높아질수록 연령대별로 자가 비율이 높아지고, 월세 비율이 낮아진다.
② 20 ~ 24세 전체 인원 중 월세 비율은 40% 미만이고, 자가 비율은 3% 미만이다.
③ 자가가 차지하는 비율은 20 ~ 30대 연령대에서보다 20대 연령대에서 더 낮다.
④ 20 ~ 30대 연령대에서 월세에 사는 25 ~ 29세 연령대가 차지하는 비율은 10% 이상이다.
⑤ 20 ~ 24세를 제외한 20 ~ 30대 청년 중에서 무상이 차지하는 비율이 월세 비율보다 더 높다.

17 다음은 산업별 경기전망지수에 대한 자료이다. 〈보기〉를 참고하여 A ~ D에 들어갈 산업을 바르게 연결한 것은?

〈산업별 경기전망지수〉

(단위 : 점)

구분	2020년	2021년	2022년	2023년	2024년
A	45.8	48.9	52.2	52.5	54.4
B	37.2	39.8	38.7	41.9	46.3
도소매업	38.7	41.4	38.3	41.7	46.2
C	36.1	40.6	44.0	37.1	39.7
D	39.3	41.1	40.2	44.9	48.7

보기

㉠ 2020년부터 2024년까지 보건업의 경기전망지수가 40점 이상인 해는 2개이다.
㉡ 2022년 조선업과 제조업의 경기전망지수는 전년 대비 증가하였다.
㉢ 전년 대비 2021년 해운업의 경기전망지수의 증가율은 5개의 산업 중 가장 낮다.
㉣ 제조업은 매년 5개의 산업 중 경기전망지수가 가장 높다.

	A	B	C	D
①	조선업	보건업	제조업	해운업
②	제조업	조선업	보건업	해운업
③	조선업	제조업	보건업	해운업
④	제조업	보건업	조선업	해운업
⑤	보건업	제조업	조선업	해운업

18 다음은 2025년 1월 시도별 이동자 수 및 이동률에 대한 자료이다. 이에 대한 설명으로 옳지 않은 것은?

〈2025년 1월 시도별 이동자 수(총 전입)〉

(단위 : 명)

구분	전국	서울	부산	대구	인천	광주
이동자 수	650,197	132,012	42,243	28,060	40,391	17,962

〈2025년 1월 시도별 이동률(총 전입)〉

(단위 : %)

구분	전국	서울	부산	대구	인천	광주
이동률	1.27	1.34	1.21	1.14	1.39	1.23

① 총 전입자 수가 가장 작은 지역은 광주이다.

② 부산의 총 전입자 수는 광주의 총 전입자 수의 2배 이상이다.

③ 서울의 총 전입자 수는 전국의 총 전입자 수의 20% 이상이다.

④ 서울, 부산, 대구, 인천, 광주 중 대구의 총 전입률이 가장 낮다.

⑤ 서울은 총 전입자 수와 총 전입률 모두 다른 지역에 비해 가장 높다.

19 다음은 최근 5개년의 아동 비만율에 대한 자료이다. 이에 대한 〈보기〉의 설명 중 옳은 것을 모두 고르면?

〈연도별 아동 비만율〉

(단위 : %)

구분	2020년	2021년	2022년	2023년	2024년
유아(만 6세 미만)	11	10.8	10.2	7.4	5.8
어린이(만 6세 이상 만 13세 미만)	9.8	11.9	14.5	18.2	19.7
청소년(만 13세 이상 만 19세 미만)	18	19.2	21.5	24.7	26.1

보기

㉠ 모든 아동의 비만율은 전년 대비 증가하고 있다.
㉡ 어린이 비만율은 유아 비만율보다 크고, 청소년 비만율보다 작다.
㉢ 2020년 대비 2024년 청소년 비만율의 증가율은 45%이다.
㉣ 2024년과 2022년의 비만율 차이가 가장 큰 아동은 어린이이다.

① ㉠, ㉢
② ㉠, ㉣
③ ㉡, ㉢
④ ㉡, ㉣
⑤ ㉢, ㉣

20 다음은 우리나라 사업체 임금과 근로시간에 대한 자료이다. 이를 변환한 그래프로 옳지 않은 것은?

〈월평균 근로일수, 근로시간, 임금총액 현황〉

(단위 : 일, 시간, 천 원, %)

구분	2017년	2018년	2019년	2020년	2021년	2022년	2023년	2024년
근로일수	22.7	22.3	21.5	21.5	21.5	21.5	21.3	21.1
근로시간	191.2	188.4	184.8	184.4	184.7	182.1	179.9	178.1
주당근로시간	44.1	43.4	42.6	42.5	42.5	41.9	41.4	41.0
전년 대비 근로시간 증감률	−2.0	−1.5	−1.9	−0.2	0.2	−1.4	−1.2	−1.0
임금총액	2,541	2,683	2,802	2,863	3,047	3,019	3,178	3,299
임금총액 상승률	5.7	5.6	4.4	2.2	6.4	−0.9	5.3	3.8

〈사업체 규모별 상용근로자의 근로시간 및 임금총액 현황〉

(단위 : 시간, 천 원)

구분		전규모	5～9인	10～29인	30～99인	100～299인	300인 이상
2019년	근로시간	184.8	187.0	188.5	187.2	183.8	177.2
	임금총액	2,802	2,055	2,385	2,593	2,928	3,921
2020년	근로시간	184.4	187.3	187.6	185.8	185.1	177.0
	임금총액	2,863	2,115	2,442	2,682	2,957	3,934
2021년	근로시간	184.7	186.9	187.1	187.0	187.9	175.9
	임금총액	3,047	2,212	2,561	2,837	3,126	4,291
2022년	근로시간	182.1	182.9	182.9	184.7	184.3	176.3
	임금총액	3,019	2,186	2,562	2,864	3,113	4,273
2023년	근로시간	179.9	180.8	180.2	183.3	182.8	173.6
	임금총액	3,178	2,295	2,711	3,046	3,355	4,424
2024년	근로시간	178.1	178.9	178.8	180.8	180.3	172.5
	임금총액	3,299	2,389	2,815	3,145	3,484	4,583

①

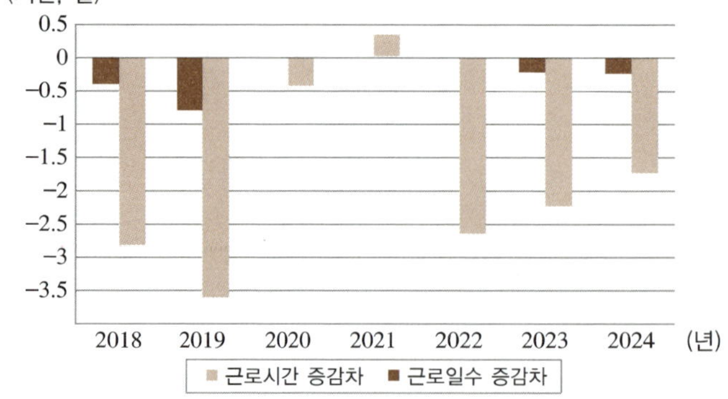

②
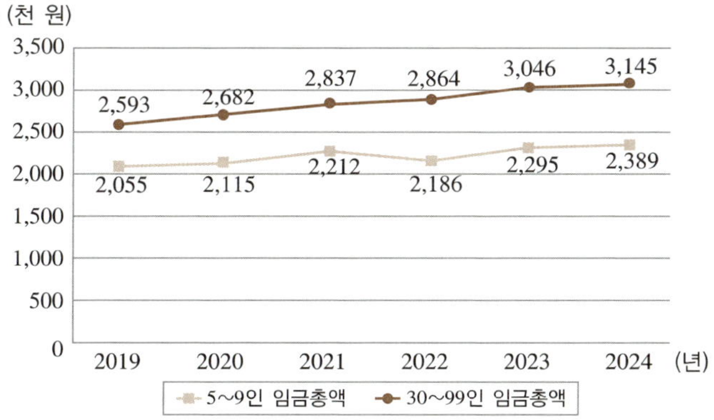
(천 원)
3,500
3,000
2,500
2,000
1,500
1,000
500
0
2,593
2,682
2,837
2,864
3,046
3,145
2,055
2,115
2,212
2,186
2,295
2,389
2019
2020
2021
2022
2023
2024
(년)
5~9인 임금총액
30~99인 임금총액

③
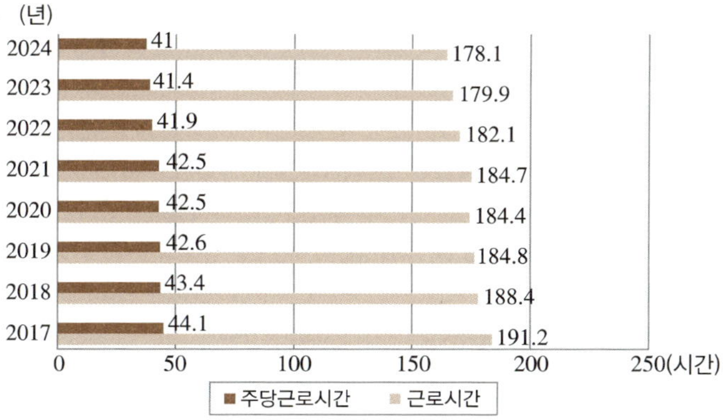
(년)
2024
2023
2022
2021
2020
2019
2018
2017
41
178.1
41.4
179.9
41.9
182.1
42.5
184.7
42.5
184.4
42.6
184.8
43.4
188.4
44.1
191.2
0
50
100
150
200
250(시간)
주당근로시간
근로시간

④
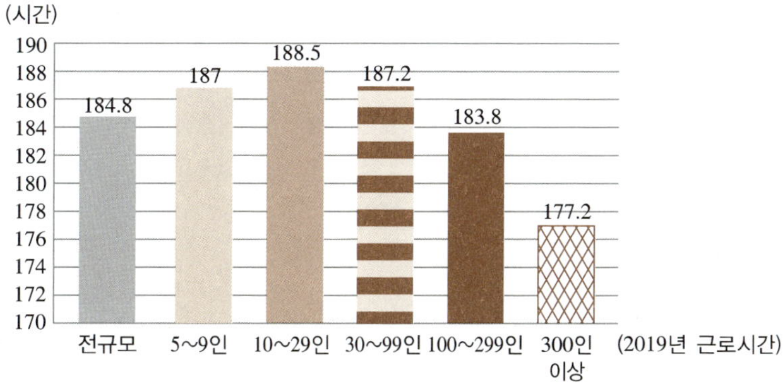
(시간)
190
188
186
184
182
180
178
176
174
172
170
184.8
187
188.5
187.2
183.8
177.2
전규모
5~9인
10~29인
30~99인
100~299인
300인 이상
(2019년 근로시간)

⑤
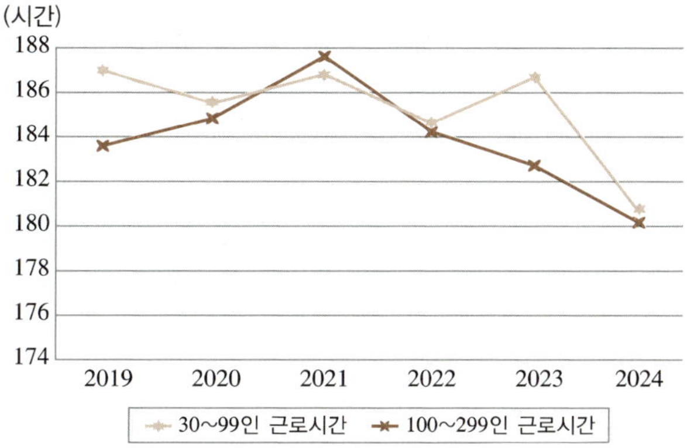
(시간)
188
186
184
182
180
178
176
174
2019
2020
2021
2022
2023
2024
30~99인 근로시간
100~299인 근로시간

03 창의수리

Easy

01 혜영이는 서울에 살고 준호는 부산에 산다. 두 사람이 만나기 위해 혜영이는 시속 85km, 준호는 시속 86.2km의 속력으로 자동차를 타고 서로를 향해 출발했다. 두 사람이 동시에 출발하여 2시간 30분 후에 만났다면 서울과 부산 간의 거리는?

① 410km ② 416km
③ 422km ④ 428km
⑤ 434km

02 농도 8%의 설탕물 500g이 들어있는 컵을 방에 두고 자고 일어나서 보니 물이 증발하여 농도가 10%가 되었다. 증발한 물의 양은?(단, 물은 시간당 같은 양이 증발하였다)

① 100g ② 200g
③ 300g ④ 400g
⑤ 500g

03 S마트에서 할인하는 제품인 오리구이 400g과 치킨 1마리를 구매하면 22,000원이고, 치킨 2마리와 오리구이 200g을 구매하면 35,000원이다. 오리구이 100g당 가격은?

① 1,000원 ② 1,500원
③ 2,000원 ④ 2,500원
⑤ 3,000원

04 A사원과 B사원이 함께 일하면 이틀 만에 마칠 수 있는 일이 있다. A사원이 하루 동안 작업한 후 나머지를 B사원이 나흘 동안 작업하여 마쳤다고 할 때, B사원이 이 일을 혼자 하는 데 걸리는 기간은?

① 4일 ② 5일
③ 6일 ④ 7일
⑤ 8일

05 A지점에서 B지점까지의 거리는 120km이다. 상희는 자전거를 타고 A지점에서 B지점까지 시속 30km의 속도로 갔다가, 시속 60km의 속도로 돌아왔다. 상희가 A지점에서 B지점에 갔다가, 다시 A지점에 돌아올 때까지의 평균 속력은?

① 30km/h ② 35km/h
③ 40km/h ④ 45km/h
⑤ 50km/h

Hard

06 학생 40명이 시험을 보았는데 그중 10명이 불합격이라고 한다. 합격 점수는 전체 학생의 평균 점수보다 4점이 높고, 불합격자의 평균 점수의 2배이다. 그리고 합격자의 평균 점수가 합격 점수보다 5점이 높을 때, 합격 점수는?

① 60점 ② 61점
③ 62점 ④ 63점
⑤ 64점

07 어느 미술관의 관람료는 5,000원이고, 50명 이상의 단체일 경우 전체 요금의 25%가 할인된다고 한다. 50명 미만의 단체가 관람하려고 할 때, 50명 이상의 단체관람권을 구매하는 것이 유리해지는 최소 인원은?

① 36명
② 37명
③ 38명
④ 39명
⑤ 40명

08 평상시에 S아파트의 12층까지 올라갈 때, 엘리베이터를 이용하면 1분 15초, 비상계단을 이용하면 6분 50초가 걸린다. S아파트는 저녁 8시부터 8시 30분까지 사람들이 몰려서 엘리베이터 이용 시간이 2분마다 35초씩 늘어난다. 저녁 8시부터 몇 분이 지나면 엘리베이터를 이용하는 것보다 계단을 이용할 때 12층에 빨리 도착하는가?(단, 정수 단위로 분을 계산한다)

① 12분
② 14분
③ 16분
④ 18분
⑤ 20분

Hard

09 다이어트를 결심한 철수는 월요일부터 일요일까지 하루에 한 가지씩 운동을 하는 계획을 세우려 한다. 다음 내용을 참고할 때, 철수가 세울 수 있는 일주일간 운동 계획의 경우의 수는?

- 일주일 중 나흘은 수영을 한다.
- 수영을 하지 않는 날 중 이틀은 농구, 야구, 테니스 중 매일 서로 다른 종목 하나씩을 선택하고 남은 하루는 배드민턴, 검도, 줄넘기 중 한 종목을 선택한다.

① 630가지
② 840가지
③ 1,270가지
④ 1,680가지
⑤ 1,890가지

10 판매자 A씨는 원가가 400원인 포도에 x원만큼의 금액을 가산한 정가로 80개를 판매하여 원가로 판매했을 때보다 9,600원의 이익을 남겼다. 가산한 금액 x는 얼마인가?

① 120원
② 220원
③ 320원
④ 420원
⑤ 520원

Easy

11 동전을 5번 던질 때, 적어도 한 번은 앞면이 나올 확률은?

① $\frac{7}{8}$
② $\frac{13}{16}$
③ $\frac{15}{16}$
④ $\frac{31}{32}$
⑤ $\frac{35}{36}$

12 민솔이와 현진이가 달리기를 하는데 민솔이는 출발 지점에서 초속 7m, 현진이는 민솔이보다 40m 앞에서 초속 5m로 동시에 출발하였다. 두 사람은 출발한 지 몇 초 후에 만나는가?

① 11초 후
② 14초 후
③ 20초 후
④ 23초 후
⑤ 27초 후

13 어른과 청소년을 합하여 30명이 영화 관람을 하기로 했다. 어른의 영화 티켓 가격은 11,000원이고, 청소년의 영화 티켓 가격은 어른의 60%이다. 총 264,000원의 금액을 지불하였을 때, 영화를 본 어른의 인원수는?

① 13명
② 14명
③ 15명
④ 16명
⑤ 17명

14 농도 13%의 소금물 400g과 농도 7%의 소금물 200g을 섞은 후, 농도를 알 수 없는 소금물 100g을 섞었더니 농도 22%의 소금물이 되었다. 농도를 알 수 없는 소금물의 농도는?

① 66%
② 78%
③ 88%
④ 92%
⑤ 96%

Hard

15 S학생은 5지선다형 문제 2개를 풀고자 한다. 첫 번째 문제의 정답은 선택지 중 1개이지만, 두 번째 문제의 정답은 선택지 중 2개이며, 모두 맞혀야 정답으로 인정된다. 이때 S학생이 두 문제 중 하나만 맞힐 확률은?

① 18%
② 20%
③ 26%
④ 30%
⑤ 44%

16 경림이와 소정이가 같은 지점에서 출발한 후, 서로 반대 방향으로 경림이는 시속 $x$km, 소정이는 시속 6km로 걸어갔다. 2시간 20분 후에 둘 사이의 거리가 24.5km가 되었다고 할 때, 경림이의 걸음 속도는?

① 4km/h
② 4.5km/h
③ 5km/h
④ 5.5km/h
⑤ 6km/h

17 A부터 K까지 11개의 알파벳 중 6개를 뽑으려 할 때, C, F, H, J가 모두 포함되는 경우의 수는?

① 9가지
② 16가지
③ 21가지
④ 32가지
⑤ 42가지

18 첫째와 둘째, 둘째와 셋째의 터울이 각각 3살인 A, B, C 삼 형제가 있다. 3년 후면 막내 C의 나이는 첫째 A 나이의 $\frac{2}{3}$가 된다고 한다. A～C의 나이를 모두 더하면 얼마인가?

① 33살
② 36살
③ 39살
④ 45살
⑤ 48살

19 톱니 수가 각각 6개, 8개, 10개, 12개인 톱니바퀴 A, B, C, D가 일렬로 있다. A는 B와 맞닿아 있고, B는 A, C와, C는 B, D와 맞닿아 있다. A가 12바퀴 회전을 했을 때, B와 D는 각각 몇 번 회전하는가?

① 6번, 10번
② 9번, 6번
③ 6번, 8번
④ 9번, 5번
⑤ 6번, 7번

20 어떤 수조를 가득 채우는 데 A관은 10분, B관은 20분 걸린다. 처음 5분은 A관만 사용하고, 나머지는 양쪽 관을 모두 사용할 경우 이 수조를 완전히 채우는 데 총 얼마의 시간이 걸리는가?

① 8분 17초
② 8분 20초
③ 8분 23초
④ 8분 26초
⑤ 8분 29초

04 언어추리

※ 제시된 명제가 모두 참일 때, 빈칸에 들어갈 명제로 가장 적절한 것을 고르시오. [1~2]

01

- 전제1. 재고가 있다.
- 전제2. 설비 투자를 늘리지 않는다면, 재고가 있지 않다.
- 전제3. 건설투자를 늘릴 때에만, 설비 투자를 늘린다.
- 결론. ______________________

① 설비 투자를 늘린다.
② 건설투자를 늘리지 않는다.
③ 재고가 있거나 설비 투자를 늘리지 않는다.
④ 건설투자를 늘린다면, 공장을 짓는다.
⑤ 설비 투자를 늘리지 않을 때만, 공장을 짓는다.

Easy

02

- 전제1. 연예인이 모델이면 매출액이 증가한다.
- 전제2. ______________________
- 결론. 연예인이 모델이면 브랜드 인지도가 높아진다.

① 브랜드 인지도가 높아지면 연예인이 모델이다.
② 브랜드 인지도가 높아지면 매출액이 줄어든다.
③ 매출액이 줄어들면 브랜드 인지도가 높아진다.
④ 매출액이 증가하면 브랜드 인지도가 높아진다.
⑤ 매출액이 증가하면 브랜드 인지도가 낮아진다.

※ 제시된 명제가 모두 참일 때, 참이 아닌 것을 고르시오. [3~4]

03

- 경기는 하루에 한 경기만 열린다.
- 화요일에는 전북이 제주와 원정 경기를 하고, 토요일에는 서울이 전북과 홈경기를 한다.
- 원정 경기를 치른 다음날은 반드시 쉰다.
- 이틀 연속으로 홈경기를 하면 다음날은 반드시 쉰다.
- 각 팀은 모두 일주일에 세 번 각각 다른 팀과 경기를 한다.
- 각 팀은 적어도 한 번은 홈경기를 한다.

① 제주가 원정 경기를 할 수 있는 날은 모두 평일이다.
② 제주가 수요일에 경기를 한다면, 목요일에는 경기를 할 수 없다.
③ 서울이 주말에 모두 경기를 한다면, 월요일에는 경기를 할 수 없다.
④ 전북이 목요일에 경기를 한다면, 금요일의 경기는 서울과 제주의 경기이다.
⑤ 울산이 금요일에 홈경기를 한다면, 제주와의 시합이다.

PART 2

04

- 운동을 좋아하는 사람은 담배를 좋아하지 않는다.
- 커피를 좋아하는 사람은 담배를 좋아한다.
- 커피를 좋아하지 않는 사람은 주스를 좋아한다.
- 과일을 좋아하는 사람은 커피를 좋아하지 않는다.

① 과일을 좋아하는 사람은 담배를 좋아한다.
② 과일을 좋아하는 사람은 주스를 좋아한다.
③ 운동을 좋아하는 사람은 주스를 좋아한다.
④ 주스를 좋아하지 않는 사람은 담배를 좋아한다.
⑤ 운동을 좋아하는 사람은 커피를 좋아하지 않는다.

05 K씨는 진찰을 받기 위해 병원에 갔다. 진찰 대기자는 K씨를 포함하여 총 5명이 있다. 이들의 순서가 다음의 〈조건〉을 모두 만족한다면, K씨는 몇 번째로 진찰을 받을 수 있는가?

조건

- A는 B의 바로 앞에 이웃하여 있다.
- A는 C보다 뒤에 있다.
- K는 A보다 앞에 있다.
- K와 D 사이에는 2명이 있다.

① 첫 번째
② 두 번째
③ 세 번째
④ 네 번째
⑤ 다섯 번째

06 S사의 사내 축구 대회에서 홍보팀이 1 : 0으로 승리했고, 시합에 참여했던 홍보팀 직원 A～D 4명은 다음과 같이 말하였다. 이들 중 1명의 진술만 참이라고 할 때, 골을 넣은 사람은?

- A : C가 골을 넣었다.
- B : A가 골을 넣었다.
- C : A는 거짓말을 했다.
- D : 나는 골을 넣지 못했다.

① A
② B
③ C
④ D
⑤ 알 수 없다.

Easy

07

A～F 6명은 피자 3판을 모두 같은 양만큼 나누어 먹기로 하였다. 피자 3판은 각각 동일한 크기로 8조각으로 나누어져 있다. 다음 〈조건〉을 고려하여 앞으로 2조각을 더 먹어야 하는 사람은?

조건

- 현재 총 6조각이 남아있다.
- A, B, E는 같은 양을 먹었고, 나머지는 모두 먹은 양이 달랐다.
- F는 D보다 적게 먹었으며, C보다는 많이 먹었다.

① A, B, E
② C
③ D
④ F
⑤ 없음

08

S사의 여섯 개의 A～F팀은 월요일부터 토요일까지 하루에 두 팀씩 함께 회의를 진행한다. 〈조건〉에 따라 회의를 진행할 때, 다음 중 반드시 참인 것은?(단, 월요일부터 토요일까지 각 팀의 회의 진행 횟수는 서로 같다)

조건

- 오늘은 목요일이고 A팀과 F팀이 함께 회의를 진행했다.
- B팀은 A팀과 연이은 요일에 회의를 진행하지 않는다.
- B팀은 오늘을 포함하여 이번 주에는 더 이상 회의를 진행하지 않는다.
- C팀은 월요일에 회의를 진행했다.
- D팀과 C팀은 이번 주에 B팀과 한 번씩 회의를 진행한다.
- A팀과 F팀은 이번 주에 이틀을 연이어 함께 회의를 진행한다.

① C팀은 월요일과 수요일에 회의를 진행한다.
② C팀과 E팀은 함께 회의를 진행하지 않는다.
③ E팀은 수요일과 토요일 하루 중에만 회의를 진행한다.
④ F팀은 목요일과 금요일에 회의를 진행한다.
⑤ 화요일에 회의를 진행한 팀은 B팀과 E팀이다.

Hard

09 카페를 운영 중인 S씨는 네 종류의 음료를 여름 한정 메뉴로 판매하기로 결정하였고, 이를 위해 해당 음료의 재료를 유통하는 업체 두 곳을 선정하려 한다. 선정된 유통업체는 서로 다른 메뉴의 재료를 담당해야 하며, 반드시 담당하는 메뉴에 필요한 재료를 모두 공급해야 한다. 다음 중 S씨가 선정할 두 업체로 옳은 것은?

조건

- A, B, C, D업체는 각각 다섯 가지 재료 중 세 종류의 재료를 유통한다.
- 모든 업체가 유통하는 재료가 있다.
- A업체가 유통하는 재료들로 카페라테를 만들 수 있다.
- B업체가 유통하는 재료들로는 카페라테를 만들 수 있지만, 아포가토는 만들 수 없다.
- C업체는 딸기를 유통하지 않으나, D업체는 딸기를 유통한다.
- 팥은 B업체를 제외하고 모든 업체가 유통한다.
- 우유를 유통하는 업체는 두 곳이다.

〈메뉴에 필요한 재료〉

메뉴	재료
카페라테	커피 원두, 우유
아포가토	커피 원두, 아이스크림
팥빙수	아이스크림, 팥
딸기라테	우유, 딸기

① A업체, B업체
② A업체, C업체
③ B업체, C업체
④ B업체, D업체
⑤ C업체, D업체

Easy

10 갑, 을, 병이 주사위를 던져 나온 주사위의 눈의 수만큼 점수를 획득한다고 할 때, 다음 중 항상 참이 아닌 것은?

- 세 사람이 주사위를 던진 횟수는 총 10회이다.
- 세 사람이 획득한 점수는 47점이다.
- 갑은 가장 많은 횟수를 던졌다.
- 을이 얻은 점수는 16점이다.
- 병이 가장 많은 점수를 얻었다.

① 을은 주사위를 세 번 던졌다.
② 갑은 주사위를 네 번 던졌다.
③ 병은 6이 나온 적이 있다.
④ 을이 주사위를 던져서 얻은 주사위 눈의 수는 모두 짝수이다.
⑤ 갑이 얻을 수 있는 최소 점수는 13점이다.

11 S사의 창립 기념일을 맞이하여 인사팀, 영업팀, 홍보팀, 디자인팀, 기획팀에서 총 20명의 신입사원들이 장기자랑에 참가하기로 했다. 각 팀에서 최소 1명 이상이 참가해야 하며, 장기자랑 종목은 춤, 마임, 노래, 마술, 기타 연주가 있다. 다음 〈조건〉이 모두 참일 때 장기자랑에 참가한 홍보팀 사원은 모두 몇 명이고, 어떤 종목으로 참가하는가?(단, 장기자랑 종목은 팀별로 겹칠 수 없다)

조건

- 홍보팀은 영업팀 참가 인원의 2배이다.
- 춤을 추는 팀은 총 6명이며, 인사팀은 노래를 부른다.
- 기획팀 7명은 마임을 하며, 참가하는 팀 중 참가 인원이 가장 많다.
- 마술을 하는 팀은 2명이며, 영업팀은 기타 연주를 하거나 춤을 춘다.
- 디자인팀은 춤을 추며, 노래를 부르는 팀은 마술을 하는 팀 인원의 2배이다.

① 1명, 노래
② 1명, 마술
③ 2명, 기타 연주
④ 2명, 노래
⑤ 2명, 마술

12 경쟁기업인 A사와 B사가 다음 〈조건〉을 만족할 때, 다음 중 항상 참인 것은?

조건

- A사와 B사는 동일한 제품을 같은 가격에 판다.
- 어제는 A사와 B사의 판매수량 비가 4 : 3이었다.
- 오늘 A사는 가격을 유지하고, B사는 20%를 할인해서 팔았다.
- 오늘 A사는 어제와 같은 수량을 팔았고, B사는 어제보다 150개를 더 팔았다.
- 오늘 A사와 B사의 전체 판매액은 동일하다.

① A사는 어제, 오늘 제품을 2천 원에 팔았다.
② 오늘 A사는 어제 B사보다 제품 80개를 더 팔았다.
③ B사는 오늘 375개의 제품을 팔았다.
④ 오늘 A사와 B사의 판매수량 비는 동일하다.
⑤ 오늘 B사는 600원을 할인했다.

13 다음과 같은 관계에 있는 서로 다른 무게의 공 5개가 있다. 무거운 순서대로 바르게 나열한 것은?

> • 파란공은 가장 무겁지도 않고, 세 번째로 무겁지도 않다.
> • 빨간공은 가장 무겁지도 않고, 두 번째로 무겁지도 않다.
> • 흰공은 세 번째로 무겁지도 않고, 네 번째로 무겁지도 않다.
> • 검은공은 파란공과 빨간공보다는 가볍다.
> • 노란공은 파란공보다 무겁고, 흰공보다는 가볍다.

① 흰공 – 빨간공 – 노란공 – 파란공 – 검은공
② 흰공 – 노란공 – 빨간공 – 검은공 – 파란공
③ 흰공 – 노란공 – 검은공 – 빨간공 – 파란공
④ 흰공 – 노란공 – 빨간공 – 파란공 – 검은공
⑤ 흰공 – 빨간공 – 노란공 – 검은공 – 파란공

14 S사에서는 사내 직원들의 친목 도모를 위해 산악회를 운영하고 있다. A~D 4명 중 최소 1명 이상이 산악회 회원이라고 할 때, 다음 내용에 따라 항상 참인 것은?

> • C가 산악회 회원이면 D도 산악회 회원이다.
> • A가 산악회 회원이면 D는 산악회 회원이 아니다.
> • D가 산악회 회원이 아니면 B가 산악회 회원이 아니거나 C가 산악회 회원이다.
> • D가 산악회 회원이면 B는 산악회 회원이고 C도 산악회 회원이다.

① A는 산악회 회원이다.
② B는 산악회 회원이 아니다.
③ C는 산악회 회원이 아니다.
④ B와 D의 산악회 회원 여부는 같다.
⑤ A~D 중 산악회 회원은 2명이다.

15 **수영, 슬기, 경애, 정서, 민경의 머리 길이가 서로 다르다고 할 때, 다음 중 바르게 추론한 것은?**

- 수영이는 단발머리로 슬기와 경애의 머리보다 짧다.
- 정서의 머리는 수영보다 길지만, 슬기보다는 짧다.
- 경애의 머리는 정서보다 길지만, 슬기보다는 짧다.
- 민경의 머리는 경애보다 길지만, 다섯 명 중에 가장 길지는 않다.

① 경애는 단발머리이다.
② 슬기의 머리가 가장 길다.
③ 민경의 머리는 슬기보다 길다.
④ 수영의 머리가 다섯 명 중 가장 짧지는 않다.
⑤ 머리가 긴 순서대로 나열하면 '슬기 – 정서 – 민경 – 경애 – 수영'이다.

16 **경찰은 용의자 5명을 대상으로 수사를 벌이고 있다. 범인을 검거하기 위해 경찰은 용의자 5명을 심문하였다. 5명은 다음과 같이 진술하였으며, 이 중 2명의 진술은 참이고, 3명의 진술은 거짓이라고 할 때, 범인은 누구인가?(단, 범행 현장에는 범죄자와 목격자가 있고, 범죄자는 목격자가 아니며, 모든 사람은 참이나 거짓만 말한다)**

- A : 나는 범인이 아니고, 나와 E만 범행 현장에 있었다.
- B : C와 D는 범인이 아니고, 목격자는 2명이다.
- C : 나는 B와 함께 있었고, 범행 현장에 있지 않았다.
- D : C의 말은 모두 참이고, B가 범인이다.
- E : 나는 범행 현장에 있었고, A가 범인이다.

① A
② B
③ C
④ D
⑤ E

Hard

17 **20대 남녀, 30대 남녀, 40대 남녀 6명이 뮤지컬 관람을 위해 공연장을 찾았다. 다음 〈조건〉을 참고할 때, 항상 참인 것은?**

조건

- 양 끝자리에는 다른 성별이 앉는다.
- 40대 남성은 왼쪽에서 두 번째 자리에 앉는다.
- 30대 남녀는 서로 인접하여 앉지 않는다.
- 30대와 40대는 인접하여 앉지 않는다.
- 30대 남성은 맨 오른쪽 끝자리에 앉는다.

〈뮤지컬 관람석〉

① 20대 남녀는 서로 인접하여 앉는다.

② 20대 남성은 40대 여성과 인접하여 앉는다.

③ 20대 남녀는 왼쪽에서 첫 번째 자리에 앉을 수 없다.

④ 30대 남성은 20대 여성과 인접하여 앉지 않는다.

⑤ 40대 남녀는 서로 인접하여 앉지 않는다.

Easy

18 **S사의 A～D 4명은 각각 다른 팀에 근무하는데, 각 팀은 2층, 3층, 4층, 5층에 위치하고 있다. 〈조건〉을 참고할 때, 다음 중 항상 참인 것은?**

조건

- A, B, C, D 중 2명은 부장, 1명은 과장, 1명은 대리이다.
- 대리의 사무실은 B보다 높은 층에 있다.
- B는 과장이다.
- A는 대리가 아니다.
- A의 사무실이 가장 높다.

① A는 부장이다.

② B는 2층에 근무한다.

③ C는 대리이다.

④ 대리는 4층에 근무한다.

⑤ 부장 중 1명은 반드시 2층에 근무한다.

19 **S사는 공개 채용을 통해 4명의 남자 사원과 2명의 여자 사원을 최종 선발하였고, 선발된 6명의 신입 사원을 기획부, 인사부, 구매부에 배치하려고 한다. 〈조건〉에 따라 신입 사원을 배치할 때, 다음 중 참이 아닌 것은?**

조건

- 기획부, 인사부, 구매부 각 부서에 적어도 1명의 신입 사원을 배치한다.
- 기획부, 인사부, 구매부에 배치되는 신입 사원의 수는 서로 다르다.
- 부서별로 배치되는 신입 사원의 수는 구매부가 가장 적고, 기획부가 가장 많다.
- 여자 신입 사원만 배치되는 부서는 없다.

① 인사부에는 2명의 신입 사원이 배치된다.
② 구매부에는 1명의 남자 신입 사원이 배치된다.
③ 기획부에는 반드시 여자 신입 사원이 배치된다.
④ 인사부에는 반드시 여자 신입 사원이 배치된다.
⑤ 인사부에는 1명 이상의 남자 신입 사원이 배치된다.

PART 2

20 **낮 12시경 준표네 집에 도둑이 들었다. 목격자에 의하면 도둑은 1명이다. 다음은 이 사건의 용의자인 A～E 5명의 진술 내용이다. 5명 중 오직 2명만이 거짓을 말하고 있고 거짓을 말하는 2명 중 1명이 범인이라면, 범인은 누구인가?**

- A : 나는 사건이 일어난 낮 12시에 학교에 있었다.
- B : 그날 낮 12시에 나는 A, C와 함께 있었다.
- C : B는 그날 낮 12시에 A와 부산에 있었다.
- D : B의 진술은 참이다.
- E : C는 그날 낮 12시에 나와 단 둘이 함께 있었다.

① A
② B
③ C
④ D
⑤ E

05 수열추리

※ 일정한 규칙으로 수를 나열할 때, 빈칸에 들어갈 수로 알맞은 것을 고르시오. [1~12]

01

1	2	6	9	21	30	66	( )

① 87
② 93
③ 104
④ 111
⑤ 120

02

2	1	3	4	10	−5	1	4	1.5	3.5	3	( )

① 0
② 0.5
③ 1
④ 1.5
⑤ 2

03

−15.15	17.18	−21.24	27.33	( )	45.6	−57.78	71.99	−88.23

① −35.45
② −36.55
③ −37.65
④ −38.75
⑤ −39.85

04

( )	$3\frac{5}{10}$	$5\frac{8}{17}$	$7\frac{11}{24}$	$9\frac{14}{31}$	$11\frac{17}{38}$	$13\frac{20}{45}$

① 0
② $\frac{2}{3}$
③ 1
④ $1\frac{1}{3}$
⑤ $1\frac{2}{3}$

PART 2

05

$\frac{7}{5}$	$\frac{21}{20}$	$\frac{1}{20}$	$\frac{3}{80}$	( )	$-\frac{231}{320}$

① $-\frac{76}{80}$
② $-\frac{77}{80}$
③ $-\frac{78}{80}$
④ $-\frac{79}{80}$
⑤ -1

06

( )	$\frac{2}{7}$	$\frac{4}{21}$	$\frac{8}{63}$	$\frac{16}{189}$	$\frac{32}{567}$

① $\frac{1}{7}$
② $\frac{2}{7}$
③ $\frac{3}{7}$
④ $\frac{4}{7}$
⑤ $\frac{5}{7}$

Easy

07

$\frac{3}{17}$ $\frac{9}{21}$ $\frac{27}{29}$ $\frac{81}{41}$ $\frac{243}{57}$ ( )

① $\frac{727}{79}$
② $\frac{729}{77}$
③ $\frac{741}{77}$
④ $\frac{741}{78}$
⑤ $\frac{762}{77}$

08

$\frac{1}{3}$ $\frac{2}{3}$ $\frac{2}{6}$ $\frac{5}{12}$ $\frac{11}{60}$ ( )

① $\frac{59}{360}$
② $\frac{34}{480}$
③ $\frac{59}{660}$
④ $\frac{62}{720}$
⑤ $\frac{59}{840}$

09

5 0 1 5 3 ( ) 6 2 36

① 15
② 45
③ 75
④ 125
⑤ 155

10

2 4 20 3 5 34 4 5 41 5 6 ( )

① 41
② 50
③ 52
④ 61
⑤ 62

11

22 4 6 19 7 3 8 ( ) 2

① 5 ② 7
③ 9 ④ 10
⑤ 11

12

6 3 45 10 ( ) 60 8 4 60

① 2 ② 3
③ 4 ④ 5
⑤ 6

Easy

13 일정한 규칙으로 수를 나열할 때, (A+B)×2의 값은?

(A) 17 27 44 71 (B)

① 220 ② 230
③ 240 ④ 250
⑤ 260

14 일정한 규칙으로 수를 나열할 때, A−B의 값은?

7 (A) 2 −7 −9 (B)

① −2 ② 2
③ 11 ④ −16
⑤ 16

15 일정한 규칙으로 수를 나열할 때, 3A−2B의 값은?

2	3	−1	(A)	−5	9	(B)

① 55
② 52
③ 46
④ 40
⑤ 36

16 일정한 규칙으로 수를 나열할 때, A×B의 값은?

(A)	6	4	8	0	16	(B)

① −8
② 16
③ −24
④ 40
⑤ −80

17 다음 수열의 12번째 항의 값은?

−13	7	9	−3	1	5	−3	−3	6	−7	5	…

① −3
② 5
③ −4
④ 6
⑤ −7

18 다음 수열의 15번째 항의 값은?

10	12	21	19	43	33	87	61	175	117	…

① 1,325
② 1,366
③ 1,407
④ 1,448
⑤ 1,489

PART 2

19 다음 수열의 2,023번째 항의 값은?

-3	2	-5	4	-7	8	-9	16	…

① $-2,021$
② $-2,023$
③ $-2,025$
④ $-2,027$
⑤ $-2,029$

20 다음 수열의 101번째 항의 값은?

$\frac{7}{11}$	$\frac{2}{22}$	$-\frac{3}{33}$	$-\frac{8}{44}$	…

① $-\frac{327}{1,111}$
② $-\frac{327}{1,100}$
③ $-\frac{493}{1,111}$
④ $-\frac{493}{1,100}$
⑤ $-\frac{511}{1,100}$

제 4 회

최종점검 모의고사

응시시간 : 75분 문항 수 : 100문항

정답 및 해설 p.088

01 언어이해

※ 다음 글의 중심 내용으로 가장 적절한 것을 고르시오. [1~2]

Easy

01

신문이 진실을 보도해야 한다는 것은 새삼스러운 설명이 필요 없는 당연한 이야기이다. 정확한 보도를 하기 위해서는 문제를 전체적으로 보아야 하고, 역사적으로 새로운 가치의 편에서 봐야 하며 무엇이 근거이고, 무엇이 조건인가를 명확히 해야 한다. 그런데 이러한 준칙을 강조하는 것은 기자들의 기사 작성 기술이 미숙하기 때문이 아니라, 이해관계에 따라 특정 보도의 내용이 달라지기 때문이다. 자신들에게 유리하도록 기사가 보도되게 하려는 외부 세력이 있으므로 진실 보도는 일반적으로 수난의 길을 걷게 마련이다. 신문은 스스로 자신들의 임무가 '사실 보도'라고 말한다. 그 임무를 다하기 위해 신문은 자신들의 이해관계에 따라 진실을 왜곡하려는 권력과 이익 집단, 그 구속과 억압의 논리로부터 자유로워야 한다.

① 진실 보도를 위하여 구속과 억압의 논리로부터 자유로워야 한다.
② 자신들에게 유리하도록 기사가 보도되게 하는 외부 세력이 있다.
③ 신문의 임무는 '사실 보도'이나, 진실 보도는 수난의 길을 걷는다.
④ 정확한 보도를 하기 위하여 전체적 시각을 가져야 한다.
⑤ 신문 보도에 있어 준칙을 강조하는 것은 기자들의 기사 작성 기술이 미숙하기 때문이다.

02

소액주주의 권익을 보호하고, 기업 경영의 투명성을 높여 궁극적으로 자본시장에서 기업의 자금 조달을 원활히 함으로써 기업의 중장기적인 가치를 제고해 나가기 위해 집단 소송제 도입이 필요하다. 즉, 집단 소송제의 도입은 국민 경제뿐만 아니라 기업 스스로의 가치 제고를 위해서도 바람직한 것이다. 현재 집단 소송제를 시행하고 있는 미국의 경우 전 세계적으로 자본시장이 가장 발달되었으며 시장의 투명성과 공정성이 높아 기업들이 높은 투자가치를 인정받고 있다.

① 집단 소송제는 시장에 의한 기업 지배 구조 개선을 가능하게 한다.
② 집단 소송제를 도입할 경우 경영의 투명성을 높여 결국 기업에 이득이 된다.
③ 기업의 투명성과 공정성은 집단 소송제의 시행 유무에 따라 판단된다.
④ 제도를 도입함으로써 제기되는 부작용은 미국의 경험과 사례로 방지할 수 있다.
⑤ 선진국 계열에 올라서기 위해서 집단 소송제를 시행해야 한다.

※ 다음 글을 읽고 추론한 내용으로 가장 적절한 것을 고르시오. [3~4]

03

스토리슈머는 이야기를 뜻하는 스토리(Story)와 소비자를 뜻하는 컨슈머(Consumer)가 합쳐져 '이야기를 찾는 소비자'를 지칭하는 말이다. 최근 기업들이 경기 불황과 치열한 경쟁 속에서 살아남기 위해 색다른 마케팅 방안을 모색하고 있다. 단순히 이벤트나 제품을 설명하는 기존 방식에서 벗어나 소비자들이 서로 공감하는 이야기로 위로받는 심리를 반영해 마케팅에 활용하는 '스토리슈머 마케팅' 사례가 늘고 있다. 이는 소비자의 구매 요인이 기능에서 감성 중심으로 이동함에 따라 이야기를 소재로 하는 마케팅의 중요성이 늘어난 것을 반영한다. 특히 재미와 감성을 자극하는 콘텐츠 위주로 소비자들 사이에서 자연스럽게 스토리가 공유·확산되도록 유도할 수 있다.

① 스토리슈머 마케팅은 기존 마케팅보다 비용이 더 든다.
② 스토리슈머 마케팅은 재미있는 이야기여야만 마케팅 가치를 가진다.
③ 스토리슈머 마케팅은 제품의 기능을 더욱 강조한다.
④ 스토리슈머 마케팅은 현재 소비자들의 구매 요인을 파악한 마케팅 방안이다.
⑤ 모든 소비자는 이야기를 통해 위로받고 싶어 한다.

PART 2

04

무시무시한 자연재해가 자연을 정복하려는 인간에 대한 자연의 '보복'이라고 자책할 필요는 없다. 자연이 만물의 영장인 우리에게 특별한 관심을 보여 주기를 바라는 것은 우리의 소박한 희망일 뿐이다. 자연은 누구에게도 그런 너그러움을 보여줄 뜻이 없는 것이 확실하다. 위험한 자연에서 스스로 생존을 지켜내는 것은 우리의 가장 중요한 책무이다. 따라서 과학을 이용해 자연재해의 피해를 줄이고, 더욱 안전하고 안락한 삶을 추구하려는 우리의 노력은 계속되어야 한다.

① 과학의 발달로 인해 인간보다 자연이 더 큰 피해를 입었다.
② 의약품이 인간의 질병을 치유한 경우도 많다. 그러나 의약품 때문에 발생하는 질병도 많다.
③ 과욕을 버리면 질병이 치유될 수 있다. 왜냐하면 질병은 인간의 과욕이 부른 결과이기 때문이다.
④ 의학은 인간의 자연 치유력을 감소시킨 측면이 있다. 하지만 질병을 극복하기 위해서는 의학이 필요하다.
⑤ 인간의 몸은 스스로 치유의 능력이 있다. 예전에 아무런 의학 처방 없이 많은 질병이 치유된 것도 이 때문이다.

Easy

05 다음 글을 읽고 추론한 내용으로 적절하지 않은 것은?

초기의 독서는 소리 내어 읽는 음독 중심이었다. 고대 그리스인들은 쓰인 글이 완전해지려면 소리 내어 읽는 행위가 필요하다고 생각했다. 또한 초기의 두루마리 책은 띄어쓰기나 문장부호 없이 이어 쓰는 연속 기법으로 표기되어 어쩔 수 없이 독자가 자기 목소리로 문자의 뜻을 더듬어가며 읽어봐야 글을 이해할 수 있었다. 흡사 종교의식을 치르듯 성서나 경전을 진지하게 암송하는 낭독이나, 필자나 전문 낭독가가 낭독하는 것을 들음으로써 간접적으로 책을 읽는 낭독 – 듣기가 보편적이었다.
그러던 12세기 무렵 독서 역사에 큰 변화가 일어나는데, 그것은 유럽 수도원의 필경사들 사이에서 시작된 '소리를 내지 않고 읽는 묵독'의 발명이었다. 공동생활에서 소리를 최대한 낮춰 읽는 것이 불가피했던 것이다. 비슷한 시기에 두루마리 책을 완전히 대체하게 된 책자형 책은 주석을 참조하거나 앞부분을 다시 읽는 것을 가능하게 하여 묵독을 도왔다. 묵독이 시작되자 낱말의 간격이나 문장의 경계 등을 표시할 필요성이 생겨 띄어쓰기와 문장부호가 발달했다. 이와 함께 반체제, 에로티시즘, 신앙심 등 개인적 체험을 기록한 책도 점차 등장했다. 이러한 묵독은 꼼꼼히 읽는 분석적 읽기를 가능하게 했다.
음독과 묵독이 공존하던 18세기 중반에 새로운 독서 방식으로 다독이 등장했다. 금속활자와 인쇄술의 보급으로 책 생산이 이전의 3 ~ 4배로 증가하면서 다양한 장르의 책들이 출판되었다. 이전에 책을 접하지 못했던 여성들이 독자로 대거 유입되었고, 독서 조합과 대출 도서관 등 독서 기관이 급격히 증가했다. 이전 시대에는 제한된 목록의 고전을 여러 번 정독하는 집중형 독서가 주로 행해졌던 반면, 이제는 분산형 독서가 행해졌다. 이것은 필독서인 고전의 권위에 대항하여 자신이 읽고 싶은 것을 골라 읽는 자유로운 선택적 읽기를 뜻한다. 이처럼 오늘날 행해지는 다양한 독서 방식들은 장구한 시간의 흐름 속에서 하나씩 등장했다. 그래서 거기에는 당대의 지식사를 이끌었던 흔적들이 남아 있다.

① 다양한 내용의 책을 읽는 데에는 분산형 독서가 효과적이다.
② 분산형 독서는 고전이 전에 가졌던 권위를 약화시켰다.
③ 18세기 중반 이전에는 여성 독자의 수가 제한적이었다.
④ 책의 형태가 변화하면 독서의 방식도 따라서 변화하였다.
⑤ 책자형 책의 출현으로 인해 낭독의 확산이 가능해졌다.

06 다음 글의 전개 방식으로 가장 적절한 것은?

> 미국의 언어생태학자 드와잇 볼링거는 물과 공기 그리고 빛과 소리처럼 흐르는 것은 하나같이 오염 물질을 지니고 있으며 그것은 언어도 예외가 아니라고 밝힌다. 실제로 환경 위기나 생태계 위기 시대에 언어 오염은 환경 오염 못지않게 아주 심각하다. 환경 오염이 자연을 죽음으로 몰고 가듯이 언어 오염도 인간의 정신을 황폐하게 만든다.
>
> 그동안 말하고 글을 쓰는 방법에서 그야말로 엄청난 변화가 일어났다. 얼마 전까지만 하더라도 사람들은 말을 하거나 글을 쓸 때는 어느 정도 격식과 형식을 갖추었다. 그러나 구어든 문어든 지금 사람들이 사용하는 말이나 글은 불과 수십 년 전 사람들이 사용하던 그것과는 달라서 마치 전보문이나 쇼핑 목록을 적어 놓은 쪽지와 같다. 전통적인 의사소통에서는 '무엇'을 말하느냐와 마찬가지로 '어떻게' 말하느냐가 중요했다. 그러나 지금은 '어떻게' 말하느냐는 뒷전으로 밀려나고 오직 '무엇'을 말하느냐가 앞쪽에 나선다. 그러다 보니 말이나 글이 엑스레이로 찍은 사진처럼 살은 없고 뼈만 앙상하게 드러나 있다.
>
> 전자 기술의 눈부신 발달에 힘입어 영상 매체가 활자 매체를 밀어내고 그 자리에 이미지의 왕국을 세우면서 언어 오염은 날이 갈수록 더욱 심해져만 간다. 문명이 발달하면서 어쩔 수 없이 환경 오염이 생겨나듯이 언어 오염도 문명의 발달에 따른 자연스러운 언어 현상이므로 그렇게 우려할 필요가 없다고 주장하는 학자도 없지 않다. 그러나 컴퓨터를 통한 통신어에 따른 언어 오염은 이제 위험 수준을 훨씬 넘어 아주 심각한 지경에 이르렀다. 환경 오염을 그대로 내버려 두면 환경 재앙을 맞게 될 것이 불을 보듯 뻔한 것처럼 언어 오염도 인간의 영혼과 정신을 멍들게 할 뿐만 아니라 궁극적으로는 아예 의사소통 자체를 불가능하게 만들지도 모른다. '언어 재앙'이 이제 눈앞의 현실로 바짝 다가왔다.

① 비유를 사용하여 상대방의 논리를 지지하고 있다.
② 기존의 견해를 비판하면서 새로운 견해를 제시하고 있다.
③ 권위 있는 학자의 주장을 인용하여 내용을 전개하고 있다.
④ 구체적인 근거를 제시하여 자신의 주장을 뒷받침하고 있다.
⑤ 현상의 문제점을 분석하고, 이에 대한 해결책을 제시하고 있다.

07 다음 글에 대한 반박으로 적절하지 않은 것은?

> 문화재 관리에서 중요한 개념이 복원과 보존이다. 복원은 훼손된 문화재를 원래대로 다시 만드는 것을, 보존은 더 이상 훼손되지 않도록 잘 간수하는 것을 의미한다. 이와 관련하여 훼손된 탑의 관리에 대한 논의가 한창이다.
> 나는 복원보다는 보존이 다음과 같은 근거에서 더 적절하다고 생각한다. 우선 탑을 보존하면 탑에 담긴 역사적 의미를 온전하게 전달할 수 있어 진정한 역사 교육이 가능하다. 탑은 백성들의 평화로운 삶을 기원하기 위해 만들어졌고, 이후 역사의 흐름 속에서 전란을 겪으며 훼손된 흔적들이 더해져 지금 모습으로 남아 있다. 그런데 탑을 복원하면 이런 역사적 의미들이 사라져 그 의미를 온전하게 전달할 수 없다.
> 다음으로 정확한 자료가 없이 탑을 복원하면 이는 결국 탑을 훼손하는 것이 될 수밖에 없다. 따라서 원래의 재료를 활용하지 못하고 과거의 건축 과정에 충실하게 탑을 복원하지 못하면 탑의 옛 모습을 온전하게 되살리는 것은 불가능하므로 탑을 보존하는 것이 더 바람직하다.
> 마지막으로 탑을 보존하면 탑과 주변 공간의 조화가 유지된다. 전문가에 따르면 탑은 주변 산수는 물론 절 내부 건축물들과의 조화를 고려하여 세워졌다고 한다. 이런 점을 무시하고 탑을 복원한다면 탑과 기존 공간의 조화가 사라지기 때문에 보존하는 것이 적절하다.
> 따라서 탑은 보존하는 것이 복원하는 것보다 더 적절하다고 생각한다. 건축 문화재의 경우 복원보다는 보존을 중시하는 국제적인 흐름을 고려했을 때도, 탑이 더 훼손되지 않도록 지금의 모습을 유지하고 관리하는 것이 문화재로서의 가치를 지키고 계승할 수 있는 바람직한 방법이라고 생각한다.

① 탑을 복원하더라도 탑에 담긴 역사적 의미는 사라지지 않는다.
② 탑을 복원하면 형태가 훼손된 탑에서는 느낄 수 없었던 탑의 형태적 아름다움을 느낄 수 있다.
③ 탑 복원에 필요한 자료를 충분히 수집하여 탑을 복원하면 탑의 옛 모습을 되살릴 수 있다.
④ 주변 공간과의 조화를 유지하는 방법으로 탑을 복원할 수 있다.
⑤ 탑을 복원하는 비용보다 보존하는 비용이 더 많이 든다.

08 다음 글의 제목으로 가장 적절한 것은?

시장경제는 국민 모두가 잘살기 위한 목적을 달성하기 위한 수단으로서 선택한 나라 살림의 운영 방식이다. 그러나 최근에 재계, 정계 그리고 경제 관료 사이에 벌어지고 있는 시장경제에 대한 논쟁은 마치 시장경제 그 자체가 목적인 것처럼 왜곡되고 있다. 국민들이 잘살기 위해서는 경제가 성장해야 한다. 그러나 경제가 성장했는데도 다수의 국민들이 잘사는 결과를 가져오지 못하고 경제적 강자들의 기득권을 확대 생산하는 결과만을 가져온다면 국민들은 시장경제를 버리고 대안적 경제 체제를 찾을 것이다. 그렇기 때문에 시장경제를 유지하기 위해서는 성장과 분배의 균형이 중요하다.
시장경제는 경쟁을 통해서 효율성을 높이고 성장을 달성한다. 경쟁의 동기는 사적인 이익을 추구하는 인간의 이기적 속성에 기인한다. 국민 각자는 모두가 함께 잘살기 위해서가 아니라 내가 잘살기 위해서 경쟁을 한다. 모두가 함께 잘살기 위한 공동의 목적을 달성하기 위한 수단으로 시장경제를 선택한 것이지만 개개인은 이기적인 동기로 시장에 참여하는 것이다. 이와 같이 시장경제는 개인과 공동의 목적이 서로 상반되는 모순을 갖는 것이 그 본질이다. 그래서 시장경제가 제대로 운영되기 위해서는 국가의 소임이 중요하다.
시장경제에서 국가가 할 일을 크게 세 가지로 나누어 볼 수 있다. 첫째는 경쟁을 유도하는 시장 체제를 만드는 것이고, 둘째는 공정한 경쟁이 이루어지도록 시장 질서를 세우는 것이며, 셋째는 경쟁의 결과로 얻은 성과가 모두에게 공평하게 분배되도록 조정하는 것이다. 최근에 벌어지고 있는 시장경제의 논쟁은 세 가지 국가의 역할 중에서 논쟁의 주체들이 자신의 이해관계에 따라서 선택적으로 시장경제를 왜곡하고 있다. 경쟁에서 강자의 위치를 확보한 재벌들은 경쟁 촉진을 주장하면서 공정경쟁이나 분배를 말하는 것은 반시장적이라고 매도한다. 정치권은 인기 영합의 수단으로 그리고 일부 노동계는 이기적 동기에서 분배를 주장하면서 분배의 전제가 되는 성장을 위해서 필요한 경쟁을 훼손하는 모순된 주장을 한다. 경제 관료들은 자신의 권력을 강화하기 위한 부처의 이기적인 관점에서 경쟁 촉진과 공정 경쟁 사이에서 줄타기 곡예를 하며 분배에 대해서 말하는 것은 금기시한다. 모두가 자신들의 기득권을 위해서 선택적으로 왜곡하고 있다.
경쟁은 원천적으로 공정성을 보장하지 못한다. 서로 다른 능력이 주어진 천부적인 차이는 물론이고, 물려받는 재산과 환경의 차이로 인하여 출발선에서부터 불공정한 경쟁이 시작된다. 그럼에도 경쟁은 창의력을 가지고 노력하는 사람에게 성공을 가져다주는 체제이다. 그래서 출발점이 다를지라도 노력과 능력에 따라서 성공의 기회가 제공되도록 보장하기 위해서 공정 경쟁이 중요하다.
경쟁은 또한 분배의 공평성을 보장하지 못한다. 경쟁의 결과는 경쟁에 참여한 모든 사람들의 노력의 결과로 이루어진 것이지, 승자만의 노력으로 이루어진 것은 아니다. 경쟁의 결과가 승자에 의해서 독점된다면 국민들은 경쟁의 참여를 거부할 수밖에 없다. 그래서 경쟁에 참여한 모두에게 공평한 분배가 이루어지는 것이 중요하다.

① 시장경제에서의 개인과 경쟁의 상호 관계
② 시장경제에서의 국가의 역할
③ 시장경제에서의 개인 상호 간의 경쟁
④ 시장경제에서의 경쟁의 양면성과 그 한계
⑤ 시장경제에서의 경쟁을 통한 개개인의 관계

PART 2

※ 다음 문단을 논리적 순서대로 바르게 나열한 것을 고르시오. [9~10]

09

(가) 역사드라마는 역사적 인물이나 사건 혹은 역사적 시간이나 공간에 대한 작가의 단일한 재해석 또는 상상이 아니라 현재를 살아가는 시청자에 의해 능동적으로 해석되고 상상된다.
(나) 이는 곧 과거의 시공간을 배경으로 한 TV 역사드라마가 현재를 지향하고 있음을 의미한다.
(다) 그래서 역사적 시간과 공간적 배경 속에 놓여 있는 등장인물과 지금 현재를 살아가는 시청자들이 대화를 나누기도 하고, 시청자들이 역사드라마를 주제로 삼아 사회적 담론의 장을 열기도 한다.
(라) 역사드라마는 이처럼 다중적으로 수용된다는 점에서 과거와 현재의 대화라는 역사의 속성을 견지한다.

① (가) – (나) – (다) – (라)
② (가) – (다) – (나) – (라)
③ (가) – (라) – (나) – (다)
④ (라) – (다) – (나) – (가)
⑤ (라) – (가) – (나) – (다)

Easy

10

(가) 덕후에 대한 사회의 시선도 달라졌다. 과거의 덕후는 이해할 수 없는 자기들만의 세계에 빠져 사는 소통 능력이 부족한 잉여 인간이라는 이미지가 강했다. 하지만 이제는 특정 분야에 해박한 지식을 가진 전문가, 독특한 취향을 지닌 조금 특이하지만 멋있는 존재로 받아들여진다. 전문가들은 이제 한국의 덕후는 단어의 어원이었던 일본의 오타쿠와는 완전히 다른 존재로 진화하고 있다고 진단한다.
(나) 현재 진화한 덕후들은 자신만의 취미에 더욱 몰입한다. 취향에 맞는다면 아낌없이 지갑을 연다. 좋아하는 대상도 다양해지고 있다. 립스틱이나 매니큐어 같은 화장품, 스타벅스 컵까지도 덕질(덕후+질)의 대상이 된다. 이른바 취향 소비를 덕후들이 이끌고 있는 것이다. 덕후들은 자신이 좋아하는 대상을 위해 댓글을 달며 기업이 내놓는 상품에 입김을 발휘하기도 한다. 아예 스스로 좋아하는 대상과 관련된 상품을 제작해 판매하기도 하고, 파생산업까지 나오고 있다.
(다) 덕후는 일본의 오타쿠(御宅)를 한국식으로 발음한 인터넷 신조어 오덕후를 줄인 말이다. 얼마 전까지 덕후 이미지는 사회성이 부족하거나 우스꽝스럽다는 식으로 그다지 긍정적이지 않았다. 하지만 최근 들어 인터넷과 SNS는 물론 일상생활에서도 자신이 덕후임을 만천하에 드러내며 덕밍아웃(덕후+커밍아웃)하는 사례가 늘고 있다.

① (가) – (나) – (다)
② (가) – (다) – (나)
③ (나) – (가) – (다)
④ (다) – (가) – (나)
⑤ (다) – (나) – (가)

11 다음 제시된 글을 읽고, 이어질 문단을 논리적 순서대로 바르게 나열한 것은?

우리가 익숙하게 먹는 음식인 피자는 이탈리아에서 나타난 음식으로, 고대 로마에서도 이와 비슷한 음식을 먹었다는 기록은 있지만 현대적 의미에서의 피자는 19세기 말에 이탈리아에서 등장했다고 볼 수 있다.

(가) 그러나 나폴리식 피자는 재료의 풍족하지 못함을 철저한 인증제도의 도입으로 메꿈으로써 그 영향력을 발휘하고 있는데, 나폴리식 피자의 인증을 받기 위해서는 밀가루부터 피자를 굽는 과정까지 철저한 검증을 받아야 한다.

(나) 피자의 본토인 이탈리아나 피자가 유명한 미국 등에서 피자가 간편하고 저렴한 음식으로 인식되고 있는 것에 비해, 한국에서 피자는 저렴한 음식이라고는 볼 수 없는데, 이는 피자의 도입과 확산의 과정과 무관하다고 하기는 어려울 것이다.

(다) 이탈리아의 피자는 남부의 나폴리식 피자와 중북부의 로마식 피자로 나뉘는데, 이탈리아의 남부는 예전부터 중북부에 비해 가난한 지역이었기 때문에 로마식 피자에 비해 나폴리식 피자의 토핑은 풍족하지 못한 편이다.

(라) 한국의 경우 피자가 본격적으로 자리 잡기 시작한 것은 1960년대부터로, 한국에서 이탈리아 음식을 최초로 전문적으로 팔기 시작한 '라 칸티나'의 등장과 함께였다. 이후 피자는 호텔을 중심으로 퍼져나가게 되었다.

① (가) – (다) – (라) – (나)
② (다) – (가) – (라) – (나)
③ (다) – (라) – (가) – (나)
④ (라) – (나) – (가) – (다)
⑤ (라) – (나) – (다) – (가)

Hard

12 다음 글의 내용으로 가장 적절한 것은?

한국, 중국 등 동아시아 사회에서 오랫동안 유지되었던 과거제는 세습적 권리와 무관하게 능력주의적인 시험을 통해 관료를 선발하는 제도라는 점에서 합리성을 갖추고 있었다. 정부의 관직을 두고 정기적으로 시행되는 공개 시험인 과거제가 도입되어, 높은 지위를 얻기 위해서는 신분이나 추천보다 시험 성적이 더욱 중요해졌다.

명확하고 합리적인 기준에 따른 관료 선발 제도라는 공정성을 바탕으로 과거제는 보다 많은 사람들에게 사회적 지위 획득의 기회를 줌으로써 개방성을 제고하여 사회적 유동성 역시 증대시켰다. 응시 자격에 일부 제한이 있었다 하더라도, 비교적 공정한 제도였음은 부정하기 어렵다. 시험 과정에서 익명성의 확보를 위한 여러 가지 장치를 도입한 것도 공정성 강화를 위한 노력을 보여준다.

과거제는 여러 가지 사회적 효과를 가져왔는데, 특히 학습에 강력한 동기를 제공함으로써 교육의 확대와 지식의 보급에 크게 기여했다. 그 결과 통치에 참여할 능력을 갖춘 지식인 집단이 폭넓게 형성되었다. 시험에 필요한 고전과 유교 경전이 주가 되는 학습의 내용은 도덕적인 가치 기준에 대한 광범위한 공유를 이끌어냈다. 또한 최종 단계까지 통과하지 못한 사람들에게도 국가가 여러 특권을 부여하고, 그들이 지방 사회에 기여하도록 하여 경쟁적 선발 제도가 가져올 수 있는 부작용을 완화하고자 노력했다.

동아시아에서 과거제가 천 년이 넘게 시행된 것은 과거제의 합리성이 사회적 안정에 기여했음을 보여준다. 과거제는 왕조의 교체와 같은 변화에도 불구하고 동질적인 엘리트층의 연속성을 가져왔다. 그리고 이러한 연속성은 관료 선발 과정뿐 아니라 관료제에 기초한 통치의 안정성에도 기여했다.

과거제를 장기간 유지한 것은 세계적으로 드문 현상이었다. 과거제에 대한 정보는 선교사들을 통해 유럽에 전해져 많은 관심을 불러일으켰다. 일군의 유럽 계몽사상가들은 학자의 지식이 귀족의 세습적 지위보다 우위에 있는 체제를 정치적인 합리성을 갖춘 것으로 보았다. 이러한 관심은 사상적 동향뿐 아니라 실질적인 사회 제도에까지 영향을 미쳐서, 관료 선발에 시험을 통한 경쟁이 도입되기도 했다.

① 계몽사상가들은 귀족의 지위가 학자의 지식보다 우위에 있는 체제가 합리적이라고 여겼다.
② 시험을 통한 관료 선발 제도는 동아시아에만 있었던 제도이다.
③ 과거제는 몇몇 상위 지식인 집단을 만들어 통치에 기여하도록 했다.
④ 과거 시험의 최종 단계까지 통과하지 못하면 국가로부터 어떤 특권도 받을 수 없었다.
⑤ 국가는 경쟁을 바탕으로 한 과거제의 부작용을 완화하고자 노력하였다.

※ 다음 글의 내용으로 적절하지 않은 것을 고르시오. [13~14]

Easy

13

사람의 눈이 원래 하나였다면 세계를 입체적으로 지각할 수 있었을까? 입체 지각은 대상까지의 거리를 인식하여 세계를 3차원으로 파악하는 과정을 말한다. 입체 지각은 눈으로 들어오는 시각 정보로부터 다양한 단서를 얻어 이루어지는데 이를 양안 단서와 단안 단서로 구분할 수 있다.
양안 단서는 양쪽 눈이 함께 작용하여 얻어지는 것으로, 양쪽 눈에서 보내오는 시차(視差)가 있는 유사한 상이 대표적이다. 단안 단서는 한쪽 눈으로 얻을 수 있는 것인데, 사람은 단안 단서만으로도 이전의 경험으로부터 추론에 의하여 세계를 3차원으로 인식할 수 있다. 망막에 맺히는 상은 2차원이지만 그 상들 사이의 깊이의 차이를 인식하게 해주는 다양한 실마리들을 통해 입체 지각이 이루어진다.
동일한 물체의 크기가 다르게 시야에 들어오면 우리는 더 큰 시각(視角)을 가진 쪽이 더 가까이 있다고 인식한다. 이렇게 물체의 '상대적 크기'는 대표적인 단안 단서이다. 또 다른 단안 단서로는 '직선 원근'이 있다. 우리는 앞으로 뻗은 길이나 레일이 만들어내는 평행선의 폭이 좁은 쪽이 넓은 쪽보다 멀리 있다고 인식한다. 또 하나의 단안 단서인 '결 기울기'는 같은 대상이 집단적으로 어떤 면에 분포할 때, 시야에 동시에 나타나는 대상들의 연속적인 크기 변화로 얻어진다.

① 세계를 입체적으로 지각하기 위해서는 단서가 되는 다양한 시각 정보가 필요하다.
② 단안 단서에는 물체의 상대적 크기, 직선 원근, 결 기울기 등이 있다.
③ 사고로 한쪽 눈의 시력을 잃은 사람은 입체 지각이 불가능하다.
④ 대상까지의 거리를 인식할 수 있어야 세계를 입체적으로 지각할 수 있다.
⑤ 들판에 만발한 꽃을 보면 앞쪽은 꽃이 크고 뒤로 가면서 작아지는 것처럼 보인다.

PART 2

14

현대 우주론의 출발점은 1917년 아인슈타인이 발표한 정적 우주론이다. 아인슈타인은 우주는 팽창하지도 수축하지도 않는다고 주장했다. 그런데 위 이론의 토대가 된 아인슈타인의 일반 상대성 이론을 면밀히 살핀 러시아의 수학자 프리드먼과 벨기에의 신부 르메트르의 생각은 아인슈타인과 달랐다. 프리드먼은 1922년 "우주는 극도의 고밀도 상태에서 시작돼 점차 팽창하면서 밀도가 낮아졌다."라는 주장을, 르메트르는 1927년 "우주가 원시 원자들의 폭발로 시작됐다."라는 주장을 각각 논문으로 발표했다. 그러나 아인슈타인은 그들의 논문을 무시해 버렸다.

① 아인슈타인의 정적 우주론에 대한 반론이 제기되었다.
② 정적 우주론은 일반 상대성 이론의 연장선상에 있는 이론이다.
③ 프리드먼의 이론과 르메트르의 이론은 양립할 수 없는 관계이다.
④ 아인슈타인은 프리드먼과 르메트르의 주장을 받아들이지 않았다.
⑤ 아인슈타인의 이론과 프리드먼의 이론은 양립할 수 없는 관계이다.

15 다음 글에서 〈보기〉의 문단이 들어갈 위치로 가장 적절한 곳은?

(가) 나는 하나의 생각하는 것이다. 즉, 의심하고, 긍정하고, 부정하고, 약간의 것을 알고 많은 것을 모르며, 바라고 바라지 않으며 또 상상하고, 감각하는 어떤 것이다. 왜냐하면 앞서 내가 깨달은 바와 같이 설사 내가 감각하고 상상하는 것들이 내 밖에서는 아마도 무(無)라고 할지라도 내가 감각 및 상상이라고 부르는 이 사고방식만큼은 그것이 하나의 사고방식인 한, 확실히 내 속에 있음을 내가 확신하기 때문이다. 그리고 이 몇 마디 말로써 나는 내가 참으로 알고 있는 것을 혹은 지금까지 알고 있다고 생각한 모든 것을 요약했다고 믿는다.
(나) 하지만 전에 내가 매우 확실하고 명백하다고 인정한 것으로서 그 후 의심스러운 것이라고 알게 된 것이 많다. 무엇이 이런 것들이었는가? 그것은 땅, 하늘, 별들, 이밖에 내가 감각을 통하여 알게 된 모든 것이었다. (다) 그러면 나는 이것들에 대해서 무엇을 명석하게 지각하고 있었는가? 물론 이것들의 관념 자체, 즉 이것들에 대한 생각이 내 정신에 나타났었다고 하는 것이다. 그리고 이러한 관념들이 내 속에 있다는 것에 대해서는 나는 지금도 부정하지 않는다.
(라) 그러나 한편 나는, 내가 아주 명석하게 지각하는 것들을 바라볼 때마다 다음과 같이 외치지 않을 수 없다. 누구든지 나를 속일 수 있거든 속여 보라. 그러나 내가 나를 어떤 무엇이라고 생각하고 있는 동안은 결코 나를 무(無)이게끔 할 수는 없을 것이다. 혹은 내가 있다고 하는 것이 참이라고 할진대 내가 현존한 적이 없었다고 하는 것이 언젠가 참된 것이 될 수는 없을 것이다. 또 혹은 2에 3을 더할 때 5보다 크게 되거나 작게 될 수 없으며, 이 밖에 이와 비슷한 일, 즉 거기서 내가 명백한 모순을 볼 수 있는 일이 생길 수는 없을 것이라고. 그리고 확실히 나에게는 어떤 하느님이 기만자라고 보아야 할 아무 이유도 없고, 또 도대체 한 하느님이 있는지 없는지도 아직 충분히 알려져 있지 않으므로 그저 저러한 선입견에 기초를 둔 의심의 이유는 매우 박약하다. (마)

보기

그러나 산술이나 기하학에 대하여 아주 단순하고 쉬운 것, 가령 2에 3을 더하면 5가 된다고 하는 것 및 이와 비슷한 것을 내가 고찰하고 있었을 때, 나는 적어도 이것들을 참되다고 긍정할 만큼 명료하게 직관하고 있었던 것은 아닐까? 확실히 나는 나중에 이것들에 대해서도 의심할 수 있다고 판단하기는 했으나 이것은 하느님과 같은 어떤 전능자라면, 다시없이 명백하다고 여겨지는 것들에 대해서도 속을 수 있는 본성을 나에게 줄 수 있었다고 하는 생각이 내 마음에 떠올랐기 때문일 따름이었다.

① (가)
② (나)
③ (다)
④ (라)
⑤ (마)

Hard

16 다음 글의 '나'의 입장에서 비판할 수 있는 것들을 〈보기〉 중에서 모두 고르면?

어떤 사람이 내게 말했다.
"어제 저녁, 어떤 사람이 몽둥이로 개를 때려죽이는 것을 보았네. 그 모습이 불쌍해 마음이 너무 아팠네. 그래서 이제부터는 개고기나 돼지고기를 먹지 않을 생각이네."
그 말을 듣고, 내가 말했다.
"어제 저녁, 어떤 사람이 화로 옆에서 이를 잡아 태워 죽이는 것을 보고 마음이 무척 아팠네. 그래서 다시는 이를 잡지 않겠다고 맹세를 하였네."
그러자 그 사람은 화를 내며 말했다.
"이는 하찮은 존재가 아닌가? 나는 큰 동물이 죽는 것을 보고 불쌍한 생각이 들어 말한 것인데, 그대는 어찌 그런 사소한 것이 죽는 것과 비교하는가? 그대는 지금 나를 놀리는 것인가?"
나는 좀 구체적으로 설명할 필요를 느꼈다.
"무릇 살아 있는 것은 사람으로부터 소, 말, 돼지, 양, 곤충, 개미에 이르기까지 모두 사는 것을 원하고 죽는 것을 싫어한다네. 어찌 큰 것만 죽음을 싫어하고 작은 것은 싫어하지 않겠는가? 그렇다면 개와 이의 죽음은 같은 것이겠지. 그래서 이를 들어 말한 것이지, 어찌 그대를 놀리려는 뜻이 있었겠는가? 내 말을 믿지 못하거든, 그대의 열손가락을 깨물어 보게나. 엄지손가락만 아프고 나머지 손가락은 안 아프겠는가? 우리 몸에 있는 것은 크고 작은 마디를 막론하고 그 아픔은 모두 같은 것일세. 더구나 개나 이나 각기 생명을 받아 태어났는데, 어찌 하나는 죽음을 싫어하고 하나는 좋아하겠는가? 그대는 눈을 감고 조용히 생각해 보게. 그리하여 달팽이의 뿔을 소의 뿔과 같이 보고, 메추리를 큰 붕새와 동일하게 보도록 노력하게나. 그런 뒤에야 내가 그대와 더불어 도(道)를 말할 수 있을 걸세."

– 이규보, 「슬견설」

보기

㉠ 중동의 분쟁에는 관심을 집중하지만, 아프리카에서 굶주림으로 죽어가는 아이들에게는 침묵하는 세계 여론
㉡ 우리의 역사를 객관적인 관점에서 평가해야 한다고 주장하는 한 대학의 교수
㉢ 집안일은 전통적으로 여자들이 해야 하는 일이므로, 남자는 집안일을 할 필요가 없다고 생각하는 우리 아빠
㉣ 외국인 노동자들에게 적절한 임금과 근로조건을 제공해 주지 않으려 하는 한 기업의 대표
㉤ 구체적인 자료를 통해 범죄 사실을 입증하려는 검사

① ㉠, ㉡, ㉣
② ㉠, ㉢, ㉣
③ ㉡, ㉣, ㉤
④ ㉠, ㉡, ㉢, ㉣
⑤ ㉡, ㉢, ㉣, ㉤

PART 2

17 다음 기사문의 제목으로 적절하지 않은 것은?

대・중소기업 간 동반성장을 위한 '상생'이 산업계의 화두로 조명받고 있다. 4차 산업혁명 시대 도래 등 글로벌 시장에서의 경쟁이 날로 치열해지는 상황에서 대기업과 중소기업이 힘을 합쳐야 살아남을 수 있다는 위기감이 상생의 중요성을 부각하고 있다고 분석한다. 재계 관계자는 "그동안 반도체, 자동차 등 제조업에서 세계적인 경쟁력을 갖출 수 있었던 배경에는 대기업과 협력업체 간 상생의 역할이 컸다."며 "고속 성장기를 지나 지속 가능한 구조로 한 단계 더 도약하기 위해 상생경영이 중요하다."라고 강조했다.

우리 기업들은 협력사의 경쟁력 향상이 곧 기업의 성장으로 이어질 것으로 보고 2・3차 중소 협력업체들과의 상생경영에 힘쓰고 있다. 단순히 갑을 관계에서 대기업을 서포트해야 하는 존재가 아니라 상호 발전을 위한 동반자라는 인식이 자리 잡고 있다는 분석이다. 이에 따라 협력사들에 대한 지원도 거래대금 현금 지급 등 1차원적인 지원 방식에서 벗어나 경영 노하우 전수, 기술 이전 등을 통한 '상생 생태계' 구축에 도움을 주는 방향으로 초점이 맞춰지는 추세다.

특히 최근에는 상생협력이 대기업이 중소기업에 주는 일시적인 시혜 차원의 문제가 아니라 경쟁에서 살아남기 위한 생존 문제와 직결된다는 인식이 강하다. 협약을 통해 협력업체를 지원해 준 대기업이 업체의 기술력 향상으로 더 큰 이득으로 보상받고 이를 통해 우리 산업의 경쟁력이 강화될 것이란 설명이다.

경제 전문가는 "대・중소기업 간의 상생협력이 강제 수단이 아니라 문화적으로 자리 잡아야 할 시기"라며 "대기업, 특히 오너 중심의 대기업들도 단기적인 수익이 아닌 장기적인 시각에서 질적 평가를 통해 협력업체의 경쟁력을 키울 방안을 고민해야 한다."라고 강조했다.

이와 관련해 국내 주요 기업들은 대기업보다 연구개발(R&D) 인력과 관련 노하우가 부족한 협력사들을 위해 각종 노하우를 전수하는 프로그램을 운영 중이다. S전자는 협력사들에 기술 노하우를 전수하기 위해 경영관리 제조 개발 품질 등 해당 전문 분야에서 20년 이상 노하우를 가진 S전자 임원과 부장급 100여 명으로 '상생컨설팅팀'을 구성했다. 지난해부터는 해외에 진출한 국내 협력사에도 노하우를 전수하고 있다.

① 상생경영, 함께 가야 멀리 간다.
② 동반성장을 위한 상생의 중요성
③ 시혜적 차원에서의 대기업 지원의 중요성
④ 지속 가능한 구조를 위한 상생협력의 중요성
⑤ 대기업과 중소기업, 상호 발전을 위한 동반자로

Hard

18 다음 글의 빈칸에 들어갈 내용으로 가장 적절한 것은?

포논(Phonon)이라는 용어는 소리(Pho-)라는 접두어에 입자(-non)라는 접미어를 붙여 만든 단어로, 실제로 포논이 고체 안에서 소리를 전달하기 때문에 이런 이름이 붙었다. 어떤 고체의 한쪽을 두드리면 포논이 전파해 반대쪽에서 소리를 들을 수 있다.

아인슈타인이 새롭게 만든 고체의 비열 공식(아인슈타인 모형)은 실험 결과와 상당히 잘 맞았다. 그런데 그의 성공은 고체 내부의 진동을 포논으로 해석한 데에만 있지 않다. 그는 포논이 보존(Boson) 입자라는 사실을 간파하고, 고체 내부의 세상에 보존의 물리학(보즈-아인슈타인 통계)을 적용했다. 비로소 고체의 비열이 온도에 따라 달라진다는 결론을 얻을 수 있었다.

양자역학의 세계에서 입자는 스핀 상태에 따라 분류된다. 스핀이 1/2의 홀수배(1/2, 3/2, …)인 입자들은 원자로를 개발한 유명한 물리학자 엔리코 페르미의 이름을 따 '페르미온'이라고 부른다. 오스트리아의 이론물리학자 볼프강 파울리는 페르미온들은 같은 에너지 상태를 가질 수 없고 서로 배척한다는 사실을 알아냈다(즉, 같은 에너지 상태에서는 + / - 반대의 스핀을 갖는 페르미온끼리만 같이 존재할 수 있다). 이를 '파울리의 배타원리'라고 한다. 페르미온은 대개 양성자, 중성자, 전자 같은 물질을 구성하며, 파울리의 배타원리에 따라 페르미온 입자로 이뤄진 물질은 우리가 손으로 만질 수 있다.

스핀이 0, 1, 2, … 등 정수 값인 입자도 있다. 바로 보존이다. 인도의 무명 물리학자였던 사티엔드라 나트 보즈의 이름을 본 땄다. 보즈는 페르미가 개발한 페르미 통계를 공부하고 보존의 물리학을 만들었다. 당시 그는 박사학위도 없는 무명의 물리학자여서 논문을 작성한 뒤 아인슈타인에게 편지로 보냈다. 다행히 아인슈타인은 그 논문을 쓰레기통에 넣지 않고 꼼꼼히 읽어본 뒤 자신의 생각을 첨가하고 독일어로 번역해 학술지에 제출했다. 바로 보존 입자의 물리학(보즈-아인슈타인 통계)이다. 이에 따르면, 보존 입자는 페르미온과 달리 파울리의 배타원리를 따르지 않는다. 따라서 같은 에너지 상태를 지닌 입자라도 서로 겹쳐서 존재할 수 있다. 만져지지 않는 에너지 덩어리인 셈이다. 이들 보존 입자는 대개 힘을 매개한다.

빛 알갱이, 즉 ________________ 빛은 실험을 해보면 입자의 특성을 보이지만, 질량이 없고 물질을 투과하며 만져지지 않는다. 포논은 어떨까? 원자 사이의 용수철 진동을 양자화 한 것이므로 물질이 아니라 단순한 에너지의 진동으로서 파울리의 배타원리를 따르지 않는다. 즉, 포논은 광자와 마찬가지로 스핀이 0인 보존 입자다.

① 광자는 파울리의 배타원리를 따른다.
② 광자는 스핀 상태에 따라 분류할 수 없다.
③ 광자는 스핀이 1/2의 홀수배인 입자의 대표적인 예다.
④ 광자는 보존의 대표적인 예다.
⑤ 광자는 페르미온의 대표적인 예다.

PART 2

19 다음 글의 내용을 지지하지 않는 것은?

지구와 태양 사이의 거리와 지구가 태양 주위를 도는 방식은 인간의 생존에 유리한 여러 특징을 지니고 있다. 인간을 비롯한 생명이 생존하려면 행성은 액체 상태의 물을 포함하면서 너무 뜨겁거나 차갑지 않아야 한다. 이를 위해 행성은 태양과 같은 별에서 적당히 떨어져 있어야 한다. 이 적당한 영역을 '골디락스 영역'이라고 한다. 또한 지구가 태양의 중력장 주위를 도는 타원 궤도는 충분히 원에 가깝다. 따라서 연중 태양에서 오는 열에너지가 비교적 일정하게 유지될 수 있다. 만약 태양과의 거리가 일정하지 않았다면 지구는 여름에는 바다가 모두 끓어 넘치고 겨울에는 거대한 얼음덩어리가 되는 불모의 행성이었을 것이다.

우리 우주에 작용하는 근본적인 힘의 세기나 물리법칙도 인간을 비롯한 생명의 탄생에 유리하도록 미세하게 조정되어 있다. 예를 들어 근본적인 힘인 강한 핵력이나 전기력의 크기가 현재 값에서 조금만 달랐다면, 별의 내부에서 탄소처럼 무거운 원소는 만들어질 수 없었고 행성도 만들어질 수 없었을 것이다. 최근 들어 물리학자들은 이들 힘을 지배하는 법칙이 현재와 다르다면 우주는 구체적으로 어떤 모습이 될지 컴퓨터 모형으로 계산했다. 그 결과를 보면 강한 핵력의 강도가 겨우 0.5% 다르거나 전기력의 강도가 겨우 4% 다를 경우에도 탄소나 산소는 우주에서 합성되지 않는다. 따라서 생명 탄생의 가능성도 사라진다. 결국 강한 핵력이나 전기력을 지배하는 법칙들을 조금이라도 건드리면 우리가 존재할 가능성은 사라지는 것이다.

결론적으로 지구 주위 환경뿐만 아니라 보편적 자연법칙까지도 인류와 같은 생명이 진화해 살아가기에 알맞은 범위 안에 제한되어 있다고 할 수 있다. 만일 그러한 제한이 없었다면 태양계나 지구가 탄생할 수 없었을 뿐만 아니라 생명 또한 진화할 수 없었을 것이다. 우리가 아는 행성이나 생명이 탄생할 가능성을 열어두면서 물리법칙을 변경할 수 있는 폭은 매우 좁다.

① 탄소가 없는 상황에서도 생명은 자연적으로 진화할 수 있다.
② 중력법칙이 현재와 조금만 달라도 지구에 생명체가 존재할 수 없다.
③ 원자핵의 질량이 현재보다 조금 더 크다면 우리 몸을 이루는 원소는 합성되지 않는다.
④ 핵력의 강도가 현재와 약간만 달라도 별의 내부에서 무거운 원소가 거의 전부 사라진다.
⑤ 별 주위의 '골디락스 영역'에 행성이 위치할 확률은 매우 낮지만, 지구는 그 영역에 위치한다.

Hard

20 다음 글에 대한 반박으로 가장 적절한 것은?

> 우리 마을 사람들의 대부분은 산에 있는 밭이나 과수원에서 일한다. 그런데 마을 사람들이 밭이나 과수원에 갈 때 주로 이용하는 도로의 통행을 가로막은 울타리가 설치되었다. 그 도로는 산의 밭이나 과수원까지 차량이 통행할 수 있는 유일한 길이었다. 이러한 도로가 사유지 보호라는 명목으로 막혀서 땅 주인과 마을 사람들 간의 갈등이 심해지고 있다.
> 마을 사람들의 항의에 대해서 땅 주인은 자신의 사유 재산이 더 이상 훼손되는 것을 간과할 수 없어 통행을 막았다고 주장한다. 그 도로가 사유 재산이므로 독점적이고 배타적인 사용 권리가 있어서 도로 통행을 막은 것이 정당하다는 것이다.
> 마을 사람들은 그 도로가 10년 가까이 공공으로 사용되어 왔는데 사유 재산이라는 이유로 갑자기 통행을 금지하는 것은 부당하다고 주장하고 있다. 도로가 막히면 밭이나 과수원에서 농사를 짓는데 불편함이 크고 수확물을 차에 싣고 내려올 수도 없는 등의 피해를 입게 되는데, 개인의 권리 행사 때문에 이러한 피해를 입는 것은 부당하다는 것이다.
> 사유 재산에 대한 개인의 권리가 보장받는 것도 중요하지만, 그로 인해 다수가 피해를 입게 된다면 사익보다 공익을 우선시하여 개인의 권리가 제한되어야 한다고 생각한다. 만일 개인의 권리가 공익을 위해 제한되지 않으면 이번 일처럼 개인과 다수 간의 갈등이 발생할 수밖에 없다.
> 땅 주인은 사유 재산의 독점적이고 배타적인 사용을 주장하기에 앞서 마을 사람들이 생업의 곤란으로 겪는 어려움을 염두에 두어야 한다. 공익을 우선시하는 태도로 조속히 문제 해결을 위해 노력해야 할 것이다.

① 공익으로 인해 침해된 땅 주인의 사익은 적절한 보상을 통해 해결될 수 있다.

② 마을 사람들과 땅 주인의 갈등은 민주주의의 다수결의 원칙에 따라 해결해야 한다.

③ 해당 도로는 10년 가까이 공공으로 사용되었기 때문에 사유 재산으로 인정받을 수 없다.

④ 땅 주인은 개인의 권리 추구에 앞서 마을 사람들과 함께 더불어 살아가는 법을 배워야 한다.

⑤ 땅 주인의 권리 행사로 발생하는 피해가 법적으로 증명되어야만 땅 주인의 권리를 제한할 수 있다.

PART 2

01 다음은 시·군지역의 성별 비경제활동 인구에 대해 조사한 자료이다. 빈칸 (가), (다)에 들어갈 수를 바르게 연결한 것은?(단, 인구수는 백의 자리에서 반올림하고, 비중은 소수점 첫째 자리에서 반올림한다)

〈성별 비경제활동 인구〉

(단위 : 천 명, %)

구분	총계	남자		여자	
			비중		비중
시지역	7,800	2,574	(가)	5,226	(나)
군지역	1,149	(다)	33.5	(라)	66.5

	(가)	(다)
①	30	385
②	30	392
③	33	378
④	33	385
⑤	33	392

02 다음은 A～D사의 연간 매출액에 대한 자료이다. 빈칸에 들어갈 수로 옳은 것은?

〈A～D사의 연간 매출액〉

(단위 : 백억 원)

구분		2019년	2020년	2021년	2022년	2023년	2024년
A사	매출액	300	350	400	450	500	550
	순이익	9	10.5	12	13.5	15	16.5
B사	매출액	200	250	200	250	200	250
	순이익	4	7.5	4	7.5	4	7.5
C사	매출액	250	350	300	400	350	450
	순이익	5	10.5	12	20		31.5
D사	매출액	350	300	250	200	150	100
	순이익	7	6	5	4	3	2

※ (순이익)=(매출액)×(이익률)

① 21
② 23
③ 25
④ 27
⑤ 29

03 다음은 S사의 등급별 인원비율 및 성과 상여금에 대한 자료이다. 마케팅부서의 인원은 15명이고, 영업부서 인원은 11명일 때, 상여금에 대한 설명으로 옳지 않은 것은?(단, 인원은 소수점 첫째 자리에서 반올림한다)

〈등급별 인원비율 및 성과 상여금〉

(단위 : %, 만 원)

구 분	S	A	B	C
인원 비율	15	30	40	15
상여금	500	420	330	290

① 마케팅부서의 S등급과 영업부서의 C등급은 상여금을 받는 인원의 수가 동일하다.

② A등급 1인당 상여금은 B등급 1인당 상여금보다 약 27% 많다.

③ 영업부서 A등급과 B등급의 인원은 마케팅부서 인원보다 각각 2명씩 적다.

④ 마케팅부서에 지급되는 총 상여금은 5,660만 원이다.

⑤ 영업부서에 지급되는 총 상여금은 마케팅부서 총 상여금보다 1,200만 원이 적다.

Easy

04 다음은 출생연대별 개인주의 가치성향에 대한 자료이다. 이에 대한 설명으로 옳은 것은?

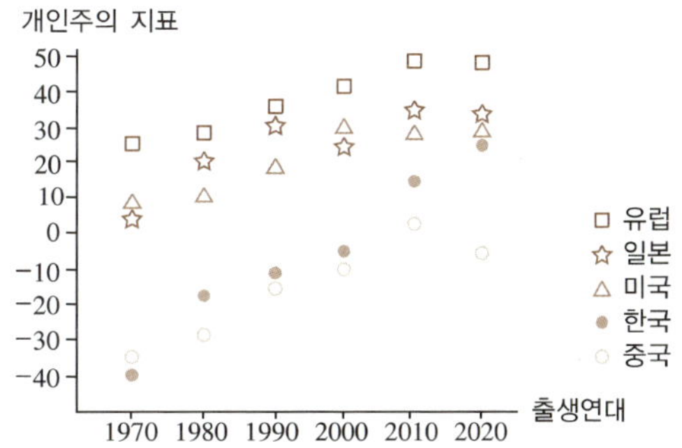

① 출생연대별로 개인주의 가치관의 차이는 한국보다 유럽이 큰 편이다.

② 한국을 제외하고는 나이와 개인주의 가치관이 항상 반비례하고 있다.

③ 유럽보다 중국의 2010년대생과 2020년대생은 비슷한 개인주의 성향을 보인다.

④ 1970년대생과 2020년대생의 개인주의 가치관의 차이는 일본이 가장 크다.

⑤ 대체로 유럽, 일본, 미국이 한국, 중국보다 개인주의 성향이 더 강하다.

Easy

05 다음은 60세 이상 인구를 대상으로 조사한 현재 자녀와의 동거 이유에 대한 자료이다. 이에 대한 설명으로 옳지 않은 것은?

〈현재 자녀와의 동거 이유(60세 이상 인구)〉

(단위 : %)

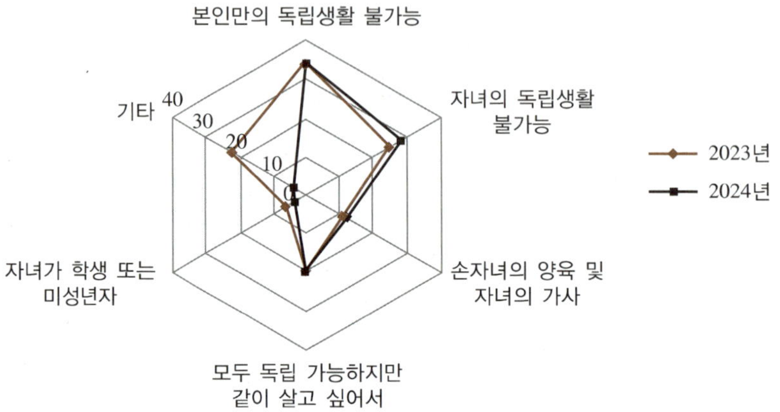

① 2023년에는 자녀의 독립생활이 불가능하기 때문에 자녀와 동거한다는 응답자가 가장 많았다.

② 2023년에는 자녀가 학생 또는 미성년자이기 때문에 자녀와 동거한다는 응답자가 가장 적었다.

③ 2024년에는 본인만의 독립생활이 불가능하기 때문에 자녀와 동거한다는 응답자가 가장 많았다.

④ 2024년에는 자녀와 본인 모두 독립 가능하지만 같이 살고 싶어서 동거한다고 응답한 비율이 약 20%였다.

⑤ 2024년에는 손자녀의 양육 및 자녀의 가사를 돕기 위해 자녀와 동거한다고 응답한 비율이 2023년과 거의 비슷했다.

06 다음은 19세 이상 성별 흡연율에 대한 자료이다. 이에 대한 설명으로 옳지 않은 것은?

〈19세 이상 성별 흡연율〉

(단위 : %)

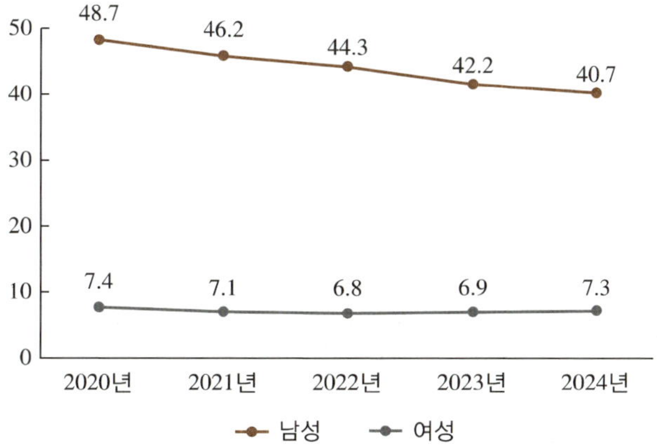

① 남성의 흡연율은 감소하고 있다.

② 여성의 흡연율은 감소에서 증가로 바뀌었다.

③ 남성과 여성의 흡연율 차이는 감소하고 있다.

④ 남성의 흡연율이 전년 대비 가장 많은 차이를 보이는 해는 2021년이다.

⑤ 여성의 흡연율이 전년 대비 가장 많은 차이를 보이는 해는 2022년이다.

07 S동에서는 임신한 주민에게 출산장려금을 지원하고자 한다. 출산장려금 지급 기준 및 S동에 거주하는 임산부에 대한 정보가 다음과 같을 때, 출산장려금을 가장 먼저 받을 수 있는 사람은?

〈S동 출산장려금 지급 기준〉

- 출산장려금 지급액은 모두 같으나, 지급 시기는 모두 다르다.
- 지급 순서 기준은 임신일, 자녀 수, 소득 수준 순서이다.
- 임신일이 길수록, 자녀가 많을수록, 소득 수준이 낮을수록 먼저 받는다(단, 자녀는 만 19세 미만의 아동 및 청소년으로 제한한다).
- 임신일, 자녀 수, 소득 수준이 모두 같으면 같은 날에 지급한다.

〈S동 거주 임산부 정보〉

구분	임신일	자녀	소득 수준
A임산부	150일	만 1세	하
B임산부	200일	만 3세	상
C임산부	100일	만 10세, 만 6세, 만 5세, 만 4세	상
D임산부	200일	만 7세, 만 5세, 만 3세	중
E임산부	200일	만 20세, 만 16세, 만 14세, 만 10세	상

① A임산부
② B임산부
③ C임산부
④ D임산부
⑤ E임산부

Easy

08 다음은 우리나라 역대 대통령 선거 지역별 투표율에 대한 자료이다. 이에 대한 설명으로 옳지 않은 것은?

〈역대 대통령 선거 지역별 투표율〉

(단위 : %)

구분	15대	16대	17대	18대
서울	80.5	71.4	62.9	75.1
부산	78.9	71.2	62.1	76.2
대구	78.9	71.1	66.8	79.7
인천	80	67.8	60.3	74
광주	89.9	78.1	64.3	80.4
대전	78.6	67.6	61.9	76.5
울산	81.1	70	64.6	78.4
세종	–	–	–	74.1
경기	80.6	69.6	61.2	75
강원	78.5	68.4	62.6	73.8
충북	79.3	68	61.3	75
충남	77	66	60.4	72.9
전북	85.5	74.6	67.2	77
전남	87.3	76.4	64.7	76.6
경북	79.2	71.6	68.5	78.2
경남	80.3	72.4	64.1	77
제주	77.1	68.6	60.9	73.3

※ 호남 지방은 광주광역시, 전라북도, 전라남도를 통칭하는 지명임

① 17대 대통령 선거의 전체 투표율은 68.5%를 넘지 않는다.
② 17대 대통령 선거에서 가장 투표율이 높은 지역은 경북이다.
③ 18대 대통령 선거 투표율이 15대 대통령 선거 투표율보다 높은 지역은 없다.
④ 15 ~ 18대 대통령 선거 지역별 투표율 중 최저치를 기록한 지역이 매번 동일하지 않다.
⑤ 15 ~ 18대 대통령 선거 전체에서 지역별 최고 투표율은 호남 지방 중 한 곳에서 기록되었다.

PART 2

09 다음은 시중 시리얼 제품의 열량과 함량 비교에 대한 자료이다. 이에 대한 설명으로 옳은 것은?

〈시중 시리얼 제품의 열량과 함량 비교(1회 제공량)〉

식품 유형	제품명	열량(Kcal)	탄수화물(g)	당류(g)	단백질(g)
일반 제품	콘프라이트	117	27.2	9.7	1.3
	콘프로스트	115	26.6	9.3	1.6
	콘프레이크	152	35.0	2.3	3.0
당 함량을 낮춘 제품	1/3 라이트	118	27.1	5.9	1.4
	라이트슈거	115	26.5	6.8	1.6
견과류 첨가 제품	프레이크	131	24.2	7.2	1.8
	크런치너트 프레이크	170	31.3	10.9	2.7
	아몬드 프레이크	164	33.2	8.7	2.5
초코맛 제품	오곡 코코볼	122	25.0	8.8	2.0
	첵스 초코	115	25.5	9.1	1.5
	초코볼 시리얼	151	34.3	12.9	2.9
체중조절용 제품	라이트업	155	31.4	6.9	6.7
	스페셜K	153	31.4	7.0	6.5
	바디랩	154	31.2	7.0	6.4
	슬림플러스	153	31.4	7.8	6.4

① 당류가 가장 많은 시리얼은 견과류 첨가 제품이다.
② 견과류 첨가 제품은 당 함량을 낮춘 제품보다 단백질 함량이 높은 편이다.
③ 체중조절용 제품 시리얼에는 일반 제품 시리얼보다 단백질이 3배 이상 많다.
④ 일반 제품의 열량은 체중조절용 제품의 열량보다 더 높은 수치를 보이고 있다.
⑤ 탄수화물 함량이 가장 낮은 시리얼은 당류 함량도 가장 낮은 수치를 보이고 있다.

10 서울에 위치한 A회사는 거래처인 B, C회사에 소포를 보내려고 한다. 서울에 위치한 B회사에는 800g의 소포를, 인천에 위치한 C회사에는 2.4kg의 소포를 보낼 계획이다. 두 회사로 보낸 소포의 총중량이 16kg 이하이고, 택배요금의 합계가 6만 원이다. S택배회사의 요금표가 다음과 같을 때, A회사는 800g 소포와 2.4kg 소포를 각각 몇 개씩 보냈는가?(단, 소포는 각 회사로 1개 이상 보낸다)

〈S택배회사 요금표〉

(단위 : 원)

구분	~ 2kg	~ 4kg	~ 6kg	~ 8kg	~ 10kg
동일지역	4,000	5,000	6,500	8,000	9,500
타지역	5,000	6,000	7,500	9,000	10,500

	800g	2.4kg
①	6개	6개
②	9개	2개
③	9개	4개
④	12개	2개
⑤	12개	4개

Hard

11 S자동차 회사에서 새로운 두 모델에 대해 연비 테스트를 하였다. X, Y모델에 대해서 휘발유를 3L와 5L 주입 후 동일한 조건에서 주행하였을 때, 차가 멈출 때까지 운행한 거리를 각각 측정하였고 그 결과는 다음과 같았다. 3L로 시험했을 때 두 자동차의 주행거리의 합은 48km였고 연비 테스트에서 Y모델이 달린 주행거리의 합이 56km였다면, 두 자동차 연비의 곱은?

〈X, Y모델 휘발유 주입량 및 주행거리〉

(단위 : 원)

구분	3L	5L
X모델	$a$km	$b$km
Y모델	$c$km	$d$km

※ (연비)=$\frac{\text{km}}{\text{L}}$(단위 주행 거리당 소비하는 연료의 양)

① 52
② 56
③ 60
④ 63
⑤ 64

12 다음은 지역별 교통사고 · 화재 · 산업재해 현황에 대한 자료이다. 이를 그래프로 변환한 것으로 옳지 않은 것은?(단, 비중은 소수점 둘째 자리에서 반올림한다)

〈교통사고 · 화재 · 산업재해 발생건수〉

(단위 : 건)

구분	교통사고	화재	산업재해
서울	3,830	5,890	3,550
인천	4,120	4,420	5,210
경기	4,010	3,220	4,100
강원	1,100	3,870	1,870
대전	880	1,980	1,120
충청	1,240	1,290	2,880
경상	1,480	1,490	2,540
전라	2,180	2,280	2,920
광주	920	980	1,110
대구	1,380	1,490	2,210
울산	1,120	920	980
부산	3,190	2,090	3,120
제주	3,390	2,880	3,530
합계	28,840	32,800	35,140

〈교통사고 · 화재 · 산업재해 사망자 수 및 피해금액〉

(단위 : 명, 억 원)

구분	교통사고	화재	산업재해
사망자 수	12,250	21,220	29,340
피해금액	1,290	6,490	1,890

※ 수도권은 서울 · 인천 · 경기 지역임

① 교통사고의 수도권 및 수도권 외 지역 발생건수

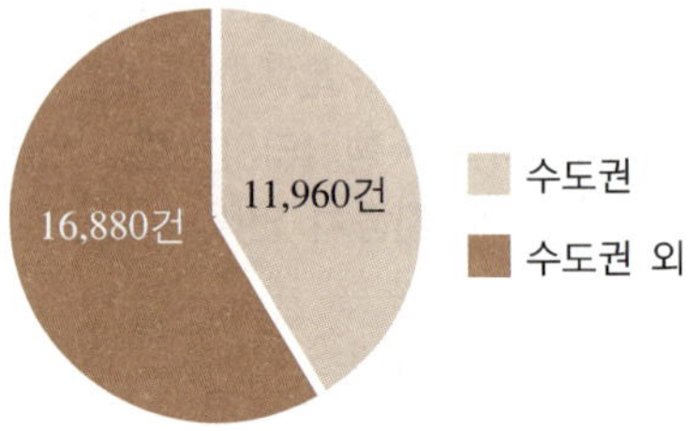

② 화재의 수도권 및 수도권 외 지역 발생건수

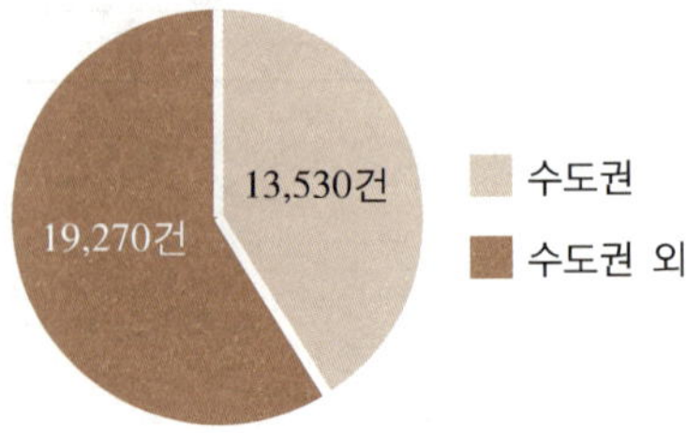

③ 산업재해의 수도권 및 수도권 외 지역 발생건수

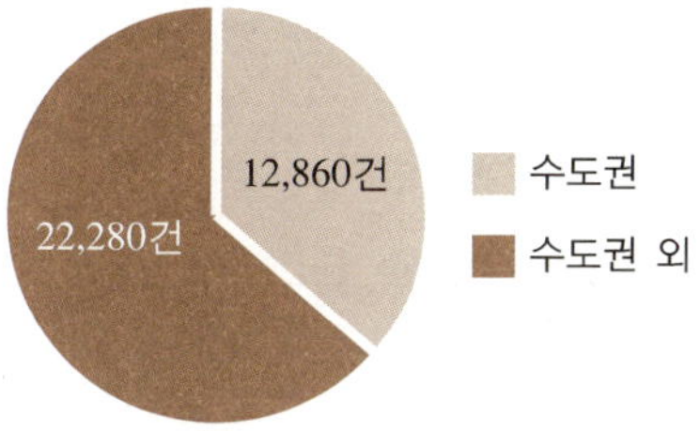

④ 피해금액별 교통사고・화재・산업재해 비중

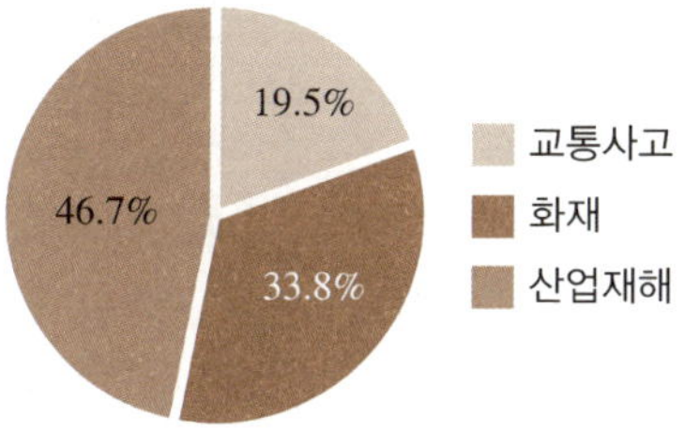

⑤ 전국 교통사고・화재・산업재해 발생건수 및 피해금액

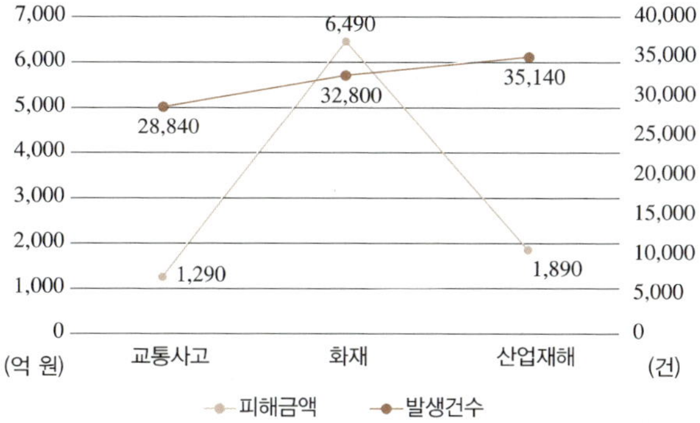

13 다음은 연도별 수송부문 대기 중 온실가스 배출량에 대한 자료이다. 이에 대한 설명으로 옳지 않은 것은?

〈수송부문 대기 중 온실가스 배출량〉

(단위 : ppm)

구분		합계	이산화탄소	아산화질소	메탄
2020년	합계	83,617.9	82,917.7	197.6	502.6
	산업 부문	58,168.8	57,702.5	138	328.3
	가계 부문	25,449.1	25,215.2	59.6	174.3
2021년	합계	85,343	84,626.3	202.8	513.9
	산업 부문	59,160.2	58,686.7	141.4	332.1
	가계 부문	26,182.8	25,939.6	61.4	181.8
2022년	합계	85,014.3	84,306.8	203.1	504.4
	산업 부문	60,030	59,553.9	144.4	331.7
	가계 부문	24,984.3	24,752.9	58.7	172.7
2023년	합계	86,338.3	85,632.1	205.1	501.1
	산업 부문	64,462.4	63,936.9	151.5	374
	가계 부문	21,875.9	21,695.2	53.6	127.1
2024년	합계	88,261.37	87,547.49	210.98	502.9
	산업 부문	65,491.52	64,973.29	155.87	362.36
	가계 부문	22,769.85	22,574.2	55.11	140.54

① 이산화탄소의 비중은 어느 시기든 상관없이 가장 크다.

② 해당 기간 동안 온실가스 총량은 지속적으로 증가하고 있다.

③ 연도별 가계와 산업 부문의 배출량 차이 값은 2024년에 가장 크다.

④ 모든 시기에서 아산화질소보다 메탄은 항상 많은 양이 배출되고 있다.

⑤ 연도별 가계와 산업 부문의 배출량 차이 값은 해가 지날수록 지속적으로 증가한다.

Hard

14 다음은 지역별 전력 최종에너지 소비량 변화에 대한 자료이다. 이에 대한 〈보기〉의 설명 중 옳지 않은 것은?

구분	2014년		2024년		연평균 증가율(%)
	소비량(천 TOE)	비중(%)	소비량(천 TOE)	비중(%)	
전국	28,589	100	41,579	100	3.8
서울	3,485	12.2	3,903	9.4	1.1
부산	1,427	5.0	1,720	4.1	1.9
대구	1,063	3.7	1,286	3.1	1.9
인천	1,562	5.5	1,996	4.8	2.5
광주	534	1.9	717	1.7	3.0
대전	624	2.2	790	1.9	2.4
울산	1,793	6.3	2,605	6.3	3.8
세종	–	–	227	0.5	–
경기	5,913	20.7	9,034	21.7	4.3
강원	1,065	3.7	1,394	3.4	2.7
충북	1,244	4.4	1,974	4.7	4.7
충남	1,931	6.8	4,067	9.8	7.7
전북	1,169	4.1	1,899	4.6	5.0
전남	1,617	5.7	2,807	6.7	5.7
경북	2,852	10.0	3,866	9.3	3.1
경남	2,072	7.2	2,913	7.0	3.5
제주	238	0.6	381	1.0	4.8

보기

전력은 모든 지역에서 소비가 증가하였다. 특히 ㉠ 충청남도가 7.7%로 가장 높은 연평균 증가율을 나타냈으며, 이어서 ㉡ 전라도가 5%대를 보이며 뒤를 이었다. 반면에 ㉢ 서울을 제외한 부산 및 인천 지역은 그에 비해 증가율이 상대적으로 낮은 편인 것으로 나타났다.
인구가 가장 많은 경기도는 20%대의 비중을 유지하면서, 지속해서 가장 높은 수준의 전력을 소비하는 지역으로 나타났으며, ㉣ 2014년 두 번째로 많은 전력을 소비했던 서울은 충청남도에 밀려 2024년에는 세 번째가 되었다. 한편, ㉤ 전국 에너지 소비량은 10년 사이 10,000천 TOE 이상의 증가량을 나타냈다.

① ㉠ ② ㉡
③ ㉢ ④ ㉣
⑤ ㉤

PART 2

15 다음은 우리나라 첫 직장 근속기간에 대한 자료이다. 이에 대한 설명으로 옳지 않은 것은?(단, '졸업·중퇴 후 취업 유경험자 전체'는 비임금 근로자와 임금 근로자의 합이다)

〈15 ~ 29세 첫 직장 근속기간 현황〉

(단위 : 명, 개월)

구분		전체	첫 일자리를 그만둔 경우	첫 일자리가 현 직장인 경우
2022년	졸업·중퇴 후 취업 유경험자 전체	4,032	2,411	1,621
	임금 근로자	3,909	2,375	1,534
	평균 근속기간	18	14	24
2023년	졸업·중퇴 후 취업 유경험자 전체	4,101	2,516	1,585
	임금 근로자	4,012	2,489	1,523
	평균 근속기간	18	14	24
2024년	졸업·중퇴 후 취업 유경험자 전체	4,140	2,574	1,566
	임금 근로자	4,055	2,546	1,509
	평균 근속기간	18	14	25

① 첫 직장에서의 비임금 근로자 수는 2022 ~ 2024년 동안 매년 감소하였다.

② 2022 ~ 2024년 동안 졸업·중퇴 후 취업 유경험자 수의 평균은 4,091명이다.

③ 2022년 첫 일자리를 그만둔 임금 근로자 수는 첫 일자리가 현 직장인 근로자 수의 약 1.5배이다.

④ 2023년 첫 일자리가 현 직장인 임금 근로자 수는 전체 임금 근로자 수의 35% 이하이다.

⑤ 2024년 첫 일자리를 그만둔 경우의 평균 근속기간은 첫 일자리가 현 직장인 경우 평균 근속기간의 56%이다.

Hard

16 다음은 진명이가 A소금물과 A설탕물을 만들 때와, B소금물과 B설탕물을 만들 때 필요한 용질의 양과 용액의 농도를 나타낸 것이다. 이에 대한 〈보기〉의 설명 중 옳은 것을 모두 고르면?

(단위 : mL, %)

용액 이름	용액 종류	용질의 양	농도
A	소금물	80	40
	설탕물	30	25
B	소금물	80	10
	설탕물	40	20

보기

㉠ A설탕물을 만들 때 들어가는 물의 양과 B설탕물을 만들 때 들어가는 물의 양은 동일하다.
㉡ A소금물을 만들 때 들어가는 물의 양보다 A설탕물을 만들 때 들어가는 물의 양이 더 적다.
㉢ A소금물이 B소금물이 되기 위해서는 물을 추가로 600mL 넣어주어야 한다.
㉣ 용액을 만들 때 들어가는 물의 양이 가장 적은 용액은 A소금물이다.

① ㉠, ㉡
② ㉠, ㉢
③ ㉡, ㉢
④ ㉡, ㉣
⑤ ㉢, ㉣

PART 2

17 다음은 연도별 관광통역 안내사 자격증 취득 현황에 대한 자료이다. 이에 대한 〈보기〉의 설명 중 옳지 않은 것을 모두 고르면?

〈연도별 관광통역 안내사 자격증 취득 현황〉

(단위 : 명)

구분	영어	일어	중국어	불어	독어	스페인어	러시아어	베트남어	태국어
2024년	464	153	1,418	6	3	3	6	5	15
2023년	344	137	1,963	7	3	4	5	5	17
2022년	379	266	2,468	3	1	4	6	15	35
2021년	238	244	1,160	3	4	3	4	4	8
2020년	166	278	698	2	3	2	3	–	12
2019년	156	357	370	2	2	1	5	1	4
합계	1,747	1,435	8,077	23	16	17	29	30	91

보기

㉠ 영어와 스페인어 관광통역 안내사 자격증 취득자는 2020 ~ 2024년 동안 매년 증가하였다.

㉡ 중국어 관광통역 안내사 자격증 취득자는 2022 ~ 2024년 동안 매년 일어 관광통역 안내사 자격증 취득자의 8배 이상이다.

㉢ 태국어 관광통역 안내사 자격증 취득자 수 대비 베트남어 관광통역 안내사 자격증 취득자 수 비율은 2021 ~ 2023년 동안 매년 증가하였다.

㉣ 불어 관광통역 안내사 자격증 취득자 수와 스페인어 관광통역 안내사 자격증 취득자 수는 2020 ~ 2024년 동안 전년 대비 증감 추이가 동일하다.

① ㉠　　② ㉠, ㉢

③ ㉡, ㉣　　④ ㉠, ㉢, ㉣

⑤ ㉡, ㉢, ㉣

18 다음은 2024년 8월부터 2025년 1월까지의 산업별 월간 국내카드 승인액에 대한 자료이다. 이에 대한 〈보기〉의 설명 중 옳은 것을 모두 고르면?

〈산업별 월간 국내카드 승인액〉

(단위 : 억 원)

구분	2024년 8월	2024년 9월	2024년 10월	2024년 11월	2024년 12월	2025년 1월
도매 및 소매업	3,116	3,245	3,267	3,261	3,389	3,241
운수업	161	145	165	159	141	161
숙박 및 음식점업	1,107	1,019	1,059	1,031	1,161	1,032
사업시설관리 및 사업지원 서비스업	40	42	43	42	47	48
교육 서비스업	127	104	112	119	145	122
보건 및 사회복지 서비스업	375	337	385	387	403	423
예술, 스포츠 및 여가 관련 서비스업	106	113	119	105	89	80
협회 및 단체, 수리 및 기타 개인 서비스업	163	155	168	166	172	163

보기

㉠ 교육 서비스업의 2025년 1월 국내카드 승인액의 전월 대비 감소율은 25% 이상이다.
㉡ 2024년 11월 운수업과 숙박 및 음식점업의 국내카드 승인액의 합은 도매 및 소매업의 국내카드 승인액의 40% 미만이다.
㉢ 2024년 10월부터 2025년 1월까지 사업시설관리 및 사업지원 서비스업과 예술, 스포츠 및 여가 관련 서비스업 국내카드 승인액의 전월 대비 증감 추이는 동일하다.
㉣ 2024년 9월 협회 및 단체, 수리 및 기타 개인 서비스업의 국내카드 승인액은 보건 및 사회복지 서비스업 국내카드 승인액의 35% 이상이다.

① ㉠, ㉡ ② ㉠, ㉢
③ ㉡, ㉢ ④ ㉡, ㉣
⑤ ㉢, ㉣

19 다음은 S사 직원들의 평균보수에 대한 자료이다. 이에 대한 설명으로 옳지 않은 것은?

〈직원 평균보수 현황〉

(단위 : 천 원)

구분	2020년 결산	2021년 결산	2022년 결산	2023년 결산	2024년 예산
기본급	31,652	31,763	32,014	34,352	34,971
고정수당	13,868	13,434	12,864	12,068	12,285
실적수당	2,271	2,220	2,250	2,129	2,168
복리후생비	946	1,056	985	1,008	1,027
성과급	733	1,264	1,117	862	0
기타 상여금	5,935	5,985	6,979	5,795	5,898
1인당 평균 보수액	55,405	55,722	56,209	56,214	56,349

① 2021 ~ 2023년 동안 기본급은 전년 대비 계속 증가했다.

② 2020 ~ 2023년 동안 고정수당의 증감 추이와 동일한 항목은 없다.

③ 1인당 평균 보수액에서 성과급이 차지하는 비중은 2021년이 2023년보다 낮다.

④ 기타 상여금이 가장 높은 해의 1인당 평균 보수액은 복리후생비의 50배 이상이다.

⑤ 2024년 성과급의 전년 대비 증가율이 실적수당과 같다면, 그 금액은 900천 원 미만이다.

20 다음은 외상 후 스트레스 장애 진료인원에 대한 자료이다. 이를 변환한 그래프로 옳은 것은?(단, 성비는 소수점 첫째 자리에서 반올림하고, 모든 그래프의 단위는 '명'이다.)

〈연도별 외상 후 스트레스 장애 진료인원〉

(단위 : 명)

구분	전체	남성	여성	성비
2020년	7,268	2,966	4,302	69
2021년	7,901	3,169	4,732	67
2022년	8,282	3,341	4,941	68
2023년	9,648	3,791	5,857	65
2024년	10,570	4,170	6,400	65

※ (성비)=$\frac{\text{(남성 수)}}{\text{(여성 수)}}\times 100$

①
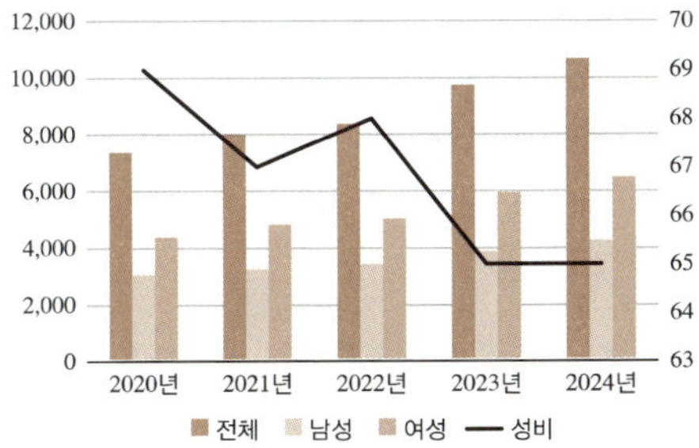

②
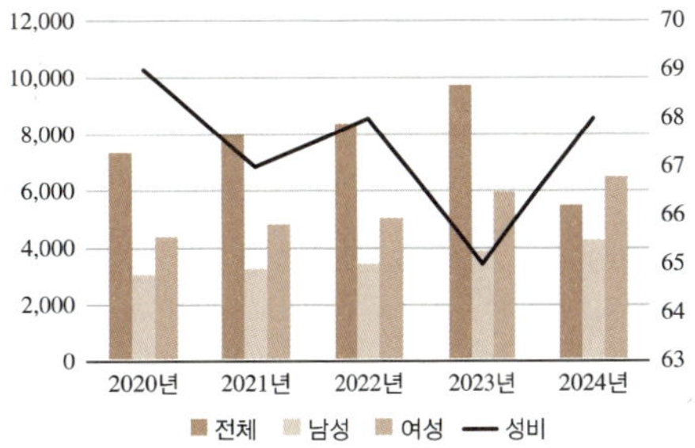

③
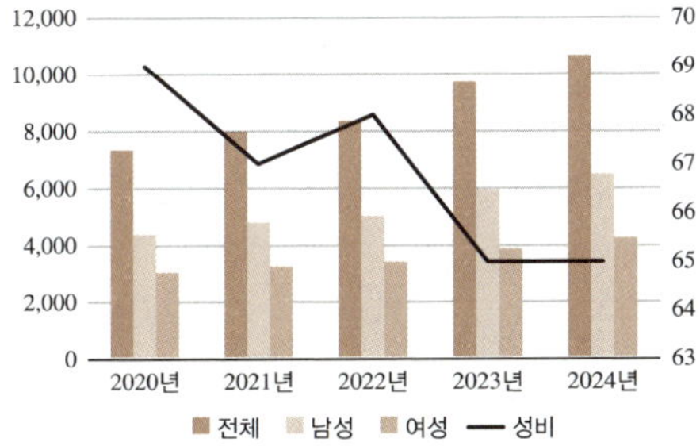

④
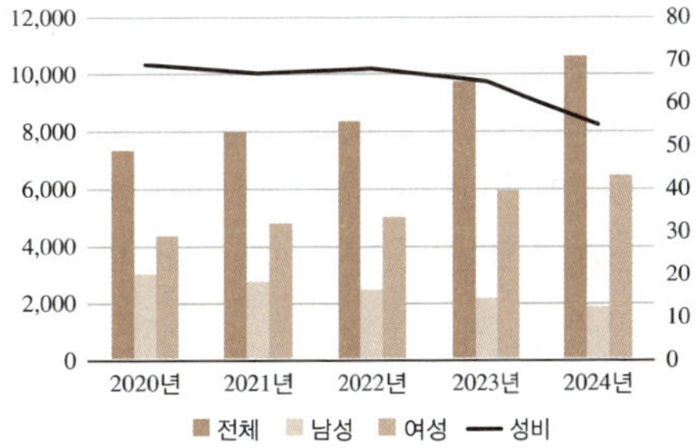

⑤
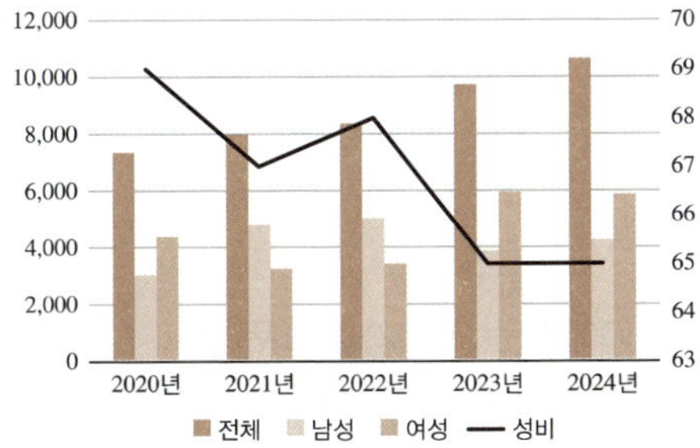

03 창의수리

Easy

01 A는 뛰어서 200m/min 속도로 가고, B는 걸어서 50m/min의 속도로 간다. B가 A보다 300m 앞에 있을 때, 두 사람은 출발한 지 몇 분 후에 만나는가?

① 1분
② 2분
③ 3분
④ 4분
⑤ 5분

02 농도 12%의 설탕물 500g에 각설탕 18개를 넣었더니 농도 20%의 설탕물이 되었다. 같은 농도의 설탕물 500g에 각설탕 3개를 넣었을 때, 설탕물의 농도는?

① 약 12.9%
② 약 13.4%
③ 약 13.8%
④ 약 14.1%
⑤ 약 14.3%

Easy

03 온라인 쇼핑몰에서 두 유형의 설문조사를 하였다. A형 설문조사에서는 2,000명이 응하였고 만족도는 평균 8점이었으며, B형 설문조사에서는 500명이 응하였고 만족도는 평균 6점이었다. 이때, A, B형 설문조사 전체 평균 만족도는?

① 7.6점
② 7.8점
③ 8.0점
④ 8.2점
⑤ 8.4점

04 환경 미화 봉사활동을 간 유진이와 상민이가 계곡에 있는 쓰레기를 모두 줍고자 한다. 유진이 혼자서 주울 때 80분이 걸리고, 같은 양을 상민이가 혼자서 주울 때 120분이 걸린다면 같은 양의 쓰레기를 둘이 함께 주울 때 걸리는 시간은?

① 45분
② 48분
③ 50분
④ 52분
⑤ 55분

05 효진이가 집에서 서점까지 갈 때에는 시속 4km의 속력으로 걷고 집으로 되돌아올 때에는 시속 3km의 속력으로 걸어왔더니 이동시간만 7시간이 걸렸다고 한다. 집에서 서점까지의 거리는?

① 10km
② 11km
③ 12km
④ 13km
⑤ 14km

06 은애는 자신을 포함한 8명의 친구와 놀러 가기 위해 공평하게 일정한 금액을 모았다. 총금액의 30%는 숙박비에 사용하고 나머지의 40%는 외식비로 사용해 남은 금액이 67,200원일 때, 각자 낸 금액은?

① 15,000원
② 18,000원
③ 20,000원
④ 22,000원
⑤ 25,000원

07 소금 농도가 4%인 미역국 450g이 싱거워 소금을 더 넣어 농도가 10%인 미역국을 만들었다. 이때, 더 넣은 소금의 양은?(단, 미역국의 농도는 소금으로만 조절하며, 나머지는 변하지 않는다)

① 25g
② 30g
③ 33g
④ 35g
⑤ 40g

08 S를 포함한 6명이 한국사 자격증 시험을 보았다. 시험 점수가 70점 이상인 2명이 고급 자격증을 획득하였고, 1명이 60점 미만인 54점으로 과락을 하였다. 그리고 나머지는 중급을 획득하였는데, 평균이 62점이었다. 6명의 평균이 65점일 때, S가 얻을 수 있는 시험 점수의 최댓값은?

① 70점
② 75점
③ 80점
④ 85점
⑤ 90점

Easy

09

A～G의 7명의 사람이 일렬로 설 때, A와 G는 서로 맨 끝에 서고, C, D, E는 서로 이웃하여 서는 경우의 수는?

① 24가지
② 36가지
③ 48가지
④ 60가지
⑤ 72가지

Easy

10

지하철이 A역에는 3분마다 오고, B역에는 2분마다 오고, C역에는 4분마다 온다. 지하철이 오전 4시 30분에 처음으로 A, B, C역에 동시에 도착했다면, 세 지하철역에서 지하철이 다섯 번째로 동시에 도착하는 시각은?

① 오전 4시 45분
② 오전 5시
③ 오전 5시 15분
④ 오전 5시 18분
⑤ 오전 5시 20분

11

두 개의 주사위를 굴려서 눈의 합이 2 이하가 나올 확률은?

① $\frac{1}{36}$
② $\frac{2}{36}$
③ $\frac{3}{36}$
④ $\frac{4}{36}$
⑤ $\frac{5}{36}$

12

A와 B는 1.2km 떨어진 직선거리의 양 끝에서부터 12분 동안 마주 보고 달려 한 지점에서 만났다. B는 A보다 1.5배가 빠르다고 할 때, A의 속도는?

① 28m/min
② 37m/min
③ 40m/min
④ 48m/min
⑤ 53m/min

13 갑, 을, 병 3명에게 같은 양의 물건을 1명씩 똑같이 나누어 주면 각각 30일, 60일, 40일 동안 사용할 수 있다고 한다. 만약 이들에게 나누어줄 물건의 양을 모두 합하여 3명이 함께 사용한다면, 모든 물건을 사용하는 데 걸리는 시간은?

① 20일　② 30일
③ 35일　④ 40일
⑤ 45일

Hard

14 농도 12% 소금물 600g에서 소금물을 조금 퍼내고, 그 양만큼의 물을 다시 부었다. 그리고 여기에 농도 4% 소금물을 더 넣어 농도 5.5%의 소금물 800g을 만들었다면, 처음에 퍼낸 소금물의 양은?

① 100g　② 200g
③ 300g　④ 400g
⑤ 500g

15 A ~ F 6명을 한 줄로 세울 때, A와 B가 나란히 서 있을 확률은?

① $\frac{1}{6}$　② $\frac{1}{3}$
③ $\frac{1}{2}$　④ $\frac{2}{3}$
⑤ $\frac{5}{6}$

16 집에서 약수터까지 가는 데 형은 $\frac{1}{2}$m/s로 걸어서 10분 걸리고, 동생은 15분이 걸린다. 두 사람이 동시에 집에서 출발하여 약수터를 다녀오는 데 형이 집에 도착했을 때 동생은 집에서 몇 m 떨어진 곳에 있는가?(단, 약수터에서 머문 시간은 생각하지 않는다)

① 150m　② 200m
③ 250m　④ 300m
⑤ 350m

PART 2

17 S아트센터에서 뮤지컬 A가 공연 중이다. 뮤지컬 입장권은 어른과 어린이 두 종류로 발행 중이고, 어른은 한 명당 9,000원, 어린이는 한 명당 3,000원이다. 뮤지컬 공연을 통해 올린 총수입은 330만 원이고, 아트센터에는 550개의 좌석이 마련되어 있는데 빈 좌석이 1개 이상 있었다. 이때, 뮤지컬 A를 관람한 어른은 최소 몇 명인가?

① 272명
② 276명
③ 280명
④ 284명
⑤ 288명

18 수영이와 여동생의 나이 차는 5살이고, 언니의 나이는 수영이와 여동생 나이의 합의 2배이다. 세 자매의 나이의 합이 39일 때, 3년 뒤 언니의 나이는?

① 22살
② 24살
③ 27살
④ 29살
⑤ 30살

Easy

19 1시간에 책을 60페이지 읽는 사람이 있다. 40분씩 읽고 난 후 5분씩 휴식하면서 4시간 동안 읽으면 모두 몇 페이지를 읽겠는가?

① 215페이지
② 220페이지
③ 230페이지
④ 235페이지
⑤ 240페이지

20 빨강, 파랑, 노랑, 검정의 4가지 색을 다음 ㄱ, ㄴ, ㄷ, ㄹ에 칠하려고 한다. 같은 색을 여러 번 사용해도 상관없으나, 같은 색을 이웃하여 칠하면 안 된다고 할 때, 색칠하는 방법의 경우의 수는?

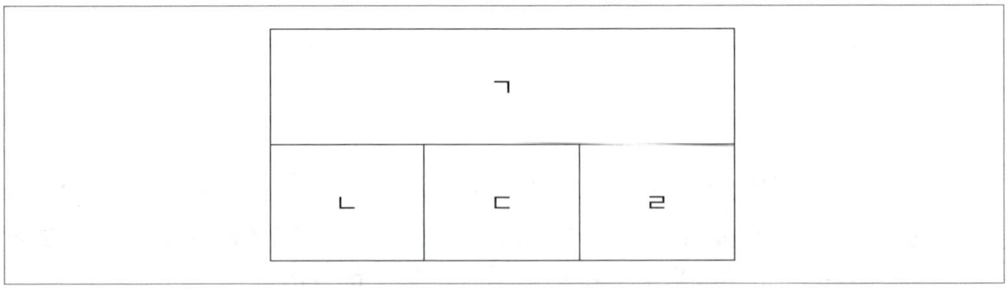

① 24가지
② 48가지
③ 64가지
④ 72가지
⑤ 84가지

04 언어추리

※ 제시된 명제가 모두 참일 때, 빈칸에 들어갈 명제로 가장 적절한 것을 고르시오. [1~2]

01

- 전제1. 케이크를 좋아하는 사람은 마카롱을 좋아하지 않는다.
- 전제2. ______________________
- 결론. 케이크를 좋아하는 사람은 머핀을 좋아한다.

① 마카롱을 좋아하지 않으면 머핀을 좋아하지 않는다.
② 마카롱을 좋아하지 않으면 머핀을 좋아한다.
③ 머핀을 좋아하지 않으면 케이크를 좋아하지 않는다.
④ 머핀을 좋아하면 케이크를 좋아하지 않는다.
⑤ 케이크를 좋아하지 않으면 마카롱을 좋아하지 않는다.

Easy

02

- 전제1. 양식 자격증이 없다면 레스토랑에 취직할 수 없다.
- 전제2. 양식 자격증을 획득하려면 양식 실기시험에 합격해야 한다.
- 결론. ______________________

① 양식 자격증이 있으면 레스토랑에 취직할 수 있다.
② 양식 실기시험에 합격하면 레스토랑에 취직할 수 있다.
③ 양식 실기시험에 합격하면 양식 자격증을 획득할 수 있다.
④ 레스토랑에 취직하려면 양식 실기시험에 합격해야 한다.
⑤ 레스토랑에 취직할 수 없다면 양식 자격증이 없는 것이다.

※ 제시된 명제가 모두 참일 때, 반드시 참인 것을 고르시오. [3~4]

03

- 한나는 장미를 좋아한다.
- 노란색을 좋아하는 사람은 사과를 좋아하지 않는다.
- 장미를 좋아하는 사람은 사과를 좋아한다.

① 사과를 좋아하지 않는 사람은 장미를 좋아한다.
② 노란색을 좋아하지 않는 사람은 사과를 좋아한다.
③ 장미를 좋아하는 사람은 노란색을 좋아한다.
④ 한나는 노란색을 좋아하지 않는다.
⑤ 사과를 좋아하는 사람은 장미를 싫어한다.

04

- 테니스를 좋아하는 사람은 가족 여행을 싫어한다.
- 가족 여행을 좋아하는 사람은 독서를 좋아한다.
- 독서를 좋아하는 사람은 쇼핑을 싫어한다.
- 쇼핑을 좋아하는 사람은 그림 그리기를 좋아한다.
- 그림 그리기를 좋아하는 사람은 테니스를 좋아한다.

① 테니스를 좋아하는 사람은 독서를 좋아한다.
② 쇼핑을 싫어하는 사람은 테니스를 좋아한다.
③ 쇼핑을 좋아하는 사람은 가족 여행을 싫어한다.
④ 쇼핑을 싫어하는 사람은 그림 그리기를 좋아한다.
⑤ 그림 그리기를 좋아하는 사람은 가족 여행을 좋아한다.

05 12명의 사람이 모자, 상의, 하의를 착용하는데 모자, 상의, 하의는 빨간색 또는 파란색 중 하나이다. 12명이 모두 모자, 상의, 하의를 착용했을 때, 다음과 같은 모습이었다. 이때, 하의만 빨간색인 사람은 몇 명인가?

- 어떤 사람을 보아도 모자와 하의는 서로 다른 색이다.
- 같은 색의 상의와 하의를 입은 사람의 수는 6명이다.
- 빨간색 모자를 쓴 사람의 수는 5명이다.
- 모자, 상의, 하의 중 1가지만 빨간색인 사람은 7명이다.

① 1명
② 2명
③ 3명
④ 4명
⑤ 5명

PART 2

Hard

06 경력직 채용공고를 통해 서류를 통과한 지원자 은지, 지현, 영희는 임원면접을 진행하고 있다. 회장, 사장, 이사, 인사팀장으로 이루어진 4명의 임원은 지원자에게 각각 '상, 중, 하' 중 하나의 점수를 줄 수 있으며, 2인 이상에게 '상'을 받은 지원자는 최종 합격, 3인 이상에게 '하'를 받은 지원자는 탈락한다고 한다. 다음 〈조건〉을 바탕으로 항상 참인 것은?

조건

- 임원들은 3명에게 각각 '상, 중, 하'를 하나씩 주었다.
- 사장은 은지에게 '상'을 주고, 다른 1명에게는 회장보다 낮은 점수를, 다른 1명에게는 회장과 같은 점수를 주었다.
- 이사는 지원자에게 사장과 같은 점수를 주었다.
- 인사팀장은 한 명에게 '상'을 주었으며, 영희에게는 사장이 준 점수보다 낮은 점수를 주었다.

① 회장이 은지에게 '하'를 주었다면, 은지는 탈락한다.
② 회장이 영희에게 '상'을 주었다면, 영희가 최종 합격한다.
③ 인사팀장이 은지에게 '상'을 주었다면, 은지가 최종 합격한다.
④ 인사팀장이 지현이에게 '중'을 주었다면, 지현이는 탈락한다.
⑤ 인사팀장이 지현이에게 '상'을 주었다면, 지현이는 탈락하지 않는다.

Easy

07

S사의 지사장 가～바 6명은 각자 6곳의 지사로 발령받았다. 다음 〈조건〉에 따라 A～F지사로 발령된 지사장을 순서대로 바르게 나열한 것은?

> 조건
>
> - 본사－A－B－C－D－E－F 순서로 일직선상에 위치하고 있다.
> - 지사장 다는 지사장 마 바로 옆 지사에 근무하지 않으며, 지사장 나와 나란히 근무한다.
> - 지사장 라는 지사장 가보다 본사에 가깝게 근무한다.
> - 지사장 마는 D지사에 근무한다.
> - 지사장 바가 근무하는 지사보다 본사에 가까운 지사는 1개이다.

① 가－바－나－마－라－다
② 나－다－라－마－가－바
③ 다－나－바－마－가－라
④ 라－바－가－마－나－다
⑤ 바－가－나－마－다－라

Hard

08

희재는 수국, 작약, 장미, 카라 4종류의 꽃을 총 12송이 가지고 있다. 이 꽃들을 12명의 사람에게 한 송이씩 주려고 한다. 다음 정보가 모두 참일 때, 항상 참인 것을 〈보기〉에서 모두 고르면?

> 〈정보〉
>
> - 꽃 12송이는 수국, 작약, 장미, 카라 4종류가 모두 1송이 이상씩 있다.
> - 작약을 받은 사람은 카라를 받은 사람보다 적다.
> - 수국을 받은 사람은 작약을 받은 사람보다 적다.
> - 장미를 받은 사람은 수국을 받은 사람보다 많고, 작약을 받은 사람보다 적다.

> 보기
>
> ㉠ 카라를 받은 사람이 4명이면, 수국을 받은 사람은 1명이다.
> ㉡ 카라와 작약을 받은 사람이 각각 5명, 4명이면, 장미를 받은 사람은 2명이다.
> ㉢ 수국을 받은 사람이 2명이면, 작약을 받은 사람이 수국을 받은 사람보다 2명 많다.

① ㉠
② ㉡
③ ㉢
④ ㉠, ㉡
⑤ ㉡, ㉢

09 6층 건물에 A ~ F의 회사가 있다. C가 4층에 있을 때, 다음 중 항상 참인 것은?

- 각 층에 1개 회사만이 입주할 수 있다.
- A와 D는 5층 차이가 난다.
- D와 E는 인접할 수 없다.
- B는 C보다 아래층에 입주해 있다.
- A는 B보다 아래층에 입주해 있다.

① B는 3층에 입주해 있다.
② F는 6층에 입주해 있다.
③ D는 5층에 입주해 있다.
④ F는 5층에 입주해 있다.
⑤ E는 2층에 입주해 있다.

PART 2

Hard

10 **세미나에 참석한 A사원, B사원, C주임, D주임, E대리는 각자 숙소를 배정받았다. A사원, D주임은 여자이고, B사원, C주임, E대리는 남자이다. 다음 〈조건〉과 같이 숙소가 배정되었을 때, 반드시 참이 아닌 것은?**

조건

- 숙소는 5층 건물이며, 층마다 1명씩 배정한다.
- E대리의 숙소는 D주임의 숙소보다 위층이다.
- 1층에는 주임을 배정한다.
- 1층과 3층에는 남직원을 배정한다.
- 5층에는 사원을 배정한다.

① C주임은 1층에 배정된다.
② D주임은 2층에 배정된다.
③ 5층에 A사원이 배정되면 4층에 B사원이 배정된다.
④ 5층에 B사원이 배정되면 4층에 A사원이 배정된다.
⑤ 5층에 B사원이 배정되면 3층에 E대리가 배정된다.

11 **A ~ F 여섯 명이 일렬로 된 여섯 개의 좌석에 앉아 있다. 좌석은 왼쪽부터 1번으로 시작하는 번호가 매겨져 있다. 그들이 앉은 자리는 다음과 같다고 한다. C가 4번에 앉았을 때, 항상 참인 것은?**

- D와 E는 사이에 세 명을 두고 있다.
- A와 F는 인접할 수 없다.
- D는 F보다 왼쪽에 있다.
- F는 C보다 왼쪽에 있다.

① A는 C보다 오른쪽에 앉아 있다.
② F는 3번에 앉아 있다.
③ E는 A보다 왼쪽에 앉아 있다.
④ D는 B보다 왼쪽에 앉아 있다.
⑤ E는 C보다 오른쪽에 앉아 있다.

12 **서울에서 열린 자동차 모터쇼 2층 특별 전시장에는 다섯 종류의 차량이 전시되어 있다. 차종은 제네시스, 소나타, 에쿠스, 그랜저, 투싼이며 색상은 흰색, 파란색, 검은색 중 하나이다. 주어진 〈조건〉이 다음과 같을 때, 옳지 않은 것은?**

조건

- 양 끝에 있는 차량은 모두 흰색이다.
- 소나타는 가장 오른쪽에 있다.
- 그랜저는 제네시스 바로 오른쪽에 있으며, 에쿠스보다는 왼쪽에 있다.
- 제네시스와 투싼의 색상은 동일하고, 그 사이에는 검은색 차량 한 대가 있다.
- 소나타 바로 왼쪽에 있는 차량은 파란색이다.

① 흰색 차량은 총 3대이다.
② 그랜저는 왼쪽에서 두 번째에 위치한다.
③ 검은색과 파란색 차량은 각각 1대씩 있다.
④ 에쿠스와 그랜저의 색상은 주어진 조건만으로는 알 수 없다.
⑤ 그랜저와 같은 색상의 차량은 없다.

13 S사에서 근무하는 A ~ E 5명의 사원 중 1명은 이번 주 금요일에 열리는 세미나에 참석해야 한다. 다음 대화에서 2명이 거짓말을 하고 있다고 할 때, 이번 주 금요일 세미나에 참석하는 사람은?

- A사원 : 나는 금요일 세미나에 참석하지 않아.
- B사원 : 나는 금요일에 중요한 미팅이 있어. D사원이 세미나에 참석할 예정이야.
- C사원 : 나와 D는 금요일에 부서 회의에 참석해야 하므로 세미나는 참석할 수 없어.
- D사원 : C와 E 중 1명이 참석할 예정이야.
- E사원 : 나는 목요일부터 금요일까지 휴가라 참석할 수 없어. 그리고 C의 말은 모두 사실이야.

① A사원
② B사원
③ C사원
④ D사원
⑤ E사원

PART 2

Easy

14 다음 A ~ E 5명 중 단 1명만 거짓을 말하고 있을 때, 범인끼리 바르게 짝지어진 것은?

- A : C가 범인입니다.
- B : A는 거짓말을 하고 있습니다.
- C : B가 거짓말을 하고 있습니다.
- D : 저는 범인이 아닙니다.
- E : A가 범인입니다.

① A
② A, B
③ A, C
④ C, D
⑤ D, E

15 S대리는 사내 워크숍 준비를 위해 직원 A ~ E 5명의 참석 여부를 조사하고 있다. C가 워크숍에 참석한다고 할 때, 다음 중 워크숍에 참석하는 직원을 모두 고르면?

- B가 워크숍에 참석하면 E는 참석하지 않는다.
- D는 B와 E가 워크숍에 참석하지 않을 때 참석한다.
- A가 워크숍에 참석하면 B 또는 D 중 1명이 함께 참석한다.
- C가 워크숍에 참석하면 D는 참석하지 않는다.
- C가 워크숍에 참석하면 A도 참석한다.

① A, B, C
② A, C, D
③ A, B, C, D
④ A, B, C, E
⑤ A, C, D, E

Hard

16 S사의 신입직원인 A ~ F 6명은 해외취업국과 외국인력국에 배치된다. 〈조건〉이 다음과 같을 때, 〈보기〉 중 옳은 것을 모두 고르면?

조건

1. 각 인력국에는 2개의 부서가 있다.
2. 해외취업국의 1개 부서에는 최소 2명이 배치된다.
3. 각 부서에 반드시 1명 이상이 배치된다.
4. B, C, F는 같은 해외취업국이나 외국인력국에 배치된다.
5. D는 외국인력국에 배치되지 않는다.
6. E는 해외취업국에 배치되지 않는다.

보기

㉠ B는 외국인력국에 배치된다.
㉡ A와 D는 같은 해외취업국이나 외국인력국에 배치된다.
㉢ A는 외국인력국에 배치된다.

① ㉠
② ㉢
③ ㉠, ㉡
④ ㉠, ㉢
⑤ ㉡, ㉢

17 **초콜릿 과자 3개와 커피 과자 3개를 A ~ E 5명이 서로 나누어 먹는다고 할 때, 다음 중 항상 참인 것은?**

> • A와 C는 1종류의 과자만 먹었다.
> • B는 초콜릿 과자 1개만 먹었다.
> • C는 B와 같은 종류의 과자를 먹었다.
> • D와 E 중 1명은 2종류의 과자를 먹었다.

① A는 초콜릿 과자 2개를 먹었다.
② C는 초콜릿 과자 2개를 먹었다.
③ A가 커피 과자 1개를 먹었다면, D와 E 중 1명은 과자를 먹지 못했다.
④ A가 커피 과자 1개를 먹었다면, D가 2종류의 과자를 먹었을 것이다.
⑤ A와 D가 같은 과자를 1개씩 먹었다면, E가 2종류의 과자를 먹었을 것이다.

18 **3학년 1반에서는 학생들의 투표를 통해 득표수에 따라 학급 대표를 선출하기로 하였고, 학급 대표 후보로 A ~ E 5명이 나왔다. 투표 결과 득표수가 다음과 같을 때, 항상 참인 것은?(단, 1반 학생들은 총 30명이며, 1명에게만 투표할 수 있고, 각 후보의 득표수는 서로 다르다)**

> • A는 15표를 얻었다.
> • B는 C보다 2표를 더 얻었지만, A보다는 낮은 표를 얻었다.
> • D는 A보다 낮은 표를 얻었지만, C보다는 높은 표를 얻었다.
> • E는 1표를 얻어 가장 낮은 득표수를 기록했다.

① A가 학급 대표로 선출된다.
② B보다 D의 득표수가 높다.
③ D보다 B의 득표수가 높다.
④ 5명 중 2명이 10표 이상을 얻었다.
⑤ 최다 득표자는 과반수 이상의 표를 얻었다.

Easy

19 어느 호텔 라운지에 둔 화분이 투숙자 중 1명에 의하여 깨진 사건이 발생했다. 이 호텔에는 갑 ~ 무 5명의 투숙자가 있었으며, 각 투숙자는 다음과 같이 진술하였다. 5명의 투숙자 중 4명이 진실을 말하고 1명이 거짓을 말한다면, 거짓말을 하고 있는 사람은 누구인가?

> • 갑 : '을'은 화분을 깨뜨리지 않았다.
> • 을 : 화분을 깨뜨린 사람은 '정'이다.
> • 병 : 내가 깨뜨렸다.
> • 정 : '을'의 말은 거짓말이다.
> • 무 : 나는 깨뜨리지 않았다.

① 갑
② 을
③ 병
④ 정
⑤ 무

20 어떤 회사가 A ~ D 4개의 부서에 1명씩 신입사원을 선발하였다. 지원자는 총 5명이었으며, 선발 결과에 대해 다음과 같이 진술하였다. 이들 중 1명의 진술만 거짓으로 밝혀졌다. 항상 참인 것은?

> • 지원자 1 : 지원자 2가 A부서에 선발되었다.
> • 지원자 2 : 지원자 3은 A 또는 D부서에 선발되었다.
> • 지원자 3 : 지원자 4는 C부서가 아닌 다른 부서에 선발되었다.
> • 지원자 4 : 지원자 5는 D부서에 선발되었다.
> • 지원자 5 : 나는 D부서에 선발되었는데, 지원자 1은 선발되지 않았다.

① 지원자 1은 B부서에 선발되었다.
② 지원자 2는 A부서에 선발되었다.
③ 지원자 3은 D부서에 선발되었다.
④ 지원자 4는 B부서에 선발되었다.
⑤ 지원자 5는 C부서에 선발되었다.

05 수열추리

※ 일정한 규칙으로 수를 나열할 때, 빈칸에 들어갈 수로 알맞은 것을 고르시오. [1~12]

Easy

01

7	2	9	11	20	( )

① 24
② 29
③ 31
④ 33
⑤ 35

02

150	139	138.89	116.89	116.67	83.67	( )	39.34	38.9

① 83.34
② 84.22
③ 85.3
④ 86.38
⑤ 87.42

03

10.24	30.72	15.36	46.08	( )	69.12	34.56	103.68	51.84

① 26.28
② 25.2
③ 24.12
④ 23.04
⑤ 22.96

Easy

04

0.8	2.0	1.0	2.2	1.1	(　　)	1.15

① 2.0
② 2.3
③ 2.6
④ 2.9
⑤ 3.1

05

$5\frac{1}{7}$	$10\frac{2}{9}$	$15\frac{4}{12}$	$20\frac{7}{16}$	(　　)	$30\frac{16}{27}$	$35\frac{22}{34}$	$40\frac{29}{42}$

① $25\frac{9}{21}$
② $25\frac{11}{21}$
③ $25\frac{13}{21}$
④ $25\frac{15}{21}$
⑤ $25\frac{17}{21}$

Hard

06

$1\frac{4}{8}$	(　　)	$3\frac{6}{20}$	$4\frac{7}{29}$	$5\frac{8}{40}$	$5\frac{9}{53}$	$6\frac{10}{68}$

① $2\frac{1}{13}$
② $2\frac{3}{13}$
③ $2\frac{5}{13}$
④ $3\frac{3}{13}$
⑤ $3\frac{5}{13}$

07

$$\frac{1}{3} \quad \frac{6}{10} \quad (\quad) \quad \frac{16}{94} \quad \frac{21}{283}$$

① $\frac{10}{31}$
② $\frac{11}{31}$
③ $\frac{11}{45}$
④ $\frac{11}{47}$
⑤ $\frac{18}{47}$

08

$$1 \quad \frac{3}{2} \quad \frac{11}{6} \quad \frac{25}{12} \quad \frac{137}{60} \quad (\quad)$$

① $\frac{157}{120}$
② $\frac{147}{60}$
③ $\frac{157}{60}$
④ $\frac{167}{60}$
⑤ $\frac{177}{60}$

09

<u>10 1 32</u> <u>5 2 19</u> <u>1 5 13</u> <u>2 10 ( )</u>

① 8
② 14
③ 20
④ 26
⑤ 32

PART 2

10

11 21 10 10 36 8 8 ( ) 5

① 12
② 13
③ 36
④ 39
⑤ 43

Easy

11

2 5 7 3 6 9 4 7 ( )

① 9
② 11
③ 13
④ 24
⑤ 28

12

11 19 8 −14 ( ) 16 −3 8 11

① 2
② 8
③ 12
④ 18
⑤ 20

13 일정한 규칙으로 수를 나열할 때, A−B의 값은?

42 (A) 40 48 32 64 (B) 128

① 42
② 44
③ 50
④ 54
⑤ 58

14 일정한 규칙으로 수를 나열할 때, B−A의 값은?

41	(A)	49	56	(B)	76	89

① 20
② 21
③ 22
④ 23
⑤ 24

15 일정한 규칙으로 수를 나열할 때, A×B의 값은?

1	1	2	2	(A)	4	4	(B)	5	11

① 9
② 12
③ 15
④ 18
⑤ 21

16 일정한 규칙으로 수를 나열할 때, B÷(A+3)의 값은?

1	2	(A)	12	27	58	121	(B)

① 31
② 32
③ 33
④ 34
⑤ 35

17 다음 수열의 9번째 항의 값은?

1	2	4	7	8	10	13	…

① 14.5
② 15
③ 15.5
④ 16
⑤ 16.5

18 다음 수열의 12번째 항의 값은?

4　8　14　22　32　44　58　…

① 154
② 156
③ 158
④ 160
⑤ 162

Hard

19 다음 수열의 100번째 항의 값은?

$\frac{1}{9}$　$-\frac{2}{18}$　$-\frac{5}{27}$　$-\frac{8}{36}$　$-\frac{11}{45}$　…

① $-\frac{296}{891}$
② $-\frac{293}{900}$
③ $-\frac{296}{900}$
④ $-\frac{293}{909}$
⑤ $-\frac{296}{909}$

20 다음 수열의 13번째 항의 값은?

−4　−1　−2　1　2　5　10　13　…

① 90
② 98
③ 106
④ 114
⑤ 122

PART 3

심층검사

PART

3 심층검사

01 개요

SKCT 심층검사는 타기업의 인성검사와 유사하다고 볼 수 있다. SK그룹이 원하는 '일 잘하는 인재'가 직무를 수행하는 데 필요한 성격, 가치관, 태도를 측정하는 테스트이다.

구분	출제유형
유형 I	제시된 세 문장에 대해 자신의 성향과 가까운 정도에 따라 '① 전혀 그렇지 않다, ② 그렇지 않다, ③ 조금 그렇지 않다, ④ 조금 그렇다, ⑤ 그렇다, ⑥ 매우 그렇다'를 선택하고, 자신의 성향과 가장 먼 것(멀다)과 가까운 것(가깝다)을 선택하는 문제
유형 II	제시된 두 문장에 대해 자신이 동의하는 정도에 따라 '① 전혀 그렇지 않다, ② 그렇지 않다, ③ 그렇다, ④ 매우 그렇다'로 응답하는 문제

※ 계열사별로 시행 여부에 차이가 있을 수 있다.

※ 2025년도 하반기 SKCT에서는 유형 I은 45분 동안 240문항, 유형 II는 25분 동안 150문항에 응답해야 했다.

02 수검요령 및 유의사항

심층검사는 특별한 수검요령이 없다. 다시 말하면 모범답안도 없고, 정답도 없다는 이야기이다. 또한 국어문제처럼 말의 뜻을 풀이하는 것도 아니다. 굳이 수검요령을 말하자면, 진실하고 솔직한 자신의 생각이 모범답안이라고 할 수 있다.

심층검사에서 가장 중요한 것은 첫째, 솔직한 답변이다. 자신이 지금까지 경험을 통해서 축적해 온 생각과 행동을 허구 없이 솔직하게 기재하는 것이다. 예를 들어, "나는 타인의 물건을 훔치고 싶은 충동을 느껴본 적이 있다."라는 질문에 피검사자들은 많은 생각을 하게 된다. 생각해 보라. 유년기에 또는 성인이 되어서 타인의 물건을 훔치는 일을 저지른 적은 없더라도, 훔치고 싶은 충동은 누구나 조금이라도 다 느껴보았을 것이다. 그런데 이 질문에 고민을 하는 사람이 간혹 있다. 이 질문에 "예"라고 대답하면 담당 검사관들이 자신을 사회적으로 문제가 있는 사람으로 여기지는 않을까 하는 생각에 "아니요"라는 답을 기재하게 된다. 이런 솔직하지 않은 답변은 답변의 신뢰와 솔직함을 나타내는 타당성 척도에 좋지 않은 점수를 주게 된다.

둘째, 일관성 있는 답변이다. 심층검사의 수많은 질문 문항 중에는 비슷한 뜻의 질문이 여러 개 숨어 있는 경우가 많이 있다. 그 질문들은 피검사자의 '솔직한 답변'과 '심리적인 상태'를 알아보기 위해 내포되어 있는 문항들이다. 가령 "나는 유년시절 타인의 물건을 훔친 적이 있다."라는 질문에 "예"라고 대답했는데, "나는 유년시절 타인의 물건을 훔쳐보고 싶은 충동을 느껴본 적이 있다."라는 질문에는 "아니요"라는 답을 기재한다면 어떻겠는가? 일관성 없이 '대충 기재하자.'라는 식의 심리적 무성의한 답변이 되거나, 정신적으로 문제가 있는 사람으로 보일 수 있다.

심층검사는 많은 문항 수를 풀어나가기 때문에 피검사자들은 지루함과 따분함을 느낄 수 있고 반복된 의미의 질문으로 의한 인내상실 등이 나타날 수 있다. 인내를 가지고 솔직하게 자신의 생각을 대답하는 것이 무엇보다 중요한 요령이다.

수검 시 유의사항

(1) 충분한 휴식으로 불안을 없애고 정서적인 안정을 취한다. 심신이 안정되어야 자신의 마음을 표현할 수 있다.
(2) 생각나는 대로 솔직하게 응답한다. 자신을 너무 과대포장하지도, 너무 비하시키지도 말라. 답변을 꾸며서 하면 앞뒤가 맞지 않게끔 구성돼 있어 불리한 평가를 받게 되므로 솔직하게 답하도록 한다.
(3) 검사문항에 대해 지나치게 골똘히 생각해서는 안 된다. 지나치게 몰두하면 엉뚱한 답변이 나올 수 있으므로 불필요한 생각은 삼간다.

03 심층검사 모의연습

※ 심층검사는 정답이 따로 없는 유형의 검사이므로 결과지를 제공하지 않습니다.

유형 I

※ 각 문항을 읽고 ①～⑥ 중 본인의 성향과 가까운 정도에 따라 ① 전혀 그렇지 않다, ② 그렇지 않다, ③ 조금 그렇지 않다, ④ 조금 그렇다, ⑤ 그렇다, ⑥ 매우 그렇다 중 하나를 선택하시오. 그리고 세 문항 중 자신의 성향과 가장 먼 것(멀다)과 가까운 것(가깝다)을 하나씩 선택하시오. **[1~100]**

01

문항	답안 1						답안 2	
	①	②	③	④	⑤	⑥	멀다	가깝다
A. 시련은 있어도 좌절은 없다고 믿는다.	☐	☐	☐	☐	☐	☐	☐	☐
B. 장래를 생각하면 불안을 느낄 때가 많다.	☐	☐	☐	☐	☐	☐	☐	☐
C. 충동적으로 행동하지 않으려고 욕구와 감정을 조절하는 편이다.	☐	☐	☐	☐	☐	☐	☐	☐

02

문항	답안 1						답안 2	
	①	②	③	④	⑤	⑥	멀다	가깝다
A. 여행을 할 때 인적이 뜸한 곳을 선호한다.	☐	☐	☐	☐	☐	☐	☐	☐
B. 자신의 생각과 감정을 잘 표현하지 못한다.	☐	☐	☐	☐	☐	☐	☐	☐
C. 완전한 안전은 헛된 믿음일 뿐이며 삶은 모험의 연속이라고 생각한다.	☐	☐	☐	☐	☐	☐	☐	☐

03

문항	답안 1						답안 2	
	①	②	③	④	⑤	⑥	멀다	가깝다
A. 정치적·종교적으로 보수적인 편이다.	☐	☐	☐	☐	☐	☐	☐	☐
B. 철학 등의 본질적인 문제에 무관심하다.	☐	☐	☐	☐	☐	☐	☐	☐
C. 지혜로운 사람이 되려면 늘 변해야 한다고 생각한다.	☐	☐	☐	☐	☐	☐	☐	☐

04

문항	답안 1						답안 2	
	①	②	③	④	⑤	⑥	멀다	가깝다
A. 대인관계에서 깊은 상처를 받은 적이 있다.	☐	☐	☐	☐	☐	☐	☐	☐
B. 타인과 협력할 때 자신의 역할에 충실하게 임한다.	☐	☐	☐	☐	☐	☐	☐	☐
C. 나는 소수의 정예 엘리트 집단에 어울린다고 생각한다.	☐	☐	☐	☐	☐	☐	☐	☐

05

문항	답안 1						답안 2	
	①	②	③	④	⑤	⑥	멀다	가깝다
A. 자신에게 느슨하며 사고가 유연한 편이다.	☐	☐	☐	☐	☐	☐	☐	☐
B. 계획이나 규칙을 잘 지키지 못하는 편이다.	☐	☐	☐	☐	☐	☐	☐	☐
C. 노력하는 사람이 재능을 타고난 사람을 이긴다고 생각한다.	☐	☐	☐	☐	☐	☐	☐	☐

06

문항	답안 1						답안 2	
	①	②	③	④	⑤	⑥	멀다	가깝다
A. 내 장래는 희망적이라고 생각한다.	☐	☐	☐	☐	☐	☐	☐	☐
B. 스트레스를 받을까봐 두려워지곤 한다.	☐	☐	☐	☐	☐	☐	☐	☐
C. 시간이 지나도 괴로움이 쉽사리 사그라지지 않는다.	☐	☐	☐	☐	☐	☐	☐	☐

07

문항	답안 1						답안 2	
	①	②	③	④	⑤	⑥	멀다	가깝다
A. 내향적이고 사교성이 낮은 편이다.	☐	☐	☐	☐	☐	☐	☐	☐
B. 자극은 다다익선(多多益善)이라고 생각한다.	☐	☐	☐	☐	☐	☐	☐	☐
C. 사람들을 좋아해서 스스럼없이 대화하는 편이다.	☐	☐	☐	☐	☐	☐	☐	☐

08

문항	답안 1						답안 2	
	①	②	③	④	⑤	⑥	멀다	가깝다
A. 낯선 환경에 놓이는 것이 불쾌하다.	☐	☐	☐	☐	☐	☐	☐	☐
B. 통일성보다는 다양성이 중요하다고 여긴다.	☐	☐	☐	☐	☐	☐	☐	☐
C. 깊이 이해하려고 애쓰는 것은 과제 완수의 기본이라고 생각한다.	☐	☐	☐	☐	☐	☐	☐	☐

09

문항	답안 1						답안 2	
	①	②	③	④	⑤	⑥	멀다	가깝다
A. 너무 솔직해 남에게 이용당할 때가 많다.	☐	☐	☐	☐	☐	☐	☐	☐
B. 남의 의견에 별로 구애받지 않는 편이다.	☐	☐	☐	☐	☐	☐	☐	☐
C. 자신의 손실을 남에게 절대 전가하려 하지 않는다.	☐	☐	☐	☐	☐	☐	☐	☐

10

문항	답안 1						답안 2	
	①	②	③	④	⑤	⑥	멀다	가깝다
A. 스스로가 한 일에 책임을 지려고 노력한다.	☐	☐	☐	☐	☐	☐	☐	☐
B. 계획적이기보다는 즉흥적으로 사는 편이다.	☐	☐	☐	☐	☐	☐	☐	☐
C. 장해물이나 목표가 없다면 만족감도 없다고 생각한다.	☐	☐	☐	☐	☐	☐	☐	☐

11

문항	답안 1						답안 2	
	①	②	③	④	⑤	⑥	멀다	가깝다
A. 불만보다는 감사를 느낄 때가 많다.	☐	☐	☐	☐	☐	☐	☐	☐
B. 견디다 보면 슬픔도 익숙해질 것이다.	☐	☐	☐	☐	☐	☐	☐	☐
C. '내 삶에는 왜 이렇게 시련이 많을까?'하고 스트레스를 받곤 한다.	☐	☐	☐	☐	☐	☐	☐	☐

12

문항	답안 1						답안 2	
	①	②	③	④	⑤	⑥	멀다	가깝다
A. 나의 성격은 쾌활함과는 거리가 멀다.	☐	☐	☐	☐	☐	☐	☐	☐
B. 말수가 적으며 수줍어하는 성향이 있다.	☐	☐	☐	☐	☐	☐	☐	☐
C. 일부 부모들의 치맛바람을 극성스럽다고 생각하지 않는다.	☐	☐	☐	☐	☐	☐	☐	☐

13

문항	답안 1						답안 2	
	①	②	③	④	⑤	⑥	멀다	가깝다
A. 정치적으로 진보당보다 보수당을 지지한다.	☐	☐	☐	☐	☐	☐	☐	☐
B. 분석적 · 지성적인 일에 관심이 없는 편이다.	☐	☐	☐	☐	☐	☐	☐	☐
C. 인생의 스승은 부모처럼 고귀한 존재라고 생각한다.	☐	☐	☐	☐	☐	☐	☐	☐

14

문항	답안 1						답안 2	
	①	②	③	④	⑤	⑥	멀다	가깝다
A. 기본적으로 타인을 믿지 못하는 편이다.	☐	☐	☐	☐	☐	☐	☐	☐
B. 인간미가 부족하다는 비판을 받곤 한다.	☐	☐	☐	☐	☐	☐	☐	☐
C. 남의 고통을 목격하면 그 고통이 내게 고스란히 전해지는 것 같다.	☐	☐	☐	☐	☐	☐	☐	☐

15

문항	답안 1						답안 2	
	①	②	③	④	⑤	⑥	멀다	가깝다
A. 규범은 내 행동에 큰 영향을 주지 못한다.	☐	☐	☐	☐	☐	☐	☐	☐
B. 학창 시절에는 시험 기간이 닥쳐서야 공부를 했다.	☐	☐	☐	☐	☐	☐	☐	☐
C. 기회도 그것을 찾으려 노력하는 사람에게 주어진다고 생각한다.	☐	☐	☐	☐	☐	☐	☐	☐

16

문항	답안 1						답안 2	
	①	②	③	④	⑤	⑥	멀다	가깝다
A. 안정감보다는 불안감을 느낄 때가 많다.	☐	☐	☐	☐	☐	☐	☐	☐
B. 여름철 무더위는 나를 몹시 짜증나게 한다.	☐	☐	☐	☐	☐	☐	☐	☐
C. 인생에는 괴로운 일보다 즐거운 일이 많다고 여긴다.	☐	☐	☐	☐	☐	☐	☐	☐

17

문항	답안 1						답안 2	
	①	②	③	④	⑤	⑥	멀다	가깝다
A. 맵고 짠 자극적 음식을 즐기는 편이다.	☐	☐	☐	☐	☐	☐	☐	☐
B. 한겨울의 맹추위에도 실외 활동을 즐긴다.	☐	☐	☐	☐	☐	☐	☐	☐
C. 본질을 깨우치는 것에 집중하는 미니멀 라이프를 선호한다.	☐	☐	☐	☐	☐	☐	☐	☐

18

문항	답안 1						답안 2	
	①	②	③	④	⑤	⑥	멀다	가깝다
A. 변화는 항상 나를 힘들게 한다.	☐	☐	☐	☐	☐	☐	☐	☐
B. 사람은 죽을 때까지 학생이라고 생각한다.	☐	☐	☐	☐	☐	☐	☐	☐
C. 오래된 생각을 버려야 혁신적인 아이디어를 얻을 수 있다고 생각한다.	☐	☐	☐	☐	☐	☐	☐	☐

19

문항	답안 1						답안 2	
	①	②	③	④	⑤	⑥	멀다	가깝다
A. 타산적이라는 비판을 받곤 한다.	☐	☐	☐	☐	☐	☐	☐	☐
B. 남들에게 복종하고 의존하고 싶어지곤 한다.	☐	☐	☐	☐	☐	☐	☐	☐
C. 성악설보다는 성선설이 더 타당하다고 생각한다.	☐	☐	☐	☐	☐	☐	☐	☐

20

문항	답안 1						답안 2	
	①	②	③	④	⑤	⑥	멀다	가깝다
A. 하던 일을 중간에 그만두는 것을 싫어한다.	☐	☐	☐	☐	☐	☐	☐	☐
B. 씀씀이를 단속하려고 영수증을 잘 관리한다.	☐	☐	☐	☐	☐	☐	☐	☐
C. 노력은 배신하지 않는다는 격언을 믿지 않는다.	☐	☐	☐	☐	☐	☐	☐	☐

21

문항	답안 1						답안 2	
	①	②	③	④	⑤	⑥	멀다	가깝다
A. 쉽게 흥분하지 않는 편이다.	☐	☐	☐	☐	☐	☐	☐	☐
B. 짜증날 때도 감정을 잘 조절할 수 있다.	☐	☐	☐	☐	☐	☐	☐	☐
C. 슬픔이 닥칠 때마다 새롭게 느껴져 견디기가 몹시 힘들다.	☐	☐	☐	☐	☐	☐	☐	☐

22

문항	답안 1						답안 2	
	①	②	③	④	⑤	⑥	멀다	가깝다
A. 다소 대인기피증이 있는 것 같다.	☐	☐	☐	☐	☐	☐	☐	☐
B. 느긋이 적게보다는, 급히 많이 먹으려 한다.	☐	☐	☐	☐	☐	☐	☐	☐
C. 팀원들이 장차 리더가 되도록 은밀히 돕는 팀장이 최고의 리더일 것이다.	☐	☐	☐	☐	☐	☐	☐	☐

23

문항	답안 1						답안 2	
	①	②	③	④	⑤	⑥	멀다	가깝다
A. 통찰력은 나의 주요한 특징 중 하나이다.	☐	☐	☐	☐	☐	☐	☐	☐
B. 권위나 전통적 가치에 도전하기를 꺼린다.	☐	☐	☐	☐	☐	☐	☐	☐
C. 혁신적인 생각은 전통을 익히는 데서 비롯된다고 생각한다.	☐	☐	☐	☐	☐	☐	☐	☐

24

문항	답안 1						답안 2	
	①	②	③	④	⑤	⑥	멀다	가깝다
A. 실제의 이익을 따지는 데 빠른 편이다.	☐	☐	☐	☐	☐	☐	☐	☐
B. 독선적 행동으로 남들의 비난을 받곤 한다.	☐	☐	☐	☐	☐	☐	☐	☐
C. 나의 인간관에 가장 큰 영향을 끼친 것은 정직이다.	☐	☐	☐	☐	☐	☐	☐	☐

25

문항	답안 1						답안 2	
	①	②	③	④	⑤	⑥	멀다	가깝다
A. 굳이 양심에 따라 살려고 애쓰지 않는다.	☐	☐	☐	☐	☐	☐	☐	☐
B. 계획성이나 정확성과는 거리가 먼 편이다.	☐	☐	☐	☐	☐	☐	☐	☐
C. 전적으로 믿을 수 있는 것은 계획뿐이라고 여겨 목표와 비전을 잃지 않는다.	☐	☐	☐	☐	☐	☐	☐	☐

26

문항	답안 1						답안 2	
	①	②	③	④	⑤	⑥	멀다	가깝다
A. 자신의 현재 처지에 대해 비교적 만족한다.	☐	☐	☐	☐	☐	☐	☐	☐
B. '왜 하필 나에게'라는 생각이 들 때가 많다.	☐	☐	☐	☐	☐	☐	☐	☐
C. 뜨거운 여름날의 불쾌지수에 매우 민감한 편이다.	☐	☐	☐	☐	☐	☐	☐	☐

27

문항	답안 1						답안 2	
	①	②	③	④	⑤	⑥	멀다	가깝다
A. 앞장서는 리더가 최고의 리더일 것이다.	☐	☐	☐	☐	☐	☐	☐	☐
B. 바쁜 삶 속에서 큰 열정을 느끼곤 한다.	☐	☐	☐	☐	☐	☐	☐	☐
C. 대인관계에서 긴장해 매우 조심스러울 때가 많다.	☐	☐	☐	☐	☐	☐	☐	☐

28

문항	답안 1						답안 2	
	①	②	③	④	⑤	⑥	멀다	가깝다
A. 새로운 지식을 습득하는 데 인색하지 않다.	☐	☐	☐	☐	☐	☐	☐	☐
B. 익숙지 않은 환경에서는 매우 의기소침하다.	☐	☐	☐	☐	☐	☐	☐	☐
C. 책이 아닌 것과 책 중에 하나만 살 수 있다면 책을 살 것이다.	☐	☐	☐	☐	☐	☐	☐	☐

29

문항	답안 1						답안 2	
	①	②	③	④	⑤	⑥	멀다	가깝다
A. 타인의 지지는 나에게 큰 힘이 된다.	☐	☐	☐	☐	☐	☐	☐	☐
B. 약삭빠르고 실리적이며 기민한 편이다.	☐	☐	☐	☐	☐	☐	☐	☐
C. 나는 집단이 지나치게 소수 정예화되는 것에 반대한다.	☐	☐	☐	☐	☐	☐	☐	☐

30

문항	답안 1						답안 2	
	①	②	③	④	⑤	⑥	멀다	가깝다
A. 원칙주의자는 반드시 성공할 것이다.	☐	☐	☐	☐	☐	☐	☐	☐
B. 완벽주의자를 보면 고리타분하다고 느낀다.	☐	☐	☐	☐	☐	☐	☐	☐
C. 재능은 타고나는 것이 아니라 노력의 결과라고 생각한다.	☐	☐	☐	☐	☐	☐	☐	☐

31

문항	답안 1						답안 2	
	①	②	③	④	⑤	⑥	멀다	가깝다
A. 화가 나도 타인에게 화풀이를 하지 않는다.	☐	☐	☐	☐	☐	☐	☐	☐
B. 감정을 통제하지 못해 충동적일 때가 많다.	☐	☐	☐	☐	☐	☐	☐	☐
C. 긍정적인 것보다는 부정적인 면이 눈에 먼저 들어오는 편이다.	☐	☐	☐	☐	☐	☐	☐	☐

32

문항	답안 1						답안 2	
	①	②	③	④	⑤	⑥	멀다	가깝다
A. 대인관계가 사무적·형식적일 때가 많다.	☐	☐	☐	☐	☐	☐	☐	☐
B. 용장(勇壯) 밑에 약졸 없다는 말에 동감한다.	☐	☐	☐	☐	☐	☐	☐	☐
C. 여행할 때 사람들이 많이 왕래하는 곳을 선호한다.	☐	☐	☐	☐	☐	☐	☐	☐

33

문항	답안 1						답안 2	
	①	②	③	④	⑤	⑥	멀다	가깝다
A. 새로운 변화에서 큰 흥미를 느끼곤 한다.	☐	☐	☐	☐	☐	☐	☐	☐
B. 새로운 관점을 제시하는 비평문을 선호한다.	☐	☐	☐	☐	☐	☐	☐	☐
C. 연장자의 견해는 어떠한 경우에도 존중해야 한다고 생각한다.	☐	☐	☐	☐	☐	☐	☐	☐

34

문항	답안 1						답안 2	
	①	②	③	④	⑤	⑥	멀다	가깝다
A. 이타심과 동정심은 나의 큰 장점이다.	☐	☐	☐	☐	☐	☐	☐	☐
B. 사람을 사귈 때도 손익을 따지는 편이다.	☐	☐	☐	☐	☐	☐	☐	☐
C. 타인을 비판하기 전에 그의 입장에서 생각해 보곤 한다.	☐	☐	☐	☐	☐	☐	☐	☐

35

문항	답안 1						답안 2	
	①	②	③	④	⑤	⑥	멀다	가깝다
A. 친구들이 나의 의견을 신뢰하는 편이다.	☐	☐	☐	☐	☐	☐	☐	☐
B. 계획에 따라 움직이는 것은 따분한 일이다.	☐	☐	☐	☐	☐	☐	☐	☐
C. 성공의 원동력은 거듭된 실패의 극복이라고 생각한다.	☐	☐	☐	☐	☐	☐	☐	☐

36

문항	답안 1						답안 2	
	①	②	③	④	⑤	⑥	멀다	가깝다
A. 나는 정서적으로 매우 안정적인 편이다.	☐	☐	☐	☐	☐	☐	☐	☐
B. 미래의 일을 생각하면 두려워지곤 한다.	☐	☐	☐	☐	☐	☐	☐	☐
C. 감정보다는 이성의 영향을 더 크게 받는 편이다.	☐	☐	☐	☐	☐	☐	☐	☐

37

문항	답안 1						답안 2	
	①	②	③	④	⑤	⑥	멀다	가깝다
A. 남들과 잘 어울리는 편이다.	☐	☐	☐	☐	☐	☐	☐	☐
B. 비난을 받을까봐 주장을 잘하지 못한다.	☐	☐	☐	☐	☐	☐	☐	☐
C. 뒤에서 묵묵히 팀원을 지원하는 리더가 최고의 리더라고 생각한다.	☐	☐	☐	☐	☐	☐	☐	☐

38

문항	답안 1						답안 2	
	①	②	③	④	⑤	⑥	멀다	가깝다
A. 기지나 위트와는 거리가 먼 편이다.	☐	☐	☐	☐	☐	☐	☐	☐
B. 관례에 따라 행동하는 때가 더 많다.	☐	☐	☐	☐	☐	☐	☐	☐
C. 때로는 연소자의 생각에서도 배울 게 있다고 생각한다.	☐	☐	☐	☐	☐	☐	☐	☐

39

문항	답안 1						답안 2	
	①	②	③	④	⑤	⑥	멀다	가깝다
A. 자기중심적이고 독립적인 편이다.	☐	☐	☐	☐	☐	☐	☐	☐
B. 남들을 배려하고 관대하게 대하는 편이다.	☐	☐	☐	☐	☐	☐	☐	☐
C. 권모술수에 능한 현실주의자가 성공할 가능성이 높다고 생각한다.	☐	☐	☐	☐	☐	☐	☐	☐

40

문항	답안 1						답안 2	
	①	②	③	④	⑤	⑥	멀다	가깝다
A. 성공을 위해 자신을 통제하는 일이 없다.	☐	☐	☐	☐	☐	☐	☐	☐
B. 규칙, 계획, 책임감과는 거리가 먼 편이다.	☐	☐	☐	☐	☐	☐	☐	☐
C. 부족한 점을 부끄러워해야 고칠 수 있다고 생각한다.	☐	☐	☐	☐	☐	☐	☐	☐

41

문항	답안 1						답안 2	
	①	②	③	④	⑤	⑥	멀다	가깝다
A. 현재 자신의 형편에 대해 불만이 많다.	☐	☐	☐	☐	☐	☐	☐	☐
B. 짜증날 때는 감정을 잘 조절하지 못한다.	☐	☐	☐	☐	☐	☐	☐	☐
C. 자신의 감정과 행동을 지극히 잘 통제하는 편이다.	☐	☐	☐	☐	☐	☐	☐	☐

42

문항	답안 1						답안 2	
	①	②	③	④	⑤	⑥	멀다	가깝다
A. 상당히 말이 적고 내성적인 편이다.	☐	☐	☐	☐	☐	☐	☐	☐
B. 대인관계에서 자신감이 있고 적극적이다.	☐	☐	☐	☐	☐	☐	☐	☐
C. 더위나 추위는 나의 실외활동에 영향을 주지 않는다.	☐	☐	☐	☐	☐	☐	☐	☐

43

문항	답안 1						답안 2	
	①	②	③	④	⑤	⑥	멀다	가깝다
A. 불치하문(不恥下問)이라는 말에 동감한다.	☐	☐	☐	☐	☐	☐	☐	☐
B. 실용성과 현실성은 나의 가장 큰 장점이다.	☐	☐	☐	☐	☐	☐	☐	☐
C. 급변하는 사회에 적응하기 위해 신기술을 적극 수용한다.	☐	☐	☐	☐	☐	☐	☐	☐

44

문항	답안 1						답안 2	
	①	②	③	④	⑤	⑥	멀다	가깝다
A. 타인과 교제할 때 손익을 따지지 않는다.	☐	☐	☐	☐	☐	☐	☐	☐
B. 상당히 자기중심적이고 독립적인 편이다.	☐	☐	☐	☐	☐	☐	☐	☐
C. 성별, 인종, 재산 등에 따라 사람을 차별하지 않는다.	☐	☐	☐	☐	☐	☐	☐	☐

45

문항	답안 1						답안 2	
	①	②	③	④	⑤	⑥	멀다	가깝다
A. 타성에 젖지 않게 자신을 조율하곤 한다.	☐	☐	☐	☐	☐	☐	☐	☐
B. 나에게 도덕과 규범은 낡은 잣대일 뿐이다.	☐	☐	☐	☐	☐	☐	☐	☐
C. 문서를 작성할 때 맞춤법에 신경 쓰지 않는 편이다.	☐	☐	☐	☐	☐	☐	☐	☐

46

문항	답안 1						답안 2	
	①	②	③	④	⑤	⑥	멀다	가깝다
A. 자신의 삶에 대해 불만이 별로 없다.	☐	☐	☐	☐	☐	☐	☐	☐
B. 자기 통제와 담대함은 나의 큰 장점이다.	☐	☐	☐	☐	☐	☐	☐	☐
C. 쉽게 낙담해 무기력해지고 위축되는 것은 나의 단점이다.	☐	☐	☐	☐	☐	☐	☐	☐

47

문항	답안 1						답안 2	
	①	②	③	④	⑤	⑥	멀다	가깝다
A. 과묵하고 언행을 삼가는 편이다.	☐	☐	☐	☐	☐	☐	☐	☐
B. 감정 표현을 억제하고 세심한 편이다.	☐	☐	☐	☐	☐	☐	☐	☐
C. '지배, 정열, 대담'은 나를 표현하는 키워드이다.	☐	☐	☐	☐	☐	☐	☐	☐

48

문항	답안 1						답안 2	
	①	②	③	④	⑤	⑥	멀다	가깝다
A. 보편적인 것과 관습에 구애받는 편이다.	☐	☐	☐	☐	☐	☐	☐	☐
B. 예술이나 여행을 거의 즐기지 않는 편이다.	☐	☐	☐	☐	☐	☐	☐	☐
C. 구호는 감수성에 호소해야 효과적이라고 생각한다.	☐	☐	☐	☐	☐	☐	☐	☐

49

문항	답안 1						답안 2	
	①	②	③	④	⑤	⑥	멀다	가깝다
A. 타인에 대한 공감이 부족한 편이다.	☐	☐	☐	☐	☐	☐	☐	☐
B. 남들과 함께 결정하고 일하기를 꺼린다.	☐	☐	☐	☐	☐	☐	☐	☐
C. 조직에서 문제가 발생했을 때 내 잘못을 솔직히 인정한다.	☐	☐	☐	☐	☐	☐	☐	☐

50

문항	답안 1						답안 2	
	①	②	③	④	⑤	⑥	멀다	가깝다
A. 자율적인 행동 기준이 엄격하지 않다.	☐	☐	☐	☐	☐	☐	☐	☐
B. 성공을 위한 자기 통제력이 별로 없다.	☐	☐	☐	☐	☐	☐	☐	☐
C. 협상할 때는 많이 듣고 적게 말하는 신중함이 필요하다.	☐	☐	☐	☐	☐	☐	☐	☐

51

문항	답안 1						답안 2	
	①	②	③	④	⑤	⑥	멀다	가깝다
A. 정서적으로 다소 불안정한 편이다.	☐	☐	☐	☐	☐	☐	☐	☐
B. 나약하고 조급하다는 평가를 받곤 한다.	☐	☐	☐	☐	☐	☐	☐	☐
C. 소신이 있기 때문에 주변의 평가에 쉽게 휘둘리지 않는다.	☐	☐	☐	☐	☐	☐	☐	☐

52

문항	답안 1						답안 2	
	①	②	③	④	⑤	⑥	멀다	가깝다
A. 자기주장을 공격적으로 하곤 한다.	☐	☐	☐	☐	☐	☐	☐	☐
B. 타인을 대할 때 지배성이 강한 편이다.	☐	☐	☐	☐	☐	☐	☐	☐
C. 활동성과 모험 정신이 부족한 것은 나의 큰 단점이다.	☐	☐	☐	☐	☐	☐	☐	☐

53

문항	답안 1						답안 2	
	①	②	③	④	⑤	⑥	멀다	가깝다
A. 상상의 세계에 거의 관심이 없다.	☐	☐	☐	☐	☐	☐	☐	☐
B. 일반적·대중적이지 않을수록 더욱 선호한다.	☐	☐	☐	☐	☐	☐	☐	☐
C. 작품이 중요한 것처럼 비평가의 견해도 중요하다고 생각한다.	☐	☐	☐	☐	☐	☐	☐	☐

54

문항	답안 1						답안 2	
	①	②	③	④	⑤	⑥	멀다	가깝다
A. 인간관계에서 이익을 논하는 것이 싫다.	☐	☐	☐	☐	☐	☐	☐	☐
B. 남의 친절과 환대는 나를 크게 고무시킨다.	☐	☐	☐	☐	☐	☐	☐	☐
C. 남에게 솔직하게 말하면 불필요한 비판을 받을 수 있다고 생각한다.	☐	☐	☐	☐	☐	☐	☐	☐

55

문항	답안 1						답안 2	
	①	②	③	④	⑤	⑥	멀다	가깝다
A. 남들은 나를 신뢰하는 편이다.	☐	☐	☐	☐	☐	☐	☐	☐
B. 성공을 위해 자신을 옥죄는 일이 거의 없다.	☐	☐	☐	☐	☐	☐	☐	☐
C. 시험이 아무리 어려워도 스스로 노력하면 반드시 합격할 것이다.	☐	☐	☐	☐	☐	☐	☐	☐

56

문항	답안 1						답안 2	
	①	②	③	④	⑤	⑥	멀다	가깝다
A. 소심하고 불안한 면이 있다.	☐	☐	☐	☐	☐	☐	☐	☐
B. 당황할 때는 몹시 화가 나기도 한다.	☐	☐	☐	☐	☐	☐	☐	☐
C. 반드시 필요한 걱정조차도 하지 않는 경우가 많다.	☐	☐	☐	☐	☐	☐	☐	☐

57

문항	답안 1						답안 2	
	①	②	③	④	⑤	⑥	멀다	가깝다
A. 대인관계에 서투른 편이다.	☐	☐	☐	☐	☐	☐	☐	☐
B. 열정적이고 매우 쾌활한 편이다.	☐	☐	☐	☐	☐	☐	☐	☐
C. 논리를 따져 나의 주장을 내세우는 것이 매우 번거롭다.	☐	☐	☐	☐	☐	☐	☐	☐

58

문항	답안 1						답안 2	
	①	②	③	④	⑤	⑥	멀다	가깝다
A. 새로운 아이디어를 구상하는 데 서툴다.	☐	☐	☐	☐	☐	☐	☐	☐
B. 매우 현실적 · 실제적 · 보수적인 편이다.	☐	☐	☐	☐	☐	☐	☐	☐
C. 동양화의 '여백의 미'에서 자유를 크게 느끼곤 한다.	☐	☐	☐	☐	☐	☐	☐	☐

59

문항	답안 1						답안 2	
	①	②	③	④	⑤	⑥	멀다	가깝다
A. 동료의 지지를 얻는 일에 무관심하다.	☐	☐	☐	☐	☐	☐	☐	☐
B. 도움을 구하느니 차라리 혼자 처리하겠다.	☐	☐	☐	☐	☐	☐	☐	☐
C. 어린이날 등 각종 기념일에 타인을 위한 선물을 꼭 준비한다.	☐	☐	☐	☐	☐	☐	☐	☐

60

문항	답안 1						답안 2	
	①	②	③	④	⑤	⑥	멀다	가깝다
A. 단기간에 큰돈을 벌고 싶은 욕심이 많다.	☐	☐	☐	☐	☐	☐	☐	☐
B. 책임이 과중한 일은 맡기가 매우 꺼려진다.	☐	☐	☐	☐	☐	☐	☐	☐
C. 어려운 일도 충분히 해낼 수 있다고 자부한다.	☐	☐	☐	☐	☐	☐	☐	☐

61

문항	답안 1						답안 2	
	①	②	③	④	⑤	⑥	멀다	가깝다
A. 감정에 휘둘리지 않는다.	☐	☐	☐	☐	☐	☐	☐	☐
B. 남들보다 근심이나 걱정이 많은 편이다.	☐	☐	☐	☐	☐	☐	☐	☐
C. 불만을 참지 못해 푸념을 할 때가 많은 편이다.	☐	☐	☐	☐	☐	☐	☐	☐

62

문항	답안 1						답안 2	
	①	②	③	④	⑤	⑥	멀다	가깝다
A. 낙천적 · 사교적인 편이다.	☐	☐	☐	☐	☐	☐	☐	☐
B. 타인에게 자신의 권위를 내세우곤 한다.	☐	☐	☐	☐	☐	☐	☐	☐
C. 인간관계에서 거리감을 느끼는 경우가 잦은 편이다.	☐	☐	☐	☐	☐	☐	☐	☐

63

문항	답안 1						답안 2	
	①	②	③	④	⑤	⑥	멀다	가깝다
A. 상식적·보편적이지 않을수록 더욱 끌린다.	☐	☐	☐	☐	☐	☐	☐	☐
B. 지성과 감수성이 낮은 것은 나의 단점이다.	☐	☐	☐	☐	☐	☐	☐	☐
C. 작품은 감상자마다 다른 의미로 받아들일 수 있다고 생각한다.	☐	☐	☐	☐	☐	☐	☐	☐

64

문항	답안 1						답안 2	
	①	②	③	④	⑤	⑥	멀다	가깝다
A. 겸손과 정직은 나의 가장 큰 장점이다.	☐	☐	☐	☐	☐	☐	☐	☐
B. 남의 문제를 해결하는 일에 기꺼이 나선다.	☐	☐	☐	☐	☐	☐	☐	☐
C. 타인을 위한 나의 수고와 희생이 불필요하게 느껴질 때가 많다.	☐	☐	☐	☐	☐	☐	☐	☐

65

문항	답안 1						답안 2	
	①	②	③	④	⑤	⑥	멀다	가깝다
A. 스스로가 상당히 유능하다고 생각한다.	☐	☐	☐	☐	☐	☐	☐	☐
B. 일의 완수에 대한 강박증을 느끼지 않는다.	☐	☐	☐	☐	☐	☐	☐	☐
C. 목적 달성을 위해 매우 금욕적인 삶도 감내할 수 있다.	☐	☐	☐	☐	☐	☐	☐	☐

66

문항	답안 1						답안 2	
	①	②	③	④	⑤	⑥	멀다	가깝다
A. 걱정, 분노, 불안 등을 잘 느끼지 않는다.	☐	☐	☐	☐	☐	☐	☐	☐
B. 근심이 있어도 겉으로 잘 드러내지 않는다.	☐	☐	☐	☐	☐	☐	☐	☐
C. 차례를 기다릴 때는 초조함 때문에 속이 타는 것 같다.	☐	☐	☐	☐	☐	☐	☐	☐

67

문항	답안 1						답안 2	
	①	②	③	④	⑤	⑥	멀다	가깝다
A. 대담하고 모험적일 때가 많다.	☐	☐	☐	☐	☐	☐	☐	☐
B. 위험할 때는 결코 함부로 행동하지 않는다.	☐	☐	☐	☐	☐	☐	☐	☐
C. 사람을 만나는 것이 꺼려져 남들과 어울리지 못한다.	☐	☐	☐	☐	☐	☐	☐	☐

68

문항	답안 1						답안 2	
	①	②	③	④	⑤	⑥	멀다	가깝다
A. 창의성과 지성이 부족한 편이다.	☐	☐	☐	☐	☐	☐	☐	☐
B. 새롭고 다양한 예술 활동에 관심이 없다.	☐	☐	☐	☐	☐	☐	☐	☐
C. 개방적일수록 변화에 더 잘 적응한다고 생각한다.	☐	☐	☐	☐	☐	☐	☐	☐

69

문항	답안 1						답안 2	
	①	②	③	④	⑤	⑥	멀다	가깝다
A. 우월감으로 지나치게 자랑할 때가 많다.	☐	☐	☐	☐	☐	☐	☐	☐
B. 타인의 입장과 사정에 관심이 매우 많다.	☐	☐	☐	☐	☐	☐	☐	☐
C. '머리 검은 짐승은 구제하지 말라'는 속담을 믿는다.	☐	☐	☐	☐	☐	☐	☐	☐

70

문항	답안 1						답안 2	
	①	②	③	④	⑤	⑥	멀다	가깝다
A. 이익을 위해서라면 편법도 꺼리지 않는다.	☐	☐	☐	☐	☐	☐	☐	☐
B. 규칙과 의무를 지키는 일은 매우 번거롭다.	☐	☐	☐	☐	☐	☐	☐	☐
C. 일하는 시간, 노는 시간을 구분해 일에 방해가 되지 않게 한다.	☐	☐	☐	☐	☐	☐	☐	☐

71

문항	답안 1						답안 2	
	①	②	③	④	⑤	⑥	멀다	가깝다
A. 며칠 동안 집에만 있어도 우울하지 않다.	☐	☐	☐	☐	☐	☐	☐	☐
B. 죄책감으로 마음이 몹시 불편해지곤 한다.	☐	☐	☐	☐	☐	☐	☐	☐
C. 자신이 무용지물이라고 생각해 좌절할 때가 많다.	☐	☐	☐	☐	☐	☐	☐	☐

72

문항	답안 1						답안 2	
	①	②	③	④	⑤	⑥	멀다	가깝다
A. 매사에 적극적이며 반응이 빠른 편이다.	☐	☐	☐	☐	☐	☐	☐	☐
B. 우월감으로 독단적인 행동을 하곤 한다.	☐	☐	☐	☐	☐	☐	☐	☐
C. 남과 어울릴 때보다 혼자 있을 때 편안함을 크게 느낀다.	☐	☐	☐	☐	☐	☐	☐	☐

73

문항	답안 1						답안 2	
	①	②	③	④	⑤	⑥	멀다	가깝다
A. 참신한 예술 작품에 공감하지 못한다.	▢	▢	▢	▢	▢	▢	▢	▢
B. 통속적 작품도 예술로서 유의미할 것이다.	▢	▢	▢	▢	▢	▢	▢	▢
C. 미묘할수록 상상할 여지가 많아 좋다고 생각한다.	▢	▢	▢	▢	▢	▢	▢	▢

74

문항	답안 1						답안 2	
	①	②	③	④	⑤	⑥	멀다	가깝다
A. 봉사활동을 상당히 선호하는 편이다.	▢	▢	▢	▢	▢	▢	▢	▢
B. 갈등 상황에서 조화를 지향해 수용적이다.	▢	▢	▢	▢	▢	▢	▢	▢
C. 원하는 것이 있을 때만 타인이 나에게 친절하다고 생각한다.	▢	▢	▢	▢	▢	▢	▢	▢

75

문항	답안 1						답안 2	
	①	②	③	④	⑤	⑥	멀다	가깝다
A. 계획을 세운 것은 반드시 지킨다.	▢	▢	▢	▢	▢	▢	▢	▢
B. '될 대로 돼라'라고 생각할 때가 많다.	▢	▢	▢	▢	▢	▢	▢	▢
C. 물건을 살 때 여러 사이트를 검색해 최저가를 꼼꼼히 확인한다.	▢	▢	▢	▢	▢	▢	▢	▢

76

문항	답안 1						답안 2	
	①	②	③	④	⑤	⑥	멀다	가깝다
A. 불안과 스트레스에 매우 민감하다.	▢	▢	▢	▢	▢	▢	▢	▢
B. 수동적이며 타인의 동정을 바라는 편이다.	▢	▢	▢	▢	▢	▢	▢	▢
C. 스트레스를 받는 경우에도 결코 역정을 내지 않는다.	▢	▢	▢	▢	▢	▢	▢	▢

77

문항	답안 1						답안 2	
	①	②	③	④	⑤	⑥	멀다	가깝다
A. 사람들과 사귀는 것을 피하는 편이다.	▢	▢	▢	▢	▢	▢	▢	▢
B. 비난을 받을까봐 자기주장을 삼가는 편이다.	▢	▢	▢	▢	▢	▢	▢	▢
C. 논리 따지기를 좋아하고 주장이 매우 강한 편이다.	▢	▢	▢	▢	▢	▢	▢	▢

78

문항	답안 1						답안 2	
	①	②	③	④	⑤	⑥	멀다	가깝다
A. 참신한 시를 읽으면 기분이 상쾌해진다.	☐	☐	☐	☐	☐	☐	☐	☐
B. 지적인 자극을 찾는 일에 매우 소극적이다.	☐	☐	☐	☐	☐	☐	☐	☐
C. 유행을 타지 않을수록 명작이 되기 쉬울 것이다.	☐	☐	☐	☐	☐	☐	☐	☐

79

문항	답안 1						답안 2	
	①	②	③	④	⑤	⑥	멀다	가깝다
A. 타인보다는 자신의 만족이 더 중요하다.	☐	☐	☐	☐	☐	☐	☐	☐
B. 아랫사람에게는 존댓말을 거의 쓰지 않는다.	☐	☐	☐	☐	☐	☐	☐	☐
C. 대인관계에서 가장 중요한 것 두 가지는 신뢰와 정직일 것이다.	☐	☐	☐	☐	☐	☐	☐	☐

80

문항	답안 1						답안 2	
	①	②	③	④	⑤	⑥	멀다	가깝다
A. 자신의 유능함을 자부한다.	☐	☐	☐	☐	☐	☐	☐	☐
B. 자기를 성찰하는 일에 별로 관심이 없다.	☐	☐	☐	☐	☐	☐	☐	☐
C. 내가 한 일에 대한 책임을 회피하고 싶어지곤 한다.	☐	☐	☐	☐	☐	☐	☐	☐

81

문항	답안 1						답안 2	
	①	②	③	④	⑤	⑥	멀다	가깝다
A. 의지력이 약하고 걱정이 많은 편이다.	☐	☐	☐	☐	☐	☐	☐	☐
B. 자신에 대해 매우 비판적일 때가 많다.	☐	☐	☐	☐	☐	☐	☐	☐
C. 어떠한 경우에도 자신의 욕구를 합리적으로 통제할 수 있다.	☐	☐	☐	☐	☐	☐	☐	☐

82

문항	답안 1						답안 2	
	①	②	③	④	⑤	⑥	멀다	가깝다
A. 매우 활기차고 배짱이 있는 편이다.	☐	☐	☐	☐	☐	☐	☐	☐
B. 항상 상대방이 먼저 인사하기를 기다린다.	☐	☐	☐	☐	☐	☐	☐	☐
C. 위험한 상황에서도 매우 적극적으로 행동하곤 한다.	☐	☐	☐	☐	☐	☐	☐	☐

83

문항	답안 1						답안 2	
	①	②	③	④	⑤	⑥	멀다	가깝다
A. 호기심은 나를 이끄는 원동력이다.	▢	▢	▢	▢	▢	▢	▢	▢
B. 변화를 꿰뚫어 보는 통찰력이 있는 편이다.	▢	▢	▢	▢	▢	▢	▢	▢
C. 변화가 많은 것보다는 단순한 패턴을 선호한다.	▢	▢	▢	▢	▢	▢	▢	▢

84

문항	답안 1						답안 2	
	①	②	③	④	⑤	⑥	멀다	가깝다
A. 사랑과 평등은 내가 추구하는 가치이다.	▢	▢	▢	▢	▢	▢	▢	▢
B. 성희롱, 성차별 등의 이슈에 관심이 많다.	▢	▢	▢	▢	▢	▢	▢	▢
C. 남의 도움을 구하기보다는 혼자서 일을 처리하는 편이다.	▢	▢	▢	▢	▢	▢	▢	▢

85

문항	답안 1						답안 2	
	①	②	③	④	⑤	⑥	멀다	가깝다
A. 오늘 할 일을 결코 다음으로 미루지 않는다.	▢	▢	▢	▢	▢	▢	▢	▢
B. 자기 개발과 관련한 글이나 책에 관심이 없다.	▢	▢	▢	▢	▢	▢	▢	▢
C. 자신의 분야에서 최고 수준을 유지하기 위해 노력한다.	▢	▢	▢	▢	▢	▢	▢	▢

86

문항	답안 1						답안 2	
	①	②	③	④	⑤	⑥	멀다	가깝다
A. 위협에 민감하고 열등감을 자주 느낀다.	▢	▢	▢	▢	▢	▢	▢	▢
B. 환경이 바뀌어도 능률의 차이가 거의 없다.	▢	▢	▢	▢	▢	▢	▢	▢
C. 낙담, 슬픔 등의 감정에 별로 치우치지 않는 편이다.	▢	▢	▢	▢	▢	▢	▢	▢

87

문항	답안 1						답안 2	
	①	②	③	④	⑤	⑥	멀다	가깝다
A. 인간관계에 별로 관심이 없다.	▢	▢	▢	▢	▢	▢	▢	▢
B. 모험 정신과 활동성은 나의 큰 장점이다.	▢	▢	▢	▢	▢	▢	▢	▢
C. 윗사람에게 야단을 맞을 때 더 혼날까봐 변명을 하지 못한다.	▢	▢	▢	▢	▢	▢	▢	▢

88

문항	답안 1						답안 2	
	①	②	③	④	⑤	⑥	멀다	가깝다
A. 지적인 탐구에 몰두하기를 즐기지 못한다.	☐	☐	☐	☐	☐	☐	☐	☐
B. 어떤 문제에 대해 가능한 한 다양하게 접근한다.	☐	☐	☐	☐	☐	☐	☐	☐
C. 어떤 분야의 클래식이 된 데는 다 이유가 있다고 생각한다.	☐	☐	☐	☐	☐	☐	☐	☐

89

문항	답안 1						답안 2	
	①	②	③	④	⑤	⑥	멀다	가깝다
A. 정직하면 손해를 보기 쉽다고 생각한다.	☐	☐	☐	☐	☐	☐	☐	☐
B. SNS, 이메일 등 온라인 예절에 관심이 많다.	☐	☐	☐	☐	☐	☐	☐	☐
C. 타인에게 상처받기 전에 먼저 그에게 상처를 주곤 한다.	☐	☐	☐	☐	☐	☐	☐	☐

90

문항	답안 1						답안 2	
	①	②	③	④	⑤	⑥	멀다	가깝다
A. 과정보다는 결과가 중요하다고 생각한다.	☐	☐	☐	☐	☐	☐	☐	☐
B. 나의 능력에 대한 자부심은 나의 장점이다.	☐	☐	☐	☐	☐	☐	☐	☐
C. 성공의 비결은 유연한 융통성에 있다고 생각한다.	☐	☐	☐	☐	☐	☐	☐	☐

91

문항	답안 1						답안 2	
	①	②	③	④	⑤	⑥	멀다	가깝다
A. 불안, 초조, 긴장 등을 느낄 때가 많다.	☐	☐	☐	☐	☐	☐	☐	☐
B. 자기 확신이 강하고 대체로 평온한 편이다.	☐	☐	☐	☐	☐	☐	☐	☐
C. 열등의식 때문에 스트레스를 받는 경우가 많다.	☐	☐	☐	☐	☐	☐	☐	☐

92

문항	답안 1						답안 2	
	①	②	③	④	⑤	⑥	멀다	가깝다
A. 인맥을 넓히는 일에 관심이 거의 없다.	☐	☐	☐	☐	☐	☐	☐	☐
B. 대인관계에서 두려움을 느끼지 않는 편이다.	☐	☐	☐	☐	☐	☐	☐	☐
C. 논리를 따지길 선호하고 자기주장이 매우 강한 편이다.	☐	☐	☐	☐	☐	☐	☐	☐

93

문항	답안 1						답안 2	
	①	②	③	④	⑤	⑥	멀다	가깝다
A. 호기심은 인간의 지극한 본능이다.	▢	▢	▢	▢	▢	▢	▢	▢
B. 능률, 안전 등에 큰 가치를 두는 편이다.	▢	▢	▢	▢	▢	▢	▢	▢
C. 오케스트라를 구성하는 악기의 수는 많을수록 좋을 것이다.	▢	▢	▢	▢	▢	▢	▢	▢

94

문항	답안 1						답안 2	
	①	②	③	④	⑤	⑥	멀다	가깝다
A. 나의 이익이 타인의 행복보다 중요하다.	▢	▢	▢	▢	▢	▢	▢	▢
B. 남들로부터 상냥하다는 평가를 받곤 한다.	▢	▢	▢	▢	▢	▢	▢	▢
C. 인간의 존엄성은 어떠한 경우에도 최우선의 가치이다.	▢	▢	▢	▢	▢	▢	▢	▢

95

문항	답안 1						답안 2	
	①	②	③	④	⑤	⑥	멀다	가깝다
A. 목적을 위해 현재의 유혹을 잘 참는다.	▢	▢	▢	▢	▢	▢	▢	▢
B. '어떻게든 되겠지'라고 생각할 때가 많다.	▢	▢	▢	▢	▢	▢	▢	▢
C. 책임을 다하려면 자신의 능력에 자부심을 가져야 한다.	▢	▢	▢	▢	▢	▢	▢	▢

96

문항	답안 1						답안 2	
	①	②	③	④	⑤	⑥	멀다	가깝다
A. 감정의 균형을 꾸준히 유지할 수 있다.	▢	▢	▢	▢	▢	▢	▢	▢
B. 일상에서 스트레스를 받는 일이 거의 없다.	▢	▢	▢	▢	▢	▢	▢	▢
C. 별것 아닌 일 때문에 자신감을 잃는 경우가 많은 편이다.	▢	▢	▢	▢	▢	▢	▢	▢

97

문항	답안 1						답안 2	
	①	②	③	④	⑤	⑥	멀다	가깝다
A. 폭넓은 인간관계는 거추장스러울 뿐이다.	▢	▢	▢	▢	▢	▢	▢	▢
B. 타인이 리더 역할을 잘하도록 돕는 편이다.	▢	▢	▢	▢	▢	▢	▢	▢
C. 대인관계에서 자신의 느낌과 생각을 적극적으로 표현한다.	▢	▢	▢	▢	▢	▢	▢	▢

98

문항	답안 1						답안 2	
	①	②	③	④	⑤	⑥	멀다	가깝다
A. 창의적 사고에 능숙하지 못하다.	☐	☐	☐	☐	☐	☐	☐	☐
B. 자신이 남들과 차별화되는 것이 싫다.	☐	☐	☐	☐	☐	☐	☐	☐
C. 구성원의 수가 많을수록 창의적 아이디어 개발에 효율적일 것이다.	☐	☐	☐	☐	☐	☐	☐	☐

99

문항	답안 1						답안 2	
	①	②	③	④	⑤	⑥	멀다	가깝다
A. 정직보다는 이익이 더 중요하다고 여긴다.	☐	☐	☐	☐	☐	☐	☐	☐
B. 상대가 누구이건 항상 높임말을 사용한다.	☐	☐	☐	☐	☐	☐	☐	☐
C. 남의 의도를 부정적으로 해석해 공격적일 때가 많다.	☐	☐	☐	☐	☐	☐	☐	☐

100

문항	답안 1						답안 2	
	①	②	③	④	⑤	⑥	멀다	가깝다
A. 성취감은 나에게 별로 중요하지 않다.	☐	☐	☐	☐	☐	☐	☐	☐
B. 장기적인 청사진을 만드는 일은 버겁다.	☐	☐	☐	☐	☐	☐	☐	☐
C. 사회적 규범을 나름대로 지키면서 살아왔다고 자부한다.	☐	☐	☐	☐	☐	☐	☐	☐

유형 Ⅱ

※ 각 문항을 읽고 본인이 동의하는 정도에 따라 ① 전혀 그렇지 않다, ② 그렇지 않다, ③ 그렇다, ④ 매우 그렇다 중 하나를 선택하시오. **[1~63]**

01

1. 잘하지 못하는 것이라도 자진해서 한다.
2. 외출할 때 날씨가 좋지 않아도 그다지 신경을 쓰지 않는다.

1.	①	②	③	④
2.	①	②	③	④

02

1. 모르는 사람과 이야기하는 것은 용기가 필요하다.
2. 하나의 취미를 오래 지속하는 편이다.

1.	①	②	③	④
2.	①	②	③	④

03

1. 남의 생일이나 명절 때 선물을 사러 다니는 일이 귀찮게 느껴진다.
2. 실패하든 성공하든 그 원인을 꼭 분석한다.

1.	①	②	③	④
2.	①	②	③	④

04

1. 나 혼자라고 생각한 적은 한 번도 없다.
2. 내가 노력하는 만큼 상대방도 내게 정성을 보일 것이라 생각한다.

1.	①	②	③	④
2.	①	②	③	④

05

1. 동작이 기민한 편이다.
2. 훌쩍 여행을 떠나고 싶을 때가 자주 있다.

1.	①	②	③	④
2.	①	②	③	④

06

1. 상대에게 자신의 의견을 잘 주장하지 못한다.
2. 다른 사람들이 하지 못하는 일을 하고 싶다.

1.	①	②	③	④
2.	①	②	③	④

07

1. 타인에게 간섭받는 것은 싫다.
2. 막무가내라는 말을 들을 때가 많다.

1.	①	②	③	④
2.	①	②	③	④

08

1. 쉽게 싫증을 내는 편이다. 2. 친구들과 남의 이야기를 하는 것을 좋아한다.

1.	①	②	③	④
2.	①	②	③	④

09

1. 집에서 가만히 있으면 기분이 우울해진다. 2. 몸으로 부딪쳐 도전하는 편이다.

1.	①	②	③	④
2.	①	②	③	④

10

1. 부모님께 불평을 한 적이 한 번도 없다. 2. 일에는 결과가 중요하다고 생각한다.

1.	①	②	③	④
2.	①	②	③	④

11

1. 기다리는 것에 짜증을 내는 편이다. 2. 인간관계가 폐쇄적이라는 말을 듣는다.

1.	①	②	③	④
2.	①	②	③	④

12

1. 난관에 봉착해도 포기하지 않고 열심히 해본다.
2. 반대에 부딪혀도 자신의 의견을 바꾸는 일은 없다.

1.	①	②	③	④
2.	①	②	③	④

13

1. 그룹 내에서는 누군가의 주도 하에 따라가는 경우가 많다.
2. 휴일은 세부적인 계획을 세우고 보낸다.

1.	①	②	③	④
2.	①	②	③	④

14

1. 이유도 없이 다른 사람과 부딪힐 때가 있다.
2. 지금까지 후회를 한 적이 없다.

1.	①	②	③	④
2.	①	②	③	④

15

1. 여행을 가기 전에는 미리 세세한 계획을 세운다.
2. 번화한 곳에 외출하는 것을 좋아한다.

1.	①	②	③	④
2.	①	②	③	④

16

> 1. 계획을 생각하기보다 빨리 실행하고 싶어 한다.
> 2. 융통성이 없는 편이다.

1.	①	②	③	④
2.	①	②	③	④

17

> 1. 어색해지면 입을 다무는 경우가 많다.
> 2. 앞으로의 일을 생각하지 않으면 진정이 되지 않는다.

1.	①	②	③	④
2.	①	②	③	④

18

> 1. 반대에 부딪혀도 자신의 의견을 바꾸는 일은 없다.
> 2. 실행하기 전에 재확인할 때가 많다.

1.	①	②	③	④
2.	①	②	③	④

19

> 1. 좀처럼 결단을 내리지 못하는 경우가 있다.
> 2. 하나의 취미를 오래 지속하는 편이다.

1.	①	②	③	④
2.	①	②	③	④

20

1. 타인에게 간섭받는 것은 싫다.
2. 행동으로 옮기기까지 시간이 걸린다.

1.	①	②	③	④
2.	①	②	③	④

21

1. 다른 사람들이 하지 못하는 일을 하고 싶다.
2. 해야 할 일은 신속하게 처리한다.

1.	①	②	③	④
2.	①	②	③	④

22

1. 모르는 사람과 이야기하는 것이 두렵지 않다.
2. 끙끙거리며 생각할 때가 많다.

1.	①	②	③	④
2.	①	②	③	④

23

1. 다른 사람에게 항상 움직이고 있다는 말을 듣는다.
2. 매사에 여러 일에 얽매인다.

1.	①	②	③	④
2.	①	②	③	④

24

1. 잘하지 못하는 게임은 하지 않으려고 한다.
2. 어떠한 일이 있어도 출세하고 싶다.

1.	①	②	③	④
2.	①	②	③	④

25

1. 막무가내라는 말을 들을 때가 많다.
2. 남과 친해지려면 용기가 필요하다.

1.	①	②	③	④
2.	①	②	③	④

26

1. 통찰력이 있다고 생각한다.
2. 가끔 기분이 우울하다.

1.	①	②	③	④
2.	①	②	③	④

27

1. 매사에 느긋하고 차분하게 행동한다.
2. 좋은 생각이 떠올라도 실행하기 전에 여러 번 검토한다.

1.	①	②	③	④
2.	①	②	③	④

28

1. 누구나 권력자를 동경하고 있다고 생각한다.
2. 몸으로 부딪쳐 도전하는 편이다.

1.	①	②	③	④
2.	①	②	③	④

29

1. 내성적이라고 생각한다.
2. 대충하는 것을 좋아한다.

1.	①	②	③	④
2.	①	②	③	④

30

1. 계획을 세우고 행동할 때가 많다.
2. 일에는 결과가 중요하다.

1.	①	②	③	④
2.	①	②	③	④

31

1. 활력이 있다.
2. 더 이상 인간관계를 넓히고 싶지 않다.

1.	①	②	③	④
2.	①	②	③	④

32

1. 매사에 신중한 편이라고 생각한다.
2. 눈을 뜨면 바로 일어난다.

1.	①	②	③	④
2.	①	②	③	④

33

1. 난관에 봉착해도 포기하지 않고 열심히 한다.
2. 실행하기 전에 재확인할 때가 많다.

1.	①	②	③	④
2.	①	②	③	④

34

1. 리더로서 인정을 받고 싶다.
2. 어떤 일이 있어도 의욕을 가지고 열심히 하는 편이다.

1.	①	②	③	④
2.	①	②	③	④

35

1. 누군가의 의견에 따라가는 경우가 많다.
2. 차분하다는 말을 자주 듣는다.

1.	①	②	③	④
2.	①	②	③	④

36

1. 스포츠 선수가 되고 싶다고 생각한 적이 있다.
2. 모두가 싫증을 내는 일에도 혼자서 열심히 한다.

1.	①	②	③	④
2.	①	②	③	④

37

1. 휴일은 세부적인 계획을 세우고 보낸다.
2. 완성된 것보다도 미완성인 것에 흥미가 있다.

1.	①	②	③	④
2.	①	②	③	④

38

1. 못할 것 같아도 일단 해본다.
2. 의견이 다른 사람과는 어울리지 않는다.

1.	①	②	③	④
2.	①	②	③	④

39

1. 무슨 일이든 생각해 보지 않으면 만족하지 못한다.
2. 다소 무리를 하더라도 피로해지지 않는다.

1.	①	②	③	④
2.	①	②	③	④

40

1. 굳이 말하자면 장거리 주자에 어울린다고 생각한다.
2. 여행을 가기 전에는 아무런 계획을 세우지 않는다.

1.	①	②	③	④
2.	①	②	③	④

41

1. 능력을 살릴 수 있는 일을 하고 싶다.
2. 내 성격이 시원시원하다고 생각한다.

1.	①	②	③	④
2.	①	②	③	④

42

1. 다른 사람에게 자신이 소개되는 것을 좋아한다.
2. 실행하기 전에 재고하는 경우가 많다.

1.	①	②	③	④
2.	①	②	③	④

43

1. 몸을 움직이는 것을 좋아한다.
2. 나는 완고한 편이라고 생각한다.

1.	①	②	③	④
2.	①	②	③	④

44

1. 신중하게 생각하는 편이다.
2. 커다란 일을 해보고 싶다.

1.	①	②	③	④
2.	①	②	③	④

45

1. 계획을 생각한 것보다 빨리 실행하고 싶어한다.
2. 처음 만난 사람과의 대화를 길게 이끌지 못한다.

1.	①	②	③	④
2.	①	②	③	④

46

1. 하루의 행동을 반성하는 경우가 많다.
2. 격렬한 운동도 그다지 힘들어하지 않는다.

1.	①	②	③	④
2.	①	②	③	④

47

1. 인생에서 중요한 것은 높은 목표를 갖는 것이다.
2. 무슨 일이든 선수를 쳐야 이긴다고 생각한다.

1.	①	②	③	④
2.	①	②	③	④

48

1. 남들과의 교제에 소극적인 편이라고 생각한다.
2. 복잡한 것을 생각하는 것을 좋아한다.

1.	①	②	③	④
2.	①	②	③	④

49

1. 운동하는 것을 좋아한다.
2. 참을성이 강하다.

1.	①	②	③	④
2.	①	②	③	④

50

1. 예측이 되지 않으면 행동으로 옮기지 않을 때가 많다.
2. 남들 위에 서서 일을 하고 싶다.

1.	①	②	③	④
2.	①	②	③	④

51

1. 실제로 행동하기보다 생각하는 것을 좋아한다.
2. 목소리가 큰 편이라고 생각한다.

1.	①	②	③	④
2.	①	②	③	④

52

1. 계획을 중도에 변경하는 것은 싫다.
2. 호텔이나 여관에 묵으면 반드시 비상구를 확인한다.

1.	①	②	③	④
2.	①	②	③	④

53

1. 목표는 높을수록 좋다.
2. 기왕 하는 것이라면 온 힘을 다한다.

1.	①	②	③	④
2.	①	②	③	④

54

1. 얌전한 사람이라는 말을 들을 때가 많다.
2. 침착하게 행동하는 편이다.

1.	①	②	③	④
2.	①	②	③	④

55

1. 활동적이라는 이야기를 자주 듣는다.
2. 한 가지 일에 열중하는 것을 좋아한다.

1.	①	②	③	④
2.	①	②	③	④

56

1. 쓸데없는 걱정을 할 때가 많다.
2. 굳이 말하자면 야심가이다.

1.	①	②	③	④
2.	①	②	③	④

57

1. 수비보다 공격하는 것에 자신이 있다.
2. 친한 사람하고만 어울리고 싶다.

1.	①	②	③	④
2.	①	②	③	④

58

1. 불가능해 보이는 일이라도 포기하지 않고 계속한다.
2. 일을 할 때에는 꼼꼼하게 계획을 세우고 실행한다.

1.	①	②	③	④
2.	①	②	③	④

59

1. 현실에 만족하지 않고 더욱 개선하고 싶다.
2. 결심하면 바로 착수한다.

1.	①	②	③	④
2.	①	②	③	④

60

1. 처음 만나는 사람과는 잘 이야기하지 못한다.
2. 일처리에 냉정하다.

1.	①	②	③	④
2.	①	②	③	④

61

1. 다른 사람들의 눈길을 끌고 주목을 받는 것이 아무렇지도 않다.
2. 색채감각이나 미적 감각이 풍부한 편이다.

1.	①	②	③	④
2.	①	②	③	④

62

1. 사건의 뒤에 숨은 본질을 생각해 보기를 좋아한다.
2. 회의에서 사회나 서기의 역할이 있다면 서기 쪽이 맞을 것 같다.

1.	①	②	③	④
2.	①	②	③	④

63

1. 새로운 아이디어를 생각해내는 일이 좋다.
2. 물건을 만들거나 도구를 사용하는 일이 싫지는 않다.

1.	①	②	③	④
2.	①	②	③	④

MEMO

PART 4

면접

CHAPTER

01 면접 유형 및 실전 대책

01 면접 주요사항

면접의 사전적 정의는 면접관이 지원자를 직접 만나보고 인품(人品)이나 언행(言行) 따위를 시험하는 일로, 흔히 필기시험 후에 최종적으로 심사하는 방법이다.

최근 주요 기업의 인사담당자들을 대상으로 채용 시 면접이 차지하는 비중을 설문조사했을 때, 50 ~ 80% 이상이라고 답한 사람이 전체 응답자의 80%를 넘었다. 이와 대조적으로 지원자들을 대상으로 취업 시험에서 면접을 준비하는 기간을 물었을 때, 대부분의 응답자가 2 ~ 3일 정도라고 대답했다.

지원자가 일정 수준의 스펙을 갖추기 위해 자격증 시험과 토익을 치르고 이력서와 자기소개서까지 쓰다 보면 면접까지 챙길 여유가 없는 것이 사실이다. 그리고 서류전형과 인적성검사를 통과해야만 면접을 볼 수 있기 때문에 자연스럽게 면접은 취업시험 과정에서 그 비중이 작아질 수밖에 없다. 하지만 아이러니하게도 실제 채용 과정에서 면접이 차지하는 비중은 절대적이라고 해도 과언이 아니다.

기업들은 채용 과정에서 토론 면접, 인성 면접, 프레젠테이션 면접, 역량 면접 등의 다양한 면접을 실시한다. 1차 커트라인이라고 할 수 있는 서류전형을 통과한 지원자들의 스펙이나 능력은 서로 엇비슷하다고 판단되기 때문에 서류상 보이는 자격증이나 토익 성적보다는 지원자의 인성을 파악하기 위해 면접을 더욱 강화하는 것이다. 일부 기업은 의도적으로 압박 면접을 실시하기도 한다. 지원자가 당황할 수 있는 질문을 던져서 그것에 대한 지원자의 반응을 살펴보는 것이다.

면접은 다르게 생각한다면 '나는 누구인가'에 대한 물음에 해답을 줄 수 있는 가장 현실적이고 미래적인 경험이 될 수 있다. 취업난 속에서 자격증을 취득하고 토익 성적을 올리기 위해 앞만 보고 달려온 지원자들은 자신에 대해서 고민하고 탐구할 수 있는 시간을 평소 쉽게 가질 수 없었을 것이다. 자신을 잘 알고 있어야 자신에 대해서 자신감 있게 말할 수 있다. 대체로 사람들은 자신에게 관대한 편이기 때문에 스스로에 대해서 어떤 기대와 환상을 가지고 있는 경우가 많다. 하지만 면접은 제삼자에 의해 개인의 능력을 객관적으로 평가받는 시험이다. 어떤 지원자들은 다른 사람에게 자신을 표현하는 것을 어려워한다. 평소에 잘 사용하지 않는 용어를 내뱉으면서 거창하게 자신을 포장하는 지원자도 많다. 면접에서 가장 기본은 자기 자신을 면접관에게 알기 쉽게 표현하는 것이다.

이러한 표현을 바탕으로 자신이 앞으로 하고자 하는 것과 그에 대한 이유를 설명해야 한다. 최근에는 자신감을 향상시키거나 말하는 능력을 높이는 학원도 많기 때문에 얼마든지 자신의 단점을 극복할 수 있다.

1. 자기소개의 기술

자기소개를 시키는 이유는 면접자가 지원자의 자기소개서를 압축해서 듣고, 지원자의 첫인상을 평가할 시간을 가질 수 있기 때문이다. 면접을 위한 워밍업이라고 할 수 있으며, 첫인상을 결정하는 과정이므로 매우 중요한 순간이다.

(1) 정해진 시간에 자기소개를 마쳐야 한다.

쉬워 보이지만 의외로 지원자들이 정해진 시간을 넘기거나 혹은 빨리 끝내서 면접관에게 지적을 받는 경우가 많다. 본인이 면접을 받는 마지막 지원자가 아닌 이상, 정해진 시간을 지키지 않는 것은 수많은 지원자를 상대하기에 바쁜 면접관과 대기 시간에 지친 다른 지원자들에게 불쾌감을 줄 수 있다.
또한 회사에서 시간관념은 절대적인 것이므로 반드시 자기소개 시간을 지켜야 한다. 말하기는 1분에 200자 원고지 2장 분량의 글을 읽는 만큼의 속도가 가장 적당하다. 이를 A4 용지에 10point 글자 크기로 작성하면 반 장 분량이 된다.

(2) 간단하지만 신선한 문구로 자기소개를 시작하자.

요즈음 많은 지원자가 이 방법을 사용하고 있기 때문에 웬만한 소재의 문구가 아니면 면접관의 관심을 받을 수 없다. 이러한 문구는 시대적으로 유행하는 광고 카피를 패러디하는 경우와 격언 등을 인용하는 경우 그리고 지원한 회사의 CI나 경영이념, 인재상 등을 사용하는 경우 등이 있다. 지원자는 이러한 여러 문구 중에 자신의 첫인상을 북돋아 줄 수 있는 것을 선택해서 말해야 한다. 자신의 이름을 문구 속에 적절하게 넣어서 말한다면 좀 더 효과적인 자기소개가 될 것이다.

(3) 무엇을 먼저 말할 것인지 고민하자.

면접관이 많이 던지는 질문 중 하나가 지원동기이다. 그래서 성장기를 바로 건너뛰고, 지원한 회사에 들어오기 위해 대학에서 어떻게 준비했는지를 설명하는 자기소개가 대세이다.

(4) 면접관의 호기심을 자극해 관심을 불러일으킬 수 있게 말하라.

면접관에게 질문을 많이 받는 지원자의 합격률이 반드시 높은 것은 아니지만, 질문을 전혀 안 받는 것보다는 좋은 평가를 기대할 수 있다. 지원한 분야와 관련된 수상 경력이나 프로젝트 등을 말하는 것도 좋다. 이는 지원자의 업무 능력과 직접 연결되는 것이므로 효과적인 자기 홍보가 될 수 있다. 일부 지원자들은 자신만의 특별한 경험을 이야기하는데, 이때는 그 경험이 보편적으로 사람들의 공감대를 얻을 수 있는 것인지 다시 생각해봐야 한다.

(5) 마지막 고개를 넘기가 가장 힘들다.

첫 단추도 중요하지만, 마지막 단추도 중요하다. 하지만 왠지 격식을 따지는 인사말은 지나가는 인사말 같고, 다르게 하자니 예의에 어긋나는 것 같은 기분이 든다. 이때는 처음에 했던 자신만의 문구를 다시 한 번 말하는 것도 좋은 방법이다. 자연스러운 끝맺음이 될 수 있도록 적절한 연습이 필요하다.

2. 1분 자기소개 시 주의사항

(1) 자기소개서와 자기소개가 똑같다면 감점일까?

아무리 자기소개서를 외워서 말한다 해도 자기소개가 자기소개서와 완전히 똑같을 수는 없다. 자기소개서의 분량이 더 많고 회사마다 요구하는 필수 항목들이 있기 때문에 굳이 고민할 필요는 없다. 오히려 자기소개서의 내용을 잘 정리한 자기소개가 더 좋은 결과를 만들 수 있다. 하지만 자기소개서와 상반된 내용을 말하는 것은 적절하지 않다. 지원자의 신뢰성이 떨어진다는 것은 곧 불합격을 의미하기 때문이다.

(2) 말하는 자세를 바르게 익혀라.

지원자가 자기소개를 하는 동안 면접관은 지원자의 동작 하나하나를 관찰한다. 그렇기 때문에 바른 자세가 중요하다는 것은 우리가 익히 알고 있다. 하지만 문제는 무의식적으로 나오는 습관 때문에 자세가 흐트러져 나쁜 인상을 줄 수 있다는 것이다. 이러한 습관을 고칠 수 있는 가장 좋은 방법은 캠코더 등으로 자신의 모습을 담는 것이다. 거울을 사용할 경우에는 시선이 자꾸 자기 눈과 마주치기 때문에 집중하기 힘들다. 하지만 촬영된 동영상은 제삼자의 입장에서 자신을 볼 수 있기 때문에 많은 도움이 된다.

(3) 정확한 발음과 억양으로 자신 있게 말하라.

지원자의 모양새가 아무리 뛰어나도, 목소리가 작고 발음이 부정확하면 큰 감점을 받는다. 이러한 모습은 지원자의 좋은 점에까지 악영향을 끼칠 수 있다. 직장을 흔히 사회생활의 시작이라고 말하는 시대적 정서에서 사람들과 의사소통을 하는 데 문제가 있다고 판단되는 지원자는 부적절한 인재로 평가될 수밖에 없다.

3. 대화법

전문가들이 말하는 대화법의 핵심은 '상대방을 배려하면서 이야기하라.'는 것이다. 대화는 나와 다른 사람의 소통이다. 내용에 대한 공감이나 이해가 없다면 대화는 더 진전되지 않는다.

베스트셀러 『카네기 인간관계론』의 작가인 철학자 카네기가 말하는 최상의 대화법은 자신의 경험을 토대로 이야기하는 것이다. 즉, 살아오면서 직접 겪은 경험이 상대방의 관심을 끌 수 있는 가장 좋은 이야깃거리인 것이다. 특히, 어떤 일을 이루기 위해 노력하는 과정에서 겪은 실패나 희망에 대해 진솔하게 얘기한다면 상대방은 어느새 당신의 편에 서서 그 이야기에 동조할 것이다.

독일의 사업가이자 동기부여 트레이너인 위르겐 힐러의 연설법 중 가장 유명한 것은 '시즐(Sizzle)'을 잡는 것이다. 시즐이란, 새우튀김이나 돈가스가 기름에서 지글지글 튀겨질 때 나는 소리이다. 즉, 자신의 말을 듣고 시즐처럼 반응하는 상대방의 감정에 적절하게 대응하라는 것이다.

말을 시작한 지 10 ~ 15초 안에 상대방의 '시즐'을 알아차려야 한다. 자신의 이야기에 대한 상대방의 첫 반응에 따라 말하기 전략도 달라져야 한다. 첫 이야기의 반응이 미지근하다면 가능한 한 그 이야기를 빨리 마무리하고 새로운 이야깃거리를 생각해내야 한다. 길지 않은 면접 시간 내에 몇 번 오지 않는 대답의 기회를 살리기 위해서 보다 전략적이고 냉철해야 하는 것이다.

4. 차림새

(1) 구두

면접에 어떤 옷을 입어야 할지를 며칠 동안 고민하면서 정작 구두는 면접 보는 날 현관을 나서면서 즉흥적으로 신고 가는 지원자들이 많다. 구두를 보면 그 사람의 됨됨이를 알 수 있다고 한다. 면접관 역시 이러한 것을 놓치지 않기 때문에 지원자는 자신의 구두에 더욱 신경을 써야 한다. 스타일의 마무리는 발끝에서 이루어지는 것이다. 아무리 멋진 옷을 입고 있어도 구두가 어울리지 않는다면 전체 스타일이 흐트러지기 때문이다.

정장용 구두는 디자인이 깔끔하고, 에나멜 가공처리를 하여 광택이 도는 페이턴트 가죽 소재 제품이 무난하다. 검정 계열 구두는 회색과 감색 정장에, 브라운 계열의 구두는 베이지나 갈색 정장에 어울린다. 참고로 구두는 오전에 사는 것보다 발이 충분히 부은 상태인 저녁에 사는 것이 좋다. 마지막으로 당연한 일이지만 반드시 면접을 보는 전날 구두 뒤축이 닳지는 않았는지 확인하고 구두에 광을 내 둔다.

(2) 양말

양말은 정장과 구두의 색상을 비교해서 골라야 한다. 특히 검정이나 감색의 진한 색상의 바지에 흰 양말을 신는 것은 시대에 뒤처지는 일이다. 일반적으로 양말의 색깔은 바지의 색깔과 같아야 한다. 또한 양말의 길이도 신경 써야 한다. 바지를 입을 경우, 의자에 바르게 앉거나 다리를 꼬아서 앉을 때 다리털이 보여서는 안 된다. 반드시 긴 정장 양말을 신어야 한다.

(3) 정장

지원자는 평소에 정장을 입을 기회가 많지 않기 때문에 면접을 볼 때 본인 스스로도 옷을 어색하게 느끼는 경우가 많다. 옷을 불편하게 느끼기 때문에 자세마저 불안정한 지원자도 볼 수 있다. 그러므로 면접 전에 정장을 입고 생활해보는 것도 나쁘지는 않다.

일반적으로 면접을 볼 때는 상대방에게 신뢰감을 줄 수 있는 남색 계열의 옷이나 어떤 계절이든 무난하고 깔끔해보이는 회색 계열의 정장을 많이 입는다. 정장은 유행에 따라서 재킷의 디자인이나 버튼의 개수가 바뀌기 때문에 너무 오래된 옷을 입어서 다른 사람의 옷을 빌려 입고 나온 듯한 인상을 주어서는 안 된다.

(4) 헤어스타일과 메이크업

헤어스타일에 자신이 없다면 미용실에 다녀오는 것도 좋은 방법이다. 또한 자신에게 어울리는 메이크업을 하는 것도 괜찮다. 메이크업은 상대에 대한 예의를 갖추는 것이므로 지나치게 화려한 메이크업이 아니라면 보다 준비된 지원자처럼 보일 수 있다.

5. 첫인상

취업을 위해 성형수술을 받는 사람들에 대한 이야기는 더 이상 뉴스거리가 되지 않는다. 그만큼 많은 사람이 좁은 취업문을 뚫기 위해 이미지 향상에 신경을 쓰고 있다. 이는 면접관에게 좋은 첫인상을 주기 위한 것으로, 지원서에 올리는 증명사진을 이미지 프로그램을 통해 수정하는 이른바 '사이버 성형'이 유행하는 것과 같은 맥락이다. 실제로 외모가 채용 과정에서 영향을 끼치는가에 대한 설문조사에서도 60% 이상의 인사담당자들이 그렇다고 답변했다.

하지만 외모와 첫인상을 절대적인 관계로 이해하는 것은 잘못된 판단이다. 외모가 첫인상에서 많은 부분을 차지하지만, 외모 외에 다른 결점이 발견된다면 그로 인해 장점들이 가려질 수도 있다. 이러한 현상은 아래에서 다시 논하겠다.

첫인상은 말 그대로 한 번밖에 기회가 주어지지 않으며 몇 초 안에 결정된다. 첫인상을 결정짓는 요소 중 시각적인 요소가 80% 이상을 차지한다. 첫눈에 들어오는 생김새나 복장, 표정 등에 의해서 결정되는 것이다. 면접을 시작할 때 자기소개를 시키는 것도 지원자별로 첫인상을 평가하기 위해서이다. 첫인상이 중요한 이유는 만약 첫인상이 부정적으로 인지될 경우, 지원자의 다른 좋은 면까지 거부당하기 때문이다. 이러한 현상을 심리학에서는 초두효과(Primacy Effect)라고 한다.

그래서 한 번 형성된 첫인상은 여간해서 바꾸기 힘들다. 이는 첫인상이 나중에 들어오는 정보까지 영향을 주기 때문이다. 첫인상의 정보가 나중에 들어오는 정보 처리의 지침이 되는 것을 심리학에서는 맥락효과(Context Effect)라고 한다. 따라서 평소에 첫인상을 좋게 만들기 위한 노력을 꾸준히 해야만 하는 것이다.

좋은 첫인상이 반드시 외모에만 집중되는 것은 아니다. 오히려 깔끔한 옷차림과 부드러운 표정 그리고 말과 행동 등에 의해 전반적인 이미지가 만들어진다. 누구나 이러한 것 중에 한두 가지 단점을 가지고 있다. 요즈음은 이미지 컨설팅을 통해서 자신의 단점들을 보완하는 지원자도 있다. 특히, 표정이 밝지 않은 지원자는 평소 웃는 연습을 의식적으로 하여 면접을 받는 동안 계속해서 여유 있는 표정을 짓는 것이 중요하다. 성공한 사람들은 인상이 좋다는 것을 명심하자.

02 면접의 유형 및 실전 대책

1. 면접의 유형

과거 천편일률적인 일대일 면접과 달리 면접에는 다양한 유형이 도입되어 현재는 "면접은 이렇게 보는 것이다."라고 말할 수 있는 정해진 유형이 없어졌다. 그러나 대기업 면접에서는 현재까지는 집단 면접과 다대일 면접이 진행되고 있으므로 어느 정도 유형을 파악하여 사전에 대비가 가능하다. 면접의 기본인 단독 면접부터 다대일 면접 그리고 집단 면접의 유형과 그 대책에 대해 알아보자.

(1) 단독 면접

단독 면접이란 응시자와 면접관이 1대1로 마주하는 형식을 말한다. 면접위원 한 사람과 응시자 한 사람이 마주 앉아 자유로운 화제를 가지고 질의응답을 되풀이하는 방식이다. 이 방식은 면접의 가장 기본적인 방법으로 소요시간은 10～20분 정도가 일반적이다.

① 장점

필기시험 등으로 판단할 수 없는 성품이나 능력을 알아내는 데 가장 적합하다고 평가받아 온 면접방식으로 응시자 한 사람 한 사람에 대해 여러 면에서 비교적 폭넓게 파악할 수 있다. 응시자의 입장에서는 한 사람의 면접관만을 대하는 것이므로 상대방에게 집중할 수 있으며, 긴장감도 다른 면접방식에 비해서는 적은 편이다.

② 단점

면접관의 주관이 강하게 작용해 객관성을 저해할 소지가 있으며, 면접 평가표를 활용한다 하더라도 일면적인 평가에 그칠 가능성을 배제할 수 없다. 또한 시간이 많이 소요되는 것도 단점이다.

단독 면접 준비 Point

단독 면접에 대비하기 위해서는 평소 1대1로 논리 정연하게 대화를 나눌 수 있는 능력을 기르는 것이 중요하다. 그리고 면접장에서는 면접관을 선배나 선생님 혹은 아버지를 대하는 기분으로 면접에 임하는 것이 부담도 훨씬 적고 실력을 발휘할 수 있는 방법이 될 것이다.

(2) 다대일 면접

다대일 면접은 일반적으로 가장 많이 사용되는 면접방법으로 보통 2～5명의 면접관이 1명의 응시자에게 질문하는 형태의 면접방법이다. 면접관이 여러 명이므로 다각도에서 질문을 하여 응시자에 대한 정보를 많이 알아낼 수 있다는 점 때문에 선호하는 면접방법이다.

하지만 응시자의 입장에서는 질문도 면접관에 따라 각양각색이고 동료 응시자가 없으므로 숨 돌릴 틈도 없게 느껴진다. 또한 관찰하는 눈도 많아서 조그만 실수라도 지나치는 법이 없기 때문에 정신적 압박과 긴장감이 높은 면접방법이다. 따라서 응시자는 긴장을 풀고 한 시험관이 묻더라도 면접관 전원을 향해 대답한다는 기분으로 또박또박 대답하는 자세가 필요하다.

① 장점

면접관이 집중적인 질문과 다양한 관찰을 통해 응시자가 과연 조직에 필요한 인물인가를 완벽히 검증할 수 있다.

② 단점

면접시간이 보통 10～30분 정도로 좀 긴 편이고 응시자에게 지나친 긴장감을 조성하는 면접방법이다.

다대일 면접 준비 Point

질문을 들을 때 시선은 면접위원을 향하고 다른 데로 돌리지 말아야 하며, 대답할 때에도 고개를 숙이거나 입속에서 우물거리는 소극적인 태도는 피하도록 한다. 면접위원과 대등하다는 마음가짐으로 편안한 태도를 유지하면 대답도 자연스러운 상태에서 좀 더 충실히 할 수 있고, 이에 따라 면접위원이 받는 인상도 달라진다.

(3) 집단 면접

집단 면접은 다수의 면접관이 여러 명의 응시자를 한꺼번에 평가하는 방식으로 짧은 시간에 능률적으로 면접을 진행할 수 있다. 각 응시자에 대한 질문내용, 질문횟수, 시간배분이 똑같지는 않으며, 모두에게 같은 질문이 주어지기도 하고, 각각 다른 질문을 받기도 한다.

또한 어떤 응시자가 한 대답에 대한 의견을 묻는 등 그때그때의 분위기나 면접관의 의향에 따라 변수가 많다. 집단 면접은 응시자의 입장에서는 개별 면접에 비해 긴장감은 다소 덜한 반면에 다른 응시자들과의 비교가 확실하게 나타나므로 응시자는 몸가짐이나 표현력·논리성 등이 결여되지 않도록 자신의 생각이나 의견을 솔직하게 발표하여 집단 속에 묻히거나 밀려나지 않도록 주의해야 한다.

① 장점

집단 면접의 장점은 면접관이 응시자 한 사람에 대한 관찰시간이 상대적으로 길고, 비교 평가가 가능하기 때문에 결과적으로 평가의 객관성과 신뢰성을 높일 수 있다는 점이며, 응시자는 동료들과 함께 면접을 받기 때문에 긴장감이 다소 덜하다는 것을 들 수 있다. 또한 동료가 답변하는 것을 들으며 자신의 답변 방식이나 자세를 조정할 수 있다는 것도 큰 이점이다.

② 단점

응답하는 순서에 따라 응시자마다 유리하고 불리한 점이 있고, 면접위원의 입장에서는 각각의 개인적인 문제를 깊게 다루기가 곤란하다는 것이 단점이다.

집단 면접 준비 Point

너무 자기 과시를 하지 않는 것이 좋다. 대답은 자신이 말하고 싶은 내용을 간단명료하게 말해야 한다. 내용이 없는 발언을 한다거나 대답을 질질 끄는 태도는 좋지 않다. 또 말하는 중에 내용이 주제에서 벗어나거나 자기중심적으로만 말하는 것도 피해야 한다. 집단 면접에 대비하기 위해서는 평소에 설득력을 지닌 자신의 논리력을 계발하는 데 힘써야 하며, 다른 사람 앞에서 자신의 의견을 조리 있게 개진할 수 있는 발표력을 갖추는 데에도 많은 노력을 기울여야 한다.

• 실력에는 큰 차이가 없다는 것을 기억하라.
• 동료 응시자들과 서로 협조하라.
• 답변하지 않을 때의 자세가 중요하다.
• 개성 표현은 좋지만 튀는 것은 위험하다.

(4) 집단 토론식 면접

집단 토론식 면접은 집단 면접과 형태는 유사하지만 질의응답이 아니라 응시자들끼리의 토론이 중심이 되는 면접방법으로 최근 들어 급증세를 보이고 있다. 이는 공통의 주제에 대해 다양한 견해들이 개진되고 결론을 도출하는 과정, 즉 토론을 통해 응시자의 다양한 면에 대한 평가가 가능하다는 집단 토론식 면접의 장점이 널리 확산된 데 따른 것으로 보인다. 사실 집단 토론식 면접을 활용하면 주제와 관련된 지식 정도와 이해력, 판단력, 설득력, 협동성은 물론 리더십, 조직 적응력, 적극성과 대인관계 능력 등을 쉽게 파악할 수 있다.

토론식 면접에서는 자신의 의견을 명확히 제시하면서도 상대방의 의견을 경청하는 토론의 기본자세가 필수적이며, 지나친 경쟁심이나 자기 과시욕은 접어두는 것이 좋다. 또한 집단 토론의 목적이 결론을 도출해 나가는 과정에 있다는 것을 감안하여 무리하게 자신의 주장을 관철시키기보다 오히려 토론의 질을 높이는 데 기여하는 것이 좋은 인상을 줄 수 있다는 점을 알아야 한다. 취업 희망자들은 토론식 면접이 급속도로 확산되는 추세임을 감안해 특히 철저한 준비를 해야 한다. 평소에 신문의 사설이나 매스컴 등의 토론 프로그램을 주의 깊게 보면서 논리 전개방식을 비롯한 토론 과정을 익히도록 하고, 친구들과 함께 간단한 주제를 놓고 토론을 진행해 볼 필요가 있다. 또한 사회·시사문제에 대해 자기 나름대로의 관점을 정립해두는 것도 꼭 필요하다.

(5) PT 면접

PT 면접, 즉 프레젠테이션 면접은 최근 들어 집단 토론 면접과 더불어 그 활용도가 점차 커지고 있다. PT 면접은 기업마다 특성이 다르고 인재상이 다른 만큼 인성 면접만으로는 알 수 없는 지원자의 문제해결 능력, 전문성, 창의성, 기본 실무능력, 논리성 등을 관찰하는 데 중점을 두는 면접으로, 지원자 간의 변별력이 높아 대부분의 기업에서 적용하고 있으며 확산되는 추세이다.

면접 시간은 기업별로 차이가 있지만, 전문지식, 시사성 관련 주제를 제시한 다음, 보통 20 ~ 50분 정도 준비하여 5분가량 발표할 시간을 준다. 면접관과 지원자의 단순한 질의응답식이 아닌, 주제에 대해 일정 시간 동안 지원자의 발언과 발표하는 모습 등을 관찰하게 된다. 정확한 답이나 지식보다는 논리적 사고와 의사표현력이 더 중시되기 때문에 자신의 생각을 어떻게 설명하느냐가 매우 중요하다.

PT 면접에서 같은 주제라도 직무별로 평가요소가 달리 나타난다. 예를 들어, 영업직은 설득력과 의사소통 능력에 중점을 둘 수 있겠고, 관리직은 신뢰성과 창의성 등을 더 중요하게 평가한다.

PT 면접 준비 Point

- 면접관의 관심과 주의를 집중시키고, 발표 태도에 유의한다.
- 모의 면접이나 거울 면접을 통해 미리 점검한다.
- PT 내용은 세 가지 정도로 정리해서 말한다.
- PT 내용에는 자신의 생각이 담겨 있어야 한다.
- 중간에 자문자답 방식을 활용한다.
- 평소 지원하는 업계의 동향이나 직무에 대한 전문지식을 쌓아둔다.
- 부적절한 용어 사용이나 무리한 주장 등은 하지 않는다.

2. 면접의 실전 대책

(1) 면접 대비사항

① 지원 회사에 대한 사전지식을 충분히 준비한다.

필기시험에서 합격 또는 서류전형에서의 합격통지가 온 후 면접시험 날짜가 정해지는 것이 보통이다. 이때 수험자는 면접시험을 대비해 사전에 자기가 지원한 계열사 또는 부서에 대해 폭넓은 지식을 준비할 필요가 있다.

지원 회사에 대해 알아두어야 할 사항

- 회사의 연혁
- 회장 또는 사장의 이름, 출신학교, 관심사
- 회장 또는 사장이 요구하는 신입사원의 인재상
- 회사의 사훈, 사시, 경영이념, 창업정신
- 회사의 대표적 상품, 특색
- 업종별 계열회사의 수
- 해외지사의 수와 그 위치
- 신 개발품에 대한 기획 여부
- 자기가 생각하는 회사의 장단점
- 회사의 잠재적 능력개발에 대한 제언

② 충분한 수면을 취한다.

충분한 수면으로 안정감을 유지하고 첫 출발의 상쾌한 마음가짐을 갖는다.

③ 얼굴을 생기 있게 한다.

첫인상은 면접에 있어서 가장 결정적인 당락요인이다. 면접관에게 좋은 인상을 줄 수 있도록 화장하는 것도 필요하다. 면접관들이 가장 좋아하는 인상은 얼굴에 생기가 있고 눈동자가 살아 있는 사람, 즉 기가 살아 있는 사람이다.

④ 아침에 인터넷 뉴스를 읽고 간다.

그날의 뉴스가 질문 대상에 오를 수가 있다. 특히 경제면, 정치면, 문화면 등을 유의해서 볼 필요가 있다.

출발 전 확인할 사항

이력서, 자기소개서, 성적증명서, 졸업(예정)증명서, 지갑, 신분증(주민등록증), 손수건, 휴지, 볼펜, 메모지, 예비스타킹 등을 준비하자.

(2) 면접 시 옷차림

면접에서 옷차림은 간결하고 단정한 느낌을 주는 것이 가장 중요하다. 색상과 디자인 면에서 지나치게 화려한 색상이나, 노출이 심한 디자인은 자칫 면접관의 눈살을 찌푸리게 할 수 있다. 단정한 차림을 유지하면서 자신만의 독특한 멋을 연출하는 것, 지원하는 회사의 분위기를 파악했다는 센스를 보여주는 것 또한 코디네이션의 포인트이다.

복장 점검

- 구두는 잘 닦여 있는가?
- 옷은 깨끗이 다려져 있으며 스커트 길이는 적당한가?
- 손톱은 길지 않고 깨끗한가?
- 머리는 흐트러짐 없이 단정한가?

(3) 면접요령

① 첫인상을 중요시한다.

상대에게 인상을 좋게 주지 않으면 어떠한 얘기를 해도 이쪽의 기분이 충분히 전달되지 않을 수 있다. 예를 들어, '저 친구는 표정이 없고 무엇을 생각하고 있는지 전혀 알 길이 없다.'처럼 생각되면 최악의 상태이다. 우선 청결한 복장, 바른 자세로 침착하게 들어가야 한다. 건강하고 신선한 이미지를 주어야 하기 때문이다.

② 좋은 표정을 짓는다.

얘기를 할 때의 표정은 중요한 사항의 하나다. 거울 앞에서 웃는 연습을 해본다. 웃는 얼굴은 상대를 편안하게 하고, 특히 면접 등 긴박한 분위기에서는 천금의 값이 있다 할 것이다. 그렇다고 하여 항상 웃고만 있어서는 안 된다. 자기의 할 얘기를 진정으로 전하고 싶을 때는 진지한 얼굴로 상대의 눈을 바라보며 얘기한다. 면접을 볼 때 눈을 감고 있으면 마이너스 이미지를 주게 된다.

③ 결론부터 이야기한다.

자기의 의사나 생각을 상대에게 정확하게 전달하기 위해서 먼저 무엇을 말하고자 하는가를 명확히 결정해 두어야 한다. 대답을 할 경우에는 결론을 먼저 이야기하고 나서 그에 따른 설명과 이유를 덧붙이면 논지(論旨)가 명확해지고 이야기가 깔끔하게 정리된다.

한 가지 사실을 이야기하거나 설명하는 데는 3분이면 충분하다. 복잡한 이야기라도 어느 정도의 길이로 요약해서 이야기하면 상대도 이해하기 쉽고 자기도 정리할 수 있다. 긴 이야기는 오히려 상대를 불쾌하게 할 수가 있다.

④ 질문의 요지를 파악한다.

면접 때의 이야기는 간결성만으로는 부족하다. 상대의 질문이나 이야기에 대해 적절하고 필요한 대답을 하지 않으면 대화는 끊어지고 자기의 생각도 제대로 표현하지 못하여 면접자로 하여금 수험생의 인품이나 사고방식 등을 명확히 파악할 수 없게 한다. 무엇을 묻고 있는지, 무슨 이야기를 하고 있는지 그 요점을 정확히 알아내야 한다.

면접에서 고득점을 받을 수 있는 성공요령

1. 자기 자신을 겸허하게 판단하라.
2. 지원한 회사에 대해 100% 이해하라.
3. 실전과 같은 연습으로 감각을 익히라.
4. 단답형 답변보다는 구체적으로 이야기를 풀어나가라.
5. 거짓말을 하지 말라.
6. 면접하는 동안 대화의 흐름을 유지하라.
7. 친밀감과 신뢰를 구축하라.
8. 상대방의 말을 성실하게 들으라.
9. 근로조건에 대한 이야기를 풀어나갈 준비를 하라.
10. 끝까지 긴장을 풀지 말라.

CHAPTER

02 SK그룹 실제 면접

SK그룹은 구성원의 지속적 행복과 VWBE를 통한 SUPEX(Super Excellent Level, 인간의 능력으로 도달할 수 있는 최고의 수준) 추구라는 경영철학에 따라 인재를 채용하고 있다. 구성원 전체 행복을 지속적으로 키워나가면 구성원 개인의 행복이 더 커질 수 있다는 것을 믿고 실천할 때 구성원은 자발적(Voluntarily)이고 의욕적(Willingly)인 두뇌활용(Brain Engagement)을 하게 된다는 것이다. 이러한 경영철학을 바탕으로 SK그룹은 구성원이 자발적·의욕적으로 자신의 능력을 최대한으로 발휘할 수 있도록 인사관리의 모든 제도와 정책을 수립하고 있다.

SK그룹의 면접전형은 지원자의 가치관, 성격특성, 보유역량의 수준 등을 종합적으로 검증하기 위하여 다양한 면접방식을 활용하고 있다. 대상자별·계열사별 차이는 있으나 PT 면접, 그룹 토의 면접, 심층 면접 등 최대 3회 정도의 심도 있는 면접과정을 거쳐 지원자의 역량을 철저히 검증하고 있다. 또한 직무에 따라 지원자의 외국어 능력을 검증하기 위한 외국어 구술 면접을 실시하기도 한다.

SK그룹 계열사별 실제 기출 질문

(1) SK하이닉스

① 1차 면접

실무진이 진행하는 면접으로 직무에 대한 질문과 인성 면접을 합하여 약 30분 동안 면접을 진행한다.

- PT 면접(多 VS 1) : 30분간 3개의 꼬리 문제가 있는 3개의 문제 중 한 문제를 선택해서 풀고, 30분 동안 답지를 작성. 지원자가 면접관에게 답지를 제공한 후 이에 대해 10분 미만의 발표를 하고 면접관의 추가질문을 받는 형식으로 진행

- 펄스를 이용한 플라즈마에 대해 설명해 보시오.
- 해당 직무에 지원한 이유에 대해 말해 보시오.
- 본인이 생각하는 반도체란 무엇인지 대해 말해 보시오.
- 본인이 생각하는 양산기술 직무란 무엇인지 말해 보시오.
- 수강했던 전공과목 중 가장 자신 있는 것과 자신 없는 것에 대해 말해 보시오.
- 설계해 본 IP가 있다면 말해 보시오.
- 아날로그와 관련하여 따로 학습하거나 진행한 프로젝트가 있다면 말해 보시오.
- 본인이 제출한 답안을 각각 3줄로 요약해서 말해 보시오.
- 자신의 강점이 무엇이라고 생각하는가?
- 제일 기억에 남는 책을 소개해 보시오.
- 가장 관심 있는 공정은 무엇이고, 이에 대한 최신이슈는 무엇인가?
- 반도체 8대 공정 중 가장 자신 있게 아는 공정은 무엇이고, 그 공정에 대해 설명해 보시오.

- 반도체 공정을 말해 보시오.
- 본인의 별명은 무엇인가?
- 엔트로피에 대해 설명해 보시오.
- 웨이퍼를 만들 때 실리콘을 사용하는 이유는 무엇인가?
- 소프트웨어 코딩에서 Volatile이란 무엇인가?
- 전공과 다른데 반도체 회사에 지원한 이유는?
- 좋아하는 과목과 이유는?
- 주말에는 주로 무엇을 하면서 여가시간을 보내는가?
- 과정과 결과 중 무엇이 중요하다고 생각하는가?
- HF에 따른 CV Curve에 대해 설명해 보시오.
- 홀 전자 이동에 대해 설명해 보시오.
- C언어가 컴파일되어 실행되는 과정을 설명해 보시오.
- 플라즈마에 대해 설명해 보시오.
- Data Mart와 Data Mining의 차이는 무엇인가?
- 반도체 장비를 다뤄본 경험이 있는가?
- Energy barrier를 극복하는 방법은 무엇인가?
- P형 반도체가 N형 반도체보다 느린 이유는 무엇인가?

PART 4

② 2차 면접(임원 면접)

그룹장이 면접위원으로 참석하는 인성 면접으로 지원자의 SK Values 및 공통역량을 평가하여 SK 하이닉스의 핵심가치 및 인재상과 부합하는 인재를 선발한다.

- 핵심가치 2가지를 동시에 달성한 적이 있는가?
- 행복이란 무엇이라고 생각하는가?
- 반도체는 매우 어려운 분야인데 왜 반도체를 공부하게 되었는가?
- 석사과정으로 입사하면 2년의 경력을 인정해 주는데, 현재 2년의 경력이 있는 사원들과 비교해 볼 때 본인의 경쟁력은 무엇이라 생각하는가?
- 최근 옥시 사태에 대한 본인의 생각을 말해 보시오.
- 전공과 무관한 직무에 지원했는데 그 이유는 무엇인가?
- 구체적으로 본인이 잘하는 것은 무엇인가?
- 상사와 트러블이 생긴다면 어떻게 해결할 것인가?
- 현재 준비하고 있는 자격증 시험이 있는가?
- 부모님 중 어느 쪽의 영향을 더 받았는가? 왜 그렇게 생각하는가?
- 상사가 부적절한 요구를 해 온다면 어떻게 대응하겠는가?

(2) SK가스

① 실무진 면접

질의응답을 중심으로 한 실무면접으로 진행된다.

- SK가스의 PDF 사업에 대해 알고 있는 대로 설명해 보시오.
- 많은 산업군 중 에너지 산업을 선택한 이유에 대해 말해 보시오.
- SK가스의 어떤 점이 본인의 목표와 부합한다고 생각하는지 말해 보시오.
- 본인을 두 가지 단어로 설명해 보시오.
- 트레이딩엔 어떤 능력이 필요하다고 생각하는가?
- 최근 원유 가격 변동 추이에 대해 말해 보시오.
- 회사 일과 가족행사의 시간분배에 있어서 충돌할 경우가 생긴다면 어떻게 할 것인가?
- 10년 뒤에 자신의 모습을 예상해서 말해 보시오.
- 한 마디로 말하면 자신은 어떤 사람인가?
- 63빌딩에 사람이 총 몇 명이 있을 것 같은가?(돌발질문 / 순발력 Test)
- 살면서 가장 잘했다고 생각되는 일은 무엇인가?
- 인턴으로 있었던 회사의 자랑을 해 보시오.
- 마케팅 학회 경험이 있는데 어떻게 진행한 것인가?
- 만약 기업에 입사하게 된다면 본사랑 지사가 있을 때 어디에 먼저 가야 한다고 생각하며, 왜 그렇게 생각하는가?
- 옆 지원자에게 궁금한 것을 한 번 질문해 보시오.
- LPG 산업의 성장성에 대해 말해 보시오.

② 임원 면접

면접관 5명과 지원자 1명으로 구성되어 진행되는 인성면접이다.

- SK가스의 조직 문화에 본인이 잘 맞는다고 생각하는 이유는 무엇인가?
- 유능한 상사와 성실한 상사 중 선호하는 상사는 누구인가?
- 새로운 기술이나 시스템 도입 시 어떤 방식으로 적응하는가?
- 상사가 불합리한 지시를 내린다면 어떻게 하겠는가?
- 언제 스트레스를 받고, 어떻게 해소하는가?
- SK가스를 어떻게 지원하게 되었는가?
- 학창시절 성적이 좋지 않은데 그 이유가 무엇이라고 생각하는가?
- 본인이 떨어진다면 왜 떨어졌다고 생각하겠는가?
- 업무적인 분야에서 본인의 역량은 무엇인가?
- 전공이 업종과 맞지 않는데 지원한 이유는 무엇인가?
- 동아리 활동을 했다면 어떤 동아리였으며 왜 그 동아리를 하게 되었는가?
- 입사한다면 어떤 부서에서 일하고 싶은가?
- 회사에 대해 아는 대로 말해 보시오.

(3) SK실트론

SK실트론의 경우 1차 면접에 직무와 인성 면접을 모두 실시한다.

- 인성 면접(1 VS 多) : 캐주얼한 복장으로 진행되며 1 ~ 2명의 면접관이 3명 이상의 지원자를 평가
- 액티비티 : 4명이 한 조를 이루어서 협동하여 하나의 과제를 해결하는 면접
- PT 면접(2 VS 1) : 주어진 과제에 대한 자료를 보고 15분간 정리하여 발표하는 방식

[인성 면접]

- 자기소개를 2분 동안 해 보시오.
- 리더로서 활동한 경험을 말해 보시오.
- 높은 성과를 낸 경험을 말해 보시오.
- 입사했을 때 나와 성향이 맞지 않는 팀원과 일을 한다면 어떻게 할 것인가?
- 상사가 부당한 지시를 한다면 어떻게 할 것인가?
- 너무 어려운 업무가 주어져서 해결할 능력이 부족하다면 어떻게 할 것인가?

[액티비티]

- (4인 1조로 팀을 이루어)주어진 재료로 굴러가는 자동차를 만드시오.

[PT 면접]

- 열역학 법칙들에 대해 설명해 보시오.
- 초전도체에 대해 열역학 2법칙으로 설명해 보시오.
- 물체가 차가운 것에서 뜨거운 것으로 변화하지 않는 이유를 말해 보시오.
- 휴대용 손난로는 왜 갑자기 뜨거워지는가?

(4) SK케미칼

SK케미칼의 경우 PT 면접 – 실무진 면접 – 임원 면접으로 구성되어 진행된다.

① 실무진 면접

- 백신과 바이오 시밀러의 차이점에 대해 말해 보시오.
- 우리 회사가 본인을 뽑아야 하는 이유는 무엇인가?
- 전공이 다른데 왜 이 분야에 지원했는가?
- 자신의 장단점에 대해 말해 보시오.
- 자신이 생각한 영업 기술이 있다면 말해 보시오.
- 체력은 좋은가?
- 운동을 하고 있는가?
- 컬쳐해본 셀 경험이 있다면 말해 보시오.
- MR이 하는 일은 무엇인가?
- 가장 기억에 남는 마케팅이론은 무엇인가?
- 오랜 시간 꾸준한 판매량을 유지해온 의약품이 있는데 이 의약품을 어떻게 마케팅할 것인가?
- 회사 내에 맞지 않는 사람이 있을 텐데 일할 수 있겠는가?
- 연구직이 아니라 QA를 선택하게 된 이유는 무엇인가?

② 임원 면접

- SK케미칼에 지원하게 된 동기를 말해 보시오.
- 왜 영업을 하려고 하는가?
- SK케미칼의 사업분야에 대해 말해 보시오.
- 해외지사 파견에 대해 어떻게 생각하는가?
- 영업에 대한 자신의 생각을 말해 보시오.
- 우리 회사가 본인을 뽑아야 하는 이유를 말해 보시오.
- 직무에 대해 아는 점은 무엇인가?
- 토익 점수가 높은데, 토익스피킹 점수는 왜 낮은가?
- 우리 회사 외에 다른 회사에도 지원하였는가? 그 결과는 어떻게 되었는가?
- SK케미칼의 매출에 대해 말해 보시오.
- 제2외국어 자격증을 가지고 있는가? 대화도 가능한가?
- 여행 간 지역은 어디이고, 그곳에 왜 갔는지, 무엇이 감명 깊었는지 말해 보시오.
- 인적성 검사 결과 좋지 않았던 부분(융통성, 사회성, 인내력 등)이 있는데 그에 대해 설명해 보시오.
- 대학교를 서울권으로 가지 않고 지방으로 간 이유는 무엇인가?
- 기독교인이라고 했는데, 일요일에 출근이 가능한가? 교리상 불가능하지 않는가?

③ PT 면접

- SK케미칼의 장기 고객유치 방안에 대해 발표해 보시오.
- 중국 시장에서 자사의 주력제품 PPS의 판촉 계획을 세워 보시오.

(5) SK텔레콤

① 실무진 면접(2 VS 3)

- 자기소개를 해 보시오.
- 지원 동기에 대해 말해 보시오.
- SK텔레콤은 어떤 기업이라고 생각하는지 말해 보시오.
- 요즘 뉴스에서 제일 이슈가 되고 있는 미투 운동에 대해 어떻게 생각하는가?
- 새로운 지식을 습득하고 적용했던 사례에 대해 말해 보시오.
- 가장 최근에 마무리한 공부는 무엇인가?
- 포화된 이동통신 시장에서 신사업을 제안해 보시오.
- 자사의 배당 성향에 대해 어떻게 생각하는가?
- 모바일헬스 사업 방향에 대해 말해 보시오.
- 통신 관련 프로젝트를 수행해본 적 있는가? 있다면 어떤 주제에 관련해 진행했는가?
- CCNA가 있는가?
- 네트워크에서 가장 중요하다고 생각하는 것은?
- 경쟁사 대비 SK텔레콤의 장단점은 무엇인가?
- 쇼루밍족이 많은 상황에서 제시할 수 있는 솔루션은 무엇인가?
- NFV와 SDN에 대해 설명해 보시오.
- 빅데이터의 정의와 데이터 거버넌스에 대해 설명해 보시오.
- SAP를 사용할 수 있는가?
- B2B 사례에 대해 소개해 보시오.
- 사물인터넷(IoT)에 대해 설명해 보시오.
- 플랫폼에 대해 설명해 보시오.

② 임원 면접(2 VS 1)

- 가장 힘들었던 경험에 대해 말해 보시오.
- 왜 B2B 마케팅에 지원했는가?
- 우리 회사가 본인을 뽑아야 하는 이유를 말해 보시오.
- 고객사에서 제품 구매를 꺼릴 때, 어떻게 할 것인가?
- SK텔레콤의 매출액은 얼마인지 말해 보시오.
- 지각이나 무단결근을 했을 경우 어떻게 대처할 것인가?
- 왜 광고회사에 들어가지 않고 마케팅을 하려고 하는가?
- 지원자가 했던 도전과 SK 업무와의 연결점은 무엇이라고 생각하는가?
- 인생에서 혁신을 이루기 위해 했던 경험이 있는가?

(6) SK브로드밴드

SK브로드밴드는 인성 면접과 PT 면접, AI 면접, 임원 면접으로 이루어져 있다.

① 시뮬레이션 면접

- SK브로드밴드 가입자를 증대시킬 방법에 대해 말해 보시오.
- 新사업에 어떤 것이 있을지 말해 보시오.
- SK브로드밴드를 활성화할 수 있는 마케팅 방안에 대해 말해 보시오.

② 인성 면접(2 VS 1)

- 시뮬레이션 면접을 함께 진행하고 있는 팀의 분위기는 어떠한가?
- 살면서 실패한 경험이 있는가? 있다면 말해 보시오.
- 또 다른 실패한 경험이 있는가?
- 만약 실패한 그 순간으로 되돌아간다면 어떻게 하겠는가?
- 리더로서의 경험이 있는가? 있다면 말해 보시오.
- 또 다른 리더 경험에 대해 말해 보시오.
- 타인과 갈등을 겪었던 경험이 있는가?
- 타인과 갈등이 생겼을 때 어떤 방법으로 극복하는가?
- 지원자의 단점은 무엇인가?
- 하고 싶은 말이 있는가?
- 궁금한 사항이 있으면 물어보시오.
- 물건을 팔아보시오.

③ PT 면접

- 빅데이터가 관건이 되고 있는데, 여기에 대한 SK브로드밴드의 대응방안에 대해 말해 보시오.
- AI기술 미래 방향과 이를 어떻게 회사 상품에 이용할 것인지 설명해 보시오.

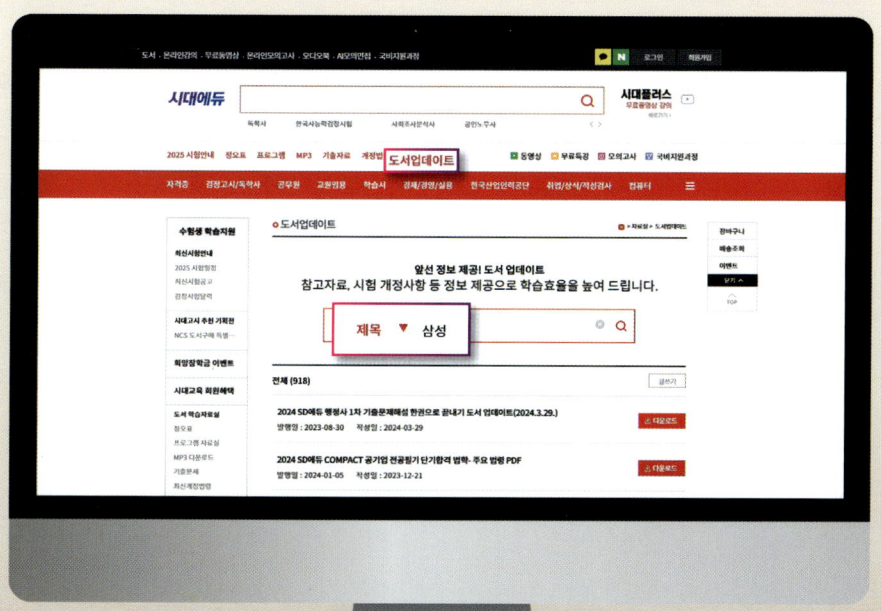

SKCT

2026
전면개정판

SK그룹
온라인 종합역량검사

통합기본서

편저 | SDC(Sidae Data Center)

누적 판매량
1위
대기업 인적성검사 시리즈

정답 및 해설

유형분석 및 모의고사로
최종합격까지

한 권으로
마무리!

SDC
SDC는 시대에듀 데이터 센터의 약자로
약 30만 개의 NCS · 적성 문제 데이터를
바탕으로 최신 출제경향을 반영하여
문제를 출제합니다.

시대에듀

PART 1

대표기출유형

CHAPTER

01 언어이해

대표기출유형 01 기출응용문제

01

정답 ⑤

제시문은 우유니 사막의 위치와 형성 과정, 특징 등 우유니 사막의 자연지리적 특징에 대해 설명한 글이다.
따라서 주제로 가장 적절한 것은 ⑤이다.

02

정답 ④

제시문은 중세 유럽에서 유래된 로열티 제도가 산업 혁명부터 현재까지 지적 재산권에 대한 보호와 가치 확보를 위해 발전되었음을 설명하고 있다.
따라서 제목으로 가장 적절한 것은 ④이다.

03

정답 ⑤

청소년보호위원회는 부정했지만 동성애를 청소년에게 유해한 것으로 지정했다는 것을 알 수 있다.
따라서 중심 내용으로 가장 적절한 것은 ⑤이다.

04

정답 ②

제시문에서는 파레토 법칙의 개념과 적용사례를 설명한 후, 파레토 법칙이 잘못 적용된 사례를 통해 함부로 다양한 사례에 적용하는 것이 잘못된 해석을 낳을 수 있음을 지적하고 있다.
따라서 중심 내용으로 가장 적절한 것은 ②이다.

05

정답 ⑤

제시문은 첫 번째 문단에서 '사피어 – 워프 가설'을 간략하게 소개하고, 두 번째 ~ 세 번째 문단을 통해 사피어 – 워프 가설을 적용할 수 있는 예를 들고 있다. 이후 네 번째 ~ 마지막 문단을 통해 사피어 – 워프 가설을 언어 우위론적 입장에서 설명할 가능성이 있으면서도, 언어 우위만으로 모든 설명이 되지는 않음을 밝히고 있다.
따라서 제시문은 사피어 – 워프 가설의 주장에 대한 설명(언어와 사고의 관계)과 함께 그것을 하나의 이론으로 증명하기 어려움을 말하고 있으므로 ⑤가 중심 내용으로 가장 적절하다.

대표기출유형 02 기출응용문제

01

정답 ①

제시문은 헤겔이 생각한 시민사회의 한계점과 문제 해결 방안에 대하여 설명하고 있다. 따라서 (가) 헤겔이 활동하던 19세기 초 프러시아의 시대적 과제 – (라) 공리주의를 통해 해결할 수 없는 사회문제 – (나) 문제를 해결하기 위해 헤겔이 제시한 시민사회에 대한 정의 – (다) 빈곤과 계급 갈등을 근원적으로 해결하기 위한 시민사회의 역할 순으로 나열하는 것이 적절하다.

02

정답 ②

제시문은 상품의 자립적인 삶과 이와 관련된 인간의 소외에 대해 서술하는 글이다. 따라서 (가) 상품 생산자와 상품의 관계를 제시 – (다) '자립적인 삶'의 부연 설명 – (라) 시장 법칙의 지배 아래에서 사람과 사람 간의 관계 – (나) 인간의 소외 순으로 나열하는 것이 적절하다.

03

정답 ②

제시문은 조각보와 클레, 몬드리안의 비교에 대한 글이다. 따라서 (나) 조각보의 정의, 클레와 몬드리안의 비교가 잘못된 이유 – (가) 조각보의 독특한 예술성과 차별화된 가치를 설명 – (다) 조각보가 아름답게 느껴지는 이유 순으로 나열하는 것이 적절하다.

04

정답 ④

제시문은 교정 중 칫솔질의 중요성과 주의사항에 대한 글이다. 따라서 (나) 교정 중 칫솔질에 대한 중요성 – (가) 교정 장치 세척의 중요성과 그 방법 – (라) 장치 때문에 잘 닦이지 않는 부위를 닦는 방법 – (다) 칫솔질을 할 때 빠트려서는 안 될 부분 순으로 나열하는 것이 적절하다.

05

정답 ④

제시문은 (가) 대상이 되는 연구 방법의 진행 과정과 그 한계 – (마) 융이 기존의 연구 방법에 추가한 과정을 소개 – (라) 기존 연구자들이 간과했던 새로운 사실을 찾아낸 융의 실험의 의의 – (나) 융의 실험을 통해 새롭게 드러난 결과 분석 – (다) 새롭게 드러난 심리적 개념을 정의한 융의 사상 체계에서의 핵심적 요소에 대한 설명 순으로 나열하는 것이 적절하다.

대표기출유형 03 기출응용문제

01

정답 ②

엑셀로드는 팃포탯 전략이 두 차례 모두 우승할 수 있었던 이유가 비열한 전략에는 비열한 전략으로 대응했기 때문임을 알게 되었다고 마지막 문단에서 언급하고 있다.

오답분석

① · ⑤ 다섯 번째 문단에서 엑셀로드는 팃포탯을 친절한 전략으로 분류했음을 확인할 수 있다.
③ 네 번째 문단에 의하면, 팃포탯을 만든 것은 심리학자인 아나톨 라포트 교수이다.
④ 두 번째 문단에 의하면 죄수의 딜레마에서 자신의 이득이 최대로 나타나는 경우는 내가 죄를 자백하고 상대방이 죄를 자백하지 않는 것이다.

02

정답 ④

④의 내용은 제시문 전체를 통해서 확인할 수 있다. 나머지는 제시문의 내용에 어긋난다.

03

정답 ⑤

제시문에 따르면 수면 패턴은 휴일과 평일 모두 일정하게 지키는 것이 성장하는 아이들의 수면 리듬을 유지하는 데 좋다. 따라서 휴일에 늦잠을 자는 것은 적절하지 않다.

04

정답 ①

제시문에서 언급되지 않은 내용이다.

오답분석

② 두 번째 문단에 나와 있다.
③ 첫 번째 문단에서 '위기(爲己)란 자아가 성숙하는 것을 추구하며'라고 하였다.
④ 첫 번째 문단에서 '공자는 공부하는 사람의 관심이 어디에 있느냐를 가지고 학자를 두 부류로 구분했다.'라고 하였다.
⑤ 마지막 문단에 나와 있다.

대표기출유형 04 기출응용문제

01

정답 ④

인간관계에서 일어나는 사회적 행위를 규정한 것이 '충'이므로 충은 임금과 신하 사이의 관계에서 지켜져야 할 사회 윤리이다. 이러한 임금과 신하의 관계는 공동의 목표를 위한 관계로서 의리에 의해 맺어진 관계이므로, 임금과 신하의 관계는 상호 신뢰를 바탕으로 이루어짐을 추론할 수 있다. 따라서 ④의 추론은 타당하다.

02

정답 ④

충전지를 최대 용량을 넘어서 충전할 경우 발열로 인한 누액이나 폭발의 위험이 있다. 충전지를 충전하는 과정에서 충전지의 온도가 과도하게 상승한다면 최대 용량을 넘은 과충전을 의심할 수 있으므로 충전을 중지하는 것이 좋다.

오답분석

① 충전지를 크게 만들면 충전 용량과 방전 전류 세기를 증가시킬 수 있으나, 전극의 물질을 바꾸지 않는 한 공칭 전압은 변하지 않는다.
② 충전기의 전원 전압은 충전지의 공칭 전압보다 높아야 한다. 이때, 용량과 관계없이 리튬 충전지의 공칭 전압은 3.6V이므로 전원 전압이 3.6V보다 높은 충전기를 사용해야 한다.
③ 충전지를 방전 하한 전압 이하까지 방전시키면 충전지의 수명이 줄어들기 때문에 오래 사용하기 위해서는 방전 하한 전압 이하까지 방전시키지 않는 것이 좋으나, 니켈카드뮴 충전지의 경우 메모리 효과로 인해 완전히 방전되기 전 충전을 반복하면 충・방전 용량이 줄어든다.
⑤ 충전기로 리튬 충전지를 충전할 경우 만충전 전압에 이르면 정전압 회로로 전환하여 정해진 시간 동안 충전지에 공급하는 전압을 일정하게 유지한다. 그러나 공칭 전압은 변화하는 단자 전압의 평균일 뿐이므로 리튬 충전지의 만충전 전압이 3.6V인 것은 아니다.

03

정답 ④

제시문을 보면 멋은 파격적이면서 동시에 보편적이고 일반적인 기준을 벗어나지 않아야 하는 것임을 강조하고 있다. 따라서 멋은 사회적인 기준에서 형성되는 것이라는 내용이 이어져야 한다.

04

정답 ②

첩보 위성은 임무를 위해 낮은 궤도를 비행해야 하는데 낮은 궤도로 비행하면 공기의 저항 때문에 마모가 빨라져 수명이 짧아진다. 반면, 높은 궤도로 비행시키면 수명은 길어질 수 있으나 임무의 수행 자체가 어려워질 수 있다.

PART 1

대표기출유형 05 기출응용문제

01

정답 ⑤

제시문의 핵심 논지는 4차 산업혁명의 신기술로 인해 금융의 종말이 올 것임을 예상하는 것이다. 따라서 앞으로도 기술 발전은 금융업의 본질을 바꾸지 못할 것임을 나타내는 ⑤가 비판 내용으로 가장 적절하다.

02

정답 ④

㉠은 더 많은 이익을 내기 위해 기업들은 '디자인의 향상'에 몰두하는 것이 바람직하다고 생각하는 것이다. 즉, '상품의 사회적 마모를 짧게 해서 소비를 계속 증가시키기 위한' 방안인데, 이것에 대한 반론이 되기 위해서는 ㉠의 주장이 지니고 있는 문제점을 비판하여야 한다. ㉠이 지니고 있는 가장 큰 문제점은 '과연 성능 향상 없는 디자인 변화가 소비를 촉진시킬 수 있는 것인가'가 되어야 한다. 디자인 변화는 분명히 상품의 소비를 촉진시킬 수 있는 효과적 방법 중의 하나이지만 '성능이나 기능, 내구성'의 향상이 전제되지 않았을 때는 효과를 내기 힘들기 때문이다.

03

정답 ②

제시문에서 정보화 사회의 문제점으로 다루고 있는 것은 '정보 격차'로, 지식과 정보에 접근할 수 없는 사람들이 소득을 얻는 데 불리할 수밖에 없다고 주장한다. 또한 정보가 상품화됨에 따라 정보를 둘러싼 불평등은 더욱 심화될 것이라고 전망하고 있다. 따라서 인터넷이나 컴퓨터 유지비 측면에서의 격차 발생은 글의 주장을 강화시키는 것으로, 이 문제에 대한 비판이 될 수 없다.

04

정답 ①

제시문의 두 번째 문단에 따르면 '경쟁 도시는 시민의 지지가 낮지만 우리(=A시)는 90%가 넘는 시민의 합의를 이끌어 냈다.'고 말한다. 그러나 경쟁 도시 시민의 지지가 낮다는 주장을 뒷받침하는 근거를 제시하지 않았다.

오답분석

② 세 번째 문단에 따르면 'A시는 각종 국제 대회를 성공리에 개최하여 전 세계인의 찬사를 받은 바 있다.'고 말했다.
③ 두 번째 문단에 따르면 정부가 재정 지원을 약속했다.
④ 네 번째 문단에서 해외 청소년 대상 사이클 프로그램 운영을 언급한 이유는 사이클 활성화를 위한 A시의 노력을 입증하기 위한 것이다. ④와 같은 반응은 연설 내용을 반박하는 것이 아니라 공감하는 것이다.
⑤ 제시된 연설문에는 A시에서 사이클이 비인기 종목이라는 발언이 없다. 오히려 두 번째 문단에서 '사이클에 대한 시민들의 관심이 높아지고 있고 사이클 인구도 빠르게 늘어나고 있다.'고 말했다.

05

정답 ⑤

마지막 문단에 따르면 '라이헨바흐는 자연이 일양적일 수도 있고 그렇지 않을 수도 있음을 전제'하며, '자연이 일양적인지 그렇지 않은지 알 수 없는 상황에서는 귀납을 사용하는 것이 옳은 선택'이라고 한다. 그러나 ⑤와 같이 귀납이 현실적으로 옳은 추론 방법임을 밝히기 위해 자연의 일양성이 선험적 지식임을 증명하고 있는 것은 아니다.

오답분석

① 라이헨바흐는 '어떤 방법도 체계적으로 미래 예측에 계속해서 성공할 수 없다는 논리적 판단을 통해 귀납은 최소한 다른 방법보다 나쁘지 않은 추론'이라고 확언한다. 하지만 이것은 귀납의 논리적 허점을 현실적 차원에서 해소하려는 것이며, 논리적 허점을 완전히 극복한 것은 아니라는 점에서 비판의 여지가 있다.
② 라이헨바흐는 '귀납의 정당화 문제로부터 과학의 방법인 귀납을 옹호하기 위해 현실적 구제책을 제시'한다. 이것은 귀납이 과학의 방법으로 사용될 수 있음을 지지하려는 것이다.
③ 라이헨바흐는 '자연이 일양적일 경우 우리의 경험에 따라 귀납이 점성술이나 예언 등의 다른 방법보다 성공적인 방법'이라고 판단하며, '자연이 일양적이지 않다면 어떤 방법도 체계적으로 미래 예측에 계속해서 성공할 수 없다는 논리적 판단을 통해 귀납은 최소한 다른 방법보다 나쁘지 않은 추론이라고 확언'한다. 따라서 라이헨바흐가 귀납과 다른 방법을 비교하기 위해 경험적 판단과 논리적 판단을 활용했음을 알 수 있다.
④ 라이헨바흐는 '자연이 일양적인지 그렇지 않은지 알 수 없는 상황에서는 귀납을 사용하는 것이 옳은 선택'이라고 본다. 따라서 ④의 진술처럼 라이헨바흐는 귀납과 견주어 미래 예측에 더 성공적인 방법이 없다는 판단을 근거로 귀납의 가치를 보여 주고 있다.

대표기출유형 06 기출응용문제

01

정답 ②

빈칸 앞의 내용은 예술작품에 담겨있는 작가의 의도를 강조하며, 독자가 예술작품을 해석하고 이해하는 활동은 예술적 가치, 즉 작가의 의도가 담긴 작품에서 파생된 2차적인 활동일 뿐이라고 이야기하고 있다. 따라서 독자의 작품 해석에 있어 작가의 의도와 작품을 왜곡하지 않아야 한다는 내용의 ②가 빈칸에 들어갈 내용으로 가장 적절하다.

02

정답 ④

제시문에 따르면 알려지지 않은 것에서는 불안정, 걱정, 공포감이 뒤따라 나오기 때문에 우리 마음의 불안한 상태를 없애고자 한다면, 알려지지 않은 것을 알려진 것으로 바꿔야 한다. 이러한 환원은 우리의 마음을 편하게 해주고 만족하게 한다. 이 때문에 우리는 이미 알려진 것, 체험한 것, 기억에 각인된 것을 원인으로 설정하게 되고, 낯설고 체험하지 않았다는 느낌을 빠르게 제거해 버려, 특정 유형의 설명만이 남아 우리의 사고방식을 지배하게 만든다. 따라서 빈칸에는 '이것은 낯설고 체험하지 않았다는 느낌을 빠르고 가장 쉽게 제거해 버린다.'는 내용이 가장 적절하다.

03

정답 ①

빈칸 다음 문장에서 '외래어가 넘쳐나는 것은 그간 우리나라의 고도성장과 절대 무관하지 않다.'라고 했다. 즉, '사회의 성장과 외래어의 증가는 관계가 있다.'는 의미이므로, 이를 포함하는 일반적 진술이 빈칸에 위치해야 한다. 따라서 빈칸에 들어갈 내용으로 가장 적절한 것은 ①이다.

04

정답 ②

빈칸 앞의 접속 부사 '따라서'에 집중한다. 빈칸에는 공공미술이 아무리 난해해도 대중과의 소통 가능성은 늘 존재한다는 내용을 근거로 하여 추론할 수 있는 결론이 와야 문맥상 자연스럽다. 따라서 '공공미술에서 예술의 자율성은 소통의 가능성과 대립하지 않는다.'는 ②가 들어가는 것이 가장 적절하다.

대표기출유형 07 기출응용문제

01

정답 ①

보기는 소송에서의 '입증'이라는 용어를 정의한 것이므로, 제시문에서 '입증'이라는 용어가 가장 먼저 나온 곳의 바로 뒤에 나와야 한다. 이때, (가) 뒤에서는 법관의 확신에 대해 이야기하고 있다. 따라서 보기는 (가)에 위치하는 것이 가장 적절하다.

02

정답 ⑤

보기는 이익의 추구는 의(義)에서 배제돼야 한다고 '그'가 주장했다는 것으로, 이러한 내용은 의(義)가 이익의 추구와 구분돼야 한다고 맹자가 주장했다는 마지막 문단의 내용과 연결된다. 또한 보기에는 앞의 내용이 뒤의 내용의 원인이나 근거가 될 때 쓰는 접속 부사 '그래서'가 있으므로 보기는 (마)에 위치하는 것이 가장 적절하다.

03

정답 ④

보기는 논점에 대한 글쓴이의 주장을 다룬다. 글쓴이는 개체별 이기적 유전자가 자연선택의 중요한 특징이며, 종 전체의 이익이라는 개념은 부가적일 뿐 주된 동기는 되지 못한다고 주장한다. 따라서 보기 앞에는 개체가 아닌 종적 단위의 이타심, 종의 번성을 위한 이기심과 같은 다른 사람들의 주장이 드러나야 한다. 네 번째 문단에서는 개체의 살아남음이 아닌 종의 전체 혹은 어떤 종에 속하는 한 그룹의 살아남음이 기존의 이기주의 – 이타주의 연구에서 주장하는 진화라고 한다. 따라서 보기는 (라)에 위치하는 것이 가장 적절하다.

04

정답 ③

보기는 '인간이 발명한 문명의 이기(利器), 즉 비행기나 배 등은 결국 인간의 신화적 사유의 결과물이다.'로 요약할 수 있다. (다)의 앞부분에서 '문명의 이기(利器)의 근본은 신화적 상상력'이라 했고, 보기는 그 예에 해당한다. 따라서 보기는 (다)에 위치하는 것이 가장 적절하다.

05

정답 ③

보기의 '이'는 앞 문장의 내용을 가리키므로, 기업의 이익 추구가 사회 전체의 이익과 관련된 결과를 가져왔다는 내용이 앞에 와야 한다. (다) 앞의 '가장 저렴한 가격으로 상품 공급'이 '사회 전체의 이익'과 연관된다. 따라서 보기는 (다)에 위치하는 것이 가장 적절하다.

02 자료해석

대표기출유형 01 기출응용문제

01

정답 ③

• 2022년 전년 대비 감소율 : $\frac{23-24}{24}\times 100 \fallingdotseq -4.17\%$

• 2023년 전년 대비 감소율 : $\frac{22-23}{23}\times 100 \fallingdotseq -4.35\%$

따라서 2023년이 2022년보다 더 큰 비율로 감소하였다.

오답분석

① 2024년 총지출을 a억 원이라고 가정하면, $a\times 0.06=21$억 원 → $a=\frac{21}{0.06}=350$, 총지출은 350억 원이므로 320억 원 이상이다.

② 2021년 경제 분야 투자규모의 전년 대비 증가율은 $\frac{24-20}{20}\times 100=20\%$이다.

④ 2020 ~ 2024년 동안 경제 분야에 투자한 금액은 $20+24+23+22+21=110$억 원이다.

⑤ 2021 ~ 2024년 동안 경제 분야 투자규모의 전년 대비 증감추이는 '증가 – 감소 – 감소 – 감소'이고, 총지출 대비 경제 분야 투자규모 비중의 경우 '증가 – 증가 – 감소 – 감소'이다.

02

정답 ④

㉠ 2023년 어린이보호구역 지정대상은 전년 대비 감소하였다.

㉢ 2023년 어린이보호구역으로 지정된 구역 중 학원이 차지하는 비중은 $\frac{36}{16,355}\times 100 \fallingdotseq 0.22\%$이며, 2022년에는 $\frac{56}{16,085}\times 100 \fallingdotseq 0.35\%$이므로 2023년에는 전년 대비 감소하였다.

㉣ 2018년 어린이보호구역으로 지정된 구역 중 초등학교가 차지하는 비중은 $\frac{5,917}{14,921}\times 100 \fallingdotseq 39.7\%$이고, 나머지 해에도 모두 40% 이하의 비중을 차지한다.

오답분석

㉡ 2019년 어린이보호구역 지정대상 중 어린이보호구역으로 지정된 구역의 비율은 $\frac{15,136}{18,706}\times 100 \fallingdotseq 80.9\%$이다.

03

정답 ③

㉡ (교원 1인당 원아 수)=$\frac{(\text{원아 수})}{(\text{교원 수})}$이다. 따라서 교원 1인당 원아 수가 적어지는 것은 원아 수 대비 교원 수가 늘어나기 때문이다.

㉣ 제시된 자료만으로는 알 수 없다.

04

정답 ①

• 2016 ~ 2017년 사이 축산물 수입량은 약 10만 톤 감소했으나, 수입액은 약 2억 달러 증가하였다.
• 2021 ~ 2022년 사이 축산물 수입량은 약 10만 톤 감소했으나, 수입액은 변함이 없다.

대표기출유형 02 기출응용문제

PART 1

01

정답 ②

서류 합격자 비율을 x%라고 하면 다음과 같은 식이 성립한다.

$$7,750\times\frac{x}{100}\times0.3=93$$

$$\rightarrow 7,750\times\frac{x}{100}=310$$

$$\rightarrow \frac{x}{100}=0.04$$

$$\therefore x=4$$

따라서 서류 합격자 비율은 4%이다.

02

정답 ③

주어진 자료를 바탕으로 매장 수를 정리하면 다음과 같다. 증감표의 부호를 반대로 하여 2024년 매장 수에 대입하면 쉽게 계산이 가능하다.

(단위 : 개)

구분	2021년 매장 수	2022년 매장 수	2023년 매장 수	2024년 매장 수
서울	15	17	19	17
경기	13	15	16	14
인천	14	13	15	10
부산	13	11	7	10

따라서 2021년 매장 수가 두 번째로 많은 지역은 인천이며, 매장 수는 14개이다.

03

정답 ②

A씨의 전체 영어 평균점수는 $\frac{315+320+335+390+400+370}{6}=\frac{2,130}{6}=355$점이다.

따라서 355점보다 높았던 달은 9월, 10월, 11월에 봤던 시험으로 총 3번임을 알 수 있다.

대표기출유형 03 기출응용문제

01

정답 ②

오답분석

① 무직원의 장소에 대한 만족도 점수가 없다.
③ B장소의 평균 점수가 3.9점이지만 4.0점 이상으로 나타났다.
④ 병직원의 A ~ E장소에 대한 만족도 평균이 없고, 한 직원의 A ~ E장소 만족도 평균은 자료의 목적과는 거리가 멀다.
⑤ A ~ E장소에 대한 만족도 평균에서 표와의 수치를 비교해 보면 3.6점인 A장소가 없고, 수치가 어느 장소의 평균을 나타내는지 알 수 없다.

02

정답 ⑤

4월 전월 대비 수출액은 감소했고, 5월 전월 대비 수출액은 증가했는데, 그래프에는 반대로 나타나 있다.

CHAPTER

03 창의수리

대표기출유형 01 기출응용문제

01

정답 ②

먼저 B의 이동시간을 구하면 $\frac{30}{40}\times60=45$분이다. 즉, A의 이동시간은 $45-5=40$분이다. 이를 토대로 A가 이동한 거리를 구하면 다음과 같다.

$\frac{x}{30}\times60=40$

→ $60x=1,200$

∴ $x=20$

따라서 A가 이동한 거리는 20km이다.

02

정답 ③

$(\text{평균속력})=\frac{(\text{전체 이동거리})}{(\text{전체 이동시간})}$이다.

전체 이동거리는 $10+4+7=21$km이고, 전체 이동시간은 $1+0.5+1.5=3$시간이다.

따라서 평균속력은 $21\div3=7$km/h이다.

03

정답 ④

미주가 집에서 출발해서 동생을 만나기 전까지 이동한 시간을 x시간이라고 하자.

미주가 이동한 거리는 $8x$km이고, 동생이 미주가 출발한 후 12분 뒤에 지갑을 들고 이동했으므로 동생이 이동한 거리는 $20\left(x-\frac{1}{5}\right)$km이며, 다음과 같은 식이 성립한다.

$8x=20\left(x-\frac{1}{5}\right)$

→ $12x=4$

∴ $x=\frac{1}{3}$

따라서 미주와 동생은 $\frac{1}{3}$시간$=20$분 후에 만나게 된다.

PART 1

대표기출유형 02 기출응용문제

01

정답 ①

농도 5%의 묽은 염산의 양을 xg이라 하면 농도 20%의 묽은 염산과 농도 5%의 묽은 염산을 섞었을 때 농도가 10%보다 작거나 같아야 하므로 다음과 같은 식이 성립한다.

$$\frac{20}{100}\times300+\frac{5}{100}\times x\le\frac{10}{100}(300+x)$$

$6,000+5x\le10(300+x)$

→ $5x\ge3,000$

∴ $x\ge600$

따라서 필요한 농도 5%의 묽은 염산의 최소량은 600g이다.

02

정답 ④

퍼낸 소금물의 양을 xg, 2% 소금물의 양을 yg이라고 하면 다음과 같은 식이 성립한다.

$400-x+x+y=520$

∴ $y=120$

$$\frac{8}{100}(400-x)+\frac{2}{100}\times120=\frac{6}{100}\times520$$

→ $3,200-8x+240=3,120$

→ $8x=320$

∴ $x=40$

따라서 퍼낸 소금물의 양은 40g이다.

03

정답 ④

농도가 10%, 6%인 설탕물의 양을 각각 xg, yg이라고 하면 다음과 같은 식이 성립한다.

$x+y=300$ … ㉠

$$\frac{10\times\frac{x}{100}+6\times\frac{y}{100}+20}{300+20}\times100=12 \cdots ㉡$$

㉠과 ㉡을 연립하면 $x=10$, $y=290$이다.

따라서 농도 6%인 설탕물의 양은 290g이다.

대표기출유형 03 기출응용문제

01

정답 ②

500개 상자를 접는 일의 양을 1이라고 하면 2,500개의 상자를 접는 일의 양은 5배이므로 5가 된다. 갑이 하루에 할 수 있는 일의 양은 $\frac{1}{5}$, 을은 $\frac{1}{13}$이다. 2,500개 상자를 접는데 갑와 을이 같이 일한 기간을 x일이라고 가정하고 방정식을 세우면 다음과 같다.

$\left(\frac{1}{5}+\frac{1}{13}\right)x+\frac{1}{5}\times(20-x)=5$

→ $18x+13(20-x)=5\times5\times13$

→ $18x+260-13x=25\times13$

→ $5x=65$

∴ $x=13$

따라서 갑과 을이 같이 일한 기간은 13일이다.

02

정답 ③

24와 60의 최소공배수는 $2^3\times3\times5=120$이다.

따라서 두 톱니바퀴가 같은 톱니에서 처음으로 다시 맞물리려면 A톱니바퀴는 $120\div24=5$바퀴 회전해야 한다.

03

정답 ④

욕조를 가득 채우는 데 필요한 물의 양을 1이라 하고, A관과 B관을 동시에 틀고 배수를 할 때 욕조가 가득 채워질 때까지 걸리는 시간을 x분이라고 하자.

A관에서 1분 동안 나오는 물의 양은 $\frac{1}{30}$, B관에서 1분 동안 나오는 물의 양은 $\frac{1}{40}$이고 1분 동안 배수되는 양은 $\frac{1}{20}$이므로 다음과 같은 식이 성립한다.

$\left(\frac{1}{30}+\frac{1}{40}-\frac{1}{20}\right)x=1$

→ $\frac{1}{120}x=1$

∴ $x=120$

따라서 욕조가 가득 채워질 때까지 걸리는 시간은 120분이다.

PART 1

대표기출유형 04 기출응용문제

01

정답 ①

35km 거리비용은 25km×50달러+10km×50달러×0.5=1,500달러이며, 이삿짐 화물비용은 $60m^3$×25달러=1,500달러이다.

따라서 K과장의 이사비용은 3,000달러이다.

02

정답 ③

A가 첫 번째로 낸 금액을 a원, B가 첫 번째로 낸 금액을 b원이라고 하면 다음과 같은 식이 성립한다.

$(a+0.5a)+(b+1.5b)=32,000$ → $1.5a+2.5b=32,000$ ⋯ ㉠

$(a+0.5a)+5,000=(b+1.5b)$ → $1.5a=2.5b-5,000$ ⋯ ㉡

㉠과 ㉡을 연립하면, $b=7,400$, $a=9,000$이다.

따라서 A가 첫 번째로 낸 금액은 9,000원이다.

03

정답 ④

S사의 초기 투자비용을 x만 원, A사의 초기 투자비용을 y만 원이라고 하면 $x : y=5 : 2$이므로 $2x=5y$를 만족한다.

A가 연구자금을 받은 뒤에 투자금은 S사와 A사 각각 $(x-1,500)$만 원, $(y+1,500)$만 원이다.

이 비율이 4 : 3이므로 다음과 같은 식이 성립한다.

$(x-1,500) : (y+1,500)=4 : 3$

→ $3x-4,500=4y+6,000$

→ $3x-4y=10,500$

→ $15y-8y=21,000(\because 2x=5y)$

$\therefore y=3,000$

따라서 A사의 초기 투자비용은 3,000만 원이다.

대표기출유형 05 기출응용문제

01

정답 ④

1부터 9까지 자연수 중 합이 9가 되는 두 수의 쌍은 (1, 8), (2, 7), (3, 6), (4, 5)이다.

이 4개의 쌍 중 하나를 택하고 9개의 숫자 중 이미 택한 2개의 숫자를 제외한 7개의 숫자 중 하나를 택하여 3개의 숫자를 얻는다. 이렇게 얻은 3개의 숫자를 일렬로 배열하는 경우의 수는 4×7×(3×2×1)=168가지이다. 한편, 1부터 9까지 자연수 중 3개의 숫자를 택하는 경우의 수는 9×8×7=504가지이다.

따라서 구하는 세 자리 자연수의 개수는 504−168=336개이다.

02

정답 ①

맨 앞의 할아버지와 맨 뒤의 할머니를 제외한 5명이 일렬로 서는 경우의 수를 구하면 된다.

$5!=5\times4\times3\times2\times1=120$가지

따라서 구하고자 하는 경우의 수는 120가지이다.

03

정답 ③

작년의 임원진 3명은 연임하지 못하므로 올해 임원 선출이 가능한 인원은 $17-3=14$명이다.
14명 중에서 회장, 부회장, 총무를 각 1명씩 뽑을 수 있는 방법은 다음과 같다.
${}_{14}P_3=14\times13\times12=2,184$가지
따라서 올해 임원을 선출할 수 있는 경우의 수는 2,184가지이다.

대표기출유형 06 기출응용문제

01

정답 ②

서진이와 민진이가 서로 이웃하여 앉을 확률은 $\frac{4!\times2!}{5!}=\frac{2}{5}$이다.

따라서 서진이와 민진이 사이에 적어도 1명이 앉게 될 확률은 $1-\frac{2}{5}=\frac{3}{5}$이다.

02

정답 ②

- 전체 구슬의 개수 : $3+4+5=12$개
- 빨간색 구슬 2개를 꺼낼 확률 : $\frac{{}_3C_2}{{}_{12}C_2}=\frac{1}{22}$
- 초록색 구슬 2개를 꺼낼 확률 : $\frac{{}_4C_2}{{}_{12}C_2}=\frac{1}{11}$
- 파란색 구슬 2개를 꺼낼 확률 : $\frac{{}_5C_2}{{}_{12}C_2}=\frac{5}{33}$

따라서 구슬 2개를 동시에 꺼낼 때, 모두 빨간색이거나 모두 초록색이거나 모두 파란색일 확률은 $\frac{1}{22}+\frac{1}{11}+\frac{5}{33}=\frac{19}{66}$이다.

03

정답 ④

두 수의 곱이 홀수가 되려면 (홀수)×(홀수)여야 하므로 1에서 10까지 적힌 숫자카드 10장 중 임의로 2장을 동시에 뽑았을 때 2장 모두 홀수일 확률을 구해야 한다.

따라서 10장 중 홀수 카드 2장을 뽑을 확률은 $\frac{{}_5C_2}{{}_{10}C_2}=\frac{\frac{5\times4}{2\times1}}{\frac{10\times9}{2\times1}}=\frac{5\times4}{10\times9}=\frac{2}{9}$이다.

CHAPTER

04 언어추리

대표기출유형 01 기출응용문제

01

정답 ②

하루살이는 인생보다 짧고, 인생은 예술보다 짧다. 즉, 하루살이는 인생과 예술보다 짧다.

02

정답 ②

돼지꿈을 꾼 다음 날 복권을 사는 사람들은 모두가 미신을 따르는 사람들이고, 미신을 따르는 사람 중 과학자는 없다. 따라서 돼지꿈을 꾼 다음 날 복권을 사는 사람이라면 과학자가 아니다.

03

정답 ④

'운동을 꾸준히 한다.'를 A, '스트레스를 많이 받는다.'를 B, '술을 많이 마신다.'를 C, '간에 무리가 간다.'를 D라고 한다면 전제1은 C → D, 전제3은 B → C, 결론은 ~A → D이므로 결론이 도출되기 위해서는 빈칸에 ~A → B가 필요하다. 따라서 대우 명제인 ④가 답이 된다.

대표기출유형 02 기출응용문제

01

정답 ②

'환율이 오른다.'를 A, 'X주식을 매도하는 사람'을 B, 'Y주식을 매수하는 사람'을 C라고 하면, 전제1과 전제2를 다음과 같은 벤다이어그램으로 나타낼 수 있다.

1) 전제1

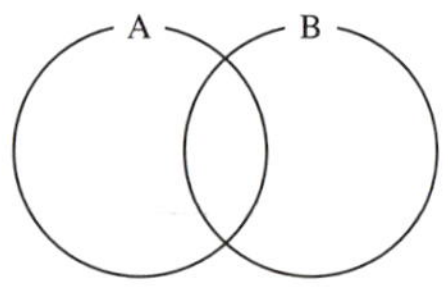

2) 전제2

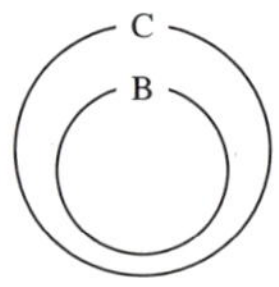

이를 정리하면 다음과 같은 벤다이어그램이 성립한다.

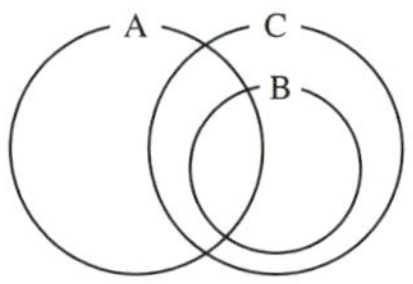

따라서 결론에 들어갈 명제는 '환율이 오르면 어떤 사람은 Y주식을 매수한다.'인 ②이다.

02

정답 ③

'환경정화 봉사활동에 참여하는 사람'을 A, '재난복구 봉사활동에 참여하는 사람'을 B, '유기동물 봉사활동에 참여하는 사람'을 C라고 하면, 전제1과 결론을 다음과 같은 벤다이어그램으로 나타낼 수 있다.

1) 전제1

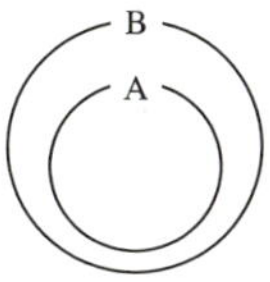

2) 결론

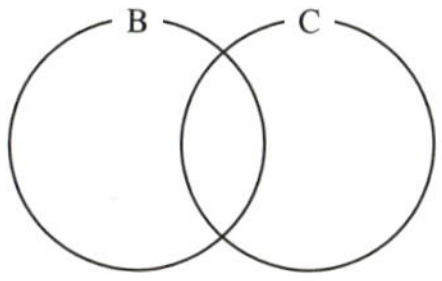

결론이 참이 되기 위해서는 B와 공통되는 부분의 A와 C가 연결되어야 한다. 즉, 다음과 같은 벤다이어그램이 성립할 때 결론이 참이 될 수 있다.

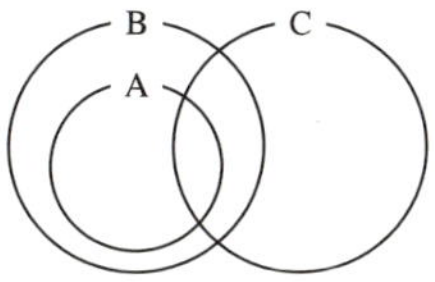

따라서 전제2에 들어갈 명제는 '환경정화 봉사활동에 참여하는 어떤 사람은 유기동물 봉사활동에 참여한다.'인 ③이다.

03

정답 ①

'회사원은 회의에 참석한다.'를 A, '회사원은 결근을 한다.'를 B, '회사원은 출장을 간다.'를 C라고 하면 전제1과 결론을 다음과 같은 벤다이어그램으로 나타낼 수 있다.

1) 전제1

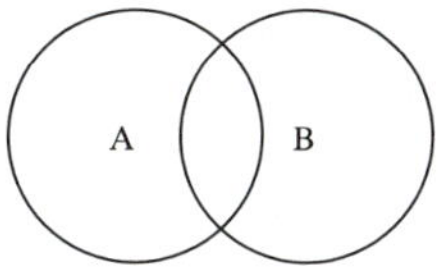

2) 결론

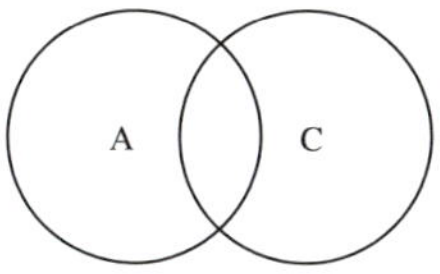

이때, 결론이 참이 되기 위해서는 B가 C에 모두 속해야 하므로 이를 벤다이어그램으로 나타내면 다음과 같다.

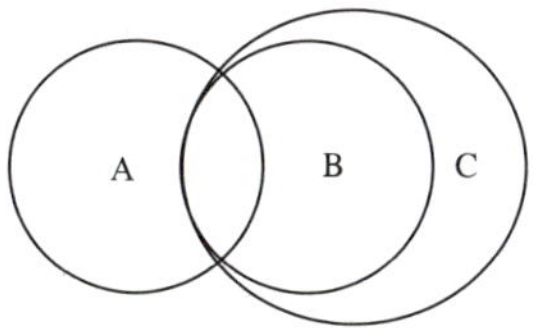

따라서 전제2에 들어갈 명제는 '결근을 하는 회사원은 출장을 간다.'인 ①이다.

04

정답 ④

B를 주문한 손님들만 D를 추가로 주문할 수 있으므로 A를 주문한 사람은 D를 주문할 수 없다. 이에 대한 대우도 참이다. 따라서 결론에 들어갈 명제는 'D를 주문한 손님은 A를 주문하지 않았다.'인 ④이다.

대표기출유형 03 기출응용문제

01

정답 ④

주어진 조건을 정리해보면 다음과 같다.

구분	서울	인천	과천	세종
경우 1	D	A	B	C
경우 2	D	C	B	A

따라서 항상 참인 것은 ④이다.

오답분석

①·② 주어진 정보만으로는 판단하기 힘들다.
③ 근무했던 지점에서 일을 할 수 없다.
⑤ D가 일하게 되는 지점은 서울이다.

02

정답 ⑤

돼지 인형과 토끼 인형의 크기를 비교할 수 없으므로 크기가 큰 순서대로 나열하면 '돼지 – 토끼 – 곰 – 기린 – 공룡' 또는 '토끼 – 돼지 – 곰 – 기린 – 공룡'이 된다. 이때 가장 큰 크기의 인형을 정확히 알 수 없으므로 진영이가 좋아하는 인형 역시 알 수 없다.

03

정답 ④

D는 102동 또는 104동에 살며, A와 B가 서로 인접한 동에 살고 있으므로 E는 101동 또는 105동에 산다. 이를 통해 101동부터 (A, B, C, D, E), (B, A, C, D, E), (E, D, C, A, B), (E, D, C, B, A)의 네 가지 경우를 추론할 수 있다.
따라서 'A가 102동에 산다면 E는 105동에 산다.'는 반드시 참이 된다.

04

정답 ④

두 번째 조건에 따라 둘째 날에는 2시간 또는 1시간 30분의 발 마사지 코스를 선택할 수 있다.

- 둘째 날에 2시간의 발 마사지 코스를 선택하는 경우
  첫째 날에는 2시간, 셋째 날에는 1시간, 넷째 날에는 1시간 30분 동안 발 마사지를 받는다.
- 둘째 날에 1시간 30분의 발 마사지 코스를 선택하는 경우
  첫째 날에는 2시간, 셋째 날에는 30분, 넷째 날에는 1시간 또는 1시간 30분 동안 발 마사지를 받는다.

따라서 현수는 셋째 날에 가장 짧은 마사지 코스를 선택하였다.

대표기출유형 04 기출응용문제

01

정답 ④

A의 진술 중 'D가 두 번째이다.'가 참이라고 가정하면 D, E의 진술 중 'E가 네 번째이다.'가 거짓이다. 따라서 A가 가장 많이 나오고, D가 두 번째이다. 그러면 B의 진술이 모두 거짓이므로 모순이다. 그러므로 A의 진술 중 '내가 세 번째이다.'가 참이다. A가 세 번째이므로, C의 진술 중 'B가 제일 적게 나왔다.'가 참이고, E의 진술 중 '내가 네 번째이다.'가 참이므로 D의 진술 중 'E가 네 번째이다.'가 참이다. 또한 B의 진술 중 'C가 두 번째로 많이 나왔다.'가 참이다.

따라서 요금이 많이 나온 순으로 나열하면 D－C－A－E－B이다.

PART 1

02

정답 ④

문제에서 한 명이 거짓말을 한다고 하였으므로, 1층에서 내린 사람이 서로 다르다고 진술한 A와 B 둘 중 한 명이 거짓말을 하였다.

i) A가 거짓말을 했을 경우

1층	2층	3층	4층	5층
C	D	B	A	E

ii) B가 거짓말을 했을 경우

1층	2층	3층	4층	5층
B	D	C	A	E

따라서 두 경우를 고려했을 때, A는 항상 D보다 높은 층에서 내린다.

03

정답 ⑤

A나 C가 농구를 한다면 진실만 말해야 하는데, 모두 다른 사람이 농구를 한다고 말하고 있으므로 거짓을 말한 것이 되어 모순이 된다. 그러므로 농구를 하는 사람은 B 또는 D이다.

i) B가 농구를 하는 경우

C는 야구, D는 배구를 하고 남은 A가 축구를 한다. A가 한 말은 모두 거짓이고, C와 D는 진실과 거짓을 한 개씩 말하므로 모든 조건이 충족된다.

ii) D가 농구를 하는 경우

B은 야구, A는 축구, C는 배구를 한다. 이 경우 A가 진실과 거짓을 함께 말하고, B와 C는 거짓만 말한 것이 되므로 모순이 된다. 따라서 D는 농구를 하지 않는다.

따라서 A는 축구, B는 농구, C는 야구, D는 배구를 한다.

04

정답 ⑤

다섯 명 중 단 한 명만이 거짓말을 하고 있으므로 C와 D 중 한 명은 반드시 거짓을 말하고 있다.

i) C의 진술이 거짓일 경우

B와 C의 말이 모두 거짓이 되므로 한 명만 거짓말을 하고 있다는 조건이 성립하지 않는다.

ii) D의 진술이 거짓일 경우

구분	A	B	C	D	E
출장지역	잠실		여의도	강남	

이때, B는 상암으로 출장을 가지 않는다는 A의 진술에 따라 상암으로 출장을 가는 사람은 E임을 알 수 있다.

따라서 ⑤는 항상 거짓이 된다.

CHAPTER

05 수열추리

대표기출유형 01 기출응용문제

01

정답 ③

$(n-2)$항$+(n-1)$항$+1=n$항(단, $n\geq3$)인 수열이다.
따라서 ( )$=27+44+1=72$이다.

02

정답 ④

앞의 항에 $\times\frac{1}{4}$과 $\div2+4$를 번갈아 적용하는 수열이다.

따라서 ( )$=\frac{11}{2}\times\frac{1}{4}=\frac{11}{8}$이다.

03

정답 ③

홀수 항은 $\div3-1$, 짝수 항은 $+\frac{1}{6}$을 하는 수열이다.

따라서 ( )$=-\frac{23}{18}\div3-1=-\frac{77}{54}$이다.

04

정답 ③

정수는 $+2$, $+3$, $+4$, $+5$, …, 소수는 0.01×9^2, 0.01×8^2, 0.01×7^2, 0.01×6^2, …인 수열이다.
따라서 ( )$=(28+8)+(0.01\times2^2)=36.04$이다.

05

정답 ③

앞의 항에 $+1.99$, $+1.98$, $+1.97$, …을 하는 수열이다.
따라서 ( )$=7.94+1.96=9.9$이다.

06

정답 ②

앞의 항에 $+2.7$, $\div2$를 번갈아 적용하는 수열이다.
따라서 ( )$=10.2\div2=5.1$이다.

07

정답 ②

앞의 항에 ×2, +5를 번갈아 적용하는 수열이다.
따라서 (　)=−2+5=3이다.

08

정답 ③

나열된 수를 각각 A, B, C라고 하면
$\underline{A\ B\ C} \rightarrow A+2B=2C$
따라서 (　)=(4+2×3)÷2=5

09

정답 ④

나열된 수를 각각 A, B, C, D라고 하면
$\underline{A\ B\ C\ D} \rightarrow 2\times(A+C)=B+D$
따라서 (　)$=2\times(4+\frac{7}{2})-5=10$이다.

10

정답 ①

앞의 항에 +10, +8, +6, …을 하는 수열이다.
∴ A=12+8=20, B=30+2=32
따라서 B÷A=32÷20=$\frac{8}{5}$ 이다.

11

정답 ⑤

앞의 항에 +9, +11, +13, +15, +17, +19, …을 하는 수열이다.
수열의 일반항을 a_n 이라 하면 $a_n=91+\sum_{k=1}^{n-1}(7+2k)=91+\{7\times(n-1)\}+n(n-1)\}=84+7n+n(n-1)$이다.
따라서 18번째 항의 값은 $a_{18}=84+(7\times18)+(18\times17)=516$이다.

12

정답 ②

제시된 수열은 n항=|$(n-2)$항−$(n-1)$항|(단, $n\geq3$)인 수열이다.
- 8번째 항=|17−21|=4
- 9번째 항=|21−4|=17
- 10번째 항=|4−17|=13

따라서 10번째 항의 값은 13이다.

PART 1

시대에듀

M E M O

PART 2

최종점검 모의고사

제 1 회 최종점검 모의고사

01 언어이해

01	02	03	04	05	06	07	08	09	10	11	12	13	14	15	16	17	18	19	20
③	①	⑤	②	④	②	⑤	⑤	④	③	①	③	④	④	②	④	④	⑤	②	②

01

정답 ③

제시문에서는 현대 사회의 소비 패턴이 '보이지 않는 손' 아래의 합리적 소비에서 벗어나 과시 소비가 중심이 되었으며, 그 이면에는 소비를 통해 자신의 물질적 부를 표현함으로써 신분을 과시하려는 욕구가 있다고 설명하고 있다. 따라서 글의 제목으로 가장 적절한 것은 ③이다.

02

정답 ①

제시문은 역사가의 역사 해석에 미치는 역사적 환경의 영향을 주제로, 마케도니아의 왕 알렉산드로스에 대한 고대 세 역사가의 평가와 입장 차이를 사례로 들고 있다. 마지막 문단에 따르면 쿠르티우스는 로마 제정이 막 시작된 1세기에 활동했으며, 아리아노스는 그보다 1세기 후 로마 제정 확립기 때 활동했다.

오답분석

② 세 번째 문단에 따르면 로마의 속주였던 그리스 출신인 플루타르코스는 고향에서 신관으로 일했기에 정치와는 무관했다.
③ 첫 번째 문단에 따르면 알렉산드로스는 기원전 323년 사망했으며, 아리아노스는 1 ~ 2세기에 활동한 역사가들 중 한 명이다. 따라서 로마 제국의 고위직에 올랐던 아리아노스가 알렉산드로스의 정복에 대해 위협을 느꼈다는 설명은 옳지 않다.
④ 세 번째 문단에 따르면 플루타르코스는 로마의 속주였던 그리스 출신이며, 마지막 문단에 따르면 쿠르티우스는 로마의 귀족이고 원로원 의원이었다.
⑤ 첫 번째 문단에 따르면 고대 저술가들이 모두 알렉산드로스에게 호의적이었던 것은 아니다. 또한 제시문에는 현대에 이르기까지 알렉산드로스에 대한 여러 전설이 만들어졌는지에 대해 언급이 없다.

03

정답 ⑤

제시문에 따르면 사회적 합리성을 위해서는 개인의 노력도 중요하지만 그것만으로는 안 되고 '공동'의 노력이 필수이다.

04

정답 ②

세 번째 문단에서 설명하는 수정주의는 미국이 시장을 얻기 위해 세계를 개방 경제 체제로 만들려는 과정에서 냉전이 비롯됐다며 냉전의 발생 원인을 미국의 경제적 동기에서 찾고 있다. 보기에서 언급한 것처럼 (정치적) 이념 때문이 아니라는 것이다. 따라서 보기의 위치는 (나)가 가장 적절하다.

05

정답 ④

대중문화가 대중을 사회 문제로부터 도피하게 하거나 사회 질서에 순응하게 하는 역기능을 수행하여 혁명을 불가능하게 만든다는 내용이다. 따라서 이 주장에 대한 반박은 대중문화가 순기능을 한다는 태도여야 한다. 그런데 ④는 글과 연관성이 없는 현대 대중문화의 질적 수준 평가에 대한 내용이므로 반박하는 내용으로 적절하지 않다.

06

정답 ②

제시문은 유교 사상의 입장에서 자연과 인간의 관계에 대해 설명한 다음, 완전한 존재인 자연을 인간이 본받아야 할 것임을 언급하고 있다. 따라서 유교에서 말하는 자연과 인간의 관계로 볼 때 인간은 자연의 일부이므로 자연과 인간은 대립이 아니라 공존해야 한다는 요지를 표제와 부제에 담아야 한다. ②는 부제가 본문의 내용을 어느 정도 담고 있으나 표제가 중심 내용을 드러내지 못하고 있다.

07

정답 ⑤

제시문에서는 금융의 디지털 전환이 가속화됨에 따라 디지털금융의 중요성이 커지고 있음을 이야기한다. 마지막 문단에서는 디지털금융의 중요성을 인식하여 법과 제도를 정비하고 있는 해외 국가들에 비해 국내의 전자금융거래법은 이렇다 할 변화가 없음을 지적한다. 따라서 뒤에 이어질 내용으로는 디지털금융의 발전을 위해서 전자금융거래법의 개정이 필요하다는 내용의 ⑤가 가장 적절하다.

08

정답 ⑤

제시문에서는 산업 혁명을 거치면서 일자리가 오히려 증가했으므로 로봇 사용으로 일자리가 줄어들 가능성은 낮다고 말한다. 그러나 보기에서는 로봇 사용으로 인한 일자리 대체 규모가 기하급수적으로 커져 인간의 일자리는 줄어들 것이라고 말한다. 로봇 사용으로 인한 일자리의 증감에 대해 정반대로 예측하는 것이다. 따라서 보기의 내용을 근거로 글을 비판하려면 글의 예측에 문제가 있음을 지적해야 하므로 ⑤가 가장 적절하다.

09

정답 ④

제시문은 담배의 유해성을 설명한 후, 유해성과 관련하여 담배회사와 건강보험공단 간의 소송이라는 흐름으로 이어진다. 따라서 (라) 약초로 알고 있던 선조의 생각과는 달리 유해한 담배 – (가) 연구 결과에 따른 흡연자들의 높은 암 발생률 – (다) 담배의 유해성을 안건으로 담배회사와 소송을 진행하고 있는 건강보험공단 – (나) 이에 대응하는 건강보험공단 순으로 나열하는 것이 적절하다.

10

정답 ③

첫 번째로 1965년 노벨상 수상자인 게리 베커에 대한 내용으로 이야기를 도입하며 베커가 주장한 ‘시간의 비용’ 개념을 소개하는 (라)가 위치하고, (라)를 보충하는 내용으로 베커의 ‘시간의 비용이 가변적’이라는 개념을 언급한 (가), 베커와 같이 시간의 비용이 가변적이라고 주장한 경제학자 린더의 주장을 소개한 (다), 마지막으로 베커와 린더의 공통적 전제인 사람들에게 주어진 시간이 고정된 양이라는 사실과 기대수명이 늘어남으로써 시간의 가치가 달라질 것이라는 내용의 (나)가 순서대로 연결된다. 따라서 (라) – (가) – (다) – (나) 순으로 나열하는 것이 적절하다.

11

정답 ①

제시문의 화제는 ‘돈의 가치를 어떻게 가르쳐야 아이들이 돈에 대하여 올바른 개념을 갖게 될까?(부모들의 고민)’이다. 따라서 (가) 돈의 개념을 이해하는 가정의 자녀들이 성공할 확률이 높음 – (다) 아이들에게 돈의 개념을 가르치는 지름길은 용돈임 – (나) 만 7세부터 돈의 개념을 어렴풋이나마 짐작하게 되므로 이때부터 아이들에게 약간의 용돈을 주는 것으로 돈에 대한 교육을 시작하면 좋음 – (라) 하지만 돈에 대해서 부모가 결코 해서는 안 될 일들도 있으므로 부모는 아이들이 돈에 대하여 정확한 개념과 가치관을 세울 수 있도록 좋은 본보기가 되어야 함 순으로 나열하는 것이 적절하다.

12

정답 ③

제시문은 책을 사거나 빌리는 것만으로는 책을 진정으로 소유할 수 없다고 하며, 책을 진정으로 소유하기 위한 독서의 방법과 책을 고르는 기준을 제시하고 있다. 따라서 글의 중심 내용으로 가장 적절한 것은 '독서의 목적은 책의 내용을 온전히 소유하는 것이다.'이다.

오답분석

①·② 글 전체 내용을 포괄하지 못하므로, 중심 내용이 될 수 없다.
④·⑤ 글의 논점에서 벗어난 내용이므로, 중심 내용이 될 수 없다.

13

정답 ④

저장강박증이 있는 사람들은 물건에 대한 애정이 없어서 관리를 하지 않는다.

14

정답 ④

민간 부문에서 역량 모델의 도입에 대한 논의가 먼저 이루어진 것으로 짐작할 수는 있지만, 이것이 민간 부문에서 더욱 효과적으로 작용한다는 것을 의미한다고 보기는 어렵다.

15

정답 ②

사물인터넷(IoT)의 발달로 센서의 사용 또한 크게 늘고 있다.

오답분석

① 인체의 작은 움직임(주파수 2 ~ 5Hz)도 스마트폰이나 웨어러블(안경, 시계, 의복 등과 같이 신체에 작용하는 제품) 기기들의 전기 에너지원으로 사용될 수 있다.
③ 교체 및 충전식 전기 화학 배터리는 수명이 짧다는 특징을 갖고 있다.
④ 기계적 진동원은 움직이는 인체, 자동차, 진동 구조물, 물이나 공기의 흐름에 의한 진동 등 모두를 포함한다.
⑤ 전자기력 기반은 패러데이의 유도법칙을 이용하여 전기를 생산하며, 낮은 주파수의 기계적 에너지를 전기에너지로 변환하는 매우 효율적인 방법이다.

16

정답 ④

마지막 문단에 따르면, 모든 동물이나 식물종을 보존할 수 없는 것과 같이 언어 소멸 역시 막기 어려운 측면이 있으며, 그럼에도 불구하고 이를 그저 바라만 볼 수는 없다고 하였다. 즉, 언어 소멸 방지의 어려움을 동물이나 식물종을 완전히 보존하기 어려운 것에 비유한 것이지, 언어 소멸 자체가 자연스럽고 필연적인 현상인 것은 아니다.

오답분석

① 첫 번째 문단에 따르면, 전 세계적으로 3,000개의 언어가 소멸해 가고 있으며, 이 중에서 약 600개의 언어는 사용자 수가 10만 명을 넘으므로 비교적 안전한 상태이다. 따라서 나머지 약 2,400개의 언어는 사용자 수가 10만 명이 넘지 않는다고 추측할 수 있다.
② 두 번째 문단의 마지막 문장에 의해, 히브리어는 지속적으로 공식어로 사용할 의지에 따라 부활한 언어임을 알 수 있다.
③ 마지막 문단의 '가령, 어떤 ~ 초래할 수도 있다.'를 통해 알 수 있다.
⑤ 두 번째 문단에서 '토착 언어 사용자들의 거주지가 파괴되고 종족 말살과 동화(同化)교육이 이루어지며, 사용 인구가 급격히 감소하는 것' 이외에도 전자 매체의 확산이 언어 소멸의 원인이 된다고 하였다. 따라서 타의적·물리적 압력에 의해서만 언어 소멸이 이루어지는 것은 아님을 알 수 있다.

17

정답 ④

제시문은 영화의 시퀀스를 구성하는 요소와 개념에 대해 설명한 후, 씬의 제시 방법에 따른 시퀀스의 종류를 언급하고 있다. 또한 시퀀스의 연결 방법과 효과, 시퀀스의 길이에 따른 특징을 설명한 후 영화를 감상할 때 시퀀스 분석이 지니는 의의를 언급하며 글을 마무리하고 있다. 그러나 영화의 발전 과정과 시퀀스의 상관관계에 대한 내용은 알 수 없다.

18

정답 ⑤

제시문에서는 비타민D의 결핍으로 인해 발생하는 건강문제를 근거로 신체를 태양빛에 노출하여 건강을 유지해야 한다고 주장하고 있다. 따라서 태양빛에 노출되지 않고도 충분한 비타민D 생성이 가능하다는 근거가 있다면 글에 대한 반박이 되므로 ⑤가 가장 적절하다.

오답분석

① 제시문에서는 비타민D 보충제에 대해 언급하고 있지 않다. 따라서 비타민D 보충제가 태양빛 노출을 대체할 수 있을지 판단하기 어렵다.
② 태양빛에 노출될 경우 피부암 등의 질환이 발생하는 것은 사실이나, 이것이 비타민D의 결핍을 해결하는 또 다른 방법을 제시하거나 제시문에서 주장하는 내용을 반박하고 있지는 않다.
③ 비타민D는 칼슘과 인의 흡수 외에도 흉선에서 면역세포를 생산하는 작용에 관여하고 있다. 따라서 칼슘과 인의 주기적인 섭취만으로는 문제를 해결할 수 없으며, 제시문에 대한 반박이 되지 못한다.
④ 제시문에서는 자외선 차단제를 사용했을 때 중파장 자외선이 어떻게 작용하는지 언급하고 있지 않다. 또한 자외선 차단제를 사용한다는 사실이 태양빛에 노출되어야 한다는 글의 주장을 반박한다고는 보기 어렵다.

19

정답 ②

빈칸의 내용 때문에 불꽃의 색을 분리시키는 분석법을 창안해 냈으므로, 불꽃의 색이 여럿 겹쳐 보이는 게 문제였음을 추측할 수 있다. 따라서 빈칸에 들어갈 내용으로 ②가 가장 적절하다.

20

정답 ②

'의리의 문제는 사람과 때에 따라 같지 않습니다.'라고 하였으므로 신하들이 임금에 대해 의리를 실천하는 방식이 누구에게나 동일하다는 ⓒ은 제시문의 내용과 상충한다.

오답분석

㉠ 부자관계는 천륜이어서 자식이 어버이를 봉양하는 데 한계가 없고, 이때는 은혜가 항상 의리에 우선하므로 관계를 떠날 수 없다고 하였으므로 적절하다.
㉡ 군신관계는 의리로 합쳐진 것이라 한계가 있는데 이 경우에는 때때로 의리가 은혜보다 앞서기도 한다고 하였으므로 적절하다.

PART 2

02 자료해석

01	02	03	04	05	06	07	08	09	10	11	12	13	14	15	16	17	18	19	20
④	⑤	③	①	⑤	①	③	②	②	④	⑤	②	④	⑤	⑤	②	①	⑤	⑤	②

01

정답 ④

ⓛ 무료급식소 봉사자 중 40·50대는 274+381=655명으로 전체 1,115명의 절반 이상이다.

ⓡ 노숙자쉼터 봉사자는 800명으로 이 중 30대는 118명이다. 따라서 노숙자쉼터 봉사자 중 30대가 차지하는 비율은 $\frac{118}{800}\times100=$ 14.75%이다.

오답분석

ⓖ 전체 보육원 봉사자는 총 2,000명으로 이 중 30대 이하 봉사자는 148+197+405=750명이다. 따라서 전체 보육원 봉사자 중 30대 이하가 차지하는 비율은 $\frac{750}{2,000}\times100=37.5\%$이다.

ⓒ 전체 봉사자 중 50대의 비율은 $\frac{1,600}{5,000}\times100=32\%$이고, 20대의 비율은 $\frac{650}{5,000}\times100=13\%$이다. 따라서 전체 봉사자 중 50대의 비율은 20대의 약 $\frac{32}{13}\fallingdotseq2.5$배이다.

02

정답 ⑤

시장 내 경쟁이 가장 치열한 업체는 동일 혜택을 제공하는 카드 수가 가장 많은 E카페로, E카페의 혜택 제공 기간은 2년(24개월)이다.

오답분석

① B서점의 경우 E카페보다 동일 혜택을 제공하는 카드 수가 적지만, 혜택 제공 기간은 더 길다.
② 선호도 점수 가장 높은 혜택은 C통신사의 통신요금 할인 혜택이다.
③ 매월 모든 업체가 부담해야 하는 혜택 비용이 동일하다면, 혜택에 대한 총 부담 비용이 가장 큰 업체는 혜택 제공 기간이 가장 긴 B서점이다.
④ 혜택 제공 기간이 가장 긴 업체는 B서점이지만, 선호도 점수가 가장 높은 업체는 C통신사이다.

03

정답 ③

범죄 유형별 범죄 발생률이 가장 높은 두 연령대의 발생률 합을 계산하면 다음과 같다.

구분	명예훼손	사기	도박	마약관련	절도	방화	폭행	성폭행	살인
총합	38+22 =60%	26+18 =44%	31+28 =59%	42+35 =77%	33+24 =57%	28+27 =55%	41+39 =80%	38+25 =63%	29+27 =56%

따라서 70% 이상인 범죄 유형은 '마약관련(77%)', '폭행(80%)' 2가지이다.

오답분석

① 각 범죄 유형별 범죄 발생률이 가장 높은 연령대는 다음과 같다.

명예훼손	사기	도박	마약관련	절도	방화	폭행	성폭행	살인
20대	40대	40대	30대	60대	70대 이상	20대	20대	40대

② '사기'의 범죄 발생률이 가장 높은 연령대와 가장 낮은 연령대의 범죄 발생률 차이는 26−3=23%p로 가장 낮다.
④ 70대 이상의 성폭행 범죄 발생률은 0%이므로 범죄 유형 중 범죄 발생률이 1% 미만인 연령대가 있는 범죄는 1가지이다.
⑤ 범죄 유형별 총 범죄자가 각각 100명씩이라면 범죄 발생률이 범죄자 수와 같다. 20대 범죄자 수는 38+16+25+35+21+3+41+38+24=241명이고, 70대 범죄자 수는 5+3+3+3+3+28+1+0+1=47명이므로 20대의 범죄자 수는 70대 범죄자 수의 5배인 47×5=235명보다 많다.

04

정답 ①

설문에 응한 총 고객 수를 x명이라고 하면, 연비를 장점으로 선택한 260명의 고객은 전체의 13%이므로 다음과 같다.

$\frac{13}{100}x=260$

$\therefore\ x=2{,}000$

따라서 설문에 응한 총 고객 수는 2,000명이다.

05

정답 ⑤

㉢ 경기도와 광주광역시의 2023년과 2024년 부도업체 수의 전년 대비 증감 추이는 '감소 – 감소'로 동일하다.

㉣ 2024년 부산광역시의 부도업체가 전국 부도업체에서 차지하는 비율은 $\frac{41}{494}\times100\fallingdotseq8.3\%$이므로 옳다.

오답분석

㉠ 전라북도의 부도업체 수는 2022년 대비 2024년에 $\frac{26-34}{34}\times100\fallingdotseq-23.5\%$ 감소하였으므로 30% 미만 감소하였다.

㉡ 2023년에 부도업체 수가 20개를 초과하는 시・도는 서울특별시, 부산광역시, 대구광역시, 인천광역시, 경기도, 경상북도, 경상남도로 총 7곳이다.

06

정답 ①

전체 지역의 생산 면적당 논벼 생산량은 각각 다음과 같다.

- 서울・인천・경기 : $\frac{468{,}506}{91{,}557}\fallingdotseq5.12$톤/ha
- 강원 : $\frac{166{,}396}{30{,}714}\fallingdotseq5.42$톤/ha
- 충북 : $\frac{201{,}670}{37{,}111}\fallingdotseq5.43$톤/ha
- 세종・대전・충남 : $\frac{803{,}806}{142{,}722}\fallingdotseq5.63$톤/ha
- 전북 : $\frac{687{,}367}{121{,}016}\fallingdotseq5.68$톤/ha
- 광주・전남 : $\frac{871{,}005}{170{,}930}\fallingdotseq5.10$톤/ha
- 대구・경북 : $\frac{591{,}981}{105{,}894}\fallingdotseq5.59$톤/ha
- 부산・울산・경남 : $\frac{403{,}845}{77{,}918}\fallingdotseq5.18$톤/ha
- 제주 : $\frac{41}{10}=4.1$톤/ha

따라서 생산 면적당 논벼 생산량이 가장 많은 지역은 전북이다.

오답분석

② ①의 해설을 참고할 때, 제주를 제외한 모든 지역에서 생산 면적당 5톤 이상의 논벼를 생산하는 것을 알 수 있다.

③ 광주・전남 지역의 논벼 생산 면적과 밭벼 생산 면적은 각각 가장 넓고, 논벼와 밭벼 생산량도 각각 가장 많다.

④ 제주 지역의 백미 생산량 중 밭벼 생산량이 차지하는 비율은 $\frac{317}{41+317}\times100\fallingdotseq88.55\%$이다.

⑤ 전국의 밭벼 생산 면적 중 광주・전남 지역의 밭벼 생산 면적이 차지하는 비율은 $\frac{705}{2+0+3+11+10+705+3+11+117}\times100\fallingdotseq81.79\%$이다. 따라서 80% 이상이다.

07

정답 ③

투자비중을 고려하여 각각의 투자금액과 투자수익을 구하면 다음과 같다.

• 상품별 투자금액
  – A(주식) : 2천만×0.4=800만 원
  – B(채권) : 2천만×0.3=600만 원
  – C(예금) : 2천만×0.3=600만 원

• 6개월 동안의 투자수익
  – A(주식) : $800\times\left[1+\left(0.10\times\frac{6}{12}\right)\right]$=840만 원
  – B(채권) : $600\times\left[1+\left(0.04\times\frac{6}{12}\right)\right]$=612만 원
  – C(예금) : $600\times\left[1+\left(0.02\times\frac{6}{12}\right)\right]$=606만 원

∴ 840만+612만+606만=2,058만 원

08

정답 ②

• 평균 통화시간이 6 ~ 9분인 여성의 수 : $400\times\frac{18}{100}$=72명

• 평균 통화시간이 12분 이상인 남성의 수 : $600\times\frac{10}{100}$=60명

따라서 평균 통화시간이 6 ~ 9분인 여성의 수는 12분 이상인 남성의 수의 $\frac{72}{60}$=1.2배이다.

09

정답 ②

전체 질문 중 '보통이다' 비율이 가장 높은 질문은 37%인 네 번째 질문이며, '매우 그렇다' 비율이 가장 높은 질문은 21%인 두 번째 질문이다.

오답분석

① 전체 질문 중 세 번째 '지방이전 후 출·퇴근 교통에 만족합니까?' 질문에 '그렇지 않다'와 '매우 그렇지 않다'의 비율 합이 가장 높다.

③ 전체 질문에서 '그렇다'를 선택한 평균 비율은 $\frac{75}{5}$=15%이고, '매우 그렇지 않다'를 선택한 평균 비율은 $\frac{95}{5}$=19%이므로 '매우 그렇지 않다'를 선택한 평균 비율이 19−15=4%p 높다.

④ 두 번째 질문에 '매우 그렇다'를 선택한 직원 수는 $1{,}600\times\frac{21}{100}$=336명이고, '보통이다'를 선택한 직원 수는 $1{,}600\times\frac{35}{100}$=560명이다. 따라서 '매우 그렇다'를 선택한 직원 수는 '보통이다'를 선택한 직원 수보다 560−336=224명 적다.

⑤ 다섯 번째 질문에서 '매우 그렇지 않다'를 선택한 직원 수는 $1{,}600\times\frac{19}{100}$=304명이고, '그렇지 않다'를 선택한 직원 수는 $1{,}600\times\frac{9}{100}$=144명이다. 따라서 직원 수의 차이는 304−144=160명으로 150명 이상이다.

10

정답 ④

오답분석

① 둘째와 셋째의 수치가 바뀌었다.
② 정선군의 셋째와 다섯째의 수치가 자료보다 낮다.
③ 양양의 첫째 수치가 자료보다 낮다.
⑤ 평창과 철원의 첫째부터 다섯째의 총지원금 수치가 자료보다 높다.

11

정답 ⑤

전체 찬성 인원의 성별 차이는 300−252=48명이며, 본부별 차이는 336−216=120명으로 성별이 아닌 본부별 차이가 더 크다.

오답분석

① 두 본부 남성이 휴게실 확충에 찬성하는 비율은 $\frac{156+96}{400}\times100=63\%$이므로, 60% 이상이다.

② A본부 여성의 찬성 비율은 $\frac{180}{200}\times100=90\%$이고, B본부는 $\frac{120}{100}\times100=60\%$이다. 따라서 A본부 여성의 찬성 비율이 1.5배 높음을 알 수 있다.

③ A본부가 B본부보다 찬성이 많지만, 어디에 휴게실이 확충될지는 위의 자료만으로는 알 수 없다.

④ B본부 전체 인원 중 여성의 찬성률은 $\frac{120}{400}\times100=30\%$로, 남성의 찬성률인 $\frac{96}{400}\times100=24\%$의 1.25배이다.

12

정답 ②

• 협동조합이 산지에서 구매한 가격을 a라 하면

협동조합이 도매상에 판매한 가격 : $\left(1+\frac{20}{100}\right)\times a=1.2a$

• 도매상의 판매가를 x라 하면 $\frac{80}{100}x=1.2a \rightarrow x=1.5a$

소매상의 판매가 : $\left(1+\frac{20}{100}\right)\times1.5a=1.8a$

따라서 상승한 가격은 $0.8a$이므로, 소비자가 구매하는 가격은 협동조합의 최초 구매가격의 80%이다.

13

정답 ④

㉡ 2023년, 2024년 모두 30대 이상의 여성이 남성보다 비중이 높다.

㉢ 2024년 40대 남성의 비중은 22.1%로, 다른 나이대보다 비중이 높다.

오답분석

㉠ 2023년에는 20대 남성이 30대 남성보다 1인 가구 비중이 더 높았지만, 2024년에는 20대 남성이 30대 남성보다 1인 가구의 비중이 더 낮았다. 따라서 20대 남성이 30대 남성보다 1인 가구의 비중이 더 높은지는 알 수 없다.

㉣ 2년 이내 1인 생활을 종료를 예상하는 1인 가구의 비중은 2023년에는 증가하였으나, 2024년에는 감소하였다.

14

정답 ⑤

업그레이드 전 성능지수가 100인 기계의 수는 15대이고, 성능지수 향상폭이 35인 기계의 수도 15대이므로 동일하다.

오답분석

① 업그레이드된 기계 100대의 성능지수의 평균을 구하면 $\frac{60\times14+5\times20+5\times21+15\times35}{100}=15.7$로 20 미만이다.

② 서비스 향상폭이 35인 기기는 15대인데, 성능지수는 65, 79, 85, 100 네 가지가 있고 이 중 가장 최대는 100이다. 서비스 성능이 35만큼 향상할 수 있는 경우는 성능지수가 65였을 때이다. 따라서 35만큼 향상된 기계의 수가 15대라고 했으므로 $\frac{15}{80}\times100=18.75\%$가 100으로 향상되었다.

③ 향상폭이 21인 기계는 5대로 업그레이드 전 성능지수가 79인 기계 5대가 모두 100으로 향상되었다.

④ 향상되지 않은 기계는 향상폭이 0인 15대이며 이는 업그레이드 전 성능지수가 100인 기계 15대를 뜻하며 그 외 기계는 모두 성능지수가 향상되었다.

15

정답 ⑤

살인 신고건수에서 여성 피해자가 남성 피해자의 2배일 때, 남성 피해자의 살인 신고건수는 $1.32 \div 3 = 0.44$백 건이다.

따라서 남성 피해자 전체 신고건수인 $132 \times \frac{8.8}{100} = 11.616$백 건에서 살인 신고건수가 차지하는 비율은 $\frac{0.44}{11.616} \times 100 \fallingdotseq 3.8\%$로 3% 이상이다.

오답분석

① 지난해 데이트 폭력 신고건수는 피해유형별 신고건수를 모두 합하면 총 $81.84+22.44+1.32+6.6+19.8=132$백 건이다. 신고유형별 신고건수에서도 $5.28+14.52+10.56+101.64=132$백 건임을 알 수 있다.

② 112신고로 접수된 건수는 체포감금, 협박 피해자로 신고한 건수의 $\frac{101.64}{22.44} \fallingdotseq 4.5$배이다.

③ 방문신고 건수의 $25\%\left(14.52 \times \frac{25}{100} = 3.63\text{백 건}\right)$가 성폭행 피해자일 때, 전체 신고건수에서 차지하는 비율은 $\frac{3.63}{132} \times 100 \fallingdotseq 2.8\%$이다.

④ 남성 피해자의 50%가 폭행, 상해 피해자로 신고한 건수는 $132 \times \frac{8.8}{100} \times \frac{50}{100} = 5.808$백 건이며, 폭행, 상해의 전체 신고건수 중 $\frac{5.808}{81.84} \times 100 \fallingdotseq 7.1\%$이다.

16

정답 ②

가장 많이 득표한 상품은 전복(32표)이고, S사의 직원 수는 $5+6+22+82+12+8=135$명이다.
따라서 추석선물 비용은 $70{,}000 \times 135 = 9{,}450{,}000$원이다.

17

정답 ①

합격자 중 남자의 비율은 $\frac{1{,}699}{1{,}699+624} \times 100 \fallingdotseq 73.1\%$이므로 80% 미만이다.

오답분석

② 총 입사지원자 중 여자는 $\frac{3{,}984}{10{,}891+3{,}984} \times 100 \fallingdotseq 26.8\%$이므로 30% 미만이다.

③ 총 입사지원자 중 합격률은 $\frac{1{,}699+624}{10{,}891+3{,}984} \times 100 \fallingdotseq 15.6\%$이므로 15% 이상이다.

④ 여자 입사지원자 대비 여자의 합격률은 $\frac{624}{3{,}984} \times 100 \fallingdotseq 15.7\%$이므로 20% 미만이다.

⑤ 남자의 합격률은 $\frac{1{,}699}{10{,}891} \times 100 \fallingdotseq 15.6\%$이고, 여자의 합격률은 $\frac{624}{3{,}984} \times 100 \fallingdotseq 15.7\%$이므로 남자의 합격률이 더 낮다.

18

정답 ⑤

- 지연 원인 중 A/C정비가 차지하는 비율 : $\frac{117}{2{,}986} \times 100 \fallingdotseq 4\%$
- 결항 원인 중 기상이 차지하는 비율 : $\frac{17}{70} \times 100 \fallingdotseq 24\%$

따라서 항공기 지연 원인 중 A/C 정비가 차지하는 비율은 결항 원인 중 기상이 차지하는 비율의 $\frac{4}{24} = \frac{1}{6}$ 수준이다.

오답분석

① 기상 원인으로 지연 및 결항된 비행기는 모두 135편이다. 하지만 이 비행기가 모두 같은 날 지연 및 결항되었을 수도 있고, 모두 다른 날 지연 및 결항되었을 수도 있으므로 제시된 자료만으로 날씨를 예측할 수 없다.
② $17\times5=85<118$이므로 옳지 않다.
③ 9월 동안 운항된 전체 비행기 수를 알 수 없으므로 제시된 자료만으로 구할 수 없다.
④ 기타를 제외하고 지연이 발생한 원인 중 가장 높은 비율을 차지하고 있는 것은 A/C 접속이며, 결항이 발생한 원인 중 가장 높은 비율을 차지하고 있는 것은 기상이다.

19

정답 ⑤

'매우 불만족'으로 평가한 고객 수는 전체 150명 중 15명이므로 전체 고객의 10%를 차지한다. 따라서 전체 고객 중 $\frac{1}{10}$이 서비스 만족도를 '매우 불만족'으로 평가했다는 것을 알 수 있다.

오답분석

① 응답자의 합계를 확인하면 150명이므로 옳다.
② '보통'이라고 평가한 응답자의 수를 역산하여 구하면 48명이고, 비율은 32%이다.
③ '매우 만족'이라고 평가한 응답자의 비율이 20%이므로, $150\times\frac{20}{100}=30$명이다.
④ '불만족' 이하 구간은 '불만족' 16%와 '매우 불만족' 10%의 합인 26%이다.

20

정답 ②

응시자 중 불합격자 수는 응시자 수에서 합격자 수를 제외한 값이다.

- 2020년 : 2,810−1,310=1,500명
- 2021년 : 2,660−1,190=1,470명
- 2022년 : 2,580−1,210=1,370명
- 2023년 : 2,110−1,010=1,100명
- 2024년 : 2,220−1,180=1,040명

오답분석

① 미응시자 수는 접수자 수에서 응시자 수를 제외한 값이다.
- 2020년 : 3,540−2,810=730명
- 2021년 : 3,380−2,660=720명
- 2022년 : 3,120−2,580=540명
- 2023년 : 2,810−2,110=700명
- 2024년 : 2,990−2,220=770명

03 창의수리

01	02	03	04	05	06	07	08	09	10	11	12	13	14	15	16	17	18	19	20
③	③	④	②	③	④	④	②	④	①	①	④	③	①	④	①	④	③	②	④

01

정답 ③

7시간이 지났다면 용민이는 $7\times7=49$km, 효린이는 $3\times7=21$km를 걸은 것이다.
따라서 용민이는 호수를 한 바퀴 돌고나서 효린이가 걸은 21km까지 더 걸은 것이므로 호수의 둘레는 $49-21=28$km이다.

02

정답 ③

농도가 25%인 소금물 200g에 담긴 소금의 양은 $200\times\frac{25}{100}=50$g이다. 이후 10% 농도의 소금물을 섞어 소금물에 함유된 소금의 양이 55g이 되었으므로 10% 농도의 소금물에 들어있는 소금의 양은 $55-50=5$g이다. 추가한 10% 농도의 소금물의 양을 xg이라 하면 $\frac{1}{10}\times x=5$이므로, 추가한 10% 농도의 소금물의 양은 50g이다.

따라서 섞은 후 최종 소금물의 양은 $200+50=250$g이며, 함유된 소금의 양은 55g이므로 농도는 $\frac{55}{250}\times100=22$%이다.

03

정답 ④

- 1학기의 기간 : $15\times7=105$일
- 연체료가 부과되는 기간 : $105-10=95$일
- 연체료가 부과되는 시점에서부터 한 달 동안의 연체료 : $30\times100=3{,}000$원
- 두 번째 달 동안의 연체료 : $30\times(100\times2)=6{,}000$원
- 세 번째 달 동안의 연체료 : $30\times(100\times2\times2)=12{,}000$원
- 95일(3개월 5일) 연체료 : $3{,}000+6{,}000+12{,}000+\{5\times(100\times2\times2\times2)\}=25{,}000$원

따라서 1학기 동안 대학 서적을 도서관에서 빌려 사용하는 데 지불해야 하는 금액은 25,000원이다.

04

정답 ②

A장치가 1시간당 공급하는 물의 양을 xL, B장치를 통해 1시간당 배출되는 물의 양은 yL라고 하면, 다음 식이 성립한다.

$4\times x=6\times(x-y)$

$\rightarrow 2x=6y$

$\therefore x=3y$

A장치가 1시간당 공급하는 물의 양은 B장치를 통해 1시간당 배출되는 물의 양의 3배이다.

따라서 $4x$L가 수영장 전체 물의 양이므로, B장치를 작동시켜 전체 물이 배출되는 데 걸리는 시간은 $4\times3=12$시간이다.

05

정답 ③

A사에서부터 B사까지의 거리를 $x$km라고 하면 다음과 같은 식이 성립한다.

$\frac{1+1+x}{3}=\frac{5}{3}$

$\rightarrow 2+x=5$

$\therefore x=3$

따라서 A사에서부터 B사까지의 거리는 3km이다.

06

정답 ④

38과 95의 최대공약수는 19이며, 19m 간격으로 꼭짓점을 제외하고 가로에는 4그루씩, 세로에는 1그루씩 심을 수 있다.

이때 꼭짓점에는 반드시 나무가 심어져 있어야 한다.

따라서 나무는 최소 $(4+1)\times2+4=14$그루가 필요하다.

07

정답 ④

- 농도 5%인 설탕물 600g에 들어있는 설탕의 양 : $\frac{5}{100}\times600=30$g
- 10분 동안 가열한 후 남은 설탕물의 양 : $600-(10\times10)=500$g
- 가열 후 남은 설탕물의 농도 : $\frac{30}{500}\times100=6$%

여기에 더 넣은 설탕물 200g의 농도를 x%라고 하면 다음과 같은 식이 성립한다.

$\frac{6}{100}\times500+\frac{x}{100}\times200=\frac{10}{100}\times700$

→ $2x+30=70$

∴ $x=20$

따라서 더 넣은 설탕물 200g의 농도는 20%이다.

08

정답 ②

한 달에 이용하는 횟수를 x번이라고 하면 다음과 같은 식이 성립한다.

- A이용권을 사용할 때 쓰는 돈 : $50,000+1,000x$
- B이용권을 사용할 때 쓰는 돈 : $20,000+5,000x$

→ $50,000+1,000x<20,000+5,000x$

∴ $x>7.5$

따라서 최소 8번 이용해야 한다.

09

정답 ④

- A에서 짝수의 눈이 나오는 경우의 수 : 2, 4, 6 → 3가지
- B에서 3 또는 5의 눈이 나오는 경우의 수 : 3, 5 → 2가지

따라서 A, B 주사위는 동시에 던지므로 곱의 법칙에 의해 $3\times2=6$가지이다.

10

정답 ①

- 3명이 안타를 칠 확률

  : $\left(\frac{5}{6}\times\frac{1}{8}\times\frac{1}{4}\times\frac{1}{5}\right)+\left(\frac{1}{6}\times\frac{7}{8}\times\frac{1}{4}\times\frac{1}{5}\right)+\left(\frac{1}{6}\times\frac{1}{8}\times\frac{3}{4}\times\frac{1}{5}\right)+\left(\frac{1}{6}\times\frac{1}{8}\times\frac{1}{4}\times\frac{4}{5}\right)=\frac{(5+7+3+4)}{960}=\frac{19}{960}$
- 4명이 안타를 칠 확률

  : $\frac{1}{6}\times\frac{1}{8}\times\frac{1}{4}\times\frac{1}{5}=\frac{1}{960}$

따라서 구하고자 하는 확률은 $\frac{19}{960}+\frac{1}{960}=\frac{20}{960}=\frac{1}{48}$이다.

11

정답 ①

처음 경비를 x원이라고 하면 다음과 같은 식이 성립한다.

$x-\{(x\times0.3)+(x\times0.3\times0.5)\}=33,000$

→ $x-0.45x=33,000$

→ $0.55x=33,000$

∴ $x=60,000$

따라서 처음 경비는 60,000원이다.

12

정답 ④

철수가 출발하고 나서 영희를 따라잡는 데 걸린 시간을 x분이라고 하자.

철수와 영희는 5 : 3 비율의 속력으로 간다고 했으므로 철수의 속력을 $5a$m/min이라고 하면 영희의 속력은 $3a$m/min이므로 다음과 같은 식이 성립한다.

$5a\times x=3a\times30+3a\times x$

→ $5ax=90a+3ax$

→ $2ax=90a$

∴ $x=45$

따라서 철수가 출발하고 45분 후에 영희를 따라잡았다.

13

정답 ③

처음 사탕의 개수를 x개라고 하면 남아있는 사탕의 개수는 다음과 같다.

• 처음으로 사탕을 먹고 남은 사탕의 개수 : $\left(1-\frac{1}{3}\right)x=\frac{2}{3}x$개

• 그다음 날 사탕을 먹고 남은 사탕의 개수 : $\frac{2}{3}x\times\left(1-\frac{1}{2}\right)=\frac{1}{3}x$개

• 또 그다음 날 사탕을 먹고 남은 사탕의 개수 : $\frac{1}{3}x\times\left(1-\frac{1}{4}\right)=\frac{1}{4}x$개

마지막으로 남은 사탕의 개수는 18개라고 하였으므로 다음과 같은 식이 성립한다.

$\frac{1}{3}x\times\left(1-\frac{1}{4}\right)=18$

→ $\frac{1}{4}x=18$

∴ $x=72$

따라서 처음 사탕 바구니에 들어있던 사탕의 개수는 72개이다.

14

정답 ①

농도 6%의 소금물의 양을 xg이라고 하면 다음과 같은 식이 성립한다.

$\frac{6}{100}\times x+\frac{11}{100}\times(500-x)=\frac{9}{100}\times500$

→ $6x+5,500-11x=4,500$

∴ $x=200$

따라서 섞어야 하는 농도 6%의 소금물의 양은 200g이다.

15

정답 ④

두 주머니 중 한 개의 주머니를 선택할 확률은 각각 $\frac{1}{2}$이다.

A주머니를 택하고 흰 공을 꺼낼 확률은 $\frac{1}{2}\times\frac{1}{4}=\frac{1}{8}$이고, B주머니를 택하고 흰 공을 꺼낼 확률은 $\frac{1}{2}\times\frac{2}{2}=\frac{1}{2}$이다.

따라서 꺼낸 공이 흰 공일 확률은 $\frac{1}{8}+\frac{1}{2}=\frac{5}{8}$이다.

16

정답 ①

철수가 탄 배의 속력을 xm/s라 하자.

A지점에서 B지점으로 갈 때 속력은 $(x+1)$m/s, B지점에서 A지점으로 갈 때 속력은 $(x-1)$m/s이다.

1시간 6분 40초는 $(1\times60\times60)+(6\times60)+40=4,000$초이고, 3km=3,000m이므로 다음과 같은 식이 성립한다.

$\frac{3,000}{x+1}+\frac{3,000}{x-1}=4,000$

→ $6,000x=4,000(x+1)(x-1)$

→ $3x=2(x^2-1)$

→ $2x^2-3x-2=0$

→ $(2x+1)(x-2)=0$

$\therefore\ x=2$

따라서 철수가 탄 배의 속력은 2m/s이다.

17

정답 ④

과일 한 상자의 가격을 사과 x원, 배 y원, 딸기 z원이라고 하면 다음과 같은 식이 성립한다.

$x=10,000$ ⋯ ㉠

$y=2z$ ⋯ ㉡

$x+z=y-20,000$ ⋯ ㉢

㉠, ㉡, ㉢을 연립하면 $10,000+z=2z-20,000$이므로 $z=30,000$이다.

$\therefore\ x+y+z=x+3z=10,000+90,000=100,000$

따라서 S자원센터가 지불해야 하는 총금액은 $100,000\times10=1,000,000$원이다.

18

정답 ③

A, B, C, D연구원의 나이를 각각 a살, b살, c살, d살이라고 하면 다음과 같은 식이 성립한다.

$a+d-5=b+c$ ⋯ ㉠

$c=a-2$ ⋯ ㉡

$d=a+5$ ⋯ ㉢

a가 30이므로 ㉡, ㉢을 통해 C연구원은 $30-2=28$살이고, D연구원은 $30+5=35$살임을 알 수 있다.

㉠에 A, C, D연구원 나이를 대입하면 B연구원의 나이를 구할 수 있다.

$30+35-5=b+28$

$\therefore\ b=32$

따라서 B연구원의 나이는 32살이다.

19

정답 ②

라온이의 출장 일수를 x일이라고 하면 출장 시간은 $24x$시간이다.

- 수면 시간 : $24x\times\frac{1}{4}$시간
- 식사 시간 : $24x\times\frac{1}{6}$시간
- 업무 시간 : $24x\times\frac{3}{8}$시간
- 이동 시간 : $24x\times\frac{1}{8}$시간

$24x=24x\left(\frac{1}{4}+\frac{1}{6}+\frac{3}{8}+\frac{1}{8}\right)+8$

→ $24x=22x+8$

$\therefore\ x=4$

따라서 라온이는 4일 동안 출장을 다녀왔다.

20

정답 ④

농도 11%의 오렌지 주스의 양을 xg이라고 하면 다음과 같은 식이 성립한다.

$$\frac{5}{100}\times(400-x)+\frac{11}{100}\times x=\frac{8}{100}\times 400$$

$\rightarrow 2{,}000-5x+11x=3{,}200$

$\therefore\ x=200$

따라서 섞어야 하는 농도 11%의 오렌지 주스의 양은 200g이다.

04 언어추리

01	02	03	04	05	06	07	08	09	10	11	12	13	14	15	16	17	18	19	20
④	⑤	④	①	①	③	④	③	③	④	④	⑤	⑤	①	②	①	②	①	⑤	③

01

정답 ④

'눈을 자주 깜빡인다.'를 A, '눈이 건조해진다.'를 B, '스마트폰을 이용할 때'를 C라 하면, 전제1과 전제2는 각각 ~A → B, C → ~A이므로 C → ~A → B가 성립한다. 따라서 빈칸에 들어갈 명제는 C → B인 '스마트폰을 이용할 때는 눈이 건조해진다.'가 적절하다.

02

정답 ⑤

'약속을 지킨다.'를 A, '다른 사람에게 신뢰감을 준다.'를 B, '메모하는 습관'을 C라고 하면, 전제1은 ~A → ~B 전제2는 ~C → ~A이므로 ~C → ~A → ~B가 성립한다. ~C → ~B의 대우인 B → C 또한 참이므로 빈칸에 들어갈 명제는 '다른 사람에게 신뢰감을 주려면 메모하는 습관이 있어야 한다.'가 적절하다.

03

정답 ④

마지막 명제와 첫 번째 명제의 대우를 연결하면 ④는 반드시 참이다.

04

정답 ①

어떤 남자는 산을 좋아하고, 산을 좋아하는 모든 남자는 결혼을 했고, 결혼을 한 모든 남자는 자유롭다. 따라서 어떤 남자는 자유롭다.

05

정답 ①

부산이 네 번째 여행지였을 때, 가능한 경우는 다음과 같다.

여행지	전주	강릉	춘천	부산	안동	대구

부산은 안동의 바로 전 여행지로 안동은 다섯 번째 여행지이다. 전주는 강릉의 바로 전 여행지이기 때문에 전주가 첫 번째, 강릉이 두 번째 여행지이다. 따라서 ①이 정답이다.

06

정답 ③

세 번째, 네 번째 결과에서 A는 가위를 내지 않았고 B는 바위를 내지 않았으므로, A가 바위를 내고 B가 가위를 낸 경우, A가 바위를 내고 B가 보를 낸 경우, A가 보를 내고 B가 가위를 낸 경우, A와 B가 둘 다 보를 낸 경우 총 4가지로 나누어 조건을 따져보면 다음과 같다.

구분	A	B	C	D	E	F
경우 1	바위	가위	바위	가위	바위	보
경우 2	바위	보	바위	보	가위	보
경우 3	보	가위	보	가위	바위	가위
경우 4	보	보	보	보	가위	가위

A와 B가 모두 보를 낸 경우 4에서만 모든 조건을 만족하므로, E와 F가 이기고 나머지는 졌다(∵ 나머지 경우에서는 가위, 바위, 보가 모두 나온다. 가위, 바위, 보가 모두 나오면 비기는 것이라고 했고 비긴 경우는 없다고 했으므로, 나머지 경우들은 조건을 만족하지 않는다).

07

정답 ④

먼저 첫 번째 조건에 따라 A위원이 발언하면 B위원도 발언하므로 A위원 또는 B위원은 발언하지 않는다는 두 번째 조건이 성립하지 않는다. 따라서 A위원은 발언자에서 제외되는 것을 알 수 있다. 두 번째 조건에 따라 B위원이 발언하는 경우와 발언하지 않는 경우를 나누어 볼 수 있다.

ⅰ) B위원이 발언하는 경우

세 번째 조건에 따라 C위원이 발언하며, 네 번째 조건에 따라 D위원과 E위원이 발언한다. D위원이 발언하면 세 번째 조건에 따라 F위원도 발언한다. 결국 A위원을 제외한 나머지 위원 모두가 발언하는 것을 알 수 있다.

ⅱ) B위원이 발언하지 않는 경우

네 번째 조건에 따라 D위원과 E위원이 발언하고, 세 번째 조건에 따라 F위원도 발언한다. 그러나 주어진 조건만으로는 C위원의 발언 여부를 알 수 없다.

따라서 항상 참이 되는 것은 ④이다.

오답분석

① A위원은 항상 발언하지 않는다.
② B위원은 발언하거나 발언하지 않는다.
③ C위원은 ⅰ)의 경우 발언하지만, ⅱ)의 경우 발언 여부를 알 수 없다.
⑤ A위원은 항상 발언하지 않는다.

08

정답 ③

먼저 진구가 장학생으로 선정되지 않으면 광수가 장학생으로 선정된다는 전제(~진 → 광)에 따라 광수가 장학생으로 선정될 것이라고 하였으므로 '진구가 장학생으로 선정되지 않는다(~진).'는 내용의 전제가 추가되어야 함을 알 수 있다. 따라서 보기 중 진구와 관련된 내용의 전제인 ㉡이 반드시 추가되어야 한다. 이때, 지은이가 선정되면 진구는 선정되지 않는다고(지 → ~진) 하였으므로 지은이가 선정된다(지)는 전제 ㉢도 함께 필요한 것을 알 수 있다. 결국 ㉡과 ㉢이 전제로 추가되면, '지은이가 선정됨에 따라 진구는 선정되지 않으며, 진구가 선정되지 않으므로 광수가 선정된다(지 → ~진 → 광).'가 성립한다.

09

정답 ③

민수와 영희는 철수보다 숨은 그림을 더 많이 찾았고, 영희가 민수보다 숨은 그림을 더 많이 찾았다. 따라서 영희 – 민수 – 철수 순서로 숨은 그림을 많이 찾았다.

10

정답 ④

주어진 조건을 정리하면 다음과 같다.

구분	영어(세 명)	중국어(두 명)	일본어(한 명)	프랑스어(한 명)	독일어(한 명)
A	○	×	×	×	○
B	○	○	×		×
C	×	○	○	×	×
D	○	×	×		×

따라서 B 또는 D가 프랑스어를 할 줄 알기 때문에 D가 어느 국가로 파견 근무를 떠나는지 알 수 없다.

오답분석

① A는 영어와 독일어 두 개의 외국어를 능통하게 할 수 있다.
② B는 영어와 중국어를 능통하게 하지만, 프랑스어도 능통하게 하는지 알 수 없다.
③ C는 유일하게 일본어를 능통하게 하므로 일본으로 파견 근무를 떠난다.
⑤ A는 영어, 독일어를 능통하게 하고, C는 중국어, 일본어를 능통하게 하기 때문에 둘이 동일하게 능통하게 하는 외국어는 없다.

11

정답 ④

세 번째 조건에서 C>D가 성립하고, 네 번째와 다섯 번째 조건에 의해 C=E>B=D가 성립한다. 그러므로 점수가 높은 순서대로 나열하면 C·E>B·D가 되고 두 번째 조건에 의해 A와 B는 같이 합격하거나 같이 불합격한다고 하였으므로 둘 다 불합격한다. 따라서 합격한 사람은 C와 E이다.

12

정답 ⑤

C사원과 D사원의 항공 마일리지를 비교할 수 없으므로 순서대로 나열하면 'A－D－C－B'와 'A－C－D－B' 모두 가능하다.

13

정답 ⑤

문제에 제시된 조건에 따르면 수녀는 언제나 참이므로 A가 될 수 없고, 왕은 언제나 거짓이므로 C가 될 수 없다. 그러므로 수녀는 B 또는 C이고, 왕은 A 또는 B가 된다.

i) 왕이 B이고 수녀가 C인 경우 : A는 농민인데 거짓을 말해야 하는 왕이 A를 긍정하므로 모순된다.
ii) 왕이 A이고 수녀가 B인 경우 : 항상 참을 말해야 하는 수녀가 자신이 농민이라고 거짓을 말하는 왕의 말이 진실이라고 하므로 모순된다.
iii) 왕이 A이고 수녀가 C인 경우 : B는 농민인데 이때 농민은 거짓을 말하는 것이고 수녀는 자신이 농민이 아니라고 참을 말하는 것이므로 성립하게 된다.

따라서 A는 왕, B는 농민, C는 수녀이다.

14

정답 ①

을의 진술이 진실이면 무의 진술도 진실이고, 을의 진술이 거짓이면 무의 진술도 거짓이다.

i) 을과 무가 모두 진실을 말하는 경우 : 무는 범인이고, 나머지 세 명은 모두 거짓을 말해야 한다. 정의 진술이 거짓이므로 정은 범인인데, 병이 정과 무가 범인이라고 했으므로 병은 진실을 말하는 것이 되어 두 명만 진실을 말한다는 조건에 위배된다. 따라서 을과 무는 거짓을 말한다.
ii) 을과 무가 모두 거짓을 말하는 경우 : 무는 범인이 아니고, 갑, 병, 정 중 1명만 거짓을 말하고 나머지 2명은 진실을 말한다. 만약 갑이 거짓을 말한다면 을과 병이 모두 범인이거나 모두 범인이 아니어야 한다. 그런데 갑의 말이 거짓이고 을과 병이 모두 범인이라면 병의 말 역시 거짓이 되어 조건에 위배된다. 따라서 갑의 말은 진실이고, 병이 지목한 범인 중에 을이나 병이 없으므로 병의 진술은 거짓, 정의 진술은 진실이다.

따라서 범인은 갑과 을 또는 갑과 병이다.

15

정답 ②

윤희를 거짓마을 사람이라고 가정하자. 그러면 윤희가 한 말은 거짓이므로, 두 사람 모두 진실마을 사람이어야 한다. 그러나 가정과 모순이 되므로 윤희는 거짓마을 사람이 아니다. 따라서 윤희가 한 말이 참이므로 주형이는 거짓마을 사람이다.

16

정답 ①

주어진 조건을 바탕으로 먹은 음식을 정리하면 다음과 같다.

구분	쫄면	라면	우동	김밥	어묵
민하	×	×	×	×	○
상식	×	○	×	×	×
은희	×	×	○	×	×
은주	×	×	×	○	×
지훈	○	×	×	×	×

따라서 바르게 연결한 것은 민하 – 어묵, 상식 – 라면의 ①이다.

17

정답 ②

i) A의 진술이 참일 경우

구분	대전지점	강릉지점	군산지점
A		○	○
B		○	
C		○	○

3명 중 누구도 대전지점에 가지 않았으므로 이들이 각각 다른 지점에 출장을 다녀왔다는 조건에 부합하지 않는다. 따라서 A의 진술은 거짓이다.

ii) B의 진술이 참일 경우

구분	대전지점	강릉지점	군산지점
A	○		
B			○
C		○	

A는 대전지점에, B는 군산지점에, C는 강릉지점에 다녀온 것이 되므로 이들이 각각 다른 지점에 출장을 다녀왔다는 조건에 부합한다.

iii) C의 진술이 참일 경우

구분	대전지점	강릉지점	군산지점
A	○		
B		○	
C	○		

3명 중 누구도 군산지점에 가지 않았고 A와 C가 모두 대전지점에 갔으므로 이들이 각각 다른 지점에 출장을 다녀왔다는 조건에 부합하지 않는다. 따라서 C의 진술은 거짓이다.

따라서 B의 진술이 참이 되고 A ~ C의 출장지를 바르게 짝지은 것은 ②이다.

18

정답 ①

A ~ E의 진술에 따르면 B와 D의 진술은 반드시 동시에 참 또는 거짓이 되어야 하며, B와 E의 진술은 동시에 참이나 거짓이 될 수 없다.

i) B와 D의 진술이 거짓인 경우

A와 C의 진술이 서로 모순되므로 성립하지 않는다.

ii) A와 E의 진술이 거짓인 경우

A의 진술에 따르면 E의 진술은 참이 된다. 이때 E의 진술에 따르면 B와 D도 거짓을 말한 것이므로 총 4명이 거짓을 말한 것이 된다. 따라서 조건이 성립하지 않는다.

iii) C와 E의 진술이 거짓인 경우

A ~ E의 진술에 따라 정리하면 다음과 같다.

항목	필기구	의자	복사용지	사무용 전자제품
신청 사원	A, D	C		D

의자를 신청한 사원의 수는 3명이므로 필기구와 사무용 전자제품 2개 항목을 신청한 D와 의자를 신청하지 않은 B를 제외한 A, E가 의자를 신청했음을 알 수 있다. 또한, 복사용지를 신청하지 않았다는 E의 진술에 따라 E가 신청한 나머지 항목은 자연스럽게 사무용 전자제품이 된다. 이와 함께 남은 항목의 개수에 따라 신청 사원을 배치하면 다음과 같이 정리할 수 있다.

항목	필기구	의자	복사용지	사무용 전자제품
신청 사원	A, D	A, C, E	B, C	B, D, E

따라서 신청 사원과 신청 물품을 바르게 연결한 것은 ①이다.

19

정답 ⑤

대화 내용을 살펴보면 영석이의 말에 선영이가 동의했으므로 영석과 선영은 진실 혹은 거짓을 함께 말한다. 이때 지훈은 선영이가 거짓말만 한다고 하였으므로 반대가 된다. 그리고 동현의 말에 정은이가 부정했기 때문에 둘 다 진실일 수 없다. 하지만 정은이가 둘 다 좋아한다는 경우의 수가 있으므로 둘 모두 거짓일 수 있다. 또한 마지막 선영이의 말로 선영이가 진실일 경우에는 동현과 정은은 모두 거짓만을 말하게 된다. 이를 정리하면 다음과 같다.

구분	경우 1	경우 2	경우 3
동현	거짓	거짓	진실
정은	거짓	진실	거짓
선영	진실	거짓	거짓
지훈	거짓	진실	진실
영석	진실	거짓	거짓

따라서 지훈이 거짓을 말할 때 진실만을 말하는 사람은 선영, 영석이다.

20

정답 ③

세 가지 조건을 종합해 보면 A상자에는 테니스공과 축구공이, B상자에는 럭비공이, C상자에는 야구공이 들어가게 됨을 알 수 있다. 따라서 B상자에는 럭비공과 배구공, 또는 럭비공과 농구공이 들어갈 수 있으며, C상자에는 야구공과 농구공, 또는 야구공과 배구공이 들어갈 수 있다. 그러므로 럭비공은 배구공과 같은 상자에 들어갈 수도 있고 아닐 수도 있다.

오답분석

① 세 가지 조건을 종합해 보면 테니스공과 축구공이 들어갈 수 있는 상자는 A상자밖에 남지 않음을 알 수 있다.

② A상자는 이미 꽉 찼고 남은 상자는 B상자와 C상자인데, 이 두 상자에도 각각 공이 하나씩 들어가 있으므로 배구공과 농구공은 각각 두 상자에 나누어져 들어가야 한다. 따라서 두 공은 같은 상자에 들어갈 수 없다.

④ 농구공을 C상자에 넣으면 배구공이 들어갈 수 있는 상자는 B상자밖에 남지 않게 된다.

⑤ B상자에 배구공을 넣으면 농구공을 넣을 수 있는 상자는 C상자밖에 남지 않게 된다. 따라서 농구공과 야구공은 함께 C상자에 들어가게 된다.

05 수열추리

01	02	03	04	05	06	07	08	09	10
②	③	④	④	①	③	①	②	①	③
11	12	13	14	15	16	17	18	19	20
⑤	④	③	②	③	③	②	④	②	④

01 정답 ②

앞의 항에 $\times\frac{3}{2}$, $\times\frac{4}{3}$를 번갈아 적용하는 수열이다.

따라서 ( )$=528\times\frac{4}{3}=704$이다.

02 정답 ③

정수 부분은 $+3$, $+6$, $+9$, $+12$, …, 소수 부분은 $+0.02$, $+0.04$, $+0.06$, $+0.08$, …인 수열에서 짝수 항이 음수인 수열이다.

따라서 ( )$=(55+18)+(0.31+0.12)=73.43$이다.

03 정답 ④

앞의 항에 -1.01, -4.04, -7.07, …을 하는 수열이다. 따라서 ( )$=19.65-16.16=3.49$이다.

04 정답 ④

앞의 항에 $+1.6$, -2.4, $+3.2$, -4, $+4.8$, …을 하는 수열이다.

따라서 ( )$=-3.6+4.8=1.2$이다.

05 정답 ①

홀수 항은 $+0.5$, $+1.5$, $+2.5$, …, 짝수 항은 $+\frac{1}{2}$, $+\frac{1}{4}$, $+\frac{1}{6}$, …을 하는 수열이다.

따라서 ( )$=-5+0.5=-4.5$이다.

06 정답 ③

정수 부분은 $\times2+2$, 분수 부분의 분모는 $\times2+1$, 분자는 $\times2+1$을 하는 수열이다.

따라서 ( )$=(14\times2+2)\left(\frac{9\times2-1}{23\times2+1}\right)=30\frac{17}{47}$이다.

07 정답 ①

홀수 항은 $\times3-1$, 짝수 항은 $+\frac{5}{6}$를 하는 수열이다.

따라서 ( )$=-\frac{5}{2}\times3-1=-\frac{17}{2}$이다.

08 정답 ②

홀수 항은 $+0.5$, $+1.5$, $+2.5$, …, 짝수 항은 $+\frac{1}{2}$, $+\frac{1}{4}$, $+\frac{1}{6}$, …을 하는 수열이다.

따라서 ( )$=-5+0.5=-4.5$이다.

09 정답 ①

나열된 수를 각각 A, B, C라고 하면

$\underline{A\ B\ C} \rightarrow C\div B=A$

따라서 ( )$=\frac{5}{14}\times\frac{7}{3}=\frac{5}{6}$이다.

10 정답 ③

나열된 수를 각각 A, B, C, D라고 하면

$\underline{A\ B\ C\ D} \rightarrow A+B+C=D$

따라서 ( )$=7-(2+4)=1$이다.

11 정답 ⑤

나열된 수를 각각 A, B, C라고 하면

$\underline{A\ B\ C} \rightarrow A\times B+1=C$

따라서 ( )$=5\times6+1=31$이다.

12 정답 ④

나열된 수를 각각 A, B, C라고 하면

$\underline{A\ B\ C} \rightarrow A^2-\sqrt{B}=C$

따라서 ( )$=8^2-\sqrt{81}=55$이다.

13 정답 ③

제시된 수열의 1, 3, 5, 7항은 각 자릿수에 1을 더하고 있으므로 A는 11이다. 2, 4, 6, 8항은 공차가 7인 등차수열이므로 B는 24이다.

따라서 A−B=11−24=−13이다.

14

정답 ②

앞의 항에 ÷4, +40을 번갈아 적용하는 수열이다.

∴ A=40×4=160, B=15+40=55

따라서 A−2B=160−2×55=50이다.

15

정답 ③

홀수 항은 −7, 짝수 항은 +12를 하는 수열이다.

∴ A=56−12=44, B=70−7=63

따라서 A+B=44+63=107이다.

16

정답 ③

앞의 항에 +7, −5, +3을 번갈아 적용하는 수열이다.

∴ A=15−7=8, B=25−5=20

따라서 B−A=20−8=12이다.

17

정답 ②

홀수 항은 2의 배수, 짝수 항은 6인 규칙의 수열이다.

따라서 31번째 항은 16번째 홀수 항이므로 2×16=32이다.

18

정답 ④

앞의 항에 −3, −7, −11, −15, −19, …를 하는 수열이다.

수열의 일반항을 a_n이라 하면 $a_n=15-\sum_{k=1}^{n-1}(4k-1)$

$=15-\{2n(n-1)-(n-1)\}=14+n-2n(n-1)$이다.

따라서 14번째 항의 값은 $a_{14}=14+14-(2\times14\times13)$

$=28-364=-336$이다.

19

정답 ②

홀수 항은 −2, 짝수 항은 +4, +8, +12, …를 하는 수열이다. 수열의 일반항을 a_n이라 하면 다음과 같다.

- $a_{10}=27+16=43$
- $a_{12}=43+20=63$
- $a_{14}=63+24=87$
- $a_{16}=87+28=115$
- $a_{18}=115+32=147$
- $a_{20}=147+36=183$

따라서 20번째 항의 값은 $a_{20}=183$이다.

20

정답 ④

앞의 항에 $+11^2$, $+12^2$, $+13^2$, …을 하는 수열이다. 수열의 일반항을 a_n이라 하면 다음과 같다.

- $a_8=1{,}221+17^2=1{,}221+289=1{,}510$
- $a_9=1{,}510+18^2=1{,}510+324=1{,}834$
- $a_{10}=1{,}834+19^2=1{,}834+361=2{,}195$

따라서 10번째 항의 값은 $a_{10}=2{,}195$이다.

제 2 회 최종점검 모의고사

01 언어이해

01	02	03	04	05	06	07	08	09	10	11	12	13	14	15	16	17	18	19	20
④	④	④	④	②	⑤	③	⑤	①	③	④	②	⑤	④	④	⑤	②	⑤	⑤	④

PART 2

01

정답 ④

상상력은 정해진 개념이나 목적이 없는 상황에서 그 개념이나 목적을 찾는 역할을 하고, 이때 주어진 목적지(개념)가 없으며, 반드시 성취해야 할 그 어떤 것도 없기 때문에 자유로운 유희다. 따라서 글의 제목으로 가장 적절한 것은 ④이다.

오답분석

① 제시문의 내용은 칸트 철학 내에서의 상상력이 어떤 조건에서 작동되며 또 어떤 역할을 하는지 기술하고 있으므로 상상력의 재발견이라는 제목은 적합하지 않다.
② 제시문에서는 상상력을 인식능력이라고 규정하는 부분을 찾을 수 없다.
③ 상상력은 주어진 개념이 없을 경우 새로운 개념들을 가능하게 산출하는 것이므로 목적 없는 활동이라고는 볼 수 없다.
⑤ 제시문에 기술된 만유인력의 법칙과 상대성 이론 등은 상상력의 자유로운 유희를 설명하기 위한 사례일 뿐이다.

02

정답 ④

생리활성 물질은 항암 효과를 가지고 있는데 새싹 채소와 성체 모두 이를 함유하고 있다.

오답분석

① 성체로 자라기 위해서 종자 안에는 각종 영양소가 포함되어 있다.
② 새싹은 성숙한 채소에 비하여 영양성분이 약 3~4배 정도 더 많이 함유되어 있으며, 종류에 따라서는 수십 배 이상의 차이를 보이기도 한다.
③ 바로 나왔을 때가 아닌 어린잎이 두세 개 달릴 즈음이 생명유지와 성장에 필요한 생리활성 물질을 가장 많이 만들어내는 때이다.
⑤ 무 싹은 새싹채소로 기존에 많이 이용돼 왔다.

03

정답 ④

제시문의 '수소가 분자 내에 포화되어 있으므로 포화지방산이라 부르며, 이것이 들어 있는 지방을 포화지방이라고 한다.'를 통해 포화지방은 포화지방산이 들어 있는 지방을 가리킴을 알 수 있다.

오답분석

① 포화지방산에서 나타나는 탄소 결합 형태는 연결된 탄소끼리 모두 단일 결합하는 모습을 띠고, 각각의 탄소에 수소가 두 개씩 결합한다.
② 탄소에 수소가 두 개씩 결합하는 형태는 분자 간 인력이 높아 지방산 분자들이 단단하게 뭉치게 되는 것이다. 열에너지가 많아지면 인력이 느슨해진다.
③ 분자 간 인력이 높을 때 지방산 분자들이 단단히 뭉치는 것이므로 느슨해지면 그의 반대가 된다.
⑤ 포화지방이 체내에 저장되면 에너지로 전환되어 몸에 열량을 내는 데 이용된다. 몸에 좋지 않은 경우는 저밀도 단백질과 결합하는 경우이다.

04

정답 ④

키드, 피어슨 등은 인종이나 민족, 국가 등의 집단 단위로 '생존경쟁'과 '적자생존'을 적용하여 우월한 집단이 열등한 집단을 지배하는 것을 주장하였는데, 이는 사회 진화론의 개념을 집단 단위에 적용시킨 것이다.

오답분석

① 사회 진화론은 생물 진화론을 개인과 집단에 적용시킨 사회 이론이다.
② 사회 진화론의 중심 개념이 19세기에 등장한 것일 뿐, 그 자체가 19세기에 등장한 것인지는 제시문만으로 알 수 없다.
③ '생존경쟁'과 '적자생존'의 개념이 민족과 같은 집단의 범위에 적용되면 민족주의와 결합한다.
⑤ 문명개화론자들은 사회 진화론을 수용하였다.

05

정답 ②

제시문은 인공 신경망에 대해 설명하는 글이므로, 이를 읽고 인공 신경망을 활용할 수 있는 분야에 대한 질문을 할 수 있다.

오답분석

① 퍼셉트론이 0 아니면 1의 출력값을 도출하는 방식은 이미 제시되어 있다.
③ 기본 단위는 퍼셉트론으로 이미 제시되어 있다.
④ 인공 신경망이 사과를 구분하기 위해 학습을 하는 과정에서 사과 사진과 사과의 색과 형태 등에 대한 학습 데이터가 필요하다고 제시되어 있다.
⑤ 퍼셉트론을 층으로 배치하여 복잡한 판단을 내릴 수 있다고 언급하였다.

06

정답 ⑤

대주가 계약기간이 만료된 뒤 자신의 권리를 이행할 때, 차주는 대주에게 손해를 보장받을 수 없다. 권리금은 전차주와 차주 사이에서 발생한 관행상의 금전으로 법률을 통해 보호받을 수 없으며, 대주는 권리금과 직접적으로 연관되지 않으므로 해당 금액을 지불할 책임 또한 지지 않는다.

오답분석

① 2001년에 상가건물 임대차보호법이 지정되기 전에 대주의 횡포에 대한 차주의 보호가 이루어지지 않았으므로 현재는 보호받을 수 있다는 것을 알 수 있다.
② 권리금은 본래 상대적 약자인 차주가 스스로의 권리를 지키기 위하여 이용하는 일종의 관습으로 평가받고 있다.
③ 권리금은 전차주가 차주에게 권리를 보장받는 관행상의 금전으로, 장기적으로 차주가 상가를 다음 차주에게 이양할 경우 전차주로서 권리금을 요구할 수 있다. 대주는 임차료 외의 권리금과는 관련이 없다.
④ 상대적으로 적은 권리금을 지불하고 높은 매출을 기록했을 때, 직접적인 이득을 보는 사람은 새로운 차주이다. 권리금은 전차주가 해당 임대상가에 투자한 것에 대한 유무형의 대가를 차주가 고스란히 물려받는 경우, 가치가 포함된 일종의 이용 대가이기 때문이다.

07

정답 ③

제시문은 기술이 내적인 발전 경로를 가지고 있다는 통념을 비판하기 위해 다양한 사례 연구를 논거로 인용하고 있다. 따라서 인용하고 있는 연구 결과를 반박할 수 있는 자료가 있다면 글쓴이의 주장은 설득력을 잃게 된다.

08

정답 ⑤

첫 번째 문단에서는 높아지는 의료보장제도의 필요성에 대해 언급하고 있으며, 두 번째 문단과 세 번째 문단에서는 의료보장제도의 개념에 대해 이야기하고 있다. 마지막 문단에서는 이러한 의료보장제도의 유형으로 의료보험 방식과 국가보건서비스 방식에 대해 설명하고 있다. 따라서 제시문의 주제로 가장 적절한 것은 각 문단의 중심 내용을 모두 포괄할 수 있는 ⑤이다.

09

정답 ①

제시문은 정부의 탈원전·탈석탄 공약에 따른 제8차 전력 수급기본계획을 수립하면서 기존의 중앙집중형 에너지 생산시스템의 문제점을 지적하고, 분산형 에너지 생산시스템으로 정책의 전환이 필요함을 이야기하는 글이다. 따라서 글의 주제로 ①이 가장 적절하다.

오답분석

② 다양한 사회적 문제점들과 기후, 천재지변 등에 의한 문제점들을 언급하고 있으나, 이는 글의 주제를 뒷받침하기 위한 이슈이므로 글 전체의 주제로 적절하지 않다.
③·④ 제시문에서 언급되지 않았다.
⑤ 전력수급기본계획의 수정 방안을 제시하고 있지는 않다.

10

정답 ③

제시문은 환율과 관련된 경제 현상을 설명하고 있다. 따라서 (가) 환율은 기초 경제 여건을 반영하여 수렴됨 – (라) '그러나' 환율이 예상과 다르게 움직이는 경우가 있음 – (나) 이러한 경우를 오버슈팅으로 정의 – (다)오버슈팅이 발생하는 원인 순으로 나열하는 것이 적절하다.

11

정답 ④

제시문은 '본성 대 양육 논쟁'을 제시하며 시간의 흐름에 따른 논쟁의 방향에 대해 설명하는 글이다. 따라서 (나) 본성 대 양육 논쟁이라는 화제 제기 및 양육 쪽의 승리 – (다) 선천론과 진화 심리학을 통한 본성의 승리 – (라) 인간 게놈 프로젝트로 강화된 본성에 대한 지지 및 유전자 수의 발견으로 재연된 본성 대 양육 논쟁 – (가) 본성과 양육 모두 인간의 행동에 있어 필수적 요인 순으로 나열하는 것이 적절하다.

12

정답 ②

보기에서는 투과율이 비슷한 조직들 간의 구별이 어렵기 때문에 다른 조직과의 투과율 차이가 큰 경우로 한정된다는 X선의 활용 범위의 한계를 제시한다. 두 번째 문단의 마지막 문장에서는 이러한 한계를 극복한 것이 CT라고 말한다. 따라서 보기는 (나)에 위치하는 것이 가장 적절하다.

13

정답 ⑤

플레이펌프는 아이들이 플레이펌프를 돌리며 놀면 그 힘을 동력으로 사용해 지하수를 끌어 올려 탱크에 물을 저장한다는 아이디어로 시작되었다. 하지만 기존 펌프보다 효율이 높지 않다는 점을 간과한 채 천 오백 대가 넘는 플레이펌프를 공급했고 이는 실패로 끝났다. 따라서 어떤 일을 시작할 때는 다방면에 대한 고려가 필요하고 이것이 성공으로 이어질 수 있다는 교훈을 얻을 수 있다.

14

정답 ④

두 번째 문단에 따르면 CCTV는 열차 종류에 따라 네트워크 방식과 개별 독립 방식으로 설치된다고 하였다. 따라서 개별 독립 방식으로 설치된 일부 열차에서는 각 객실의 상황을 실시간으로 파악하지 못할 수 있다.

오답분석

① 첫 번째 문단에서 모든 열차의 모든 객실에 CCTV를 설치하겠다는 내용으로 보아, 현재 모든 열차의 모든 객실에 CCTV가 설치되지 않았음을 유추할 수 있다.
② 첫 번째 문단에 따르면 모든 열차 승무원에게 바디 캠을 지급하겠다고 하였다. 이에 따라 승객이 승무원을 폭행하는 등의 범죄 발생 시 해당 상황을 녹화한 바디 캠 영상이 있어 수사의 증거자료로 사용할 수 있게 되었다.
③ 두 번째 문단에 따르면 CCTV는 사각지대 없이 설치되며 일부는 휴대 물품 보관대 주변에도 설치된다고 하였다. 따라서 인적 피해와 물적 피해 모두 파악할 수 있게 되었다.
⑤ 마지막 문단에 따르면 CCTV 품평회와 시험을 통해 제품의 형태와 색상, 재질, 진동과 충격 등에 대한 적합성을 고려한다고 하였다.

15

정답 ④

제시문은 쓰기(Writing)의 문화사적 의의를 기술한 글이다. 복잡한 구조나 지시 체계는 이미 소리 속에서 발전해왔는데 그러한 복잡한 개념들을 시각적인 코드 체계인 쓰기를 통해 기록할 수 있게 되었다. 또한 그러한 쓰기를 통해 인간의 문명과 사고가 더욱 발전하게 되었다. 그러나 ④는 '쓰기'가 '복잡한 구조나 지시 체계'를 이루는 시초가 되었다고 보고 있으므로 잘못된 해석이다.

16

정답 ⑤

평균 비용이 한계 비용보다 큰 경우, 공공요금을 평균 비용 수준에서 결정하면 수요량이 줄면서 거래량이 따라 줄고, 결과적으로 생산량도 감소한다. 이는 사회 전체의 관점에서 볼 때 자원이 효율적으로 배분되지 못하는 상황이다.

오답분석

①·② 첫 번째 문단에서 확인할 수 있다.
③ 두 번째 문단에서 확인할 수 있다.
④ 마지막 문단에서 확인할 수 있다.

17

정답 ②

최저소득보장제가 저소득층의 생계를 지원하나, 성장 또한 제한할 수 있다는 점을 한계로 지적할 수 있다.

오답분석

① 실업률이 증가하면 사회적으로 경제적 취약 계층인 저소득층도 늘어나게 된다.
③ 최저소득보장제는 경제적 취약 계층에게 일정 생계비를 보장해 주는 제도이다.
④ 세금이 부과되는 기준 소득을 '면세점'이라 한다.
⑤ 총소득이 면세점을 넘는 경우 총소득 전체에 대해 세금이 부과되어 순소득이 총소득보다 줄어들게 된다.

18

정답 ⑤

제시문은 집단을 중심으로 절차의 정당성을 근거로 한 과도한 권력, 즉 무제한적 민주주의에 대한 비판적인 글이다. 또한 민주주의에 의해 훼손될 수 있는 자유와 권리의 옹호라는 주제에 도달해야 한다. 따라서 빈칸에 들어갈 내용으로 이를 언급한 ⑤가 가장 적절하다.

19

정답 ⑤

밑줄 친 '일부 과학자'들은 목재를 친환경 연료로 바라보지 않고 있으며, 마지막 문장에서 이들은 배출량을 줄이는 것이 아니라 배출하지 않는 방법을 택해야 한다고 말한다. 따라서 ⑤가 그들의 주장으로 가장 적절하다.

20

정답 ④

제시문에서 쾌락주의자들은 최대의 쾌락을 산출하는 행위를 올바른 것으로 간주하고, 쾌락을 기준으로 가치를 평가하였다. 또한 이들은 장기적인 쾌락을 추구하였으며, 순간적이고 감각적인 쾌락만을 추구하는 삶은 쾌락주의적 삶으로 여기지 않았다. 따라서 ④는 이러한 쾌락주의자들의 주장에 대한 반박으로 적절하지 않다.

02 자료해석

01	02	03	04	05	06	07	08	09	10	11	12	13	14	15	16	17	18	19	20
②	③	⑤	③	①	④	③	②	②	④	④	①	①	③	①	③	④	④	③	③

01

정답 ②

㉠ 남성 박사학위 취득자 중 50세 이상이 차지하는 비율은 $\frac{1,119}{5,730}\times100≒19.5\%$이고, 여성 박사학위 취득자 중 50세 이상이 차지하는 비율은 $\frac{466}{2,966}\times100≒15.7\%$이다. 따라서 남성 박사학위 취득자 중 50세 이상이 차지하는 비율이 더 높다.

㉢ 남성과 여성의 연령대별 박사학위 취득자 수가 많은 순위는 30세 이상 35세 미만>35세 이상 40세 미만>50세 이상>40세 이상 45세 미만>45세 이상 50세 미만>30세 미만 순서로 동일하다.

오답분석

㉡ 공학계열 박사학위 취득자 중 남성의 비율은 $\frac{2,441}{2,441+332}\times100≒88.0\%$, 사회계열 박사학위 취득자 중 남성의 비율은 $\frac{1,024}{1,024+649}\times100≒61.2\%$, 자연계열 박사학위 취득자 중 남성의 비율은 $\frac{891}{891+513}\times100≒63.5\%$이므로 남성의 비율이 높은 순위는 공학계열>자연계열>사회계열 순서이다.

㉣ 연령별 남녀 박사학위 취득자 수의 차이를 구해보면, 30세 미만은 196−141=55명, 30세 이상 35세 미만은 1,811−825=986명, 35세 이상 40세 미만은 1,244−652=592명, 40세 이상 45세 미만은 783−465=318명, 45세 이상 50세 미만은 577−417=160명, 50세 이상은 1,119−466=653명이다. 따라서 연령대가 올라갈수록 남녀 박사학위 취득자 수의 차이가 점점 커지고 있다는 설명은 옳지 않다.

02

정답 ③

㉠ 대형마트의 종이봉투 사용자 수는 2,000×0.05=100명으로, 중형마트의 종이봉투 사용자 수인 800×0.02=16명의 $\frac{100}{16}=$ 6.25배이다.

㉢ 비닐봉투 사용자 수를 정리하면 다음과 같다.
- 대형마트 : 2,000×0.07=140명
- 중형마트 : 800×0.18=144명
- 개인마트 : 300×0.21=63명
- 편의점 : 200×0.78=156명

따라서 비닐봉투 사용률이 가장 높은 곳은 78%로 편의점이며, 비닐봉투 사용자 수가 가장 많은 곳도 156명으로 편의점이다.

㉣ 마트 규모별 개인 장바구니의 사용률을 살펴보면, 대형마트가 44%, 중형마트가 36%, 개인마트가 29%이다. 따라서 마트의 규모가 커질수록 개인 장바구니 사용률이 커짐을 알 수 있다.

오답분석

㉡ 전체 종량제봉투 사용자 수를 구하면 다음과 같다.
- 대형마트 : 2,000×0.28=560명
- 중형마트 : 800×0.37=296명
- 개인마트 : 300×0.43=129명
- 편의점 : 200×0.13=26명
- 전체 종량제봉투 사용자 수 : 560+296+129+26=1,011명

따라서 대형마트의 종량제봉투 사용자 수인 560명은 전체 종량제봉투 사용자 수인 1,011명의 절반을 넘는다.

03

정답 ⑤

1. 규칙 파악
   - A박테리아 개체 수

     5 → 7 → 11 → 17 → 25

     +2 +4 +6 +8

   ∴ 첫 번째 항은 5이고 개체 수는 증가하고 있다. 증가량은 첫째 항이 2이고 공차가 2인 등차수열이다.
   - B박테리아 개체 수

     5 → 10 → 20 → 40 → 80

     ×2 ×2 ×2 ×2

   ∴ 개체 수는 증가하고 있으며, 첫 번째 항은 5이고 공비가 2인 등비수열이다.
2. 계산

   ㉠ 직접 계산하기
   - A박테리아 개체 수

5시간		6시간		7시간		8시간		9시간
25	→	35	→	47	→	61	→	77
	+10		+12		+14		+16	

   - B박테리아 개체 수

5시간		6시간		7시간		8시간		9시간
80	→	160	→	320	→	640	→	1,280
	×2		×2		×2		×2	

   ㉡ 식 세워 계산하기
   - A박테리아 개체 수

     첫 번째 항은 5이고 $n \geq 2$인 자연수일 때 $a_n = a_1 + 2(n-1)$인 수열이므로 $a_n = 5 + \sum_{k=1}^{n-1} 2k = 5 + 2 \times \frac{(n-1) \times n}{2} = 5 + (n-1) \times n$이다. 따라서 $a_9 = 5 + 8 \times 9 = 77$마리이다.
   - B박테리아 개체 수

     $n \geq 2$인 자연수일 때 n번째 항을 a_n이라 하면 $a_n = 5 \times 2^{n-1}$인 수열이므로 $a_9 = 5 \times 2^8 = 1{,}280$마리이다.

   따라서 A박테리아는 77마리, B박테리아는 1,280마리이다.

04

정답 ③

월별 A국 이민자 수에 대한 B국 이민자 수의 비는 다음과 같다.

- 2024년 12월 : $\frac{2,720}{3,400} = 0.8$
- 2025년 1월 : $\frac{2,850}{3,800} = 0.75$
- 2025년 2월 : $\frac{2,800}{4,000} = 0.7$

따라서 A국 이민자 수에 대한 B국 이민자 수의 비는 2024년 12월이 가장 크다.

오답분석

① 월별 두 국가의 이민자 수의 차이는 다음과 같다.
   - 2024년 12월 : 3,400−2,720=680명
   - 2025년 1월 : 3,800−2,850=950명
   - 2025년 2월 : 4,000−2,800=1,200명

   따라서 이민자 수 차이는 2025년 2월이 가장 크다.

② 3,400×0.75=2,550명이므로 B국 이민자 수는 A국 이민자 수의 75% 이상이다.

④ 2025년 2월 두 국가의 이민자 수 평균은 $\frac{4,000+2,800}{2}$=3,400명이므로 A국 이민자 수는 평균보다 600명 더 많다.

⑤ 3,800−2,850=950명이고, $\frac{950}{3,800} \times 100 = 25\%$이므로 B국 이민자 수는 A국 이민자 수의 30% 미만이다.

05

정답 ①

㉠ 연령대별 '매우 불만족'이라고 응답한 비율은 10대가 19%, 20대가 17%, 30대가 10%, 40대가 8%, 50대가 3%로 연령대가 높아질수록 그 비율은 낮아진다.

㉢ 연령대별 부정적인 답변을 구하면 다음과 같다.

- 10대 : 28+19=47%
- 20대 : 28+17=45%
- 30대 : 39+10=49%
- 40대 : 16+8=24%
- 50대 : 23+3=26%

따라서 모든 연령대에서 부정적인 답변이 50% 미만이므로 긍정적인 답변은 50% 이상이다.

오답분석

㉡ '매우 만족'과 '만족'이라고 응답한 비율은 다음과 같다.

- 10대 : 8+11=19%
- 20대 : 3+13=16%
- 30대 : 5+10=15%
- 40대 : 11+17=28%
- 50대 : 14+18=32%

따라서 가장 낮은 연령대는 30대(15%)이다.

㉣ • 50대에서 '불만족' 또는 '매우 불만족'이라고 응답한 비율 : 23+3=26%
- 50대에서 '만족' 또는 '매우 만족'이라고 응답한 비율 : 14+18=32%

따라서 $\frac{26}{32}\times100=81.25\%$로 80% 이상이다.

06

정답 ④

구단별 유효슈팅 대비 골의 비율을 구하면 다음과 같다.

(단위 : 개, %)

구단	유효슈팅	골	(골)÷(유효슈팅)×100
울산	48	16	33.3
전북	69	18	26.1
상주	32	11	34.4
포항	33	9	27.3
대구	39	13	33.3
서울	27	5	18.5
성남	31	6	19.4

따라서 상주가 34.4%로 가장 높다.

오답분석

① 슈팅과 유효슈팅, 골 개수 상위 3개 구단은 '전북, 대구, 울산'으로 동일하다.

② 경기당 평균슈팅 개수가 가장 많은 구단은 18.7개로 전북이고, 가장 적은 구단은 6.8개로 서울이므로 그 차이는 18.7−6.8=11.9개이다. 또 평균 유효슈팅 개수가 가장 많은 구단도 11.5개로 전북이고 가장 적은 구단은 3.0개로 서울이다. 이들의 차이는 11.5−3.0=8.5개이다.

③ 골의 개수가 적은 하위 두 팀은 5개인 서울과 6개인 성남으로 골 개수의 합은 5+6=11개이다. 이는 전체 골의 개수인 16+18+11+9+13+5+6=78개의 약 $\frac{11}{78}\times100\fallingdotseq14.1\%$이므로 15% 이하이다.

⑤ 슈팅 대비 골의 비율은 전북이 약 $\frac{18}{112}\times100\fallingdotseq16.1\%$, 성남이 약 $\frac{6}{69}\times100\fallingdotseq8.7\%$로 그 차이는 약 16.1−8.7=7.4%p로 10%p 미만이다.

07

정답 ③

㉠ 초등학생에서 중학생, 고등학생으로 올라갈수록 스마트폰(7.2% → 5.5% → 3.1%)과 PC(42.5% → 37.8% → 30.2%)의 이용률은 감소하고, 태블릿PC(15.9% → 19.9% → 28.5%)와 노트북(34.4% → 36.8% → 38.2%)의 이용률은 증가하고 있다.

㉢ 태블릿PC와 노트북의 남학생·여학생 이용률의 차이는 다음과 같다.

- 태블릿PC : 28.1−11.7=16.4%p
- 노트북 : 39.1−30.9=8.2%p

따라서 태블릿PC의 남학생·여학생 이용률은 노트북의 16.4÷8.2=2배이다.

오답분석

㉡ 초·중·고등학생의 노트북과 PC의 이용률의 차이는 다음과 같다.

- 초등학생 : 42.5−34.4=8.1%p
- 중학생 : 37.8−36.8=1%p
- 고등학생 : 38.2−30.2=8%p

따라서 중학생의 노트북과 PC의 이용률 차이가 가장 작다.

08

정답 ②

승용차의 경우 부산은 34.7km/대이며, 세종은 38.1km/대로 세종이 더 길지만 합계 1일 평균 주행거리는 40.1km/대로 동일하다.

오답분석

① 세종을 제외한 1일 평균 주행거리 최댓값을 갖는 차종은 특수차이고, 최솟값은 승용차이다. 특수차와 승용차의 주행거리 차이와 승합차의 주행거리를 비교하면 다음과 같다.

(단위 : km/대)

구분	서울	부산	대구	인천	광주	대전	울산
차이	60.6−31.7 =28.9	196.6−34.7 =161.9	92.5−33.7 =58.8	125.6−39.3 =86.3	114.2−34.5 =79.7	88.9−33.5 =55.4	138.9−32.5 =106.4
승합차	54.6	61.2	54.8	53.9	53.2	54.5	62.5

따라서 최솟값의 차이는 승합차의 1일 평균 주행거리보다 긴 지역은 '부산, 대구, 인천, 광주, 대전, 울산', 6곳으로 5곳 이상이다.

③ 세종은 특수차종의 1일 평균 주행거리는 39.9km/대로 가장 짧고, 승합차는 울산과 부산 다음으로 세 번째로 길므로 8개 지역 중 상위 40%(8×0.4=3.2위)이다.

④ 부산은 차종별 1일 평균 주행거리 상위 50%인 4위안에 모든 차종이 포함된다.

차종	순위
승용차	인천 > 세종 > 부산 > 광주
승합차	울산 > 부산 > 세종 > 대구
화물차	광주 > 대전 > 부산 = 서울
특수차	부산 > 울산 > 인천 > 광주

09

정답 ②

범죄유형별 체포 건수와 발생 건수의 비율이 전년 대비 가장 크게 증가한 것은 모두 2022년 절도죄로 각각 76.0−57.3=18.7%p, 56.3−49.4=6.9%p 증가했다.

18.7−6.9=11.8%p

따라서 증가량의 차이는 11.8%p이다.

10

정답 ④

월별로 남자 손님 수를 구하면 다음과 같다.

- 1월 : 56−23=33명
- 2월 : 59−29=30명
- 3월 : 57−34=23명
- 4월 : 56−22=34명
- 5월 : 53−32=21명

따라서 4월에 남자 손님 수가 가장 많았다.

11

정답 ④

매월 갑, 을의 총득점과 병, 정의 총득점이 같다.
따라서 빈칸에 들어갈 수는 1,156+2,000−1,658=1,498이다.

12

정답 ①

㉠ 연도별 층간소음 분쟁은 2021년 430건, 2022년 520건, 2023년 860건, 2024년 1,280건이다.
㉡ 2022년 전체 분쟁 신고에서 각 항목이 차지하는 비중을 구하면 다음과 같다.

- 2022년 전체 분쟁 신고 건수 : 280+60+20+10+110+520=1,000건
- 관리비 회계 분쟁 : $\frac{280}{1,000}\times100=28\%$
- 입주자대표회의 운영 분쟁 : $\frac{60}{1,000}\times100=6\%$
- 정보공개 관련 분쟁 : $\frac{20}{1,000}\times100=2\%$
- 하자처리 분쟁 : $\frac{10}{1,000}\times100=1\%$
- 여름철 누수 분쟁 : $\frac{110}{1,000}\times100=11\%$
- 층간소음 분쟁 : $\frac{520}{1,000}\times100=52\%$

오답분석

㉢ 연도별 분쟁 건수를 구하면 다음과 같다.

- 2021년 : 220+40+10+20+80+430=800건
- 2022년 : 280+60+20+10+110+520=1,000건
- 2023년 : 340+100+10+10+180+860=1,500건
- 2024년 : 350+120+30+20+200+1,280=2,000건

전년 대비 아파트 분쟁 신고 증가율이 잘못 입력되어 있으므로 바르게 구하면 다음과 같다.

- 2022년 : $\frac{1,000-800}{800}\times100=25\%$
- 2023년 : $\frac{1,500-1,000}{1,000}\times100=50\%$
- 2024년 : $\frac{2,000-1,500}{1,500}\times100=33\%$

㉣ 2022년 값이 2021년 값으로 잘못 입력되어 있다.

13

정답 ①

2022년 프랑스의 자국 영화 점유율은 한국보다 높다.

오답분석

② 제시된 자료를 통해 쉽게 확인할 수 있다.
③ 2021년 대비 2024년 자국 영화 점유율이 하락한 국가는 한국, 영국, 독일, 프랑스, 스페인이고, 이 중 한국이 4.3%p 하락으로 가장 많이 하락한 국가이다.
④ 2023년을 제외하고 프랑스, 영국, 독일, 스페인 순서로 자국 영화 점유율이 높다.
⑤ 일본, 독일, 스페인, 호주, 미국이 해당하므로 절반이 넘는다.

14

정답 ③

2016년 대비 2024년 장르별 공연 건수의 증가율은 다음과 같다.

• 양악 : $\frac{4,628-2,658}{2,658}\times100 \fallingdotseq 74\%$

• 국악 : $\frac{2,192-617}{617}\times100 \fallingdotseq 255\%$

• 무용 : $\frac{1,521-660}{660}\times100 \fallingdotseq 130\%$

• 연극 : $\frac{1,794-610}{610}\times100 \fallingdotseq 194\%$

따라서 2016년 대비 2024년 공연 건수의 증가율이 가장 높은 장르는 국악이다.

오답분석

① 2022년의 무용 공연 건수가 제시되어 있지 않으므로 연극 공연 건수가 무용 공연 건수보다 많아진 것이 2023년부터인지 판단할 수 없다.
② 2020년과 2023년에는 연극 공연 건수가 국악 공연 건수보다 더 많았다.
④ 2023년에 비해 2024년에 공연 건수가 가장 많이 증가한 장르는 양악이다.
⑤ 2019년까지는 양악 공연 건수가 국악, 무용, 연극 공연 건수의 합보다 더 많았지만, 2020년 이후에는 국악, 무용, 연극 공연 건수의 합보다 더 적다. 또한, 2022년에는 무용 공연 건수 자료가 집계되지 않아 양악의 공연 건수가 다른 공연 건수의 합보다 많은지 적은지 판단할 수 없다.

15

정답 ①

운항편의 수치는 여객과 화물을 모두 포함한 수치이다. 따라서 여객에 이용된 운항편이 총 몇 대인지 알 수 없으므로 비행기 1대당 탑승객 수를 계산할 수 없다.

오답분석

② 자료를 통해 알 수 있다.
③ 운항편이 가장 많은 요일은 토요일이고 토요일에 여객은 953,945명, 화물은 48,033톤으로 가장 높은 수치를 보이고 있다.
④ '감소 – 증가 – 감소 – 증가 – 증가 – 감소'로 같다.
⑤ $\frac{21,615}{11,715} \fallingdotseq 1.85$이므로 1.5배 이상이다.

16

정답 ③

㉡ 자료는 구성비를 나타내는 비율자료이므로 유실 및 유기동물 중 분양된 동물의 비율이 조사기간 내 매년 감소하였음은 알 수 있으나, 그 수와 증감 추이는 알 수 없다.
㉢ 2022년에 보호 중인 동물의 수와 인도된 동물의 수의 합은 14.5+4.7=19.2%로, 30.1%인 분양된 동물의 수보다 적으며, 2023년에도 13.0+11.7=24.7%로, 27.6%인 분양된 동물의 수보다 적다.

오답분석

㉠ 반려동물 신규등록 수의 전년 대비 증가율은 2021년에 약 1.1%, 2022년에 약 14.1%, 2023년에 40.0%, 2024년에 약 442.2%이다. 따라서 전년 대비 증가율이 두 번째로 높은 연도는 2023년이다.

㉣ 2020년 대비 2022년 반려동물 신규등록 수의 증가율은 $\frac{10.5-9.1}{9.1}\times100 \fallingdotseq 15.4\%$이므로 10%를 초과한다.

17

정답 ④

㉡ • 2023년 : $279\times17.1 \fallingdotseq 4,771$개
• 2024년 : $286\times16.8 \fallingdotseq 4,805$개
따라서 2024년이 2023년보다 많다.

㉣ • 2022년 : $273\times85=23,205$억 원
• 2023년 : $279\times91=25,389$억 원
• 2024년 : $286\times86.7=24,796.2$억 원
따라서 2023년에는 증가하였지만 2024년에는 감소하였다.

오답분석

㉠ • 2024년 창업보육센터 지원금액의 전년 대비 증가율 : $\frac{353-306}{306}\times100 \fallingdotseq 15.4\%$
• 2024년 창업보육센터 수의 전년 대비 증가율 : $\frac{286-279}{279}\times100 \fallingdotseq 2.5\%$

㉢ 제시된 자료를 통해 쉽게 확인할 수 있다.

18

정답 ④

2023년 SOC, 2024년 산업·중소기업 분야가 해당한다.

오답분석

① 2021년의 전년 대비 증가율은 $\frac{27.6-24.5}{24.5}\times100 \fallingdotseq 12.7\%$이고, 2024년의 증가율은 $\frac{35.7-31.4}{31.4}\times100 \fallingdotseq 13.7\%$이다.
② 2020년 약 30%, 2022년은 약 31%의 비중을 차지한다.
③ 2020년에는 기타 분야가 차지하고 있는 비율이 더 높았다.
⑤ SOC, 산업·중소기업, 환경, 기타 분야가 해당하므로 4개이다.

19

정답 ③

제시된 자료에 의하면 수도권은 서울·인천·경기를 합한 지역이다. 따라서 전체 마약류 단속 건수 중 수도권의 마약류 단속 건수의 비중은 $22.1+35.8=57.9\%$이다.

오답분석

① 코카인 단속 건수가 없는 지역은 강원, 충북, 제주로 3곳이다.
② • 대마 단속 전체 건수 : 167건
• 코카인 단속 전체 건수 : 65건
$65\times3=195>167$이므로 옳지 않다.
④ • 강원 지역의 향정신성의약품 단속 건수 : 35건
• 강원 지역의 대마 단속 건수 : 13건
$13\times3=39>35$이므로 옳지 않다.
⑤ • 대구·경북 지역의 향정신성의약품 단속 건수 : 138건
• 광주·전남 지역의 향정신성의약품 단속 건수 : 38건
$38\times4=152>138$이므로 옳지 않다.

20

정답 ③

연도별 영업이익과 영업이익률은 다음과 같다.

(단위 : 억 원)

구분	2020년	2021년	2022년	2023년	2024년
매출액	1,485	1,630	1,410	1,860	2,055
매출원가	1,360	1,515	1,280	1,675	1,810
판관비	30	34	41	62	38
영업이익	95	81	89	123	207
영업이익률	6.4%	5.0%	6.3%	6.6%	10.1%

03 창의수리

01	02	03	04	05	06	07	08	09	10	11	12	13	14	15	16	17	18	19	20
②	⑤	②	③	③	③	④	③	③	①	①	①	①	④	①	③	③	⑤	④	③

01

정답 ②

기차의 길이와 속력을 각각 xm, ym/min라고 하면 다음과 같은 식이 성립한다.

$1\times y=(700+x)$ ⋯ ㉠

$2\times y=(1,500+x)$ ⋯ ㉡

㉠, ㉡을 연립하면 $x=100$이다.

따라서 기차의 길이는 100m이다.

02

정답 ⑤

- 20%의 소금물 300g에 들어있는 소금의 양 : $\frac{20}{100}\times300=60$g
- 15%의 소금물 200g에 들어있는 소금의 양 : $\frac{15}{100}\times200=30$g

$\frac{60+30}{300+200+x}\times100=10$

→ $600+300=300+200+x$

∴ $x=400$

따라서 물 400g을 더 넣어야 한다.

03

정답 ②

원가를 x라고 하면 다음과 같은 식이 성립한다.

$1.3x-300-x=600$

∴ $x=3,000$

따라서 상품의 원가는 3,000원이다.

04

정답 ③

A, B업체가 협력하기 전 생산량을 100이라고 할 때, 불량률을 고려한 생산량은 $100\times(1-0.02)=98$이다.
협력 후 생산량이 30% 증가하였으므로 생산량은 130이고, C업체가 공단에 입주한 후의 불량률을 고려한 생산량은 $130\times(1-0.04)=124.8$이다.

$124.8\div98\fallingdotseq1.27$

따라서 불량률이 증가한 이후의 생산량은 A, B업체가 협력하기 이전 생산량의 약 1.27배이다.

05

정답 ③

- (강을 거슬러 오를 때의 속력)=(배의 속력)−(강물의 속력)
- (강을 내려갈 때의 속력)=(배의 속력)+(강물의 속력)

배의 속력을 xm/min, 강물의 속력을 ym/min이라고 하면 다음과 같은 식이 성립한다.

$40(x-y)=2,000 \rightarrow x-y=50 \cdots$ ㉠

$20(x+y)=2,000 \rightarrow x+y=100 \cdots$ ㉡

㉠, ㉡을 연립하면 $x=75$이다.

따라서 배의 속력은 75m/min이다.

06

정답 ③

154, 49, 63의 최대공약수는 7이므로 사과는 22개씩, 참외는 7개씩, 토마토는 9개씩 7명에게 나눠줄 수 있다.

07

정답 ④

x년 후에 현우와 조카의 나이는 각각 $(30+x)$살, $(5+x)$살이므로 다음과 같은 식이 성립한다.

$30+x=2(5+x)$

$\rightarrow 30+x=10+2x$

$\therefore x=20$

따라서 현우의 나이가 조카 나이의 2배가 되는 것은 20년 후이다.

08

정답 ③

A, B, C설탕물의 설탕 질량을 구하면 다음과 같다.

- A설탕물의 설탕 질량 : $200\times0.12=24$g
- B설탕물의 설탕 질량 : $300\times0.15=45$g
- C설탕물의 설탕 질량 : $100\times0.17=17$g

A, B설탕물을 합치면 설탕물 500g에 들어있는 설탕은 $24+45=69$g, 농도는 $\frac{69}{500}\times100=13.8$%이다.

합친 설탕물을 300g만 남기고, C설탕물과 합치면 설탕물 400g이 되고 여기에 들어있는 설탕의 질량은 $300\times0.138+17=58.4$g이다. 또한 이 합친 설탕물도 300g만 남기면 농도는 일정하므로 설탕물이 $\frac{3}{4}$으로 줄어든 만큼 설탕의 질량도 같이 줄어든다.

따라서 설탕의 질량은 $58.4\times\frac{3}{4}=43.8$g이다.

09

정답 ③

A와 B를 하나로 묶어 줄 세우는 경우의 수는 $4!=4\times3\times2\times1=24$가지이다.

A−B, B−A로 설 수 있는 2가지 경우가 있으므로 $24\times2=48$가지이다.

따라서 한 줄로 서는 경우의 수는 48가지이다.

10

정답 ①

• n개월 후 형의 통장 잔액 : $2,000n$
• n개월 후 동생의 통장 잔액 : $10,000+1,500n$

그러므로 형의 통장 잔액이 동생보다 많아질 때에 대해 다음과 같은 식이 성립한다.

$2,000n>10,000+1,500n$

$\therefore n>20$

따라서 21개월 후에 형의 통장 잔액이 동생보다 많아진다.

11

정답 ①

• 두 개의 주사위를 던지는 경우의 수 : $6\times6=36$가지
• 나온 눈의 곱이 홀수인 경우(홀수×홀수)의 수 : $3\times3=9$가지

따라서 주사위의 눈의 곱이 홀수일 확률은 $\frac{9}{36}=\frac{1}{4}$이다.

12

정답 ①

할인되지 않은 KTX 표의 가격을 x원이라고 하자.

표를 40% 할인된 가격으로 구매하였으므로 구매 가격은 $(1-0.4)x=0.6x$원이다.

환불 규정에 따르면 하루 전에 표를 취소하는 경우 70%의 금액을 돌려받을 수 있으므로 다음과 같은 식이 성립한다.

$0.6x\times0.7=16,800$

$\rightarrow 0.42x=16,800$

$\therefore x=40,000$

따라서 할인되지 않은 KTX 표의 가격은 40,000원이다.

13

정답 ①

작년 남성 지원자, 여성 지원자 수를 각각 x, y명이라고 하면 다음과 같은 식이 성립한다.

$x+y=694-89=605$ … ㉠

$0.1x+0.2y=89$ … ㉡

㉠과 ㉡을 연립하면 $x=320$, $y=285$이다.

따라서 올해 남성 지원자 수는 $320\times1.1=352$명이다.

14

정답 ④

농도 15%의 소금물 500g에는 $500\times\frac{15}{100}=75$g의 소금이 들어있다.

추가하는 물의 양을 xg이라고 하면 다음과 같은 식이 성립한다.

$\frac{75}{500+x}\times100=10$

$\rightarrow 750=500+x$

$\therefore x=250$

따라서 250g의 물을 넣어야 한다.

15

정답 ①

A가 합격할 확률은 $\frac{1}{3}$이고 B가 합격할 확률은 $\frac{3}{5}$이다.

따라서 A, B 둘 다 합격할 확률은 $\frac{1}{3}\times\frac{3}{5}=\frac{3}{15}=\frac{1}{5}=20\%$이다.

16

정답 ③

배차간격은 동양역에서 20분, 서양역에서 15분이며, 두 기차의 속력은 같다. 배차시간의 최소공배수가 60이므로 60분마다 같은 시간에 각각의 역에서 출발하게 된다. 그러므로 10시 다음으로 동시에 출발하는 시각은 11시이다. 동양역과 서양역의 편도 시간은 1시간이므로 50km 지점은 출발 후 30분에 도달한다.

따라서 두 번째로 50km 지점에서 두 기차가 만나는 시각은 11시 30분이다.

PART 2

17

정답 ③

10명이 리그전을 통해 경기한다면 경기 수는 $9+8+7+6+5+4+3+2+1=45$회이다.

토너먼트 방식의 경기 수는 n개의 팀이 참가했을 때, $(n-1)$회의 경기가 진행되므로 경기 횟수는 $10-1=9$회이다.

따라서 두 경기 수의 차이는 $45-9=36$회이다.

18

정답 ⑤

올해 지원부서원 25명의 평균 나이는 38세이므로, 내년 지원부서원 25명의 평균 나이는 $\frac{25\times38-52+27}{25}+1=38$세이다.

19

정답 ④

(A의 톱니 수)×(A의 회전수)=(B의 톱니 수)×(B의 회전수)

A의 톱니 수를 x개라 하면 B의 톱니 수는 $(x-20)$개이므로 다음과 같은 식이 성립한다.

$x\times6=(x-20)\times10$

$\rightarrow 6x=10x-200$

$\rightarrow 4x=200$

$\therefore x=50$

따라서 A의 톱니 수는 50개이다.

20

정답 ③

모두 다 섞은 설탕물의 농도를 $x\%$라고 하면 다음과 같은 식이 성립한다.

$\frac{36}{100}\times50+\frac{20}{100}\times50=\frac{x}{100}\times200$

$\rightarrow 36+20=4x$

$\rightarrow 4x=56$

$\therefore x=14$

따라서 농도 14%의 설탕물이 된다.

04 언어추리

01	02	03	04	05	06	07	08	09	10	11	12	13	14	15	16	17	18	19	20
①	①	②	⑤	⑤	④	③	③	①	③	②	①	④	①	③	③	③	①	④	①

01

정답 ①

삼단논법이 성립하기 위해서는 '종구는 노력하지 않았다.'라는 명제가 필요하다.

02

정답 ①

'밤에 잠을 잘 자다.'를 A, '낮에 피곤하다.'를 B, '업무효율이 좋다.'를 C, '성과급을 받는다.'를 D라고 하면, 전제1은 $\sim A \rightarrow B$, 전제3은 $\sim C \rightarrow \sim D$, 결론은 $\sim A \rightarrow \sim D$이다. 따라서 $\sim A \rightarrow B \rightarrow \sim C \rightarrow \sim D$가 성립하기 위해서 필요한 전제2는 $B \rightarrow \sim C$이므로 빈칸에 들어갈 명제는 '낮에 피곤하면 업무효율이 떨어진다.'가 적절하다.

03

정답 ②

동주는 관수보다, 관수는 보람이보다, 보람이는 창호보다 크다.
따라서 동주 – 관수 – 보람 – 창호 순으로 크다.
그러나 인성이는 보람이보다 작지 않은 것은 알 수 있지만, 다른 사람과의 관계는 알 수 없다.

04

정답 ⑤

첫 번째와 두 번째 명제를 통해 '어떤 안경은 유리로 되어 있다.'는 결론을 도출할 수 있다.
따라서 유리로 되어 있는 것 중 안경이 있다고 할 수 있다.

05

정답 ⑤

가장 높은 등급을 1등급, 가장 낮은 등급을 5등급이라 하면 네 번째 조건에 의해 A는 3등급을 받는다. 또한 첫 번째 조건에 의해 E는 4등급 또는 5등급이다. 이때, 두 번째 조건에 의해 C가 5등급, E가 4등급을 받고, 세 번째 조건에 의해 B는 1등급, D는 2등급을 받는다. 따라서 발송 대상자는 C와 E이다.

06

정답 ④

먼저 한 달간 약국의 공휴일 영업일수는 서로 같으므로 5일 동안 5개의 약국 중 2곳씩 영업할 경우 각 약국은 모두 두 번씩 영업해야 한다. 세 번째 조건과 마지막 조건에 따르면 D약국은 첫 번째, 두 번째 공휴일에 이미 A약국, E약국과 함께 두 번의 영업을 하였다. E약국 역시 네 번째 조건에 따라 마지막 공휴일에 영업할 예정이므로 모두 두 번의 영업을 하게 되며, A약국도 세 번째 공휴일인 오늘 영업 중이므로 두 번의 영업일을 채우게 된다. B약국이 두 번의 영업일을 채우기 위해서는 네 번째와 다섯 번째 공휴일에 반드시 영업을 해야 하므로 C약국은 자연스럽게 남은 네 번째 공휴일에 영업을 하게 된다.
각 공휴일에 영업하는 약국을 정리하면 다음과 같다.

<table>
<tr><th>공휴일</th><th>첫 번째</th><th>두 번째</th><th>세 번째</th><th>네 번째</th><th>다섯 번째</th></tr>
<tr><td rowspan="2">약국
(횟수)</td><td>A(1), D(1)</td><td>D(2), E(1)</td><td rowspan="2">A(2), C(1)</td><td rowspan="2">B(1), C(2)</td><td rowspan="2">B(2), E(2)</td></tr>
<tr><td>D(1), E(1)</td><td>A(1), D(2)</td></tr>
</table>

따라서 네 번째 공휴일에 영업하는 약국은 B와 C이다.

오답분석

① 조건에 따르면 A약국은 첫 번째 또는 두 번째 공휴일에 영업을 하였는데, A약국이 세 번째 공휴일에 영업을 하므로 첫 번째 공휴일에 영업을 할 경우 연속으로 영업한다는 것은 참이 되지 않는다.
② 다섯 번째 공휴일에는 B와 E약국이 함께 영업한다.
③ B약국은 네 번째, 다섯 번째 공휴일에 영업한다.
⑤ E약국은 첫 번째 또는 두 번째 공휴일과 다섯 번째 공휴일에 영업을 하므로, 첫 번째와 다섯 번째 공휴일에 영업하는 것이 반드시 참은 아니다.

07

정답 ③

이동 시간이 긴 순서대로 나열하면 'D – B – C – A'이다. 이때 이동 시간은 거리가 멀수록 많이 소요된다고 하였으므로 서울과의 거리가 먼 순서에 따라 D는 강릉, B는 대전, C는 세종, A는 인천에서 근무하는 것을 알 수 있다.

08

정답 ③

A와 D의 진술이 모순되므로, A의 진술이 참인 경우와 거짓인 경우를 구한다.

i) A의 진술이 참인 경우
A의 진술에 따라 D가 부정행위를 하였으며, 거짓을 말하고 있다. B는 A의 진술이 참이므로 B의 진술도 참이며, B의 진술이 참이므로 C의 진술은 거짓이 되고, E의 진술은 참이 된다. 따라서 부정행위를 한 사람은 C, D이다.

ii) A의 진술이 거짓인 경우
A의 진술에 따라 D는 참을 말하고 있고, B는 A의 진술이 거짓이므로 B의 진술도 거짓이 된다. B의 진술이 거짓이므로 C의 진술은 참이 되고, E의 진술은 거짓이 된다. 그러면 거짓을 말한 사람은 A, B, E이지만 조건에서 부정행위를 한 사람은 두 명이므로 모순이 되어 옳지 않다.

따라서 부정행위를 한 사람은 C, D이다.

09

정답 ①

다음의 논리 순서를 따라 제시된 조건을 정리하면 다음과 같다.

- 다섯 번째 조건 : 1층에 경영지원실이 위치한다.
- 첫 번째 조건 : 1층에 경영지원실이 위치하므로 4층에 기획조정실이 위치한다.
- 두 번째 조건 : 2층에 보험급여실이 위치한다.
- 세 번째, 네 번째 : 3층에 급여관리실, 5층에 빅데이터운영실이 위치한다.

따라서 1층부터 순서대로 '경영지원실 – 보험급여실 – 급여관리실 – 기획조정실 – 빅데이터운영실'이 위치하므로 5층에 있는 부서는 빅데이터운영실이다.

10

정답 ③

1명만 거짓말을 하고 있기 때문에 모두의 말을 참이라고 가정하고, 모순이 어디서 발생하는지 생각해 본다.
5명의 말에 따르면, 1등을 할 수 있는 사람은 C밖에 없는데, E의 진술과 모순이 생기는 것을 알 수 있다.
만약 C의 진술이 거짓이라고 가정하면 1등을 할 수 있는 사람이 없게 되므로 모순이다.
따라서 E의 진술이 거짓이므로 나올 수 있는 순위는 C – E – B – A – D임을 알 수 있다.

11

정답 ②

제시된 조건을 기호로 정리하면 다음과 같다.

- ~A → B
- A → ~C
- B → ~D
- ~D → E

E가 행사에 참여하지 않는 경우, 네 번째 조건의 대우인 ~E → D에 따라 D가 행사에 참여한다. D가 행사에 참여하면 세 번째 조건의 대우인 D → ~B에 따라 B는 행사에 참여하지 않는다. 또한 B가 행사에 참여하지 않으면 첫 번째 조건의 대우에 따라 A가 행사에 참여하고, A가 행사에 참여하면 두 번째 조건에 따라 C는 행사에 참여하지 않는다.

따라서 E가 행사에 참여하지 않을 경우 행사에 참여 가능한 사람은 A와 D 2명이다.

12

정답 ①

첫 번째 조건에서 원탁 의자에 임의로 번호를 적고 회의 참석자들을 앉혀 본다.

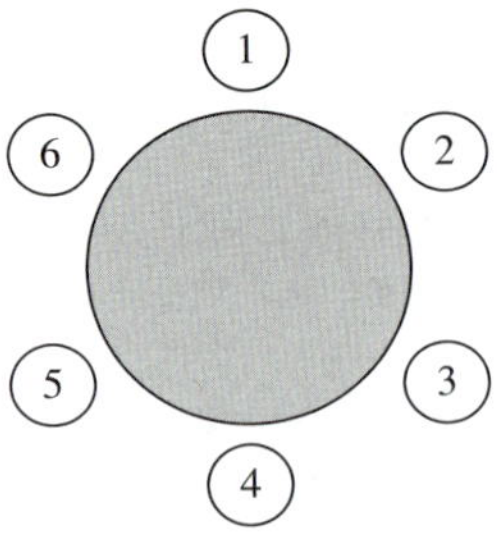

네 번째 조건에서 A와 B 사이에 2명이 앉으므로 임의로 1번 자리에 A가 앉으면 4번 자리에 B가 앉는다. 그리고 B자리 바로 왼쪽에 F가 앉기 때문에 F는 5번 자리에 앉는다. 만약 6번 자리에 C 또는 E가 앉게 되면 2번과 3번 자리에 D와 E 또는 D와 C가 나란히 앉게 되어 세 번째 조건에 부합하지 않는다. 따라서 6번 자리에 D가 앉아야 하고 두 번째 조건에서 C가 A 옆자리에 앉아야 하므로 2번 자리에 C가, 나머지 3번 자리에는 E가 앉게 된다.

따라서 나란히, 즉 바로 옆 자리에 앉게 되는 참석자들은 선택지 중 A와 D이다.

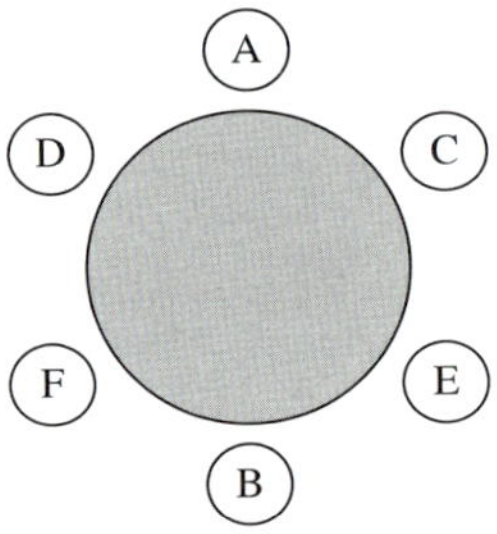

13

정답 ④

1시간 동안 만들 수 있는 상품의 개수는 $\frac{1\times60\times60}{15}$=240개이다. 안정성 검사와 기능 검사를 동시에 받는 상품은 12와 9의 최소공배수인 3×3×4=36번째 상품마다 시행된다.

따라서 1시간 동안 240÷36=6.66…, 총 6개 상품이 안정성 검사와 기능 검사를 동시에 받는다.

14

정답 ①

먼저 두 번째 조건에 따라 D는 가장 먼저인 월요일에 야근을 하고, 세 번째 조건에 따라 C는 목요일에 야근을 한다. 남은 요일에는 첫 번째 조건에 따라 E, B가 각각 화요일, 수요일에 야근을 하며, A가 가장 마지막인 금요일에 야근을 한다.

월요일	화요일	수요일	목요일	금요일
D	E	B	C	A

따라서 가장 마지막에 야근을 하는 사람은 A이다.

15

정답 ③

네 번째, 다섯 번째 조건에 의해 A와 C는 각각 2가지 종류의 동물을 키운다. 또한 첫 번째, 두 번째, 세 번째 조건에 의해 A는 토끼를 키우지 않는다. 따라서 A는 개와 닭, C는 고양이와 토끼를 키운다. 첫 번째 조건에 의해 D는 닭을 키우므로 C는 키우지 않지만 D가 키우는 종류의 동물은 닭이다.

오답분석

① 세 번째 조건에 의해 B는 개를 키운다.
② B가 토끼는 키우지 않지만, 고양이는 키울 수도 있다. 하지만 주어진 조건만 가지고 확신할 수 없다.
④ A, B, D 또는 B, C, D가 같은 종류의 동물을 키울 수 있다.
⑤ B 또는 D는 3가지 종류의 동물을 키울 수 있다.

16

정답 ③

B와 A의 관계에 대한 설명이 없으므로 알 수 없다.

오답분석

① C는 A의 오빠이므로 A의 아들과는 친척관계이다.
② C가 A의 오빠라는 말에서 알 수 있듯이 A는 여자이다.
④ C는 A의 오빠이므로, A의 아들에게는 이모가 아니라 외삼촌이 된다.
⑤ 월계 빌라의 모든 주민은 A와 친척이므로 D도 A의 친척이다.

17

정답 ③

김과장이 2주차 월요일에 단식을 했기 때문에, 1주차 토요일과 일요일은 반드시 세 끼 식사를 해야 한다. 또한 목요일은 업무약속으로 점심식사를 했으므로 단식을 할 수 없다.

구분	월	화	수	목	금	토	일
아침	○		○	○	○	○	○
점심				○		○	○
저녁				○		○	○

- 월요일에 단식을 했을 경우
  화・수요일은 세 끼 식사를 해야 한다. 그러면 금요일이 단식일이 되는데, 이 경우 네 번째 조건을 만족하지 못한다.
- 화요일(아침에 식사)에 단식을 했을 경우
  월・수・목요일은 세 끼 식사를 해야 한다. 그러면 금요일이 단식일이 되는데, 이 경우 네 번째 조건을 만족하지 못한다.
- 화요일(저녁에 식사)에 단식을 했을 경우
  월・수・목요일은 세 끼 식사를 해야 한다. 그러면 금요일이 단식일이고, 아침에 식사를 했으므로 모든 조건을 만족한다.

18

정답 ①

B와 E의 말이 서로 모순되므로 둘 중 1명은 반드시 거짓을 말하고 있다.

i) B의 말이 거짓일 경우
E의 말이 참이 되므로 D의 말에 따라 아이스크림을 사야 할 사람은 A가 된다. 또한 나머지 A, C, D의 말 역시 모두 참이 된다.

ii) E의 말이 거짓일 경우
B의 말이 참이 되므로 아이스크림을 사야 할 사람은 C가 된다. 그러나 B의 말이 참이라면 참인 C의 말에 따라 D의 말은 거짓이 된다. 결국 D와 E 2명이 거짓을 말하게 되므로 1명만 거짓말을 한다는 조건이 성립하지 않으며, A의 말과도 모순된다.

따라서 거짓말을 하는 사람은 B이며, 아이스크림을 사야 할 사람은 A이다.

19

정답 ④

은호의 신발 사이즈는 235mm이며, 은호 아빠의 신발 사이즈는 270mm이므로 은호 아빠와 은호의 신발 사이즈 차이는 270−235=35mm이다.

오답분석

① 은수의 정확한 신발 사이즈는 알 수 없다.
② 235mm인 은호의 신발 사이즈와 230mm 이하인 은수의 신발 사이즈는 최소 5mm 이상 차이가 난다.
③ 은호의 엄마는 은호보다 5mm 큰 신발을 신으므로 은호 엄마의 신발 사이즈는 240mm이다. 따라서 은호 아빠와 엄마의 신발 사이즈 차이는 270−240=30mm이다.
⑤ 은수의 신발 사이즈는 230mm 이하로 엄마의 신발 사이즈와 최소 10mm 이상 차이가 난다.

20

정답 ①

첫 번째 조건에 따라 A는 선택 프로그램에 참가하므로 A는 수·목·금요일 중 하나의 프로그램에 참가한다. A가 목요일 프로그램에 참가하면 E는 A보다 나중에 참가하므로 금요일의 선택3 프로그램에 참가할 수밖에 없다. 따라서 항상 참이 되는 것은 ①이다.

오답분석

② B는 월·화요일 프로그램에 참가할 수 있으므로 B가 화요일 프로그램에 참가하면 C는 월요일 프로그램에 참가할 수 있다.
③ C가 화요일 프로그램에 참가하면 E는 선택2 또는 선택3 프로그램에 참가할 수 있다.

구분	월(필수1)	화(필수2)	수(선택1)	목(선택2)	금(선택3)
경우 1	B	C	A	D	E
경우 2	B	C	A	E	D
경우 3	B	C	D	A	E

④ 두 번째 조건에 따라 C는 필수 프로그램에 참가하므로 월·화요일 중 하나의 프로그램에 참가하며, 이때, C가 화요일 프로그램에 참가하면 C보다 나중에 참가하는 D는 선택 프로그램에 참가할 수 있다.
⑤ E는 선택 프로그램에 참가하는 A보다 나중에 참가하므로 목요일 또는 금요일 중 하나의 프로그램에 참가할 수 있다.

05 수열추리

01	02	03	04	05	06	07	08	09	10
④	③	①	②	③	①	④	①	④	②
11	12	13	14	15	16	17	18	19	20
④	③	①	①	④	⑤	③	②	①	①

01 정답 ④

앞의 항에 +3, +4의 배수($4n$)를 번갈아 적용하는 수열이다(단, n은 1부터 순서대로 커진다).
따라서 ( )=21+3=24

02 정답 ③

앞의 항에 +1.8, +3.6, +7.2, +14.4, …인 수열이다.
따라서 ( )=7.55+7.2=14.75이다.

03 정답 ①

홀수 항은 ×2+0.2, ×2+0.4, ×2+0.6, …을 하고, 짝수 항은 ×3−0.1을 하는 수열이다.
따라서 ( )=12.2×3−0.1=36.5이다.

04 정답 ②

앞의 항에 +0.1, +0.15, +0.2, +0.25 …인 수열이다.
따라서 ( )=1.1+0.3=1.4이다.

05 정답 ③

정수 부분은 +1, +2, +3, …을 하고, 홀수 항은 분자는 ×2+1, 분모는 ×2−1을 하고, 짝수 항은 분자는 ×2−1, 분모는 ×2+1을 하는 수열이다.

따라서 ( )$=(13+5)\left(\frac{3\times2-1}{11\times2+1}\right)=18\frac{5}{23}$ 이다.

06 정답 ①

정수 부분은 −1, −2, −3, …을 하고, 분수 부분의 분모는 −2, 분자는 −3을 하는 수열이다.

따라서 ( )$=(94-4)\left(\frac{90-3}{95-2}\right)=90\frac{87}{93}$ 이다.

07 정답 ④

홀수 항은 $+\frac{1}{4}$, 짝수 항은 $-\frac{1}{6}$을 하는 수열이다.

따라서 ( )$=\frac{5}{4}+\frac{1}{4}=\frac{6}{4}=\frac{3}{2}$이다.

08 정답 ①

홀수 항은 $\times\frac{1}{2}$, 짝수 항은 −3.7, −4.2, −4.7, …을 하는 수열이다.

따라서 ( )$=1\times\frac{1}{2}=\frac{1}{2}$이다.

09 정답 ④

나열된 수를 각각 A, B, C라고 하면
$\underline{A\ B\ C} \rightarrow C=(A-B)\times2$
따라서 ( )=13−0=13이다.

10 정답 ②

나열된 수를 각각 A, B, C라고 하면
$\underline{A\ B\ C} \rightarrow A\ \ A-1\ \ A+1$
따라서 ( )=26+1=27이다.

11 정답 ④

나열된 수를 각각 A, B, C라고 하면
$\underline{A\ B\ C} \rightarrow A^2+B^2=C$
따라서 ( )$=\sqrt{74-5^2}=\sqrt{49}=7$이다.

12 정답 ③

나열된 수를 각각 A, B, C라고 하면
$\underline{A\ B\ C} \rightarrow B^A=C$
따라서 $3^{(\ )}=81$이므로 ( )=4이다.

13 정답 ①

앞의 항에 ×2, +3을 번갈아 적용하는 수열이다.
∴ A=3÷2=1.5, B=30+3=33
따라서 A−B=−31.5이다.

14

정답 ①

앞의 항에 +11, +12, +13, …을 하는 수열이다.

∴ A=27−11=16, B=81+16=97

따라서 A−B=−81이다.

15

정답 ④

앞의 항에 +1, ×2를 번갈아 적용하는 수열이다.

∴ A=6−1=5, B=26+1=27

따라서 A+B=32이다.

16

정답 ⑤

(앞의 항)×(뒤의 항)=(다음 항)인 수열이다.

∴ A=10÷5=2, B=25,000÷50=500

따라서 $A^2 \times B = 2{,}000$이다.

17

정답 ③

앞의 항에 −1, −6, −11, −16, −21, …을 하는 수열이다. 수열의 일반항을 a_n이라고 하면 $a_n = 500 - \sum_{k=1}^{n-1}(5k-4) = 500 - \left\{\frac{5n(n-1)}{2} - 4(n-1)\right\} = 496 + 4n - \frac{5n(n-1)}{2}$이다.

따라서 11번째 항의 값은 $a_{11} = 496 + (4\times11) - \frac{5\times11\times10}{2} = 496 + 44 - 275 = 265$이다.

18

정답 ②

앞의 항에 −8, −2, +4, +10, +16, +22, …를 하는 수열이다. 수열의 일반항을 a_n이라고 하면 $a_n = 156 + \sum_{k=1}^{n-1}(6k-14) = 156 + \{3n(n-1) - 14(n-1)\} = 170 + 3n(n-1) - 14n$이다.

따라서 20번째 항의 값은 $a_{20} = 170 + (3\times20\times19) - (14\times20) = 1{,}030$이다.

19

정답 ①

제시된 수열의 일반항을 a_n이라 할 때, 홀수 번째 항은 n^2+1이고, 짝수 번째 항은 $-(n^2+1)$이다.

따라서 22번째 항의 값은 $a_{22} = -(22^2+1) = -485$이다.

20

정답 ①

앞의 항에 +2, +5, +10, +17, +26, +37, …, $+(k^2+1)$을 하는 수열이다. 수열의 일반항을 a_n이라고 하면 다음과 같다.

- $a_8 = 98 + (7^2+1) = 98 + 50 = 148$
- $a_9 = 148 + (8^2+1) = 148 + 65 = 213$
- $a_{10} = 213 + (9^2+1) = 213 + 82 = 295$
- $a_{11} = 295 + (10^2+1) = 295 + 101 = 396$

따라서 11번째 항의 값은 $a_{11} = 396$이다.

제 3 회 최종점검 모의고사

01 언어이해

01	02	03	04	05	06	07	08	09	10	11	12	13	14	15	16	17	18	19	20
③	③	②	③	④	③	①	⑤	④	③	①	③	④	③	③	③	⑤	⑤	①	④

PART 2

01

정답 ③

제시문의 중심 내용은 '반대는 필수불가결한 것이다.', '자유의지를 가진 국민의 범국가적 화합은 정부의 독단과 반대당의 혁명적 비타협성을 무력화시키는 정치권력의 충분한 균형에 의존하고 있다.', '그 균형이 더 이상 존재하지 않는다면 민주주의는 사라지고 만다.'로 요약할 수 있다. 따라서 글의 제목으로 ③이 가장 적절하다.

02

정답 ③

제시문은 자동차 에어컨 필터의 역할, 교체 주기, 교체 방법, 주행 환경에 따른 필터의 선택 등 자동차 에어컨 필터를 관리하는 방법에 대해 포괄적으로 설명하고 있는 글이다. 따라서 가장 적절한 제목은 자동차 에어컨 필터의 관리 방법이다.

오답분석

①·② 일부 문단의 중심내용으로 글 전체를 포함하는 제목이 아니다.
④ 첫 번째 문단에서 여름철 자동차 에어컨 사용 시 필터를 주기적으로 교체해 주어야 한다고 설명하지만, 자동차 에어컨 취급 유의사항에 대한 내용은 없다.
⑤ 호흡기 질환은 오래 방치한 자동차 에어컨 필터의 곰팡이가 유발한다.

03

정답 ②

첫 번째 문단에 통각 수용기에는 감각 적응 현상이 거의 일어나지 않는다는 내용이 나와 있다.

오답분석

① 두 번째 문단에서 Aδ 섬유를 따라 전도된 통증 신호가 대뇌 피질로 전달되면, 대뇌 피질에서는 날카롭고 쑤시는 듯한 짧은 초기 통증을 느끼고 통증이 일어난 위치를 파악한다고 하였으므로 적절하지 않다.
③ 두 번째 문단에서 Aδ 섬유는 직경이 크고 전도 속도가 빠르며, C섬유는 직경이 작고 전도 속도가 느리다고 했으므로 적절하지 않다.
④ 첫 번째 문단에서 통각 수용기는 피부에 가장 많아 피부에서 발생한 통증은 위치를 확인하기 쉽다고 했으므로 적절하지 않다.
⑤ 두 번째 문단에서 Aδ 섬유에는 기계적 자극이나 높은 온도 자극에 반응하는 통각 수용기가 분포되어 있고, C섬유에도 기계적 자극이나 높은 온도 자극에 반응하는 통각 수용기가 분포되어 있다고 했으므로 적절하지 않다.

04

정답 ③

마지막 문단에 따르면 유전거리 비교의 한계를 보완하기 위해 나온 방법이 유전체 유사도를 측정하는 방법이며, 유전체 유사도는 종의 경계를 확정하는 데 유용한 기준을 제공한다.

오답분석

① 두 번째 문단 첫 번째 문장에 따르면 미생물의 종 구분에 외양과 생리적 특성을 이용한 방법이 사용되기도 한다.
②·⑤ 마지막 문단에 따르면 수많은 유전자를 모두 비교하는 것은 현실적으로 어렵기 때문에, 유전체의 특성을 화학적으로 비교하는 방법이 주로 사용되고 있다.
④ 제시문만으로 확인할 수 없는 내용이다.

05

정답 ④

④는 폭염에 대한 안전요령이 아니라 강풍 또는 지진에 대한 안전요령에 적합한 내용이다.

06

정답 ③

③은 플라시보 소비의 특징인 가심비, 즉 심리적 만족감보다는 상품의 가격을 중시하는 가성비에 따른 소비에 가깝다고 볼 수 있다.

07

정답 ①

리플리 증후군 환자와 사기범죄자의 차이는 자신이 거짓말을 말하고 있는지 아닌지를 인지하고 있는가, 그리고 그 거짓말이 들키는 것을 두려워하는가이다. 따라서 거짓말 탐지기나 취조, 증거물 제시 등의 방법으로 둘의 차이를 구분할 수 있을 것이다.

오답분석

② 세 번째 문단을 통해 현재까지 리플리 증후군의 정확한 원인은 밝혀지지 않았으며, 여러 가설만이 존재한다는 사실을 확인할 수 있다. 따라서 원인이 복합적일 가능성을 배제할 수 없다.
③ 제시된 가설의 경우 스트레스와 좌절감, 학대와 뇌 질환 등 다양한 정신적·육체적 문제를 그 원인으로 지목하고 있다.
④ 첫 번째 문단을 통해 소설 속 리플리와 같은 증상이 나타나면서 20세기 후반부터 정신병리학자들의 본격적인 연구 대상이 되었다는 사실을 알 수 있다. 따라서 소설 이전에는 별다른 연구 대상이 되지 않았음을 추론할 수 있다.
⑤ 리플리 증후군이 작화증의 일종이라는 가설이 사실로 나타날 경우, 작화증의 발생 원인인 해마의 손상을 치료함에 따라 리플리 증후군 또한 치료될 가능성이 있다.

08

정답 ⑤

제시문에서는 토끼와 거북이의 경주에서 거북이는 토끼의 실수를 이용하여 승리하였기 때문에 거북이의 승리가 정의롭지 않다고 주장한다. 따라서 이러한 주장에 대한 반박으로는 공정한 절차에 따라 도출된 결과라면 그 결과는 공정하다는 내용의 ⑤가 가장 적절하다.

오답분석

③ 토끼와 거북이는 모두 동일한 조건에서 경주를 진행하였다.
④ 거북이가 자신에게 유리한 방법으로 경쟁하였다고 볼 수 없다.

09

정답 ④

마지막 문단의 '기다리지 못함도 삼가고 아무것도 안함도 삼가야 한다. 작동 중에 있는 자연스러운 성향이 발휘되도록 기다리면서도 전력을 다할 수 있도록 돕는 노력도 멈추지 말아야 한다.'를 통해 ④ '잠재력을 발휘하도록 하려면 의도적 개입과 방관적 태도 모두를 경계해야 한다.'가 글의 중심 내용임을 알 수 있다.

오답분석

① 인위적 노력을 가하는 것은 일을 '조장(助長)'하지 말라고 한 맹자의 말과 반대된다.
② 싹이 성장하도록 기다리는 것도 중요하지만 '전력을 다할 수 있도록 돕는 노력'도 해야 한다.
③ 명확한 목적성을 강조하는 부분은 제시문에 나와 있지 않다.
⑤ 맹자는 '싹 밑의 잡초를 뽑고 김을 매주는 일'을 통해 '성장을 보조해야 한다.'라고 말하며 적당한 인간의 개입이 필요함을 말하고 있다.

10

정답 ③

먼저 지식에 대한 논리실증주의자와 포퍼의 의견을 제시하는 (가) 문단이 오는 것이 적절하며, 그들의 가설을 판단하는 과학적 방법에 대한 (다) 문단이 그 뒤에 오는 것이 적절하다. 이어서 논리실증주의자와 포퍼와 달리 가설만 가지고서 예측을 도출할 수 없다는 콰인의 의견인 (나) 문단이 오는 것이 적절하며, 마지막으로는 이를 통한 콰인의 총체주의적 입장의 (라) 문단이 오는 것이 적절하다.

11

정답 ①

제시문은 2500년 전 인간과 현대의 인간의 공통점을 언급하며 2500년 전에 쓰인 『논어』가 현대에서 지니는 가치에 대해 설명하고 있다. 따라서 (가) 『논어』가 쓰인 2500년 전 과거와 현대의 차이점 – (마) 2500년 전의 책인 『논어』가 폐기되지 않고 현대에서도 읽히는 이유에 대한 의문 – (나) 인간이라는 공통점을 지닌 2500년 전 공자와 우리들 – (다) 2500년의 시간이 흐르는 동안 인간의 달라진 부분과 달라지지 않은 부분에 대한 설명 – (라) 시대가 흐름에 따라 폐기될 부분을 제외하더라도 여전히 오래된 미래로서의 가치를 지니는 『논어』 순으로 나열하는 것이 적절하다.

12

정답 ③

도덕 실재론에 대한 설명인 (나)와 정서주의에 대한 (다) 중, 전환 기능의 접속어 '한편'이 (다)에 포함되어 있으므로 (나)의 도덕 실재론에 대한 설명이 더 앞에 위치한다. 다음으로, 환언 기능의 접속어 '즉'으로 시작하며 도덕적 진리를 과학적 명제처럼 판단하는 도덕 실재론에 대한 부연설명을 하고 있는 (라)가 오고, (다)에서 앞의 도덕 실재론과 다른 정서주의의 특징을 설명하고, (다)에 대한 부연설명인 (가)가 이어진다. 따라서 (나) – (라) – (다) – (가) 순으로 나열하는 것이 적절하다.

13

정답 ④

보복운전만 특수범죄로 취급한다. 보복운전이 형법에 의해 특수범죄로 취급되는 이유는 자동차를 법률에 명시된 '위험한 물건'으로 보기 때문이다.

오답분석

① 안전운전을 위해서는 도로도로교통법상 위배됨 없이 운전을 함과 더불어, 다른 사람에게 위험과 장해를 초래하지 않도록 해야 한다.
② 흔히들 난폭운전과 보복운전을 비슷한 개념으로 혼동한다.
③ 속도위반은 난폭운전으로 처벌받을 수 있는 요소 중 하나이다.
⑤ 보복운전의 상황에서 자동차는 법률에 명시된 '위험한 물건'이 된다. 위험한 물건은 그 자체로 흉기에 속하지는 않으나, 보복운전과 같은 상황 하에서는 흉기로 취급된다.

14

정답 ③

제시문에서 레비스트로스는 신화 자체의 사유 방식이나 특성을 특정 시대의 것으로 한정하는 오류를 범하고 있다고 언급하였다. 과거 신화시대에 생겨난 신화적 사유는 신화가 재현되고 재생되는 한 여전히 시간과 공간을 뛰어넘어 현재화되고 있다고 했으므로 ③은 적절하지 않다.

15

정답 ③

네 번째 문단의 마지막 두 문장을 보면 편협형 정치 문화와 달리 최소한의 인식이 있는 신민형 정치 문화의 예로 독재 국가를 언급하고 있으므로 ③은 적절하지 않다.

16

정답 ③

제시문은 최저임금 인상으로 인상에 따른 금액을 회사가 고스란히 부담을 해야 하나 정부가 일자리 안정자금을 지원해주어 사업주의 부담을 덜 수 있다는 내용이다. 따라서 이러한 일자리 안정자금이 모든 기업의 해결책이 될 수 없다고 주장하는 ③이 비판의 내용으로 가장 적절하다.

오답분석

①·②·⑤ 최저임금제도의 문제점에 대해 비판하고 있다.

④ 제시문은 소상공인에 대한 정부의 일자리 안정자금 지원에 관한 내용이므로 일자리 안정자금 제도 자체에 대한 비판은 적절하지 않다.

17

정답 ⑤

보기에서는 4비트 컴퓨터가 처리하는 1워드를 초과한 '10010'을 제시하며, 이를 '오버플로'라 설명한다. 이때 (마)의 바로 앞 문장에서는 0111에 1011을 더했을 때 나타나는 '10010'을 언급하고 있으며, (마)의 바로 뒤 문장에서는 부호화 절댓값에는 이 '오버플로'를 처리하는 규칙이 없다는 점을 설명하고 있다. 따라서 보기의 문장은 (마)에 들어가는 것이 적절하다.

18

정답 ⑤

현존하는 가장 오래된 실록은 전주에 전주 사고에 보관되어 있던 것으로, 강화도 마니산에 봉안되었다가 1936년 병자호란에 의해 훼손된 것을 현종 때 보수하여 숙종 때 강화도 정족산에 다시 봉안했다가 현재 서울대학교에서 보관하고 있다.

오답분석

① 원본을 포함해 모두 5벌의 실록을 갖추게 되었으므로 재인쇄하였던 실록은 모두 4벌이다.

② 강원도 태백산에 보관하였던 실록은 서울대학교에 있다.

③ 현재 한반도에 남아 있는 실록은 강원도 태백산, 강화도 정족산, 장서각의 것으로 모두 3벌이다.

④ 적상산에 보관하였던 실록은 구황국 장서각으로 옮겨졌으며, 이는 6·25 전쟁 때 북한으로 옮겨져 현재 김일성종합대학에서 소장하고 있다.

19

정답 ①

인공관절 수술이 권장되는 나이는 제시되어 있으나, 인공관절의 수명이 얼마인지는 구체적으로 제시되어 있지 않으므로 답할 수 없다.

20

정답 ④

제시문은 스티븐 와이즈의 '동물의 권리를 인정해야 한다.'는 주장에 대해 반박하는 글이다. 필자의 주장은 '인간이 권리를 갖는 이유는 법적 권리와 의무의 주체가 될 수 있는 인격체이기 때문'인 것으로 보고 '동물의 권리는 법적으로 인격체임을 인정받는 것이므로 그것은 자연과학이 아닌 법철학에서 다루어야 할 개념'이라고 설명하고 있다. 또한 '인격체는 공동체의 일원이 될 수 있는 개체를 의미하며, 공동체의 일원이 되기 위해서는 협상, 타협, 동의의 능력이 필요하므로 동물은 인격체가 아니며 법적 권리를 가질 수 없다.'고 주장하고 있다. 따라서 동물에게 해를 입어도 그 동물에게 법적 책임을 묻지 않는다는 ④는 '동물은 인격체가 아니다.'라는 필자의 주장을 강화하는 진술이다.

02 자료해석

01	02	03	04	05	06	07	08	09	10	11	12	13	14	15	16	17	18	19	20
②	④	⑤	④	⑤	④	⑤	⑤	⑤	③	⑤	①	④	①	②	③	④	⑤	⑤	⑤

01

정답 ②

음식점까지의 거리를 $x$km라 하면 역에서 음식점까지 왕복하는 데 걸리는 시간과 음식을 포장하는 데 걸리는 시간이 1시간 30분 이내여야 하므로 다음과 같은 식이 성립한다.

$\frac{x}{3}+\frac{15}{60}+\frac{x}{3}\le\frac{3}{2}$

$\rightarrow 20x+15+20x\le 90$

$\rightarrow 40x\le 75$

$\rightarrow x\le\frac{75}{40}$

$\therefore\ x\le 1.875$

즉, 역과 음식점 사이 거리는 1.875km 이내여야 하므로 갈 수 있는 음식점은 'N버거'와 'B도시락'이다.
따라서 K사원이 구입할 수 있는 음식은 햄버거와 도시락이다.

02

정답 ④

(단위 : 명)

구분	2024년 하반기 입사자 수	2025년 상반기 입사자 수
마케팅	50	100
영업	a	$a+30$
상품기획	100	$100\times(1-0.2)=80$
인사	b	$50\times2=100$
합계	320	$320\times(1+0.25)=400$

- 2025년 상반기 입사자 수의 합 : $400=100+(a+30)+80+100 \rightarrow a=90$
- 2024년 하반기 입사자 수의 합 : $320=50+90+100+b \rightarrow b=80$

$\therefore$ 2024년 하반기 대비 2025년 상반기 인사팀 입사자 수의 증감률 : $\frac{100-80}{80}\times100=25\%$

따라서 증감률은 25%이다.

03

정답 ⑤

㉠ 2014년 대비 2024년의 커피 수입량이 증가한 국가는 유럽, 러시아, 캐나다, 한국으로 총 네 곳이고, 감소한 국가는 미국, 일본, 호주로 총 세 곳이다.

㉡ 커피 수입량이 가장 많은 상위 2개 국가는 모두 유럽과 미국으로 동일하다. 각 연도의 상위 2개 국가의 커피 수입량의 합계가 전체 수입량에서 차지하는 비율을 구하면 다음과 같다.

- 2024년 : $\frac{48,510+25,482}{113,836}\times 100 \fallingdotseq 65.0\%$
- 2019년 : $\frac{44,221+26,423}{109,598}\times 100 \fallingdotseq 64.5\%$
- 2014년 : $\frac{40,392+26,228}{105,341}\times 100 \fallingdotseq 63.2\%$

따라서 상위 2개 국가의 커피 수입량의 합계가 전체 수입량에서 차지하는 비율은 항상 65% 이하이다.

㉢ 한국의 커피 수입량과 호주의 커피 수입량을 비교해 보면, 2024년에는 한국이 호주의 $4,982\div 1,350 \fallingdotseq 3.7$배, 2019년에는 $4,881\div 1,288 \fallingdotseq 3.8$배, 2014년에는 $4,922\div 1,384 \fallingdotseq 3.6$배이므로 항상 3.5배 이상이다.

㉣ 2014년 대비 2024년의 커피 수입량의 증가율은 캐나다가 $\frac{8,842-7,992}{7,992}\times 100 \fallingdotseq 10.6\%$, 러시아가 $\frac{11,382-10,541}{10,541}\times 100 \fallingdotseq 8.0\%$로 캐나다가 러시아보다 높고, 증가량 역시 캐나다가 $8,842-7,992=850$T, 러시아가 $11,382-10,541=841$T로 캐나다가 러시아보다 많다.

04

정답 ④

2016 ~ 2024년까지 전년 대비 사기와 폭행의 범죄발생건수 증감추이는 다음과 같이 서로 반대이다.

구분	2016년	2017년	2018년	2019년	2020년	2021년	2022년	2023년	2024년
사기	감소	감소	감소	감소	감소	감소	증가	증가	감소
폭행	증가	증가	증가	증가	증가	증가	감소	감소	증가

오답분석

① 2015년 전체 범죄 발생건수는 $282+366+139+5+3=795$천 건이고, 2024년에는 $239+359+156+3+14=771$천 건이다. 2015년 대비 2024년 전체 범죄발생건수 감소율은 $\frac{771-795}{795}\times 100 \fallingdotseq -3\%$로 5% 미만이다.

② 2016 ~ 2024년 범죄별 발생건수의 1 ~ 5위는 '절도 – 사기 – 폭행 – 살인 – 방화' 순이나 2015년의 경우 '절도 – 사기 – 폭행– 방화 – 살인' 순으로 다르다.

③ 2015 ~ 2024년 동안 발생한 방화의 총 발생건수는 $5+4+2+1+2+5+2+4+5+3=33$천 건으로 3만 건 이상이다.

⑤ 2017년 전체 범죄발생건수는 $270+371+148+2+12=803$천 건이며, 이 중 절도의 범죄건수가 차지하는 비율은 $\frac{371}{803}\times 100 \fallingdotseq 46.2\%$로 50% 미만이다.

05

정답 ⑤

㉢ 청팀의 최종점수는 6,867점, 백팀의 최종점수는 5,862점으로 백팀은 청팀의 $\frac{5,862}{6,867}\times 100 \fallingdotseq 85.4\%$이다.

㉣ 백팀이 구기종목에서 획득한 승점은 육상종목에서 획득한 승점의 $\frac{2,780}{3,082}\times 100 \fallingdotseq 90.2\%$이므로 85% 이상이다.

오답분석

㉠ 전종목에서 가장 높은 승점을 획득한 부서는 운영팀(2,752점)이나, 가장 낮은 승점을 획득한 부서는 기술팀(1,859점)이 아닌 지원팀(1,362점)이다.

㉡ 청팀이 축구에서 획득한 승점은 청팀이 구기종목에서 획득한 승점의 $\frac{1,942}{4,038}\times 100 \fallingdotseq 48.1\%$이므로 45% 이상이다.

06

정답 ④

㉠ 초등학생의 경우 남자의 스마트폰 중독비율이 33.35%로 29.58%인 여자보다 높지만, 중고생의 경우 남자의 스마트폰 중독비율이 32.71%로 32.72%인 여자보다 0.01%p 낮다.

㉢ 대도시에 사는 초등학생 수를 a명, 중고생 수를 b명, 전체 인원은 $(a+b)$명이라고 하면 대도시에 사는 학생 중 스마트폰 중독 인원은 다음과 같다.

$0.308\times a+0.324\times b=0.3195\times(a+b)$

$\rightarrow 0.0115\times a=0.0045\times b$

$\rightarrow b\fallingdotseq 2.6a$

따라서 대도시에 사는 중고생 수 b가 초등학생 수 a보다 약 2.6배 많다.

㉣ 초등학생의 경우 기초수급가구의 경우 스마트폰 중독비율이 30.35%로, 31.56%인 일반가구의 경우보다 스마트폰 중독 비율이 낮다. 중고생의 경우에도 기초수급가구의 경우 스마트폰 중독비율이 31.05%로, 32.81%인 일반가구보다 스마트폰 중독 비율이 낮다.

오답분석

㉡ 한부모・조손 가족의 스마트폰 중독 비율은 초등학생의 경우가 28.83%로, 중고생의 70%인 $31.79\times\frac{70}{100}\fallingdotseq 22.3\%$ 이상이다. 따라서 옳은 설명이다.

07

정답 ⑤

㉠ 면적이 넓은 유형의 주택일수록 공사 완료 후 미분양된 민간부문 주택이 많은 지역은 인천, 경기 두 곳이다.

㉡ 부산의 공사 완료 후 미분양된 민간부문 주택 중 면적이 $60\sim85m^2$에 해당하는 주택이 차지하는 비중은 $\frac{161}{350}\times100=46\%$로, 면적이 $85m^2$를 초과하는 주택이 차지하는 비중인 $\frac{119}{350}\times100=34\%$보다 10%p 이상 높다.

㉢ 면적이 $60m^2$ 미만인 공사 완료 후 미분양된 민간부문 주택 수 대비 면적이 $60\sim85m^2$에 해당하는 공사 완료 후 미분양된 민간부문 주택 수의 비율은 광주는 $\frac{28}{16}\times100=175\%$이고, 울산은 $\frac{54}{36}\times100=150\%$이므로 광주가 울산보다 높다.

08

정답 ⑤

오답분석

① 미곡과 배추의 재배면적 전체 수치가 바뀌었다.
② 1970년 모든 작물의 재배면적이 자료보다 높다.
③ 1995 ~ 2010년까지 미곡의 재배면적이 자료보다 낮다.
④ 1970년은 2010년과, 1980년은 1990년과 모든 작물의 재배면적 수치가 바뀌었다.

09

정답 ⑤

경제지수 대비 행복지수가 크려면 행복지수가 경제지수에 비해 높고, 그 격차가 커야 한다. 따라서 이에 해당하는 국가는 멕시코이다.

10

정답 ③

A와 B음식점 간 가장 큰 차이를 보이는 부문은 분위기이다(A : 약 4.5, B : 1).

11

정답 ⑤

㉠ 20대의 응답 비율이 낮은 순서대로 나열하면 '5) − 4) − 3) − 2) − 1)'이므로 부정적일수록 응답 비율이 더 높음을 알 수 있다.

㉢ 부정적이지 않은 응답을 한 50대와 20대의 비율과 인원수는 각각 다음과 같다.

- 50대 비율 : $3+1=4\%$
- 50대 인원수 : $1,100\times\frac{4}{100}=44$명
- 20대 비율 : $1.5+0.5=2\%$
- 20대 인원수 : $800\times\frac{2}{100}=16$명

따라서 부정적이지 않은 응답을 한 인원수는 50대가 20대의 $\frac{44}{16}=2.75$배이다.

㉣ 동일한 조건에서 20대 응답자가 900명이라면, 3)에 응답한 20대와 50대는 각각 20대 $900\times\frac{12}{100}=108$명, 50대 $1,100\times\frac{28}{100}=308$명이다. 따라서 그 차이는 $308-108=200$명이다.

오답분석

㉡ 부정적인 응답을 한 50대와 20대의 비율은 각각 다음과 같다.

- 50대 : $55+13+28=96\%$
- 20대 : $66.5+19.5+12=98\%$

따라서 부정적인 응답을 한 비율은 50대보다 20대가 높다.

12

정답 ①

전년 대비 매출액이 증가한 해는 2019년, 2021년, 2023년, 2024년인데, 2019년에는 전년 대비 100%의 증가율을 기록했으므로 다른 어느 해보다 증가율이 컸다.
따라서 전년 대비 매출액 증가율이 가장 컸던 해는 2019년이다.

13

정답 ④

사고 전·후 이용 가구 수의 차이가 가장 큰 것은 생수이며, 가구 수의 차이는 $140-70=70$가구이다.

오답분석

① 수돗물을 이용하는 가구 수가 120가구로 가장 많다.

② $\frac{230}{370}\times100≒62\%$

③ 수돗물과 약수를 이용하는 가구 수가 감소했다.

⑤ 사고 전에 정수를 이용하던 가구 수는 100가구이며, 사고 후에도 정수를 이용하는 가구 수는 50가구이다. 나머지 50가구는 사고 후 다른 식수 조달원을 이용한다.

14

정답 ①

㉠ 자체 재원조달금액 중 국내투자에 사용되는 금액이 차지하는 비중은 $\frac{2,682}{4,025}\times100≒66.6\%$이므로 옳다.

㉡ 해외재원은 국내투자와 해외투자로 양분되나 국내투자분이 없으므로 옳다.

오답분석

㉢ 국내재원 중 정부조달금액이 차지하는 비중은 $\frac{2,288}{6,669}\times100≒34.3\%$이므로 40% 미만이다.

㉣ 국내재원 중 해외투자금액 대비 국내투자금액의 비율은 $\frac{5,096}{1,573}\times100≒324.0\%$이므로 3배를 초과한다.

15

정답 ②

2023년 하반기 대출·금융 이메일 스팸 비율은 전년 동기 대비 $7.9 \div 1.9 \fallingdotseq 4.16$배 증가하였다.

오답분석

①·⑤ 제시된 자료를 통해 확인할 수 있다.

③ 2022년 상반기와 2024년 하반기의 전체 이메일 스팸 수신량이 제시되지 않았으므로 비율을 통해 비교할 수 없다.

④ 2022년 상반기 대비 2024년 상반기 성인 이메일 스팸 비율의 증가율은 $\frac{19.2-14.8}{14.8} \times 100 \fallingdotseq 29.7\%$이다.

16

정답 ③

- 20 ~ 30대 연령대에서 자가가 차지하는 비율 : $\frac{5,657}{80,110} \times 100 \fallingdotseq 7.1\%$
- 20대 연령대에서 자가가 차지하는 비율 : $\frac{537+795}{13,874+15,258} \times 100 = \frac{1,332}{29,132} \times 100 \fallingdotseq 4.6\%$

따라서 자가가 차지하는 비율은 20 ~ 30대 연령대에서보다 20대 연령대에서 더 낮다.

오답분석

① 제시된 자료를 통해 확인할 수 있다.

② 20 ~ 24세 전체 인원 중 월세 비율은 $\frac{5,722}{13,874} \times 100 \fallingdotseq 41.2\%$이고, 자가 비율은 $\frac{537}{13,874} \times 100 \fallingdotseq 3.9\%$이다.

④ 20 ~ 30대 연령대에서 월세에 사는 25 ~ 29세 연령대가 차지하는 비율은 $\frac{7,853}{80,110} \times 100 \fallingdotseq 9.8\%$로 10% 미만이다.

⑤ 20 ~ 24세를 제외한 20 ~ 30대 청년 중에서 무상이 차지하는 비율과 월세가 차지하는 비율은 분모가 같으므로 분자의 크기만 비교하면 된다. 따라서 무상은 $13,091-5,753=7,338$명이고, 월세는 $45,778-5,722=40,056$명이므로 월세가 차지하는 비율이 더 크다.

17

정답 ④

㉠ 2020 ~ 2024년 동안 경기전망지수가 40점 이상인 것은 B 또는 C이다.

㉡ 전년 대비 2022년에 경기전망지수가 증가한 것은 A와 C이다.

㉣ 매년 경기전망지수가 가장 높은 것은 A이다.

따라서 ㉣을 통해 제조업이 A이고, ㉡에서 조선업이 C임을 알 수 있다. 또한 ㉠을 통해 보건업은 B임을 알 수 있으며, 나머지 D는 해운업이므로 ㉢에서 증가율을 비교할 필요 없이 정할 수 있다.

18

정답 ⑤

총 전입자 수는 서울이 가장 높지만, 총 전입률은 인천이 가장 높다.

오답분석

① 광주의 총 전입자 수는 17,962명으로 가장 적다.

② 부산의 총 전입자 수는 42,243명으로 광주의 총 전입자 수 17,962명의 2배 이상이다.

③ $\frac{132,012}{650,197} \times 100 = 20.3\%$

④ 대구의 총 전입률이 1.14%로 가장 낮다.

19

정답 ⑤

㉢ 2020년 대비 2024년 청소년 비만율의 증가율은 $\frac{26.1-18}{18}\times100=45\%$이다.

㉣ 2024년과 2022년의 비만율 차이는 각각 다음과 같다.

- 유아 : $10.2-5.8=4.4\%$p
- 어린이 : $19.7-14.5=5.2\%$p
- 청소년 : $26.1-21.5=4.6\%$p

따라서 2024년과 2022년의 비만율 차이가 가장 큰 아동은 어린이임을 알 수 있다.

오답분석

㉠ 유아의 비만율은 전년 대비 감소하고 있고, 어린이와 청소년의 비만율은 전년 대비 증가하고 있다.

㉡ 2021년 이후의 어린이 비만율은 유아보다 크고 청소년보다 작지만, 2020년 어린이 비만율은 9.8%로, 유아 비만율인 11%와 청소년 비만율인 18%보다 작다.

20

정답 ⑤

2023년 30 ~ 99인 사업체 근로시간은 183.3시간이다.

03 창의수리

01	02	03	04	05	06	07	08	09	10	11	12	13	14	15	16	17	18	19	20
④	①	②	③	③	③	③	⑤	⑤	①	④	③	③	③	③	②	③	②	②	②

01

정답 ④

거리=(속력)×(시간) 공식을 이용한다.

서울과 부산 간의 거리는 혜영이와 준호가 이동한 거리의 합과 같다.

$(85+86.2)\times2.5=428$

따라서 서울과 부산 간의 거리는 428km이다.

02

정답 ①

증발한 물의 양을 xg이라 하면 다음과 같은 식이 성립한다.

$\frac{8}{100}\times500=\frac{10}{100}\times(500-x)$

$\rightarrow 4,000=5,000-10x$

$\therefore x=100$

따라서 증발한 물의 양은 100g이다.

03

정답 ②

치킨 1마리 값을 x원, 오리구이 100g당 가격을 y원이라고 하면 다음과 같은 식이 성립한다.

$4y+x=22,000$ … ㉠

$2x+2y=35,000$ … ㉡

㉠, ㉡을 연립하면 $x=16,000$, $y=1,500$이 된다.

따라서 오리구이 100g당 가격은 1,500원이다.

04

정답 ③

전체 일의 양을 1로 하고, A사원이 하루 동안 하는 일의 양을 x, B사원은 y로 가정하면, 다음 두 식이 성립한다.

$(x+y)\times 2=1$

$\rightarrow 2x+2y=1 \cdots$ ㉠

$x+4y=1 \cdots$ ㉡

㉠, ㉡을 연립하면 $x=\frac{1}{3}$, $y=\frac{1}{6}$이 된다.

따라서 B사원이 하루에 할 수 있는 일의 양은 $\frac{1}{6}$이므로, B사원이 혼자 일하는 데 걸리는 기간은 6일이다.

05

정답 ③

- A지점에서 B지점까지 걸린 시간 : $\frac{120}{30}=4$시간
- B지점에서 A지점까지 걸린 시간 : $\frac{120}{60}=2$시간

A지점 – B지점 – A지점까지의 이동 거리는 $120\times 2=240$km이고, 걸린 시간은 $4+2=6$시간이다.

따라서 상희가 돌아올 때까지의 평균 속력은 $\frac{240}{6}=40$km/h이다.

06

정답 ③

합격 점수를 x점이라고 하면 전체 학생의 평균 점수는 $(x-4)$점, 합격자의 평균 점수는 $(x+5)$점, 불합격자의 평균 점수는 $\frac{x}{2}$점이다.

불합격자가 10명이면 합격자는 30명이므로 다음과 같은 식이 성립한다.

$$\frac{30\times(x+5)+10\times\frac{x}{2}}{40}=x-4$$

$\rightarrow 30x+150+5x=40x-160$

$\rightarrow 5x=310$

$\therefore x=62$

따라서 합격 점수는 62점이다.

07

정답 ③

관람객의 수를 x명이라고 하면 다음과 같은 식이 성립한다(단, $x<50$인 자연수).

$5,000x \geq 50\times 5,000\times(1-\frac{25}{100})$

$\rightarrow x \geq 50\times\frac{75}{100}$

$\rightarrow x \geq \frac{75}{2}$

$\therefore x \geq 37.5$

따라서 38명 이상일 때 50명 이상의 단체관람권을 구매하는 것이 유리하다.

08

정답 ⑤

평상시에 12층까지 올라가는 데 걸리는 시간은 엘리베이터를 이용할 때 75초, 비상계단을 이용할 때 410초로, 335초의 차이가 난다. 엘리베이터를 이용하는 것보다 계단을 이용할 때 12층에 빨리 도착하는 시각을 저녁 8시 x분이라 하면 다음과 같은 식이 성립한다.

$\frac{x}{2}\times 35 \geq 335$

$\rightarrow \frac{x}{2} \geq \frac{67}{7} \fallingdotseq 9.6$

$\therefore x \geq 19.2$

정수 단위로 분을 계산하므로, 저녁 8시 20분부터는 계단을 이용하면 12층에 빨리 도착한다.

09

정답 ⑤

일주일 중 나흘은 수영을 한다고 했으므로 수영을 하는 날을 고르는 경우의 수는 ${}_7C_4 = \frac{7\times6\times5\times4}{4\times3\times2\times1} = 35$가지이다.

다음으로 사흘 중 이틀은 농구, 야구, 테니스 중 하나씩을 고른다고 했으므로, 이때의 운동을 고르는 경우의 수는 ${}_3C_2=3$가지이고, 세 종목 중 두 종목을 고르고, 이틀 동안의 운동을 계획하는 경우의 수는 ${}_3C_2\times 2!=6$가지이다.

마지막 남은 하루에 계획할 수 있는 운동의 종류는 배드민턴, 검도, 줄넘기 중 하나이므로 3가지이다.

따라서 일주일간 세울 수 있는 운동 계획의 경우의 수는 $35\times3\times6\times3=1,890$가지이다.

10

정답 ①

원가에 x원을 가산했을 때의 총 매출액은 $400\times80+9,600=41,600$원이며, 이를 80으로 나누면 개당 520원에 판매했음을 알 수 있다.

따라서 원가에 가산한 금액은 $x=520-400=120$원이다.

11

정답 ④

(적어도 한 번은 앞면이 나올 확률)$=1-$(모두 뒷면이 나올 확률)

$\therefore 1-\left(\frac{1}{2}\right)^5 = \frac{31}{32}$

따라서 구하고자 하는 확률은 $\frac{31}{32}$이다.

12

정답 ③

민솔이와 현정이가 만날 때까지 걸린 시간을 x초라고 하면 두 사람이 달린 거리가 같으므로 다음과 같은 식이 성립한다.

$7x=40+5x$

$\rightarrow 2x=40$

$\therefore x=20$

따라서 두 사람은 출발한 지 20초 후에 만난다.

13

정답 ③

어른의 수를 x명이라고 하면 청소년의 수는 $(30-x)$명이다.

$11,000\times x+0.6\times11,000\times(30-x)=264,000$

$\rightarrow 44x=660$

$\therefore x=15$

따라서 영화를 본 어른은 15명이다.

14

정답 ③

농도를 알 수 없는 소금물의 농도를 x%라고 하면 다음과 같은 식이 성립한다.

$\frac{13}{100}\times 400+\frac{7}{100}\times 200+\frac{x}{100}\times 100=\frac{22}{100}\times 700$

→ $52+14+x=154$

∴ $x=88$

따라서 농도를 알 수 없는 소금물의 농도는 88%이다.

15

정답 ③

- 첫 번째 문제를 맞힐 확률 : $\frac{1}{5}$
- 첫 번째 문제를 틀릴 확률 : $1-\frac{1}{5}=\frac{4}{5}$
- 두 번째 문제를 맞힐 확률 : $\frac{2}{5}\times\frac{1}{4}=\frac{1}{10}$
- 두 번째 문제를 틀릴 확률 : $1-\frac{1}{10}=\frac{9}{10}$

따라서 S학생이 두 문제 중 하나만 맞힐 확률은 $\frac{1}{5}\times\frac{9}{10}+\frac{4}{5}\times\frac{1}{10}=\frac{13}{50}=26\%$이다.

16

정답 ②

(속력)×(시간)=(거리)이고, 경림이와 소정이가 $2\frac{1}{3}$시간 걸어갔을 때 둘 사이의 거리가 24.5km가 되었으므로 다음과 같은 식이 성립한다.

$(6+x)\times 2\frac{1}{3}=24.5$

→ $\frac{7}{3}x=10.5$

∴ $x=4.5$

따라서 경림이의 걸음 속도는 4.5km/h이다.

17

정답 ③

C, F, H, J를 제외한 7개의 알파벳 중 2개를 뽑는 경우와 같다.

따라서 구하고자 하는 경우의 수는 ${}_7C_2=\frac{7\times 6}{2\times 1}=21$가지이다.

18

정답 ②

A와 B, B와 C가 각각 3살 차이가 나므로 B의 나이를 x세라 하면 A의 나이는 $x+3$살, C는 $x-3$살이다.

3년 후 C의 나이가 A의 $\frac{2}{3}$이므로 다음과 같은 식이 성립한다.

$\frac{2}{3}(x+3+3)=x-3+3$

→ $\frac{1}{3}x=4$

∴ $x=12$

즉, B는 12살, A는 12+3=15살, C는 12−3=9살이다.

따라서 A～C의 나이를 모두 더하면 15+12+9=36살이다.

19

정답 ②

톱니바퀴 수와 톱니바퀴의 회전수는 서로 반비례 관계이며 서로의 곱은 일정하다.

따라서 A는 6(톱니수)×12(회전수)=72로 일정하므로 B는 $\frac{72}{8}$=9회전하고, D는 $\frac{72}{12}$=6회전한다.

20

정답 ②

어떤 수조를 가득 채우는 일의 양을 1이라고 하면 1분 동안 하는 일은 각각 A관 : $\frac{1}{10}$, B관 : $\frac{1}{20}$이다.

- 처음 5분 동안 A관의 주입량 : $5\times\frac{1}{10}=\frac{1}{2}$, 남은 주입량 : $\frac{1}{2}$
- A, B관을 모두 사용할 때 1분 동안의 주입량 : $\frac{1}{10}+\frac{1}{20}=\frac{3}{20}$
- A, B관을 동시에 틀어 수조를 채우는 시간 : $\frac{\frac{1}{2}}{\frac{3}{20}}=\frac{20}{6}$=3분 20초

∴ $5+\frac{20}{6}$=8분 20초

따라서 총 8분 20초가 걸린다.

04 언어추리

01	02	03	04	05	06	07	08	09	10	11	12	13	14	15	16	17	18	19	20
④	④	①	①	②	④	④	④	③	④	⑤	③	④	④	②	①	③	①	④	⑤

01

정답 ④

제시된 명제들을 순서대로 논리 기호화 하면 다음과 같다.

- 첫 번째 명제 : 재고
- 두 번째 명제 : ~설비투자 → ~재고 (대우)
- 세 번째 명제 : 건설투자 → 설비투자('~때에만' 이라는 한정 조건이 들어가면 논리 기호의 방향이 바뀐다)

첫 번째 명제가 참이므로 두 번째 명제의 대우(재고 → 설비투자)에 따라 설비를 투자한다. 세 번째 명제는 건설투자를 늘릴 때에만 이라는 한정 조건이 들어갔으므로 역(설비투자 → 건설투자) 또한 참이다.

따라서 공장을 짓는다는 결론을 얻기 위해서는 건설투자를 늘린다면, 공장을 짓는다(건설투자 → 공장건설)는 명제가 필요하다.

02

정답 ④

'연예인이 모델이다.'를 '연', '매출액이 증가한다.'를 '매', '브랜드 인지도가 높아진다.'를 '브'라고 하자.

구분	명제	대우
전제1	연 → 매	매× → 연×
결론	연 → 브	브× → 연×

전제1이 결론으로 연결되려면, 전제2는 '매 → 브'가 되어야 한다. 따라서 빈칸에 들어갈 명제로 '매출액이 증가하면 브랜드 인지도가 높아진다.'가 가장 적절하다.

03

정답 ①

제주는 수·목·금요일과 일요일에 원정 경기를 할 수 있다.

오답분석

② 제주가 수요일에 홈경기가 있든 원정 경기가 있든 화요일이 홈경기이기 때문에 목요일은 반드시 쉬어야 한다.
③ ②와 마찬가지로 토요일에 서울이 홈경기를 하기 때문에 일요일에 경기를 한다면 반드시 쉬어야 한다.
④ 전북이 목요일에 경기를 한다면 울산과 홈경기를 하고, 울산은 원정 경기이므로 금요일에 쉬게 된다. 따라서 금요일에 경기가 있다면 서울과 제주의 경기가 된다.
⑤ 울산이 금요일에 홈경기를 하면, 상대팀은 원정 경기를 하게 된다. 따라서 토요일에 경기가 있는 전북과 서울은 경기를 할 수 없으므로 제주와의 경기가 된다.

04

정답 ①

- 운동을 좋아하는 사람 → 담배를 좋아하지 않음 → 커피를 좋아하지 않음 → 주스를 좋아함
- 과일을 좋아하는 사람 → 커피를 좋아하지 않음 → 주스를 좋아함

따라서 과일과 담배의 상관관계를 추론할 수 없으므로 참이 아닌 것은 ①이다.

오답분석

② 네 번째 명제와 세 번째 명제로 추론할 수 있다.
③ 첫 번째 명제와 두 번째 명제의 대우 그리고 세 번째 명제로 추론할 수 있다.
④ 세 번째 명제의 대우와 두 번째 명제로 추론할 수 있다.
⑤ 첫 번째 명제와 두 번째 명제의 대우로 추론할 수 있다.

05

정답 ②

주어진 조건을 고려하면 C－K－A－B 또는 K－C－A－B 순서로 대기하고 있다는 것을 알 수 있다. 그중 K－C－A－B의 경우에는 마지막 조건을 만족시킬 수 없으므로 대기자 5명은 C－K－A－B－D 순서로 대기하고 있다.
따라서 K씨는 두 번째로 진찰을 받을 수 있다.

06

정답 ④

홍보팀은 1：0으로 승리하였으므로 골을 넣은 사람은 1명임을 알 수 있다.

- A의 진술이 참인 경우 : 골을 넣은 사람이 C와 D 2명이 되므로 성립하지 않는다.
- B의 진술이 참인 경우 : B, C, D 3명의 진술이 참이 되므로 성립하지 않는다.
- C의 진술이 참인 경우 : 골을 넣은 사람은 D이다.
- D의 진술이 참인 경우 : A와 D 또는 C와 D 2명의 진술이 참이 되므로 성립하지 않는다.

따라서 C의 진술이 참이며, 골을 넣은 사람은 D이다.

07

정답 ④

8조각으로 나누어져 있는 피자 3판을 6명이 같은 양만큼 나누어 먹으려면 한 사람당 $8\times3\div6=4$조각씩 먹어야 한다. A, B, E는 같은 양을 먹었으므로 A, B, E가 1조각, 2조각, 3조각, 4조각을 먹었을 때로 나누어볼 수 있다.

- A, B, E가 1조각을 먹었을 때
  A, B, E를 제외한 나머지는 모두 먹은 양이 달랐으므로 D, F, C는 각각 4, 3, 2조각을 먹었을 것이다. 하지만 6조각이 남았다고 했으므로 $24-6=18$조각을 먹었어야 하는데 총 $1+1+1+4+3+2=12$조각이므로 옳지 않다.
- A, B, E가 2조각을 먹었을 때
  $2+2+2+4+3+1=14$조각이므로 옳지 않다.
- A, B, E가 3조각을 먹었을 때
  $3+3+3+4+2+1=16$조각이므로 옳지 않다.
- A, B, E가 4조각을 먹었을 때
  $4+4+4+3+2+1=18$조각이므로 A, B, E는 4조각씩 먹었음을 알 수 있다.

F는 D보다 적게 먹었으며, C보다는 많이 먹었다고 하였으므로 C가 1조각, F가 2조각, D가 3조각을 먹었다.
따라서 2조각을 더 먹어야 하는 사람은 현재 2조각을 먹은 F이다.

08

정답 ④

월요일부터 토요일까지 각 팀의 회의 진행 횟수가 같으므로 여섯 개 팀은 매일 각각 두 번씩 회의를 진행해야 한다. 주어진 조건에 따라 A～F팀의 회의 진행 요일을 정리하면 다음과 같다.

<table>
<tr><th>월</th><th>화</th><th>수</th><th>목</th><th>금</th><th>토</th></tr>
<tr><td rowspan="2">C, B</td><td rowspan="2">D, B</td><td>C, E</td><td rowspan="2">A, F</td><td rowspan="2">A, F</td><td>D, E</td></tr>
<tr><td>D, E</td><td>C, E</td></tr>
</table>

따라서 F팀은 목요일과 금요일에 회의를 진행함을 알 수 있다.

오답분석

① C팀은 월요일에 한 번 회의를 진행하였고, 수요일 또는 토요일 중 하루만 회의를 진행한다.
② C팀과 E팀은 수요일과 토요일 중 하루는 함께 회의를 진행한다.
③ E팀은 수요일과 토요일에 모두 회의를 진행한다.
⑤ 화요일에 회의를 진행한 팀은 B팀과 D팀이다.

09

정답 ③

주어진 조건에 따라 A～D업체가 유통하는 재료를 정리하면 다음과 같다.

구분	A업체	B업체	C업체	D업체
커피 원두	○	○	○	
우유	○	○	×	×
아이스크림	×	×	○	
팥	○	×	○	○
딸기	×	○	×	○

위 표처럼 D업체가 유통하는 재료가 전부 정해지지 않았어도, 모든 업체가 유통하는 재료는 커피 원두임을 알 수 있다. 그러므로 D업체는 커피 원두를 유통하고, 아이스크림을 유통하지 않는다.
이를 바탕으로 A～D업체가 담당할 수 있는 메뉴는 다음과 같다.

- A업체 : 카페라테
- B업체 : 카페라테, 딸기라테
- C업체 : 아포가토, 팥빙수
- D업체 : 없음

따라서 서로 다른 메뉴를 담당하면서 네 가지 메뉴의 재료를 유통할 수 있는 업체는 B업체와 C업체뿐이므로 S씨는 B업체와 C업체를 선정한다.

10

정답 ④

을(5점, 5점, 6점), (4점, 6점, 6점)을 획득할 수도 있다.

오답분석

①·② 을이 주사위를 두 번 던지면 16점을 얻을 수 없다. 따라서 을은 최소 3번 주사위를 던졌다. 이때, 갑이 가장 많은 횟수를 던졌는데 3번 던졌다고 가정하면 (가)에 의해, 을과 병 중 한 명이 4번을 던졌다는 뜻이 된다. 이는 모순이므로 갑이 4번을 던져야 한다.

③ 병은 최소 17점을 얻어야 한다. 6이 한번도 나오지 않는다면 최대 15점을 얻을 수 있다. 따라서 적어도 한 번은 6이 나와야 한다.

⑤ 병이 최대로 얻을 수 있는 점수는 $6\times3=18$점이다. 이때, 갑이 얻을 수 있는 최소가 되고, 점수는 $47-18-16=13$점이다.

11

정답 ⑤

주어진 조건을 정리하면 다음과 같다.

구분	노래	기타 연주	마술	춤	마임
인사팀	○(4명)				
영업팀		○(1명)			
홍보팀			○(2명)		
디자인팀				○(6명)	
기획팀					○(7명)

따라서 홍보팀에서는 총 2명이 참가하며, 참가 종목은 마술이다.

12

정답 ③

A사와 B사의 제품 판매가를 x원이라 하고, 두 번째 조건에 따라 A사와 B사의 어제 판매수량을 각각 $4y$개, $3y$개라 하면, 세 번째 조건에 의하여 오늘 A사와 B사의 제품 판매가는 각각 x원, $0.8x$원이고, 네 번째 조건에 의하여 오늘 A사의 판매수량은 $4y$개, B사의 판매수량은 $(3y+150)$개이다. 그리고 다섯 번째 조건에 의하여 두 회사의 오늘 전체 판매액은 동일하므로 다음 식이 성립한다.

$4xy=0.8x(3y+150)$

$\rightarrow 4y=0.8(3y+150)$

$\therefore\ y=75$

따라서 오늘 B사의 판매수량은 375개($=3\times75+150$)이다.

오답분석

①·⑤ A사와 B사의 제품 판매 단가는 구할 수 없다.

② • 오늘 A사의 판매수량 : $4\times75=300$개

• 어제 B사의 판매수량 : $3\times75=225$개

∴ 오늘 A사의 판매수량과 어제 B사의 판매수량의 차 : $300-225=75$개

④ 오늘 A사와 B사의 판매수량 비는 $300:375=4:5$이므로 동일하지 않다.

13

정답 ④

다음의 논리 순서를 따라 주어진 조건을 정리하면 쉽게 접근할 수 있다.

- 첫 번째 조건 : 파란공은 가장 가볍거나 두 번째 또는 네 번째로 가볍다.
- 두 번째 조건 : 빨간공은 가장 가볍거나 두 번째 또는 세 번째로 가볍다.
- 세 번째 조건 : 흰공은 가장 가볍거나 네 번째 또는 다섯 번째로 가볍다.
- 네 번째 조건 : 검은공은 파란공과 빨간공보다 가벼우므로 가장 가볍거나 두 번째로 가볍다.
- 다섯 번째 조건 : 노란공은 흰공보다 가벼우므로 세 번째 조건에 의해 흰공이 가장 무겁고, 파란공은 노란공보다 가벼우므로 두 번째로 무거울 수 없다. 즉, 노란공이 두 번째로 무겁고 파란공은 두 번째로 가볍다.

따라서 위 사실을 종합하면 무거운 순서대로 '흰공 – 노란공 – 빨간공 – 파란공 – 검은공'이다.

오답분석

①・⑤ 빨간공은 두 번째로 무겁지 않다.

②・③ 검은공은 빨간공과 파란공보다는 가볍다.

14

정답 ④

D가 산악회 회원인 경우와 아닌 경우로 나누어보면 다음과 같다.

- D가 산악회 회원인 경우

  네 번째 조건에 따라 D가 산악회 회원이면 B와 C도 산악회 회원이 되며, A는 두 번째 조건의 대우에 따라 산악회 회원이 될 수 없다. 따라서 B, C, D가 산악회 회원이다.

- D가 산악회 회원이 아닌 경우

  세 번째 조건에 따라 D가 산악회 회원이 아니면 B가 산악회 회원이 아니거나 C가 산악회 회원이어야 한다. 그러나 첫 번째 조건의 대우에 따라 C는 산악회 회원이 될 수 없으므로 B가 산악회 회원이 아님을 알 수 있다. 따라서 B, C, D 모두 산악회 회원이 아니다. 이때 최소 1명 이상은 산악회 회원이어야 하므로 A는 산악회 회원이다.

따라서 항상 옳은 것은 ④이다.

15

정답 ②

주어진 조건에 따라 머리가 긴 순서대로 나열하면 '슬기 – 민경 – 경애– 정서 – 수영'이 된다.

따라서 슬기의 머리가 가장 긴 것을 알 수 있다.

오답분석

① 경애가 단발머리인지는 주어진 조건만으로 알 수 없다.

16

정답 ①

i) C가 참이면 D도 참이므로 C, D는 모두 참을 말하거나 모두 거짓을 말한다. 그런데 A와 E의 진술이 서로 상치되고 있으므로 둘 중에 1명은 참이고 다른 1명은 거짓인데, 만약 C, D가 모두 참이면 참을 말한 사람이 적어도 3명이 되므로 2명만 참을 말한다는 조건에 맞지 않는다. 따라서 C, D는 모두 거짓을 말한다.

ii) i)에서 C와 D가 모두 거짓을 말하고, A와 E 중 1명은 참, 다른 1명은 거짓을 말한다. 따라서 B는 참을 말한다.

iii) ii)에 따라 A와 B가 참이거나 B와 E가 참이다. 그런데 A는 '나와 E만 범행 현장에 있었다.'라고 했으므로 B의 진술(참)인 '목격자는 2명이다.'와 모순된다(목격자가 2명이면 범인을 포함해서 3명이 범행 현장에 있어야 하므로). 또한 A가 참일 경우, A의 진술 중 '나와 E만 범행 현장에 있었다.'는 참이면서 E의 '나는 범행 현장에 있었고,'는 거짓이 되므로 모순이 된다.

따라서 B와 E가 참이므로, E의 진술에 따라 A가 범인이다.

17

정답 ③

오른쪽 끝자리에는 30대 남성이, 왼쪽에서 두 번째 자리에는 40대 남성이 앉으므로 네 번째 조건에 따라 30대 여성은 왼쪽에서 네 번째 자리에 앉아야 한다. 이때, 40대 여성은 왼쪽에서 첫 번째 자리에 앉아야 하므로 남은 자리에 20대 남녀가 앉을 수 있다.

• 경우 1

40대 여성	40대 남성	20대 여성	30대 여성	20대 남성	30대 남성

• 경우 2

40대 여성	40대 남성	20대 남성	30대 여성	20대 여성	30대 남성

따라서 항상 참인 것은 ③이다.

18

정답 ①

B가 과장이므로 대리가 아닌 A는 부장의 직책을 가진다.

오답분석

조건에 따라 A, B, C, D의 사무실 위치를 정리하면 다음과 같다.

구분	2층	3층	4층	5층
경우 1	부장	B과장	대리	A부장
경우 2	B과장	대리	부장	A부장
경우 3	B과장	부장	대리	A부장

② B는 2층 또는 3층에 근무한다.
③ C의 직책은 알 수 없다.
④ 대리는 3층 또는 4층에 근무한다.
⑤ A부장 외의 또 다른 부장은 2층, 3층 또는 4층에 근무한다.

19

정답 ④

먼저 첫 번째 조건과 두 번째 조건에 따라 6명의 신입 사원을 각 부서에 1명, 2명, 3명으로 나누어 배치한다. 이때, 세 번째 조건에 따라 기획부에 3명, 구매부에 1명이 배치되므로 인사부에는 2명의 신입 사원이 배치된다. 또한 1명이 배치되는 구매부에는 마지막 조건에 따라 여자 신입 사원이 배치될 수 없으므로 반드시 1명의 남자 신입 사원이 배치된다. 남은 5명의 신입 사원을 기획부와 인사부에 배치하는 방법은 다음과 같다.

구분	기획부(3명)	인사부(2명)	구매부(1명)
경우 1	남자 1명, 여자 2명	남자 2명	남자 1명
경우 2	남자 2명, 여자 1명	남자 1명, 여자 1명	

경우 1에서는 인사부에 남자 신입 사원만 배치되므로 '인사부에는 반드시 여자 신입 사원이 배치된다.'의 ④는 참이 아니다.

20

정답 ⑤

B와 D는 동시에 참 또는 거짓을 말한다. A와 C의 장소에 대한 진술이 모순되기 때문에 B와 D는 참을 말하고 있음이 틀림없다. 따라서 B, D와 진술 내용이 다른 E는 무조건 거짓을 말하고 있는 것이고, 거짓을 말하고 있는 사람은 2명이므로 A와 C 중 1명은 거짓을 말하고 있다. A가 거짓을 말하는 경우 A, B, C 모두 부산에 있었고, D는 참을 말하였으므로 범인은 E가 된다. C가 거짓을 말하는 경우 A, B, C는 모두 학교에 있었고, D는 참을 말하였으므로 범인은 역시 E가 된다.
따라서 어떤 경우이든 범인은 E이다.

05 수열추리

01	02	03	04	05	06	07	08	09	10
②	⑤	①	⑤	②	③	②	③	④	④
11	12	13	14	15	16	17	18	19	20
①	①	④	③	④	⑤	③	③	③	③

01
정답 ②

홀수 항은 (그 전 홀수 항+1)×3이고, 짝수 항은 (그 전 짝수 항+1)×3인 수열이다.
따라서 ( )=(30+1)×3=93이다.

02
정답 ⑤

각 항을 네 개씩 묶고 각각을 A, B, C, D라고 하면 다음과 같은 규칙이 성립한다.
$\underline{A\ B\ C\ D} \rightarrow A+B+C+D=10$
$\underline{1.5\ 3.5\ 3\ (\ \ )} \rightarrow 1.5+3.5+3+(\ \ )=10$
따라서 ( )=10−1.5−3.5−3=10−8=2이다.

03
정답 ①

정수 부분은 +2, +4, +6, +8, …, 소수 부분은 +0.03, +0.06, +0.09, +0.12, …를 하고, 홀수 항은 음수인 수열이다.
따라서 ( )=−{(27+8)+(0.33+0.12)}=−35.45이다.

04
정답 ⑤

정수 부분은 +2, 분수 부분의 분모는 +7, 분자는 +3을 하는 수열이다.

따라서 ( )$=(3-2)\left(\frac{5-3}{10-7}\right)=1\frac{2}{3}$이다.

05
정답 ②

앞의 항에 $\times\frac{3}{4}$, −1을 번갈아 적용하는 수열이다.

따라서 ( )$=\frac{3}{80}-1=-\frac{77}{80}$이다.

06
정답 ③

(앞의 항)$\times\frac{2}{3}$=(뒤의 항)인 수열이다.

따라서 ( )$=\frac{2}{7}\div\frac{2}{3}=\frac{3}{7}$이다.

07
정답 ②

분모는 +4, +8, +12, +16, +20, …, 분자는 ×3을 하는 수열이다.

따라서 ( )$=\frac{243\times3}{57+20}=\frac{729}{77}$이다.

08
정답 ③

앞의 항이 $\frac{B}{A}$일 때 다음 항은 $\frac{A-1}{A\times B}$인 수열이다.

따라서 ( )$=\frac{59}{60\times11}=\frac{59}{660}$이다.

09
정답 ④

나열된 수를 각각 A, B, C라고 하면
$\underline{A\ B\ C} \rightarrow A^B=C$
따라서 ( )$=5^3=125$이다.

10
정답 ④

나열된 수를 각각 A, B, C라고 하면
$\underline{A\ B\ C} \rightarrow A^2+B^2=C$
따라서 ( )=25+36=61이다.

11
정답 ①

나열된 수를 각각 A, B, C라고 하면
$\underline{A\ B\ C} \rightarrow A=B\times C-2$
따라서 ( )=(8+2)÷2=5이다.

12
정답 ①

나열된 수를 각각 A, B, C라고 하면
$\underline{A\ B\ C} \rightarrow (A+B)\times5=C$
따라서 ( )=60÷5−10=2이다.

13

정답 ④

(앞의 항)+(뒤의 항)=(다음 항)인 수열이다.

∴ A=27−17=10, B=44+7=115

따라서 (A+B)×2=(10+115)×2=250이다.

14

정답 ③

$(n-1)$항−$(n-2$항)=n항(단, $n \geq 3$)인 수열이다.

따라서 A=9, B=−2이므로 A−B=11이다.

15

정답 ④

(앞의 항)−(뒤의 항)=(다음 항)인 수열이다.

∴ A=3−(−1)=4, B=−5−9=−14

따라서 3A−2B=3×4−2×(−14)=40이다.

16

정답 ⑤

앞의 항에 $(-2)^0$, $(-2)^1$, $(-2)^2$, $(-2)^3$, …을 더하는 수열이다.

∴ A=6−$(-2)^0$=5, B=16+$(-2)^5$=−16

따라서 A×B=5×(−16)=−80이다.

17

정답 ③

각 항을 네 개씩 묶고 A B C D라고 하면 다음과 같은 규칙이 성립한다.

$\underline{A\ B\ C\ D}$ → $A+B+C+D=0$

$\underline{6\ -7\ 5\ (\ \ )}$ → 6−7+5+( )=0

따라서 12번째 항의 값은 −4이다.

18

정답 ③

홀수 항은 ×2+1, 짝수 항은 ×2−5를 하는 수열이다.

15번째 항의 값은 홀수 번째 항이고,

a_{11}=175×2+1=351, a_{13}=351×2+1=703이다.

따라서 15번째 항의 값은 a_{15}=703×2+1=1,407이다.

19

정답 ③

홀수 항은 −2, 짝수 항은 ×2를 하는 수열이다.

따라서 2,023번째 항의 값은 −3+{(−2)×1,011}

=−3+(−2,022)=−2,025이다.

20

정답 ③

분모는 11의 배수이고, 분자는 −5를 하는 수열이다.

따라서 101번째 항의 값은 $-\dfrac{7+(-5)\times 100}{11\times 101}=-\dfrac{493}{1,111}$이다.

제 4 회 최종점검 모의고사

01 언어이해

01	02	03	04	05	06	07	08	09	10	11	12	13	14	15	16	17	18	19	20
①	②	④	④	⑤	③	⑤	②	③	④	②	⑤	③	③	④	②	③	④	①	⑤

01

정답 ①

제시문의 요지, 즉 핵심은 ①로 볼 수 있다. ②·③·④는 ①의 주장을 드러내기 위해 현재의 상황을 서술한 내용이며, ⑤는 글의 내용으로 적절하지 않다.

02

정답 ②

제시문은 집단 소송제의 중요성과 필요성에 대하여 역설하는 글이다. 집단 소송제를 통하여 기업 경영의 투명성을 높여, 궁극적으로 기업의 가치 제고를 이룬다는 것이 글의 중심 내용이다. 따라서 글의 중심 내용으로 가장 적절한 것은 ②이다.

03

정답 ④

스토리슈머는 소비자의 구매 요인이 기능에서 감성 중심으로 이동함에 따라 이야기를 소재로 하는 마케팅의 중요성이 늘어난 것을 반영한다. 따라서 스토리슈퍼는 현재 소비자들의 구매 요인을 파악한 마케팅 방안이라는 것을 추론할 수 있다.

04

정답 ④

제시문은 과학을 통해 자연재해를 극복하고자 하는 인간의 노력을 옹호하고 있다. 따라서 인간의 자연 치유력을 감소시키더라도 인간의 능력(의학)으로 질병을 극복하기 위해 의학이 필요하다는 내용을 추론할 수 있다.

05

정답 ⑤

초기의 독서는 낭독이 보편적이었고, 12세기 무렵 책자형 책이 두루마리 책을 대체하면서 묵독이 가능하게 되었다. 따라서 책자형 책의 출현으로 낭독의 확산이 아닌 묵독이 확산되었음을 추론할 수 있다.

오답분석

①·②·③ 마지막 문단에서 확인할 수 있다.
④ 제시문 전체에서 확인할 수 있다.

06

정답 ③

제시문은 언어도 물과 공기, 빛과 소리처럼 오염 물질을 지니고 있다는 언어생태학자인 드와잇 볼링거의 주장을 제시하면서 내용을 전개하고 있다. 글쓴이는 드와잇 볼링거의 주장을 바탕으로 문명의 발달로 언어가 오염되고 있으며, 이러한 언어 오염이 인간의 정신을 황폐하게 만든다고 주장하고 있다.

오답분석

① 말이나 글을 전보문이나 쇼핑 목록, 엑스레이로 찍은 사진 등으로 비유하는 방식을 사용하고 있으나, 이는 독자의 이해를 돕기 위해 사용한 것으로 상대방의 논리를 지지하기 위해 사용한 것으로는 볼 수 없다. 또한 언어 오염과 언어 재앙을 환경 오염과 환경 재앙으로 비유하고 있으나, 이 역시 상대방의 논리를 지지하는 것이 아니라 오히려 이를 통해 다른 학자의 주장을 반박하고 있다.

07

정답 ⑤

제시문에서는 탑을 복원할 경우 탑에 담긴 역사적 의미와 함께 탑과 주변 공간의 조화가 사라지고, 정확한 자료 없이 탑을 복원한다면 탑을 온전하게 되살릴 수 없다는 점을 들어 탑을 복원하기보다는 보존해야 한다고 주장한다. 따라서 이러한 근거들과 관련이 없는 비용에 대해 이야기하는 ⑤는 글에 대한 반박으로 적절하지 않다.

08

정답 ②

두 번째 문단의 '시장경제가 제대로 운영되기 위해서는 국가의 소임이 중요하다.'라고 한 부분과 세 번째 문단의 '시장경제에서 국가가 할 일은 크게 세 가지로 나누어 볼 수 있다.'라고 한 부분을 통해서 제목을 유추할 수 있다. 따라서 글의 제목으로 '시장경제에서의 국가의 역할'이 가장 적절하다.

09

정답 ③

제시문은 역사드라마에 대한 설명하는 글이다. 따라서 (가) 역사드라마가 현대를 살아가는 시청자에 의해 능동적으로 해석됨을 주장 – (라) 역사드라마가 가지고 있는 역사적 속성을 설명 – (나) 현재를 지향하는 역사드라마에 대한 이야기 – (다) 역사드라마를 통한 현대와 과거 등장인물의 소통 순으로 나열하는 것이 적절하다.

10

정답 ④

제시문은 예전과는 달라진 덕후에 대한 사회적 시선과 그와 관련된 소비 산업에 대해 이야기하는 글이다. 따라서 (다) 덕후의 어원과 더 이상 숨기지 않아도 되는 존재로의 변화 – (가) 달라진 사회 시선과 일본의 오타쿠와 다른 독자적 존재로서 진화해 가는 한국의 덕후 – (나) 진화된 덕후들을 공략하기 위해 발달하고 있는 산업 순으로 나열하는 것이 적절하다.

11

정답 ②

제시문은 크게 '피자의 시작과 본토 – 한국의 피자 도입 및 확산'으로 나눌 수 있다. 이탈리아에서 나타날 현대적 의미의 피자의 시작을 논하는 것으로 글이 시작되었으므로, 그 후에는 이탈리아의 피자 상황을 나타내는 (다) 문단과 (가) 문단이 차례대로 오는 것이 적절하며, '한국의 경우'라고 쓰여 있는 것을 보아 그 뒤에는 (라) 문단이, 이어서 (나) 문단이 오는 것이 적절하다.

12

정답 ⑤

세 번째 문단에서 최종 단계를 통과하지 못한 사람들이 지방 사회에 기여하도록 하여 과거제의 부작용을 완화하고자 노력했다는 내용을 통해 알 수 있다.

오답분석

① 마지막 문단에서 일군의 유럽 계몽사상가들은 학자의 지식이 귀족의 세습적 지위보다 우위에 있는 체제를 정치적 합리성을 갖춘 것으로 보았다고 했으므로 적절하지 않다.
② 마지막 문단에서 동아시아에서 실시된 과거제가 유럽에 전해져 유럽에서도 관료 선발에 시험을 통한 경쟁이 도입되기도 했었다고 했으므로 적절하지 않다.

③ 세 번째 문단에서 과거제로 인해 그 결과 통치에 참여할 능력을 갖춘 지식인 집단이 폭넓게 형성되었다고 했으므로 적절하지 않다.
④ 세 번째 문단에서 과거 시험의 최종 단계까지 통과하지 못한 사람들도 국가로부터 여러 특권을 부여받았다고 했으므로 적절하지 않다.

13

정답 ③

사람은 한쪽 눈으로 얻을 수 있는 단안 단서만으로도 이전의 경험으로부터 추론에 의하여 세계를 3차원으로 인식할 수 있다. 따라서 사고로 한쪽 눈의 시력을 잃어도 남은 한쪽 눈에 맺히는 2차원의 상들은 다양한 실마리를 통해 입체 지각이 가능하다.

14

정답 ③

프리드먼의 '우주는 극도의 고밀도 상태에서 시작돼 점차 팽창하면서 밀도가 낮아졌다.'라는 이론과 르메트르의 '우주가 원시 원자들의 폭발로 시작됐다.'라는 이론은 상호 간에 성립하는 이론이다. 따라서 프리드먼의 이론과 르메트르의 이론은 양립할 수 없는 관계라는 내용은 적절하지 않다.

15

정답 ④

보기의 내용은 감각이 아닌 산술 혹은 기하학 등 단순한 것의 앎에 대한 의심으로서, 특히 '하느님과 같은 어떤 전능자가 명백하다고 여겨지는 것들에 대해서도 속을 수 있는 본성을 나에게 줄 수 있다.'라는 마지막 문장을 주시해야 한다. 또한 (라) 시작 부분에 '누구든지 나를 속일 수 있거든 속여 보라.'라는 문장을 보면, 보기의 마지막과 (라)의 시작 부분이 연결됨을 알 수 있다. 따라서 보기의 내용이 들어갈 위치로 가장 적절한 곳은 (라)이다.

16

정답 ②

제시문의 '나'는 세상의 사물이나 현상을 선입견에 사로잡히지 말고 본질을 제대로 파악하여 이해해야 한다고 말하고 있다. 따라서 ㉠·㉢·㉣은 '나'의 비판을 받을 수 있다.

17

정답 ③

제시된 기사문에서는 대기업과 중소기업 간 상생경영의 중요성을 강조하고 있다. 기존에는 대기업이 시혜적 차원에서 중소기업에게 베푸는 느낌이 강했지만, 현재는 협력사의 경쟁력 향상이 곧 기업의 성장으로 이어질 것으로 보고, 상생경영의 중요성을 높이고 있다. 대기업이 지원해 준 업체의 기술력 향상으로 더 큰 이득을 보상받는 등 상생협력이 대기업과 중소기업 모두에게 효과적임을 알 수 있다. 따라서 '시혜적 차원에서의 대기업 지원의 중요성'은 기사문의 제목으로 적절하지 않다.

18

정답 ④

빈칸의 전 문단에서 '보존 입자는 페르미온과 달리 파울리의 배타원리를 따르지 않는다. 따라서 같은 에너지 상태를 지닌 입자라도 서로 겹쳐서 존재할 수 있다. 만져지지 않는 에너지 덩어리인 셈이다.'라고 하였고, 빈칸 다음 문장에서 '빛은 실험을 해보면 입자의 특성을 보이지만, 질량이 없고 물질을 투과하며 만져지지 않는다.'라고 하였다. 또한 마지막 문장에서 '포논은 광자와 마찬가지로 스핀이 0인 보존 입자다.'라고 하였으므로 광자는 스핀이 0인 보존 입자라는 것을 알 수 있다. 따라서 빈칸에 들어갈 내용으로 가장 적절한 것은 '광자는 보존의 대표적인 예다.'이다.

오답분석

① 광자가 파울리의 배타원리를 따른다면, 파울리의 배타원리에 따라 페르미온 입자로 이뤄진 물질은 우리가 손으로 만질 수 있어야 한다. 그러나 광자는 질량이 없고 물질을 투과하며 만져지지 않는다고 하였으므로 적절하지 않은 내용이다.
② '포논은 광자와 마찬가지로 스핀이 0인 보존 입자다.'라는 문장에서 광자는 스핀 상태에 따라 분류할 수 있는 입자임을 알 수 있다.
③ 스핀이 1/2의 홀수배인 입자들은 페르미온이라고 하였고, 광자는 스핀이 0인 보존 입자이므로 적절하지 않은 내용이다.

19

정답 ①

두 번째 문단에서 '강한 핵력의 강도가 겨우 0.5% 다르거나 전기력의 강도가 4% 다를 경우에도 탄소나 산소는 우주에서 합성되지 않는다. 따라서 생명 탄생의 가능성도 사라진다.'라고 했으므로 탄소가 없어도 생명은 자연적으로 진화할 수 있다고 한 ①은 글을 지지하는 내용이 아니다.

20

정답 ⑤

제시문에서는 사유 재산에 대한 개인의 권리 추구로 다수가 피해를 입게 된다면 사익보다 공익을 우선시하여 개인의 권리가 제한되어야 한다고 주장한다. 따라서 이러한 주장에 대한 반박으로는 개인인 땅 주인이 권리를 행사함에 따라 다수인 마을 사람들에게 발생하는 피해가 법적으로 증명되어야만 권리를 제한할 수 있다는 ⑤가 가장 적절하다.

02 자료해석

01	02	03	04	05	06	07	08	09	10	11	12	13	14	15	16	17	18	19	20
④	①	⑤	⑤	①	⑤	④	③	②	④	④	④	②	③	④	③	④	④	③	①

01

정답 ④

- (가) : $\frac{2,574}{7,800} \times 100 = 33\%$
- (다) : $1,149 \times 0.335 \fallingdotseq 385$천 명

따라서 바르게 연결한 것은 ④이다.

02

정답 ①

C사의 이익률이 2%, 3%, 4%, …, 즉 1%p씩 증가하고 있다.
따라서 빈칸에 들어갈 수는 $350 \times 0.06 = 21$이다.

03

정답 ⑤

영업부서와 마케팅부서에서 S등급과 C등급에 배정되는 인원은 동일하며, A등급과 B등급의 인원이 영업부서가 마케팅부서보다 2명씩 적다. 따라서 두 부서의 총 상여금액 차이는 $(420 \times 2) + (330 \times 2) = 1,500$만 원이므로 옳지 않다.

오답분석

①·③ 마케팅부서와 영업부서의 등급별 배정 인원은 다음과 같다.

(단위 : 명)

구 분	S	A	B	C
마케팅부서	2	5	6	2
영업부서	2	3	4	2

② A등급 상여금은 B등급 상여금보다 $\frac{420-330}{330} \times 100 \fallingdotseq 27.3\%$ 많다.

④ 마케팅부서 15명에게 지급되는 총금액은 $(500 \times 2) + (420 \times 5) + (330 \times 6) + (290 \times 2) = 5,660$만 원이다.

04

정답 ⑤

한국, 중국의 개인주의 지표는 유럽, 일본, 미국의 개인주의 지표에 비해 항상 아래에 위치한다.

오답분석

① 출생연대별로 개인주의 가치관의 차이는 유럽보다 한국이 큰 편이다.
② 대체적으로 모든 나라가 나이와 개인주의 가치관이 반비례하고 있다.
③ 자료를 보면 중국의 2010년대생과 2020년대생의 개인주의 지표가 10 정도 차이로, 유럽보다 차이가 크다.
④ 한국이 1970년대생과 2020년대생의 개인주의 가치관의 차이가 가장 크다.

05

정답 ①

2023년에는 전체 응답자 중 본인만의 독립생활이 불가능하기 때문에 자녀와 동거한다는 응답자가 가장 많았다.

06

정답 ⑤

여성 흡연율의 전년 대비 차이를 정리하면 다음과 같다.

구분	2020년	2021년	2022년	2023년	2024년
여성 흡연율(%)	7.4	7.1	6.8	6.9	7.3
전년도 대비 차이(%p)	–	−0.3	−0.3	+0.1	+0.4

따라서 가장 많은 차이를 보이는 해는 2024년이다.

오답분석

① 남성의 흡연률은 2020년부터 2024년까지 계속 감소하고 있다.
② 여성의 흡연률은 2022년까지 감소하다가 이후 증가하고 있다.
③ 남성과 여성의 흡연율 차이를 정리하면 다음과 같다.

구분	2020년	2021년	2022년	2023년	2024년
남성 흡연율(%)	48.7	46.2	44.3	42.2	40.7
여성 흡연율(%)	7.4	7.1	6.8	6.9	7.3
남성·여성 흡연율 차이(%p)	41.3	39.1	37.5	35.3	33.4

따라서 남성와 여성의 흡연율 차이는 감소하고 있다.

④ 남성 흡연율의 전년 대비 차이를 정리하면 다음과 같다.

구분	2020년	2021년	2022년	2023년	2024년
남성 흡연율(%)	48.7	46.2	44.3	42.2	40.7
전년도 대비 차이(%p)	–	−2.5	−1.9	−2.1	−1.5

따라서 가장 많은 차이를 보이는 해는 2021년이다.

07

정답 ④

출산장려금 지급 시기의 가장 우선순위인 임신일이 가장 긴 임산부는 B, D, E임산부이다. 이 중에서 만 19세 미만인 자녀 수가 많은 임산부는 D, E임산부이므로 소득 수준이 더 낮은 D임산부가 가장 먼저 출산장려금을 받을 수 있다.

08

정답 ③

대구의 경우 18대 대통령 선거 투표율이 15대 대통령 선거 투표율보다 높으므로 옳지 않다.

오답분석

① 17대 선거의 최고 투표율은 68.5%이므로 전체 투표율은 이보다 높을 수 없다.
② 17대 대통령 선거에서 가장 높은 투표율은 경북의 68.5%이다.
④ 15대 최저는 충남의 77%이고, 16대는 충남의 66%, 17대는 인천의 60.3%, 18대는 충남의 72.9%로 매번 동일하지 않다.
⑤ 가장 높은 투표율은 광주의 15대 선거 투표율인 89.9%이다.

09

정답 ②

견과류 첨가 제품은 단백질 함량이 1.8g, 2.7g, 2.5g이고, 당 함량을 낮춘 제품은 단백질 함량이 1.4g, 1.6g이므로 ②는 옳다.

오답분석

① 당류가 가장 많은 시리얼은 초코볼 시리얼(12.9g)로, 초코맛 제품에 속한다.
③ 콘프레이크의 단백질 함량은 3g으로 약 2배 이상 많다.
④ 일반 제품의 열량은 체중조절용 제품의 열량보다 더 낮은 수치를 보이고 있다.
⑤ 탄수화물 함량이 가장 낮은 시리얼은 프레이크이며, 당류 함량이 가장 낮은 시리얼은 콘프레이크이다.

10

정답 ④

800g 소포의 개수를 x개, 2.4kg 소포의 개수를 y개라고 하면 다음과 같은 식이 성립한다.

$800\times x+2,400\times y\le 16,000 \rightarrow x+3y\le 20 \cdots$ ㉠

B회사는 동일지역, C회사는 타지역이므로 다음과 같은 식이 성립한다.

$4,000\times x+6,000\times y=60,000 \rightarrow 2x+3y=30 \rightarrow 3y=30-2x \cdots$ ㉡

㉡을 ㉠에 대입하면 다음과 같은 식이 성립한다.

$x+30-2x\le 20 \rightarrow x\ge 10 \cdots$ ㉢

따라서 ㉡, ㉢을 동시에 만족하는 x, y값은 $x=12$, $y=2$이다.

11

정답 ④

주어진 조건에 의하여 X모델의 연비는 $\frac{a}{3}$km/L$=\frac{b}{5}$km/L $\cdots$ ㉠, Y모델의 연비는 $\frac{c}{3}$km/L$=\frac{d}{5}$km/L $\rightarrow d=\frac{5}{3}c \cdots$ ㉡이다.

3L로 시험했을 때 두 자동차의 주행거리의 합은 48km이므로 $a+c=48 \cdots$ ㉢

Y모델이 달린 주행거리의 합은 56km이므로 $c+d=56 \cdots$ ㉣

㉡과 ㉣을 연립하면 $c+\frac{5}{3}c=56 \rightarrow c=21$

c를 ㉢에 대입하면 $a+21=48 \rightarrow a=27$

즉, X모델의 연비는 $\frac{27}{3}=9$km/L이고 Y모델의 연비는 $\frac{21}{3}=7$km/L이다.

따라서 두 자동차의 연비의 곱은 $9\times 7=63$이다.

12

정답 ④

④는 교통사고·화재·산업재해 피해금액의 비중이 아닌 사망자 수의 비중을 나타낸 그래프이며, 피해금액별 교통사고·화재·산업재해 비중의 올바른 수치는 다음과 같다.

• 교통사고 : $\frac{1,290}{1,290+6,490+1,890}\times100=\frac{1,290}{9,670}\times100 \fallingdotseq 13.3\%$

• 화재 : $\frac{6,490}{9,670}\times100 \fallingdotseq 67.1\%$

• 산업재해 : $\frac{1,890}{9,670}\times100 \fallingdotseq 19.5\%$

13

정답 ②

온실가스 총량은 2022년에 한 번 감소했다가 다시 증가한다.

오답분석

① 이산화탄소는 2020 ~ 2024년 동안 가장 큰 비중을 차지한다.
③ 2024년 가계와 산업 부문의 배출량 차이는 42,721.67ppm으로 가장 큰 값을 가진다.
④ 언제나 메탄은 아산화질소보다 가계, 산업 부문을 통틀어 더 많이 배출되고 있다.
⑤ 제시된 자료를 통해 확인할 수 있다.

14

정답 ③

서울(1.1%)을 포함하여 부산(1.9%) 및 인천(2.5%) 지역에서는 증가율이 상대적으로 낮게 나와 있다.

오답분석

㉠·㉡ 제시된 자료를 통해 확인할 수 있다.
㉣ 2024년 에너지 소비량은 경기(9,034천 TOE), 충남(4,067천 TOE), 서울(3,903천 TOE)의 순서이다.
㉤ 전국 에너지 소비량은 2014년이 28,589천 TOE, 2024년이 41,579천 TOE로서 12,990천 TOE의 증가를 보이고 있다.

15

정답 ④

2023년 첫 일자리가 현 직장인 임금 근로자 수는 전체 임금 근로자 수의 $\frac{1,523}{4,012}\times100 \fallingdotseq 38\%$로 35% 이상이다.

오답분석

① 2022년부터 2024년까지 비임금 근로자 수를 계산하면 다음과 같다.
  • 2022년 : $4,032-3,909=123$명
  • 2023년 : $4,101-4,012=89$명
  • 2024년 : $4,140-4,055=85$명
  따라서 비임금 근로자 수는 매년 감소하였다.

② 2022 ~ 2024년까지 졸업·중퇴 후 취업 유경험자 수의 평균은 $\frac{4,032+4,101+4,140}{3}=\frac{12,273}{3}=4,091$명이다.

③ 2022년 첫 일자리를 그만둔 임금 근로자 수는 첫 일자리가 현 직장인 근로자 수의 $\frac{2,375}{1,534} \fallingdotseq 1.5$배이다.

⑤ 2024년 첫 일자리를 그만둔 경우 평균 근속기간은 첫 일자리가 현 직장인 경우 평균 근속기간의 $\frac{14}{25}\times100=56\%$이다.

16

정답 ③

(단위 : mL, %)

구분	용질의 양	농도	물의 양	값
A소금물	80	40	물의 양을 a라고 하면 $40=\frac{80}{80+a}\times100 \rightarrow 80+a=200$	$a=120$
A설탕물	30	25	$25=\frac{30}{30+x}\times100 \rightarrow 30+x=120$	$x=90$
B소금물	80	10	물의 양을 b라고 하면 $10=\frac{80}{80+b}\times100 \rightarrow 80+b=800$	$b=720$
B설탕물	40	20	물의 양을 y라고 하면 $20=\frac{40}{40+y}\times100 \rightarrow 40+y=200$	$y=160$

ⓛ A소금물을 만들 때 들어가는 물은 120mL이고, A설탕물을 만들 때 들어가는 물은 90mL이다.
ⓒ A소금물이 B소금물이 되기 위해서는 물을 추가로 600mL 넣어주어야만 농도 10%가 된다.

오답분석

㉠ A설탕물을 만들 때 들어가는 물은 90mL이고, B설탕물을 만들 때 들어가는 물은 160mL이므로 동일하지 않다.
㉣ 용액을 만들 때 들어가는 물의 양이 가장 적은 용액은 A소금물이 아니고 A설탕물이다.

17

정답 ④

㉠ 영어 관광통역 안내사 자격증 취득자는 2023년에 344명으로 전년 대비 감소하였으며, 스페인어 관광통역 안내사 자격증 취득자는 2022년에 전년 대비 동일하였고, 2024년에 3명으로 전년 대비 감소하였으므로 매년 증가하지 않았다.
ⓒ 태국어 관광통역 안내사 자격증 취득자 수 대비 베트남어 관광통역 안내사 자격증 취득자 수의 비율은 다음과 같다.

- 2021년 : $\frac{4}{8}\times100=50\%$
- 2022년 : $\frac{15}{35}\times100\fallingdotseq42.9\%$

따라서 2022년에 전년 대비 감소하였으므로 매년 증가하지 않았다.

㉣ 2022년에 불어 관광통역 안내사 자격증 취득자 수는 전년 대비 동일한 반면, 스페인어 관광통역 안내사 자격증 취득자 수는 전년 대비 증가하였으므로 증감 추이는 동일하지 않다.

오답분석

ⓛ 2022 ~ 2024년의 일어 관광통역 안내사 자격증 취득자 수의 8배는 각각 266명, 137명, 153명인데, 중국어 관광통역 안내사 자격증 취득자 수는 2,468명, 1,963명, 1,418명이므로 각각 8배 이상이다.

18

정답 ④

ⓛ 2024년 11월 운수업과 숙박 및 음식점업의 국내카드 승인액의 합은 159+1,031=1,190억 원으로, 도매 및 소매업의 국내카드 승인액의 40%인 3,261×0.4=1,304.4억 원 미만이다.
㉣ 2024년 9월 협회 및 단체, 수리 및 기타 개인 서비스업의 국내카드 승인액은 보건 및 사회복지 서비스업 국내카드 승인액의 $\frac{155}{337}\times100\fallingdotseq46\%$로 35% 이상이다.

오답분석

㉠ 교육 서비스업의 2025년 1월 국내카드 승인액의 전월 대비 감소율은 $\frac{122-145}{145}\times100\fallingdotseq-15.9\%$로 25% 미만이다.
ⓒ 2024년 10월부터 2025년 1월까지 사업시설관리 및 사업지원 서비스업의 국내카드 승인액의 전월 대비 증감 추이는 '증가 – 감소 – 증가 – 증가'이고, 예술, 스포츠 및 여가 관련 서비스업은 '증가 – 감소 – 감소 – 감소'이므로 동일하지 않다.

19

정답 ③

1인당 평균 보수액에서 성과급이 차지하는 비중은 다음과 같다.

- 2021년 : $\frac{1,264}{55,722}\times100 \fallingdotseq 2.27\%$
- 2023년 : $\frac{862}{56,214}\times100 \fallingdotseq 1.53\%$

따라서 2021년이 2023년보다 높다.

오답분석

① 2021 ~ 2023년 동안 기본급은 전년 대비 증가하고 있음을 제시된 자료를 통해 알 수 있다.
② 2020 ~ 2023년 동안 고정수당의 증감 추이는 '감소 – 감소 – 감소'로 이와 동일한 증감 추이의 항목은 없다.
④ 기타 상여금이 가장 높은 연도는 2022년이며, 이때 1인당 평균 보수액은 복리후생비의 $\frac{56,209}{985}\fallingdotseq 57$배이다.
⑤ 2024년 성과급의 전년 대비 증가율이 실적수당의 전년 대비 증가율인 $\frac{2,168-2,129}{2,129}\times100\fallingdotseq 2\%$와 같을 때, 성과급 금액은 $862\times1.02=879.24$천 원으로 900천 원 미만이다.

20

정답 ①

오답분석

② 2024년 성비가 제시된 자료와 다르다.
③ 남성과 여성의 진료인원 수가 전체적으로 바뀌었다.
④ 제시된 자료에 따르면 남성의 경우 진료인원이 계속 증가하는데 그래프는 계속 감소하고 있다.
⑤ 2021 ~ 2022년 남성 진료인원과 여성 진료인원의 수가 바뀌었다.

03 창의수리

01	02	03	04	05	06	07	08	09	10	11	12	13	14	15	16	17	18	19	20
②	②	①	②	③	③	②	③	⑤	④	①	③	④	③	②	②	②	④	①	②

01

정답 ②

A와 B가 만날 때까지 걸리는 시간을 x분이라고 하면 (A가 간 거리)=(B가 간 거리)+300가 성립해야 하므로 다음과 같다.

$200x=50x+300$

$\therefore\ x=2$

따라서 두 사람은 출발한 지 2분 후에 만난다.

02

정답 ②

각설탕 1개의 무게를 xg이라 하면 $\frac{12}{100}\times500+18x=\frac{20}{100}\times(500+18x)$이다.

$60+18x=100+3.6x \rightarrow x=\frac{40}{14.4}\fallingdotseq 2.78$g이므로 각설탕 1개의 무게는 약 2.78g이다.

따라서 같은 농도의 설탕물 500g에 각설탕 3개를 넣었을 때의 농도는 $\frac{\frac{12}{100}\times500+3\times2.78}{500+3\times2.78}\times100=\frac{60+3\times2.78}{500+3\times2.78}\times100\fallingdotseq$ 13.4%이다.

03

정답 ①

A, B형 설문조사 전체 평균 만족도를 구하면 다음과 같다.

$\frac{2,000\times8+500\times6}{2,000+500}=\frac{19,000}{2,500}=7.6$

따라서 전체 평균 만족도는 7.6점이다.

04

정답 ②

전체 일의 양을 1이라고 하면 유진이의 분당 일의 양은 $\frac{1}{80}$이고 상민이의 분당 일의 양은 $\frac{1}{120}$이다.

두 사람이 함께 일하는 시간을 x시간이라고 하면 다음 식이 성립한다.

$\left(\frac{1}{80}+\frac{1}{120}\right)x=1$

$\therefore\ x=\frac{1}{\frac{1}{80}+\frac{1}{120}}=\frac{240}{3+2}=48$

따라서 유진이와 상민이가 같은 양의 쓰레기를 함께 주울 때 걸리는 시간은 48분이다.

05

정답 ③

집에서 서점까지의 거리를 $x$km라 하면 집에서 서점까지 갈 때 걸리는 시간은 $\frac{x}{4}$시간, 서점에서 집으로 되돌아올 때 걸리는 시간은 $\frac{x}{3}$시간이므로 다음과 같은 식이 성립한다.

$\frac{x}{4}+\frac{x}{3}=7$

→ $7x=84$

$\therefore\ x=12$

따라서 집에서 서점까지의 거리는 12km이다.

06

정답 ③

각자 낸 돈을 x원이라고 하면 총금액은 $8x$원이므로 다음과 같은 식이 성립한다.

$8x-\{(8x\times0.3)+(8x\times0.7\times0.4)\}=67,200$

→ $8x-(2.4x+2.24x)=67,200$

→ $3.36x=67,200$

$\therefore\ x=20,000$

따라서 각자 낸 금액은 20,000원이다.

07

정답 ②

더 넣은 소금의 양을 xg이라고 하면 다음과 같은 식이 성립한다.

$\frac{4}{100}\times450+x=\frac{10}{100}(450+x)$

→ $1,800+100x=4,500+10x$

→ $90x=2,700$

$\therefore\ x=30$

따라서 더 넣은 소금의 양은 30g이다.

08

정답 ③

전체 평균이 65점이므로 6명의 점수의 합은 $65\times6=390$점이다. 중급을 획득한 3명의 평균이 62점이므로 3명 점수의 합은 $62\times3=186$점이다. S의 시험 점수 최댓값을 구하라고 하였으므로 S가 고급을 획득했다고 가정하면 S를 포함해 고급을 획득한 2명의 점수의 합은 $390-186-54=150$점이다. 고급을 획득한 S의 점수가 최댓값인 경우는 고급을 획득한 다른 1명의 점수가 합격 최저 점수인 70점을 받았을 때이다.

따라서 6명의 평균이 65점일 때 $150-70=80$점이 S가 얻을 수 있는 최대 점수이다.

09

정답 ⑤

A, G를 제외한 5명 중 C, D, E가 이웃하여 서는 경우의 수는 $3!\times3!=36$가지이고, A와 G는 자리를 바꿀 수 있다.

따라서 $3!\times3!\times2=72$가지이다.

10

정답 ④

지하철이 A, B, C역에 동시에 도착하였다가 다시 동시에 도착하는 데까지 걸리는 시간은 3, 2, 4의 최소공배수인 12분이다. 따라서 세 지하철역에서 지하철이 5번째로 동시에 도착한 시각은 처음으로 같이 도착한 오전 4시 30분으로부터 $12\times4=48$분 후인 오전 5시 18분이다.

11

정답 ①

두 개의 주사위를 굴려서 나올 수 있는 모든 경우의 수는 $6\times6=36$가지이고, 눈의 합이 2 이하가 되는 경우는 주사위의 눈이 (1, 1)이 나오는 경우이다.

따라서 눈의 합이 2 이하가 나올 확률은 $\frac{1}{36}$이다.

12

정답 ③

A의 속도를 xm/min이라 하면 B의 속도는 $1.5x$m/min이다. A, B가 12분 동안 이동한 거리는 각각 $12x$m, $12\times1.5x=18x$m이고, 두 사람이 이동한 거리의 합은 1,200m이므로 다음과 같은 식이 성립한다.

$12x+18x=1,200$

$\therefore\ x=40$

따라서 A의 속도는 40m/min이다.

13

정답 ④

같은 양의 물건을 k라고 하면 갑, 을, 병 1명이 하루에 사용하는 양은 각각 $\frac{k}{30}$, $\frac{k}{60}$, $\frac{k}{40}$이며, 이들 3명이 함께 하루 동안 사용하는 양은 $\frac{k}{30}+\frac{k}{60}+\frac{k}{40}=\frac{9k}{120}=\frac{3k}{40}$이다.

3명에게 나누어줄 물건의 양을 합하면 $3k$이며, $3k$의 물건을 3명이 하루에 사용하는 양으로 나누면 $3k\div\frac{3k}{40}=40$이다.

따라서 3명이 함께 모든 물건을 사용하는 데 걸리는 시간은 40일이다.

14

정답 ③

농도 12% 소금물 600g에 들어있는 소금의 양은 $\frac{12}{100}\times600=72$g이다. 이 상태에서 소금물을 xg 퍼내면 소금의 양은 $\frac{12}{100}\times(600-x)$g이 되고, 여기에 물을 xg 더 넣으면 소금물의 양은 $600-x+x=600$g이 된다. 이 혼합물과 농도 4% 소금물을 섞어 농도 5.5%의 소금물 800g을 만들었으므로 농도 4% 소금물의 양은 $800-600=200$g이 됨에 따라 다음과 같은 식이 성립한다.

$\frac{0.12(600-x)+(200\times0.04)}{600+200}\times100=5.5$

→ $80-0.12x=44$

→ $0.12x=36$

$\therefore\ x=300$

따라서 처음에 퍼낸 소금물의 양은 300g이다.

15

정답 ②

• 전체 경우의 수 : 6!가지

• A와 B가 나란히 서 있는 경우의 수 : 5!×2가지(∵ A와 B의 위치를 바꾸는 경우)

따라서 A와 B가 나란히 서 있을 확률은 $\frac{5!\times2}{6!}=\frac{1}{3}$이다.

16

정답 ②

집에서 약수터까지의 거리는 $\frac{1}{2}\times10\times60=300$m이고, 동생의 속력은 $\frac{300}{15\times60}=\frac{1}{3}$m/s이다. 형이 집에서 약수터까지 왕복한 시간은 $10\times2=20$분이므로 형이 집에 도착할 때까지 동생이 이동한 거리는 $\frac{1}{3}\times(20\times60)=400$m이며, 약수터에서 집으로 돌아오는 중이다.

따라서 형이 집에 도착했을 때 동생은 집으로부터 $300-100=200$m 떨어진 곳에 있다.

17

정답 ②

어른의 좌석 수를 x개, 어린이의 좌석 수를 y개라 하면 다음과 같은 식이 성립한다.

$9,000x+3,000y=3,300,000$ → $3x+y=1,100$ → $y=1,100-3x$ ⋯ ㉠

550개의 좌석 중 빈 좌석이 1개 이상 있었으므로 $x+y\leq549$ ⋯ ㉡

㉠을 ㉡에 대입하면 $x\geq275.5$이다.

따라서 뮤지컬 A를 관람한 어른은 최소 276명이다.

18

정답 ④

동생의 나이를 x살이라 하면 수영이의 나이는 $(x+5)$살, 언니의 나이는 $2(2x+5)$살이다.

세 자매의 나이의 합이 39이므로 다음과 같은 식이 성립한다.

$x+(x+5)+2(2x+5)=39$

$\therefore\ x=4$

따라서 현재 언니의 나이는 26살이고, 3년 뒤 언니의 나이는 29살이다.

19

정답 ①

1시간 동안 60페이지를 읽으므로 1분에 1페이지를 읽는다. 4시간, 즉 240분 동안 40분 독서 후 5분 휴식을 반복하면 총 휴식 시간은 25분이다.

따라서 총 $(240-25)\times1$페이지$=215$페이지를 읽을 수 있다.

20

정답 ②

ㄱ, ㄴ, ㄷ, ㄹ 순으로 칠한다면 가장 면적이 넓은 ㄱ에 4가지를 칠할 수 있고, ㄴ은 ㄱ과 달라야 하므로 3가지, ㄷ은 ㄱ, ㄴ과 달라야 하므로 2가지, ㄹ은 ㄱ, ㄷ과 달라야 하므로 2가지를 칠할 수 있다.

따라서 색칠하는 방법의 경우의 수는 $4\times3\times2\times2=48$가지이다.

04 언어추리

01	02	03	04	05	06	07	08	09	10	11	12	13	14	15	16	17	18	19	20
②	④	④	③	④	③	④	②	④	③	⑤	④	②	③	①	②	⑤	①	②	④

01

정답 ②

'케이크를 좋아한다.'를 '케', '마카롱을 좋아한다.'를 '마', '머핀을 좋아한다.'를 '머' 라고 하여 정리하면 다음과 같다.

구분	명제	대우
전제1	케 → 마×	마 → 케×
결론	케 → 머	머x → 케

전제1이 결론으로 연결되려면, 전제2는 마× → 머가 되어야 한다.

따라서 빈칸에 들어갈 명제는 '마카롱을 좋아하지 않으면, 머핀을 좋아한다.'가 적절하다.

02

정답 ④

'양식 자격증이 있다.'를 A, '레스토랑에 취직하다.'를 B, '양식 실기시험에 합격하다.'를 C라고 하면 전제1은 ~A → ~B, 전제2는 A → C이다. 전제1의 대우는 B → A이므로 B → A → C가 성립한다.

따라서 빈칸에 들어갈 명제는 B → C인 '레스토랑에 취직하려면 양식 실기시험에 합격해야 한다.'가 적절하다.

03

정답 ④

한나는 장미를 좋아하고, 장미를 좋아하면 사과를 좋아한다. 즉, 한나는 사과를 좋아한다. 두 번째 대우 명제는 '사과를 좋아하면 노란색을 좋아하지 않는다.'이다. 따라서 '한나는 노란색을 좋아하지 않는다.'는 반드시 참이다.

오답분석

① 마지막 명제의 대우 명제는 '사과를 좋아하지 않는 사람은 장미를 좋아하지 않는다.'이다.
② 주어진 문장은 두 번째 명제의 '이' 명제이다. 따라서 참인지 판단할 수 없다.
③ 두 번째·마지막 명제의 대우 명제를 결합하면 '노란색을 좋아하는 사람은 장미를 좋아하지 않는다.'를 유추할 수 있다.
⑤ 주어진 명제를 통해 참인지 판단할 수 없다.

04

정답 ③

제시된 명제를 정리하면 다음과 같다.

- 테니스 ○ → 가족 여행 ×
- 가족 여행 ○ → 독서 ○
- 독서 ○ → 쇼핑 ×
- 쇼핑 ○ → 그림 그리기 ○
- 그림 그리기 ○ → 테니스 ○

위 조건을 정리하면 '쇼핑 ○ → 그림 그리기 ○ → 테니스 ○ → 가족 여행 ×'이므로 ③은 반드시 참이다.

05

정답 ④

세 번째 조건에 의해 빨간색 모자를 쓴 사람은 5명, 파란색 모자를 쓴 사람은 7명이다.
첫 번째 조건에 의해 파란색 하의를 입은 사람은 5명, 빨간색 하의를 입은 사람은 7명이다.
두 번째 조건에 의해 파란색 상의와 하의를 입은 사람의 수를 x명이라 하면, 빨간색 상의와 하의를 입은 사람의 수는 $6-x$이다.
또한 파란색 상의와 빨간색 하의를 입은 사람의 수는 $7-(6-x)=x+1$이고, 빨간색 상의와 파란색 하의를 입은 사람의 수는 $5-x$이다.
마지막 조건에 의해 $x+(x+1)=7$이고 $x=3$이다.
따라서 하의만 빨간색인 사람은 4명이다.

06

정답 ③

먼저 두 번째 조건에 의해 사장은 은지에게 '상'을 주었으므로 나머지 지현과 영희에게 '중' 또는 '하'를 주었음을 알 수 있다. 이때, 인사팀장은 영희에게 사장이 준 점수보다 낮은 점수를 주었다는 마지막 조건에 의해 사장은 영희에게 '중'을 주었음을 알 수 있다. 그러므로 사장은 은지에게 '상', 영희에게 '중', 지현에게 '하'를 주었고, 세 번째 조건에 의해 이사 역시 같은 점수를 주었다. 한편, 사장이 영희 또는 지현에게 회장보다 낮거나 같은 점수를 주었다는 두 번째 조건에 의해 회장이 은지, 영희, 지현에게 줄 수 있는 경우를 정리하면 다음과 같다.

구분	은지	지현	영희
경우 1	중	하	상
경우 2	하	상	중

또한 인사팀장은 '하'를 준 영희를 제외한 은지와 지현에게 '상' 또는 '중'을 줄 수 있다. 이를 정리하면 다음과 같다.

구분	은지	지현	영희
회장	중	하	상
	하	상	중
사장	상	하	중
이사	상	하	중
인사팀장	상	중	하
	중	상	하

따라서 인사팀장이 은지에게 '상'을 주었다면, 은지는 사장, 이사, 인사팀장 3명에게 '상'을 받으므로 은지가 최종 합격한다.

07

정답 ④

먼저 네 번째 조건에 의해 지사장 마는 D지사에 근무하며 마지막 조건에 의해 지사장 바는 본사와 두 번째로 가까운 B지사에 근무하는 것을 알 수 있다. 지사장 다는 D지사에 근무하는 지사장 마 바로 옆 지사에 근무하지 않는다는 두 번째 조건에 의해 C 또는 E지사에 근무할 수 없다. 이때, 지사장 다는 지사장 나와 나란히 근무해야 하므로 F지사에 지사장 다가, E지사에 지사장 나가 근무하는 것을 알 수 있다. 마지막으로 지사장 라가 지사장 가보다 본사에 가깝게 근무한다는 세 번째 조건에 의해 지사장 라가 A지사에, 지사장 가가 C지사에 근무하게 된다. 이를 정리하면 다음과 같다.

본사	A지사	B지사	C지사	D지사	E지사	F지사
	지사장 라	지사장 바	지사장 가	지사장 마	지사장 나	지사장 다

따라서 A～F지사로 발령받은 지사장을 순서대로 나열하면 '라－바－가－마－나－다'이다.

08

정답 ②

제시된 정보를 미지수로 나타내면 다음과 같다.

- 작약(a)을 받은 사람은 카라(b)를 받은 사람보다 적다. → $a<b$
- 수국(c)을 받은 사람은 작약(a)을 받은 사람보다 적다. → $c<a$
- 장미(d)를 받은 사람은 수국(c)을 받은 사람보다 많고, 작약(a)을 받은 사람보다 적다. → $c<d<a$

즉, 개수의 대소는 $c<d<a<b$ → 수국<장미<작약<카라이다. $a+b+c+d=12$를 만족하는 종류별 꽃의 경우의 수는 다음과 같이 두 가지이다.

(단위 : 송이)

구분	수국	장미	작약	카라
경우 1	1	2	4	5
경우 2	1	2	3	6

12명의 사람들에게 1송이씩 나눠줬다고 했으므로 꽃을 받은 인원이 그 꽃의 개수가 된다. 그러므로 카라가 5송이, 작약이 4송이면, 전체 꽃의 개수 중에서 장미와 수국은 합해서 3송이가 되어야 한다. 또한 꽃은 4종류 모두 1송이 이상씩 있어야 하고, 장미는 수국보다 많다고 하였으므로 수국이 1송이, 장미가 2송이가 되어 항상 참이다.

오답분석

㉠ 카라를 받은 사람이 4명이면, 4종류의 꽃의 수가 모두 달라야 대소 관계가 성립하므로 작약은 3송이, 장미는 2송이, 수국은 1송이가 된다. 하지만 모두 합하면 10송이이므로 참이 아니다.

㉢ 수국을 받은 사람이 2명이면, 최소로 해도 수국 2송이, 장미 3송이, 작약 4송이, 카라 5송이가 되며 총 14송이이다. 따라서 주어진 정보인 총 12송이보다 많으므로 참이 아니다.

09

정답 ④

두 번째 조건에 의해 A와 D는 1층, 6층에 입주할 수밖에 없다. 이때, A는 B보다 아래층에 입주해 있다는 조건에 의해 A가 6층이 될 수 없으므로 A는 1층, D는 6층, 이런 상황에서 C가 4층에 입주하게 되어 다음과 같이 두 가지 경우가 생긴다.

구분	1층	2층	3층	4층	5층	6층
경우 1	A	E	B	C	F	D
경우 2	A	B	E	C	F	D

따라서 어떤 경우이든 'F는 5층에 입주해 있다.'는 항상 참이다.

10

정답 ③

제시된 조건에 따르면 1층에는 남자인 주임을 배정해야 하므로 C주임이 배정된다. 그러므로 3층에 배정 가능한 직원은 남자인 B사원 또는 E대리이다.

먼저 3층에 B사원을 배정하는 경우, 5층에는 A사원이 배정된다. 그리고 D주임은 2층에, E대리는 이보다 위층인 4층에 배정된다. 다음으로 3층에 E대리를 배정하는 경우, 5층에 A사원이 배정되면 4층에 B사원이 배정되고, 5층에 B사원이 배정되면 4층에 A사원이 배정된다. 그리고 D주임은 항상 E대리보다 아래층인 2층에 배정된다. 이를 정리하면 다음과 같다.

경우 1	
층수	직원
5층	A
4층	E
3층	B
2층	D
1층	C

경우 2	
층수	직원
5층	A
4층	B
3층	E
2층	D
1층	C

경우 3	
층수	직원
5층	B
4층	A
3층	E
2층	D
1층	C

따라서 5층에 A사원이 배정되더라도, 4층에는 B사원이 아닌 E대리가 배정될 수도 있다.

오답분석

① C주임은 항상 1층에 배정된다.
② D주임은 항상 2층에 배정된다.
④·⑤ 5층에 B사원이 배정되면 3층에는 E대리, 4층에는 A사원이 배정된다.

11

정답 ⑤

C를 고정시키고, 그 다음 D와 E를 기준으로 시작하여 표로 정리하면 가능한 경우는 다음과 같다.

구분	1	2	3	4	5	6
경우 1	D	F	B	C	E	A
경우 2	D	B	F	C	E	A
경우 3	A	D	F	C	B	E
경우 4	B	D	F	C	A	E

따라서 모든 경우에서 'E는 C보다 오른쪽에 앉아 있다.'는 항상 참이다.

12

정답 ④

주어진 조건을 정리하면 다음과 같다.

제네시스	그랜저	투싼	에쿠스	소나타
흰색	검은색	흰색	파란색	흰색

따라서 주어진 조건을 통해 에쿠스는 파란색, 그랜저는 검은색임을 알 수 있다.

오답분석

① 흰색 차량은 제네시스, 투싼, 소나타 총 3대이다.
② 그랜저는 제네시스의 바로 오른쪽으로, 왼쪽에서 두 번째에 있다.
③ 그랜저는 검은색, 에쿠스는 파란색으로, 검은색과 파란색 차량은 각각 1대씩 있다.
⑤ 그랜저는 검은색 차량으로, 검은색 차량은 1대뿐이다.

13

정답 ②

E사원의 진술에 따라 C사원과 E사원의 진술은 동시에 참이 되거나 거짓이 된다.

- C사원과 E사원이 모두 거짓말을 한 경우
  참인 B사원의 진술에 따라 D사원이 금요일에 열리는 세미나에 참석한다. 그러나 이때 C와 E 중 1명이 참석한다는 D사원의 진술과 모순되므로 성립하지 않는다.
- C사원과 E사원이 모두 진실을 말했을 경우
  C사원과 E사원의 진술에 따라 C, D, E사원은 세미나에 참석할 수 없다. 따라서 D사원이 세미나에 참석한다는 B사원의 진술은 거짓이 되며, C와 E사원 중 1명이 참석한다는 D사원의 진술도 거짓이 된다. 또한 진실을 말하는 A사원은 세미나에 참석하지 않으므로 결국 금요일 세미나에 참석하는 사람은 B사원이 된다.

따라서 B사원과 D사원이 거짓말을 하고 있으며, 이번 주 금요일 세미나에 참석하는 사람은 B사원이다.

14

정답 ③

- B가 거짓말을 하는 경우
  A는 진실을 말하고 있으므로 C가 범인이고, D는 범인이 아니다. E 또한 진실을 말하고 있으므로 A는 범인이다. 그러므로 A와 C가 범인이다.
- C가 거짓말을 하는 경우
  B는 진실을 말하므로 A는 거짓말을 하는 것이 된다. A와 C 모두 거짓말을 하므로 이는 1명만 거짓을 말한다는 것과 모순이다.

따라서 거짓말을 하는 사람은 B이고, 범인은 A와 C이다.

15

정답 ①

제시된 명제를 기호화하면 다음과 같다.

- B → ~E
- ~B and ~E → D
- A → B or D
- C → ~D
- C → A

C가 워크숍에 참석하는 경우 D는 참석하지 않으며, A는 참석한다. A가 워크숍에 참석하면 B 또는 D 중 1명이 함께 참석하므로 B가 A와 함께 참석한다. 또한 B가 워크숍에 참석하면 E는 참석하지 않으므로 결국 워크숍에 참석하는 직원은 A, B, C이다.

16

정답 ②

다섯 번째 · 마지막 조건에 따라 D는 해외취업국, E는 외국인력국에 배치된다. 네 번째 조건에 따라 B, C, F가 모두 외국인력국에 배치된다면 해외취업국에 배치될 수 있는 직원은 A와 D뿐이므로 두 번째 조건을 충족하지 못하게 된다.

따라서 B, C, F는 D와 함께 해외취업국에 배치되며, A는 세 번째 조건에 따라 E와 함께 외국인력국에 배치된다.

오답분석

㉠ B는 해외취업국에 배치된다.

㉡ A는 외국인력국, D는 해외취업국으로, 각각 다른 부서에 배치된다.

17

정답 ⑤

B와 C가 초콜릿 과자를 먹고 D와 E 중 1명 역시 초콜릿 과자를 먹으므로 C가 초콜릿 과자 1개를 먹었음을 알 수 있다. 남은 커피 과자 3개는 A, D, E가 나눠 먹게 된다. 이때, A가 커피 과자 1개를 먹었다면 D와 E 중 1명은 초콜릿 과자 1개와 커피 과자 1개를 먹고, 나머지 1명은 커피 과자 1개를 먹는다.

따라서 A와 D가 커피 과자를 1개씩 먹었다면, E는 초콜릿과 커피 2종류의 과자를 하나씩 먹게 된다.

18

정답 ①

B와 D는 동일하게 A보다 낮은 표를 얻고 C보다는 높은 표를 얻었으나, B와 D를 서로 비교할 수 없으므로 득표수가 높은 순서대로 나열하면 'A－B－D－C－E' 또는 'A－D－B－C－E'가 된다.

따라서 어느 경우라도 A의 득표수가 가장 높으므로 A가 학급 대표로 선출된다.

19

정답 ②

'을'과 '정'이 서로 상반된 이야기를 하고 있으므로 둘 중 1명이 거짓말을 하고 있다. 만일 '을'이 참이고 '정'이 거짓이라면 화분을 깨뜨린 사람은 '병', '정'이 되는데, 화분을 깨뜨린 사람은 1명이어야 하므로 모순이다. 따라서 거짓말을 한 사람은 '을'이다.

20

정답 ④

지원자 4의 진술이 거짓이면 지원자 5의 진술도 거짓이고, 지원자 4의 진술이 참이면 지원자 5의 진술도 참이다. 즉, 1명의 진술만 거짓이므로 지원자 4, 5의 진술은 참이다. 그러므로 지원자 1과 지원자 2의 진술이 모순이 된다.

- 지원자 1의 진술이 거짓인 경우
  지원자 3은 A부서에 선발이 되었고, 지원자 2는 B 또는 C부서에 선발되었다. 이때, 지원자 3의 진술에 따라 지원자 4가 B부서, 지원자 2가 C부서에 선발되었다.
  ∴ A부서 : 지원자 3, B부서 : 지원자 4, C부서 : 지원자 2, D부서 : 지원자 5
- 지원자 2의 진술이 거짓인 경우
  지원자 2는 A부서에 선발이 되었고, 지원자 3은 B 또는 C부서에 선발되었다. 이때, 지원자 3의 진술에 따라 지원자 4가 B부서, 지원자 3이 C부서에 선발되었다.
  ∴ A부서 : 지원자 2, B부서 : 지원자 4, C부서 : 지원자 3, D부서 : 지원자 5

따라서 '지원자 4는 B부서에 선발되었다.'는 항상 참이다.

05 수열추리

01	02	03	04	05	06	07	08	09	10
③	①	④	②	②	③	②	②	④	④
11	12	13	14	15	16	17	18	19	20
②	①	②	②	⑤	①	④	③	③	⑤

01
정답 ③

n을 자연수라고 하면 n항과 $(n+1)$항을 더한 값이 $(n+2)$항인 수열이다.
따라서 ( )$=11+20=31$이다.

02
정답 ①

앞의 항에 -11, -0.11, -22, -0.22, -33, -0.33, …를 하는 수열이다.
따라서 ( )$=83.67-0.33=83.34$이다.

03
정답 ④

앞의 항에 $\times 3$, $\div 2$를 번갈아 적용하는 수열이다.
따라서 ( )$=46.08\div 2=23.04$이다.

04
정답 ②

앞의 항에 $+1.2$, $\div 2$를 번갈아 적용하는 수열이다.
따라서 ( )$=1.1+1.2=2.3$이다.

05
정답 ②

정수 부분은 $+5$, 분수의 분자 부분은 $+1$, $+2$, $+3$, …, 분모 부분은 $+2$, $+3$, $+4$, …를 하는 수열이다.
따라서 ( )$=(20+5)\left(\frac{7+4}{16+5}\right)=25\frac{11}{21}$이다.

06
정답 ③

정수 부분과 분자 부분은 $+1$을 하고, 분모 부분은 2^2+4, 3^2+4, 4^2+4, 5^2+4, …를 나열하는 수열이다.
따라서 ( )$=(1+1)\frac{4+1}{3^2+4}=2\frac{5}{13}$이다.

07
정답 ②

분모는 $\times 3+1$, 분자는 $+5$를 하는 수열이다.
따라서 ( )$=\frac{6+5}{10\times 3+1}=\frac{11}{31}$이다.

08
정답 ②

앞의 항에 $\frac{1}{2}$, $\frac{1}{3}$, $\frac{1}{4}$, $\frac{1}{5}$, $\frac{1}{6}$, …을 더하는 수열이다.
따라서 ( )$=\frac{137}{60}+\frac{1}{6}=\frac{147}{60}$이다.

09
정답 ④

나열된 수를 각각 A, B, C라고 하면 다음과 같다.
$\underline{A\ B\ C} \rightarrow 3A+2B=C$
따라서 ( )$=3\times 2+2\times 10=26$이다.

10
정답 ④

나열된 수를 각각 A, B, C라고 하면 다음과 같다.
$\underline{A\ B\ C} \rightarrow B=A^2-C^2$
따라서 ( )$=8^2-5^2=64-25=39$이다.

11
정답 ②

나열된 수를 각각 A, B, C라고 하면 다음과 같다.
$\underline{A\ B\ C} \rightarrow A+B=C$
따라서 ( )$=4+7=11$이다.

12
정답 ①

나열된 수를 각각 A, B, C라고 하면 다음과 같다.
$\underline{A\ B\ C} \rightarrow B=A+C$
따라서 ( )$=-14+16=2$이다.

13
정답 ②

앞의 항에 $+2^1$, $-(2^2)$, $+2^3$, $-(2^4)$, $+2^5$, …을 하는 수열이다.
따라서 A=44, B=0이므로 A−B=44이다.

14
정답 ②

앞의 항에 $+3$, $+5$, $+7$, $+9$, …를 하는 수열이다.
∴ A=41+3=44, B=56+9=65
따라서 ( )$=65-44=21$이다.

15

정답 ⑤

홀수 항은 +1, 짝수 항은 +1, +2, +3, +4, …를 하는 수열이다.

∴ A=2+1=3, B=4+3=7이다.

따라서 A×B=21이다.

16

정답 ①

앞의 항에 $2^n-1(n=1, 2, 3, \cdots)$을 더하는 수열이다.

∴ $A=2+2^2-1=5$, $B=121+2^7-1=248$

따라서 B÷3A=248÷(5+3)=31이다.

17

정답 ④

앞의 항에 +1, +2, +3을 번갈아 적용하는 수열이다.

따라서 9번째 항의 값은 $a_9=14+2=16$이다.

18

정답 ③

n번째 항의 값을 a_n이라 할 때, $a_n=n(n+1)+2$인 수열이다.

따라서 12번째 항의 값은 $a_{12}=12\times13+2=158$이다.

19

정답 ③

분모는 +9, 분자는 −3을 하는 수열이다.

따라서 100번째 항의 값은 $a_{100}=\frac{1+(-3\times99)}{9\times100}=-\frac{296}{900}$이다.

20

정답 ⑤

홀수 항과 짝수 항에 각각 +2, +4, +8, …을 하는 수열이다.

수열의 일반항을 a_n이라 하면 다음과 같다.

- $a_9=10+16=26$
- $a_{11}=26+32=58$
- $a_{13}=58+64=122$

따라서 13번째 항의 값은 $a_{13}=122$이다.

2026 최신판 시대에듀 All-New SK그룹 SKCT 온라인 종합역량검사 통합기본서

개정25판1쇄 발행	2025년 12월 15일 (인쇄 2025년 11월 24일)
초 판 발 행	2013년 10월 30일 (인쇄 2013년 09월 25일)
발 행 인	박영일
책 임 편 집	이해욱
편 저	SDC(Sidae Data Center)
편 집 진 행	안희선 · 오하연
표지디자인	현수빈
편집디자인	최미림 · 장성복
발 행 처	(주)시대고시기획
출 판 등 록	제10-1521호
주 소	서울시 마포구 큰우물로 75 [도화동 538 성지 B/D] 9F
전 화	1600-3600
팩 스	02-701-8823
홈 페 이 지	www.sdedu.co.kr

I S B N	979-11-434-0529-6 (13320)
정 가	26,000원

시대에듀가 합격을 준비하는
당신에게 제안합니다.
성공의 기회
시대에듀를 잡으십시오.
NEXT STEP
시대에듀
기회란 포착되어 활용되기 전에는 기회인지조차 알 수 없는 것이다.
– 마크 트웨인 –

대기업 인적성 "기출이 답이다" 시리즈

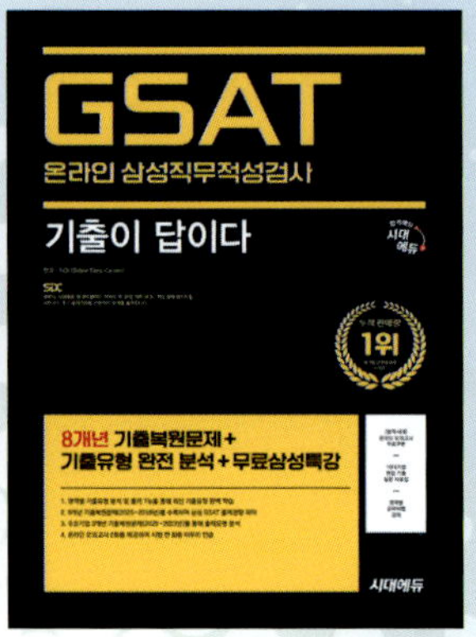

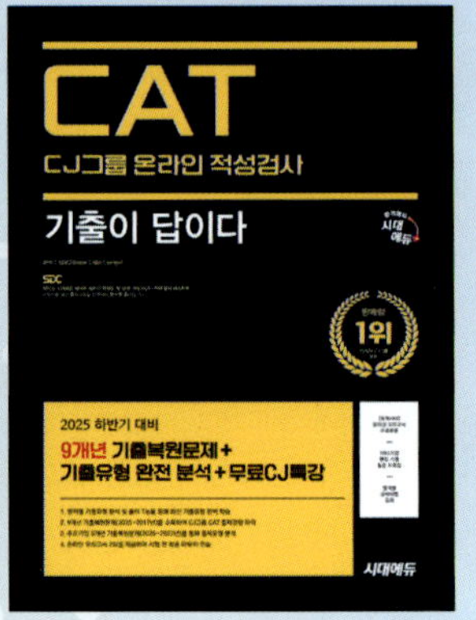

역대 기출문제와 주요기업 기출문제를 한 권에! 합격을 위한

Only Way!

대기업 인적성 "사이다 모의고사" 시리즈

실제 시험과 동일하게 마무리! 합격으로 가는

Last Spurt!